INTRODUÇÃO AO ESTUDO DO DIREITO

INTRODUÇÃO AO ESTUDO DO DIREITO

Márcio Pugliesi
Wagner Gundim
João Roberto Gorini Gamba

Coordenador
Vidal Serrano Nunes Júnior

Organizadora
Manuella Santos de Castro

PUC-SP

ALMEDINA
BRASIL

Rio de Janeiro, 2025

Introdução ao estudo do direito

ALMEDINA é uma empresa do Grupo Editorial Alta Books (Starlin Alta Editora e Consultoria LTDA).

ISBN: 978-85-8493-800-1

Impresso no Brasil — 1ª Edição, 2025 — Edição revisada conforme o Acordo Ortográfico da Língua Portuguesa de 2009.

Dados Internacionais de Catalogação na Publicação (CIP)
(BENITEZ Catalogação Ass. Editorial, MS, Brasil)

P978i
1.ed. Pugliesi, Márcio
Introdução ao estudo do direito / Márcio Pugliesi, Wagner Gundim, João Roberto Gorini Gamba. - 1.ed. - Rio de Janeiro : Almedina Brasil, 2025.
400 p.; 15,7 x 23 cm.

Bibliografia.
ISBN 978-85-8493-800-1

1. Direito - Brasil. 2. Direito - Estudo e ensino. 3. Direito - Doutrinas. 4. Jurisprudência. I. Gundim, Wagner. II. Gamba, João Roberto Gorini. III. Título.

05-2025/158 CDU 34(81)

Índice para catálogo sistemático:
1. Brasil : Direito : Estudo e ensino 34(81)
Aline Graziele Benitez - Bibliotecária - CRB-1/3129

Grupo Editorial Alta Books

Produção Editorial: Grupo Editorial Alta Books
Diretor Editorial: Anderson Vieira
Editora-Chefe: Manuella Santos de Castro
Vendas Governamentais: Cristiane Mutüs
Gerência Comercial: Claudio Lima

Produtora Editorial: Andreza Moraes
Diagramação: Junior Santos
Revisão: Renan Amorim dos Santos

ALTA BOOKS
GRUPO EDITORIAL

Rua Viúva Cláudio, 291 — Bairro Industrial do Jacaré
CEP: 20.970-031 — Rio de Janeiro (RJ)
Tels.: (21) 3278-8069 / 3278-8419
www.altabooks.com.br — altabooks@altabooks.com.br
Ouvidoria: ouvidoria@altabooks.com.br

Editora **afiliada à:**
ASSOCIADO

SOBRE OS AUTORES

MÁRCIO PUGLIESI

Livre Docente em Filosofia e Teoria Geral do Direito, Doutor em Filosofia e Teoria Geral do Direito e Bacharel em Direito, todos pela Universidade de São Paulo. Bacharel em Filosofia pela Faculdade de Filosofia, Letras e Ciências Humanas da Universidade de São Paulo. Licenciado em Filosofia pela Faculdade de Educação da Universidade de São Paulo. Doutor em Filosofia e em Educação, ambos pela Pontifícia Universidade Católica de São Paulo. Professor dos cursos de Graduação, Mestrado e Doutorado em Direito da Pontifícia Universidade Católica de São Paulo. Coordenador do GEDAIS - Grupo de Estudos em Direito, Análise, Informação e Sistemas da PUC-SP/CNPq. Pós-Doutor em Filosofia pela Universidade Federal do Rio de Janeiro (UFRJ). É membro da Academia Municipalista de Letras do Brasil e membro Honorário da Ordem do Mérito Judiciário TJ/AM. Foi o Primeiro Diretor do Departamento Nacional de Proteção e Defesa do Consumidor do Ministério da Justiça. Ex-auditor Fiscal - Classe Especial da Secretaria Especial da Receita Federal do Brasil. Primeiro Supervisor do Pronafisco - Programa Nacional de Fiscalização Computadorizada da Secretaria Especial da Receita Federal do Brasil. Advogado em São Paulo.

WAGNER GUNDIM

Estágio de Pós-doutorado em Direito e Novas Tecnologias pela Mediterranea International Centre for Human Rights Research, em parceria com a Università Mediterranea di Reggio Calabria - Itália (2020–2021), com bolsa integral. Doutor em Direito Constitucional pela Faculdade de Direito da Universidade de São Paulo (2023). Doutor em Filosofia do Direito pela Pontifícia Universidade Católica de São Paulo, tendo sido bolsista da CAPES (2020). Mestre em Direito Político e Econômico pela Universidade Presbiteriana Mackenzie (2017). Graduado em Direito pela Universidade Anhembi Morumbi. É professor de Ciência Política e Teoria do Estado, Introdução ao Estudo de Direito e Filosofia do Direito, Direito Constitucional e Direito Eleitoral. Advogado, sócio-fundador do Gundim & Ganzella Sociedade de Advogados.

JOÃO ROBERTO GORINI GAMBA

Pós-doutorado em Democracia e Direitos Humanos pela Universidade de Coimbra, Portugal (IGC/CDH). Doutor e Mestre em Filosofia do Direito pela Pontifícia Universidade Católica de São Paulo (PUC-SP), instituição pela qual também obteve sua formação em Direito. É professor na Universidade São Judas Tadeu (USJT) e advogado em São Paulo.

É preciso que o povo pugne pela lei como
luta pelos muros da cidade.
Heráclito frag. 44.

SUMÁRIO

INTRODUÇÃO

Introduzir significa trazer para dentro, isto é, conduzir aquele que se encontra diante de algo, no caso, o Direito — do mesmo modo que, em Religião, se tem o profano (o que está diante do templo) para seu interior —, o que significaria torná-lo um iniciado na liturgia[1], em sua história e métodos, bem assim em seu conceito.

Essa é tarefa a ser cumprida, com a precisão possível, uma vez que se faz necessário produzir uma linguagem técnica (um idioleto) que, ao ser adquirida (como toda linguagem), alterará a capacidade de compreender as situações, instaurando novas possibilidades.

O que seria o Direito? Falando sobre o tempo, Agostinho de Hipona afirmou: "*[...] si nemo a me quaerat, scio, si quaerenti explicare velim, nescio*"[2], e a mesma situação parece se instaurar ao se inquirir o que seria o Direito. Assim, por exemplo, Barreiro e Paricio[3] expuseram:

> O termo utilizado pelos juristas romanos para expressar a ideia de direito, tanto no aspecto objetivo da ordem jurídica como no aspecto subjetivo do poder, é *ius*: é uma palavra de uso muito antigo e com conotações religiosas claras, frequentemente utilizada no latim da Lei das XII Tábuas [...]. A palavra *derectum*, da qual deriva o nome utilizado nas várias línguas românicas, embora

[1] Do latim *liturgĭa*, termo derivado do grego *leitourgos*, que significa aquele que pratica "serviço (culto) público". A liturgia é a ordem e a forma com que se realizam as cerimônias de culto numa religião, ou ainda, o ritual das cerimônias ou atos solenes não religiosos. Esse cerimonial, rigoroso em alguns casos, serve para distinguir os atos relevantes daqueles comezinhos, cotidianos e destituídos de relevância. A liturgia empresta dignidade e confere poder ao que se realiza. O Direito — desde os prédios que acolhem suas práticas, às vestes talares que muita vez obriga, à teatralidade de suas cerimônias e até ao formalismo de seus escritos — encontra maior valor por efeito da sua liturgia.

[2] Santo Agostinho (2004, livro XI, cap. 14): "Se não me perguntam: sei; se me pedem para explicar: não sei."

[3] BARREIRO, Alejandrino Fernández; PARICIO, Javier. **Historia del derecho romano y su recepción europea**. Madrid: Marcial Pons, 2010, p. 20.

> também uma antiga palavra latina, só veio a significar lei no século IV d.C., provavelmente devido à influência popular; a partir do século VI o termo *derectum* prevaleceu sobre a palavra *ius*, que foi deslocada pela primeira a partir do século IX. A preferência pelo termo derectum na língua vulgar romana tardia baseia-se na ideia moralizadora, de inspiração judaico-cristã, de que a conduta justa é aquela que segue o caminho reto; em qualquer caso, a palavra está também culturalmente presente na representação simbólica da justiça através da balança, que aparece no antigo Egito, de modo que o derectum viria a expressar a posição do fiel no centro e no sentido vertical, assim: o derectum seria o totalmente reto[4].

E esse *jus*, para Epicuro, por exemplo, segundo o texto de Spinelli[5], residiria em duas possibilidades: o justo por natureza e o justo decorrente da lei. "O justo da natureza é a marca (*sýmbolon*) do que convém para não prejudicarmos uns aos outros e nem sermos prejudicados." "O justo da natureza (*tò tês phýseôs díkaion*)", explicitando tratar-se de "direito de acordo com a natureza", cuja origem está na natureza (dos humanos ou das coisas), um direito distinto do direito decorrente da lei. Spinelli vê no texto duas coisas:

> uma, o reger-se da natureza, cujo reger, visto em si mesmo, independe de qualquer deliberação ou providência externa; outra, o reger-se do humano, que carece de instituir regras, e, para tal, tomaria o direito ou o justo por natureza por modelo. A exemplo da regência da natureza, nós, os humanos, nos regeríamos em conformidade com ela. Mas, mesmo aqui, ainda surgiriam pelo menos duas questões: a) uma, relativa à conformidade, em dois sentidos: por analogia (um agir análogo ao da natureza) e por concordância (um agir de acordo com o que requer a natureza); b) outra, o da não coerção, ou seja, que o direito ou o justo por natureza não é coercitivo, mas espontaneidade pura. Nesse caso, a vontade

4 *No original: El término utilizado por los juristas romanos para expresar la idea de derecho, tanto en el aspecto objetivo de ordenamiento jurídico como en el subjetivo de facultad, es el de ius: se trata de un vocablo de uso antiquísimo y con claras originarias connotaciones religiosas, frecuentemente empleado en el latín de la ley de las XII Tablas [...]. La palabra* derectum, *de la que deriva la denominación utilizada en las distintas lenguas romances, aunque es también un antiguo vocablo latino, pasa a significar derecho tan sólo desde el siglo IV d.C., probablemente por influencia popular; a partir del siglo VI el término* derectum *prevalece sobre el vocablo ius, que es desplazado por el primero desde el siglo IX. La preferencia por el término* derectum *en el lenguaje vulgar tardo-romano tiene su fundamento en la idea moralizante, de inspiración judeo-cristiana, de que la conducta justa es la que sigue el camino recto; de todos modos, la palabra se encuentra también culturalmente presente en la representación simbólica de la justicia mediante la balanza, que aparece en el antiguo Egipto, de modo que* derectum *vendría a expresar la posición del fiel en el centro y en sentido vertical, con lo que* derectum *sería lo totalmente recto.*

5 SPINELLI, Miguel. Epicuro e o tema da amizade (ii): a philía referida ao êthos legislador da pólis e ao agápê da virtude cristã. **Hypnos**, São Paulo, número 30, 1º semestre 2013.

da lei coincidiria com a vontade humana na medida em que tal vontade fosse internamente movida pela lei natural, por uma lei (díkaion) que na alma humana se manifesta ou está contida feito uma nódoa ou marca, forma ou esquema (sýmbolon), nos termos da prólêpsis[6], da qual o homem pode se valer e por ela se governar[7].

O justo decorrente da lei é, de acordo com o texto de Epicuro: "A justiça não é um algo em si, mas [...] um contrato (*synthêkê*, convênio, tratado, ajuste recíproco) em favor de não prejudicar e de não ser prejudicado."[8]

Novamente, vale citar Spinelli[9] em extenso:

> Nesse caso, e de modo distinto ao justo da natureza (que se impõe internamente como uma "marca do que convém" — *sýmbolon tou symphérontos*), aqui, a força da lei é igualmente constringente (se impõe ao sujeito feito uma coerção), mas por força de algum pacto ou contrato, mais exatamente, de um ajuste particular e recíproco. A *synthêkê* diz então respeito a um contrato proposicional depositado em confiança, não necessariamente por escrito, quer do sujeito para consigo (ou sobre si mesmo) quer na palavra dada perante o outro ou entre particulares. Cabe observar que, entre os gregos, a *synthêkê* (*sýn+títhêmi*), ou seja, o pacto acordado mediante confiança subjetiva tácita, recíproca, é mais antiga que a *syggraphê*, isto é, que o pacto dado (acordado) por escrito (*sýn+graphê*). Daí que a justiça a que Epicuro aqui se refere não decorre diretamente da lei, ou seja, de um pacto estritamente jurídico (firmado <*graphê*> no interior da *pólis* ou pelas *póleis* entre si — internacional), e sim de uma disposição ou deliberação <*títhêmi*> interna ao particular e exteriorizada entre particulares de sua comunidade, isto é, entre os da proximidade, que, por sua vez, fazem o mesmo: deliberam internamente. Daí também que Epicuro, ao afirmar que a justiça não é um *hên ti* (um algo existente em *si*), quis com isso igualmente excluir da justiça (de *dikê*) a conotação de entidade divina (a título de uma deusa), como tal costumeiramente zelada, sob termos divinatórios do mito, pelo poder legislador estabelecido. Não sendo a justiça uma deusa — eis a questão — então caberia aos membros da comunidade o compromisso e a responsabilidade pessoal e recíproca de prover as leis (firmar contratos), e, com elas, os meios (a começar

6 *Prólêpsis*: antecipação, pré-noção. Advindo de palavra que se insere em oração anterior para ser explicitada na posterior.

7 SPINELLI, Miguel. Epicuro e o tema da amizade (ii): a philía referida ao êthos legislador da pólis e ao agápê da virtude cristã. **Hypnos**, São Paulo, número 30, 1° semestre 2013, p. 100.

8 EPICURO apud SPINELLI, Miguel. Epicuro e o tema da amizade (ii): a philía referida ao êthos legislador da pólis e ao agápê da virtude cristã. **Hypnos**, São Paulo, número 30, 1° semestre 2013.

9 SPINELLI, Miguel. Epicuro e o tema da amizade (ii): a philía referida ao êthos legislador da pólis e ao agápê da virtude cristã. **Hypnos**, São Paulo, número 30, 1° semestre 2013, p. 101.

> por uma disposição interna ao sujeito) para se estabelecer a paz e a serenidade, inclusive, a prudência entre os membros da comunidade. Donde a questão primordial, para Epicuro, consistiria, pois, por um lado, em retirar do poder político a perspectiva de sobrepor ao todo (em particular, aos simples) qualquer divinização do suposto como justo — a bem da verdade, mais um jugo que uma justiça; por outro, dar à comunidade, e, inerente a ela, ao particular, o direito e o dever (recolhidos de dentro de si mesmo) de deliberar o que convém. Vinculado ao dizer segundo o qual "a justiça não é um *hên ti*", Epicuro também sentenciou a propósito da injustiça, algo semelhante: que "a injustiça não é por si mesma um mal — *hê adikía ou kath' heautên kakón*". Ela não é assim porque o mal não está propriamente na injustiça, mas no ato em decorrência do qual ela advém, e, por suposto, está em suas consequências.

De algum modo, essa leitura do que seja o Direito, feita por Epicuro, conduz a outras questões relevantes, a exemplo das apresentadas por Perelman[10]:

> A ciência humana não será um conjunto de hipóteses e de métodos pelos quais os homens suprem a falta de onisciência? O direito não seria, da mesma forma, um conjunto de técnicas comprovadas, graças às quais os homens, pelo fato de viverem numa sociedade terrestre, e não no paraíso, buscam suprir sua falta de santidade? É verdade que, para os santos do paraíso, não se previram nem legisladores, nem juízes; mas o ideal de racionalidade filosófica deverá apresentar aos homens unicamente a visão de um paraíso terrestre, onde todos os homens, tornados sábios, se comportariam como santos, ou deverá ele também visar, e talvez essencialmente, a organizar na terra, com um mínimo de violência, uma sociedade de homens com seus defeitos e suas deficiências?
>
> [...]
>
> O direito só existe como disciplina tecnicamente autônoma nas sociedades que dão espaço — entre o calculável, o que elimina qualquer decisão individual, e o político, em que o poder de decisão seria ilimitado e arbitrário — a uma ordem para cujo estabelecimento concorre uma multiplicidade de vontades humanas. É por isso que, estudando com atenção e analisando com cuidado as técnicas jurídicas de processo e de interpretação, que permitem aos homens viver num Estado de Direito (*Rechtsstaat*), o filósofo, em vez de sonhar com a utopia de uma sociedade paradisíaca, poderia inspirar-se, em suas reflexões, no que a experiência secular ensinou aos homens encarregados de organizar na terra uma sociedade razoável.

10 PERELMAN, Chaïm. **Ética e Direito**. Tradução: Maria Ermantina de Almeida Prado Galvão. São Paulo: Martins Fontes, 2005, p. 362-372.

Nicholas[11] apresenta uma interessante e outra leitura do fenômeno a partir da perspectiva do Direito Romano, em tradução livre:

> Segundo a tradição, Roma foi fundada em 753 a. C. Nos 27 séculos desde então, a lei romana viveu duas vidas e trouxe duas reivindicações à nossa atenção. Na sua infância, foi a lei da cidade de Roma, e em sua completa maturidade, de todo o Império Romano. Mas foi mais do que isso. Foi o mais original produto do pensamento romano. Em quase todos os demais empreendimentos intelectuais, os romanos foram os interessados alunos dos gregos, mas, no Direito, foram — e sabiam disso — os mestres. Em suas mãos, o Direito tornou-se, pela primeira vez, um elaboradamente articulado sistema de princípios abstraídos de regras detalhadas que constituem a matéria-prima da lei. Esse processo de abstração é importante não meramente pela simplicidade da formulação que torna possível, mas também porque os princípios, diferentemente de regras, são férteis: um advogado pode, pela combinação dois ou mais princípios, criar novos princípios e, portanto, novas regras. A diferença entre um sistema de princípios e um sistema de regras pode ser, então, comparada à diferença entre a escrita alfabética e um sistema de ideogramas, como o chinês. Essa foi a força dos juristas romanos, pois tinham não apenas a habilidade de construir e manipular essas abstrações numa escala e complexidade anteriormente desconhecida, mas também tiveram um claro senso das necessidades da vida social e comercial, uma visão para o mais simples método de realizar um desejado resultado prático, e a prontidão para rejeitar a lógica de suas próprias construções quando entravam em conflito com os requisitos da conveniência.

E esse texto indica um dos mais complexos problemas a solver a cada aplicação do sistema normativo a situações-problema, construídas a partir dos eventos, segundo as diferentes construções pelas partes interessadas. Se a abstração do texto legal permite muitas leituras, e a combinação das várias aplicáveis à situação-problema conduz a uma certa variedade de soluções, aquela que poderia ser chamada a solução do problema (nem por isso a única correta) precisa albergar o menor prejuízo a todos os envolvidos nessa negociação. Quando o juiz prolata sua sentença, necessita ter ponderado e escolhido entre as respostas possíveis — aquela que cause o menor prejuízo a todos.

Isso é ainda mais importante neste momento, em que se vive uma condição paradoxal: o sistema está em um ponto Janus, um em que o passado não se esgotou e o futuro está se instalando. O projeto da Modernidade (em sua peculiar

11 NICHOLAS, J. K. B. M. **An introduction to Roman Law**. Oxford: Clarendon, 1962, p. 1.

formulação por Habermas[12], por exemplo) esgota-se (vagarosamente) sem haver se completado: o sistema de produção mudou, pois os meios de produção foram e permanecem sendo fundamente alterados; a capacidade de operação desse novo modelo de produção exige mão de obra capaz de, a todo tempo, compreender novos algoritmos (sucessão de ações exitosas) e rotinas (conjunto de algoritmos); a exigência de eficácia e inovação se torna condição de inserção no mercado; o crescimento populacional parece dar razão a Malthus (há mais de 8 bilhões de pessoas no planeta, das quais apenas 5 bilhões estão em condições de empregabilidade). As grandes empresas jurídicas (*the firms*) absorvem os escritórios de porte médio e seus advogados componentes, e os pequenos se nutrem dos sobejos dessas grandes estruturas. As demais carreiras de Estado exigem concursos apurados e profunda dedicação — como sempre — e mais conhecimentos de telemática para independer de sua equipe em ocasiões de necessidade.

No âmbito da Modernidade tardia, que se caracteriza pela perda de referência espaço-temporal dos fenômenos sociais (a designada, por alguns, glocalidade), graças à circulação em tempo real de capitais (não apenas os financeiros) e da informação no mundo, pela entronização do requisito de confiança como central para a evolução de transações de toda ordem (em particular as econômicas, científicas e cognitivas) e, por fim a reflexividade, isto é, a capacidade cada vez maior que os Estados têm de utilizar a retroalimentação de suas decisões para reformar seus processos, faz-se necessário compreender como o processo de globalização, de resto intentado toda vez que uma hegemonia[13] se estabelece, pode influir na manutenção do poder e em suas mudanças.

Por via da concepção neoliberal de livre-comércio, a interdependência entre as nações aumentou e medidas de controle recíproco (as instituições internacionais de controle das relações socioinstitucionais, p. ex. OMC) foram adotadas; a par disso, as transnacionais, para efeito de bem produzir, introduziram exigências de formação de mão de obra que se expandiram internacionalmente. A capacidade de normatizar e o monopólio de algumas normas de produção, notadamente as ISO, dão preeminência ao projetar e à fixação de critérios para efeito de contratar serviços e obras.

A sociedade transita do capitalismo financeiro para a sociedade de dados ou, como alguns preferem, a sociedade cognitiva ou, ainda, de controle. A interdependência entre as nações, com base na internacionalização das ofertas de trabalho e,

12 HABERMAS, Jürgen. **O discurso filosófico da Modernidade**: doze lições. 2ª. tiragem. Tradução: Luiz Sérgio Repa & Rodnei Nascimento. São Paulo: Martins Fontes, 2002.

13 De forma sintética, e de um ponto de vista gramsciano, a hegemonia consiste na apropriação (no sentido de tornar próprio, seu) da cultura por uma classe dominante (aqui se preferiria, por adotar outra conjectura, por grupos dominantes [e não necessariamente alinhados]), a fim de obter controle social.

simultânea e dolorosamente, no aumento da mão de obra desnecessária ao novo sistema (desemprego estrutural global) — por efeito de novos mecanismos de controle e coordenação das cadeias produtivas —, introduzem novos vínculos que extrapolam os lindes das promessas possíveis aos Estados locais.

Os invisíveis, os excluídos e os incapacitados para o mercado são deslocados para o exterior do sistema produtivo e vivem (sobrevivem) das migalhas que os incluídos lhes lançam — tanto por meio de organizações governamentais, quanto de programas de concessão de subsistência geridos pelas próprias instituições governamentais.

Sua imagem, preocupante para os partícipes da fartura sistêmica, é retratada como a de mortos-vivos, zumbis — o inimigo a destruir. Foram excluídos e perderam sua humanidade — são seres insignificantes, invisíveis, e caso se façam visíveis, precisam ser escorraçados. Essa conduta antiética, desumana e cega de valores morais precisa ser combatida. Aos juristas incumbe pensar de outro modo, compreender a desumanização dos cidadãos que se tornam administrados: focos de obrigações a exigir e pessoas a cumprir regras sem qualquer esperança de novo pensamento a respeito do sistema.

O exercício de funções jurídicas exige uma compreensão mais completa do sistema: não basta conhecer os textos legais ou, ainda, ponderar as soluções para o caso. É necessário pensar nos efeitos do caso — como a decisão tomada repercutirá sobre as subsequentes e sobre os afetados por ela. Acreditar que conceitos teóricos, como o de Estado, servem, muita vez, para esconder a vontade política e desviante que decide e causa danos dificilmente reversíveis à sociedade representa um bom começo para pensar o alcance do Direito.

Amar o Direito implica lutar continuamente pela sua realização com o mínimo de prejuízo a todos — não é apenas um pensamento; é um pensamento que se reflete em atitudes, que serve para transformar a realidade em benefício de todos (ou não será direito, será arbítrio).

Registre-se que o Estado é *topos*, que serve (também) para justificar as ações do Governo (um coletivo estruturado e institucionalizado [mediante as instituições que conformam o Estado]) em toda e para toda a sociedade, das formas mais primitivas às mais sofisticadas e complexas, e a ação do indivíduo tem como limite esses campos da sociedade designados pelos nomes de Cultura (equivalente ao *Logos*) e de Civilidade.

No capitalismo tardio, as crises sistêmicas deslocam-se do sistema econômico para o sistema político, e no interior desse último sistema — inicialmente —, para o sistema administrativo, e quando este não resolve o problema, criam-se crises de legitimação, ou seja, quando o sistema econômico não consegue reduzir, em pleno campo da civilização (o lugar dos objetos), as demandas de consumo, tais demandas se politizam, buscam se resolver com ações no campo da cultura (o lugar dos projetos) que possibilitem a obtenção de satisfação pelo simulacro, pelo substituto.

O Estado Providência interfere e oferece seus serviços a fim de reduzir a crise numa ação administrativa e, quando falha por não realizar os objetivos projetados pela cultura, sofre uma crise de legitimidade. Em outras palavras, o potencial de crise do capitalismo avançado se deslocou do sistema produtivo — parte própria do campo da civilização — para o campo da cultura.

O que se entrelê e se diagnostica é a permanente tensão entre o indivíduo e o Governo por força, inclusive, da permanente necessidade de este último mostrar-se legítimo, buscando a realização na Civilização dos ditames da Cultura, ou como diriam alguns, da necessidade de o Estado do Bem-Estar Social[14] despolitizar o espaço público pelo fornecimento de serviços públicos e emprego.

Com a progressiva falência dessa possibilidade por efeito dos custos estruturais de manutenção do poder — o Estado abandona essa agradável feição paternalista e passa a intervir, por intermédio de impostos, taxas e controles[15], no domínio do investimento privado, vendo-se a braços com a candente e desafiadora questão da possibilidade de produção de propriedade imaterial[16] que escaparia ao controle que aquele material possibilita. Novos cadastros e controles se fazem exigíveis, bem assim a propositura de leis que controlem o mercado virtual e os produtos imateriais, tornados necessários e acessíveis apenas aos integrados na telemática, os quais, assim, se distanciam ainda mais dos outros pela obtenção de vantagens competitivas.

[14] Em sua base, encontra-se a concepção da menor interferência do poder do Estado, segundo Galbraith: "Suprimir a importância do exercício do poder privado, e especialmente a possibilidade de seu abuso, era privar de quase toda justificação o exercício da autoridade do governo sobre a economia. Não é necessário que o governo regule o exercício do poder privado se este não toma nenhuma forma prejudicial. E, dado que a eficiência do poder econômico chega ao máximo sem sua interferência, deve supor-se que qualquer intervenção governamental reduziria a eficiência. Em um Estado de felicidade, não faz falta um Ministério da Felicidade. No modelo baseado na concorrência, a intervenção do Estado na economia não era permitida, fossem bons ou maus os objetivos atribuídos ao governo. O modelo foi formulado em um tempo em que se não podiam atribuir boas intenções ao Estado e a seus servidores. O mais importante dos pensadores políticos ligados à sua estruturação, Jeremy Bentham, nada procurou com maior afinco do que reduzir ao mínimo o papel dos corruptos funcionários públicos" (GALBRAITH, John Keneth. **Capitalismo**. Tradução: Moacir Padilha, Rio de Janeiro: Zahar, 1960, p. 40).

[15] Sobre essa capacidade interventiva, entre outros temas, veja-se: DIZ, Jamile Bergamaschine Mata; FIGUEIRA, Janahim Dias; CALDAS, Roberto Correia da Silva Gomes (orgs.). **Temas Contemporâneos de Direito Administrativo, Econômico, da Infraestrutura e Regulatório**. São Paulo: Évora, 2019.

[16] A propriedade imaterial goza de propriedade distintiva da material: esta última depende de uma aquisição originária, via-de-regra pela tomada dessa propriedade e de sua imposição aos demais. A imaterial depende da capacidade técnica de seu criador, que a transforma em tecnologia. Se capitais forem necessários para a transição do projeto ao objeto, no entanto, o simples projeto se tornará propriedade, o que seria impensável no capitalismo industrial.

Uma nova forma de exclusão aparece, e muitos se tornam obsolescentes por não se integrarem no mundo cibernético. Uma violência simbólica de nova amplitude se impõe e afasta os inadaptados, que se tornam menos eficazes pela falta de capacidade de uso da tecnologia disponível e, em consequência, menos competitivos.

Essa maioria contemporânea (e que se reduzirá com o tempo) vê como ilegítimos os governos, incapazes de oferecer treinamento e instrução e que incorporam o acesso a seus serviços às novas tecnologias, em um processo que reduz a eficácia dessas intervenções governamentais.

Faria[17] disse:

> Neste cenário altamente cambiante, o direito positivo — tal qual tem sido entendido convencionalmente, como o ordenamento jurídico do Estado-nação — passou a enfrentar um dilema cruel: se permanecer preocupado com sua integridade lógica e com sua racionalidade formal, diante de todas essas mudanças profundas e intensas, corre o risco de não acompanhar a dinâmica dos fatos, de ser funcionalmente ineficaz e, por fim, de acabar sendo socialmente desprezado, ignorado, e (numa situação-limite) até mesmo considerado descartável; caso de deixe seduzir pela tentativa de controlar e disciplinar diretamente todos os setores de uma vida social econômica e política cada vez mais tensa, instável, imprevisível, heterogênea e complexa, substituindo a preocupação com sua unidade dogmática pela ênfase a uma eficiência instrumental, diretiva e regulatória, corre o risco de ver comprometida sua identidade sistêmica e, como consequência, de terminar sendo desfigurado como referência normativa.

Essa é, segundo Adeodato[18], uma época aparentemente pós-tudo: pós-marxista, pós-kelseniana, pós-freudiana. E essa sua constatação indica a necessidade de se atualizar uma compreensão do funcionamento do Direito como instância de canalização dos poderes no seio de dada sociedade e de uma padronização de condutas de seus cidadãos.

17 FARIA, José Eduardo. **O Direito na Economia Globalizada**. 1. ed. São Paulo: Malheiros, 2002, p. 9.

18 ADEODATO, João Maurício. **Ética & Retórica**. Para uma teoria da dogmática jurídica. 4. ed., São Paulo: Saraiva, 2009, p. 353.

CAPÍTULO 1

TEMAS ESSENCIAIS AO ESTUDO DO DIREITO

1.1 DIREITO: ASPECTOS ETIMOLÓGICOS E SIMBÓLICOS

Antes de avançar com a análise dos principais temas relacionados ao estudo do Direito, cumpre analisar a origem da palavra e os símbolos a ela associados.

Nesse tocante, a primeira palavra romana que tinha o significado de Direito era *youes*, derivada do indo-ariano *yous*, que significa "o ótimo" ou "o máximo". Essa palavra levou à formação do nome da divindade suprema do panteão romano Jove/Jupiter (*Ius piter* = bom pai)[1].

Youes é usado no início do sistema jurídico romano até a República (509 a.C.). Nas línguas ocidentais modernas tem-se: no francês, *Droit*; no espanhol, *Derecho*; no italiano, *Diritto* ou, em dialeto, *Dritto*; no inglês, *Right*; no romeno, *Drept*; no alemão, *Recht*; no catalão, *Dret*; e no galego, *Derept*. Todas essas

1 "Terra: *Dike*, a deusa da justiça, que o mito apresenta como filha de Zeus, nada mais é do que uma "personificação da ideia de direito, unida inseparavelmente a Zeus". Toda terminologia jurídica do indo-europeu revela uma origem marcadamente religiosa. Assim, por exemplo, a palavra justiça *DIKE*, vem da raiz *DEIK*, mostrar em latim, dico – *deico*. Ernout Meillet observa: '*Como orare, dico* tem um caráter solene e técnico: é um termo da língua da religião e do direito.' Por exemplo, *ius dicere* [...], *causam dicere, diem dicere* etc. O latim *ius*, 'direito', do latim antigo *IOUS*, é também um antigo termo religioso jurídico que tem correspondência no indiano antigo e no avéstico indiano antigo: *YOH*, salvação; no avéstico: *YAOZ-daaiti*, cura, purificação ritual" (TERRA, João Evangelista Martins. **O Deus dos Indo-europeus**: Zeus e a proto-religião dos indo-europeus. São Paulo: Loyola, 1999, p 328-329).

palavras parecem derivar de um vocábulo do baixo latim: *directum* ou *rectum*, que significa direito ou reto.

Por outra parte, há outras palavras, tais como jurídico, jurisprudência, judicial etc., também presentes em todas as línguas modernas. Tais palavras advêm do latim (a última flor do Lácio): *jus, juris*, derivados de *jussum* (mandado), particípio passado de *jubere, jubeo*: ordenar, dirigir ou comandar. A palavra *jubeo* (eu ordeno) foi entendida como "palavra de direção" para distingui-la das "palavras precatórias" usadas para assegurar ou prometer. Do mesmo modo, presentes em certas fórmulas ("Mandai cidadãos" [*Jubeate quirites*] ou, mais comumente, "Acedei em comandar, cidadãos" [*Adsentite jubere quirites*]) empregadas nas Assembleias Curiatas em Roma, que depois de Servio Tulio foram designadas como Comitia Curiata, em que as cúrias (e eram trinta), depois de discutirem os textos legais, decidiam sobre a sua promulgação — sendo certo, entretanto, que seu veto não impedia a decisão de promulgar por ato do rei.

Para referências, ainda no âmbito de Roma, Públio Juvêncio Celso Tito Aufídio Ênio Severiano (67–130 d.C.), conhecido como Celso, senador e jurista romano, definiu o direito como *ars boni et aequi* (a arte do bem e do justo) e explicitou muito do entendimento do direito presente em ditos colacionados em várias passagens do *Digesto*, de Ulpiano, por exemplo: *Scire leges non hoc est verba earum tenere, sed vim ac potestatem* (Saber a lei não significa conhecer suas palavras, mas sim sua intenção e objetivo) (1, 3, 17); *Impossibilium nulla obligatio est* (Não há obrigação de realizar o impossível) (50, 17, 185); *Incivile est, nisi tota lege perspecta, una aliqua particula eius proposita iudicare vel respondere* **(É incivil julgar ou aconselhar com base num fragmento da lei, sem ter em mente a totalidade da lei) (1, 3, 24)**. E, para ficar apenas no âmbito do Digesto: *Nihil aliud est actio quam ius quod nobis debeatur, iudicio persequendi.* (Uma ação não é nada além do direito de recuperar, pelo processo judicial com base em méritos, o que é devido). E ainda: *Jurisprudentia est divinarum atque humanarum rerum notitia, justi atque injusti scientia* (A jurisprudência é o conhecimento das coisas divinas e humanas e a ciência do justo e do injusto) (1, 1,1). Note-se que sua perspectiva sempre está ligada a *jus* e não a *rectum* ou *directum*.

E o uso das expressões envolvendo direito e justiça indica que elas são polissêmicas e ligadas, de resto como todo vocábulo, ao seu contexto. Aqui, porém, busca-se seu sentido quando empregada de forma justaposta à palavra positivo. Pode-se dizer, com risco de anacronismo, que já se pensava numa positivação do direito pela negativa da existência de uma possível fundamentação, como o fizeram os céticos.

Assim, por exemplo, Arquelau (século V a.C.), discípulo de Anaxágoras, teria afirmado (dele só há referências indiretas) que o Direito não existe por natureza, mas apenas por virtude da lei; e, entre os sofistas, Trasímaco afirmou, segundo o que se lê na *República*, de Platão, que a justiça, em qualquer lugar, não é outra coisa senão a conveniência daquele que se apresenta como mais forte, de modo que, "como os governos têm o poder (sendo os mais fortes), seria justo para eles aquilo que lhes convém, castigando assim aqueles que seriam os injustos, os que violam as leis, os transgressores[2]".

Os céticos sugeriram a suspensão de todo o juízo quanto ao Direito, visto que se apoiava em instituições, costumes e leis discordantes entre si e, assim, tornava impossível afirmar que algo fosse justo ou injusto sem primeiro atender a uma lei, costume ou instituição. Combateram a autoridade da lei, com vista à instabilidade e à arbitrariedade do Direito "positivado".

Já no século XVIII, Immanuel Kant, um dos grandes sintetizadores dos ideais iluministas, trouxe um posicionamento relevante e que aqui se transcreve:

> O conjunto das leis para as quais é possível uma legislação externa chama-se doutrina do Direito (*Ius*). Se uma tal legislação é realmente existente, então é doutrina do Direito positivo e aquele que é nela versado, o jurisconsulto (*Iurisconsultus*), chama-se perito em Direito (*Iurisperitus*) se conhece as leis externas também exteriormente, quer dizer, na sua aplicação aos casos que se apresentam na experiência, doutrina que pode então também ser chamada Jurisprudência (*Iurisprudentia*), mas que sem a conjugação de ambas subsiste como mera ciência jurídica (*Iurisscientia*). A última denominação corresponde ao conhecimento sistemático da doutrina do Direito Natural (*Ius naturae*), se bem que o jurisconsulto tenha de retirar desta última os princípios imutáveis para toda a legislação positiva.
>
> [...]
>
> O Direito é, pois, o conjunto das condições sob as quais o arbítrio de cada um pode conciliar-se com o arbítrio de outrem segundo uma lei universal da liberdade[3].

Para efeito de breve análise, uma vez que fundante para muitas definições de direito positivo posteriores, como se extrai do texto, a legislação positiva, ou seja, o Direito Positivo, deveria, de seu ponto de vista, ser obtido a partir do Direito Natural pelo labor do jurisconsulto. E termina por abordar o tema sob o ângulo da moral por uma definição que, sob a égide da liberdade, conduz à ação conciliatória segundo a vontade.

2 PLATON. **Œuvres**. Paris: Plèiade, 1969, 338c.

3 KANT, Immanuel. **A metafísica dos costumes**. 3. Ed., Tradução, introdução e notas: José Lamego, Lisboa: Calouste-Gulbenkian, 2017, p. 229–231.

Essa sua posição reflete muito do efeito dos escritos de Grotius[4], que havia afastado o Direito Natural de suas raízes religiosas e buscado fundá-lo na luz da Razão, declarando que o procedimento, se estiver de acordo com a natureza racional, tem em si a qualidade da necessidade moral ou, em caso contrário, a condenação, também moral. Sustentou, assim, que o Direito tem fundamento moral e esse pode ser acessado pela razão.

Por essa concepção do Direito Natural, extraem-se quatro princípios: é obrigatório manter a palavra empenhada; não se pode fruir o que é de outrem; deve-se restituir o que se tomou ou o proveito decorrente do bem de outrem e reparar o dano causado voluntária ou involuntariamente.

Como se pode perceber, o que se põe em jogo é o direito subjetivo e, em outros termos, Grotius repete o que dizia o *Digesto*, de Ulpiano: *Iuris praecepta sunt haec: honeste vivere, alterum non laedere, suum cuique tribuere.*

Observa-se que todos esses princípios se referem à manutenção da propriedade em poder de quem a tem.

1.2 O DIREITO EM SUAS DIFERENTES ACEPÇÕES

Como se sabe, uma mesma palavra tem diversos sentidos, a depender do contexto e do modo como é empregada. O sentido, vale destacar, se relaciona precisamente à compreensão contextual e às associações que as palavras estabelecem em diferentes usos. Diante disso, são várias as definições possíveis que uma expressão pode conter dentro de determinado contexto linguístico e até mesmo em diferentes situações concretas. A essa multiplicidade de sentidos de uma palavra dá-se o nome de polissemia.

A expressão *Direito*, nesse aspecto, encontra diversos sentidos distintos, a depender do contexto no qual é empregada. Eis os mais comuns.

Inicialmente, o Direito pode ser entendido como *ciência*, isto é, a *ciência do direito* ou a *ciência jurídica*. Trata-se aqui de uma referência a um conhecimento sistematizado do fenômeno jurídico. A assim chamada Ciência do Direito, na qualidade de ciência, deve conter um método e um objeto de estudo — este geralmente resumido à norma e às relações entre normas (de acordo com a abordagem positivista, vista à frente).

Na qualidade de ciência que estuda a norma e as relações entre as normas, a ciência jurídica aparece adstrita à dimensão normativa, destacando um caráter formalista comum no mundo jurídico. Repare que a acepção em comento, qual seja, a do Direito como ciência, mereceria inúmeras ressalvas, uma vez que

[4] GROTIUS, H. **O direito da guerra e da paz** (*De Jure Belli ac Pacis*). v. I. Tradução: Ciro Mioranza. Ijuí: Ed. Unijuí/Fondazione Cassamarca, 2004.

envolve uma série de questões teóricas relacionadas às mais diversas escolas jurídicas[5].

Outro sentido comum é o que entende o Direito como o *ordenamento jurídico*. Nessa acepção, o direito representa o também denominado *sistema jurídico*, referindo-se a uma organização complexa de normas jurídicas que não existem isoladamente, mas guardam relações entre si e são, portanto, tomadas em seu conjunto.

O ordenamento jurídico, nesse sentido, é dotado de unidade, coerência e completude, conforme preleciona Norberto Bobbio em seu clássico *Teoria do ordenamento jurídico*[6]. Referindo-se ao todo, essa acepção refere-se também ao *direito objetivo*, sendo esse "o complexo de normas jurídicas que regem o comportamento humano, prescrevendo uma sanção no caso de sua violação (*jus est norma agendi*)"[7].

Diante dessa acepção aqui trabalhada (direito como ordenamento jurídico ou direito objetivo), faz-se uma referência ao conjunto de normas de modo amplo e não individualizado.

Assim é ao se dizer que "o direito brasileiro é injusto para os mais pobres". Observe que, nessa frase, o "direito brasileiro" não se refere a algum artigo específico da Constituição Federal ou a alguma lei determinada; refere-se, em verdade, ao ordenamento jurídico brasileiro como um todo, isto é, um sistema de normas que, em geral, é organizado de modo injusto para as camadas mais pobres.

É possível, ainda, tomar o Direito no sentido de um *direito subjetivo*, isto é, referente à permissão (também chamada de faculdade ou prerrogativa) atribuída a alguém pelo direito (objetivo). Se, na acepção analisada acima, fez-se referência ao direito como ordenamento jurídico e, portanto, ao conjunto de normas vistas como um todo, aqui compreendemos o direito como uma norma específica, conforme o contexto no qual é empregado. Trata-se de um uso bastante recorrente, mesmo fora das Universidades e dos Tribunais. Quando, por exemplo, o trabalhador diz que é seu direito receber o décimo terceiro salário ou que é seu direito receber pelas horas extras trabalhadas, ele utiliza o direito para referir-se a uma norma constante do ordenamento jurídico que lhe atribui determinado direito, isto é, determinada prerrogativa para que possa "fazer valer" aquilo que é seu por direito. Observe que há uma clara correlação entre direito subjetivo e direito positivo, uma vez que a pretensão manifestada pelo sujeito (seu direito

5 Para um estudo sobre a cientificidade do Direito, ver FERRAZ JUNIOR, Tercio Sampaio. **A Ciência do Direito**. 2. ed. São Paulo: Saraiva, 2010.

6 BOBBIO, Norberto. **Teoria do ordenamento jurídico**. Tradução: Ari Marcelo Solon. São Paulo: EDIPRO, 2011.

7 DINIZ, Maria Helena. **Compêndio de introdução à ciência do direito**: introdução à teoria geral do direito, à filosofia do direito, à sociologia jurídica e à lógica jurídica. Norma jurídica e aplicação do direito. 25. ed. São Paulo: Saraiva, 2014, p. 264.

subjetivo) repousa sobre uma norma constante do ordenamento jurídico (no direito objetivo).

Por fim, uma última acepção possível é a axiológica (valorativa), ligada à ideia de *justiça*. Essa utilização, também bastante comum, atribui à expressão direito a carga valorativa do justo. Verifica-se, aqui, sua utilização no sentido de "aquilo que é devido por justiça"[8], sendo direito de alguém exigir algo. Aqui, essa acepção se confunde com a do direito como direito subjetivo; entretanto, a referência não é a uma norma do direito objetivo, mas a algum princípio de justiça que a pessoa entende como correto, adequado.

Assim, quando o indivíduo diz "Eu tenho direito de ser feliz" ou "Eu tenho direito de ser livre", ainda que essas afirmações possam encontrar guarida no texto constitucional (ou em qualquer norma do ordenamento jurídico brasileiro), o modo como a expressão "direito" foi empregada denota uma vinculação com os conceitos de felicidade e liberdade, atrelados a um ideal de justiça adotado pelo indivíduo ou assentados sobre bases metafísicas, religiosas ou de qualquer modo supralegais (que estariam, portanto, acima de qualquer lei escrita). Ainda nesse sentido, a palavra "direito" também pode ser empregada como referência a tudo que é reto, correto, justo.

Nessa visão do direito como justiça, é natural que haja uma abertura para que se possa realizar o grande questionamento da filosofia jurídica, qual seja: "O que é justiça?" Como aqui se busca apenas compreender os vários sentidos da expressão "direito", não se debruçará sobre esse tema, bastando entender que a palavra "Direito", em determinados contextos, é utilizada com esse sentido de justo, conforme o conceito de justiça adotado pelo interlocutor, qualquer que seja ele.

Observe que, inobstante as várias acepções possíveis do termo, independentemente do contexto no qual é utilizado, o direito faz referência a um universo normativo ligado à ideia de *dever-ser* e não a qualquer referência ontológica (*ser*).

Assim sendo, parece implícita, na ideia de Direito, sua correlação com um aspecto normativo, quer esse seja real ou idealizado, mas que, de todo modo, não faz referência direta ao mundo fático, isto é, à realidade concreta. Ao analisar fatos à luz do direito, o que se faz, em verdade, é buscar uma eventual compatibilidade ou incompatibilidade daquilo que se entende por direito (normas postas ou idealizadas) em relação a esses fatos para, então, verificar sua juridicidade ou justiça.

8 BETIOLI, Antonio Bento. **Introdução ao Estudo do Direito**: lições de propedêutica jurídica tridimensional. 14. ed. São Paulo: Saraiva, 2015, p. 168.

De todo modo, eis algumas acepções possíveis acerca da palavra Direito:

Acepção	Descrição	Exemplo
Direito como ciência	Direito tomado o como ciência — a ciência do direito — e, portanto, dotado de método e objeto de estudo próprios.	"Este professor é um estudioso do Direito."
Direito como ordenamento jurídico (direito objetivo)	Direito como sistema jurídico, isto é, tomado pelo todo e dotado de unidade, coerência e completude.	"O Direito brasileiro disciplina o divórcio."
Direito como direito subjetivo	Direito compreendido como faculdade conferida ao sujeito em razão de uma norma jurídica, que dá a ele a prerrogativa de pleitear (judicial ou extrajudicialmente) seu(s) direito(s).	"O trabalhador tem direito a férias."
Direito como justo	Direito entendido como justiça (qualquer que seja a ideia de justo).	"Isso não é direito." "Tenho direito de ser feliz."

1.3 JUSNATURALISMO, JUSPOSITIVISMO E PÓS-POSITIVISMO

Desde as primeiras discussões acerca dos fundamentos da justiça, há explicações que buscam apontá-la como inerente à natureza ou, diversamente, decorrente das convenções humanas. Diante dessa problemática, as explicações jusnaturalistas que serão expostas no tópico a seguir buscam apontar — de modos distintos e em diferentes contextos e momentos históricos — o fundamento do justo como decorrente da natureza e, portanto, totalmente alheio às decisões e convenções humanas.

De outro lado, na abordagem que se pode aqui chamar de juspositivista, de cunho consensualista, a ideia de justiça aparece como decorrente de decisões humanas — desvinculada, de qualquer imanência ou universalidade. No pano de fundo desse debate, encontra-se a tradicional distinção entre o mundo natural e o mundo cultural.

Quando se analisa aquilo que está sujeito ao mundo natural, há leis fixas, permanentes e dotadas de certo determinismo do tipo físico-mecânico. Dito de outra forma, são leis "imutáveis" e universais[9]. Isso significa dizer que sua incidência se dava no Império Romano (milênios atrás) da mesma forma como se dá

[9] Note-se que essa é uma forma ingênua de falar. De fato, as leis ditas imutáveis correspondem a modelos que, muita vez, são descartados em prol de outros mais eficazes. A respeito vale ler: KUHN, Thomas. **A estrutura das revoluções científicas**. Tradução: Nelson Boeira, São Paulo: Perspectiva, 1972 e, ainda, PUGLIESI, Márcio. **Filosofia e Direito**. São Paulo: Oca, 2022.

atualmente. Afinal, como tudo que é natural, obedece às leis da natureza que, por definição, se manifestam independentemente das convenções humanas e são, desse modo, imutáveis no tempo e espaço, o que significa dizer, em outras palavras, que são universais. É claro que a questão poderia ser problematizada e poder-se-ia discutir se, de fato, tais leis são totalmente alheias às manifestações humanas, já que, como sabido, as leis da natureza são descritas por humanos e compreendidas para seus propósitos a partir de regularidades observadas na natureza. A propósito, pertence à Natureza tudo que não for artefato, isto é, feito pela arte.

Já no mundo cultural (humano) há a mudança, a diversidade e a incerteza, todas elas características típicas do comportamento humano, compreendido como aquele que, diferentemente dos demais animais, produz e transmite cultura. O ser humano, diria Sartre, está condenado a ser livre e, portanto, agindo livremente, faz que tudo aquilo que dependa de decisões e ações humanas, pautado pela incerteza e diversidade. Afinal, se o ser humano é livre, não é possível prever nada quanto ao futuro de tudo que dele depende. Atente que é possível afirmar que a lei da gravidade, muito provavelmente, funcionará na próxima semana, porém nada se pode afirmar — com certeza do tipo científica — em relação à aprovação de eventual projeto de lei que será votado pelos Deputados e Senadores.

Diante disso, é possível estabelecer distinções importantes entre o mundo natural e o mundo cultural (humano). Enquanto na natureza há relações de necessidade, repetição, certeza e imutabilidade das leis (quer seja no tempo, quer seja no espaço), no mundo humano, cultural, é a liberdade que rege as relações que, portanto, são contingentes, diversas, incertas e, é claro, viriam no tempo e no espaço. Em resumo:

Natureza	Necessidade	Certeza	Determinismo	Imutabilidade
Cultura	Liberdade	Incerteza	Diversidade	Mutabilidade

Essa breve introdução é fundamental para tornar possível endereçar o embate entre concepções jusnaturalistas e juspositivistas, uma vez que, em linhas gerais, as teorias jusnaturalistas se assentam sobre a ideia de uma ordem natural da qual emanam direitos e, de outro lado, nas concepções juspositivistas, são encontradas posições consensualistas que buscam explicar o fenômeno jurídico por meio de decisões humanas que, como tais, variam no tempo e espaço devido a diferentes modos de produção e ao estádio da sociedade sob exame.

Diante disso, tem-se que o jusnaturalismo — enquanto doutrina que estuda e defende a existência e superioridade do direito natural — concebe o direito de modo *dualista*, isto é, entende haver um direito posto pelos humanos e para seus interesses específicos e determinados no tempo e espaço (o direito positivo), mas que há sobre ele um direito natural, anterior e superior ao direito positivo, cujos preceitos são universais.

De outro lado, os juspositivistas ignoram a existência de um direito que seja superior ao direito posto, considerando este o único existente e, de tal maneira, compreendendo o direito de modo monista.

Cabe destacar, por fim, que os jusnaturalismos e juspositivismos foram e são vários e, portanto, os traços característicos gerais que serão aqui apresentados devem servir como ponto de partida para um estudo mais aprofundado.

1.3.1 AS DIFERENTES FUNDAMENTAÇÕES JUSNATURALISTAS

Na sequência, será feito um breve e sintético excurso histórico acerca do desenvolvimento do jusnaturalismo para que se possa compreender suas diferentes formulações ao longo dos séculos. Trata-se de um recorte cuja pretensão não é apresentar um estudo aprofundado sobre o tema, mas apenas situar o leitor, para que possa compreender as principais correntes teóricas jusnaturalistas e seus fundamentos nos diferentes estágios do pensamento ocidental.

O debate acerca do jusnaturalismo aparece de modo destacado já na Antiguidade, contexto em que geralmente se apresenta como um confronto entre concepções jusnaturalistas e, de outro, convencionalistas. É relevante notar que, na Antiguidade, o direito natural estava vinculado tanto às divindades quanto à própria ordem natural (natureza).

Para Aristóteles, "a justiça natural tem a mesma validade em toda a parte e ninguém está em condições de a aceitar ou rejeitar"[10]. Nessa mesma linha, Antígona questiona as normas postas e remete à ideia de um direito natural ao afirmar que "essas [leis] não foi Zeus que as promulgou, nem a Justiça, que coabita com os deuses infernais, estabeleceu tais leis para os homens. [...] Porque esses preceitos [não escritos, mas imutáveis dos deuses] não são de agora, nem de ontem, mas vigoram sempre, e ninguém sabe quando surgiram"[11]. Reafirma, portanto, a ideia de que o direito natural é eterno e imutável. Adicionalmente, já na Grécia antiga aparece a distinção de leis escritas (aquelas geradas pela democracia grega) e leis não escritas (vinculadas à ordem universal e divina do cosmos)[12].

No contexto do Direito Romano, há uma distinção semelhante, na qual o direito natural é aquele que a natureza ensina a todos os seres vivos, sendo universal e imutável. Em contrapartida, o direito positivo é definido como o conjunto de normas estabelecido por uma comunidade para si mesma.

10 ARISTÓTELES. **Ética a Nicômaco**. Tradução: António de Castro Caeiro. São Paulo: Atlas, 2019, p. 117.

11 SÓFOCLES. **Antígona**. 6. ed. Coimbra: Fundação Calouste Gulbenkian, s.d., p. 57.

12 GOYARD-FABRE, Simone. **Os fundamentos da ordem jurídica**. Tradução: Claudia Berliner. 2. ed. São Paulo: Martins Fontes, 2007, p. 9.

Na síntese feita por Bobbio[13], o *jus gentium* e o *jus civile* dos romanos se referem à nossa distinção entre direito natural e positivo, sendo que o direito positivo (*jus civile*) é posto pelo povo (por uma entidade social criada pelos homens) e se limita a determinado povo, ao passo que o direito natural[14] (*jus gentium*) é posto pela *naturalis ratio* (razão natural) e não encontra limites.

Os romanos consideravam o direito natural como intrinsecamente bom, enquanto o direito positivo era valorizado por sua utilidade. Em Cícero (106–43 a.C.), por sua vez, temos que a lei denominada reta razão, que é conforme a natureza, é eterna e imutável. Cícero traça, portanto, as linhas gerais do jusnaturalismo antigo, destacando as características centrais do direito natural, que, ademais, não tolera ofensa ou qualquer tipo de restrição ou revogação.

Já no pensamento medieval, tem destaque o jusnaturalismo teológico, notadamente influenciado pelo Cristianismo, a partir da ideia central de que Deus criou e ordenou o mundo.

Em Santo Agostinho (354–430), há uma divisão entre o que o pensador denomina lei eterna (lex aeterna), lei universal de origem divina, que, portanto, mostra-se como perfeita, infalível, infinitamente boa e justa e, como tal, não sujeita a qualquer relativismo sociocultural; de outro lado, as leis humanas (direito positivo) são imperfeitas e corruptas, uma vez que decorrem dos falsos juízos humanos. Tratando-se de um pensamento jusnaturalista — de fundamento teológico —, aceita-se uma clara superioridade da lei natural sobre a positiva. Afinal, diante de um eventual conflito normativo entre preceitos de direito natural e de direito positivo, o fiel deve cumprir os mandamentos de Deus, independentemente de eventuais consequências terrenas. Aqui, de modo bastante claro, há a manifestação do dualismo típico da perspectiva jusnaturalista: existe uma justiça divina (perfeita, eterna e imutável) e, de outro lado, a justiça humana, o direito positivo, que reflete a imperfeição típica dos humanos.

Vale destacar, ainda, que o fundamento teológico-religioso do direito natural torna inevitável a correlação entre direito e moral, que acaba por ficar solapada no âmbito do direito natural clássico, mormente em razão de sua referência ao que se reputa proveniente da natureza e do racionalismo individualista da modernidade, conforme analisaremos à frente.

Já na Escolástica, cujo principal representante é São Tomás de Aquino (1225–1274), identifica-se uma complexidade maior no modo de compreensão dessa problemática. Aquino buscará apresentar uma distinção entre as verdades da razão e

13 BOBBIO, Norberto. **O positivismo jurídico**: lições de Filosofia do Direito. Tradução e notas: Márcio Pugliesi, Edson Bini e Carlos E. Rodrigues. São Paulo: Ícone, 2006, p. 18.

14 Para uma discussão mais ampla: VATTEL, Emer de. **O direito das gentes**. Prefácio e tradução: Vicente Marotta Rangel. Brasília: EdUnB/IPRI, 2004

as da fé (revelação), e, em sua *Suma Teológica*, nos apresentará quatro tipos de leis: lei eterna, lei natural, lei humana e lei divina.

A lei eterna (*lex aeterna*) consiste na razão divina que governa e dá ordem a todo o universo, sendo apenas seus efeitos conhecidos pelo homem. A lei natural (*lex naturalis*) é aquela verificada na natureza, que é obra de Deus. Trata-se de lei compreensível pelo homem por meio da razão, consistindo na participação na lei eterna, aberta aos seres racionais (*Partecipatio legis aeternae in rationali creatura*). A lei humana (*lex humana*), por sua vez, é o direito positivo, fruto das convenções humanas e que, aqui, pode visar o bem comum. Por fim, a lei divina (lex divina) consiste na lei de Deus anunciada por meio da revelação e que guia o discernimento do pecado.

Dessa maneira, a lex naturalis e a *lex humana* perfazem a clássica distinção entre direito natural e positivo. Entretando, Santo Tomás entende que a lei humana deriva da natural, quer por conclusão (*per conclusionem*), quer por determinação (*per determinationem*)[15]. Por conclusão, a lei humana decorre da natural por uma questão lógica, uma síntese de um processo silogístico. Já por determinação, há uma lei natural geral que ganha especificidade nas disposições de direito positivo.

Em síntese, no medievo, o Direito Natural permanece refletindo a ideia de um direito universalmente justo; entretanto, a noção é teologizada pela doutrina cristã e ganha um contorno semântico relacionado à sua vocação ao mesmo tempo fundadora e reguladora[16].

Posteriormente, haverá um processo de antropologização do Direito Natural, para usar a expressão cunhada por Goyard-Fabre[17], de modo que a referência à natureza das coisas será gradativamente substituída pela natureza do homem. Esse movimento, que se origina ainda no medievo, ganha força com o pensamento renascentista, de tal sorte que o direito natural deixa de se fundar na ordem natural ou no divino para se vincular a um pensamento centrado no humano.

Na transição da Idade Média para a Modernidade[18], a questão jusnaturalista tornou-se central, seja na fundamentação do vindouro direito moderno, seja na

[15] BOBBIO, Norberto. **O positivismo jurídico**: lições de Filosofia do Direito. Tradução e notas: Márcio Pugliesi, Edson Bini e Carlos E. Rodrigues. São Paulo: Ícone, 2006, p. 20.

[16] GOYARD-FABRE, Simone. **Os fundamentos da ordem jurídica**. Tradução: Claudia Berliner. 2. ed. São Paulo: Martins Fontes, 2007, p. 37.

[17] GOYARD-FABRE, Simone. **Os fundamentos da ordem jurídica**. Tradução: Claudia Berliner. 2. ed. São Paulo: Martins Fontes, 2007, p. 40.

[18] "A modernidade começa quando os homens desenvolvem o sentimento de sua própria competência, quando começam a pensar primeiro que podem compreender a natureza e a sociedade e depois que podem controlar a natureza e a sociedade para atingir seus próprios objetivos. Acima de tudo, a modernização implica a crença na capacidade do homem de, através de uma ação racional, mudar seu meio ambiente físico e social. Significa a rejeição dos obstáculos externos aos homens, sua libertação de Prometeu dos deuses, da fatalidade e do destino" (HUNTINGTON, Samuel P. **A ordem política nas sociedades em mudança**. Tradução: Pinheiro de Lemos. Rio de Janeiro: Forense-Universitária; São Paulo: Ed. USP, 1975, p. 112)

própria justificação do Estado. Costuma-se apontar Huig de Groot (1583–1645) — latinizado como Hugo Grotius e aportuguesado como Hugo Grócio — como o fundador do jusnaturalismo moderno, em especial ao afirmar a independência do Direito com relação à Teologia — é de Grócio a famosa frase de que o Direito Natural existiria mesmo se Deus não existisse.

Nesse mesmo sentido, porém com um viés mais político e, portanto, fortemente relacionado não somente à fundamentação do Direito, mas sobretudo do Estado, os pensadores denominados contratualistas trouxeram importante contribuição. Trata-se aqui de analisar uma linhagem filosófica sistematizada no contexto moderno por Thomas Hobbes (1588–1679) e trabalhada, sob outras perspectivas, por John Locke (1632–1704) e por Jean-Jacques Rousseau (1712–1778). Não se fará uma análise dos diferentes contratualismos, mas apenas se apresentará, em linhas gerais, como a tradição contratualista apresentou o problema do fundamento jusnaturalista do Direito no contexto moderno.

Os teóricos contratualistas buscaram fundamentar, em bases racionais, a sociedade política organizada (o Estado). Para tanto, valeram-se de um exercício mental de reflexão centrado na ideia de um estado de natureza, que seria a situação em que os homens se encontravam antes do advento de qualquer organização política ou autoridade de uns sobre os outros. Trata-se, como dito, de uma reflexão filosófica e não de um estudo antropológico ou histórico acerca do início das sociedades políticas. Por diferentes motivos — conforme a abordagem de cada pensador — os homens decidem por meio de um pacto — o contrato social — pôr fim ao estado de natureza e se submeterem a uma autoridade comum e superior a todos: o Estado.

Em síntese, a estrutura do pensamento contratualista comporta, portanto, três momentos: o estado de natureza, a celebração do pacto (o contrato social) e a sociedade política organizada (o Estado). A compreensão da convivência humana em seu estado natural, a razão subjacente ao estabelecimento de um pacto social e as características dessa sociedade política são abordadas de maneiras diversas pelos diversos pensadores contratualistas.

Em Hobbes, o sistematizador do contratualismo moderno, encontramos a descrição de um estado de natureza belicoso, em que há a famigerada guerra de todos contra todos. A ausência do soberano com autoridade suficiente para encerrar conflitos é, dentre outros, o fundamento dessa situação de constante conflito e insegurança. Há, aqui, na condição natural, que "...onde não há Estado nada pode ser injusto. Para Hobbes, a natureza da justiça exige o cumprimento de pactos válidos, mas a validade destes (pactos) só começa mediante um poder civil capaz de impor aos indivíduos o seu cumprimento forçado"[19]. A posição hobbesiana, nesse

[19] HOBBES, Thomas. **Leviatã ou Matéria, forma e poder de um estado eclesiástico e civil**. Tradução: João Paulo Monteiro e Maria Beatriz da Silva. 2. ed. São Paulo: Abril Cultural (Os Pensadores), 1979, p. 86.

sentido, pode ser vista, com as devidas ressalvas, como alinhada a perspectivas juspositivistas que negam a existência de direitos naturais e sustentam o direito positivo — aquele posto pelo Estado — como único existente.

Vale destacar que a teoria hobbesiana, embora se articule em bases individualistas, e, com isso, rompa com as perspectivas comunitaristas, em especial as de Aristóteles, não recebeu a adesão necessária da classe em ascensão — a burguesia — naquele momento histórico, em especial por defender um Estado forte e centralizador, nos moldes do modelo absolutista, então em descrédito.

Já em Locke[20], com maior clareza, tem-se uma representação exemplar do jusnaturalismo racional, amplamente festejado pelos modernos. A teoria lockeana, nesse tocante, exerceu uma enorme influência não só no plano teórico, mas também na produção de relevantes diplomas jurídicos da modernidade, notadamente a Declaração de Independência e a Constituição dos Estados Unidos da América e também a Declaração dos Direitos do Homem e do Cidadão de 1789, promulgada pela Assembleia Nacional Francesa no seio da França revolucionária.

Locke apresenta uma concepção do estado de natureza que se caracteriza pela ausência de autoridade civil, sendo permeado pela liberdade e igualdade. Essa perspectiva o distingue de Hobbes, para quem essa condição é marcada por uma amoralidade intrínseca. Ademais, Locke identificará um direito natural de propriedade que se tornaria o principal traço característico de seu pensamento.

Locke se lança ao desafio teórico de explicar como os seres humanos podem reivindicar a propriedade — que, a princípio, Deus concedeu como comum à Humanidade — sem depender de qualquer pacto entre os membros da comunidade. Isto é, como a propriedade pode se formar independentemente de acordos humanos formais ou estruturas políticas que ratifiquem essa relação. Em outras palavras, ele pretende evidenciar a existência do direito de propriedade em um estágio pré-político, apresentando-o como inerentemente natural, existente desde o estado de natureza e antes do advento do contrato social criador da sociedade civil.

Inicialmente, Locke percebe em cada ser humano um potencial proprietário, uma vez que, por meio do trabalho, cuja propriedade é intrínseca a ele — os frutos da terra, antes considerados comuns — transforma-se em propriedade individual. Além de associar a propriedade ao trabalho, Locke também a relaciona como o sustento da vida humana; afinal, para sobreviver, é fundamental a apropriação dos frutos que estão em a Natureza e, para tanto, é preciso estabelecer sobre eles uma propriedade que independa do consentimento dos demais, sob pena de, mesmo em abundância, morrer de fome. Associando a propriedade à sobrevivência,

20 Para um estudo mais detalhado sobre o Segundo Tratado de John Locke, vide: GAMBA, João Roberto Gorini. **Direito de propriedade**: fundamentos históricos e filosóficos. 3. ed. Rio de Janeiro: Lumen Juris, 2021.

Locke acaba por reforçar que a propriedade não consiste em uma questão convencional ou política, mas é inerente à natureza humana.

Além de identificar a liberdade, a igualdade e a propriedade como direitos naturais, Locke apontará a execução das leis da natureza nas mãos de todos os seres humanos:

> E para impedir a todos os homens que invadam os direitos dos outros e que mutuamente se molestem, e para que se observe a lei da natureza, que importa na paz e na preservação de toda a Humanidade, põe-se, naquele estado, a execução da lei da natureza nas mãos de todos os homens, mediante a qual qualquer um tem o direito de castigar os transgressores dessa lei em tal grau que lhe impeça a violação, pois a lei da natureza seria vã, como quaisquer outras leis que digam respeito ao homem neste mundo, se não houvesse alguém nesse estado de natureza que não tivesse poder para pôr em execução aquela lei e, por esse modo, preservasse o inocente e restringisse os ofensores[21].

Locke, assume a existência dos direitos naturais de liberdade, igualdade e propriedade e acrescenta a esses um poder de execução das leis naturais, identificando uma jurisdição recíproca entre os indivíduos e que, portanto, reforça seu patamar de igualdade. Acaba, desse modo, por atribuir às leis naturais uma possibilidade de sanção[22]. Trata-se aqui de uma mensagem de cunho revolucionário que, é claro, se adequa ao contexto que o permeia; afinal, se a liberdade, a igualdade e a propriedade são nossos direitos naturais, elas devem manter-se independentemente do Estado. Caso as autoridades civis não garantam os direitos naturais, abre-se a possibilidade de se valer dessa prerrogativa de execução das leis naturais e, desse modo, se rebelar contra a autoridade.

A fruição dos direitos naturais no estado de natureza, entretanto, é incerta. Daí a necessidade do pacto — o contrato social — para pôr fim ao estado de natureza e garantir a fruição segura dos direitos naturais. A existência do Estado, assim, deve-se precisamente para a garantia dos direitos naturais.

Atente como aqui a estrutura do argumento contratualista para a identificação de direitos naturais se faz clara: se o direito positivo é aquele posto pelo Estado, e o direito natural é aquele cujos preceitos independem da autoridade estatal e,

[21] LOCKE, John. **Segundo Tratado do Governo**. Tradução: E. Jacy Monteiro. São Paulo: Nova Cultural (Os Pensadores), 1991, p. 218. Sendo notável ainda a passagem: "A pessoa prejudicada tem o poder de apropriar-se dos bens ou serviços do ofensor pelo direito de autopreservação, como qualquer um tem o poder de castigar o crime para impedir-lhe a repetição, pelo direito que tem de preservar toda a Humanidade e de executar tudo quanto seja razoável a favor desse objetivo" (Idem, p. 219).

[22] Conforme ensina Strauss, para ser lei, a lei natural deve ter sanções. (STRAUSS, Leo. **Direito Natural e História**. Tradução: Bruno Costa Simões. São Paulo: WMF Martins Fontes, 2014, p. 269).

em última análise, de quaisquer atos humanos, basta que se realize uma reflexão filosófica para retirar o Estado da equação. Os direitos que sobrarem, mesmo num contexto de inexistência de qualquer autoridade que estabeleça qualquer direito positivo, são atribuídos à natureza humana.

Com efeito, no âmbito do contratualismo moderno, o Estado passa a ser fruto da liberdade e da razão humana, isto é, afasta-se da visão naturalista aristotélica que o via como necessário e se apresenta como um artifício da razão para resolver problemas de sociabilidade existentes no estado natural, notadamente no que tange à fruição dos direitos naturais.

Nesse sentido, o pacto transfere os direitos naturais para a resguarda do Estado, transformando-os, por assim dizer, em direitos civis protegidos pelo aparato estatal, sem, contudo, findar seu fundamento natural — em outras palavras, o contrato social visa estabelecer regras de fruição certa e segura dos direitos naturais, transformando-os em civis.

O art. 2° da Declaração dos Direitos do Homem e do Cidadão de 1789 é claro ao dizer: "Artigo 2° - O fim de toda a associação política é a conservação dos direitos naturais e imprescritíveis do homem. Esses Direitos são a liberdade, a propriedade, a segurança e a resistência à opressão." Estabelece, portanto, a finalidade do Estado como sendo precipuamente a defesa dos direitos naturais, elencando-os à luz das teorias e interesses do período.

Curioso notar, ainda, que o pensamento moderno — notadamente o iluminista — foi marcado fortemente pelo racionalismo e pelo secularismo. Entretanto, os modernos não foram capazes de abandonar a busca por um fundamento metafísico para a fundamentação da ordem jurídica e política e, ainda, se depararam com a persistência das concepções teológicas, fortemente arraigadas na cultura ocidental.

Já na segunda metade do século XX, um contexto que alguns poderiam denominar Modernidade Tardia, o jusnaturalismo continua sendo identificado como central nas discussões sobre o fundamento (ou fonte) do direito, embora tenha, é claro, passado por transformações significativas ao longo dos séculos — tal como exposto neste tópico. Diferentemente das abordagens juspositivistas, analisadas a seguir, o jusnaturalismo continua a buscar fundamentos éticos e morais para o Direito, ancorando-se na ideia de um conjunto de princípios universais e imutáveis.

Nesse cenário, destaca-se a retomada de pretensões jusnaturalistas com a Declaração Universal dos Direitos Humanos de 1948, refletindo uma preocupação com a proteção intrínseca e universal dos direitos humanos no contexto do pós-guerra. Essa universalidade — independentemente de fronteiras nacionais ou culturais — reflete a crença no jusnaturalismo de que certos direitos são inerentes à condição humana.

Diante desse breve panorama histórico, e buscando uma abordagem didática do problema, é possível sinterizar os fundamentos do direito natural ao longo dos séculos da seguinte forma:

Época	Principiais fundamentos do direito natural
Antiguidade	Deuses. Natureza. Cosmos.
Idade Média	Deus.
Modernidade	Racionalidade.
Século XX	Natureza humana. Direitos Humanos. Imanência histórica.

1.3.2 CRÍTICA AO DIREITO NATURAL

As diferentes fundamentações do direito natural, nos distintos estádios históricos, ensejam inevitavelmente questões acerca da real universalidade, imutabilidade, eternidade e, é claro, precisão dos preceitos naturais apontados pelos pensadores jusnaturalistas.

Não é difícil encontrar pensadores jusnaturalistas justificando a monarquia e, outros, a democracia; ou, ainda, a igualdade e, de outro lado, a desigualdade, sendo todos esses ancorados em pretensos direitos naturais inerentes à natureza, à vontade divina ou ao homem — isolado ou em razão de sua sociabilidade. A variabilidade das posições — por vezes antagônicas — defendidas pelos pensadores jusnaturalistas ao longo do tempo colocam em xeque a pretensa universalidade e imutabilidade de tais posições.

Sobre importância das condições naturais para o Direito, Zippelius adverte que:

> As estruturas materiais e as aptidões e necessidades naturais dos seres humanos são sem dúvida condições prévias da regulação jurídica. Esta tem de as tomar em consideração. Em especial, os factos naturais limitam a margem de escolha da conduta e, por conseguinte, também as possibilidades de regulação jurídica. Também as circunstâncias naturais, sobretudo as necessidades do homem biologicamente motivadas, constituem um estímulo e objeto de regulação jurídica[23].

Assim sendo, é evidente que fatos naturais, como os climáticos (como chuvas e tornados) e biológicos (como a necessidade de alimentos) nortearão a formulação de legislações. No entanto, de tais fatos não se pode extrair qualquer tipo de eticidade inerente. Os fatos — ou a ordenação divina do mundo — não têm o condão de conduzir a determinadas fundamentações éticas, como se fossem inerentes a eles; eles servem como premissas a serem tomadas por humanos em contextos

[23] ZIPPELIUS, Reinhold. **Filosofia do Direito**. São Paulo: Saraiva, 2012, p. 150.

decisórios para que, então, a eles se atribua determinada interpretação ou utilidade eticamente orientada. O aspecto ético é, portanto, atribuído ao fato (natural e/ ou divino) e não a ele inerente, como pretendem defender os jusnaturalistas.

1.3.3 JUSPOSITIVISMO

Diferentemente do jusnaturalismo, que entende o Direito de modo dualista, o juspositivismo baseia-se numa lógica monista, isto é, na ideia de que o direito posto é o único existente; daí o motivo de Bobbio[24] defini-lo como "aquela doutrina segundo a qual não existe outro direito senão o positivo". Assim, o direito positivo é compreendido como o

> direito posto pelo poder soberano do Estado, mediante normas gerais e abstratas, isto é, como "lei". Logo, o positivismo jurídico nasce do impulso histórico para a legislação, se realiza quando a lei se torna fonte exclusiva — ou, de qualquer modo, absolutamente prevalente do direito, e seu resultado último é representado pela codificação[25].

Assim sendo, o juspositivismo é entendido aqui, ainda em termos simples, como a doutrina do Direito positivo visto como único existente e refletindo, portanto, uma concepção monista que ignora, ou melhor, descarta de modo expresso qualquer outra fonte do direito que não seja a produção legislativa proveniente do Estado. A forma como é apresentado e elaborado varia, é claro, mas, na ideia de direito posto, é central que ele seja ditado por uma autoridade competente e, portanto, se apresente como decorrente de convenções humanas, característica que o torna substancialmente distinto do direito natural.

Embora o positivismo possa remontar a escritos anteriores, é com Comte que ele ganhará a sistematização e importância que se relaciona com a construção do positivismo jurídico (ou juspositivismo). Em Comte, o positivismo se refere à aceitação dos fatos e suas relações como único objeto de estudo possível para uma abordagem científica, de onde verifica-se, no âmbito do século XIX, uma negação da metafísica e a consequente priorização das ciências experimentais, baseadas na análise dos fatos e com a exclusão dos elementos não científicos do processo cognitivo, isto é, uma espécie de observação desinteressada (isenta) do objeto de estudo (o que, de partida, já se torna discutível: toda observação já é interessada).

No âmbito jurídico, sua origem se alinha à consolidação da Modernidade, relacionando-se à necessidade de segurança burguesa em momento posterior à

[24] BOBBIO, Norberto. **O positivismo jurídico**: lições de Filosofia do Direito. Tradução: Márcio Pugliesi, Edson Bini e Carlos E. Rodrigues. São Paulo: Ícone, 2006, p. 119.

[25] BOBBIO, Norberto. **O positivismo jurídico**: lições de Filosofia do Direito. Tradução: Márcio Pugliesi, Edson Bini e Carlos E. Rodrigues. São Paulo: Ícone, 2006, p. 119.

Revolução Francesa. Com efeito, os modelos jurídicos anteriores eram caracterizados pelo enfraquecimento da Justiça — geralmente cooptada pelo monarca — e pelo predomínio da força e do arbítrio, resultado em uma notável insegurança jurídica tão criticada pela burguesia e pelos pensadores iluministas.

O Código Civil francês (Napoleônico), de 1804, materializa, de certo modo, a racionalidade moderna proclamada pelos pensadores do Iluminismo, posto que foi elaborado por expertos e, ainda, encarnaria de algum modo a vontade geral, ao menos na teoria. De todo modo, refletia questões teóricas que simbolizavam o pensamento jurídico ocidental.

Da valorização do direito escrito resulta, dentre outros efeitos, a criação da Escola da Exegese (*École de l'Exégèse*) na França e a Escola dos Pandectistas no mundo germânico. Esse movimento, característico do século XIX, transformou a ciência jurídica.

Para fixar um modelo contemporâneo, entre outros possíveis, Bobbio apresenta o que chamou de pontos fundamentais da doutrina positivista, mas que tratou como problemas, *in verbis*:

> 1. [...] Na linguagem juspositivista o termo "direito" é então absolutamente avalorativo, isto é, privado de qualquer conotação valorativa ou ressonância emotiva: o direito é tal que prescinde do fato de ser bom ou mal, de ser um valor ou um desvalor.
>
> Deste comportamento deriva uma particular *teoria da validade do direito*, dita teoria do formalismo jurídico, na qual a validade do direito se funda em critérios que concernem unicamente à sua estrutura formal (vale dizer, em palavras simples, o seu aspecto exterior), prescindindo do seu conteúdo, segundo o positivismo jurídico, a afirmação da validade de uma norma jurídica não implica também a afirmação de seu valor.
>
> 2. [...] o juspositivismo define o direito em função do elemento da coação, de que deriva a *teoria da coatividade do direito*. Essa teoria é consequência do modo de considerar o direito [...] como fato levando necessariamente a considerar como direito o que vige como tal numa determinada sociedade, a saber, aquelas normas que são feitas para valer por meio da força [...].
>
> 3. [...] O positivismo jurídico elabora toda uma complexa doutrina das relações entre a lei e o costume (excluindo-se o costume *contra legem* ou costume ab-rogativo e admitindo somente o costume *secundum legem* e eventualmente o *praeter legem*) das relações entre a lei e o direito judiciário e entre lei e direito consuetudinário. Há, em seguida, o problema das fontes assim ditas "pressupostas" ou "aparentes" do direito, como a equidade ou a natureza das coisas ou dos fatos [...].
>
> 4. [...] o positivismo jurídico considera a norma como um comando, formulando a *teoria imperativista do direito*, que se subdivide em numerosas "subteorias",

> segundo as quais é concebido esse imperativo: como positivo ou negativo, como autônomo ou heterônomo, como técnico ou ético. Há, em seguida, o "problema das normas permissivas", isto é, se essas normas fazem manifestar em menor grau a natureza imperativa do direito; e, enfim, trata-se de estabelecer a quem são dirigidos os comandos jurídicos, de onde deriva o problema dos destinatários da norma.
>
> 5. [...] a *teoria do ordenamento jurídico*, que considera a estrutura não mais da norma isoladamente tomada, mas do conjunto de normas vigentes numa sociedade. O positivismo jurídico sustenta a *teoria da coerência e da completitude* do ordenamento jurídico. (a) a característica da *coerência* exclui que, em um mesmo ordenamento jurídico possam coexistir simultaneamente duas normas antinômicas (contraditórias ou contrárias), visto que já está implícito no próprio ordenamento um princípio que estabelece que uma das duas, ou ambas as normas são inválidas, (b) com o requisito da completitude, o positivismo jurídico afirma que, das normas explícita ou implicitamente contidas no ordenamento jurídico, o juiz pode sempre extrair uma *reguila decidendi* para resolver qualquer caso que lhe seja submetido: o positivismo jurídico exclui assim decididamente a existência de *lacunas* no direito.
>
> 6. [...] o *método da ciência jurídica*, isto é, *o problema da interpretação* (entendendo-se o termo "interpretação" em sentido muito lato, de modo a compreender toda a atividade científica do jurista: interpretação *stricto sensu*, integração, construção, criação do sistema; o positivismo jurídico sustenta a *teoria da interpretação mecanicista*, que na atividade do jurista faz prevalecer o elemento declarativo sobre o produtivo ou criativo do direito [...].
>
> 7. [...] há um conjunto de posições no âmbito do positivismo jurídico que encabeça a *teoria da obediência absoluta da lei enquanto tal*, teoria sintetizada no aforismo: *Gesetz ist Gesetz* (lei é lei). Com referência a esta teoria [...] dever-se-ia falar de positivismo ético.
>
> Concluindo: o positivismo jurídico pode ser considerado sob três aspectos: (a) um modo de abordar o estudo do direito (item 1); (b) uma certa teoria do direito (itens 2 a 6) e (c) uma certa ideologia do direito (item 7)[26].

Essa exposição merece alguns comentários: em primeiro lugar, o simples fato de o Direito necessitar de interpretação já acarreta a incidência de uma leitura valorativa, pois se atribui preço (valor) ao que se lê. É inafastável a avaliação dos fatos para que se possa encontrar a(s) lei(s) aplicável(eis) ao caso. O brocardo *Da mihi*

[26] BOBBIO, Norberto. **O positivismo jurídico**: lições de Filosofia do Direito. Tradução: Márcio Pugliesi, Carlos Eduardo Rodrigues e Edson Bini, São Paulo: Ícone, 1995, p. 131-134.

factum, dabo tibi ius traz em si a necessidade de se encontrar na legislação as normas aplicáveis ao caso.

A coatividade das normas encontra inúmeros problemas em sua aplicação — basta ver a grande quantidade de ações de execução arquivadas pela falta absoluta de bens do devedor para satisfazer o seu credor. Mesmo com todo poder coativo, o poder público não tem como obrigar o impossível; como já dissera Celso: *Impossibilium nulla obligatio est* (Não há obrigação de realizar o impossível) (50, 17, 185).

A questão da equidade encontra uma longa discussão em Rawls[27] — pois a igualdade depende de pontos de partida não passíveis de escolha prévia e ditados em particular pelo próprio fato do nascimento. E os costumes também são hauridos por essa circunstância, e apenas aqueles de alcance de larga margem da sociedade são, via de regra, pautados para a análise dos juristas.

Graciliano Ramos em seu *Vidas secas*[28], obra do regionalismo brasileiro publicada pela primeira vez em 1938, ao relatar a vida miserável dos retirantes apresenta importantes questões atinentes aos costumes e à perspectiva necessária do conceito de dignidade da pessoa humana, e seus capítulos relativos à passagem de Fabiano pela cidade ("Festa" e "Cadeia") mostram o profundo sentimento de inadequação do lacônico vaqueiro. E ressalta-se que se sente menos incomodado ao ser espancado com os facões da milícia do que de sofrer um pisão no pé por um de seus componentes (o soldado amarelo) na festa. Isso mostra que o sentimento de dignidade não pode ser ditado pelo coletivo de cidadãos, mas representa o sentido que cada um dá à sua vida. Talvez fosse melhor conceituar a dignidade humana como a possibilidade de cada um buscar sua própria felicidade (conforme a entender).

A teoria imperativista do Direito deixa de perceber que as normas, embora coativas, necessitam persuadir e são mais obedecidas pela inculcação social do que pelo temor da sanção, que muita vez não se aperfeiçoa.

O positivismo jurídico sustenta a *teoria da coerência e da completude* do ordenamento jurídico. Isso não se dá, embora as normas colidentes possam ser excluídas: ambas ou uma delas — para efeito de se manter a coerência, a completude não consegue se impor pelo fato de a sociedade ser dinâmica. Ele constrói constantemente novos projetos e produz novos objetos — muito além do que um ordenamento pode controlar mediante suas promessas. Em momentos como a atualidade, em que a sociedade mundial passa por um ponto de inflexão — por efeito de radicais alterações no sistema produtivo —, a carência de novas disposições normativas leva à construção de uma enorme legislação extravagante.

Quanto à tendência de supor o jurista como um intérprete mecânico da lei, não há necessidade de se argumentar contrariamente: a prática diária o atesta à

[27] RAWLS, John. **A theory of justice**. Cambridge: Belknap, 1971; e RAWLS, John. **Collected papers**. Ed. Samuel Freeman, Cambridge: Harvard, 1999.

[28] RAMOS, Graciliano. **Vidas secas**. 120. ed., Rio de Janeiro: Record, 2013.

suficiência. Em épocas de um ativismo jurídico que desponta ao legislar, pensar em interpretações restritivas seria ilusório. Nem em Direito Tributário, em que a lei demanda interpretação estrita, se faz isso.

Quanto ao positivismo ético, cujo lema é *dura lex sed lex* (a lei é dura, mas é a lei), seria inadmissível deixar-se de, a partir dos fatos, construir um sentido específico para os fatos apresentados. A promessa da norma precisa alcançar o caso, sob pena de se tornar inútil. E a norma é promessa, porque não é um contrato: a anuência do súdito não é necessária.

E isso fica claro pela posição do mesmo Bobbio[29]:

> A norma fundamental, assim como a temos aqui pressuposta, estabelece que é preciso obedecer ao poder originário (que é o mesmo poder constituinte). Mas o que é poder originário? É o conjunto das forças políticas que num determinado momento histórico tomaram o domínio e instauraram um novo ordenamento jurídico. [...] Quando a norma fundamental diz que se deve obedecer ao poder originário, não deve absolutamente ser interpretada no sentido de que devemos nos submeter à violência, mas no sentido de que devemos nos submeter àqueles que têm o poder coercitivo. Mas esse poder coercitivo pode estar na mão de alguém por consenso geral. Os detentores do poder são aqueles que têm a força necessária para fazer respeitar as normas que deles emanam. Nesse sentido a força é um instrumento necessário do poder. Isso não significa que ela seja o fundamento. A força é necessária para exercer o poder, mas não para justificá-lo.
>
> [...]
>
> Se o Direito é um conjunto de regras com eficácia reforçada, isso significa que um ordenamento jurídico é impensável sem o exercício da força, isto é, sem um poder. Colocar o poder como fundamento último de uma ordem jurídica positiva não quer dizer reduzir o Direito à força, mas simplesmente reconhecer que a força é necessária para a realização do Direito.

E isso — embora numa leitura contratualista do Direito — apenas reforça a postura aqui desenvolvida de que a norma representa uma promessa do poderoso ao desapoderado, para que possa exercer o poder a seu talante com menor conflitividade. O desapoderado não precisa anuir; basta obedecer.

Quando as normas impostas por esse mecanismo de reforço de eficácia não mais são cumpridas, uma nova ordem se faz necessária. Contrariamente a Bobbio, pensa-se que o ordenamento tem efetividade, sendo a eficácia a característica das

29 BOBBIO, Norberto. **O positivismo jurídico**: lições de Filosofia do Direito. Tradução: Márcio Pugliesi, Carlos E. Rodrigues e Edson Bini, São Paulo: Ícone, 1995, p. 65-66.

normas componentes do ordenamento. Basta que as invoquem e haja determinação das instâncias capazes para que as normas cobrem eficácia, mesmo mediante a força. O ordenamento pode conter várias normas que não são mais invocadas porque as condições que regulam não são mais pertinentes aos momentos sócio-históricos, mas nem por isso o ordenamento deixa de ter efetividade.

Nota-se que essa visão funcional do Direito esposada, entre outros, por Bobbio se torna insatisfatória por alguns motivos: absconde sua raiz kelseniana, implicando a sanção no caso de descumprimento; supõe que o poder esteja, de fato, nas mãos de quem publicamente o exerce, deixando de indicar que, com frequência, apenas servem aos efetivamente poderosos — aqueles que são capazes de fazer eleger quem edita as normas, pois não raro os textos normativos são produzidos alhures e apenas conduzidos pelo legislativo para a sanção pelo executivo.

Vale ainda, por fim, reforçar: ver o direito como dotado das características já apontadas (conforme sinterizadas por Bobbio) é em si uma postura ideológica.

Além dessas características apontadas por Bobbio, é possível também verificar no positivismo jurídico uma resultante da tendência de cientificidade típica do século XIX que, no caso do Direito, apontará o sistema jurídico como fechado, isso pois "o sistema jurídico é, necessariamente, manifestação de uma unidade imanente, perfeita e acabada, que a análise sistemática faz mister explicar"[30].

Além disso, há uma importância significativa do jusnaturalismo na estruturação do juspositivismo: a abordagem sistêmica, pois "a redução das proposições a relações lógicas é óbvio pressuposto da formulação das 'leis naturais', universalmente válidas". Nesse sentido, o jusnaturalismo moderno, já analisado, será responsável pela secularização do direito natural e, no mesmo diapasão, o juspositivismo então nascente manterá a necessidade de um fundamento metafísico para o sistema jurídico, assegurando assim sua coerência e unidade. Adicione-se a isso, é claro, toda pretensão de cientificidade recorrente do avanço da racionalidade moderna.

No século XX, o positivismo jurídico ganharia seu maior expoente, Hans Kelsen (1881–1973), cuja teoria se centra na validade da norma, isto é, na análise das condições e critérios segundo os quais uma norma é aceita dentro do sistema jurídico. Ainda que não ignore certa margem de discricionaridade no âmbito da aplicação do direito pelos magistrados, a análise realizada quanto à validade reveste-se de rigor e segue os cânones da lógica formal. No âmbito do positivismo jurídico, os costumes, princípios e demais fatores não positivados não têm força normativa, apresentando-se o sistema jurídico como fechado e formado apenas por regras. Conforme se verá à frente, o pós-positivismo realizará a normatividade

30 FERRAZ JUNIOR., Tercio Sampaio. **A ciência do Direito**. 2. ed. São Paulo: Atlas, 2010, p. 33.

dos princípios, isto é, apresentará o sistema jurídico como sendo formado por duas espécies de normas: regras e princípios. Com isso, buscará viabilizar uma (re)conexão entre o ordenamento jurídico e uma concepção moral a ele inerente.

1.3.4 PÓS-POSITIVISMO

Barroso, ao tratar do novo Direito Constitucional típico do pós-guerra, aponta o pós-positivismo como seu marco filosófico, situado dentro de uma confluência entre o jusnaturalismo e o juspositivismo, já que:

> A superação histórica do jusnaturalismo e o fracasso político do positivismo abriram caminho para um conjunto amplo e ainda inacabado de reflexões acerca do Direito, sua função social e sua interpretação. O pós-positivismo busca ir além da legalidade estrita, mas não despreza o direito posto; procura empreender uma leitura moral do Direito, mas sem recorrer a categorias metafísicas[31].

Diante desse quadro conceitual, o pós-positivismo buscará valores compartilhados pelo corpo social, valores esses que seriam consubstanciados no texto constitucional. Face a isso, o pós-positivismo reconhece que há uma carga valorativa inerente ao ordenamento jurídico e que precisa ser levada em consideração no momento da decisão jurídica.

O contexto histórico de surgimento do pós-positivismo remonta ao contexto comumente denominado de pós-guerra, termo que faz alusão não apenas à segunda metade do século XX, mas denota a importância que a Segunda Grande Guerra teve na estruturação político-filosófica da sociedade. No plano jurídico, o positivismo estrito e seu formalismo tiveram que ceder espaço à proteção dos direitos humanos realizada por meio de documentos e organismos internacionais, destacando-se, em 1948, a Organização das Nações Unidas (ONU) e a Declaração Universal dos Direitos Humanos. O compromisso democrático aparece ao lado dos direitos humanos como importantes pilares das sociedades políticas ocidentais. A Constituição tem sua normatividade elevada, superando a vontade popular, cuja apropriação por populistas pode sobrevir.

Verifica-se, dessa maneira, que o pós-positivismo surgirá com o intento de superar contradições, injustiças e possíveis ineficiências do positivismo jurídico ou ao menos do seu recorte mais estrito. Em termos simples, visará reconciliar a relação entre direito e justiça, rompida pela suposta "superação histórica" do

31 BARROSO, Luis Roberto. Neoconstitucionalismo e Constitucionalização do Direito: o triunfo tardio do direito constitucional no Brasil. *In*: **Revista de Direito Administrativo**. Rio de Janeiro, 240, p. 1–42. abr./jun. 2005, p. 4. Disponível em: https://doi.org/10.12660/rda.v240.2005.43618. Acesso em: 15 jan. 2024.

jusnaturalismo e pelas críticas certeiras proferidas pelo pensamento juspositivista, notadamente de Kelsen e seus seguidores. Essa reconciliação entre Direito e Justiça visa sobretudo superar a limitação do positivismo, que impunha aos juízos uma postura (supostamente) neutra e imparcial, fomentando um posicionamento acrítico que, ao cabo, apenas legitima qualquer poder político que tenha força para impor um direito que lhe agrade.

Para operacionalizar essa reconciliação entre Direito e Justiça, o pós-positivismo aposta, em especial, na normatização dos princípios. Em linhas gerais, trata-se de apontar a existência de uma categoria norma composta por duas espécies: regras e princípios.

Os dois grandes representantes do pós-positivismo são Ronald Dworkin (1931–2013) e Robert Alexy (1945). Não nos cabe realizar uma análise detalhada de sua obra, mas apenas expor, em apertada síntese, suas características gerais para que possamos compreender de modo mais adequado o pós-positivismo.

Dworkin propõe que haja coerência da decisão judiciária com os valores e os princípios que são conhecidos por reger determinado sistema jurídico. Para ele, a resolução de casos difíceis *(hard cases)* passa por essa perspectiva, já que os casos fáceis seriam facilmente resolvidos pela aplicação de regras nos moldes positivistas tradicionais. Tais casos, chamados de difíceis em razão da inexistência de regras claras que resolvam a contenda, contêm princípios que auxiliam os juízes na decisão, para que esta contenha a devida coerência sistêmica.

Para tanto, Dworkin apresenta duas regras interpretativas: a conveniência, segundo a qual os juízes devem reunir os princípios e regras aplicáveis ao caso, listando-os; e, em seguida, aplicar a regra do valor, buscando a decisão mais ajustada à moral política inerente ao sistema jurídico. A decisão feita nesses modelos garantiria a integridade do Direito e, portanto, sua coerência sistêmica relacionada à busca pela efetividade dos princípios de justiça conhecidos por reger essa ordem jurídica.

Alexy, por sua vez, apresentará a normatividade dos princípios, associando-os ao que chama de *mandamentos de otimização*. Para ele, princípios são:

> normas que ordenam que algo seja realizado na maior medida possível dentro das possibilidades jurídicas e fácticas existentes. Princípios são, por conseguinte, mandamentos de optimização, que são caracterizados por poderem ser satisfeitos em graus variados e pelo facto de a medida devida da sua satisfação não depender somente das possibilidades fácticas, mas também das possibilidades jurídicas. O âmbito das possibilidades jurídicas é determinado pelos princípios e regras[32].

[32] ALEXY, Robert. **Teoria dos direitos fundamentais**. Tradução: Virgílio Afonso da Silva. São Paulo: Malheiros, 2008, p. 90–91.

Assim sendo, são normas que orientam o magistrado a aplicá-las na maior medida possível dentro das condições jurídicas e fáticas do caso. Diante disso, sua aplicação não se faz de modo binário ou absoluto, mas comporta graus e uma complexidade maior. Enquanto regras são aplicadas pela subsunção, os princípios são mandamentos de otimização nas mãos do aplicador. Com isso, em caso de haver colisão entre princípios, é necessário que o magistrado realize a ponderação dos interesses conflitantes, avaliando se a importância de satisfação do princípio colidente justifica a afetação ou a não satisfação do outro princípio.

Em termos gerais, o pós-positivismo busca extrair uma carga valorativa do ordenamento jurídico por meio da normatividade dos princípios. Esses, quer sejam explícitos ou não, representam os valores abrangidos pela ordem constitucional, conferindo coerência e unidade ao sistema jurídico. Desse modo, o intérprete ou aplicador deve levar em consideração os princípios dos quais surgem as regras aplicadas no caso concreto, certificando-se de que a interpretação adotada para um caso concreto atente aos parâmetros de justiça estabelecidos no sistema jurídico sobre os quais, em tese, pairam um consenso democraticamente formulado. Os princípios, portanto, funcionam concomitantemente como orientação e limitação à aplicação do direito.

Diante dessa pretensão, é evidente que o pós-positivismo é um objeto de uma série de críticas, as quais se passa a analisar.

É fundamental não olvidar que o pós-positivismo é, ainda, positivismo e, portanto, não pode ser confundido com qualquer perspectiva jusnaturalista, tampouco pode ser concebido como um modo de interpretar textos jurídicos por meio de uma interpretação valorativa que busque qualquer concepção de justo em sentido jusnaturalista ou metafísico. Reforça-se, nesse tocante, que o pós-positivismo busca extrair uma carga valorativa inerente ao sistema jurídico e não externa a ele.

Adicionalmente, é possível criticar a perspectiva pós-positivista não pelo que ela defende, mas pelas consequências que causou no âmbito das cortes superiores, pois o pós-positivismo, ao operacionalizar uma normatividade dos princípios, restou por ampliar a margem interpretativa dos aplicadores do Direito. Inobstante a intenção dos pensadores pós-positivistas, essa margem tem sido utilizada de modo excessivo, gerando o chamado ativismo judicial.

À luz das teorias de Alexy e Dworkin, brevemente analisadas anteriormente, é possível verificar que a perspectiva pós-positivista visou precisamente limitar o poder discricionário dos juízos no âmbito da aplicação — reduzir, ou melhor, acabar com qualquer moldura ou margem possível. Entretanto, o efeito prático decorrente da utilização de tais teorias pelos Tribunais superiores gerou um efeito reverso e acabou por associá-las precisamente ao mal que buscavam combater.

SUGESTÃO DE LEITURA E ATIVIDADE PARA APROFUNDAMENTO

Sófocles escreveu, dentre outras peças, o famoso caso de Antígona, cujo contexto é assim resumido por Wayne Morrison:

> "Antígona era uma das filhas de Édipo, essa figura trágica do poder masculino que havia sido amaldiçoada por ter assassinado o pai (o rei de Tebas) por engano e, em seguida, casado com sua mãe e assumido o trono de Tebas. Após a morte de Édipo, irrompeu a guerra civil e travou-se uma batalha diante da sétima porta de Tebas — seus dois filhos comandavam facções antagônicas, e no auge da batalha lutaram entre si e mataram-se. O irmão de Édipo, Creonte, tio de Antígona, era agora o senhor inconteste da cidade. Crente resolveu transformar em exemplo o irmão que havia lutado contra ele, Polinice, recusando-lhe o direito de ser sepultado. A pena de morte foi promulgada para quem quer lhe contestasse a ordem, que foi aceita como proveniente da autoridade legítima de um governante em sua cidade. A peça tem início com um confronto entre Antígona e sua irmã Ismênia.
>
> Antígona está perturbada; seu irmão Etéocles 'foi sepultado com honras de Estado, mas Polinice continua insepulto, não pranteado, um festim de carne para as aves de rapina'. Antígona pergunta a Ismênia se ela tomou conhecimento da ordem que, em sua opinião, dirige-se pessoalmente a elas: É contra ti e contra mim que ele emitiu essa ordem. Sim, contra mim. E logo ele próprio estará aqui para deixá-la clara aos que ainda a ignoram, e para fazê-la cumprir.
>
> A ameaça não é vã: o castigo para a desobediência é a morte. Para Antígona, o dilema é crucial e coloca um desafio a seu sangue real: 'Chegou a hora em que deverás mostrar se és ou não digna da nobreza de teu sangue. [...] Não é ele meu irmão e também teu, quer queiras quer não? Não haverei nunca de abandoná-lo — nunca!'. Ismênia, porém, responde: 'Como ousarias, quando é expressa a proibição de Creonte?
>
> Antígona sente-se presa a um dever normativo que transcende sua posição de súdita de Creonte. Ismênia, porém, evocando os horrores sofridos por sua família, apela a Antígona para que seja realista:
>
> [...] agora só restamos nós duas; e qual será o nosso fim se transgredirmos a lei e desafiarmos nosso rei? Ó irmã, reflete! Somos mulheres, incapazes de lutar contra os homens; nossos governantes são mais fortes que nós, e devemos obedecer não só nisso, como em coisas bem mais terríveis. Que os mortos me perdoem, mas nada pode fazer além de obedecer; mais do que isso é loucura.
>
> [...] Antígona justapõe dois conjuntos de obrigações e leis. Sente-se obrigada pelas leis divinas a sepultar o irmão, ao mesmo tempo que as leis de Tebas obrigam-na a

> deixá-lo insepulto. A resposta de sua irmã demonstra que ela também reconhece o conflito: 'Não os desafio; apenas não me sinto forte o bastante para ir contra o poder do Estado'. Para Antígona, isso não passa de uma desculpa; ela parte para sepultar o irmão, resignada com a punição que a aguarda. Sua morte será 'honrosa'; viver com o conhecimento de sua incapacidade de agir seria negar significado à sua vida e fazer dela uma não-existência. [...]
>
> São muitas as tensões aparentes no texto da peça, como aquelas entre o amor e o poder, a família e o Estado, e também entre o que poderíamos chamar de público e privado, **mas a tensão dominante é a que se dá entre a obrigação diante das ordens legítimas de Creonte — estabelecidas como as leis de Tebas — e a obrigação para com as leis dos deuses. Sófocles não deixa nenhuma outra saída.** O destino de Antígona é a morte, assim como o do filho de Creonte, desesperado diante do destino de sua noiva[33].

O caso de Antígona é um exemplo prático muito claro sobre a "tensão" de inúmeros estratos e leituras possíveis, sobretudo entre as noções de amor e dever, mas também revela uma tensão que aqui nos importa sobremaneira: a dualidade entre uma visão "positivista" do Direito ou de exigências advindas de uma visão jusnaturalista.

Dessa forma, a partir dos conceitos de positivismo jurídico, jusnaturalismo e positivismo jurídico anteriormente trabalhados, a sala deverá ser dividida em dois grupos para a realização de um *role-play* de acordo com os seguintes critérios:

1) um grupo ficará responsável por fazer a defesa de Antígona, aplicando as noções do jusnaturalismo e do "dever divino" previsto pela cultura grega de ser mandatório sepultar os seus familiares;

2) o segundo grupo deverá adotar a tese contrária, argumentando que ao caso deve ser aplicado o positivismo jurídico, reconhecendo-se expressamente a autoridade das leis de Tebas e, consequentemente, do dever de obediência às normas jurídicas expressamente positivadas; e

3) o restante da sala atuará como órgão julgador, decidindo a tese vencedora.

Para leitura e aprofundamento, consultar:

SÓFOCLES. **Antígona.** Tradução: Donaldo Schüler. L&PM Pocket. Disponível em: https://www.lpm.com.br/livros/Imagens/antigona2010.pdf. Acesso em: 29 abr. 2024.
MORRISON, Wayne. **Filosofia do Direito**: dos gregos ao pós-modernismo. Tradução: Jefferson Luiz Camargo. 2. ed. São Paulo: Editora WMF Martins Fontes, 2021.

---

33 MORRISON, Wayne. **Filosofia do Direito**: dos gregos ao pós-modernismo. Tradução: Jefferson Luiz Camargo. 2. ed. São Paulo: Editora WMF Martins Fontes, 2021, p. 25–28, grifos não originais.

1.4 DIREITO E MORAL

1.4.1 DIFERENCIAÇÃO CLÁSSICA

A diferenciação entre Direito e Moral mais comumente reproduzida se apoia nas teorias de Christian Thomasius (1655–1728) e Immanuel Kant (1724–1804), tais teorias apontam a Moral como sendo interna, espontânea, autônoma e unilateral, enquanto o Direito seria externo, coercível, heterônomo e bilateral. Busca-se o fundamento dessa tradicional distinção entre os campos da Moral e do Direito para, em seguida, apresentar algumas considerações e críticas a essa visão.

De início, é preciso dividir a ação humana em um momento *interno*, referente à consciência do sujeito, e outro *externo*, referente à exteriorização da conduta (ação) pela qual o sujeito se relaciona com outros membros da sociedade. Para o campo moral, importa aquilo que ocorre no âmbito da consciência do sujeito. Já para o Direito, importam apenas as ações externas do indivíduo, ainda que sejam de mera fala, pois o Direito não se importa com as convicções e pensamentos. Uma vez materializada a ação, sua tutela por parte das autoridades passa a ser possível. Caso alguém pense em cometer um assassinato, o mero pensar, sem qualquer ação, é irrelevante juridicamente, porém pode ser relevante do ponto de vista moral, isto é, referente à consciência do indivíduo.

Continuando, as normas jurídicas são dotadas de *coercibilidade*, o que implica dizer que a infração a uma norma jurídica acarreta (ou, ao menos, pode acarretar) a aplicação de uma penalidade (sanção). Isso possibilita que a norma jurídica seja cumprida de modo espontâneo ou em razão do medo da aplicação da sanção, de onde surge seu fator coercível. De todo modo, ao Direito pouco importa os motivos do cumprimento da norma, contanto que seja cumprida. No campo da Moral, uma conduta tomada pelo medo da sanção não pode ser qualificada como moral, pois um ato moral deve ser pautado pela *conduta espontânea* do agente, isto é, uma ação voluntária alinhada com sua convicção interna.

Adicionalmente, tem-se que as normas morais são estabelecidas pelo próprio indivíduo e devem por ele ser cumpridas de modo espontâneo, conforme vimos. Se as normas são postas pelo próprio agente elas são, portanto, *autônomas (auto + nomos)*. As normas jurídicas não são postas pelos próprios destinatários; na verdade, as normas jurídicas são postas por autoridades (terceiros) e, portanto, diz-se que elas são heterônomas *(hetero + nomos)*.

Ainda dentro de uma classificação que possa ser chamada de clássica, é possível apontar a Moral como *unilateral* e o Direito como *bilateral*. Afinal, as normas jurídicas têm uma estrutura imperativo-atributiva, que impõe um dever jurídico e, ao mesmo tempo, cria um direito subjetivo a alguém, ou seja, se há um direito por parte de um sujeito, há, na outra ponta, aquele que tem um dever a ele correspondente. As normas morais, por sua vez, seriam unilaterais por apenas imporem deveres.

De tal maneira, em síntese, podemos dizer que o Direito se ocupa das ações externas do indivíduo, podendo valer-se da coercibilidade das normas para exigir o cumprimento de seus preceitos, os quais são estabelecidos por terceiros; por sua vez, a atribuição de direitos implica a existência de deveres a eles correspondentes. Já a Moral se caracteriza pelo aspecto interno, referindo-se ao plano da consciência do indivíduo, devendo sua conduta ser espontânea e não pautada no medo de qualquer sanção. Ainda, as normas morais são autônomas, já que são impostas pelo próprio agente, sendo de uma estrutura tal que impõem apenas deveres, sem correspondentes direitos. Em resumo:

Direito	Externo	Coercível	Heterônomo	Bilateral
Moral	Interna	Espontânea	Autônoma	Unilateral

Fonte: Elaboração própria.

Diversas críticas podem ser opostas a tal classificação. Kelsen anota em seu clássico *Teoria pura do Direito* que se mostra errônea a distinção entre Moral e Direito baseada na ideia de que a primeira (Moral) é interna e o segundo (Direito) é interno, argumentando que "a virtude moral da coragem não consiste apenas no estado de alma de ausência de medo, mas também numa conduta exterior condicionada por aquele estado"[34]. Ademais, há ainda a atenção que o Direito recebe na questão do dolo que, obviamente, se refere diretamente ao que aqui se denominou aspecto interno da conduta.

Ademais, verifica-se que as normas morais, assim como as jurídicas, têm efeito coercitivo. Aliás, cumpre apresentar brevemente a diferença entre coerção, coação e sanção. A *sanção*, como se sabe, é a consequência juridicamente estabelecida pela violação da norma, isto é, uma pena (ou, por vezes prêmio [a sanção premial]) imposta ao destinatário que violou o preceito normativo. A *coerção*, por sua vez, é o efeito psicológico ligado à ameaça de aplicação da sanção. Ou seja, tem certa função preventiva relacionada à possibilidade de aplicação da sanção em caso de violação da norma. A *coação*, por fim, é a aplicação forçada da sanção prevista contra a vontade do destinatário da norma que realizou a violação.

34 KELSEN, Hans. **Teoria pura do Direito**. Tradução: João Baptista Machado. 6. ed. São Paulo: Martins Fontes, 1998, p. 68.

Sanção	É a consequência juridicamente estabelecida pela violação da norma, isto é, uma pena (ou prêmio[35]) imposta ao destinatário que violou o preceito normativo.
Coerção	É o efeito psicológico ligado à ameaça de aplicação da sanção. Exerce uma função preventiva relacionada à possibilidade de aplicação da sanção em caso de violação da norma. Permanece na esfera do poder.
Coação	É a aplicação forçada da sanção prevista contra a vontade do destinatário da norma que realizou a violação. Permanece na esfera da força: há perda de poder.

Fonte: Elaboração própria.

Diante desses conceitos, parece que a sanção se aplica tanto aos preceitos jurídicos quanto aos morais, ainda que a sanção pelo descumprimento de normas jurídicas seja institucionalizada e as sanções possíveis aos descumprimentos de preceitos morais sejam, via de regra, sociais (reprovação social, isolamento) ou individuais (remorso, autoflagelação etc.).

Havendo sanção para preceitos morais e jurídicos, parece-nos que ambos se valem de certo efeito coercitivo. Afinal, a possibilidade de sanção existe para ambos e, portanto, o receio de aplicação da sanção tende a nortear condutas, tanto jurídicas quanto morais.

Por fim, a coação parece ser um ponto que diferencia a Moral do Direito, pois as sanções jurídicas são institucionalizadas e aplicadas pelo Estado, o qual, dentro da conceituação clássica de Max Weber, é a organização que dispõe de monopólio da violência física legítima. Assim sendo, apenas o Estado — ou quem esse autorizar — pode legalmente se valer de violência. Daí a coação — para efetiva aplicação da sanção — ser uma exclusividade do Estado. Diante disso, as normas morais, embora com sanções — conforme anotado anteriormente —, não podem ser aplicadas por meio da coação[36].

Por fim, cabe destacar a classificação feita por Heinrich Henkel, que subdivide a Moral em autônoma, referente à noção de bem particular de cada consciência; ética superior dos sistemas religiosos; e a Moral social, referente ao conjunto de regras que rege determinada sociedade, em determinado momento. Observa-se que a moral aplicável por uma religião e a aplicada por determinado grupo social são ambas dotadas de regras heterônomas, isto é, postas por terceiros (pela ordem religiosa ou pela coletividade). Assim sendo, quando se divide a Moral de modo mais adequado e se entende como possível haver regras morais "acima" da mera consciência individual, as características clássicas mencionadas (que apontam a Moral como interna, espontânea e autônoma) perdem sentido. Afinal, a transgressão de qualquer norma religiosa ou social (ordens

35 Por exemplo, incentivos fiscais para a prática de determinadas condutas pelo contribuinte.

36 Há casos em que isso pode acontecer, como as sanções impostas pelas comissões de ética de variadas entidades.

heterônomas) acarretará algum tipo de sanção e, portanto, esse aspecto da Moral será revestido de certa coercibilidade, ainda que referente a uma possível sanção não institucionalizada.

1.4.2 TEORIAS DOS CÍRCULOS

Um dos modos didáticos para se compreender a correlação entre Direito e Moral está em apresentá-los em círculos que evidenciam sua relação ou separação.

Vale desde o início ressalvar que simbolizar as normas jurídicas por um círculo que representa o sistema jurídico não é de todo errado. Afinal, as normas jurídicas são aquelas postas pelo Estado, o qual tem monopólio da produção legislativa. Assim sendo, para fins didáticos, é possível simbolizar as normas jurídicas dentro de um círculo que representa o conjunto de normas jurídicas. Entretanto, o mesmo não pode ser feito com as normas morais. A moral de uma sociedade é, obviamente, um recorte muito mais variado. Não há um centro legítimo do qual emanem normas morais, sendo certo que, numa sociedade como a brasileira, há inúmeras concepções morais que entre si podem ter pouca ou nula intersecção. Assim sendo, reduzir a moral de uma sociedade a um círculo para fins de realizar as explicações didáticas aqui feitas é algo que deve ser realizado com muitas ressalvas e, no limite, pode-se entender moral como a "moral dominante", se é que ela pode ser compreendida com alguma precisão.

Inobstante essa ressalva, apresentar-se-á as principais teorias que buscam explicar a relação (ou falta de relação) entre Direito e Moral para que seja possível compreender o assunto com mais profundidade.

1.4.2.1 TEORIA DOS CÍRCULOS CONCÊNTRICOS

Segundo essa visão, endossada por Jeremy Bentham (1748–1832), o Direito está contido na Moral, de modo que a Moral é mais ampla do que o Direito, e este, por sua vez, refere-se a uma parcela da Moral que foi positivada. Endossam essa visão os jusnaturalistas, que entendem que a validade da ordem jurídica depende de sua aderência a valores morais.

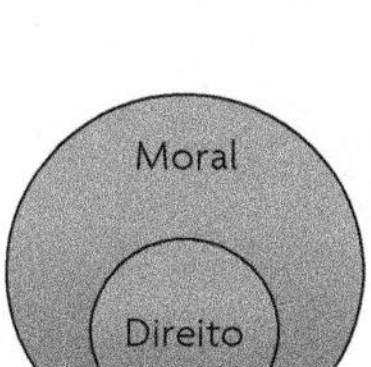

Ainda dentro das classificações e teorias tradicionalmente reproduzidas acerca da relação entre Direito e Moral encontramos as que apontam ser o

Direito a parte mínima da Moral (teoria do mínimo ético de Jellinek) ou a Moral codificada (Maggiore), sendo que ambas se enquadram na lógica da teoria dos círculos concêntricos por entenderem o Direito como a parte codificada (positivada) da Moral.

Tais teorias, em suma, assumem que todo o Direito está abarcado pela Moral e, portanto, não haveria norma jurídica que contrariasse bases morais (fora da Moral). É evidente que vários preceitos jurídicos podem encontrar guarida no campo da Moral, mas nos parece também evidente que há diversas normas jurídicas cujo conteúdo pode contrariar bases morais ou, ao menos, ser de tal natureza que possam ser classificadas como amorais, isto é, indiferentes a critérios morais.

1.4.2.2 TEORIA DOS CÍRCULOS SECANTES

Essa visão entende que Direito e Moral têm espaços comuns e específicos. Assim sendo, há normas morais que foram positivadas e, assim, pertencem aos dois campos simultaneamente, mas há normas morais que são apenas morais e normas jurídicas sem correlação com a Moral.

Diante dessa teoria, podemos ter um cenário em que a intersecção é muito reduzida e, portanto, há diversas normas jurídicas que não aderem à moral dominante e, de outro lado, parte significativa da moral dominante não foi positivada. Como a tendência é que os indivíduos atuem na maior parte do tempo de modo automático — leia-se: de acordo com a moralidade do grupo —, temos que, nesse cenário, haveria uma quantidade significativa de ilegalidades (descumprimento de normas jurídicas), já que grande parte da moral do grupo não foi positivada. Ademais, normas jurídicas desalinhadas com a moral também custam a serem observadas.

Assim sendo, quando entre Moral e Direito há pouca convergência, o Estado tende a agir com maior frequência, exigindo-se mais policiamento, sanções e o reforço do aparato fiscalizatório e repressivo do Estado. Já o contrário também pode acontecer, de modo que, havendo grande convergência entre as normas morais e jurídicas, haverá também uma diminuição da necessidade de fiscalização e repressão por parte do Estado.

1.4.2.3 SEPARAÇÃO ENTRE DIREITO E MORAL (VISÃO POSITIVISTA KELSENIANA)

É possível compreender o Direito e a Moral como dois sistemas normativos de relevante importância social, porém independentes. A visão positivista kelseniana rejeita a ideia de que uma ordem jurídica somente é válida se estiver abarcada pela ordem moral. Afirma, então, que uma norma jurídica pode ser considerada válida mesmo que contrarie preceitos morais[37].

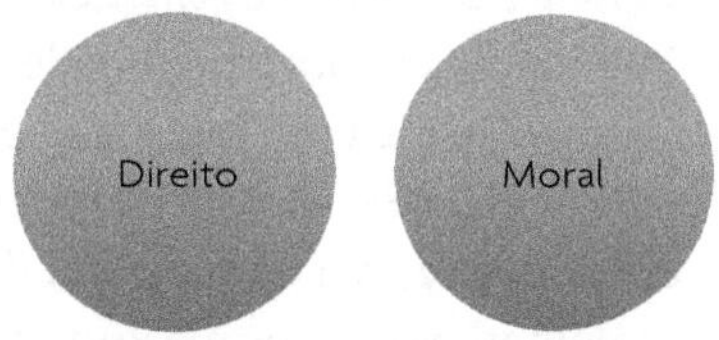

Para Kelsen, "uma tal legitimação do Direito positivo pode, apesar da sua insuficiência lógica, prestar politicamente bons serviços. Do ponto de vista da ciência jurídica ela é insustentável"[38]. Com isso, destacamos que a separação entre Direito e Moral, posta nesses termos, concerne à ciência jurídica posta em termos funcionais, isto é, na efetiva aplicação racionalizada do Direito, tal como preconizam os códigos modernos. Isso porque há, inevitavelmente, uma relação entre Direito e Moral mais estrutural, relativa a aspectos legitimadores do Direito, que poderá funcionar como estruturante e elemento ordenador da sociedade se receber o devido acatamento por parte dos destinatários. Eles, por sua vez, vinculam-se ao cumprimento (ou não) das normas jurídicas, em razão de refletirem mais (ou menos) concepções morais por eles adotadas, em nada importando análises formais de validade que cabem à ciência jurídica avaliar.

Em termos kelsenianos, a discussão aqui posta — entre Direito e Moral — costuma ser colocada como sendo entre Direito e Justiça, ponto que será analisado a seguir.

1.4.3 DIREITO, MORAL E JUSTIÇA

Caso se considere que a Justiça é uma exigência da Moral, conforme preceitua Kelsen[39], a discussão sobre as relações entre Direito e Moral pode então ser entendi-

37 KELSEN, Hans. **Teoria pura do Direito**. Tradução: João Baptista Machado. 6. ed. São Paulo: Martins Fontes, 1998, p. 77.

38 KELSEN, Hans. **Teoria pura do Direito**. Tradução: João Baptista Machado. 6. ed. São Paulo: Martins Fontes, 1998, p. 78.

39 KELSEN, Hans. **Teoria pura do Direito**. Tradução: João Baptista Machado. 6. ed. São Paulo: Martins Fontes, 1998, p. 67.

da como uma discussão entre Direito e Justiça[40]. Para o referido jurista, a ciência jurídica deve estudar o Direito positivo tal como se apresenta na realidade, não podendo ser contaminada por questões axiológicas (valorativas), tais como a discussão acerca dos diferentes conceitos de justiça. Essa tentativa de Kelsen de estudar a ciência jurídica sem a interferência de outras disciplinas é a chamada *pureza metodológica* de sua teoria, a qual se assenta, sobretudo, na ausência de juízo de valor por parte do cientista.

Hart[41], nesse sentido, apresenta a ideia de que a Justiça é um segmento específico da Moral. Com efeito, as ideias de justiça e injustiça costumam estar atreladas às noções aristotélicas de igualdade, proporcionalidade, meio termo e equidade. Ainda, é comum que a palavras "justiça" e "injustiça" estejam relacionadas aos conceitos de "imparcial" e "parcial". Nesse sentido, uma mãe que tratou ambos os filhos segundo o mesmo critério pode ser qualificada de justa, assim como um juiz é justo ao julgar casos semelhantes com os mesmos parâmetros — repare que, nesses exemplos, aplicam-se não somente os conceitos de imparcialidade, mas também os de proporção e equidade. Note, entretanto, que a conduta da mãe e do juiz, embora não sejam, é claro, imorais, não seriam taxadas de morais, embora, como dito, fossem qualificadas como justos. Desse modo, nos parece evidente não haver uma confusão entre os conceitos. Pode haver, então, uma ideia de que o justo é parte da Moral, mas que com esta não se confunde.

O justo, por sua vez, costuma estar associado a duas perspectivas filosóficas antagônicas: uma que apresenta um *justo por convenção* e outra que apresenta o *justo por natureza*.

O *justo por convenção* se relaciona com a necessidade de se estabelecer o justo a partir de entendimentos voltados ao consenso. Se, como dizia Protágoras, "o homem é a medida de todas as coisas", então o justo por convenção é aquele decorrente de acordos firmados por humanos em determinado tempo e espaço e, portanto, que se reveste de uma necessária mutabilidade. Repare que as normas jurídicas, assim como as morais, são convencionais.

Há, entretanto, aqueles que alegam haver acima dessas normas convencionais uma perspectiva de justiça inerente à natureza das coisas (ou à natureza humana) e, portanto, não sujeita a quaisquer acordos e convenções. Diante disso, a Justiça apareceria como imutável e com pretensão universal.

40 Sobre o tema, vide: KELSEN, Hans. **O problema da justiça**. Tradução: João Baptista Machado. 5. ed. São Paulo: Martins Fontes, 2011.

41 Conforme Hart: "O fato de podermos afirmar de modo razoável que uma lei é boa por ser justa, ou má por ser injusta, mas não que é justa por ser boa, ou injusta por ser má, evidencia que 'justo' e 'injusto' são formas mais específicas de crítica moral do que 'bom' e 'mau' ou 'certo' e errado.'" (HART, Herbert Lionel Adolphus. **O conceito de Direito**. Tradução: Antônio de Oliveira Sette-Câmara. São Paulo: WMF Martins Fontes, 2009, p. 208).

Atente que os conceitos de justo convencional e justo natural podem ser facilmente alinhados às ideias de Direito Natural e Direito Positivo, conforme o item anterior.

Sobre esse tema, há ainda certa confusão possível entre as perspectivas jusnaturalistas e as diversas concepções morais. Nessa linha de pensamento, a Moral representaria uma perspectiva jusnaturalista, uma vez que estaria atrelada a preceitos não positivados que refletem o justo, cujo fundamento se encontra em parâmetros extralegais, assemelhando-se, em certo sentido, ao Direito Natural. Por outro lado, o Direito, nessa abordagem simplista, equivaleria ao Direito Positivo. Essa simplificação, entretanto, não pode ser formulada nesses termos.

Ainda que as perspectivas jusnaturalistas possam fundamentar preceitos morais, elas não se confundem com esses. Ademais, conforme nos lembra Hart, algumas correntes teóricas "concebem a moral não como princípios imutáveis de conduta ou como algo que a razão pode descobrir, mas como expressões de atitudes humanas referentes à conduta que podem variar de sociedade para sociedade ou de indivíduo para indivíduo"[42]. Ora, se a Moral pode variar de acordo com questões culturais ela é, portanto, relativa, o que a torna substancialmente diferente do Direito Natural, cujos traços centrais são a universalidade e a imutabilidade.

Sugestão de Leitura e Atividade para Aprofundamento

Em seu livro *O caso dos exploradores de caverna*, Lon L. Fuller narra a situação de cinco espeleólogos (exploradores de caverna) que foram "aprisionados" em uma caverna após um colapso/deslizamento de terra e que, depois de estabelecer contato com a superfície em terra, são informados de que o resgate pode levar muitos dias. Considerando o risco de que todos morram por inanição, um dos exploradores, Whetmore, convence os outros de que será necessário sacrificar um deles para servir de comida para os demais, sugerindo que a escolha se dê por sorteio. Ao final, Whetmore acaba sendo assassinado e serve de alimento para os seus companheiros. Após o resgate, os companheiros sobreviventes são levados a julgamento pelo homicídio de Whetmore, já que, segundo as leis penais da Comunidade, o crime de homicídio era passível de pena de morte.

A partir do caso narrado por Fuller, os juízes responsáveis pelo caso se dividem entre argumentos de direito positivo e direito natural, mas também discutem e apontam questões de cunho moral, que precisam ser analisadas e sopesadas.

42 HART, Herbert Lionel Adolphus. **O conceito de Direito**. Tradução: Antônio de Oliveira Sette-Câmara. São Paulo: WMF Martins Fontes, 2009, p. 203.

Dessa forma, com base no livro em questão e a partir dos conceitos de direito e moral, a sala deverá ser dividida em três grupos, sendo que:

> **1)** um grupo ficará responsável pela acusação dos exploradores sobreviventes, defendendo a aplicação do direito sem juízos valorativos e morais;
>
> **2)** o segundo grupo deverá adotar a tese contrária, promovendo a defesa dos exploradores e arguindo questões morais de interlocução com o direito para justificar a absolvição dos acusados; e
>
> **3)** o restante da sala atuará como órgão julgador, decidindo a tese vencedora.

Para leitura e aprofundamento, consultar:

FULLER, Lon Luvois. **O caso dos exploradores de caverna**. Tradução: Ivo de Paula, LL. M. Livraria e Editora Universitária do Direito. 2008.
LIMA PINTO, Emerson de; DIAS, Giovanna. O caso dos exploradores de caverna e o que se pode aprender com ele. **Revista Consultor Jurídico**, 17 ago. 2019. Disponível em: https://www.conjur.com.br/2019-ago-17/diario-classe-exploradores--caverna-aprender-ele/. Acesso em: 3 maio 2024.

1.4.4 DIREITO, MORAL E RELIGIÃO

O Direto, em linhas gerais, pode ser aqui entendido como o Direito Positivo, isto é, aquele posto pelo Estado e aplicado por instituições com a autoridade e o monopólio do uso legítimo da força. A Moral, por outro lado, se apresenta como um conjunto de costumes, valores, princípios e até mesmo preceitos que vinculam o indivíduo sem que, entretanto, haja qualquer tipo de institucionalização sobre sua aplicação. A Religião, por sua vez, desempenha um papel fundamental ao fornecer um conjunto de crenças e valores que podem influenciar tanto a Moral quanto ao Direito. Como os preceitos religiosos não têm a força normativa dos jurídicos, a religiosidade alinha-se à moralidade, sendo mais comum nos referirmos a uma *moralidade religiosa*. Assim sendo, a religiosidade, para efeitos do que aqui se discute, seria uma espécie de moralidade. Assim sendo, emprega-se a expressão *moral religiosa* para se referir a uma moralidade cuja especificidade está no seu fundamento religioso, quer seja ele baseado num livro sagrado, em crenças orais, ritos ou outros fatores de ordem cultural.

Há sociedades — sobretudo Estados teocráticos — cujos preceitos religiosos têm força normativa e outros — Estados laicos — que procuram separar a ordem jurídica da religiosa, consagrando o secularismo característico da modernidade ocidental. Mesmo nestes últimos, é claro, os preceitos religiosos são fortes bases para a formulação de leis e políticas públicas.

Nesse sentido, basta ler a Constituição dos Estados Unidos da América ou até mesmo a Constituição Federal de 1988 para perceber que, embora sejam ambos Estados laicos, há uma série de preceitos religiosos que fundamentam esses sistemas jurídicos. Tais preceitos, entretanto, não aparecem em tais ordens normativas como sendo religiosos, mas como reflexos dos interesses de dada coletividade, a qual tem a religiosidade como um fator cultural que norteia sua moral. Ora, se o Direito numa sociedade democrática deve refletir os interesses e convicções da população, é evidente que refletirá preceitos religiosos caso se trate de uma sociedade culturalmente influenciada por moralidade religiosa.

Com isso, é possível entender a moralidade religiosa como base para a formulação da ordem jurídica ao lado de outras questões culturais e até mesmo naturais que influenciam a formação e alteração do Direito. Entretanto, não há — e nem pode haver, ao menos em sociedades laicas — qualquer tipo de correlação formal que estabeleça limites ou condições de validade baseadas em preceitos religiosos, salvo se esses estiverem positivados — já que, por evidente, existem preceitos religiosos que foram incorporados ao texto constitucional e, de tal modo, têm força normativa na qualidade de normas jurídicas.

Tais afirmações não podem, entretanto, descaracterizar a natureza laica do Estado, que o apresenta como não confessional, isto é, um Estado que não tem uma religião oficial e garante aos indivíduos a liberdade de consciência religiosa, para que todos possam escolher, ostentar e professar sua fé (ou a ausência dela).

1.5 POLÍTICA, ESTADO E DIREITO

A origem da palavra política remonta aos termos gregos *pólis* (referente à cidade e aos cidadãos que a compõem), *politeia* (abrangendo Estado, Constituição, República ou Cidadania), *politica* (envolvendo assuntos cívicos e inerentes à cidade) e *politikè* (a arte da política). Dessa forma, a política se revela como a análise abrangente de todos os aspectos relacionados à convivência humana, em especial sua organização e o fenômeno do poder político. Isso compreende não apenas a regulamentação das interações entre seres humanos que convivem (isto é, vivem conjuntamente), mas também a maneira como o poder é exercido entre eles[43].

Nessa mesma linha, nas atuais sociedades políticas se entende por política todas as discussões, manifestações e ações relacionadas a temas pertinentes às regras de convívio social, quaisquer que sejam elas. Assim, haveria uma política institucional, relacionada a instituições políticas e seus atores. Nesse ponto, destacam-se as discussões entre membros dos Poderes Legislativo e Executivo e, por vezes, do Judiciário, todos em suas várias esferas e, ainda, uma política não institucional, relacionada

[43] GAMBA, João Roberto Gorini. **Teoria geral do Estado e ciência política**. 3. ed. Barueri-SP: Atlas, 2023, p. 3.

a atores políticos da sociedade civil — grupos patronais, sindicais, classistas, religiosos e outros que exercem mais ou menos pressão sobre as instituições políticas (a doutrina costuma os classificar como grupos de interesse e grupos de pressão).

Sob essa ótica, todo cidadão, pelo menos em regimes democráticos, assume o papel de um agente político mais ou menos relevante. Essa participação pode variar desde o simples ato de votar, ou até mesmo a ausência desse ato, até o envolvimento em manifestações e outras atividades políticas. Essa dinâmica abrange uma gama diversificada de engajamentos, conferindo à sociedade civil um papel ativo na configuração do panorama político; afinal, essa participação política por membros não formalmente vinculados às instituições políticas pode ou não se traduzir em atos administrativos, legislativos e judiciais. É evidente que o cidadão, desde que cumpridos os requisitos legais, também pode se candidatar a cargos representativos e, com isso, buscar institucionalizar sua participação política.

Observe que a política — institucional ou não — busca realizar decisões ou influenciar aqueles que as tomam para que regras sejam postas, alteradas ou derrubadas nos poderes Legislativo, Executivo e Judiciário, nas suas várias esferas e instâncias. Assim sendo, é importante destacar que a política, ao menos em sociedades democráticas, relaciona-se diretamente com a produção legislativa, da qual surge o Direito, aqui definido na sua acepção mais comum. Ora, se assim é, faz-se necessário destacar que entre Política e Direito há uma relação umbilical inevitável; afinal, a origem do Direito é política, e sua aplicação também está permeada por aspectos políticos.

1.5.1 OS CONCEITOS DE ESTADO

O fenômeno estatal pode ser compreendido e definido a partir de vários ângulos, isto é, por diversos pontos de vista que podem enfatizar determinadas características do fenômeno estatal. Diante disso, o que se pretende aqui não é estabelecer de maneira unívoca um conceito de Estado, mas apresentar seus vários conceitos possíveis.

De início, a compreensão do Estado apresentada por Max Weber nos parece central, quer pela sua precisão, quer pela influência gerada nos mais diversos pensadores atentos ao tema. Segundo Weber:

> Hoje, Estado é aquela comunidade humana que, dentro de determinado território [...] reclama para si (com êxito) o monopólio da coação física legítima, pois o específico da atualidade é que todas as demais associações ou pessoas individuais somente se atribui o direito de exercer coação física na medida em que o Estado o permita. Esse é considerado a única fonte do "direito" de exercer coação[44].

[44] WEBER, Max. **Economia e sociedade:** fundamentos da sociologia compreensiva. Tradução: Regis Barbosa e Karen Elsabe Barbosa. Brasília: UnB; São Paulo: Imprensa Oficial do Estado de São Paulo, 1999, vol. I. p. 525–526.

O conceito weberiano exposto acima centra-se em um atributo determinante para iniciar a compreensão acerca do Estado: o monopólio da violência física legítima. Enquanto Weber parece se preocupar com o meio específico que é próprio ao Estado, isto é, a coação física legítima, Marx e Engels se preocuparam com a finalidade do aparato estatal e seus objetivos escusos. Face a isso é que, para os referidos pensadores, "o poder político do Estado moderno nada mais é do que um comitê para administrar os negócios comuns de toda a classe burguesa"[45]. Essa afirmação reflete o modo de organização aristocrático das sociedades políticas do século XIX, sobretudo em razão do sufrágio restrito do tipo censitário que era feito na época.

Pierre Bourdieu, por sua vez, apontou que:

> O Estado é essa ilusão bem fundamentada, esse lugar que existe essencialmente porque se acredita que ele existe. Essa realidade ilusória, mas coletivamente validada pelo consenso, é o lugar para o qual somos remetidos quando regredimos a partir de certo número de fenômenos — diplomas escolares, títulos profissionais ou calendário. De regressão em regressão, chegamos a um lugar que é fundador de tudo isso. Essa realidade misteriosa existe por seus efeitos e pela crença coletiva em sua existência, que é o princípio desses efeitos[46].

O Estado, nessa leitura, é apenas um local comum retórico; uma espécie de entidade cuja existência decorrente da crença em sua existência e cujos efeitos podem ser percebidos, via de regra, pelos atos executados em nome do Estado — e, obviamente, respeitados enquanto tal, reforçando a crença.

A partir de uma abordagem jurídica do problema, porém, pode-se compreender o Estado com base na reunião de determinadas características, as quais a doutrina denomina de *elementos constitutivos do Estado*. Aqui, a definição de Estado aparece baseada na configuração de determinados elementos que se apresentam como necessários e suficientes para que uma organização política possa ter o status de Estado. Repare que a tentativa de definir o Estado de modo objetivo e menos filosófico ou sociológico, tal como nos conceitos acima trabalhados, consiste, em especial, de empreita a que se destinam os juristas, sendo recorrente que apareça como *definição jurídica do Estado* ou algo similar.

Inobstante tal tentativa, é certo que a caracterização do fenômeno estatal está inevitavelmente sujeita à complexidade das relações político-diplomáticas e, portanto, não pode se revestir de extrema objetividade, crítica que será desenvolvida à frente. Posto isso, resta agora a analisar tais conceitos que, conforme dito, centram-se na caracterização do Estado a partir da reunião de determinados elementos.

45 MARX, Karl; ENGELS, Friedrich. **O Manifesto do Partido Comunista.** Tradução: Marcos Aurélio Nogueira e Leandro Konder. Petrópolis: Vozes, 2011. p. 42.

46 BOURDIEU, Pierre. **Sobre o Estado**: cursos no Collège de France (1989–92). Tradução: Rosa Freire d'Aguiar. 1. ed. São Paulo: Companhia das Letras, 2014, p. 39.

Inicialmente, cabe reproduzir o conceito de Georg Jellinek[47], para quem o Estado é "a corporação formada por um povo, dotada de um poder de mando originário e assentada em um determinado território". Trata-se de uma definição sucinta que contém os três elementos que a maior parte da doutrina considera serem essenciais para a caracterização de um Estado: *povo, território e poder*, ainda que outros apontem elementos adicionais, conforme se verá.

Quanto ao elemento *povo*, lembra Zippelius[48] que "o poder do Estado é sempre um domínio sobre homens", apontamento que vai no sentido da teoria do *imperium* de Jellinek[49]. Trata-se aqui de um elemento fundamental à caracterização de um Estado, embora haja na doutrina aqueles que prefiram apontar o termo população[50] em detrimento de povo, tal como aparece na Convenção de Montevidéu sobre os Direitos e Deveres dos Estados de 1933. Sobre o termo povo ainda é possível encontrar na doutrina aqueles que o apontam como meramente sociológico e aqueles que o relacionam à existência de vínculo político (nacionalidade e cidadania) com o Estado[51], sendo comum sua associação à ideia de cidadão[52]. Independentemente do termo utilizado — discussão que não se desenvolverá aqui[53] —, é uníssona a doutrina acerca da essencialidade do elemento humano (povo ou população) no rol de elementos constitutivos do Estado.

Quanto ao segundo elemento, *território*, há poucas divergências na doutrina, sendo de aceitação ampla e uníssona na doutrina, isto é, aponta-se a existência de um *território determinado* como essencial para a configuração de um Estado. A ênfase em sua delimitação apoia-se na visão jurídica do termo, alinhada à noção de limite geográfico da jurisdição estatal ou, em outras palavras, o espaço no qual o Estado atua com soberania, não reconhecendo autoridade superior à sua. É evidente que, diante das novas tecnologias, a delimitação geográfica da jurisdição estatal pode ser problematizada.

47 JELLINEK, Georg. **Teoría general del Estado.** Tradução e prólogo: Fernando de los Ríos. México: FCE, 2000, p. 196.

48 ZIPPELIUS, Reinhold. **Teoria Geral do Estado**. Tradução: Karin Praefke-Aires Coutinho e J.J. Gomes Canotilho. Lisboa: Fundação Calouste Gulbenkian, 1997, p. 92.

49 JELLINEK, Georg. **Teoría general del Estado.** Tradução e prólogo: Fernando de los Ríos. México: FCE, 2000, p. 372.

50 Por exemplo: DE CICCO, Cláudio; GONZAGA, Álvaro de Azevedo. **Teoria Geral do Estado e ciência política**. 7. ed. São Paulo: RT, 2016, p. 54; FILOMENO, José Geraldo. **Manual de Teoria Geral do Estado e Ciência Política**. 7. ed. Rio de Janeiro: Forense Universitária, 2009, p. 65; e VARELLA, Marcelo Dias. **Direito Internacional Público**. 8. ed. São Paulo: Saraiva, 2019, p. 77.

51 BONAVIDES, Paulo. **Ciência política**. 13. ed. São Paulo: Malheiros, 2006, p. 72.

52 DALLARI, Dalmo de Abreu. **Elementos de teoria geral do Estado**. 33. ed. São Paulo: Saraiva, 2016, p. 103.

53 Veja: GAMBA, João Roberto G. **Teoria Geral do Estado e Ciência Política**. 3. Ed., Barueri: Atlas, 2023.

Por fim, quanto ao terceiro elemento, o *poder*, é possível verificar na doutrina relevantes divergências. Parte da doutrina mantém a estrutura tradicional de três elementos constitutivos — povo, território e poder — e parte expande o termo poder para nele incluir questões relacionadas ao governo, à ordem jurídica e à soberania.

Vale ressaltar que o próprio conceito de Jellinek apresentado aqui não inclui a soberania dentre os elementos constitutivos do Estado, pois, para o referido autor, é possível encontrar Estados soberanos e não soberanos, contanto que haja uma capacidade para organizar-se por si mesmo e autonomia[54].

Adentrando à posição da doutrina pátria acerca do tema, Paulo Bonavides[55] endossa o conceito de Jellinek, apontando-o como irrepreensível. Para o referido autor, a questão do poder se apresenta como ampla e envolve fatores como sua imperatividade e natureza integrativa, a capacidade de auto-organização, a unidade e indivisibilidade do poder, o princípio da legalidade e da legitimidade e, por fim, a soberania. De fato, diferentemente do elemento humano (povo) e do território, a questão do poder se encontra envolta em discussões de extrema complexidade.

Já Sahid Maluf[56] aponta como elementos constitutivos do Estado: população, território e governo. Assim sendo, o referido autor traduz o poder do conceito clássico de Jellinek por governo, esclarecendo ainda que esse deve ser independente. Dalmo de Abreu Dallari[57] verifica a existência de quatro elementos constitutivos do Estado: soberania, território, povo e finalidade; sendo o Estado, para o referido autor, "a ordem jurídica soberana que tem por fim o bem comum de um povo situado em determinado território"[58]. A noção de poder está implícita na de soberania e esta, por sua vez, aparece como característica da ordem jurídica.

Na doutrina estrangeira, Francisco Porrua Perez[59] aponta o poder como um elemento constitutivo do Estado, anotando a soberania como seu atributo. Diante disso, conclui o autor que a soberania consiste em uma característica essencial do Estado.

Themístocles Brandão Cavalcanti[60], em abordagem similar, aponta território, povo, governo e soberania como elementos constitutivos do Estado, dividindo o elemento poder da definição clássica em governo e soberania.

Já a Convenção de Montevidéu sobre os Direitos e Deveres dos Estados (1933) afirma, em seu art. 1º, que o Estado, como pessoa de Direito Internacional, deve

54 JELLINEK, Georg. **Teoría General del Estado.** Tradução e prólogo: Fernando de los Ríos. México: FCE, 2000, p. 444.

55 BONAVIDES, Paulo. **Ciência Política**. 13. ed. São Paulo: Malheiros, 2006, p. 71.

56 MALUF, Sahid. **Teoria Geral do Estado**. 35. ed. São Paulo: Saraiva, 2019, p. 41.

57 DALLARI, Dalmo de Abreu. **Elementos de Teoria Geral do Estado.** 33. ed. São Paulo: Saraiva, 2016, p. 78.

58 DALLARI, Dalmo de Abreu. **Elementos de Teoria Geral do Estado.** 33. ed. São Paulo: Saraiva, 2016, p. 121.

59 PEREZ, Francisco Porrua. **Teoria del Estado**. 3ª ed. México: Porrua, 1962, p. 164.

60 CAVALCANTI, Themístocles Brandão. **Teoria do Estado**. 3. ed. São Paulo: RT, 1977, p. 118.

reunir os seguintes requisitos: população permanente, território determinado, governo e capacidade de entrar em relações com os demais Estados. Observa-se que aqui o tema do poder se resume ao governo, sendo requerida ainda a "capacidade de entrar em relações com os demais Estados".

De modo amplo, é possível desdobrar o atributo *poder* para que englobe ao menos a existência de um *governo*, de uma *ordem jurídica* própria e também de uma *soberania* que conte com um *reconhecimento externo suficiente* no plano internacional. Com efeito, há um Estado apenas se houver um governo responsável por manifestar interna e externamente seu poder, o qual se encontra consubstancializado numa ordem jurídica aplicada com exclusividade dentro de determinado território e pelas instituições previstas nessa própria ordem jurídica que, na tradicional leitura jurídica do problema, cria e regula o Estado.

Face a essa compreensão, se apresenta a seguinte definição de Estado: "A instituição politicamente organizada de um povo, dotada de uma ordem jurídica própria, cuja aplicação lhe cabe com exclusividade dentro de determinado território e tem reconhecimento externo suficiente para exercer sua soberania."[61]

Diante desse conceito, tem-se a existência dos seguintes elementos constitutivos do Estado: povo, território, governo, ordem jurídica, soberania e reconhecimento externo. Verifica-se que o referido conceito abarca a problemática da efetividade da soberania, tema ligado ao reconhecimento externo do Estado, sem deixar de estar conectado ao quarto elemento apontado na Convenção de Montevidéu, qual seja, a "capacidade de entrar em relações com os demais Estados".

A partir dessas diferentes formas de se conceituar e caracterizar o Estado, compreende-se que, em matéria de Teoria do Estado, não é possível sustentar qualquer pretensão de assertividade pertinente à caracterização do seu principal objeto de estudo: o Estado. Dessa forma, os conceitos apresentados servem para estimular reflexões acerca do tema, visando compreendê-lo de forma mais abrangente. Ademais, a maioria dos conceitos aqui expostos apresentam-se como tipos ideais[62]

[61] GAMBA, João Roberto Gorini. **Teoria Geral do Estado e Ciência Política**. 3. ed. Barueri-SP: Atlas, 2023, p. 123.

[62] "Mientras la Política se ocupa de la esencia del Estado como fenómeno siempre cambiante, la Teoría general del Estado nos procura el concepto abstracto del Estado en su situación de estabilidad. A este propósito es preciso tener en cuenta que al estudiar el Estado, desde un punto de vista general, no pretendemos alcanzar una teoría ideal pura, sino que se trata de inquirir el origen y desarrollo de las individualidades políticas de los Estados modernos, y sólo pueden lograrse resultados firmes mediante la investigación de elementos particulares del Estado." Em tradução livre: "Enquanto a Política se ocupa com a essência do Estado como fenômeno sempre cambiante, a Teoria Geral do Estado nos dá o conceito abstrato de Estado em sua situação de estabilidade. A esse propósito é preciso ter em conta que, ao estudar o Estado, a partir de um ponto de vista geral, não pretendemos alcançar uma teoria ideal pura, mas sim indagar a origem e o desenvolvimento das individualidades políticas dos Estados modernos, e só é possível obter resultados firmes por meio da investigação de elementos particulares do Estado." FISCHBACH, Oskar Georg. **Teoría General del Estado**. 4ª. ed. Tradução: Rafael Luengo Tapia. Barcelona: Editorial Labor, 1949, p. 14.

e, portanto, se manifestam na realidade fática com características oscilantes, que reforçam ou problematizam seus fundamentos.

1.5.2 ESTADO E DIREITO

Realizada a tarefa de tentar definir o termo Direito por meio das suas várias acepções (item 1.2), bem como feitas as devidas considerações sobre o conceito de Estado (item 1.5.1), cabe agora compreender as distinções, aproximações e correlações entre esses conceitos.

Inicialmente, cabe destacar que, nas posições juspositivistas, sobretudo a de Hans Kelsen, vê-se o Direito como aquele posto pelo Estado e, portanto, todo Direito, para ser considerado como tal, é estatal. Essa visão, conhecida como *monista* ou *estatismo jurídico*, acaba por apresentar o Estado como aquele que dá força ao Direito. Afinal, o Estado, enquanto tal, tem o monopólio da violência física legítima e, portanto, acrescenta ao Direito sua força coativa, assegurando que o descumprimento de suas normas acarretará sanções aplicadas pelas instituições do Estado voltadas a isso. Não é incomum, portanto, ver essa posição monista associada a ideia de semelhança entre Estado e Direito, já que uma visão jurídica do fenômeno estatal tende a reduzi-lo às normas que o configuram e, portanto, a tornar Estado e Direito uma mesma realidade. Diante disso, o Estado seria visto como um sistema normativo e, assim, se confunde com sua ordem jurídica.

Essa teoria aponta que o Estado é Estado de Direito e, de tal modo, sua personalidade jurídica se extrai da unidade do sistema jurídico. Há, evidentemente, uma circularidade: a atuação Estatal é legitimada pela previsão legal constante do Direito, e o Direito, por sua vez, adquire força por meio do Estado.

Por outro lado, há a corrente *dualista*, que entende o Direito como um fenômeno social e não estatal. Com isso, afirmam existir fontes do Direito não estatais, de tal modo que o Direito positivo, posto pelo Estado, é apenas uma categoria de Direito. Assim sendo, Estado e Direito são realidades distintas. Essa teoria, cujo principal representante é Santi Romano, defende que o Direito, na qualidade de fenômeno social, é produzido por qualquer grupo social, de modo que o Direito estatal é apenas uma de suas formas de expressão. Essa visão parte de um conceito abrangente de Direito que, dentre outras coisas, não coloca a imperatividade e o poder coativo como elementos característicos do Direito — daí toda produção, até mesmo a não estatal, ter status de Direito. A crítica monista a essa visão é que as normas de qualquer agrupamento só se tornam jurídicas se forem reconhecidas — ou que, ao menos, sejam compatíveis — com a legislação estatal que, como tal, tem o monopólio legislativo.

A teoria dualista acaba por se dividir em vertentes que vão entender ser o Estado anterior ou posterior ao Direito. Inicialmente, vê-se o Estado como produto do Direito, mais precisamente da Constituição, sendo a Constituição que, como o nome diz, constitui o Estado, dando-lhe forma, organizando suas instituições, estabelecendo os critérios de validade normativa e, é claro, atribuindo os direitos fundamentais dos cidadãos. Essa posição tende a ser associada ao monismo de Kelsen. Outra posição é a de que o Estado é o criador do Direito; afinal, o direito posto é, precisamente, posto pelo Estado.

O monismo será, no plano jurídico, a teoria que melhor sintetiza o projeto político da modernidade, noutras partes denominado projeto burguês. Afinal, o que é peculiar do Estado moderno é precisamente o monopólio da violência física legítima e também da produção legislativa. Ambas as questões são associadas diretamente à ideia de soberania, traço característico central do Estado moderno. Com efeito, a emergência do modo de produção capitalista, associada às teorias liberais dos setecentos, fornece o material necessário para a construção do modelo político-jurídico da modernidade, centrado numa administração legal-racional do tipo burocrática (conforme anotações de Max Weber) que, no âmbito jurídico, reforça o estatismo e os monopólios estatais já destacados.

Repare que a construção do Estado moderno a partir desses monopólios é precisamente o que nos possibilita diferenciá-lo das demais formas de organização política pré-modernas, as quais conviviam com poderes paralelos de toda sorte, bem como com a sobreposição de ordens normativas embebidas em um sincretismo moral, político e religioso.

É possível, por fim, verificar uma interdependência entre Estado e Direito. O Direito, por si só, carece da força estatal para se tornar vinculante; o Estado, por sua vez, depende do Direito para se estruturar — o Estado é organizado pelo Direito — e, ainda, toda atuação estatal deve ser pautada pela legalidade, isto é, aqueles que agem em nome do Estado devem pautar sua ação com base na lei. O Estado por si só não tem vida própria. Ele apenas — e isso é muito — "dá vida" às normas jurídicas.

CAPÍTULO 2

CONCEITOS JURÍDICOS ELEMENTARES

2.1 DIREITO POSITIVO

2.1.1 DIREITO OBJETIVO E DIREITO SUBJETIVO

Entende-se como **direito objetivo** o conjunto de normas elaboradas pelo Estado, imbuídas de caráter geral e dotadas de vinculatividade, a ponto de, uma vez descumpridas, os indivíduos podem ser submetidos a cumpri-las por meio da coerção, e sob essa perspectiva, revela o conjunto de normas de expressão geral e que vincula a todos no ordenamento jurídico, sob pena de aplicação de sanções.

O **direito subjetivo**, por sua vez, é a permissão trazida pela norma jurídica (válida) para se fazer ou deixar de fazer alguma coisa, ou ainda para se exigir o cumprimento de eventual norma infringida perante os órgãos designados pelo poder público ou mediante processo judicial, isto é, para se fazer valer a garantia do direito objetivo estatuído[1]. Maria Helena Diniz aponta com previsão alguns exemplos de direitos subjetivos, como as permissões para casar e constituir família, adotar alguém como filho, dispor livremente de sua propriedade, inclusive para aliená-la ou alugá-la, mas também para demandar em juízo contra quem tenha cometido um ato ilícito, causando-lhe danos de qualquer natureza[2].

1 TELLES JUNIOR, Goffredo. **Iniciação na Ciência do Direito**. 4. ed. São Paulo: Saraiva, 2008.

2 DINIZ, Maria Helena. **Compêndio de Introdução à Ciência do Direito**: introdução à teoria geral do direito, à filosofia do direito, à sociologia jurídica. 21. ed. rev. e atual. São Paulo: Saraiva, 2010, p. 259.

O chamado **direito subjetivo**, portanto, é a faculdade, ou prerrogativa conferida ao indivíduo para fazer valer os direitos e prerrogativas que lhe foram conferidos pelo direito objetivo estatuído, e, como aponta Maria Helena Diniz, pode ser constituído por duas espécies:

> o uso do direito subjetivo, de modo que o lesado pela violação da norma está autorizado, por ela, a resistir contra a ilegalidade, a fazer cessar o ato ilícito, a reclamar reparação pelo dano e a processar criminosos, impondo-lhes pena. Essas autorizações são permissões concedidas pela coletividade, por meio de normas de garantias, que são as normas jurídicas. *a) o comum da existência*, que é a permissão de fazer ou não fazer, de ter ou não ter alguma coisa, sem violação de preceito normativo, p. ex., o direito de ter um nome, de domicílio, de ir e vir, de casar, de trabalhar, de alienar bens etc.; e *b) o de defender direitos* ou de proteger o direito comum da existência, ou seja, a autorização de assegurar o uso do direito subjetivo, de modo que o lesado pela violação da norma está autorizado, por ela, a resistir contra a ilegalidade, a fazer cessar o ato ilícito, a reclamar reparação pelo dano e a processar criminosos, impondo-lhes pena. Essas autorizações são permissões concedidas pela coletividade, por meio de normas de garantias, que são as normas jurídicas[3].

Trata-se de um direito subjetivo, pois as permissões, fundamentadas na norma jurídica e oponíveis em face dos demais indivíduos, são próprias daqueles que as têm, aos quais, por sua vez, é assegurado o direito de utilizá-las ou não[4].

2.1.2 RAMOS DO DIREITO POSITIVO

2.1.2.1 DIREITO PÚBLICO X DIREITO PRIVADO

Nos países que adotam o modelo do Direito romano-germânico, uma das diferenciações fundamentais geralmente diz respeito ao direito público e direito privado. O primeiro tem a finalidade de regular as relações entre os governantes e os governados ou entre Estado e cidadãos, enquanto o segundo tem por objetivo gerir as relações entre particulares. Essa divisão fundamental parte da ideia de que, nas relações apresentadas, as medidas utilizadas devem ser diferentes. Existem certos tipos de problemas entre pessoas privadas e outros tipos entre esses e o Estado; consequentemente, esses tipos de problemas diferentes devem ser resolvidos de modo diverso — um tipo no campo do direito privado e outro no campo do direito público.

[3] DINIZ, Maria Helena. **Compêndio de Introdução à Ciência do Direito**: introdução à teoria geral do direito, à filosofia do direito, à sociologia jurídica. 21. ed. rev. e atual. São Paulo: Saraiva, 2010, p. 247.

[4] TELLES JUNIOR, Goffredo. **Iniciação na Ciência do Direito**. 4. ed. São Paulo: Saraiva, 2008.

Pode-se afirmar que essa divisão não é advinda da Modernidade, uma vez que, em outros tempos, já existia uma espécie de direito público e outro privado. Certamente, essa afirmação não é leviana, porém havia maior preocupação com o direito privado, civil.

O Direito Romano, raiz do direito romano-germânico, é um grande exemplo. Não se pode dizer que não havia certas normas de uma espécie de Direito público, porém se pode afirmar que a atenção da maior parte dos juristas se direcionava ao Direito Civil — obras que chegaram às universidades europeias na Idade Média e serviram de fonte constitutiva para o modelo romano-germânico.

Desse modo, com o advento da Modernidade, a diferenciação entre direito público e privado se torna mais palpável para os juristas, porque esses passam a lidar também com problemas de Direito público e não mais somente com problemas de direito privado. Os movimentos jurídicos do século XVIII estenderam o alcance do domínio do Direito, que passaria a regular também a relação entre governantes e governados, erigindo, com esse intuito, direitos de liberdade. A grande problemática posta era o controle do poder arbitrário do governante em face dos governados, o que abriu espaço para a criação de regimes democráticos. Liberdades negativas foram criadas no âmbito do direito público para os cidadãos, como a liberdade frente às instituições, com o intuito de frear o novo Leviatã.

No século XX, a diferenciação entre direito público e direito privado toma ainda outros contornos. Com o desenvolvimento de teorias de *Welfare State*, o Estado passa a ser o provedor, com o dever de mudar a realidade social por meio da legislação, garantindo direitos sociais com a finalidade de promover a igualdade. A problemática posta no ramo do Direito público não é somente mais negativa, no entanto, positiva: que ações tomar para transformar a sociedade? Direitos positivos foram criados no âmbito do direito público, como educação e saúde, tendo por finalidade gerar condições de igualdade à população, naturalmente desigual em função de fatores externos ao Direito, mas conexos a ele por feito da inserção no estádio sócio-histórico.

O Direito público no século XX já testemunhava uma grande inflação de conteúdo. Ao passo que ao Direito privado ainda cabia gerir as relações interpessoais, caberia ao direito público gerir as relações entre Estado e cidadão, de forma que o primeiro pudesse ser o protetor e provedor do segundo.

Nas últimas décadas do século XX, ocorre outra extensão: caberia ao âmbito do Direito público não somente direitos negativos e positivos, porém uma nova espécie de direito que nasce com a finalidade de proteção de bens considerados difusos, pertencentes a todos, porém a ninguém especificamente, como o direito ambiental para a proteção do meio ambiente. O Direito público, no início do século XXI, é uma seara complexa em que coexistem direitos individuais, coletivos e difusos.

O Direito público ganha tanta força que começa a se confundir com o próprio Direito privado. Hoje, testemunha-se uma publicização do Direito privado, em que cada vez mais as normas de Direito público, como normas constitucionais e administrativas, influenciam nas relações interpessoais. Não se pode mais dizer que se trata de uma separação forte entre as duas áreas, porém de limites elásticos que hoje tendem mais para o direito público.

Geralmente, o Direito público é dividido em certos ramos, e o Direito privado, em outros. Incluem-se entre os ramos do Direito público: o Direito constitucional, o Direito administrativo, o Direito financeiro e o tributário, o Direito agrário e o ambiental, o Direito penal, o Direito internacional público e o Direito internacional privado. O Direito privado subdivide-se, dentre outros, entre Direito civil, Direito comercial ou empresarial, Direito do trabalho e Direito do consumidor.

O Direito processual normalmente é ligado ao ramo do Direito público, pois se trata de normas para regular a condução de processos entre particulares ou entre particulares e o Estado. Devido à sua especificidade, por tratar mais da forma do Direito do que de sua substância, ele pode ser analisado em apartado, no entanto, sem esquecer seus fundamentos públicos. Hoje, o Direito processual não se divide mais somente em Direito processual civil e penal. Existem diversos outros ramos que lidam com processos mais específicos, necessários para dar conta da substância do Direito contemporaneamente. Ao lado dos tipos clássicos de processo, fala-se em um processo constitucional, um processo administrativo e outro tributário, somente para exemplificar algumas das formas que se desenvolveram.

Nos próximos tópicos, uma breve descrição de cada uma dessas espécies será realizada, mas antes, de modo a facilitar a visualização da divisão aplicada, apresenta-se um quadro-resumo, demonstrando a divisão:

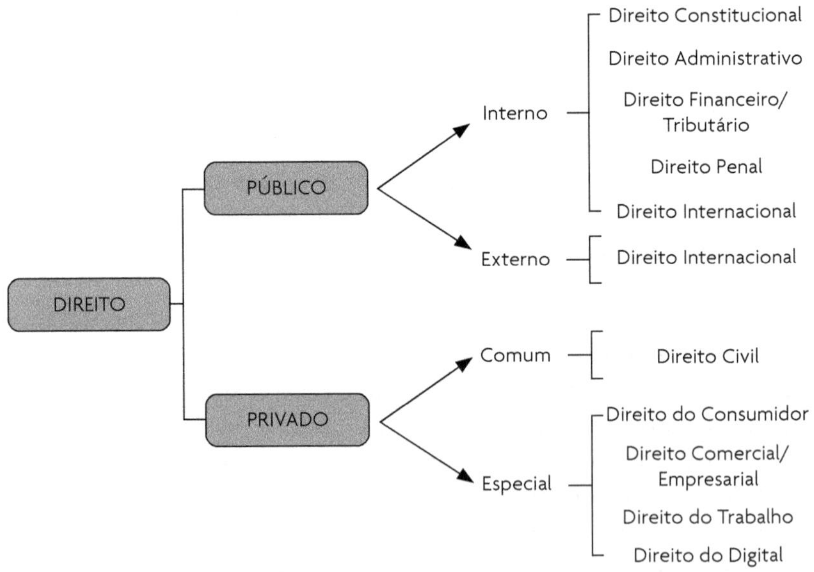

Fonte: Elaboração própria.

2.1.2.2 DIREITO PÚBLICO

2.1.2.2.1 Direito Constitucional

É possível afirmar desde logo que o Direito constitucional é o Direito público por excelência, já que a sua incidência e aplicabilidade recai exatamente sobre as bases constitutivas do Estado e, consequentemente, de delimitação do poder político, da própria organização estatal, além da previsão dos direitos fundamentais que serão oponíveis pelos cidadãos contra o Estado. A sua formatação, inclusive, acaba por condicionar os demais ramos do Direito público interno, na medida em que a estrutura institucional assumida por um Estado terá influência direta na forma como os demais ramos se configurarão, uma vez que, como apontado por Miguel Reale: "É evidente que o Direito Civil ou o Direito Administrativo não podem ter a mesma configuração quando subordinados a uma constituição de tipo socialista ou capitalista."[5]

Daí é que o Direito constitucional se apresenta como o epicentro normativo em que todas as normas relativas à organização básica do Estado se encontram, trazendo regulamentação e definição dos tópicos mais sensíveis de organização do poder político, do relacionamento entre os poderes constituídos para o exercício das tarefas e competências constitucionais, além de estabelecer o rol de direitos e garantias fundamentais que se apresentam como mecanismo de limitação à ação legislativa e de enfrentamento de práticas omissivas ou comissivas praticadas pelo Estado e até mesmo por outros cidadãos que tentem de qualquer forma violá-los.

Nesse tocante, é sob o manto normativo do direito constitucional que se encontram as diretrizes mais importantes na relação entre os indivíduos e o Estado, sobretudo na organização, canalização e desempenho do poder político que será responsável direta e indiretamente pela regulação dos tópicos mais sensíveis à vida em sociedade.

Todos esses temas essenciais de importância inigualável estão definidos pela *Constituição*, considerada como a norma sobre todas as normas, a partir da qual todas as outras devem obediência e compatibilidade, isto é, o referido documento de caráter jurídico e político representa, como aponta Goffredo Telles Júnior, o conjunto de normas que: i) estabelecem as bases constitutivas do governo; ii) regulam as funções e competências dos órgãos que o integram; iii) designam os procedimentos de escolha dos representantes e gestores públicos; e iv) declaram e reconhecem os direitos e garantias fundamentais prometidos aos cidadãos[6].

5 REALE, Miguel. **Lições preliminares de Direito**. 27. ed. São Paulo: Saraiva, 2002, p. 342.

6 TELLES JUNIOR, Goffredo. **Iniciação na Ciência do Direito**. 4. ed. São Paulo: Saraiva, 2008.

Apenas para exemplificar a importância das normas inseridas no Direito Constitucional, apresentam-se, a seguir, algumas das bases constitutivas previstas e estabelecidas pelo Direito Constitucional e, consequentemente, pelas Constituições contemporâneas:

1) Designação e reconhecimento de direitos fundamentais oponíveis pelos cidadãos contra o Estado: Embora os direitos possam variar de Estado para Estado, as Constituições contemporâneas, sobretudo após o segundo pós-guerra, passaram a prever direitos e garantias fundamentais em seus textos, inclusive prevendo os seus enunciados de forma capitular e inicial, o que demonstra a prevalência dos imperativos da sociedade civil sobre os poderes do Estado. No caso da Constituição brasileira de 1988, por exemplo, além dos fundamentos da República reconhecidos e previstos no seu art. 1º, *caput* e incisos (sobretudo a dignidade humana, inciso III), o extenso rol de direitos e garantias fundamentais se encontra descrito em: a) direitos e garantias individuais: rol do art. 5º; b) direitos sociais: arts. 6º ao 11º; c) nacionalidade: artigo 12; d) direitos políticos: arts. 14 e 15; e e) outros artigos esparsos, mas não menos importantes, tais como assistência social (art. 203), educação, cultura e desporto (arts. 205 e seguintes), meio ambiente (art. 225) etc.;

2) Determinação sobre as formas de Estado e Governo: Também é no âmbito do Direito constitucional que se fixarão os contornos do exercício do poder político do Estado, isto é, tanto para decidir a forma de organização e exercício desse poder — se unitário ou descentralizado, por exemplo (resultando daí num Estado Unitário ou Federativo) — como a quantidade de titulares do poder político, indicando-se, assim, se a forma de governo será uma Monarquia ou uma República;

3) Designação dos Sistemas e Regimes de Governo: Ainda no que toca ao exercício do poder político estatal, também é no campo do Direito Constitucional, sobretudo na Constituição, que se determina qual será o relacionamento existente entre os poderes constituídos do Estado (legislativo, executivo e judiciário), o que determinará se o sistema será presidencialista ou parlamentarista (ou semipresidencialista ou semiparlamentarista), mas também qual será a relação entre o poder político estatal e o povo, e, com isso, se o Estado será uma democracia ou uma autocracia;

4) Determinação sobre as esferas de competência do poder político: Além de prever se o Estado será unitário ou federado, também residirá sobre o Direito constitucional a tarefa de indicar quais serão as competências sob responsabilidade de cada poder e as instituições reconhecidas pelo Estado, indicando precisamente os limites de sua atuação;

5) Delimitação dos campos de atuação dos Poderes Executivo, Legislativo e Judiciário: O Direito Constitucional disciplina não apenas a existência dos poderes constituídos e o relacionamento entre esses, mas sobretudo os mecanismos de freios e contrapesos que serão necessários para manter o equilíbrio e cooperação entre os poderes constituídos, visando a satisfação do interesse público; e

6) Estabelecimento das espécies normativas reconhecidas pelo Estado, seu grau de hierarquia e as regras atinentes ao processo legislativo: Além de indicar quais serão as espécies normativas que poderão, de forma válida e legítima, disciplinar e limitar a conduta humana, as Constituições indicam precisamente o grau de hierarquia normativa entre essas, e sobretudo qual será o procedimento a ser cumprido pelos poderes constituídos (especialmente o Poder Legislativo) para que uma lei (em sentido amplo) seja válida, vigente e eficaz e, num segundo momento, os parâmetros para que uma norma seja formal e materialmente compatível com o texto constitucional.

Com isso, percebe-se a importância assumida pelo Direito Constitucional enquanto ramificação essencial de todo o ordenamento jurídico, mas também a sua relação direta e imediata com todos os outros ramos jurídicos que dele retiram as suas bases constitutivas, de modo que "[...] cada um dos ramos jurídicos o pressupõe, sendo gerado, amparado e inspecionado por ele, já que suas normas têm sempre um fundamento constitucional embrionário, embora, depois, se desenvolvam com vida própria"[7].

A relação e influência do Direito Constitucional sobre todos os demais ramos, tanto do Direito público como do Direito privado, por sua vez, é evidenciada pelos seguintes exemplos:

1) Direito Penal e Processual Penal: Embora a definição dos crimes e respectivas penas seja fixada de forma autônoma pelo Direito Penal, a Constituição é responsável por apresentar os parâmetros de limitação da atuação estatal. No caso da Constituição Federal de 1988, por exemplo, veda-se a aplicação da pena de morte, exceto no caso de guerra declarada e exclusivamente nas hipóteses previstas pelo Código de Processo Penal Militar, bem como cruéis, perpétua ou de banimento. Também é no âmbito do Direito Constitucional que o *habeas corpus*, o principal remédio constitucional a tutelar a liberdade de ir e vir, encontra seu maior fundamento. Já no campo do Processo Penal, a relação entre os campos está centrada em especial nas garantias básicas vinculadas ao processo, em especial o devido processo legal,

[7] DINIZ, Maria Helena. **Compêndio de Introdução à Ciência do Direito**: introdução à teoria geral do direito, à filosofia do direito, à sociologia jurídica. 21. ed. rev. e atual. São Paulo: Saraiva, 2010, p. 259.

mas também os direitos garantidos tanto durante a persecução penal como na execução da pena, provisória ou definitiva;

2) Direito Administrativo: A base constitutiva do Direito Administrativo está centrada nos princípios que devem nortear a Administração Pública direta e indireta, e, no caso da Constituição brasileira, os princípios da legalidade, impessoalidade, moralidade, publicidade e transparência previstos no art. 37 representam a "pedra de toque" do funcionalismo público no país. Do mesmo modo, é no Direito Constitucional que estarão dispostas as normas a regular as funções dos poderes constituídos, em especial do Poder Executivo e seus ministros, a regulação de todo o funcionalismo público e das empresas concessionárias e permissionárias que prestam serviços públicos;

3) Direito Tributário: É no Direito Constitucional que as diretrizes sobre orçamento e impostos, as normas gerais a respeito de Direito Financeiro e também a definição das competências para cobrança e operacionalização de tributos pelos entes federativos estão dispostas;

4) Direito Internacional Público e Privado: O primeiro é um instrumento de fortalecimento da soberania nacional e da independência do Estado no cenário internacional, o que revela a sua contribuição ao Direito constitucional; o segundo mantém uma relação próxima ao tratar, dentre outros temas, do exercício de direitos fundamentais, sobretudo no campo familiar/sucessório, dispondo, por exemplo, a respeito de regras relativas à sucessão de bens de estrangeiros que estejam situados no país, conforme expressamente previsto pela Lei de Introdução às normas do Direito Brasileiro (LINDB - Decreto Lei n.º 4.657, de 4 de setembro de 1942, com a redação dada pela Lei n.º 12.376 de 2010); e

5) Direito Civil: Sendo o Direito Civil o ramo central no que toca à regulação das liberdades individuais e do direito de propriedade, toda a sua base constitutiva é extraída do enunciado normativo constitucional que versa sobre os direitos fundamentais, aí incluídos os direitos de primeira dimensão (individuais) e as garantias materiais e processuais previstas para concretizá-los.

Por tudo isso é que o Direito Constitucional se constitui como verdadeiro campo introdutório sobre o qual, inclusive, todas as demais searas do direito devem absoluta obediência e compatibilidade sob pena de eventual contraditoriedade, sendo julgadas inconstitucionais pelos órgãos legitimados para tanto. Afinal, diante do princípio da supremacia constitucional, as normas emanadas pela Constituição Federal estão no topo da hierarquia normativa do ordenamento jurídico, sujeitando todas as demais às suas disposições formais e materiais.

2.1.2.2.2 *Direito Administrativo*

O Direito Administrativo é o ramo do Direito público cuja tarefa primordial é regular como os serviços públicos coletivos e difusos serão executados pela Administração Pública direta e indireta, seus agentes públicos, as entidades paraestatais e o Terceiro Setor, bem como estabelecer os princípios de base para essa atuação, direcionar a execução dos serviços públicos, orientar o Estado e sua atuação no campo econômico, além de indicar como ele deve administrar os bens públicos e exercer o chamado "poder de polícia"[8].

Ao tratar sobre o conceito do que seria o Direito Administrativo, Maria Sylvia di Pietro, após discorrer sobre os variados critérios utilizados ao longo da história para identificá-lo, acaba por adotar um conceito descritivo que parte do critério da Administração Pública em seus aspectos objetivo e subjetivo, apontando-o como:

> [...] **o ramo do direito público que tem por objeto os órgãos, agentes e pessoas jurídicas administrativas que integram a Administração Pública, a atividade jurídica não contenciosa que exerce e os bens e meios de que se utiliza para a consecução de seus fins, de natureza pública**[9]. (grifos originais)

É no Direito Administrativo, portanto, que os poderes constituídos do Estado, sobretudo o Poder Executivo — cuja função precípua é conduzir e gerir a Administração Pública, observando os parâmetros fixados pela Constituição e por lei —, encontra seu padrão orientativo a respeito do que deve fazer e como deve fazer. Isso porque, diante da premissa instituída pelo princípio da legalidade[10], o Estado pode atuar somente dentro dos exatos limites previstos em lei (em sentido amplo), de modo que toda a conduta estatal e, por consequência, a conduta dos seus agentes diretos e indiretos precisam estar obrigatoriamente autorizadas por alguma norma constitucional ou infraconstitucional.

[8] DINIZ, Maria Helena. **Compêndio de Introdução à Ciência do Direito:** introdução à teoria geral do direito, à filosofia do direito, à sociologia jurídica. 21. ed. rev. e atual. São Paulo: Saraiva 2010, p. 261.

[9] DI PIETRO, Maria Sylvia Zanella. **Direito Administrativo**. 30. ed. rev. atual. e ampl. Rio de Janeiro: Forense, 2017, p. 117.

[10] Vale o registro de que o princípio da legalidade se desdobra em duas feições e aplicações particulares: 1) em sentido amplo: nas relações privadas, estabelecidas entre particulares, o indicado princípio garante a livre autonomia para que as pessoas ajam de acordo com os seus interesses livremente pactuados. Assim, tudo que não esteja expressamente proibido é permitido; 2) em sentido estrito: aplicável ao Estado, exigindo-se que toda a sua conduta esteja amparada exclusivamente em norma/lei (sentido amplo). Vale dizer que tudo aquilo que não esteja expressamente permitido é proibido.

2.1.2.2.3 Direito Financeiro e Tributário

A estruturação do Estado e o desenvolvimento de suas atividades nos mais variados níveis e graus depende, dentre outros fatores, da captação, direcionamento e aplicação de recursos financeiros, sobretudo pela especial necessidade de prover as necessidades básicas coletivas aos cidadãos e garantir a sua própria existência. Nesse sentido, Eduardo Marcial Ferreira Jardim, esclarece que a atividade financeira do Estado exprime basicamente "o sentido de conjunto de recursos e meios de que dispõe ou pode dispor o Estado para satisfazer suas próprias necessidades e manter a sua existência"[11].

Doutrinariamente, costuma-se fazer uma cisão na disciplina normativa no campo econômico pelo Estado com ramos autônomos, a saber: 1) de um lado, o Direito Tributário; 2) do outro, o Direito Financeiro.

O Direito Tributário seria o responsável por regular, direta ou indiretamente, as relações jurídicas entre os particulares e o Estado no que tange à fixação, fiscalização e arrecadação de tributos[12] ou, de forma mais singela, como preleciona Eduardo Sabbag, representa o conjunto de normas que regula o comportamento humano, visando direcionar dinheiro aos cofres do Estado[13].

O Direito Financeiro, por sua vez, seria responsável por regular a atuação específica do Estado no campo do orçamento público e, de modo mais específico, como se dará "a destinação das receitas tributárias para o provimento dos cofres públicos por meio da lei orçamentária"[14].

11 JARDIM, Eduardo Marcial Ferreira. Normas gerais de direito financeiro. Enciclopédia jurídica da PUC-SP. Celso Fernandes Campilongo, Alvaro de Azevedo Gonzaga e André Luiz Freire (coords.). Tomo: Direito Tributário. Paulo de Barros Carvalho, Maria Leonor Leite Vieira, Robson Maia Lins (coord. de tomo). 1. ed. São Paulo: Pontifícia Universidade Católica de São Paulo, 2017. Disponível em: https://enciclopediajuridica.pucsp.br/verbete/307/edicao-1/normas-gerais-de-direito-financeiro.

12 Nas palavras do autor: "Estamos em que o direito tributário positivo é o ramo didaticamente autônomo do direito, integrado pelo conjunto das proposições jurídico-normativas que correspondam, direta ou indiretamente, à instituição, arrecadação e fiscalização de tributos. Compete à Ciência do Direito Tributário descrever esse objeto, expedindo proposições declarativas que nos permitam conhecer as articulações lógicas e o conteúdo orgânico desse núcleo normativo, dentro de uma concepção unitária do sistema jurídico vigente" (Cf. CARVALHO, Paulo de Barros. **Curso de direito tributário**. 30. ed. São Paulo: Saraiva, 2019. local. 56).

13 SABBAG, Eduardo. **Manual de direito tributário**. 9. ed. São Paulo: Saraiva, 2017. local 35.

14 JARDIM, Eduardo Marcial Ferreira. **Manual de direito financeiro e tributário**. 8. ed. São Paulo: Saraiva, 2007.

Para facilitar a distinção acima apresentada:

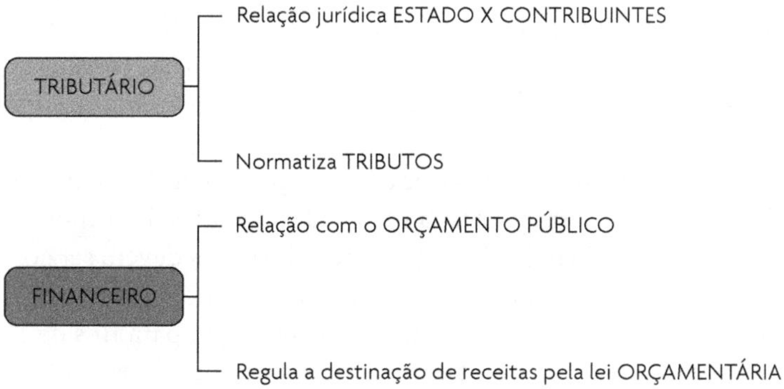

Fonte: Elaboração própria.

Eduardo Jardim busca reforçar a diferença e autonomia de referidos ramos, apontando precisamente que:

> [...] o direito financeiro normatiza com privatividade o campo da destinação das receitas tributárias e tudo o mais no tocante ao orçamento público, enquanto ao direito tributário compete dispor com privatividade sobre os planos do nascimento, existência e extinção da relação jurídica tributária[15].

Com efeito, apesar do reconhecimento da autonomia e dos campos de atuação específicos de tais ramos, é preciso ressaltar a necessidade de compreender tanto o Direito Tributário como o Financeiro como congêneres e diretamente relacionados, como duas faces de uma mesma moeda (atuação e normatização do Estado no campo econômico) de modo a garantir um maior equilíbrio e aproximação entre tais facetas de regulação normativa, o que pode contribuir tanto do ponto de vista teórico como prático para o entendimento das matérias[16].

15 JARDIM, Eduardo Marcial Ferreira. **Manual de Direito Financeiro e Tributário**. 8. ed. São Paulo: Saraiva, 2007, p. 16–17.

16 Para um maior aprofundamento sobre a necessária interlocução e importância do estudo relacionado entre o direito financeiro e o direito tributário, recomenda-se a leitura de: MAIA, Vitor Mendonça. A necessária coerência entre direito financeiro e direito tributário: por uma reaproximação doutrinária. **Revista Tributária e de Finanças Públicas - Rtrib**, ano 26, v. 139, 2018. Disponível em: https://rtrib.abdt.org.br/index.php/rtfp/article/view/108. Acesso em: 20 dez. 2023.

2.1.2.2.4 Direito Penal

O Direito Penal é o ramo do Direito Público cujo objetivo direto e imediato é a regulamentação da conduta humana do ponto de vista dos ilícitos penais, isto é, das condutas comissivas ou omissivas que configurem crime ou contravenção penal (ilícitos de menor potencial ofensivo) e, por consequência, as sanções aplicáveis no caso de incidência.

Trata-se do conjunto de normas que dá concretude a uma das funções primordiais do Estado, qual seja: resguardar a sociedade da prática de crimes. Além disso, deve também o Direito Penal definir quais bens jurídicos devem ser considerados como essenciais aos indivíduos e à comunidade, eis que referido ramo se aplica como última *ratio*[17], isto é, se recomenda a sua aplicação para fins de controle de condutas ilícitas apenas nos casos em que outras formas de sanção ou meios de controle se mostrem insuficientes para resguardar o bem jurídico objetivado.

Há, na doutrina, quem diferencie tecnicamente o conceito de Direito Penal em sentido formal e material para desdobrar as regulações normativas anteriormente mencionadas, como é o caso de Luiz Regis Prado, para quem:

> O direito penal é o setor ou parcela do ordenamento jurídico público que estabelece as ações ou omissões delitivas, culminando-lhes determinadas consequências jurídicas — penas ou medidas de segurança (*conceito formal*).
>
> Enquanto sistema normativo é integrado por normas jurídicas (mandatos, proibições e permissões) que criam o injusto penal, suas respectivas consequências e formas de exclusão.
>
> De outro lado, refere-se, também, a comportamentos considerados altamente reprováveis ou danosos ao organismo social, que afetam gravemente bens jurídicos indispensáveis à sua própria conservação e progresso (*conceito material*)[18].

17 Ao tratar sobre o Direito Penal como última ratio, ao que também se chama de princípio da intervenção mínima, Cezar Roberto Bitencourt ensina que: "O princípio da intervenção mínima, também conhecido como ultima ratio, orienta e limita o poder incriminador do Estado, preconizando que a criminalização de uma conduta só se legitima se constituir meio necessário para a prevenção de ataques contra bens jurídicos importantes. Ademais, se outras formas de sanção ou outros meios de controlo social revelarem-se suficientes para a tutela desse bem, a sua criminalização é inadequada e não recomendável. Assim, se para o restabelecimento da ordem jurídica violada forem suficientes medidas cíveis ou administrativas, são estas as que devem ser empregadas, e não as penais. Por isso, o Direito Penal deve ser a última ratio do sistema normativo, isto é, deve atuar somente quando os demais ramos do Direito revelarem-se incapazes de dar a tutela devida a bens relevantes na vida do indivíduo e da própria sociedade" (BITENCOURT, Cezar Roberto. **Tratado de Direito Penal**: parte geral, v. 1. 21. ed. rev. e atual. 2015, p. 54).

18 PRADO, Luiz Regis. **Curso de Direito Penal Brasileiro**, v. 1: parte geral. 11. ed. rev. atual e ampl. São Paulo: Revista dos Tribunais, 2011, p. 70.

A responsabilidade jurídico-penal costuma ser dividida em duas espécies, a saber: 1) **pena**, de caráter repressivo, aplicável àqueles considerados pela legislação como imputáveis, ou seja, com plena capacidade de compreensão sobre o caráter ilícito de sua conduta; ou 2) **medida de segurança**, de caráter preventivo, aplicável aos considerados pela lei penal como inimputáveis (e em alguns casos aos semi-inimputáveis), assim considerados aqueles que, no momento da ação ou omissão, não estavam em condições de compreender e se autodeterminar para a prática do ilícito.

O quadro-resumo a seguir ilustrará com maior precisão os tipos de pena e a medida de segurança previstos pela legislação penal brasileira:

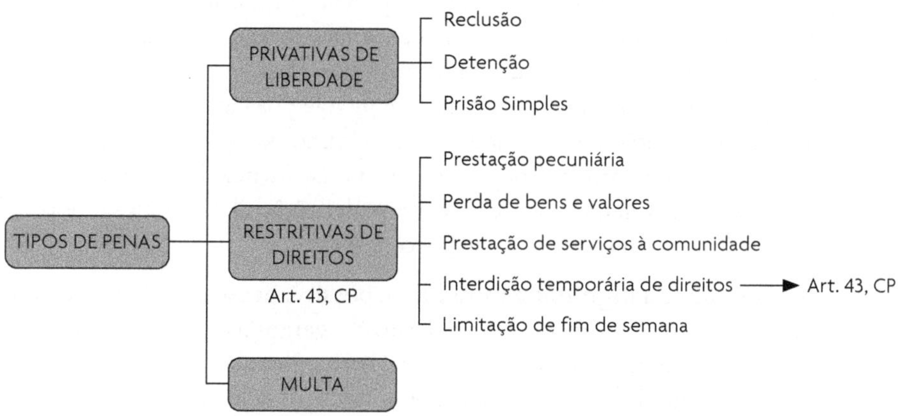

Fonte: Elaboração própria.

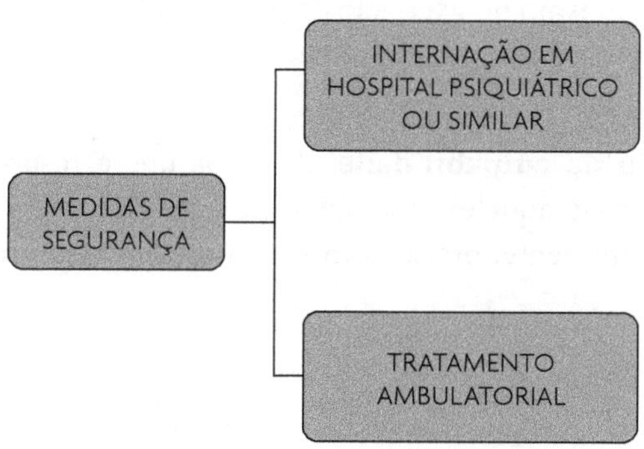

Fonte: Elaboração própria.

Por fim, é importante ressaltar que o Direito Penal brasileiro tem as suas bases em alguns princípios fundamentais, que buscam dar concretização à justiça e proteger os cidadãos de abusos pelo próprio Estado[19], sendo possível apontar alguns:

1) Princípio da legalidade ou reserva legal: Também conhecido pela expressão *nullum crimen sine lege, nulla poena sine lege* (não há crime e nem pena sem lei), o referido princípio encontra previsão expressa no art. 1°, *caput*, do Código Penal, bem como no art. 5°, inciso XXXIX, da CF/88, e estabelece que ninguém poderá ter sua conduta enquadrada como crime e, consequentemente, ser penalizado (pena ou medida de segurança) quando não exista lei (em sentido formal) penal **anterior**. Daí é que não há crime sem lei anterior que o defina nem pena sem prévia cominação legal. Trata-se de um claro limitador ao poder estatal, buscando evitar que o Estado se utilize do direito penal como instrumento de vingança para perseguir adversários ou opositores ou mesmo para fins de controle dos cidadãos comuns. Assim, somente serão consideradas como criminosas as condutas que **antes** de praticadas tenham sido objeto de normatização pelo legislador, prevendo-as especificamente como crime e com definição clara de suas hipóteses de incidência e consequências jurídico-penais;

2) Princípio da dignidade humana: É possível designar a dignidade humana como um mínimo existencial, isto é, a garantia de que o ser humano terá a possibilidade de desenvolvimento livre e pleno de sua personalidade, tanto do ponto de vista individual como também cultural, além de direitos básicos. No âmbito da CF/88, a dignidade humana foi alçada à categoria de **valor fundamental** e é indispensável ao sistema de direitos fundamentais, como se vê pela leitura do art. 1°, inciso III, da CF. Daí, portanto, a necessidade de que, mesmo no exercício do *jus puniendi* (direito de punir), o Estado deve preservar e garantir a dignidade humana quando da aplicação e execução da lei penal;

3) Princípio da culpabilidade: Apregoa que a responsabilidade penal se aplica apenas àqueles cuja ação ou omissão, dolosa ou culposa, voluntária e consciente, praticaram o ilícito, de modo que a pena deve ser

[19] Como registrado por Luiz Regis Prado: "Os princípios penais constituem o núcleo *essencial* da matéria penal, alicerçando o edifício conceitual do delito — suas categorias teoréticas —, limitando o poder punitivo do Estado, e salvaguardando as liberdades e os direitos fundamentais do indivíduo, orientando a política legislativa criminal, oferecendo pautas de interpretação e de aplicação da lei *conforme* a Constituição e as exigências próprias de um Estado democrático e social de direito. Em síntese, servem de fundamento e de limite à responsabilidade penal" (PRADO, Luiz Regis. **Curso de Direito Penal Brasileiro**, v. 1: parte geral. 11. ed. rev. atual e ampl. São Paulo: Revista dos Tribunais, 2011, p. 156).

proporcionalmente aplicada à medida da culpabilidade, isto é, do grau de reprovabilidade da conduta praticada; e

4) Princípio da pessoalidade e individualização da pena: Pelo primeiro (**pessoalidade**), a responsabilidade penal só pode alcançar a pessoa responsável pela prática da infração, não podendo ser, de modo algum, extensível a terceiros. Por essa razão, "a responsabilidade penal é sempre *pessoal* ou *subjetiva* — própria do ser humano —, e decorrente apenas de sua ação ou omissão, não sendo admitida nenhuma outra forma ou espécie"[20]. Já o segundo (**individualização da pena**) determina que, ao prolatar a sentença e determinar a pena aplicável ao caso concreto, o julgador deve fazê-lo a partir das circunstâncias do caso concreto, da medida de culpabilidade do agente e por parâmetros de equilíbrio que considere a gravidade do fato e a sanção estabelecida. Em outras palavras, nenhum juiz pode estabelecer condenações criminais genéricas, abstratas e sem vinculação aos contornos do caso concreto, desvinculadas da situação analisada.

2.1.2.2.5 Direito Agrário e Ambiental

O Direito Agrário e o Ambiental são ramos cujo objetivo central é regulamentar e proteger a relação entre o homem, a terra e o meio ambiente. Embora sejam áreas autônomas e com aplicabilidade distintas do direito, elas estão intimamente relacionadas e compartilham muitos princípios e objetivos comuns, especialmente porque desempenham um papel central na promoção da justiça social e da sustentabilidade e na busca por um equilíbrio entre o desenvolvimento econômico e a proteção do meio ambiente.

O **Direito Agrário** disciplina normativamente as questões relacionadas à regulamentação das propriedades rurais, à reforma agrária, à proteção dos direitos dos trabalhadores rurais, à promoção da agricultura sustentável, entre outros aspectos. O objetivo principal do Direito Agrário é garantir o acesso à terra, a distribuição justa dos recursos agrícolas e a segurança jurídica das atividades agrárias. O Direito Agrário apresenta uma natureza dicotômica na medida em que abrange tanto a reforma agrária como a política agrícola, razão pela qual Igor Tenorio afirma que referido ramo compreende "a disciplina jurídica dos interesses e obrigações concernentes à terra e aos bens imóveis rurais para fins de execução da Reforma Agrária; e o controle dos fatos e atos administrativos pertinentes"[21].

[20] PRADO, Luiz Regis. **Curso de Direito Penal Brasileiro**, v. 1: parte geral. 11. ed. rev. atual e ampl. São Paulo: Revista dos Tribunais 2011, p. 172.

[21] TENORIO, Igor. Princípio gerais de Direito Agrário. **R. Inf. Legislativa**, Brasília, a. 16 n. 62, abr./jun. 1979, p. 295.

O **Direito Ambiental**, por sua vez, é responsável pela tutela jurídica do meio ambiente, o que faz, dentre outros aspectos, por meio da a) gestão dos recursos naturais; b) proteção da fauna e da flora; c) regulamentação das atividades que podem causar impactos negativos ao ambiente; d) promoção do desenvolvimento sustentável, entre outros aspectos. O Direito Ambiental busca, assim, compatibilizar o desenvolvimento econômico com a preservação dos recursos naturais, visando assegurar a qualidade de vida e a sustentabilidade para as presentes e futuras gerações, conforme preconizado pelo art. 225, *caput*, da Constituição Federal.

2.1.2.2.6 Direito Internacional Público

O **Direito Internacional Público** pode ser conceituado como o conjunto normativo imbuído de princípios e regras jurídicas (convencionais e costumeiras) que disciplinam a relação jurídica entre Estados soberanos, organizações internacionais e outros atores visando estabelecer relações de coordenação[22], tidas como necessárias para alcançar a paz universal e a manutenção da ordem na sociedade internacional. Nesse mesmo caminho, Valerio de Oliveira Mazzuoli pontua que:

> Sinteticamente, o Direito Internacional Público pode ser definido como a disciplina jurídica da sociedade internacional. Essa fórmula reconhece a existência de uma sociedade internacional (distinta da sociedade nacional, interna ou estatal) e delimita os campos de aplicação respectivos do Direito Internacional e do Direito interno. Em uma definição mais abrangente (e mais técnica), o Direito Internacional Público pode ser conceituado como o conjunto de princípios e regras jurídicas (costumeiras e convencionais) que disciplinam e regem a atuação e a conduta da sociedade internacional (formadas pelos Estados, pelas organizações internacionais intergovernamentais e também pelos indivíduos), visando alcançar as metas comuns da humanidade e, em última análise, a paz, a segurança e a estabilidade das relações internacionais[23].

Esse conjunto de normas é direcionado para regular e orientar por exemplo: a) a constituição, a organização e o funcionamento dos órgãos destinados às relações

22 As relações são de coordenação e não de obrigação, na medida em que, no cenário internacional, todos os Estados se mostram como soberanos e, portanto, não estão subordinados a nenhum outro, de modo que têm capacidade jurídica plena para decidir como se direcionar tanto do ponto de vista externo (relação com outros Estados e atores internacionais) como interno (constituindo a sua ordem jurídica em seu território e para o seu povo e população). Daí é que, como aponta Maria Helena Diniz: "As normas internacionais decorrem de uma força nascida dos Estados soberanos de se sujeitarem a elas por as considerarem obrigatórias, necessárias à paz universal" (DINIZ, Maria Helena. **Compêndio de Introdução à Ciência do Direito**: introdução à teoria geral do direito, à filosofia do direito, à sociologia jurídica. 21. ed. rev. e atual. São Paulo: Saraiva, 2010, p. 264).

23 MAZZUOLI, Valeria de Oliveira. **Curso de Direito Internacional Público**. 7. ed. rev. atual. e ampl. São Paulo: Revista dos Tribunais, 2013, p. 74.

internacionais, tais como a Organização das Nações Unidas (ONU), a Organização Internacional do Trabalho (OIT), a Organização Mundial do Comércio (OMC), dentre outras; b) o exercício da diplomacia e a atuação dos agentes diplomáticos; c) o exercício do direito de guerra, respeitando-se os princípios humanitários; e d) a resolução pacífica de pendências e discordâncias entre as nações[24].

E, considerado o caráter multilateral das relações jurídicas advindas da pluralidade de Estados soberanos que compõem a sociedade internacional, as fontes do direito internacional públicas são distintas das aplicáveis ao direito interno, sendo representadas principalmente pelas a) *convenções*, fruto de acordos entre os Estados soberanos, gerando *tratados internacionais* que podem ser gerais ou especiais, a depender do alcance dos interesses tutelados; b) *usos e costumes jurídicos internacionais* ou, vale dizer, as práticas e normas amplamente aceitas pela comunidade internacional como obrigações legais; c) *resoluções ou decisões de organizações internacionais*, como as emanadas da ONU; d) *decisões judiciais* e doutrinas, dentre outros.

2.1.2.2.7 Direito Internacional Privado

O processo de globalização e de impulsionamento da internet, das redes sociais e sobretudo das tecnologias da informação trouxe, como uma de suas consequências diretas e imediatas, o rompimento da "bolha" territorial que limitava as relações entre pessoas físicas e jurídicas às fronteiras de um único Estado, de modo que, hoje, a maioria dos indivíduos, até mesmo inconscientemente, se encontra envolvida em relações jurídicas transnacionais[25]. O mesmo acontece quando, por força de migração voluntária ou forçada, ou mesmo de forma temporária, as pessoas e suas respectivas famílias passam a residir em outros países, gerando, com isso, variadas e complexas relações jurídicas que demandam uma solução própria[26].

Daí ser possível conceituar o Direito Internacional Privado como o ramo do direito público **interno** que regula as relações privadas oriundas, praticadas ou efetivadas no âmbito internacional e que tem como objetivo central prover soluções aos conflitos de leis no espaço ou de aplicação jurisdicional.

Para melhor esclarecer, Maria Helena Diniz registra:

> Como as normas jurídicas têm vigência e eficácia apenas no território do respectivo Estado, só produzem efeitos em território de outro Estado se este anuir. As nações consentem na aplicação de leis estrangeiras nas questões que afetam

24 Cf. DINIZ, Maria Helena. **Compêndio de Introdução à Ciência do Direito**: introdução à teoria geral do direito, à filosofia do direito, à sociologia jurídica. 21. ed. rev. e atual. São Paulo: Saraiva, 2010.

25 Cf. ARAÚJO, Nádia de. **Direito Internacional Privado**: teoria e prática brasileira. 1. ed. Porto Alegre: Revolução Ebook, 2016, p. 63.

26 ARAÚJO, Nádia de. **Direito Internacional Privado**: teoria e prática brasileira. 1. ed. Porto Alegre: Revolução Ebook, 2016, p. 63.

> súditos estrangeiros em matéria de direito civil, comercial, criminal, administrativo etc. Logo, se houver um conflito entre normas pertencentes a dois ou mais ordenamentos jurídicos, como disciplinar as relações jurídico privadas, constituídas no trato internacional, já que as pessoas, pelo seu estado convivencial, podem, por intercâmbio cultural, mercantil ou por via matrimonial, estabelecer relações supranacionais? O direito internacional privado procurará dirimir tal conflito entre normas, por conter disposições destinadas a indicar quais as normas jurídicas que devem ser aplicadas àquelas relações. O direito internacional privado determina que se aplique a lei competente, seja sobre família, sucessões, bens, contratos, letras de câmbio, crimes, impostos, processos, tráfego aéreo[27].

O Direito Internacional Privado cuida, assim, de problemas de conflitos de leis no espaço, isto é, de leis que foram emanadas por diferentes Estados e coexistem, regulando determinadas temáticas de modos diferentes, embora versem sobre relações jurídicas semelhantes. Goffredo Telles exemplifica essa possibilidade da seguinte maneira: "assim, por exemplo, a lei brasileira e a lei mexicana sobre a dissolução do casamento são duas leis emanadas de poderes diferentes, regulando, concomitantemente e de modos diferentes, relações jurídicas semelhantes"[28]. E é justamente sobre essas situações que o Direito Internacional Privado se efetiva de forma precisa.

É preciso esclarecer, contudo, que não é responsabilidade do direito internacional privado disciplinar o conteúdo das relações supranacionais, mas apenas indicar, no caso de conflitos de leis no espaço, quais normas e de qual ordenamento jurídico essas foram emanadas, de modo a resolver os conflitos, o que o faz se referenciado como "um direito sobre o direito"[29].

Sobre a sua natureza jurídica, existem três correntes que buscam o enquadramento do Direito Internacional Privado, a saber[30]:

> 1) Trata-se de ramo integrante do Direito Público, na medida em que embora o conteúdo das relações por ele reguladas sejam atinentes a questões de direito privado, as suas normas ostentam um caráter obrigatório, de ordem pública e inafastáveis pelas partes ou Juiz, que, inclusive, deve as aplicar de ofício (independentemente de vontade das partes);

27 DINIZ, Maria Helena. **Compêndio de Introdução à Ciência do Direito**: introdução à teoria geral do direito, à filosofia do direito, à sociologia jurídica. 21. ed. rev. e atual. São Paulo: Saraiva, 2010, p. 266.

28 TELLES JUNIOR, Goffredo. **Iniciação na Ciência do Direito**. 4. ed. São Paulo: Saraiva, 2008, p. 238.

29 DINIZ, Maria Helena. **Compêndio de Introdução à Ciência do Direito**: introdução à teoria geral do direito, à filosofia do direito, à sociologia jurídica. 21. ed. rev. e atual. São Paulo: Saraiva, 2010, p. 266.

30 MONTORO, André Franco. **Introdução à Ciência do Direito**. 33. ed. rev. atual. e ampl. São Paulo: Revista dos Tribunais, 2016, p. 484.

2) O Direito Internacional Privado é um ramo do direito privado, já que o seu objeto é justamente normatizar relações estabelecidas entre particulares, independentemente de se tratar no âmbito nacional ou internacional. No fim, independe o lugar de aplicação, pois o objeto são as relações de caráter privado entre particulares; e

3) Alguns autores preferem enquadrá-lo como um ramo diferenciado, que engloba aspectos tanto do Direito Privado como do Direito Público.

Vê-se como mais consistente a corrente inicial, vale dizer, do Direito Internacional Privado como integrante do Direito Público interno na medida em que embora tenha sido criado para resolver problemas oriundos das relações particulares na sociedade internacional, tem por desiderato determinar em quais situações o direito estrangeiro será aplicado no território nacional, de modo que, nesse sentido, as normas previstas têm natureza cogente e imperativa, não passível de convenção entre as partes, ainda que o acerto tenha decorrido de autonomia individual.

Por fim, vale anotar que as regras do Direito Internacional Privado estão devidamente elencadas na Lei de Introdução às Normas do Direito Brasileiro (LINDB), inicialmente estabelecida por meio do Decreto-Lei n.º 4.657/1942 e posteriormente alterada por meio da Lei n.º 12.376, de 2010, mas também em tratados e convenções internacionais.

2.1.2.3 DIREITO PRIVADO

2.1.2.3.1 Direito Civil

Conceituar o Direito Civil exige um raciocínio que perpassa pela própria evolução histórica do conceito, sobretudo porque, em diferentes períodos, a sua aplicabilidade e reconhecimento enfrentaram caracterizações variáveis[31].

Dito isso, Carlos Roberto Gonçalves esclarece que a noção do Direito Civil como direito privado comum está diretamente conectada ao próprio direito romano, o qual, embora num primeiro momento fosse caracterizado por uma espécie de unicidade[32] — ou seja, o direito privado era apenas um, sem qualquer tipo de diferenciação entre os ramos, de modo que a relação entre os cidadãos era regrada por um conjunto de normas de caráter geral —, foi posteriormente marcado por diferenciações.

[31] Sobre a evolução histórica do direito civil, ver: HERNÁNDEZ, Gil. El concepto del derecho civil. **Revista de Derecho Privado**, Madrid, 1943.

[32] Nesse sentido, Maria Helena Diniz assinala que: "No direito romano era o direito da cidade que regia a vida dos cidadãos independentes, abrangendo todo o direito vigente, contendo normas de direito penal, administrativo, processual etc." (DINIZ, Maria Helena. **Compêndio de Introdução à Ciência do Direito**: introdução à teoria geral do direito, à filosofia do direito, à sociologia jurídica. 21. ed. rev. e atual. São Paulo: Saraiva, 2010, p. 267).

Assim, o Direito Civil era distinguido entre: a) *jus civile* ou, vale dizer, o Direito Civil, que se aplicava aos romanos em suas relações; e b) *jus gentium*, o direito das gentes, cuja aplicação buscava regular a relação estabelecida entre os estrangeiros e os cidadãos romanos[33].

Posteriormente, durante o governo de Justiniano, o Direito assumiu uma concepção tripartida, em que o *jus civile* era entendido como o direito privado comum que se aplicava dentro das fronteiras do Império Romano, o *jus gentium* incidia sobre a relação com as nações estrangeiras e, por fim, o *jus naturale* (direito natural), considerado como um tipo de "ideal jurídico" que serviria como parâmetro de evolução dos demais[34].

Cumpre citar que ainda se servia, para efeito de regular outras relações: do *jus peregrinum* que regulava as relações dos cidadãos com os estrangeiros e ainda da *Lex Mercatoria* para dar conta do comércio exterior. Nessa fase, o Direito Civil representava o direito comum que regulamentava a vida dos cidadãos romanos independentes, permitindo que as noções de Direito civil e privado estivessem perfeitamente conectadas[35].

Durante a Idade Média, o Direito civil passou a ser identificado com o direito romano, mas agora de modo mais específico, obrigatoriamente atrelado ao *Corpus Juris Civilis*, que sofreu fortes influências do Direito Canônico produzido pela Igreja Católica em função de sua autoridade legislativa[36], mas também do Direito germânico, que se contrapunha à configuração individualista do direito romano e ostentava um caráter social; vale dizer que havia uma preocupação de que os interesses sociais prevalecessem sobre os individuais[37].

Já na Idade Moderna, o estudo do Direito Civil está diretamente conectado ao próprio desenvolvimento do Estado moderno e ao processo de racionalidade que acompanhou o pensamento e a cultura e promoveu a construção da ciência jurídica como verdadeira ordem jurídica[38]. Isso porque, com a superação do Estado absolutista pelo Estado liberal, além das mudanças sociais e econômicas promovidas, a própria composição do Direito sofreu uma importante transformação, qual seja: a lei passou a ser o único instrumento de regulação da vida humana, mas, de

33 GONÇALVES, Carlos Roberto. **Direito Civil Brasileiro**, vol. 1: parte geral. 8. ed. São Paulo: Saraiva, 2010.

34 WALD, Arnoldo. **Curso de Direito Civil Brasileiro**: introdução e parte geral. v. 1. 9. ed. São Paulo: Saraiva, 2002, p. 7-8.

35 GONÇALVES, Carlos Roberto. **Direito Civil Brasileiro**, vol. 1: parte geral. 8. ed. São Paulo: Saraiva, 2010, p. 34.

36 DINIZ, Maria Helena. **Compêndio de Introdução à Ciência do Direito**: introdução à teoria geral do direito, à filosofia do direito, à sociologia jurídica. 21. ed. rev. e atual. São Paulo: Saraiva, 2010.

37 GONÇALVES, Carlos Roberto. **Direito Civil Brasileiro**, vol. 1: parte geral. 8. ed. São Paulo: Saraiva, 2010, p. 34.

38 GONÇALVES, Carlos Roberto. **Direito Civil Brasileiro**, vol. 1: parte geral. 8. ed. São Paulo: Saraiva, 2010.

modo mais importante, a partir do desenvolvimento do constitucionalismo moderno, fora estabelecida a noção de supremacia constitucional, isto é, toda e qualquer lei (em sentido amplo) deve estar compatibilizada com o conteúdo (formal e material) da Constituição. Com isso, a partir do século XIX, o Direito Civil passou a ser considerado como um dos ramos (e não o único) do direito privado, com a tarefa de regulamentar as relações entre os particulares a partir das instituições, conceitos e definições estabelecidas no Código Civil.

Esse processo de "codificação" do Direito Civil foi efetivado inicialmente na França, a partir do *Código de Napoleão*, de 1804, e posteriormente replicado para o *Burgerliches Gesetzbuch* (BGB) no ano de 1900, na Alemanha, e finalmente utilizado como base para a criação do Código Civil Brasileiro de 1916[39].

Antes da primeira codificação brasileira, em 1916, a regulação do direito brasileiro, notadamente das relações particulares, era efetivada a partir do que havia sido definido pelas Ordenações Filipinas durante o período colonial, e, mesmo após a Independência, no ano de 1822, a legislação de Portugal permaneceu em vigor até a criação do Código Civil Brasileiro. Carlos Roberto Gonçalves narra como se deu, no país, esse processo histórico de construção do Código Civil e as tentativas nesse caminho, apontando que:

> A Constituição de 1824 referiu-se à organização de um Código Civil "baseado na justiça e na equidade", sendo que em 1865 essa tarefa foi confiada a TEIXEIRA DE FREITAS, que já apresentado, em 1858, um trabalho de consolidação das leis civis. O projeto então elaborado, denominado "Esboço do Código Civil", continha cinco mil artigos e acabou não sendo acolhido, após sofrer críticas da comissão revisora. Influenciou, no entanto, o Código Civil argentino, do qual constitui a base.
>
> Várias outras tentativas foram feitas, mas somente após a Proclamação da República, com a indicação de CLÓVIS BEVILÁQUA, foi o projeto de Código Civil por ele elaborado, depois de revisto, encaminhado ao Presidente da República, que o remeteu ao Congresso Nacional em 1900. Pouco antes, COELHO RODRIGUES havia sido escolhido para o encargo e apresentara um projeto de incontestável merecimento, em condições de se converter em lei, mas não obteve as boas graças do Legislativo, onde não teve andamento. CLÓVIS BEVILÁQUA foi então convidado para esse mister, com a recomendação de aproveitar, tanto quanto possível, o projeto COELHO RODRIGUES. Desse modo, foi possível desincumbir-se da difícil tarefa em pouco mais de seis meses.

39 É importante registrar que a adoção do sistema de codificação também foi replicado em outros países, resultando no aparecimento de novos códigos civis em países como a Hungria (1959), Polônia (1964), Portugal (1966), Peru (1984), Paraguai (1986), dentre outros (GONÇALVES, Carlos Roberto. **Direito Civil Brasileiro**, vol. 1: parte geral. 8. ed. São Paulo: Saraiva, 2010).

> Na Câmara dos Deputados o Projeto BEVILÁQUA sofreu algumas alterações determinadas por uma comissão especialmente nomeada para examiná-lo, merecendo, no Senado, longo parecer de RUI BARBOSA. Aprovado em janeiro de 1916, entrou em vigor em 1º de janeiro de 1917. Tratava-se de um Código de acentuado rigor científico, cujo surgimento foi saudado com louvor por renomados juristas, como SCIALOJA na Itália, ENNECCERUS na Alemanha, MACHADO VILELA em Portugal, e ainda ARMINJON, NOLDE e WOLFF na França, que enalteceram principalmente a sua clareza e precisão científica[40].

Apesar de ter se mostrado como um diploma normativo compatível com o seu tempo, entretanto, o Código Civil de 1916 logo se mostrou incompatível com a ordem de acontecimentos que se seguiriam, especialmente pela transição da visão do direito individualista para o direito social, o que exigiu uma maior ingerência do Poder Judiciário, por exemplo, nos negócios jurídicos, em que o princípio do *pacta sunt servanda* foi derrogado para a prevalência de questões de cunho social.

Do mesmo modo, várias leis foram sequencialmente publicadas e derrogaram temas que estavam regulados pelo Código de 1916, como foi o caso do estatuto da mulher casada, a lei dos registros públicos, a lei dos direitos autorais, a lei do reconhecimento de filhos ilegítimos, dentre outras[41], o que reforçou a necessidade de sua revisão e atualização[42].

O processo de redação, discussão e aprovação do Código Civil de 2002 também foi marcado por recorrentes discussões e reformulações[43] e por um lapso temporal

40 GONÇALVES, Carlos Roberto. **Direito Civil Brasileiro**, vol. 1: parte geral. 8. ed. São Paulo: Saraiva, 2010, p. 36.

41 DINIZ, Maria Helena. **Compêndio de Introdução à Ciência do Direito**: introdução à teoria geral do direito, à filosofia do direito, à sociologia jurídica. 21. ed. rev. e atual. São Paulo: Saraiva, 2010, p. 270.

42 Carlos Roberto Gonçalves registra que a dinâmica e a complexidade das relações sociais impulsionaram a criação de verdadeiros microssistemas jurídicos que impuseram ao Código Civil de 1916 um papel meramente subsidiário. Nesse sentido, o autor aponta que "a complexidade e o dinamismo das relações sociais determinaram a criação, no país, de verdadeiros microssistemas jurídicos, decorrentes da edição de leis especiais de elevado alcance social e alargada abrangência, como a Lei do Divórcio (Lei n. 6515/77), o Estatuto da Criança e do Adolescente (Lei n. 8.069/90), a Lei dos Registros Públicos (Lei n. 6.015/73) e outras, que fixam verdadeiro arcabouço normativo para setores inteiros retirados do Código Civil, provocando insinuações no sentido de que o Código Civil não estaria mais no centro do sistema legal, passando a desempenhar, muitas vezes, um papel subsidiário, como no caso do Código de Defesa do Consumidor (Lei n. 8.078/90) e da Lei do Inquilinato (Lei n. 8.245/91)", por exemplo (GONÇALVES, Carlos Roberto. **Direito Civil Brasileiro**, vol. 1: parte geral. 8. ed. São Paulo: Saraiva, 2010, p, 36).

43 Maria Helena Diniz aponta nesse sentido que "o Governo brasileiro, reconhecendo a necessidade da revisão do Código Civil, resolveu pôr em execução o plano de reforma, encarregando Orozimbo Nonato, Philadelpho Azevedo e Hahnemann Guimarães de redigirem um Anteprojeto de Código das Obrigações, que sofreu, contudo, severas críticas de juristas, por atentar contra o critério orgânico do nosso direito codificado, que se romperia com a aprovação isolada do Código Obrigacional. Em 1961, com o escopo de elaborar um Anteprojeto de Código Civil, o Governo nomeia para tanto Orlando Gomes, Caio Mário da Silva Pereira e Sylvio Marcondes.

considerável: ele só teve a sua redação final aprovada depois de 26 anos de tramitação no Congresso Nacional, no ano de 2001, com posterior publicação no ano de 2002. É interessante apontar que o Código manteve, na medida do possível, a estrutura do Código Civil de 1916, adaptando-a, contudo, à moderna sistemática civil e atualizando-a com a introdução de novos institutos e com a redistribuição de matérias[44].

O novo Código, como acentua Maria Helena Diniz, é marcado por um aspecto mais igualitário e de cunho social, estando mais próximo da realidade da sociedade, além de ter sido capaz de abolir instituições geradas em matrizes ultrapassadas e "albergando institutos dotados de certa estabilidade, apresentando desapego a formas jurídicas superadas, tendo um senso operacional à luz do princípio da realizabilidade [...]"[45].

Os princípios básicos que sustentam o novo Código Civil são, conforme aponta Carlos Roberto Gonçalves[46]:

> (i) Princípio da socialidade: evidencia o caráter social do direito civil com a proeminência dos interesses coletivos sobre os individuais sem, contudo, negar o valor fundamental da pessoa individualmente;

Entretanto, esse anteprojeto, ao ser enviado ao Congresso Nacional, em 1965, foi retirado pelo Governo em decorrência de fortes reações. O Ministro da Justiça, Luiz Antônio da Gama e Silva, em 1967, nomeia nova comissão para rever o Código Civil, convidando para a integrarem: Miguel Reale, José Carlos Moreira Alves, Agostinho Alvim, Sylvio Marcondes, Ebert V. Chamoun, Clóvis do Couto e Silva e Torquato Castro. Em 1972, essa comissão apresenta um anteprojeto que procurou manter a estrutura básica do Código Civil, reformulando os moldes normativos à luz dos valores éticos e sociais da experiência legislativa e jurisprudencial, substituindo, na Parte Geral, a disciplina dos atos jurídicos pela dos negócios jurídicos e alterando a Parte Especial em sua ordem, a saber: obrigações, coisas, família e sucessões. Recebeu críticas desfavoráveis por tentar unificar, parcialmente, o direito privado, buscando a unidade do direito obrigacional. Em 1984 foi publicada no Diário do Congresso Nacional a redação final do Projeto de Lei n. 634-B, de 1975, que, constituindo o PLC n. 118/84, recebeu inúmeras emendas em razão da promulgação da nova Carta Magna, introduzindo muitas novidades oriundas da evolução social, chegando após 26 anos de tramitação no Senado e na Câmara dos Deputados a sua redação definitiva, contando com subsídios de entidades jurídicas e de juristas e dando maior ênfase ao social. Aprovado por ela e pelo Senado em 2001, e publicado em 2002, revogou o Código Civil de 1916, a primeira parte do Código Comercial de 1850, bem como toda a legislação civil e comercial que lhe for incompatível (CC, art. 2025)" (DINIZ, Maria Helena. **Compêndio de Introdução à Ciência do Direito**: introdução à teoria geral do direito, à filosofia do direito, à sociologia jurídica. 21. ed. rev. e atual. São Paulo: Saraiva, 2010, p. 270).

44 GONÇALVES, Carlos Roberto. **Direito Civil Brasileiro**, vol. 1: parte geral. 8. ed. São Paulo: Saraiva, 2010.

45 DINIZ, Maria Helena. **Compêndio de Introdução à Ciência do Direito**: introdução à teoria geral do direito, à filosofia do direito, à sociologia jurídica. 21. ed. rev. e atual. São Paulo: Saraiva, 2010, p. 271.

46 GONÇALVES, Carlos Roberto. **Direito Civil Brasileiro**, vol. 1: parte geral. 8. ed. São Paulo: Saraiva, 2010.

(ii) Princípio da eticidade: estabelece o valor da pessoa como um fundamento central sobre o qual todos os demais valores devem buscar correspondência, priorizando, com isso, a fundamentação em critérios éticos como equidade, boa fé e justa causa, conferindo ao Judiciário, por exemplo, uma maior "abertura interpretativa" para encontrar soluções mais equânimes e justas; e

(iii) Princípio da operabilidade: traduz a visão de que o direito deve ser realista, concretista e realizado, e, por isso, evitar normas produzidas em teor mais abstrato, gerando, com isso, a obrigação de que o direito seja criado de forma concreta para o indivíduo situado em seus variados contextos.

Feito esse construto histórico, sobretudo de apresentação dos elementos centrais que compõem o Direito Civil, é possível conceituá-lo como o ramo integrante do direito privado responsável pela tutela normativa das relações entre os indivíduos enquanto membros da sociedade, sobretudo das de teor familiar, obrigacional e patrimonial.

2.1.2.3.2 Direito Comercial/Empresarial

Como se viu anteriormente, notadamente durante o Império Romano, o direito privado se constituía basicamente a partir do *jus gentium* e do *jus civile*, sem que tivesse qualquer tipo de distinção entre o direito civil e o comercial, o que se manteve mesmo no período da Idade Média. Nos seus séculos finais, contudo, constatou-se o surgimento de variadas corporações de mercadores que tinham como objetivo organizar o comércio tanto internamente, no âmbito das comunas ou regiões, mas também de modo externo, em suas relações com outros povos[47, 48].

Isso se deu especialmente após o contato entre culturas promovido pela interação entre o Oriente e o Ocidente a partir das Cruzadas, de modo que algumas cidades medievais da Itália, (tais como Veneza, Gênova, Florença e Amalfi), mas também cidades alemães e flamengas, ficaram conhecidas por sua destacada capacidade de comércio e intercâmbio cultural[49].

47 REALE, Miguel. **Lições preliminares de Direito**. 27. ed. São Paulo: Saraiva, 2002, p. 361.

48 Nesse particular, Fábio Ulhôa Coelho faz a seguinte observação: "Na Idade Média, o comércio já havia deixado de ser atividade característica só de algumas culturas ou povos. Difundiu-se por todo o mundo civilizado. Durante o Renascimento Comercial, na Europa, artesãos e comerciantes europeus reuniam-se em corporações de ofício, poderosas entidades burguesas (isto é, sediadas em burgos) que gozavam de significativa autonomia em face do poder real e dos senhores feudais. Nas corporações de ofício, como expressão dessa autonomia, foram paulatinamente surgindo normas destinadas a disciplinar as relações entre os seus filiados" (COELHO, Fábio Ulhôa. **Manual de Direito Comercial**: Direito de Empresa. 23. ed. São Paulo: Saraiva, 2011, p. 24).

49 DINIZ, Maria Helena. **Compêndio de Introdução à Ciência do Direito**: introdução à teoria geral do direito, à filosofia do direito, à sociologia jurídica. 21. ed. rev. e atual. São Paulo: Saraiva, 2010, p. 271.

De modo a regular as relações oriundas dessas atividades mercantis, sobretudo para disciplinar aquelas atinentes a compra e venda de características especiais, o Direito Comercial, com regramento específico a respeito da classe dos mercadores, se mostrou essencial para albergar a nova realidade que, embora contivesse, em seu núcleo, regras do Direito Civil, passou a tratar especificamente sobre o comércio (*jus mercatorum*)[50].

Nesse ponto, conforme destacado por Maria Helena Diniz, o Direito comercial tem uma origem estatutária, particular e consuetudinária — não sendo, portanto, obra de atividades dos jurisconsultos ou mesmo da legislação —, uma vez que decorreu diretamente das atividades dos comerciantes que, a partir de suas práticas, estatutos e regulamentos, regiam a concorrência e asseguravam a circulação dos produtos no mercado, garantindo-lhes boa qualidade das mercadorias e evitando fraudes[51].

Assim, o Direito Comercial é um ramo do direito privado que decorre do Direito Civil (tal qual um desdobramento ou especificação deste) e que tem como objeto o exercício da atividade negocial habitual voltada para o alcance de resultados patrimoniais realizáveis a partir da produção de bens ou serviços. Embora referido ramo seja composto de normas que regem a atividade empresarial/comercial, não se trata de um direito apenas dos empresários ou comerciantes, mas também engloba a figura das sociedades empresárias.

E isso ocorreu porque, como observado por Miguel Reale, não é o mero ato de comércio que constitui o objeto do Direito Comercial, mas antes a atividade econômica habitual que, a partir da produção de bens e serviços, destina-se à produção/circulação de riquezas, o que exige uma estrutura de natureza empresarial[52]. Assim, a atividade comercial engloba as relações estabelecidas entre empresários, mas não apenas destes, envolvendo também as relações entre quaisquer pessoas, físicas ou jurídicas, que atuem visando a produção de bens e serviços que resultem em riquezas, fazendo exsurgir deste contato uma atividade negocial/empresarial.

Daí é que, para Miguel Reale, o Direito Comercial está assentado em três elementos basilares:

a) autonomia da vontade, materializada em qualquer atividade negocial que vise o lucro;

b) estrutura empresarial; e

c) garantia e certeza da circulação e do crédito.

[50] REALE, Miguel. **Lições preliminares de Direito**. 27. ed. São Paulo: Saraiva, 2002, p. 361.

[51] DINIZ, Maria Helena. **Compêndio de Introdução à Ciência do Direito**: introdução à teoria geral do direito, à filosofia do direito, à sociologia jurídica. 21. ed. rev. e atual. São Paulo: Saraiva, 2010, p. 273.

[52] REALE, Miguel. **Lições preliminares de Direito**. 27. ed. São Paulo: Saraiva, 2002.

Por fim, seria relevante anotar que o Direito Comercial brasileiro é regulado tanto pelo Código Comercial de 1850, hoje com redação atualizada por diversas leis posteriores (Lei de Falências, Títulos de Crédito, Sociedades Anônimas, dentre outras), mas também pelo próprio Código Civil de 2002 que revogou a Primeira Parte do Código Comercial, disciplinando os temas ali contidos em seus artigos 966 a 1.195.

2.1.3.3.3 Direito do Trabalho

Também derivado do Direito Civil, outro ramo que se especializou e passou a se apresentar como disciplina autônoma foi o Direito do Trabalho. Fala-se em uma derivação, pois as relações que hoje são reguladas por tal matéria antes eram objeto de um simples capítulo no Código Civil que versava sobre os "contratos de locação de serviços"[53].

Suas bases constitutivas, contudo, derivam da Revolução Industrial ocorrida no século XVIII, momento histórico em que as precárias condições de trabalho foram evidenciadas, objeto de irresignação pela classe trabalhadora, numa tentativa de superação da ideia de "igualdade formal" e de "autonomia da vontade individual" que apregoava a livre pactuação entre empregadores e empregados, sem qualquer tipo de interferência estatal a esse respeito. Daí é que, conforme aponta André Franco Montoro, citando Arnaldo Sussekind:

> [...] as medidas legais de proteção do trabalhador, em seguida à revolução industrial, surgiram como reação contra o espírito do Direito Civil. Procuraram olhar as grandes lutas que constituem o fundo dos supostos contratos livres. Da necessidade de proteger o trabalhador na sua condição de ser humano, de cercear a liberdade contratual, quando esta nada mais representava do que a vontade do economicamente mais forte de substituir a igualdade formal pela igualdade real — a "legislação" do trabalho, em meio século transformou-se em "Direito do Trabalho", com finalidades, princípios e institutos próprios, propondo-se a compensar, com uma superioridade jurídica, a inferioridade econômica do trabalhador[54].

Assim, o Direito do Trabalho surge como disciplina autônoma no direito que busca cumulativamente proteger os empregados assalariados dos abusos da exploração pelos economicamente mais fortes, bem como lhes garantir condições de vida digna como forma de equilibrar aqueles que, economicamente, se mostram

[53] MONTORO, André Franco. **Introdução à Ciência do Direito**. 33. ed. rev. atual. e ampl. São Paulo: Revista dos Tribunais, 2016.

[54] MONTORO, André Franco. **Introdução à Ciência do Direito**. 33. ed. rev. atual. e ampl. São Paulo: Revista dos Tribunais, 2016, p. 481.

desiguais. Isto é, a legislação trabalhista assegura aos empregados certas vantagens normativas como mecanismo de compensação da sua deficiência econômica frente ao empregador[55]. Nesse ponto, é necessário esclarecer que as normas trabalhistas se aplicam exclusivamente aos empregados assalariados que estejam numa relação de emprego, excluindo-se, por consequência, os funcionários públicos, vinculados ao Estatuto dos Funcionários Públicos, ou mesmo os profissionais liberais.

Sobre a sua natureza jurídica, a doutrina costuma apresentar um dissenso, já que existem pelo menos quatro correntes a seu respeito: uma primeira, que o considera como integrante do direito público; a segunda, que o considera como do direito privado; a terceira, que lhe considera como uma figura mista, a englobar conceitos e preceitos das duas espécies; e uma quarta, que o caracteriza como uma categoria nova, distinta tanto do direito público como privado.

O dissenso é justificável na medida em que embora o Direito do Trabalho regulamente as relações existentes entre empregador e empregado no âmbito de uma relação de emprego caracterizada por um contrato, fruto da autonomia individual, também é possível encontrar, em seu corpo de normas, previsões que envolvem direta ou indiretamente a intervenção estatal, sobretudo para impor limites à autonomia contratual.

Assim, ainda que o empregador e o empregado possam livremente pactuar a relação de emprego, as funções que serão desempenhadas, o horário do labor, dentre outros pontos, as cláusulas contratuais estabelecidas não são de absoluta liberalidade das partes, uma vez que devem observar critérios mínimos estabelecidos pela legislação trabalhista, cujo núcleo central no Brasil encontra-se na Consolidação das Leis do Trabalho (Decreto n.º 5.452, de 1º de maio de 1943), como:

- a fixação dos salários deve obedecer ao parâmetro estabelecido pelo governo sobre o salário mínimo;
- a lei estabelece expressamente a necessidade de que os trabalhadores usufruam de descanso semanal remunerado, de modo que ninguém pode renunciar a essa garantia; e
- os funcionários que desempenhem suas funções no horário noturno (assim considerado o executado entre às 22h de um dia e 5h do dia seguinte) receberão obrigatoriamente um acréscimo em seus salários.

Dessa forma, o Direito do Trabalho é responsável por regular questões de relações particulares — portanto, do direito privado —, mas também disciplina questões de cunho coletivo e social, o que acaba por fomentar o debate anteriormente apontado.

55 DINIZ, Maria Helena. **Compêndio de Introdução à Ciência do Direito**: introdução à teoria geral do direito, à filosofia do direito, à sociologia jurídica. 21. ed. rev. e atual. São Paulo: Saraiva, 2010, p. 271.

A despeito dessa coexistência de elementos do direito público, contudo, filiamo-nos à corrente que considera o Direito do Trabalho como ramo integrante do direito privado, uma vez que o objetivo central de sua atuação é voltado diretamente para a relação jurídica existente entre empregador e empregado.

A partir disso, pode-se conceituar o Direito do Trabalho como o ramo do direito privado que é responsável pela disciplina normativa das relações de emprego estabelecidas entre empregadores e empregados, de forma individual e coletiva, bem como das condições sociais inerentes à classe trabalhadora.

Por fim, o Direito do Trabalho costuma ser usualmente dividido a partir das suas frentes de atuação, conforme leciona André Franco Montoro[56], sendo possível constatar a existência de um:

> 1) Direito Individual do Trabalho: responsável pela tutela das relações entre o empregador e o empregado do ponto de vista individual, compreendendo, portanto, as regras atinentes ao contrato individual de trabalho e os direitos e obrigações daí decorrentes;
>
> 2) Direito Coletivo do Trabalho: tem por responsabilidade regular as questões que envolvem a classe de trabalhadores como um todo, geralmente agrupadas por categorias, dispondo, assim, sobre as convenções e acordos coletivos de trabalho, as regras de organização e atuação dos Sindicatos, o exercício do direito de greve, dentre outras questões;
>
> 3) Direito Judiciário do Trabalho: responsável pela disciplina das normas que regulam a atuação da Justiça do Trabalho, como órgão integrante do Poder Judiciário, e também do próprio regramento processual das ações/reclamações trabalhistas; e
>
> 4) Direito Previdenciário: responsável pela regulação do sistema da Seguridade Social, isto é, dispõe sobre as regras que dispõe a respeito de contribuições sociais e as situações em que haverá a concessão de benefícios previdenciários, tais como aposentadoria, auxílio-doença, auxílio-maternidade, pensão, dentre outros.

2.1.2.3.4 Direito do Consumidor

A Constituição Federal de 1988, movida por um espírito garantidor de direitos fundamentais, anteviu a necessidade de criação de um microssistema jurídico destinado à proteção do consumidor, notadamente diante da sua hipossuficiência

[56] MONTORO, André Franco. **Introdução à Ciência do Direito**. 33. ed. rev. atual. e ampl. São Paulo: Revista dos Tribunais, 2016.

em um ambiente de economia globalizada que, apesar de trazer fortes aprimoramentos para o consumo, também escancarou a posição de inferioridade socioeconômica do público consumidor[57] na pós-modernidade[58]. Daí a expressa previsão contida expressamente no art. 5º, inciso XXXII[59], da CF/88, mas também no art. 48 do Ato das Disposições Constitucionais Transitórias, o qual impôs a obrigação ao Congresso Nacional para que, dentro do prazo de 120 dias, a contar da promulgação da nova Constituição, promovesse a elaboração do Código de Defesa do Consumidor (CDC)[60].

A elaboração do Anteprojeto de lei foi efetivada a partir de uma comissão de importantes juristas brasileiros, como Ada Pellegrini Grinover (Coordenadora do projeto), Kazuo Watanabe, Zelmo Denari, Daniel Roberto Fink e José Geraldo Brito Filomeno, dentre outros importantes contribuidores[61], de modo que, no

57 Nesse sentido, Maria Cláudia Zaratini Maia esclarece: "No Brasil as relações de consumo começam a ser objeto de preocupação a partir da década de 1970. O cenário brasileiro da época, de um país de capitalismo periférico e dependente é de aumento da produção industrial, que passa a ser mais massificada. Contribui também para o desenvolvimento do nível de consumo o aumento populacional e aumento das zonas urbanas. Nesse período há o chamado 'milagre econômico', com a expansão da indústria nacional por meio do endividamento brasileiro com empréstimos estrangeiros e também controle dos salários, havendo preocupação com o preço das mercadorias [...] Com o desenvolvimento e a necessidade do consumo, somados às sucessivas crises econômicas, os brasileiros se deparam com a necessidade de regular as relações de consumo, já que somente a teoria contratual civilista, que estabelecia a igualdade entre os contratantes não era suficiente para solucioná-las, nem para proteger o consumidor, que se encontrava em situação de desvantagem" (MAIA, Maria Cláudia Zaratini. Breve histórico da proteção do consumidor no Brasil: da ausência de direitos ao Código de Defesa do Consumidor. **Revista JurisFib**, Ed. Especial 15 anos Direito FIB, dez. 2020, p. 117–118. DOI: https://doi.org/10.59237/jurisfib.v10i2.470).

58 "A expressão *pós-modernidade* é utilizada para simbolizar o rompimento dos paradigmas construídos ao longo da modernidade, quebra ocorrida ao final do século XX. Mais precisamente, parece correto dizer que o ano de 1968 é um bom parâmetro para se apontar o início desse período, diante de protestos e movimentos em prol da liberdade e de outros valores sociais que eclodiram em todo o mundo. Em tais reivindicações pode ser encontrada a origem de leis contemporâneas com preocupação social, caso do Código Brasileiro de Defesa do Consumidor" (TARTUCE, Flávio; NEVES, Daniel Amorim Assumpção. **Manual de Direito do Consumidor**: Direito material e processual, v. único. 9. ed., rev. atual e amp. Rio de Janeiro: Forense; São Paulo: Método, 2020, p. 3–4).

59 Art. 5º Todos são iguais perante a lei, sem distinção de qualquer natureza, garantindo-se aos brasileiros e aos estrangeiros residentes no País a inviolabilidade do direito à vida, à liberdade, à igualdade, à segurança e à propriedade, nos termos seguintes:
[...]
XXII - o Estado promoverá, na forma da lei, a defesa do consumidor;

60 Art. 48. O Congresso Nacional, dentro de cento e vinte dias da promulgação da Constituição, elaborará código de defesa do consumidor.

61 Também houve uma intensa colaboração de Antonio Herman de Vasconcellos e Benjamin, Eliana Cáceres, Marcelo Gomes Sodré, Mariângela Sarrubo, Nelson Nery Jr., e Régis Rodrigues Bonvicini (TARTUCE, Flávio; NEVES, Daniel Amorim Assumpção. **Manual de Direito do Consumidor:** Direito material e processual, v. único. 9. ed., rev. atual e amp. Rio de Janeiro: Forense; São Paulo: Método, 2020, p. 3).

dia 11 de setembro de 1990[62], foi publicada a Lei n.º 8.078/1990, a qual passaria a vigorar 180 dias após a sua publicação. O Código, além de ter trazido o que havia de mais moderno em termos de proteção aos consumidores, foi caracterizado pelo rompimento da visão de igualdade das partes contratantes característica do paradigma do direito civil, passando, com isso, a reconhecer de modo expresso a posição desequilibrada em que o consumidor estava situado e, consequentemente, a sua vulnerabilidade em comparação com o produtor de produtos e o prestador de serviços[63].

A partir disso, "nasce um novo sujeito de direito, o consumidor, sendo expressamente reconhecida sua vulnerabilidade e necessidade de proteção"[64].

No que tange ao seu objeto, o Direito do Consumidor se aplica às relações jurídicas que envolvam obrigatoriamente as figuras do consumidor e do fornecedor, de forma direta ou indireta. Nesse tocante, o art. 2º do CDC define como *consumidor* todo aquele (pessoa física ou jurídica) que *adquire ou utiliza produto ou serviço* como destinatário, ao passo que o art. 3º define como fornecedor todo aquele (pessoa física ou jurídica, pública ou privada, nacional ou estrangeira, bem como os entes despersonalizados) que desenvolva uma atividade de produção, montagem, criação, construção, transformação, importação, exportação, distribuição ou a comercialização de produtos ou a prestação de serviços.

O **Direito do Consumidor**, portanto, é o ramo especial do Direito privado que normatiza as relações jurídicas estabelecidas entre consumidores e fornecedores de produtos e prestadores de serviços.

Por fim, e não menos importante, é interessante notar que o Código de Defesa do Consumidor se apresenta como um verdadeiro microssistema jurídico de proteção ao consumidor e que, para essa função, está pautado em princípios basilares que dão concreção à proteção dos chamados vulneráveis negociais. É possível apontar, sem prejuízo de outros, os seguintes princípios que inclusive encontram expressa previsão nos arts. 1º, 4º e 6º, todos da Lei n.º 8.078/1990, conforme apontam Flávio Tartuce e Daniel Amorim Assumpção Neves[65]:

[62] Tercio Sampaio Junior, José Del Chiaro Ferreira da Rosa e Marcio Pugliesi conduziram, no Congresso Nacional, o processo de aprovação da Lei 8038/90 — o Código de Defesa do Consumidor —, que há muito aguardava adequada tramitação.

[63] MAIA, Maria Cláudia Zaratini. Breve histórico da proteção do consumidor no Brasil: da ausência de direitos ao Código de Defesa do Consumidor. **Revista JurisFib**, Ed. Especial 15 anos Direito FIB, dez. 2020, p. 123. DOI: https://doi.org/10.59237/jurisfib.v10i2.470.

[64] MAIA, Maria Cláudia Zaratini. Breve histórico da proteção do consumidor no Brasil: da ausência de direitos ao Código de Defesa do Consumidor. **Revista JurisFib**, Ed. Especial 15 anos Direito FIB, dez. 2020, p. 123. DOI: https://doi.org/10.59237/jurisfib.v10i2.470.

[65] TARTUCE, Flávio; NEVES, Daniel Amorim Assumpção. **Manual de Direito do Consumidor:** Direito material e processual, v. único. 9. ed., rev. atual e amp. Rio de Janeiro: Forense; São Paulo: Método, 2020.

1) *Princípio do protecionismo do Consumidor (art. 1º, CDC)*: com bases constitucionais estabelecidas tanto no art. 5º, inciso XXXII, mas também do art. 170, inciso V, ambos da Constituição Federal, é possível constatar, desde logo, uma diretriz muito clara no sentido de proteção do consumidor, o que, por sua vez, traz algumas consequências práticas que precisam ser relembradas:

a) as normas estabelecidas pelo CDC não podem ser afastadas, ainda que por convenção das partes, sob pena de nulidade absoluta e serem consideradas cláusulas abusivas, nos termos do art. 51, inciso XV, da Lei n.º 8.078/1990;

b) nos casos de interesse coletivo e/ou difuso que envolvam problemas de consumo, é sempre admitida a intervenção do Ministério Público, conforme previsão do art. 1º, da Lei n.º 7.347/1985 (Lei que disciplina a Ação Civil Pública), no sentido de reconhecer a legitimidade ativa do órgão para propor demandas coletivas que busquem indenizações por danos materiais e morais em favor de consumidores; e

c) as normas que conferem um status de proteção aos consumidores devem ser conhecidas pelo Poder Judiciário de ofício, isto é, independentemente de provocação pelas partes, como é o caso, por exemplo, do reconhecimento de cláusulas abusivas.

2) *Princípio da vulnerabilidade do consumidor* (art. 4º, I, CDC): implica o reconhecimento de que todo e qualquer consumidor deve ser considerado como vulnerável na relação jurídica estabelecida, presunção essa que se apresenta como absoluta (isto é, não aceita prova em contrário). Ou seja, todo consumidor, independentemente de sua situação econômica, política, social ou técnica, é vulnerável;

3) *Princípio da hipossuficiência do consumidor* (art. 6º, VII, CDC): trata-se do reconhecimento de que, no caso concreto, o consumidor se apresenta numa situação de disparidade técnica ou informacional perante o fornecedor. A noção de hipossuficiência técnica está atrelada ao desconhecimento pelo consumidor sobre o próprio produto ou serviço, reconhecendo-se, daí, que o fornecedor, detentor do conhecimento técnico e das especificações de seus produtos/serviços, terá maiores condições de fazer eventual prova no caso discutido.

Já a hipossuficiência informacional está atrelada a situações jurídicas que impossibilitam o consumidor de obter determinada prova que tenha o condão de comprovar uma eventual responsabilidade do fornecedor de produtos ou do prestador de serviço em determinados casos. Como se vê, a hipossuficiência não é apenas econômica, mas também técnica e informacional, e deve ser reconhecida **faticamente**, ou seja, não se trata de presunção absoluta ou de concessão automática. Dito isso, a consequência direta do reconhecimento da hipossuficiência do consumidor está prevista no art. 6º, inciso VIII, do CDC, o qual admite que o juiz promova a inversão do ônus da prova[66] em favor do consumidor quando constatar ser a sua alegação verossímil ou quando ele se mostrar hipossuficiente;

4) *Princípio da boa-fé objetiva* (art. 4º, III, CDC): representa resumidamente um padrão de conduta que se espera daqueles que constituem a relação de consumo, de modo que se espera o cumprimento de deveres de cooperação e respeito, concretizadas em condutas esperadas e leais que devem acompanhar a relação contratual desde as suas tratativas iniciais, formalização do contrato e até o seu fim. Dito isso, o CDC estabelece, em variados artigos, a boa-fé objetiva como pressuposto das relações de consumo, como: a) art. 9º, do CDC, o qual valoriza a boa-fé objetiva ao exigir do prestador ou fornecedor a obrigatoriedade de informar o consumidor sobre eventuais nocividades ou perigos de produtos ou serviços disponibilizados no mercado, sob pena de ampliação de sua responsabilidade nos casos de má informação, publicidade enganosa ou abusiva; b) o art. 31, ao exigir a necessidade de informações precisas sobre a essência, qualidade ou quantidade de produtos ou serviços, sob pena de sanções; e c) o art. 48 do CDC, que regula as responsabilidades pré e pós-contratuais, reforçando a noção do dever de lealdade e conduta reta durante todo o relacionamento de consumo;

[66] Apenas para esclarecer a expressão, é importante, antes, entender uma premissa básica no Direito. O ônus da prova, isto é, a responsabilidade de provar a existência do direito discutido em um processo, é, inicialmente, daquele que propõe a demanda. Assim, compete ao autor de uma ação apresentar todos os meios de prova que consigam confirmar a sua pretensão formulada em Juízo. Ao réu, isto é, aquele que é demandado em Juízo, compete-lhe fazer a prova de fato modificativo, impeditivo ou extintivo do direito do autor. Para exemplificar, imagine a seguinte situação: FULANO e BELTRANO celebraram um contrato de compra e venda de uma Casa, pelo valor certo e ajustado de R$100.000,00 (cem mil reais), sendo que FULANO era o vendedor e BELTRANO o comprador. Suponha que FULANO alegue não ter recebido o valor previsto em contrato na data ajustada e queira ajuizar uma ação. Assim, ao iniciar o processo, é responsabilidade de FULANO fazer a prova do seu direito, isto é, de que era proprietário da Casa e que tem um contrato que obriga BELTRANO a pagar. BELTRANO, por sua vez, tem o ônus de provar o fato modificativo, extintivo ou impeditivo do direito de FULANO. Assim, poderia, em sua defesa, simplesmente apresentar o comprovante de pagamento feito na conta de BELTRANO, mostrando, assim, o fato extintivo do direito do autor. Essa é a sistemática geral aplicada ao chamado ônus probatório. A inversão do ônus da prova, para este caso da hipossuficiência do consumidor ou da verossimilhança de suas alegações, é uma exceção que permitirá ao Juiz, portanto, transferir o ônus de produção da prova que caberia ao consumidor e atribuí-la ao fornecedor/prestador.

5) *Princípio da transparência ou da confiança* (arts. 4º, *caput*, e art. 6º, III, CDC): representa basicamente o direito de tutela da informação garantido aos consumidores que devem obter informações adequadas, claras e precisas sobre todos os elementos de produtos ou serviços disponibilizados no mercado, inclusive dos riscos que apresentem, sob pena de variadas sanções; e

6) *Princípio da reparação integral dos danos* (art. 6º, VI, CDC): apregoa resumidamente a ideia de que será assegurado a todos os consumidores a reparação integral por todos os danos por esses sofridos, de natureza material ou moral, individuais ou coletivos/difusos.

2.1.2.3.5 Direito Digital

O último milênio foi marcado por duas inovações tecnológicas consideradas como disruptivas e especialmente sustentáveis e que promoveram verdadeiras convulsões na sociedade, quais sejam: a impressão tipográfica, de um lado, e a industrialização, do outro[67]. Há, contudo, uma nova mudança que vem sendo implementada desde o final do último milênio e que já está gerando mudanças sociais drásticas que podem ultrapassar o impacto das inovações anteriormente apontadas: trata-se do fenômeno da "digitalização"[68], que traz, como consequência direta e imediata, a transformação de todas as áreas da vida, sobretudo da economia, da política, ad cultura e até mesmo da comunicação (pública e privada)[69].

Na década de 1970, Alvin Toffler já havia alertado para o surgimento de uma sociedade com bases informacionais, de modo que essa nova sociedade estaria inserida tanto no mundo físico como no mundo digital, o que demandaria de seus integrantes a execução de mais tarefas e o acesso a uma gama maior de informações, resultando num rompimento de limites de fusos horários ou mesmo de distâncias físicas, de modo que as ações seriam executadas no tempo digital[70].

67 HOFFMANN-RIEM, Wolfgang. **Teoria Geral do Direito Digital**: transformação digital: desafios para o direito. 2. ed. Rio de Janeiro: Forense, 2022, p. 1.

68 "O termo 'digitalização' refere-se inicialmente apenas às tecnologias da informação específicas que processam dados digitais e às infraestruturas (*software e hardware*) criadas para as tecnologias digitais. No entanto, o termo também representa a mudança fundamental nas condições de vida desencadeada pela sua utilização em todo o mundo" (HOFFMANN-RIEM, Wolfgang. **Teoria Geral do Direito Digital**: transformação digital: desafios para o direito. 2. ed. Rio de Janeiro: Forense, 2022, p. 1).

69 HOFFMANN-RIEM, Wolfgang. **Teoria Geral do Direito Digital**: transformação digital: desafios para o direito. 2. ed. Rio de Janeiro: Forense, 2022, p. 1.

70 PINHEIRO, Patrícia Peck. **Direito Digital**. 7. ed. São Paulo: Saraiva, 2021. Ebook, Local 33.

O fato é que não existem dúvidas de que, hoje, a sociedade vive um desenvolvimento tecnológico nunca visto[71], numa velocidade cada vez mais assustadora[72] e que passou a exigir do Direito um acompanhamento normativo para evitar ou pelo menos atenuar os abusos da própria era informacional. Aqui vale rememorar o significado da expressão *ubi societas, ibi jus* (onde está a sociedade, está o direito), o que implica que, surgidos novos fatos sociais relevantes e que merecem regulamentação, aí estará o Direito.

E, no caso específico da regulação do ambiente digital ou desse fenômeno da digitalização, o grande desafio é justamente definir os limites territoriais e físicos, mas também ser capaz de acompanhar a velocidade em que as decisões são tomadas, tornando o Direito Digital pertinente e necessário, sobretudo para enfrentar a contradição que se estabelece entre o fenômeno da globalização e da individualização.

Daí é que o **Direito Digital** se apresenta como uma evolução do próprio Direito que "abrange todos os princípios fundamentais e institutos que estão vigentes e são aplicados até hoje, assim como introduzindo novos institutos e elementos para o pensamento jurídico, em todas as suas áreas"[73]. Dito isso, é possível conceituá-lo como a disciplina normativa que regula as relações jurídicas estabelecidas entre as pessoas (físicas ou jurídicas, de direito público ou privado) no ambiente virtual/cibernético ou por meio de recursos tecnológicos.

No Brasil, as principais regulações que contemplam um "microssistema" jurídico de tutela do direito digital no Brasil são as seguintes:

[71] Sobre alguns dos avanços tecnológicos: "Apenas para exemplificar, graças ao avanço tecnológico mencionado alhures, hoje é possível, no âmbito da qualidade e bem-estar: 1) conversar com qualquer pessoa em qualquer lugar do mundo, sem precisar sair de casa; 2) pedir, via aplicativos, a entrega de alimentos, refeições, ou mesmo serviços de transporte (como Uber ou táxi) com apenas alguns cliques; 3) efetuar pagamentos via cartão de crédito por meio de smartwatchs (relógios inteligentes), os quais também permitem ao usuário um preciso controle sobre a sua saúde, bem como o registro de sua geolocalização em tempo real. No âmbito da pesquisa, o avanço da Internet nos últimos 20 anos permitiu o acesso a bancos de dados em todo o mundo, incluindo Universidades tradicionais como Oxford, Stanford, Harvard, Cambrigde, Yale, MIT, Universidade de São Paulo (USP)" (Cf. GUNDIM, Wagner Wilson Deiró. **Democracia 4.0**: a liberdade de expressão na sociedade de dados. Londrina/PR: Editora Thoth, 2021, p. 36).

[72] Márcio Pugliesi e André Martins Brandão acentuam como a evolução das tecnologias da informação e comunicação se desenvolveram nas últimas décadas a ponto de parecer uma ficção científica, seja pela velocidade que hoje acompanham a comunicação e a informação, mas também pelos novos hábitos decorrentes do uso cada vez mais constante das redes sociais e controle da informação (CF. PUGLIESI, Márcio; BRANDÃO, André Martins. Uma conjectura sobre as tecnologias de big data na prática jurídica. **Rev. Fac. Direito UFMG**, Belo Horizonte, n. 67, p. 453-482, jul./dez., 2015. DOI: 10.12818/P.0304-2340.2015v67p453).

[73] PINHEIRO, Patrícia Peck. **Direito Digital**. 7. ed. São Paulo: Saraiva, 2021. Ebook, Local 49.

1) Lei n.º 12.737/2012 (Lei que dispõe sobre a tipificação criminal de delitos informáticos): também conhecida como Lei Carolina Dieckmann[74], foi responsável pela alteração do Código Penal brasileiro para prever novos tipos penais a saber: a) invasão de dispositivo informático (art. 154-A, do Código Penal); b) interrupção ou perturbação de serviço telegráfico, telefônico, informático, telemático ou de informação de utilidade pública (art. 266, do Código Penal); e c) falsificação de cartão de crédito ou débito (art. 298, do Código Penal);

2) Decreto n.º 7.962/2013: foi responsável pela introdução, no Código de Defesa do Consumidor, de previsão acerca da contratação no âmbito do comércio eletrônico, além de trazer "esclarecimentos sobre atendimento ao consumidor em relação às compras realizadas pela internet, direito de arrependimento em comércio eletrônico, abordando até mesmo o tema das compras coletivas"[75];

3) Lei n.º 12.965/2014 ("Marco Civil da Internet"): foi responsável por estabelecer princípios, garantias, direitos e deveres para o uso da internet no Brasil (art. 1º), além de impor diretrizes para a atuação dos entes federativos brasileiros no trato da matéria. Constituiu-se como um verdadeiro marco mundial, sendo considerado por alguns como a Constituição da internet, haja vista o caráter principiológico que o integra[76]. Além disso, a referida lei foi capaz de robustecer a garantia a diversos direitos dos usuários de internet no Brasil, como a inviolabilidade da vida privada e da intimidade, além da proteção nos casos de indenização por danos materiais e morais; a garantia de qualidade da internet; a inviolabilidade do fluxo de informações; a impossibilidade de fornecimento de dados pessoais a terceiros sem expressa manifestação/autorização do usuário; dentre outros[77]. Ainda, dispôs sobre a garantia "de guarda e disponibilização dos registros de conexão

[74] "A lei ganhou esse nome devido a um caso de grande repercussão envolvendo a atriz, no qual suas fotos privadas vazaram online por meio de um e-mail infectado por vírus. Isto levou à classificação de tais invasões como crime, especificamente aquelas cometidas sem o consentimento ou autorização da vítima" (Cf. BISPO, Adrielle da Silva; BINTO, Emanuel Vieira. Crimes cibernéticos: da ineficácia da lei Carolina Dieckmann na prática de crimes virtuais. **Revista Ibero-Americana de Humanidades, Ciências e Educação**, [S. l.], v. 9, n. 11, 2023, p. 361. DOI: 10.51891/rease.v9i11.12291. Disponível em: https://periodicorease.pro.br/rease/article/view/12291. Acesso em: 4 mar. 2024).

[75] GUIMARÃES, Antônio Márcio da Cunha; GUIMARÃES, Guilherme Stagni. Direito digital. **Revista de Direito Internacional e Globalização Econômica**, v. 1, n. 2, jul./dez., 2017, p. 74.

[76] GUIMARÃES, Antônio Márcio da Cunha; GUIMARÃES, Guilherme Stagni. Direito digital. **Revista de Direito Internacional e Globalização Econômica**, v. 1, n. 2, jul./dez., 2017, p. 74.

[77] Todos os direitos fortalecidos pela nova legislação são apontados precisamente por: PINHEIRO, Patrícia Peck. **Direito Digital**. 7. ed. São Paulo: Saraiva, 2021. Ebook, Local 89-90.

e de acesso a aplicações a internet resguardem a intimidade, honra e imagem de seus usuários"[78];

4) Lei n.º 13.709/2018 ("Lei Geral de Proteção de Dados Pessoais"): sancionada em 14 de agosto de 2018, posteriormente alterada pela Medida Provisória n.º 868/2018 e pela Lei n.º 13.853/2019; a indicada lei permaneceu num "hiato" de vigência até agosto de 2020 (dois anos após a sua publicação), e suas sanções somente se aplicariam a partir de agosto de 2021[79]. O seu objetivo central é proteger os titulares de dados pessoais do abuso ou uso indevido no tratamento por parte de empresas públicas ou privadas, assegurando a autonomia sobre o fluxo informacional, mas também garantindo a preservação de sua privacidade e liberdade; e

5) Lei n.º 14.063/2020: regulamentou o uso das assinaturas eletrônicas nas interações com os entes públicos em atos de pessoas jurídicas e em questões de saúde e sobre as licenças de softwares desenvolvidos por entes públicos, bem como alterou a Lei nº 9.096, de 19 de setembro de 1995, a Lei nº 5.991, de 17 de dezembro de 1973, e a Medida Provisória nº 2.200-2, de 24 de agosto de 2001.

Além de referidas normas que já encontram guarida nos microssistemas do Direito Digital, o Congresso Nacional brasileiro também está em vias de finalizar legislações específicas que visam criar o marco regulatório para a indústria de games e jogos eletrônicos, sobretudo para estabelecer incentivos a negócios do segmento, e regulamentar o uso da Inteligência Artificial no Brasil, estando em discussão o projeto de Lei n.º 2338/2023.

2.1.2.3.6 Direito processual

2.1.2.3.6.1 Direito Processual Civil

O Direito Processual Civil é o ramo do direito composto por princípios e normas que regulam, direcionam e efetivam os procedimentos jurisdicionais no âmbito cível, isto é, conduz como se dará o exercício do direito de ação nas relações

78 FINKELSTEIN, Maria Eugenia; FINKELSTEIN, Claudio. Privacidade e Lei Geral de Proteção de Dados Pessoais. **Revista de Direito Brasileira**, Florianópolis/SC, v. 23, n. 9, maio/ago., 2019, p. 292.

79 GUNDIM, Wagner Wilson Deiró. Pelo reconhecimento de um direito humano fundamental à proteção de dados no Brasil: uma discussão sobre a natureza do dano no caso de violação de dados pessoais. VAILATTI, Diogo; PEIXOTO, Paulo Henrique Ledo; OLIVEIRA, Denizom (Org.). **Estudos interdisciplinares sobre Direitos Humanos**: homenagem ao professor Erival da Silva Oliveira. Novas Edições Acadêmicas, 2022.

jurídicas de caráter civil e, sobretudo, como deverá ser aplicado o direito pelo Poder Judiciário para a solução dos litígios a ele apresentados.

É preciso destacar aqui que o conflito de interesses é tutelado pelo Direito processual civil somente quando o Poder Judiciário for acionado para tanto, ou seja, não basta o conflito de interesse, mas o conflito de interesses cuja pretensão foi submetida ao Estado-juiz para resolução.

É isso, inclusive, o que diferencia as relações que envolvem conflitos numa relação de direito material daquelas de direito processual, como registra Marcus Vinicius Rios Gonçalves[80], sendo que, na primeira, a relação estabelecida é linear, envolvendo exclusivamente as partes, enquanto que, na segunda, a relação é triangular, incluindo, para além das partes, a figura do juiz, que será o responsável por dirimir o conflito, aplicar o direito ao caso concreto e promover a pacificação social:

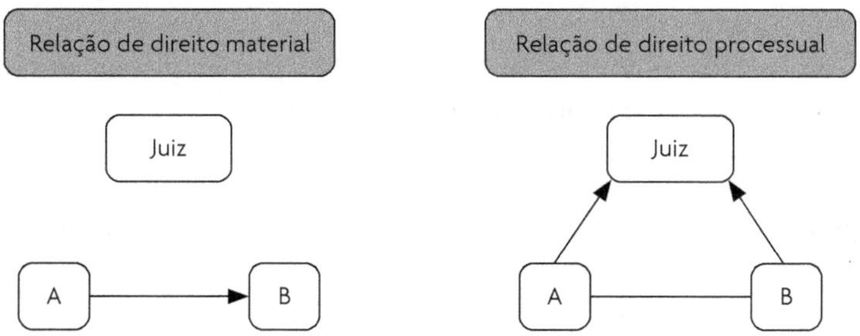

Fonte: GONÇALVES, Marcus Vinicius Rios. 2016, p. 38.

As regras atinentes ao Direito Processual Civil brasileiro encontram-se dispostas no Código de Processo Civil (Lei n.º 13.105, de 16 de março de 2015).

2.1.2.3.6.2 Direito Processual Penal

O Direito Processual Penal, por sua vez, regulamenta a tutela do *jus puniendi* (direito de punir) do Estado, que, vale dizer, é o ramo do direito que compreende as normas (regras e princípios) que norteiam a organização judicial penal, o que envolve a criação, a sistematização, a estrutura e as atribuições de todos os órgãos (diretos e indiretos) que integram a administração da justiça criminal, bem como instrumentaliza a composição dos litígios de natureza penal[81].

[80] GONÇALVES, Marcus Vinicius Rios. **Direito Processual Civil Esquematizado**. Coordenador Pedro Lenza. 6. ed. São Paulo: Saraiva, 2016, p. 38.

[81] TOURINHO FILHO, Fernando da Costa. **Processo Penal**. vol. 1. 32. ed. rev. e atual. São Paulo: Saraiva, 2010.

O Código de Processo Penal brasileiro, instituído por meio da do Decreto-Lei n.º 3.689, de 3 de outubro de 1941, é o responsável pela regulamentação das normas atinentes ao direito processual penal.

2.1.2.3.6.3 Direito Processual Constitucional

O Direito Processual Constitucional é o ramo que investiga a sistematização da chamada jurisdição constitucional, abrangendo, em seu compilado normativo, constitucional e infraconstitucional, os princípios e as regras que regulamentam o exercício do controle de constitucionalidade de leis e atos normativos[82], bem como os que se destinam a prover, pela via jurisdicional, os direitos e as garantias fundamentais[83].

O conceito acima apresentado acompanha o entendimento de José Alfredo de Oliveira Baracho, pioneiro no estudo da temática no Brasil, ao destacar que:

> O processo constitucional visa tutelar o princípio da supremacia constitucional, protegendo os direitos fundamentais. Várias ações e recursos estão compreendidos nessa esfera protecionista e garantista.
>
> [...]
>
> O processo constitucional não é apenas um direito instrumental, mas uma metodologia de garantia dos direitos fundamentais. Suas instituições estruturais (jurisdição, ação e processo) remetem-nos à efetivação dos direitos essenciais.
>
> [...]
>
> O processo constitucional aponta diversos instrumentos de proteção, sendo que são relacionados, dentre outros, alguns de uso mais comum: habeas corpus, mandado de segurança, "writ of injunction", habeas data, ação ou recurso de inconstitucionalidade, ação direta de declaração de inconstitucionalidade, amparo, writ of error, writ of certiorari, writ of prohibition, quo warranto, etc.[84].

Nesse contexto, o Direito Processual Constitucional normatiza as regras de acesso ao Poder Judiciário por via de ações, sendo possível apontar, dentre outras, as seguintes:

82 Para esclarecer: no âmbito do Direito constitucional, vige o princípio da supremacia constitucional, de modo que todas as normas produzidas no Estado devem obediência ao quanto previsto na Constituição Federal. O Controle de Constitucionalidade, assim, é o instrumento por meio do qual se efetiva a verificação de compatibilidade (formal e material) de uma norma à Constituição Federal.

83 DANTAS, Paulo Roberto de Figueiredo. **Direito Processual Constitucional**. 10. ed. rev. e atual. Indaiatuba/SP: Editora Foco, 2021.

84 BARACHO, José Alfredo de Oliveira. A. **Direito processual constitucional**: aspectos contemporâneos. Belo Horizonte: Fórum, 2008, p. 45-49.

1) Ações relativas ao controle concentrado de constitucionalidade: Ação Direta de Inconstitucionalidade (ADI), Ação Direta de Constitucionalidade (ADC), Ação Direta de Inconstitucionalidade por Omissão (ADO) e Arguição de Descumprimento de Preceito Fundamental (ADPF); e

2) Remédios Constitucionais: os remédios constitucionais são as garantias constitucionais[85] instrumentalizadas na forma de ação que têm por objetivo garantir, por meio de processos judiciais, a concretização dos direitos fundamentais assegurados no texto constitucional. Conforme a Constituição Federal, são remédios constitucionais: a) *Habeas Corpus* (art. 5º, inciso LXVIII, CF); 2) Mandado de Segurança individual (artigo 5º, inciso LXIX, CF) e coletivo (artigo 5º, inciso LXX, CF); 3) Mandado de Injunção (artigo 5º, inciso LXXI, CF); 4) *Habeas Data* (artigo 5º, inciso LXXII, CF); e 5) ação popular (artigo 5º, inciso LXXII, CF).

No âmbito do Direito Processual Constitucional não há, contudo, uma sistematização compilada de todas as normas em um único Código, como é o caso do Código de Processo Civil, por exemplo, já que os princípios e as regras que regem os tópicos acima apontados encontram-se hoje em normas esparsas, a saber: 1) Constituição Federal; 2) Lei n.º 9.868/1999, complementada pela Lei n.º 12.063/2009 (Regulamenta as ADIs, ADC e ADO); 3) Lei n.º 9.882/1999 (Regulamenta o procedimento da ADPF); 4) Lei n.º 12.016/2009 (Lei do Mandado de Segurança); 5) Lei n.º 13.300/2016 (Lei do Mandado de Injunção); 6) Lei n.º 9.507/1997 (Lei do Habeas Data); e 7) Lei n.º 4.717/1965 (Lei da Ação Popular).

Entretanto, está em curso, no Congresso Nacional, uma proposta de anteprojeto de lei da lavra do jurista Paulo Bonavides, que foi encampado pela Ordem dos Advogados do Brasil, em que se apresenta uma proposta de Codificação Processual Constitucional no país, visando justamente sistematizar as regras atinentes à temática[86].

[85] Embora interligados, os conceitos de direitos fundamentais e garantias constitucionais não são sinônimos. Isso porque os direitos fundamentais são enunciados, apresentando-se como disposições meramente declaratórias e apontando os bens ou vantagens previstos pela norma, ao passo que as garantias constitucionais representam os instrumentos que dão concretude aos direitos declarados.

[86] Para se aprofundar sobre a temática da proposta de um Código de Processo Constitucional no Brasil, recomenda-se a leitura de livro, fruto de intensas pesquisas e produzido no âmbito do Grupo de Pesquisa "Hermenêutica e Justiça Constitucional: STF" (CNPQ/PUC): TAVARES, André Ramos; GAMA, Marina Faraco Lacerda (Orgs.). Um Código de Processo Constitucional para o Brasil. Belo Horizonte: Arraes, 2021.

2.1.2.3.6.4 Direito Processual Tributário

O Direito Processual Tributário é o ramo do Direito que tem por função estabelecer as normas (princípios e regras) que conduzem os processos judiciais e administrativos sobre temas envolvendo questões tributárias, isto é, as diretrizes legais (em sentido amplo) que conduzem a forma como os litígios entre os contribuintes e o Estado, no âmbito fiscal, devem ser efetivados.

A sua incidência se dá tanto em processos judiciais, movidos pelos contribuintes que buscam contestar a cobrança de tributos ou mesmo receber valores pagos indevidamente, bem como promovidos pelo Fisco/Estado em desfavor de contribuintes devedores de tributos e contribuições/taxas estabelecidas por lei, mas também no que tange a processos administrativos que visam discutir questões de natureza fiscal fora do Poder Judiciário, os quais são conduzidos pelos órgãos administrativos competentes, como a Receita Federal ou Secretarias da Fazenda.

Visando cumprir as diretrizes acima, é de responsabilidade do Direito Processual Tributário:

- estabelecer os procedimentos para a apresentação de recursos e as formas de defesa dos contribuintes;
- fixar as regras de produção de provas no âmbito judicial;
- delimitar a competência dos órgãos julgadores, bem como de outros aspectos fundamentais para a resolução de conflitos sobre matéria tributária; e
- assegurar uma justa solução para as controvérsias existentes entre os contribuintes e o Estado, sobretudo pela determinação de observância dos princípios constitucionais basilares, como é o caso do devido processo legal, a ampla defesa e o contraditório.

Por fim, algumas das principais normas que compõem o "acervo normativo" do processo tributário são:

- Código Tributário Nacional (CTN) - Lei nº 5.172/1966: estabelece normas gerais de direito tributário, o que inclui disposições a respeito da aplicação da legislação tributária, as obrigações tributárias, a competência dos órgãos, a constituição do crédito tributário, a delimitação dos créditos tributários em espécie, dentre outros temas relevantes para a temática;
- Lei de Execuções Fiscais (LEF) - Lei nº 6.830/1980: responsável pela regulamentação do processo de cobrança judicial das chamadas dívidas ativas da Fazenda Pública, isto é, dos tributos e contribuições devidos ao Estado; e
- Lei nº 9.430/1996: estabelece normas gerais sobre tributos federais e dispõe sobre a administração tributária federal.

2.2 FONTES DO DIREITO

O que é uma fonte do Direito? Essa é uma pergunta complexa, mas que pode ser primariamente respondida de modo reducionista: trata-se do local de onde emana o direito que deve ser seguido, ou seja, o direito válido. Em uma metáfora com fontes aquáticas, pode-se comparar a fonte do direito com o local de onde o direito emerge. Cabe aos juristas investigar as fontes de determinado direito para conhecer como se dá a produção legítima de normas (desde logo ligada a procedimentos e regramentos internos) em determinado ordenamento jurídico. Geralmente se encontram listados como fonte do direito em sistemas contemporâneos: a legislação, a jurisprudência, a doutrina e os costumes.

A tradição das fontes do Direito parece bem diferente entre países de *civil law* e *common law*. Enquanto, em sua origem, os "juristas do continente europeu eram educados no culto pela lei e admiravam os códigos", no sistema do *common law*, a fórmula de codificação é rejeitada, "vendo na jurisprudência a fonte fundamental do direito". Nesse sentido, a lei e a jurisprudência desempenham funções distintas como fontes do direito nos dois modelos. A fundo, trata-se de uma diferença de estrutura entre eles, no dizer de David[87]: "As classificações que admitem, os conceitos que usam, o tipo de regra de direito sobre o qual se fundamentam." Nesse sentido, o Direito é visto como mais do que um sistema de normas, contando com uma estrutura que as suporta:

> O próprio ensino do direito só se concebe por isso: porque, além das regras mutáveis, existem quadros que são relativamente estáveis. O essencial é, para um estudante de direito, aprender um vocabulário, familiarizar-se com os conceitos que subsistirão e que lhe permitirão estudar mais tarde uma questão, quando as regras por ele estudadas na escola de direito terão provavelmente mudado. Depende do legislador a modificação ou a abolição desta ou daquela regra do direito atual. Pouco depende dele, porém, a mudança da linguagem que empregamos e a modificação dos quadros nos quais ordenamos nosso raciocínio. Através de múltiplas mudanças e revoluções, mantemos as palavras e os conceitos de propriedade, de contrato, de casamento, de hipoteca; as regras referentes a estas matérias já não são as mesmas, porém, as novas regras que substituíram as antigas estão expostas no mesmo lugar em obras jurídicas cujo plano se manteve quase inalterado durante séculos.

Como já visto, por exemplo, a regra de direito do Direito romano-germânico, fundada na legislação, é diferente da *legal rule* do Direito inglês, fundada na jurisprudência. O Direito inglês é um direito jurisprudencial, chamado de *case law*. As *legal rules* são

87 DAVID, René. **Os grandes sistemas do Direito contemporâneo**: Direito comparado. Tradução: Hermínio A. Carvalho. Lisboa: Meridiano, 1972, p. 382–383.

aquelas que podem ser encontradas na *ratio decidendi* das decisões dos tribunais superiores ingleses. Em sua decisão, como emite opiniões que não são necessárias para a decisão, o juiz inglês pode falar (*obiter*) questões que sempre podem ser debatidas e discutidas, não constituindo *legal rules*. A *legal rule* está no mesmo nível do caso concreto para o qual foi emitida. Não é uma instância superior. As próprias regras formuladas pelo legislador somente são verdadeiramente adotadas quando interpretadas pela jurisprudência. Essa, então, toma o próprio lugar da legislação editada.

Essa é uma situação diferente das regras de Direito romano-germânicas. Elas não nascem a partir da jurisprudência, mas são elaboradas pelo legislador e pela doutrina. São regras de maior generalidade, que visam se situar em um nível superior ao caso concreto, como fórmulas gerais para guiar a vida em sociedade ou regras de conduta. O casuísmo do *common law* era tratado classicamente com desdém pela escola romano-germânica, que mirava uma formatação mais geral de regras de direito. A *legal rule* inglesa oferece uma solução à mão para a decisão de um caso, enquanto a regra romano-germânica visa direcionar, em uma generalidade de casos, a conduta humana. As regras dos dois modelos têm finalidades e generalidades diferentes, logo uma *legal rule* não pode ser confundida com uma regra do Direito.

Deve-se deixar claro, no entanto, que ambos os modelos de Direito surgem como produto da história — cada um tem sua própria tradição. Ocorre que a história de cada um é diferente, e logo a tradição dela decorrente. Enquanto, em uma, se deu mais relevo à doutrina, às universidades e à legislação, na outra, mirou-se com mais ênfase na prática dos tribunais. Principalmente a partir do século XIX, com o fenômeno da codificação no direito romano-germânico, este foi considerado mais lógico do que o *common law*, enquanto este seria mais empírico. O primeiro seria capaz de construir um direito mais sistemático e lógico, enquanto o segundo não teria essa capacidade.

Tal visão é reducionista, pois deixa de verificar fatores históricos importantes. O *common law* inglês, por exemplo, é estatuído sobre as decisões dos tribunais superiores. Nessas decisões, os juízes não são levados por um casuísmo empírico de encontrar a solução de equidade para o caso, porém pensam a partir de estruturas coerentes e coesas do sistema, procurando a decisão mais adequada para o caso. Desse modo, os dois modelos se baseiam na razão, porém a partir de suas próprias perspectivas: uma mais ligada ao direito substancial, enquanto a outra é mais ligada à prática.

Cada um dos modelos, a partir de seus próprios mecanismos, busca o direito em fontes diferentes, observadas principalmente em virtude da tradição histórica seguida. Essas fontes serão investigadas nos próximos tópicos — sempre lembrando que a grande diretriz corresponde ao atendimento, no limite, dos projetos da sociedade, a fim de construir uma civilidade menos conflitiva. O poder dos poderosos depende desse balanço constante do projetado e do possível nas condições da gestão existente.

2.2.1 FONTES ESTATAIS

2.2.1.1 LEGISLAÇÃO

A teoria da lei tem influência distinta em sistemas de *civil law* e de *common law*. No *civil law*, a legislação é a fonte primária do direito[88]. Trata-se da fonte, geralmente criada por parlamentos, da qual emanam as regras de direito. O Código Civil Napoleônico da França, por exemplo, buscou concentrar as regras que serviriam como base para a conduta dos indivíduos em determinada sociedade, no caso, o império francês. A legislação em países de tradição romano-germânica, como visto, tem a finalidade de tecer regras sociais de conduta em um nível superior à resolução de casos concretos. Não se trata somente da lei propriamente dita, porém de diversos atos que compõem a legislação de determinado Estado, como a Constituição, os Tratados Internacionais, os Códigos, as Leis, os Decretos, os Regulamentos, as Portarias, dentre outros, sendo certo que todos os atos infralegais jamais poderiam exceder os lindes da Lei — a prática mostrará que isso nem sempre acontece.

O papel fundamental nesse modelo é o de legislador: criaria leis para harmonizar os conflitos sociais. A lei é vista como a melhor forma para criar regras claras para a sociedade, que podem gerar previsibilidade da ação do poder na regulação das atividades sociais e, logo, pela constante manutenção dessa promessa: a segurança.

Geralmente, nesses países, uma Constituição se encontra no topo da hierarquia da legislação, visto contemplar as mais importantes promessas dos detentores do poder para o efeito de proteger seus interesses e pacificar os administrados. A legislação deve ser concebida em conformidade com a Constituição, não apenas por se tratar de uma norma superior (do ponto de vista da Teoria do Direito e da dogmática jurídica, mas por efeito de apresentar os rumos gerais dos diferentes ramos do Direito, em particular do que rege as regras do convívio: o civil.

A Constituição é o instrumento por meio do qual a organização do Estado é construída de modo soberano[89], os direitos básicos são afirmados para os cidadãos

[88] Concepção em parte alterada contemporaneamente pelo crescimento da importância da jurisprudência em países de *civil law*, como o Brasil, nos quais os precedentes têm tido importância similar à legislação propriamente considerada para conhecimento do direito posto.

[89] Sem esquecer o que disse Coulanges, em tradução livre: "Para lhes dar regras comuns, para instituir o mandamento e fazer aceitar a obediência, para fazer a paixão ceder à razão e a razão individual à razão pública, certamente é necessária uma coisa mais elevada do que a força material e mais respeitável do que o interesse, mais segura do que a teoria filosófica. Mais imutável do que uma convenção, uma coisa que esteja mais igualmente no fundo de todos os corações e que ali presida com autoridade. Essa coisa é uma crença. Por essa razão, afirma-se que a chave de abóbada do sistema, a pedra angular que permite a sua persistência, é precisamente a crença. A norma representa uma promessa de *jus et jure* que faz acreditar e promova o sistema geral da sociedade e a aplicação equitativa e proporcionada da norma. A conflitividade geral do convívio civilizado se pauta na crença de que as promessas normativas serão cumpridas" (COULANGES, Fustel de. **La cité antique**. Paris: Champs/Flammarion, 1964, p. 149).

e, por efeito de enfeixar as promessas principais, são fixados os lindes da juridicidade[90]. Esses são fundamentos para todo o ordenamento jurídico, construído sobre a Constituição. Em alguns países, como no Brasil, nos Estados Unidos, na Alemanha e na França, existem mecanismos jurídicos para expelir do ordenamento determinada norma que não seja adequada à Constituição — esses mecanismos são coletivamente conhecidos por controle de constitucionalidade (difuso ou concentrado), ou seja, a forma de controlar que toda a Legislação esteja de acordo com a Constituição.

A legislação não compreende somente as leis internas de cada Estado soberano. Existem tratados firmados entre os Estados, que passam a ter força de lei dentro dos Estados que os aceitaram para tanto. Com a intensificação do fenômeno da globalização no século XX, instâncias supranacionais se tornaram mais comuns, tratando de questões de interesse coletivo de países, como a ONU[91].

Nesses organismos internacionais são realizadas negociações entre os países para a pactuação de tratados, que geralmente precisam ser ratificados pelo parlamento de cada país soberano para adquirir força de lei. Há grande discussão sobre a posição hierárquica desse tipo de tratado na legislação nacional de cada Estado. No Brasil, por exemplo, tratados internacionais de direitos humanos podem ser recebidos como emenda constitucional, ou seja, com força de norma constitucional, dependendo da sua forma de ratificação no Congresso Nacional, de acordo com o Art. 5º da Constituição Federal.

[90] Cunha afirmou: "A Constituição apresenta-se, à primeira vista, como um simples conjunto de normas jurídicas. Mas esse conjunto está de tal forma cerzido e tem uma tão necessária unidade (ou, pelo menos, assim se tem de pressupor, sob pena de pulverização institucional) que pode e deve ser tratado como uma norma. Uma longa, complexa e única norma das normas, uma espécie de super-Grundnorm. Mas, pela sua complexidade, pela sua abrangência, uma tal concepção normativa global da Constituição não poderia deixar de a conceber como uma norma de normas, além de norma das normas (norma superior), e, nesse sentido, muito terá de principal [...] Conceber a Constituição como norma não pode deixar de ser também concebê-la como princípio dos princípios, como é natural. Mas não se poderá nunca retirar efetividade à Constituição com o pretexto de que ela é meramente principal. Ou que é simplesmente valorativa, programática, ou, no limite, política." Por sua vez, Peña de Moraes (2008, p. 57) assim a definiu: "A Constituição é conceituada como sistema de normas jurídicas, produzidas no exercício do poder constituinte, dirigidas precipuamente ao estabelecimento da forma de Estado, da forma de governo, do modo de aquisição e exercício do poder, da instituição e organização de seus órgãos, dos limites de sua atuação, dos direitos fundamentais e respectivas garantias e remédios constitucionais e da ordem econômica e social. Essas definições dependem de pontos de vista teóricos distintos e que serão desenvolvidos nas disciplinas específicas ao longo do curso de formação do jurista" (CUNHA, Paulo Ferreira da. Prolegômenos a toda a hermenêutica constitucional futura: Constituição, norma e princípios. MOREIRA, Eduardo Ribeiro; PUGLIESI, Márcio. (coord.). **20 anos da Constituição Brasileira**. São Paulo: Saraiva, 2009, p. 93).

[91] Uma antecipação desse modelo de gestão de conflitos internacionais pode ser vista em Kant (KANT, Immanuel. **Rumo à paz perpétua/Zum ewigen Frieden**. Tradução: Heloísa Sarzana Pugliesi, São Paulo: Ícone, 2010).

Como já visto, a lei escrita tem importância primordial no sistema de *civil law*. Essa importância se desenvolveu com mais vigor com o advento da codificação. Mas o que é um código nesse sentido? Um código é uma lei, ou uma coletânea de leis, que busca compilar e sistematizar, com a finalidade de expor a regulamentação geral de uma matéria particular[92]. A codificação busca unificar o direito atinente a determinado ramo com o objetivo de eliminar a legislação extravagante (dispersa), vazando em lei toda matéria jurídica e apresentando-a de forma orgânica, sistemática, visto suas regras observarem princípios gerais informativos do todo.

Assim, por exemplo, um código civil é uma lei que expõe, de modo geral, a regulamentação do convívio civil, tratando sobre nascimento, casamento, filiação, herança, obrigações, contratos, dentre muitos outros; e um código penal é uma lei que estabelece, de modo geral, as condutas que não devem ser praticadas, sob pena de sanções aplicadas pelo poder constituído.

A legislação em países do sistema romano-germânico também é composta por textos legais não oriundos do parlamento ou autoridade legislativa. Esses textos legais são normalmente conhecidos como regulamentos, decretos, portarias, dentre outros. Com o avanço do Direito Administrativo no século XX, esses tipos de mecanismos ganharam grande importância prática. Na França, esse fenômeno encontrou lugar de grande desenvolvimento. No Brasil, por exemplo, são diversos os órgãos capazes de produzir certos regulamentos com efeitos normativos em determinadas áreas. As agências reguladoras, como ANEEL, ANCINE, ANP, dentre outras, mesmo havendo grande discussão sobre a possibilidade de regular com seus atos, normalmente o fazem na prática cotidiana em áreas como energia elétrica, cinema e petróleo.

Nos países que seguem esse modelo, geralmente o jurista, em suas soluções jurídicas, busca apoio em texto de lei. A partir do século XIX, com o fenômeno da codificação, essa se tornou a prática jurídica normal nos países europeus continentais. Com o fenômeno do dirigismo estatal no século XX, o âmbito da legislação foi aumentado — deveria servir não somente para regular a conduta dos indivíduos, mas para transformar a sociedade por meio de direitos sociais. Assim, também aumentou o campo em que os juristas buscam soluções jurídicas — não cabe mais somente ao Estado intervir para garantir determinada conduta; porém prover a sociedade. Isso pode ser visto tanto na legislação quanto na prática dos juristas, que fundamentam diversos tipos de pedido contra o Estado em direitos sociais, como educação e saúde, e os têm garantidos por decisões judiciais.

92 Há um requisito formal a distinguir um Código de uma Lei complexa. Esta última pode ser votada em bloco, inclusive pelas lideranças dos partidos. Já o Código deve ser votado nos plenários — artigo por artigo, após a prévia análise em cada uma das casas de leis e os devidos reparos pelos legisladores eleitos.

Mesmo em países de *civil law*, porém, o Direito não pode ser confundido com a lei. Mesmo que historicamente essa confusão por vezes seja feita na doutrina, classicamente, a lei não é fonte exclusiva do direito nesses países, que permanecem tendo na doutrina e na jurisprudência fontes secundárias do direito.

A lei é um veículo do direito, por meio do qual os legisladores expõem as regras que devem ser seguidas, e os cidadãos conhecem o direito posto. Esse veículo, por muito tempo, foi tido como fonte primária do direito nesses países — o direito segue necessária e primariamente a lei; caso não haja lei que o suporte, não há direito. As outras fontes, como a doutrina e a jurisprudência, serviriam para elucidar o direito a partir das leis, como fontes secundárias necessariamente vinculadas a uma base legal.

Essa percepção começou a ser revista no século XX, apontando para um caminho em que a jurisprudência se mostra também uma fonte primária ao lado da lei. Esse fenômeno pode ser observado no Brasil, que, entre o final do século XX e início do século XXI, apostou em diversas reformas na legislação e na prática jurídica com vistas a aumentar a força da jurisprudência, objetivando maior previsibilidade e segurança no sistema jurídico. No ordenamento brasileiro hoje, a clássica lei produzida pelo parlamento convive com súmulas vinculantes criadas pelo Supremo Tribunal Federal, que contam com uma posição similar à lei na hierarquia. Assim, aos poucos, o *civil law* vai se modificando e adotando certas características jurisprudenciais, porém sem romper seu elo com a lei.

No *common law*, historicamente, a legislação tem características diferentes do *civil law*. No direito inglês, por exemplo, a legislação compreende a lei "propriamente dita (*statute, Act of Parliament*) e disposições regulamentares variadas tomadas para a execução da lei, pelas autoridades, [...] legislação delegada ou subsidiária". Conforme disse David[93]: "Não existe constituição escrita: 'O que os ingleses chamam de constituição é o conjunto de regras de origem legislativa ou, na maioria das vezes, jurisprudencial, que garantem as liberdades fundamentais e que concorrem para limitar o arbítrio das autoridades.'" O parlamento encontra seus limites na tradição fortemente arraigada e na opinião pública.

Classicamente, no direito inglês, a lei é uma fonte secundária do Direito, cujo objetivo é corrigir ou complementar o direito jurisprudencial. A fonte de direito primária é a jurisprudência, em que devem ser buscados os princípios e as regras de direito. A lei é a obra de um parlamento soberano, devendo ser aplicada literalmente pelos juízes. "No entanto, por outro lado, elas apenas se limitam a estabelecer exceções ao direito comum", devendo ser interpretadas de modo restritivo. Assim, no direito inglês, a lei, como fonte secundária, porém soberana, deveria ser

[93] DAVID, René. **Os grandes sistemas do Direito contemporâneo**: Direito comparado. Tradução: Hermínio A. Carvalho. Lisboa: Meridiano, 1972, p. 433.

aplicada de modo literal e restritivo. Ela somente passaria a ser plenamente incorporada ao direito quando interpretada e aplicada pelos tribunais.

Atualmente, essa teoria da lei tem passado por revisão. Principalmente após a Segunda Grande Guerra, um movimento legislativo dirigista, com fins de guiar a sociedade para algo melhor, tomou conta da Inglaterra. Nasceram legislações para a construção de uma nova sociedade, com direitos sociais como previdência, urbanismo, transporte, educação e saúde, leis para dirigir o sistema econômico, dentre outras. Esse tipo de legislação não se adequava com o sistema tradicional jurisprudencial e seu método de interpretação. O *Law Comission Act*, de 1965, criou comissões para o estudo das reformas necessárias nos sistemas, mirando com intensidade a interpretação das leis.

Após esses estudos e adequações surgiu uma forte tendência de implantar um sistema complementar ao tradicional *common law*, com regras produzidas pelo legislador ou pela administração pública, no que tange certas matérias, e jurisdições específicas para sua aplicação. O poder judiciário ainda tem controle soberano da aplicação e interpretação das leis, porém esse controle é diminuído em certos casos, podendo somente verificar a legalidade do procedimento e não o conteúdo da decisão administrativa, por exemplo.

Enfatizou David[94] se tratar de um "direito da administração (*law of administration*), por oposição ao direito dos juristas (*lawyer's law*). [...] E este novo direito que, frequentemente, interessa mais diretamente aos particulares (direito de pensões, previdência social etc.) e igualmente à economia inglesa (direito econômico)."

Desse modo, a legislação hoje desempenha um papel diferente da teoria clássica na Inglaterra. Encontra-se em nível de paridade com a jurisprudência como fonte primária do Direito. Porém o direito inglês continua sendo eminentemente jurisprudencial por dois motivos: a jurisprudência continua orientando a evolução social do direito, adequando-o a novos casos necessários; e a tradição jurisprudencial histórica, enraizada por séculos de prática, ainda é forte entre os juristas.

No Direito dos EUA, as tendências dirigistas do último século também aumentaram a importância da lei. Porém, historicamente, a lei escrita norte-americana tem importância diferente daquela do *common law* inglês. Com a independência dos EUA, foi forjada uma constituição escrita e uma declaração de direitos, fundamentos jurídicos do direito norte-americano.

A Constituição foi promulgada em 1787 como ato de fundação dos EUA e carta política, organizando as instituições políticas básicas; a declaração de direito, ou *bill of rights*, de 1789, é constituída pelas dez primeiras à Constituição, que trazem regras para a limitação do poder dos EUA frente aos cidadãos — direitos e garantias fundamentais; esses direitos e garantias foram estendidos pelas emendas 13,

94 DAVID, René. **Os grandes sistemas do Direito contemporâneo**: Direito comparado. Tradução: Hermínio A. Carvalho. Lisboa: Meridiano, 1972, p. 436.

14 e 15, depois da Guerra de Secessão norte-americana, passando a ser imponíveis também aos estados federados. A existência desses textos escritos fundamentais diferencia o direito norte-americano do direito inglês.

Esses textos constitutivos fundamentaram uma das grandes diferenças entre o direito inglês e o dos EUA: a existência de controle de constitucionalidade judicial no último, ou seja, a possibilidade de controlar a forma e o conteúdo de leis a partir de matrizes impostas na constituição, considerada a lei superior do ordenamento.

No caso *Marbury v. Madison*, de 1803, a Suprema Corte norte-americana, chefiada pelo Chief Justice Marshall, criou a possibilidade desse tipo de controle constitucional, mesmo sem texto expresso admitindo esse tipo de poder. O caso não merece ser discutido na presente obra, pois existem diversas leituras para o ocorrido no caso, algumas apontando para fatores jurídicos e outras para fatores políticos. O que resta comprovado na decisão da Corte, a partir daí, é a possibilidade de efetuar o controle das leis, mesmo federais, de acordo com a Constituição. Hoje, o controle da Suprema Corte não se dirige somente às leis, mas também às decisões judiciais de todas as esferas.

A criação do controle de constitucionalidade nos EUA, tendo sido movida por fatores jurídicos ou políticos, foi possibilitada pela forma de interpretação da constituição do país pelos tribunais. A Suprema Corte norte-americana não reconhece a Constituição como uma lei (*statute*) igual às outras. Ela é vista como a fonte de que deriva a autoridade do *common law* do país, a lei fundamental que estabelece as bases para a sociedade e une os cidadãos e o Estado. A Constituição é tida como algo destinado a durar por séculos, que deve ser interpretada para se adequar ao tempo que se vive. Desse modo, primariamente, a Constituição foi interpretada de modo muito flexível — o Juiz Hughes chegou a dizer que a Constituição é o que dizem os juristas. As fórmulas para a criação dos novos institutos, como a separação entre direito federal e estadual, foram criadas a partir da interpretação da Constituição dada pela Suprema Corte — a Constituição deveria ser lida em reunião com a Jurisprudência do Tribunal para ser corretamente compreendida[95].

No século XX, com o avanço do dirigismo estatal, assim como na Inglaterra, se desenvolveu o direito administrativo — novos órgãos, como tribunais, comissões

95 Conforme Kelsen: A interpretação feita pelo órgão aplicador do Direito é sempre autêntica. Ela cria o Direito. Na verdade, só se fala de interpretação autêntica quanto ela assume a forma de uma lei ou de um tratado de Direito internacional e tem caráter geral, quer dizer, cria o Direito não apenas para um caso concreto, mas para todos os casos iguais, ou seja, quando o ato designado como interpretação autêntica representa a produção de uma norma geral. Mas autêntica, isto é, criadora do Direito, é a interpretação feita através de um órgão aplicador de dimensão hermenêutica e pragmático-universal do Direito, ainda quando crie o Direito para um caso concreto, quer dizer, quanto esse órgão apenas cria uma norma individual ou executa uma sanção. E Kelsen pensava a partir do Direito alemão — isso para indicar que as diferenças existem —, mas há aproximações inevitáveis por força do processo decisório (KELSEN, Hans. Teoria pura do Direito. 7. ed., Tradução: João Baptista Machado, São Paulo: Martins Fontes, 2000, p. 394).

e repartições públicas, para regulamentar, aplicar e solucionar os problemas advindos das novas normatizações destinadas a transformar a realidade social. Desenvolveu-se assim, ao lado do poder executivo, um novo poder administrativo com a capacidade regulamentadora, de competência do presidente dos EUA, sob controle de diversas autoridades. Esses novos regulamentos do Direito Administrativo passam a fazer parte do corpo da legislação norte-americana. A legislação nesse país é, há muitos anos, uma das principais fontes do direito, assim como na Inglaterra, dividindo sua importância apenas com a jurisprudência. O Direito norte-americano não é mais eminentemente jurisprudencial, assim como o inglês, porém um sistema misto de legislação e jurisprudência.

Nesse âmbito, os textos legais representam a totalidade de atos normativos em vigência, presentes em dada sociedade e que refletem, premunitivamente, as condutas esperadas de todos os endereçados por tais textos ao longo do tempo. São, assim, projetos de longo prazo, a expectativa geral de funcionamento da sociedade e balizadores de todo planejamento do Governo. A efetividade (de tais textos legais) indica a persistência dos textos legais ao longo do tempo, mesmo que não sejam invocados a regular questões, isto é, os projetos persistem postos, mesmo que a dinâmica social derive da época de sua lavratura de destinos esperados para outros decorrentes de processos adaptativos sociais.

2.2.1.2 JURISPRUDÊNCIA[96]

Jurisprudência é um dos conceitos centrais do conhecimento jurídico, seja em seu sentido francês ou inglês. No sentido francês, a palavra jurisprudência traz o sentido de decisões judiciárias, sentido corrente nos modelos romano-germânicos; por sua vez, a palavra inglesa *jurisprudence* tem um sentido muito diferente: trata-se da própria Teoria Geral e Filosofia do Direito. Aqui se investigará o primeiro sentido da palavra: as decisões jurídicas como fonte do direito, primeiramente no modelo romano-germânico e, em seguida, no modelo de *common law*.

2.2.1.2.1 JURISPRUDÊNCIA NO MODELO ROMANO-GERMÂNICO

No modelo romano-germânico, a jurisprudência é geralmente considerada uma fonte do direito — há variação na importância jurídica dada a essa fonte. Principalmente a partir do advento da tecnologia da codificação no século XIX, a lei escrita passou a ser considerada fonte precípua do direito, relegando qualquer outra fonte ao segundo plano. As decisões judiciais, para serem válidas, deveriam fundamentar-se na lei, não em outras decisões, pelo menos em primeiro plano. A validade de decisões jurídicas dependeria da exegese legal.

[96] Este item teve a colaboração do Prof. Dr. André Martins Brandão.

Consequentemente, nesse modelo, pelo menos comumente, qualquer força de Direito com que conte a jurisprudência estava em estreita vinculação com a lei escrita. Montesquieu chegou a afirmar que os juízes seriam bocas-da-lei, pelos quais as palavras exatas da legislação seriam expressas. Os juristas, em sua prática cotidiana, buscavam fundamentar suas petições ou decisões em textos de lei. A jurisprudência era chamada nas peças, geralmente, para afirmar determinada interpretação da lei. A força criativa da jurisprudência, nesses casos, geralmente era escondida como interpretação da lei.

Todavia, não se pode negar o papel criativo da jurisprudência, pelo menos no que tange à interpretação do Direito. Determinadas cláusulas legais são readequadas ao tempo pela atividade judicial e não do legislador. Autores como Kelsen e Hart, adeptos de um positivismo posterior, já haviam se atentado à questão da força criativa da interpretação. Além disso, o próprio legislador, nesse modelo, geralmente prevê que a lei pode não ter previsto tudo — certos casos de omissões ou lacunas, nos quais o juiz deve decidir, não podendo se esconder na fórmula romana do *non liquet*, a cláusula de incerteza do direito que permitia ao magistrado de se escusar de julgar a questão. Nesse sentido, mesmo em casos não cobertos pela lei, o juiz deve decidir, o que mostra outra faceta criativa da jurisprudência, além do campo da interpretação.

Ocorre que o campo de criação do Direito é muito diferente para o legislador e para o jurista nesse modelo: o legislador cria textos legais com características de generalidade para regular a sociedade; ao juiz geralmente é proibido estatuir por essa via geral, devendo se guiar na construção da jurisprudência para a aplicação mais adequada possível do Direito, dentro dos limites construídos pelo legislador.

Nesse modelo, não cabe ao juiz formular regras de direito — essa é a competência precípua do legislador. O legislador estatui limites jurídicos dentro dos quais o juiz pode decidir. A jurisprudência tem seu campo limitado pela atividade do legislador, enquanto o legislador não é limitado pela jurisprudência.

Pode-se dizer que, nesse campo limitado, a jurisprudência cria certas regras, porém limitadas pelos quadros legislativos. Assim, as regras formuladas pelo legislativo, nesse modelo, têm mais autoridade do que as regras limitadas formuladas pela jurisprudência, que podem ser rejeitadas ou modificadas a qualquer tempo pelo legislador.

Ademais, os próprios órgãos decisores não estão vinculados pela jurisprudência. Se um juiz aplica uma regra de direito jurisprudencial no modelo romano-germânico, não o faz porque está vinculado; logo, não tem caráter imperativo. Essas regras jurisprudenciais poderiam ser modificadas ou até suprimidas pelo próprio órgão decisor em uma nova decisão. Ela somente é aplicada enquanto o próprio Judiciário acreditar ser uma boa regra a ser aplicada. Uma mudança na jurisprudência sempre será possível.

No modelo romano-germânico não há adoção da regra de precedentes, como no *common law*, ou seja, a regra que obriga os juízes a decidir conforme as decisões passadas. A não adoção da regra de precedentes nesse modelo tem motivação histórica. Em sua tradição, as regras de direito têm origem doutrinária ou legislativa, dependendo da época histórica. Na era medieval, o direito era fruto das universidades — do estudo das compilações de direito romano, logo doutrinário; com o advento da modernidade e da tecnologia da codificação, a regra de direito passou a ter origem principalmente na legislação.

A característica principal desse tipo de regra é uma espécie de generalidade, criada para abarcar uma série de casos futuros. Essa não é a tarefa do juiz nesse modelo. Não cabe ao juiz criar regras de direito, mas sim, por meio de sua prática, aplicá-las da forma mais adequada, criando jurisprudência. Nesse sentido, a jurisprudência é uma fonte secundária do direito, porém não se trata de uma fonte de regras de direito, atividade precípua do legislador por meio da lei. As decisões jurídicas nesse modelo geralmente precisam ser motivadas na lei.

O modelo romano-germânico, em certos países, encontra-se em mutação nas últimas décadas, principalmente em razão do poder adquirido pela jurisprudência. Os precedentes jurídicos começam a ganhar mais terreno — alguns chegam a ser considerados obrigatórios ou vinculantes, principalmente no que tange às decisões dos tribunais superiores.

Na Alemanha, por exemplo, algumas decisões do Tribunal Federal de Justiça Constitucional são vinculantes, assim como as decisões do Tribunal Federal da Suíça, do Tribunal Pleno do Supremo Tribunal de Justiça de Portugal e do Supremo Tribunal da Argentina, da Colômbia e do Brasil. As compilações de jurisprudência, antes uma fonte secundária sempre útil à atividade jurídica, passam a ser consideradas fontes necessárias à prática jurídica.

Passa-se a reconhecer, de certo modo, um papel criativo do direito na jurisprudência. No Brasil, por exemplo, com o advento das súmulas vinculantes do Supremo Tribunal Federal, pode-se afirmar que é consagrada ao tribunal certa função de criação do direito — cabe ao tribunal criar regras gerais para casos futuros com base nas decisões reiteradas da corte. Cabe aos tribunais e juízes de instâncias inferiores, e inclusive aos cidadãos, decidir, peticionar e até se comportar de acordo com as súmulas. A jurisprudência, assim, alcança outro espaço como fonte do direito, deixando de ser uma fonte secundária e obrigatória, que retira grande parte de sua autoridade da utilidade, porém uma fonte primária, obrigatória com certa autoridade legislativa, de pelo menos não ser modificada por decisões de tribunais inferiores, devendo ser seguida como regra.

A partir dessas considerações, pode-se aferir que houve transformações no modelo romano-germânico nas últimas décadas, com certos países passando a ver a jurisprudência como fonte primária do direito em conjunto com a legislação. É importante frisar que, mesmo com essas mudanças, a raiz desse modelo ainda é a lei escrita pelo legislador. A jurisprudência ganha maior status, porém a lei não perde o que tinha anteriormente.

Desenha-se a construção de um sistema cujas fontes primárias são a lei e a jurisprudência; porém a última deve estar sempre em consonância com a primeira, principalmente no que diz respeito à constituição. A tarefa de interpretar a Constituição geralmente é dada aos tribunais superiores, que devem harmonizar a lei escrita e as decisões jurisprudenciais. Mudanças assim servem para adequar o modelo aos tempos vividos, porém mantendo sua integridade anterior. Não se trata de uma completa ruptura do modelo, porém de sua continuidade com outra forma, na qual se passa a ver tanto a lei como a jurisprudência como fontes primárias do Direito.

2.2.1.2.2 Jurisprudência no common law

O Direito inglês, seguindo o modelo do *common law*, como visto, é um Direito majoritariamente jurisprudencial, criado na tradição histórica inglesa pelos Tribunais de Westminster e pelo Tribunal da Chancelaria. Historicamente, a fonte primária do direito na Inglaterra é a jurisprudência, por isso trata-se de um *case law*. A lei seria uma fonte secundária, historicamente com serventia de complementar ou corrigir a jurisprudência.

Nas últimas décadas, essa situação mudou: a lei e os regulamentos já não têm função secundária e sim uma função semelhante à lei no Direito romano-germânico. Essa função se exerce, porém, de modo diferente: não se trata de uma codificação. Assim, pode-se dizer que, hoje, a jurisprudência e a lei têm funções primárias como fonte do Direito inglês, enquanto o costume, a doutrina e a razão são fontes secundárias.

O Direito americano também tem natureza majoritariamente jurisprudencial, por ser de *common law*. Hoje, porém, assim como o Direito inglês, ele sofre forte influência da legislação escrita. Apesar das semelhanças com o direito inglês, a jurisprudência vista como fonte do direito exerce um papel diferente no direito norte-americano. A teoria dos precedentes jurídicos de cada país ajudará a compreender tais diferenças.

A teoria dos precedentes jurídicos foi amplamente desenvolvida na Inglaterra, dado o direito historicamente fortemente judicial, mostrando a autoridade dada às decisões judiciais passadas. Nos países de direito romano-germânico, historicamente dava-se mais importância à lei. Porém, nas últimas décadas, essa situação mudou: cada vez mais países de *civil law* recorrem à técnica dos precedentes para dar segurança, certeza e previsibilidade às decisões judiciais. Esse é o caso do Brasil, por exemplo, que nos últimos anos adotou diversas técnicas de vinculação de precedentes, cada vez mais fortes, como a súmula vinculante e as regras do novo Código de Processo Civil.

Por ter se desenvolvido durante muito tempo no *common law*, utilizar-se-á esse modelo para investigar a teoria dos precedentes, fazendo conexões à realidade de outros países que tentam adotá-lo.

Para um estudo detalhado da teoria dos precedentes da Inglaterra, deve-se conhecer um pouco da estrutura judiciária do país, historicamente adaptada ao funcionamento dos precedentes como fonte do direito. O judiciário na Inglaterra é dividido entre alta e baixa justiça. A alta justiça é administrada pelos Tribunais Superiores, enquanto a baixa justiça por jurisdições inferiores e órgãos quase-judiciários.

As decisões dos Tribunais Superiores não se limitam a decidir casos concretos, porém criam precedentes vinculantes para decisões futuras por meio dos quais se pode conhecer as *legal rules* do Direito inglês.

Os *Judicature Acts* de 1873–1875 transformaram todos os Tribunais Superiores, incluindo os Tribunais de Westminster, em um único tribunal superior: o *Supreme Court of Judicature*, hoje composto por três organizações — o *High Court of Justice, o Crown Court e o Court of Appeal*, podendo ser controlado excepcionalmente por ato da Câmara dos Lordes. A maioria dos casos, porém, é resolvida pelas jurisdições de baixa justiça — *country courts, magistrates, boards, comissions* e *tribunals*.

Nos direitos de família romano-germânica, como o brasileiro, geralmente: "Os princípios de direito foram sempre procurados num corpo de regras preestabelecidas: antigamente, *Corpus juris civilis*, hoje, códigos. A jurisprudência [...] apenas é chamada para desempenhar [...] um papel secundário." Nesses países, "as decisões de jurisprudência podem efetivamente ser dotadas de uma certa autoridade; mas, de modo algum são consideradas, salvo em casos excepcionais, como criadoras do direito"[97]. Como visto, essa situação tem mudado nas últimas décadas, porém, por vezes, de modo confuso, tentando adaptar conceitos importados sem a devida contextualização necessária.

A situação é diversa na Inglaterra. "Nunca se reconheceu a autoridade do direito romano como se fez no continente europeu. O *common law* foi criado pelos Tribunais de Westminster, ele é um direito de natureza jurisprudencial."[98] As regras de Direito são estabelecidas na jurisprudência. A autoridade judiciária inglesa é diferente do continente europeu. "As regras que as decisões judiciárias estabeleceram devem ser seguidas, sob pena de destruírem toda a certeza e comprometerem a própria existência do *common law*."[99]

97 DAVID, René. **Os grandes sistemas do Direito contemporâneo**: Direito comparado. Tradução: Hermínio A. Carvalho. Lisboa: Meridiano, 1972, p. 427.

98 DAVID, René. **Os grandes sistemas do Direito contemporâneo**: Direito comparado. Tradução: Hermínio A. Carvalho. Lisboa: Meridiano, 1972, p. 427.

99 DAVID, René. **Os grandes sistemas do Direito contemporâneo**: Direito comparado. Tradução: Hermínio A. Carvalho. Lisboa: Meridiano, 1972, p. 427.

No sistema de direito jurisprudencial inglês é obrigatório recorrer e respeitar as regras estabelecidas pelos juízes, os precedentes — instituto chamado de *stare decisis*. A regra do precedente, apesar de sua origem histórico-tradicional, somente foi formalizada na segunda metade do século XIX, impondo a obrigação aos juízes de recorrer aos precedentes.

A regra do precedente tem três simples proposições: primeiramente, as decisões da Câmara dos Lordes constituem precedentes obrigatórios a todas as instâncias, exceto a ela própria; em segundo lugar, as decisões da *Court of Appel* são precedentes obrigatórios para o próprio tribunal, salvo em matéria criminal, e para todas as instâncias inferiores a ela (os outros tribunais superiores); em terceiro, as decisões da *High Court of Justice* são precedentes impostos a todas as instâncias inferiores, e apesar de não serem obrigatórios, têm "grande valor de persuasão e são geralmente seguidas pelas diferentes divisões do próprio *High Court of Justice* e pelo *Crown Court*"[100].

Para compreender a força obrigatória das decisões de *common law*, é necessário investigar sua forma, diferentemente das decisões de *civil law*. "A solução inglesa está reduzida a um simples dispositivo que dá a conhecer a solução dada, pelo juiz, ao litígio: X deve pagar a Y uma determinada soma, o contrato realizado entre X e Y foi anulado [...]." Nesse sentido, "os juízes ingleses não têm de motivar suas decisões [...]: eles ordenam e não tem de se justificar." Porém, nos Tribunais Superiores, os juízes geralmente expõem as razões de sua decisão — um comentário que "não tem a brevidade nem a precisão dos 'motivos' franceses, expõe, de forma dedutiva, as regras e os princípios de Direito Inglês, a propósito da decisão tomada. Nesta exposição, frequentemente, emprega fórmulas e anuncia regras que, por sua generalidade, ultrapassam o âmbito do processo." Nisso se baseia a técnica das distinções, ferreamente essencial para o jurista inglês[101].

A técnica da distinção "exige [...] a análise dos comentários das decisões judiciárias. Nas *reasons* dadas pelos juízes em apoio das suas decisões, o jurista inglês deve distinguir aquilo que constitui o suporte necessário à decisão, a *ratio decidendi* do julgamento"[102]. Deve distinguir também aquilo que não constitui suporte necessário à decisão, o *obiter dictum*.

"A *ratio decidendi* constitui uma regra jurisprudencial que se incorpora no direito inglês e deve [...] ser seguida no futuro. Aquilo que constitui *obiter dictum* não

100 DAVID, René. **Os grandes sistemas do Direito contemporâneo**: Direito comparado. Tradução: Hermínio A. Carvalho. Lisboa: Meridiano, 1972, p. 429.

101 DAVID, René. **Os grandes sistemas do Direito contemporâneo**: Direito comparado. Tradução: Hermínio A. Carvalho. Lisboa: Meridiano, 1972, p. 430.

102 DAVID, René. **Os grandes sistemas do Direito contemporâneo**: Direito comparado. Tradução: Hermínio A. Carvalho. Lisboa: Meridiano, 1972, p. 430.

tem, pelo contrário, esta autoridade."[103] A *obiter dicta* tem apenas valor de persuasão, muitas vezes dependendo do juiz que a proferiu, das circunstâncias do caso e da exatidão da análise.

Quanto à interpretação e aplicação de leis ou *statutes*, a regra do precedente funciona da mesma forma. Tais *statutes* acabam sendo interpretados e aplicados pela jurisprudência, que toma o lugar dos próprios *statutes*. Os limites para controle do judiciário quanto aos atos legislativos são definidos pelo parlamento no exercício de sua soberania legislativa.

"Uma lei pode, portanto, conferir a um órgão da administração um poder discricionário absoluto, e o exercício deste direito não pode, salvo em caso de má-fé comprovada, ser submetido ao controle de um tribunal.[104]" Desse modo, precedentes e leis convivem modernamente no direito inglês, apesar da forte tradição jurisprudencial.

Nos EUA, a teoria de precedentes funciona de outro modo. Para compreender esse funcionamento, é necessário investigar a organização judiciária federal e dos estados. Os EUA adotaram um modelo de multiplicidade de jurisdições. Dependendo do caso, a matéria pode ser pleiteada em uma corte federal ou estadual. As jurisdições tradicionais federais contam com tribunais de distrito, *courts of appeals* e, em seu cume, a Suprema Corte, além de jurisdições especiais, como a *court of claims*, a *tax court* e diversos outros organismos administrativos que sempre podem ter suas decisões apeladas aos tribunais tradicionais.

As jurisdições estaduais são próprias de cada estado, normalmente comportando três instâncias: uma jurisdição primária, um tribunal de recurso e um supremo tribunal, porém, em alguns estados, somente existem duas.

A instituição do júri é garantida nas jurisdições federais pela VII emenda da constituição dos EUA, garantindo que todo cidadão possa exigir julgamento por júri em causas com interesses superiores a US$20 nessas jurisdições. O emprego do júri somente é contido por processos indiretos, porém a emenda permanece em vigor. Apesar dessa garantia não se estender às constituições dos estados, o julgamento por júri também costuma ser amplamente permitido neles.

Quanto à relação entre as jurisdições estaduais e federais, impera a mesma regra da supremacia dos estados. A competência das jurisdições federais somente é reconhecida em casos que a própria constituição, ou uma lei apoiada nela, a reconheça — por vezes, em razão do litígio (causas que violem a constituição ou leis federais, ou em razão da pessoa que pleiteia), interesses da união ou disputas entre naturais de estados diversos, por exemplo.

[103] DAVID, René. **Os grandes sistemas do Direito contemporâneo**: Direito comparado. Tradução: Hermínio A. Carvalho. Lisboa: Meridiano, 1972, p. 430.

[104] DAVID, René. **Os grandes sistemas do Direito contemporâneo**: Direito comparado. Tradução: Hermínio A. Carvalho. Lisboa: Meridiano, 1972, p. 430.

Em ambos os casos, a causa deve apresentar valor superior a US$10 mil para ser julgada em tribunais federais. Trata-se da jurisdição exclusiva para certos assuntos. "Cerca de 95% dos casos são julgados exclusivamente pelas jurisdições dos estados."[105] O que deve ser ressaltado é que as questões consideradas publicamente mais importantes, como liberdades públicas, o direito econômico e a integração social, são julgadas pelas cortes federais.

A descentralização da organização judiciária norte-americana é um dos grandes fatores de diferenciação em relação à ordem tradicionalmente centralizada inglesa. Assim, além do problema da segurança na aplicação do direito, nos EUA nasce o problema, como já visto, de uniformidade do direito nacional.

Com base nessa organização, pode ser investigada a teoria de precedentes no direito norte-americano. Nos Estados Unidos, a regra do *stare decisis* vincula os juízes, em certas condições, a seguirem as decisões passadas. Porém, nesse país, essa regra passa pelo complicador do federalismo, ausente na Inglaterra, onde é observada com mais rigor. Assim, a regra norte-americana de precedentes é mais flexível para poder se adequar à organização judiciária do país.

A maior limitação quanto à regra de precedentes é a seguinte: as cortes supremas estaduais e a federal não são vinculadas por seus próprios precedentes, podendo decidir de modo diverso de sua jurisprudência. Essa mudança jurisprudencial não é rara e ocorre tanto no nível federal quanto no estadual. No nível federal, essa possibilidade de mudança a partir da interpretação permitiu à corte adequar as necessidades econômicas e sociais da modernidade à Constituição, fazendo-a vigorar até hoje, mesmo sendo de difícil alteração. No nível estadual, às mudanças de jurisprudência ocorrem com menos frequência para manter a segurança das relações sociais.

Desse modo, apesar de compartilhar certas similitudes, as regras de precedentes nos EUA e na Inglaterra são diferentes e devem ser investigadas nesse sentido quando servem como influência para outros países que passam a trabalhar cada vez mais no sentido da vinculação de precedentes, como o Brasil.

2.2.2 FONTES NÃO ESTATAIS

2.2.2.1 DOUTRINA

A doutrina é considerada a fonte do direito, principalmente no modelo romano-germânico. Por muito tempo, ela foi considerada sua fonte principal nos trabalhos das universidades durante a Idade Média. A partir do século XIX, com o advento das ideias de codificação, a lei substituiu a doutrina como fonte principal

[105] DAVID, René. **Os grandes sistemas do Direito contemporâneo**: Direito comparado. Tradução: Hermínio A. Carvalho. Lisboa: Meridiano, 1972, p. 430.

do direito. Nesse período começam a surgir ideias de que a doutrina não seria mais uma fonte do direito, e que todo o direito seria advindo das regras de direito contidas nas leis produzidas pela autoridade competente. Essa ideia, porém, não corrobora com a tradição do modelo romano-germânico. Ocorre que a doutrina no século XIX não deixou de ser uma fonte do direito, porém deixou de ser uma fonte primária, como a lei, e passou a se concentrar principalmente na elucidação do sentido dos textos legais — por meio da interpretação gramatical ou lógica de textos ou seguindo a pretensa intenção do legislador, uma fonte secundária do direito, a partir da interpretação do direito legislativamente posto.

A interpretação da doutrina não é vinculante àquele que decide e tampouco àquele que legisla. Nesse sentido, trata-se de uma instância de conhecimento do direito e não de uma esfera de decisão. Nessa instância buscam-se melhores métodos para o estabelecimento, o conhecimento e a aplicação do direito, porém a utilização desses métodos na prática jurídica cabe aos juristas. Apesar disso, a doutrina ainda tem um lugar importante na tradição jurídica — com os livros de doutrina, os juristas são formados. Neles, a linguagem do direito é definida — um idioleto próprio da profissão conhecido em grande parte somente por aqueles que a praticam. Nesse sentido, a doutrina tem um importante papel e uma forte influência na formação dos juristas e do próprio direito.

Na própria aplicação do direito, por muitas vezes, os juristas recorrem à doutrina para elucidar o sentido de determinadas expressões ou corroborar um sentido no qual se acredita. Além disso, os doutrinadores de autoridade na comunidade jurídica são constantemente citados em petições e decisões para reforçar os argumentos da peça, sendo utilizados como argumentos de autoridade sobre a lei, que deveria ser entendida no sentido proposto. Assim, a doutrina, na própria prática jurídica contemporânea, é entendida como uma fonte do direito.

Outra faceta da doutrina diz respeito aos estudos do direito não estritamente considerado de determinado Estado, porém à investigação da própria forma jurídica, uma investigação do Direito como um todo. Esse campo de investigação é nomeado de *Jurisprudence* na tradição inglesa, enquanto é conhecido na tradição romano-germânica como Teoria ou Filosofia do Direito.

Principalmente nesse campo da doutrina são investigados os conceitos e métodos do Direito. O presente livro é um estudo desse tipo, uma introdução à teoria do direito, ou seja, uma introdução ao pensamento jurídico. Subindo no ombro de gigantes como Kelsen, Hart, Bobbio, Reale, Ferraz Jr., Dworkin, dentre outros, é possível conhecer o Direito de uma forma mais completa, dando continuidade aos seus esforços de construir uma Teoria do Direito mais adequada para a sociedade. Essa é a tarefa hercúlea e sisífica da presente obra.

No modelo de *common law*, por sua vez, a doutrina se confunde com a própria interpretação e aplicação do direito pelos tribunais e o seu consequente estudo.

Em suas decisões, principalmente os juízes de tribunais superiores emitem razões. Essas razões da decisão são analisadas pelo método das distinções, de modo a conhecer a *ratio decidendi* e a *obiter dicta;* logo, as *legal rules* postas no Direito.

Assim, tanto a construção dessas razões, que contam com normas jurídicas e avaliações pessoais dos casos, quanto o estudo dessas razões, assemelha-se ao próprio estudo clássico da doutrina romano-germânica. Não se trata de uma doutrina exposta com tal nome, porém de construção e investigação das razões de decisões jurídicas. Nesse sentido, o direito se deve mais a juízes do que a professores. Livros de juízes, como Bracton, Granvill, Littleton e Coke, alcançaram o patamar de repositórios de autoridade jurídica.

Com a supressão do excesso de formalismo a partir do século XIX, a doutrina passou a tomar outro lugar na Inglaterra, ampliando seu campo de atuação. Os estudantes de Direito com ensino universitário, diferentemente dos práticos de outrora, "conhecem mais o direito através dos cursos ou das obras de seus mestres, de tratados ou manuais (*textbooks*), que através das coletâneas para práticos". Diversos são os teóricos do direito que influenciaram e continuam influenciando esse novo período, para citar alguns, por exemplo: John Austin, Jeremy Bentham, Herbert L. A. Hart e Ronald Dworkin[106].

2.2.1.3 COSTUMES

Os costumes sociais geralmente são referidos como fontes do direito, tanto no modelo de *civil law* quanto no de *common law*. De um ponto de vista sociológico, os costumes desempenham um papel importante na construção dos ordenamentos jurídicos dentro dos Estados de direito. A partir deles, vendo-os como a prática jurídica de tribunais, juízes, advogados e doutrinadores, pode-se observar o funcionamento do sistema jurídico. O ordenamento jurídico construído por vezes mantém coerência com as práticas jurídicas instituídas nos costumes[107] de determinado Estado, o chamado direito consuetudinário, porém essa não é uma regra definitiva.

Os movimentos positivistas, a partir do século XIX, com o instrumento da codificação, tentaram reduzir o papel dos costumes como fonte do direito. O direito codificado surgia como a vontade dos legisladores, com vistas à uma sociedade diferente, e o respeito a certos costumes imemoriais se mostrava um entrave para essa nova visão de sociedade. Nesse sentido, na ciência do direito, o costume não tem certa primazia como no pensamento sociológico — não é uma fonte primária

106 DAVID, René. **Os grandes sistemas do Direito contemporâneo**: Direito comparado. Tradução: Hermínio A. Carvalho. Lisboa: Meridiano, 1972, p. 445.

107 Um exemplo clássico de direito consuetudinário é a fila. Aguardar sua vez obedecendo a uma fila é um costume presente internacionalmente.

do direito. A lei, no sentido romano-germânico, ou a própria jurisprudência, no sentido do *common law*, adquire importância superior. No modelo romano-germânico, as regras de conduta que devem ser seguidas são as ditadas pelo legislador, assim como os casos de conflito devem ser decididos com base nelas; no modelo de *common law*, as decisões jurídicas, assim como os pedidos no judiciário, devem se pautar nos precedentes que estatuem *legal rules*.

Mesmo no século XX e no início do século XXI, quando os limites entre o modelo romano-germânico e o *common law* parecem cada vez mais indecisos, isso não abriu espaço aos costumes. O *common law* passa a adotar mais a lei escrita, em conjunto com a jurisprudência, como fonte primária, enquanto o *civil law* se volta à jurisprudência, porém sem esquecer suas raízes legalistas.

Nessa construção, o espaço para o costume como fonte do direito é diminuto. No direito romano-germânico trata-se de um elemento que permite chegar à decisão adequada para um caso, uma terceira fonte para o direito, menos vinculante, que não apresenta a forte característica de vinculação da lei e da jurisprudência.

Na França, por exemplo, o costume passou a ser visto, de certo modo, como uma fonte ultrapassada do direito após o advento da tecnologia da codificação e da eficácia da lei escrita. Apesar disso, ainda é tido como fonte.

No Brasil, a LINDB determina que, nos casos de omissão da lei quanto a algum assunto, o juiz deverá decidir o caso com base na analogia, nos costumes e nos princípios gerais de direito. Primeiramente, deve-se esclarecer que, no Brasil, não cabe ao juiz deixar de decidir uma causa em razão da falta de clareza no direito (cláusula *non liquet*). Desse modo, mesmo na omissão da legislação, o juiz deve decidir o caso. Ele deverá fazer isso com base em outras fontes além da estrita aplicação da lei — e a legislação elenca a analogia, os costumes e os princípios gerais do Direito.

Assim, pode-se dizer que os costumes têm uma função suplementar quanto à legislação e à jurisprudência no modelo romano-germânico contemporâneo. Eles deverão ser usados para suplementar o direito na omissão da legislação em determinado caso. Não são fontes primárias de direitos e deveres, porém suplementos em casos incertos.

Classicamente, os costumes são divididos em *secundum legem*, *praeter legem* e *contra legem*. O primeiro tipo contém costumes de acordo com a lei, adotados e respeitados nos Estados; o segundo costume é aquele utilizado como suplemento da lei, que tem a capacidade de completá-la em casos omissos. Esse tipo de costume tem perdido seu campo nos modelos romano-germânicos, em que a lei e a jurisprudência são tidas como fontes mais seguras do direito; o terceiro tipo se trata de costumes contra a lei. Esse tipo de costume social não tem o poder de revogar a lei em vigor, não contemplando uma característica legislativa de acordo com a ciência do direito.

No *common law* inglês, segue-se a teoria de que os costumes representam uma terceira fonte depois da jurisprudência e legislação. Essa fonte desempenha um papel extremamente secundário — o direito inglês não é um direito consuetudinário. "O costume geral imemorial do reino, sobre o qual teoricamente está fundado o *common law*, sempre foi uma ficção. O *common law* pode retirar algumas das suas regras de vários costumes imemoriais outrora em vigor", porém historicamente se trata de uma construção jurisprudencial.

O costume tem um lugar muito pequeno no direito inglês, pois, para ser obrigatório, deve ser imemorial. "Uma lei do ano de 1265 precisou que o costume imemorial era o que existia em 1189." Assim, o costume não é considerado obrigatório se houver prova de que não poderia existir em 1189, limitando em grande escala seu grau de abrangência. Essa regra não se aplica aos costumes comerciais, porém, na prática, sua função, como se vê em David[108], também é bastante limitada.

2.3 NORMAS JURÍDICAS: DEFINIÇÃO, CLASSIFICAÇÃO, VALIDADE E APLICAÇÃO

Saber se uma norma é válida constitui apenas o requisito inicial para a sua eficácia, e esse saber não defluirá exclusivamente de requisitos técnicos, mas ainda de outros componentes, como os imediatamente expostos anteriormente, da atmosfera semântica do endereçado pela norma. Um "objetor de consciência", por exemplo, poderá reagir pela ação negativa à norma[109]. Uma norma, que não seja exigida pelo Executivo, ou cuja sanção seja tênue e imprecisa, terá sua eficácia moderada, como no caso da proibição de fumar em lugares fechados.

2.3.1 DEFINIÇÕES DA NORMA JURÍDICA

2.3.1.1 O CONCEITO KELSENIANO

Na construção do normativismo de Hans Kelsen, o objeto da ciência jurídica é o Direito. Essa primeira afirmação contém outra menos evidente: as normas jurídicas são o objeto da ciência jurídica. A conduta humana importaria à ciência jurídica somente quando pressuposto ou consequência determinada nas normas, ou seja, quando conteúdo da norma. As relações humanas são também somente objeto da ciência jurídica como relações constituídas pela norma jurídica enquanto relações jurídicas. Em seu *Teoria pura do Direito*, Kelsen busca uma *purificação* da ciência do direito, construindo limites para a investigação científica. A ciência

[108] DAVID, René. **Os grandes sistemas do Direito contemporâneo**: Direito comparado. Tradução: Hermínio A. Carvalho. Lisboa: Meridiano, 1972, p. 441.

[109] Um objetor de consciência pode conduzir à desobediência civil. Basta lembrar, por exemplo, de Mahatma Gandhi e sua reação ao imposto sobre o sal.

jurídica não lida com juízos de valor, morais ou políticos, apenas com juízos de fato concernentes ao direito posto.

Dessarte, não se trata de uma ciência de como deveria ser o Direito e sim de como ele é em determinado lugar, em sua dimensão normativa. Por outro lado, Kelsen afastou a ciência jurídica da sociologia e da psicologia ao afirmar que cabe à ciência do direito a investigação do campo do dever-ser normativo e não de fenômenos sociais ou psicológicos, que ocorrem na dimensão do ser.

Desse modo, caberia à ciência jurídica a investigação, por meios de juízos de fato, do dever-ser da norma jurídica. Com essa concepção, Kelsen delimita o objeto da ciência do Direito — trata-se de uma ciência que buscar apreender a realidade juridicamente, do ponto de vista do Direito. Daí é que, para o autor: "Apreender algo juridicamente não pode, porém, significar senão apreender algo como Direito, o que quer dizer: como norma jurídica ou conteúdo de uma norma jurídica, como determinado através de uma norma jurídica."[110]

Para Kelsen, pode-se distinguir a ciência do direito em duas teorias: uma teoria estática do direito, que tem por objeto o Direito como sistema de normas em vigor ou um sistema em repouso; e uma teoria dinâmica do Direito, tendo por objeto o momento de produção e aplicação do Direito, um estudo do sistema em movimento. Kelsen afirma que o processo de produção e aplicação do Direito é regulado pelo próprio Direito — criam-se, no Direito, procedimentos que devem ser observados para sua própria produção e aplicação.

Assim, "a produção das normas jurídicas gerais, isto é, o processo legislativo, é regulado pela Constituição, e as leis formais ou processuais, por seu turno, tomam à sua conta regular a aplicação das leis materiais pelos tribunais e autoridades administrativas"[111]. No modelo kelseniano, somente interessa à ciência jurídica investigar o Direito enquanto produzido e aplicado conforme os procedimentos por ele delimitados.

A ciência jurídica representa, para o autor, uma interpretação normativa dos fatos da conduta humana que descreve as normas jurídicas criadas a partir de atos decorrentes da conduta humana que também serão aplicados e observados por atos de conduta, que, "consequentemente, descreve as relações constituídas, através dessas normas jurídicas, entre os fatos por elas determinados"[112].

Portanto, as normas jurídicas se diferenciam de proposições jurídicas. As primeiras são produzidas pelos órgãos jurídicos com o fim de serem observadas pelo

[110] KELSEN, Hans. **Teoria pura do Direito**. 7. ed. Tradução: João Baptista Machado, São Paulo: Martins Fontes, 2000, p. 50.

[111] KELSEN, Hans. **Teoria pura do Direito**. 7. ed. Tradução: João Baptista Machado, São Paulo: Martins Fontes, 2000, p. 50.

[112] KELSEN, Hans. **Teoria pura do Direito**. 7. ed. Tradução: João Baptista Machado, São Paulo: Martins Fontes, 2000, p. 51.

destinatário da norma, enquanto as proposições jurídicas são enunciados pelos quais a ciência do direito descreve as relações constituídas no Direito — são tipos de juízos hipotéticos que traduzem ou enunciam relações concernentes às obrigações presentes nas normas. Por outro lado, as normas jurídicas são mandamentos, comandos, imperativos, prescrições, permissões e atribuições, dentre outras, e não juízos hipotéticos dados ao seu conhecimento.

Com isso, Kelsen afirma que não cabe ao direito ensinar nada — a norma é diferente da proposição normativa da ciência jurídica que descreve o direito. Nesse sentido, a ciência jurídica tem como função o conhecimento jurídico, a descrição do Direito com base em seu conhecimento, enquanto, na norma jurídica, ela é imbuída de autoridade jurídica, representada pelos órgãos da comunidade jurídica. Para Kelsen, esses órgãos têm por missão produzir o Direito para que este seja conhecido e descrito pela ciência, porém também devem conhecer o Direito para poder produzir a norma. Mas esse conhecimento não é essencial; no entendimento de Kelsen, trata-se apenas do estágio preparatório para a função de produção do Direito, exercida tanto pelo legislador na produção da norma jurídica geral para a coletividade quanto pelo juiz na produção da norma jurídica individual para o caso concreto.

A distinção entre a função da ciência jurídica e da autoridade jurídica é de suma importância para o Direito, principalmente no que importa o produto de uma e outra. Frequentemente, o Direito é confundido com ciência jurídica. Porém a ciência jurídica apenas descreve o Direito a partir de suas proposições, não podendo, como a autoridade, prescrevê-lo. Não se pode enxergar a ciência do direito como fonte produtora de decisões jurídicas vinculantes. Trata-se de uma instância descritiva do Direito.

Nesse sentido, uma lei publicada em um jornal oficial seria Direito, por exemplo, enquanto os comentários a essa lei, publicados por um jurista, representariam uma forma de ciência jurídica. Assim, as descrições da ciência do Direito quanto ao Direito posto podem ser verídicas ou inverídicas, enquanto as normas de dever-ser produzidas por autoridades competentes podem ser válidas ou inválidas. Na construção de Kelsen, os fatos sobre a ordem do ser existem ou não existem, enquanto as proposições descritivas sobre esses fatos podem ser verídicas ou inverídicas; as normas de dever-ser postas prescrevem determinadas ações em determinado tempo, podendo tais prescrições serem válidas ou inválidas.

Para a investigação de validade de uma norma, deve-se resolver "à questão de saber se uma tal norma jurídica vigora ou não dentro de determinada ordem jurídica [...], pois uma tal norma tem — para vigorar — de ser produzida através de um ato empiricamente verificável"[113]. Essa norma não se trata de um enunciado ou de uma proposição, mas de uma prescrição, a qual a ciência jurídica tem como

[113] KELSEN, Hans. **Teoria pura do Direito**. 7. ed. Tradução: João Baptista Machado, São Paulo: Martins Fontes, 2000, p. 52.

objeto para suas proposições descritivas. Assim, é válida a norma que tem vigor (causa efeitos) e presença em dado ordenamento.

Usando os conceitos de norma jurídica e proposição jurídica, Kelsen distingue os produtos da autoridade jurídica de um lado e da ciência jurídica de outro. "As proposições jurídicas formuladas pela ciência do Direito não são, pois, simples repetições das normas jurídicas postas pela autoridade jurídica."[114] As normas jurídicas são prescrições de comandos, permissões ou atribuições de competência, dentre outros; logo, não podem ser verdadeiras ou falsas, apenas válidas ou inválidas, como já dito.

Kelsen passa a investigar como o princípio lógico da não contradição e a regra da concludência do raciocínio, que tradicionalmente somente se aplicam a enunciados ou proposições verdadeiras ou falsas, podem ser aplicados também às normas, além de esclarecer que esses princípios podem apenas ser indiretamente aplicados a elas, na medida que podem ser aplicados às proposições descritivas das normas da ciência do direito, que podem ser verdadeiras ou falsas. Daí é que, para o autor:

> Duas normas jurídicas contradizem-se e não podem, por isso, ser afirmadas simultaneamente como válidas quando as proposições jurídicas que as descrevem se contradizem; e uma norma pode ser deduzida de outra quando as proposições jurídicas que as descrevem podem entrar num silogismo lógico[115].

As proposições da ciência do Direito são proposições normativas, pois têm como função descrever normas de dever-ser. O dever-ser da proposição, porém, não tem característica prescritiva, como a norma da norma jurídica, porém descritiva do que deve ser realizado em virtude da norma posta. Kelsen afirma que se trata de uma ambivalência da palavra *Sollen* (dever-ser) em alemão, quando há identificação de proposições normativas com imperativos, uma vez que tal palavra pode levar tanto ao sentido de descrição de uma prescrição ou da própria prescrição do que deve ser realizado.

Na construção kelseniana, o Direito se trata de uma ordem normativa, um sistema de normas prescritivas, e a ciência jurídica de uma ciência para o conhecimento e a descrição das normas jurídicas e das relações constituídas por elas.

A ciência do Direito é uma ciência normativa na medida que se diferencia das ciências naturais, informadas por processos reais e pela lei da causalidade. Assim, Kelsen distingue a natureza da sociedade, e a ciência natural da ciência social.

114 KELSEN, Hans. **Teoria pura do Direito**. 7. ed. Tradução: João Baptista Machado, São Paulo: Martins Fontes, 2000, p. 53.

115 KELSEN, Hans. **Teoria pura do Direito**. 7. ed. Tradução: João Baptista Machado, São Paulo: Martins Fontes, 2000, p. 53.

A ciência natural lida com leis naturais, investigando relações de causa e efeito entre fenômenos da natureza; a ciência social normativa kelseniana difere da ciência natural pelo seu objeto, pois investiga a dimensão da ordem normativa da conduta humana — o que deve ser feito em virtude da norma jurídica. Nessa ciência, a conduta humana não é estudada como relação de causa e efeito sob a lei da causalidade, senão se confundiria com a ciência natural. Na ciência normativa, estuda-se a sociedade como ordem normativa da conduta humana — assim, o objeto social pode ser separado do objeto da natureza.

A ciência social normativa tem como princípio ordenador da conduta dos homens algo diferente da causalidade, um princípio nomeado por Kelsen de imputação. Nas proposições jurídicas da ciência do Direito, por meio das quais descreve seu objeto — as normas jurídicas —, a relação observada é de imputação e não de causalidade. Nas proposições jurídicas — como se alguém aufere renda, deve pagar tributos; ou se alguém comete um crime, deve ser aplicada a ele uma pena; ou até se alguém passa em um concurso, deve ser empossado — há uma fórmula geral, segundo Kelsen: "Sob determinados pressupostos, fixados pela ordem jurídica, deve efetivar-se um ato de coerção, pela mesma ordem jurídica estabelecido. É esta a forma fundamental da proposição jurídica."[116]

Uma proposição jurídica, assim como uma lei natural, estabelece uma relação entre dois elementos, porém a relação de causalidade da lei natural é diferente da relação de imputação estabelecida na proposição jurídica. Enquanto uma lei natural tem a forma "quando A é, B é", como o exemplo da relação entre água e ebulição — quando certa quantidade de água é aquecida a 100°C, ela entra em ebulição —, uma proposição jurídica tem a forma "quando A é, B deve ser, mesmo quando B, porventura, efetivamente não seja"[117].

A grande diferença entre as duas proposições é que, na lei natural, a relação entre os dois elementos decorre de circunstâncias naturais ocorridas (como a fervura da água), enquanto, nas proposições jurídicas, essa relação somente pode ser estabelecida por "uma norma estabelecida pela autoridade jurídica — através de um ato de vontade"[118].

Kelsen afirma que, em sua teoria positivista do direito, "a distinção entre lei natural e proposição jurídica deve ser sustentada e acentuada com firme decisão", e continua acentuando que:

[116] KELSEN, Hans. **Teoria pura do Direito**. 7. ed. Tradução: João Baptista Machado, São Paulo: Martins Fontes, 2000, p. 55.

[117] KELSEN, Hans. **Teoria pura do Direito**. 7. ed. Tradução: João Baptista Machado, São Paulo: Martins Fontes, 2000, p. 55.

[118] KELSEN, Hans. **Teoria pura do Direito**. 7. ed. Tradução: João Baptista Machado, São Paulo: Martins Fontes, 2000, p. 55.

> Quando a proposição jurídica é aqui formulada com o sentido de que, sob determinados pressupostos, deve realizar-se uma determinada conseqüência, isto é, quando a ligação, produzida por uma norma jurídica, dos fatos estabelecidos como pressuposto e conseqüência e expressa na proposição jurídica pela cópula "deve(-ser)" (Sollen), esta palavra não é empregada no seu sentido usual — como já notamos acima e deve uma vez mais ser bem acentuado. Com "dever-ser" exprime-se usualmente a idéia do ser-prescrito, não a do ser-competente (ser autorizado) ou a do ser-permitido. O dever-ser jurídico, isto é, a cópula que na proposição jurídica liga pressuposto e conseqüência, abrange as três significações: a de um ser-prescrito, a de um ser-competente (ser-autorizado) e a de um ser(positivamente)-permitido das conseqüências. Quer isto dizer: com o "dever-ser" (Sollen) que a proposição jurídica afirma são designadas as três funções normativas. Este "dever-ser" apenas exprime o específico sentido com que entre si são ligados ambos os fatos através de uma norma jurídica, ou seja, numa norma jurídica. A ciência jurídica não pode exprimir esta conexão produzida através da norma jurídica, especialmente a conexão do ilícito com a conseqüência do ilícito, senão pela cópula "dever-ser". Para traduzir o sentido específico com que a norma jurídica se endereça aos órgãos e sujeitos jurídicos, aquela não pode formular a proposição jurídica senão como uma proposição que afirme que, de acordo com determinada ordem jurídica positiva, sob certos pressupostos deverá intervir uma determinada conseqüência[119].

Nesse sentido, a ciência jurídica não se presta a exprimir a ideia que determinada norma entrou em vigor ou está em vigência no reino do ser, levando a relações de causalidade, porém exprime como proposição de dever-ser. A expressão na proposição jurídica não traz a expressão de que uma conduta se realizou, porém que ela deve ser realizada. Por muitas vezes, a consequência negativa para um ilícito não se verifica no mundo da natureza, apesar de a proposição jurídica descritiva da norma estatuir o contrário, porém puramente no reino do dever-ser. A eficácia da ordem jurídica, para Kelsen, é um pressuposto da vigência e não a própria vigência.

Somente a norma jurídica tem autoridade; o dever-ser, na proposição jurídica, tem uma função apenas descritiva. Não se segue que aquilo descrito na ciência seja um fato na dimensão do ser, apenas uma descrição na ordem do dever-ser. A proposição jurídica é um juízo sobre determinado objeto do conhecimento e não um imperativo ou o objeto em si. A autoridade que põe a norma não se identifica com o jurista que a descreve — a proposição jurídica, assim como a lei natural, apenas descreve a conexão funcional entre dois fatos, não sendo os fatos mesmos.

119 KELSEN, Hans. **Teoria pura do Direito**. 7. ed. Tradução: João Baptista Machado, São Paulo: Martins Fontes, 2000, p. 56.

As proposições jurídicas ainda compartilham outra característica com as leis naturais: são descrições do objeto alheias a valores — "esta descrição realiza-se sem qualquer referência a um valor metajurídico e sem qualquer aprovação ou desaprovação emocional[120]", levando apenas em consideração os valores postos na norma positiva. Assim, a atividade de um jurista consiste em descrever o funcionamento de determinada ordem jurídica, mesmo que ele desaprove seus pressupostos ou consequências. "As normas constitutivas do valor jurídico devem ser distinguidas das normas segundo as quais é valorada a constituição do Direito"[121]. Cabe à ciência jurídica descrever objetivamente se determinada conduta é compatível com determinado ordenamento, cabendo como resposta se essa conduta é prescrita, permitida ou proibida, independentemente das considerações de valor do jurista.

Em razão de exprimir uma conexão funcional entre dois elementos, assim como as leis naturais, Kelsen afirma que se pode referir a um enunciado ou afirmação descritiva da ciência do direito como lei jurídica. Assim, a lei jurídica difere da norma jurídica. Esta, para Kelsen, mesmo quando tem caráter geral e é referida como lei, não pode ser comparada a lei natural. Não se trata de um enunciado que descreve uma conexão funcional entre dois elementos, mas sim de um ato pelo qual algo é prescrito. A proposição jurídica é, por excelência, lei jurídica, pois, assim como a lei natural, tem caráter geral ao descrever as normas do ordenamento e as relações por elas constituídas, desde normas gerais (chamadas por vezes de leis) até normas individuais (decisões jurídicas e atos administrativos), descrevendo as conexões funcionais por elas criadas com fundamento no princípio da imputação.

Os princípios da imputação e da causalidade são ambos apresentados em forma verbal, um juízo hipotético no qual um pressuposto é ligado à determinada consequência. O que é diferente nos dois casos é o tipo de ligação. O princípio da causalidade afirma que, quando A é, B também é; o princípio da imputação, de modo diferente, afirma que, quando A é, B deve ser. Assim, quando ocorre a fervura de água em determinada temperatura, ela entra em ebulição — uma ligação de causalidade —, ao passo que, quando alguém faz uma boa ação, ele deve ser recompensado (mas pode não ser) — uma relação de imputação. No caso, trata-se de uma proposição normativa sobre determinada norma moral positiva estabelecida pelo costume, porém seu objeto também pode ser uma norma jurídica, estabelecida por um legislador, como no caso de normas tributárias ou penais. A imputação designa assim uma relação normativa, onde pressupostos e consequências são ligados pela vontade humana, como em normas jurídicas ou morais.

120 KELSEN, Hans. **Teoria pura do Direito**. 7. ed. Tradução: João Baptista Machado, São Paulo: Martins Fontes, 2000, p. 56.

121 KELSEN, Hans. **Teoria pura do Direito**. 7. ed. Tradução: João Baptista Machado, São Paulo: Martins Fontes, 2000, p. 56.

Outra importante diferenciação entre causalidade e imputação se refere às suas cadeias procedimentais. Na causalidade, um efeito é sempre a causa para outro efeito, em uma cadeia interminável em ambos os sentidos. O evento concreto é interceptado nessa rede de cadeias causais com sua limitação no tempo. Na imputação, a série infinita é inexistente, pois "seus pressupostos não são necessariamente consequências que tenham de ser atribuídas a outros pressupostos. [...] e as consequências [...] não têm necessariamente de ser pressupostos a que sejam de atribuir novas consequências[122]". Nesse sentido, em uma cadeia imputativa, o número de elos é limitado, diferentemente de uma cadeia causal, no qual é ilimitado, de modo que "existe um ponto terminal da imputação. Na série causal, porém, tal ponto não existe."[123]

A ideia de primeira causa, apreensível pela ideia de ponto terminal na imputação, não pode ser concebida na causalidade. Kelsen afirma que o pensamento da primeira causa como a vontade humana ou de Deus representa uma causalidade primitiva que não havia ainda se emancipado na ideia de imputação.

Nessa diferenciação se encontra o ponto fulcral: a causalidade é animada pela necessidade, enquanto a imputação pela liberdade humana. A necessidade domina a natureza, e a liberdade é um elemento "que dentro da sociedade existe e é essencial para as relações normativas dos homens"[124]. Daí é que, nas palavras do autor:

> Dizer que o homem, como parte da natureza, não é livre, significa que a sua conduta, considerada como fato natural, é, por força de uma lei da natureza, causada por outros fatos, isto é, tem de ser vista como efeito destes fatos e, portanto, como determinada por eles. Mas, por outro lado, dizer que o homem, como personalidade moral ou jurídica, é "livre" e, portanto, responsável, tem uma significação completamente diferente. Quando um homem é moral ou juridicamente responsabilizado pela sua conduta moral ou imoral, jurídica ou antijurídica, num sentido de aprovação ou desaprovação, isto é, quando a conduta humana é interpretada, segundo uma lei moral ou jurídica, como ato meritório, como pecado ou como ato ilícito, e ao ato meritório, ao ato pecaminoso e ao ato antijurídico são respectivamente imputados um prêmio, um castigo ou uma conseqüência do ilícito (ou seja, uma pena em sentido amplo), esta imputação encontra o seu ponto terminal na conduta do homem interpretada como ato meritório, como pecado ou ilícito. E verdade que sói dizer-se que imputamos o mérito, o pecado, ou o ilícito à pessoa que é responsável pela conduta assim caracterizada. Mas o sentido próprio desta afirmação é,

122 KELSEN, Hans. **Teoria pura do Direito**. 7. ed. Tradução: João Baptista Machado, São Paulo: Martins Fontes, 2000, p. 64.

123 KELSEN, Hans. **Teoria pura do Direito**. 7. ed. Tradução: João Baptista Machado, São Paulo: Martins Fontes, 2000, p. 64.

124 KELSEN, Hans. **Teoria pura do Direito**. 7. ed. Tradução: João Baptista Machado, São Paulo: Martins Fontes, 2000, p. 64.

> como já se referiu, que a pessoa deve ser recompensada pelo seu mérito ou, mais exatamente ainda, que o mérito desta pessoa deve ter a sua recompensa, que a pessoa deve fazer penitência pelos seus pecados — mais rigorosamente, que os pecados desta pessoa devem ter o seu castigo; que o criminoso deve ser punido — mais exatamente, que o seu crime deve encontrar a adequada punição. Não é a conduta qualificada como ato meritório, pecado, ou crime que é imputada à pessoa que assim se conduz. Uma tal imputação seria supérflua, pois, como já foi enfatizado, uma determinada conduta humana não pode de forma alguma ser separada do homem que assim se conduz. Quando, na hipótese de um homem praticar um ato meritório, um pecado ou um crime, se põe a questão da imputação, esta não é a questão de saber quem praticou o ato meritório, o pecado ou o crime. Essa é uma questão de fato. A questão moral ou jurídica da imputação põe-se assim: quem é responsável pela conduta em apreço? E esta questão significa: quem deve por ela ser premiado, fazer penitência ou ser punido? São a recompensa, a penitência e a pena que são imputadas, como conseqüências específicas, a um específico pressuposto. E o pressuposto é a conduta que representa o mérito, o pecado ou o crime. A imputação da recompensa ao mérito, da penitência ao pecado, da pena ao crime inclui em si a imputação à pessoa — única imputação que é posta em evidência no uso corrente da linguagem[125].

No positivismo kelseniano, o problema da responsabilidade moral ou jurídica se liga à retribuição. O princípio retributivo permite que uma conduta em conformidade com a norma seja ligada a uma recompensa, e uma contrária a uma punição. A imputação seria assim "toda a ligação de uma conduta humana com o pressuposto sob o qual ela é prescrita ou proibida numa norma — ser imputada ao pressuposto sob o qual ela é prescrita ou proibida"[126].

Na conduta, a imputação representa a responsabilidade jurídica ou moral do sujeito, encontrando seu ponto final. A conduta é o ponto final da imputação, representando a responsabilidade jurídica ou moral do sujeito conforme a ordem existente em determinado tempo.

O ser humano, como sujeito de uma ordem jurídica ou moral, pode ser assim entendido como livre, pois é o ponto terminal "de uma imputação apenas possível com base nessa ordem normativa"[127]. O ser humano não está sujeito à lei da causalidade na sociedade, pois é responsável, tendo liberdade ou vontade livre e sendo

125 KELSEN, Hans. **Teoria pura do Direito**. 7. ed. Tradução: João Baptista Machado, São Paulo: Martins Fontes, 2000, p. 65.

126 KELSEN, Hans. **Teoria pura do Direito**. 7. ed. Tradução: João Baptista Machado, São Paulo: Martins Fontes, 2000, p. 65.

127 KELSEN, Hans. **Teoria pura do Direito**. 7. ed. Tradução: João Baptista Machado, São Paulo: Martins Fontes, 2000, p. 65.

capaz de imputação jurídica ou moral. As condutas humanas em sociedade são determinantes das consequências — nesse sentido o humano é livre em sociedade, com liberdade para escolher a conduta e sendo responsável por suas escolhas.

Para Kelsen, é inegável que a função de uma ordem jurídica ou moral é induzir os seres humanos a perpetuar as condutas por ela prescritas, criando motivos para que isso ocorra — recompensas ou punições, geralmente. É somente quando essa ordem se torna, na representação dos indivíduos, um fluxo causal, que ela passa a preencher sua função social. A partir do momento em que os indivíduos tomam as normas em suas representações de sociedade como leis de causa e efeito que regem a sociedade, a ordem normativa tem sucesso em sua empreitada de indução comportamental.

Uma norma que preceitua que algo deve ocorrer quando se tem certeza de que esse algo que ocorrerá é inútil. Uma norma que proíbe o homem de morrer, ou o recompensa com vida eterna, sabe-se sem sentido, pois, por força da lei natural, a morte é uma das únicas certezas humanas (assim como os impostos, para Benjamin Franklin). Não se pode ter como motivo eficaz de uma conduta em conformidade com a norma algo contrário à lei natural. Nesse sentido, a norma jurídica ou moral deve observar a causalidade, no sentido de ser impossível ir de encontro a ela.

Kelsen não nega que a vontade humana seja determinada por via causal, como na fome ou na atração sexual, por vezes, mas afirma que, para ser possível uma imputação moral ou jurídica, é necessário pensar no ser humano como imbuído de vontade livre. Deve-se manter a ficção de uma vontade livre, mesmo quando sua conduta é determinada por vias causais. "Só que, quando a imputação é reconhecida como uma ligação de fatos diversa da causalidade, mas sem estar de forma alguma em contradição com ela, esta ficção é desnecessária — revela-se inteiramente supérflua."[128]

Não se pode fundamentar a imputação no fato subjetivo de que o homem se considera livre, apesar de não o ser por muitas vezes. Para Kelsen, a questão não é saber se a conduta humana é causada pela vontade, mas se a própria vontade é causalmente determinada ou não. A imputação jurídica e moral é possível desde que haja uma conduta humana efetivamente praticada, não importando se a vontade para praticar a conduta é determinada causalmente ou não. O que importa para a ciência do direito são as condutas efetivamente praticadas em conformidade ou não com a norma e não a vontade que as motiva ou determina.

Admite-se que a função da norma seja induzir a vontade humana à prática de certos atos. Dirige-se a vontade humana e não de coisas inanimadas, não em razão da liberdade, mas da possibilidade causal de indução da vontade humana. Nesse campo, assume-se que o ser humano tem a liberdade para escolher a conduta a ser praticada, apesar de motivado causalmente, o que fundamenta a responsabilidade por suas escolhas.

128 KELSEN, Hans. **Teoria pura do Direito**. 7. ed. Tradução: João Baptista Machado, São Paulo: Martins Fontes, 2000, p. 65.

Exemplos disso são os diversos ordenamentos que excluem a responsabilidade quando a vontade não podia ser suficientemente formada, como contratos com menores ou pessoas sujeitas à coação irresistível. Nesses casos, o sujeito não tem certos vícios na vontade que o impeçam de ter liberdade suficiente para escolher de modo apropriado, não podendo ser responsabilizado por suas condutas. As ordens normativas geralmente assumem um tipo médio de sujeito e um tipo médio de circunstâncias externas, e aqueles que não pertencem a esse grupo são tratados como casos especiais.

As responsabilidades moral e jurídica do sujeito são apenas conciliáveis com o determinismo causal, porque o conhecimento que se tem da determinação causal das condutas humanas é de certo modo imperfeito — não se conhece de modo acurado as causas que movem os seres humanos. Kelsen afirma que, se essas causas fossem conhecidas, a sociedade não estaria no lugar de responsabilizar sujeitos por determinadas condutas e seus efeitos.

Na construção kelseniana, a máxima "tudo compreender é tudo perdoar" vem daí. Compreender é conhecer as causas da conduta, enquanto perdoar significa se negar responsabilizá-lo por tal conduta — excluir a imputação. Kelsen afirma que, em muitos casos, apesar de se conhecer a causalidade da conduta, continua-se a perseguir a imputação, o que mostra que a causalidade não afasta a imputação, como no ditado mencionado.

Desse modo, não é a indeterminação causal da vontade ou a liberdade que torna possível a imputação, e sim a própria determinabilidade causal dela. "Não se imputa algo ao homem porque ele é livre, mas, ao contrário, o homem é livre porque se lhe imputa algo. Imputação e liberdade estão, de fato, essencialmente ligadas entre si."[129]

Assim, para o autor:

> [...] o homem é livre porque e enquanto são imputadas a uma determinada conduta humana, com ao seu pressuposto a recompensa, a penitência ou a pena — não porque essa conduta não seja causalmente determinada, não obstante ela ser causalmente determinada, ou até: por ela ser causalmente determinada[130].

O sujeito humano é livre, pois sua conduta é o ponto final da imputação, embora causalmente determinada. Não existe contradição entre liberdade e causalidade, pois esta é uma ordem do ser, enquanto aquela do dever-ser, e somente podem existir contradições entre duas asserções da ordem do ser ou duas do dever-ser, e não de modo combinado.

[129] KELSEN, Hans. **Teoria pura do Direito**. 7. ed. Tradução: João Baptista Machado, São Paulo: Martins Fontes, 2000, p. 66.

[130] KELSEN, Hans. **Teoria pura do Direito**. 7. ed. Tradução: João Baptista Machado, São Paulo: Martins Fontes, 2000, p. 66.

2.3.1.2 A NORMA NO CULTURALISMO EM MIGUEL REALE

Uma síntese apresentada por Reale[131], de sua teoria tridimensional — "o Direito é uma integração normativa de fatos segundo valores" — constitui um válido início da leitura de sua aturada construção para responder à pergunta: o que é o Direito? Nesse mesmo artigo, ele reconhece a dialeticidade desses três elementos, segundo a tabela abaixo:

fato	>	valor	>	norma
norma	>	valor	>	fato
norma	>	fato	>	valor

No primeiro caso, vê-se o enfoque da Dogmática Jurídica, ou Ciência do Direito, que busca a norma para interpretá-la e aplicá-la; no segundo, o da Sociologia Jurídica, que estuda o fato social segundo a norma valorada; e, enfim, no terceiro, a Filosofia do Direito, que "parte do fato à norma culminando no valor, que é sempre uma modalidade do valor do justo, objeto próprio da Filosofia do Direito"[132].

No entanto, afinal, o que seria uma norma? Responde Reale[133]: "Uma norma jurídica é a integração de algo da realidade social numa estrutura regulativa obrigatória."

2.3.1.3 A NORMA COMO PROMESSA (MÁRCIO PUGLIESI)

Como se viu anteriormente, o conceito de norma jurídica assume acepções diversas que, dentre outras, a caracterizam como valor, padrão, esquema, guia, código, costume, pauta, regra, preceito, critério, métrica, dentre outros.

Há, contudo, uma proposta diversa, e com caráter mais tênue, afeto às relações sociais presentes, e que se mostra capaz de considerar a norma como parte integrante da atmosfera semântico-pragmática (o sujeito): trata-se **da norma como promessa**, proposta apresentada por Márcio Pugliesi[134], com base em problemas e apontamentos discutidos por Searle.

Inicialmente, Pugliesi registra (a partir de Austin e Searle) que a execução de um ato de fala é concretizado quando cumpridas as seguintes etapas: 1) palavras são expressadas (morfemas ou frases) de modo a realizar um ato expressivo; 2) as

131 REALE, Miguel. Linha evolutiva da Teoria Tridimensional do Direito. In: **Revista da Faculdade de Direito, Universidade de São Paulo**, v. 88, 1993, p. 304.

132 REALE, Miguel. Linha evolutiva da Teoria Tridimensional do Direito. In: **Revista da Faculdade de Direito, Universidade de São Paulo**, v. 88, 1993, p. 305.

133 REALE, Miguel. Linha evolutiva da Teoria Tridimensional do Direito. In: Revista da **Faculdade de Direito, Universidade de São Paulo**, v. 88, 1993, p.308.

134 PUGLIESI, Márcio. **Filosofia e Direito**: delineamentos de Filosofia do Direito em uma sociedade de controle, volume II. São Paulo: Aquariana, 2022b.

palavras proferidas recebem uma predicação e uma referência que constituem o ato de proposição; 3) há um ato ilocutório (o falante verbaliza a intenção que busca realizar com o seu ato comunicativo, por exemplo: perguntar, aconselhar, prometer) ou **uma promessa explícita**; e 4) há um ato perlocutório (designa os efeitos sentidos pelo receptor da mensagem ao que foi dito, isto é, o interlocutor pode se sentir encorajado, assustado, confiante etc.) ou de compreensão por parte daquele que recebe a mensagem[135].

Veja-se que a promessa explicitada no ato ilocutório é essencial para a compreensão do sentido normativo, e, para esclarecer o pressuposto de sua teoria, o autor elucida, a partir de Austin e Searle, que:

> Um sujeito S que enuncia uma frase F na presença de um receptor R, promete algo de modo sincero e sem defeitos a R se e somente se subsistem as seguintes condições:
>
> a) há condições normais de recepção e emissão, isto é, os sujeitos em comunicação conhecem a Língua, têm consciência do que estão fazendo e não há impedimentos físicos à comunicação;
>
> b) ao enunciar F, S enuncia um determinado conteúdo e predica um ato futuro sobre o próprio S. Não se pode emitir promessas sobre atos passados;
>
> c) R prefere que S realize o fato mencionado a não o realizar e S crê que R prefere que cumpra sua promessa em lugar de não a cumprir;
>
> d) não é óbvio nem para S nem para R que a realização do prometido por S seja uma decorrência normal dos acontecimentos. O ato deve buscar um resultado. Assim, por exemplo, a promessa "Um dia morrerei" não merece esse nome;
>
> e) S quer fazer, realmente, o que promete;
>
> f) S quer que a enunciação de F o obrigue a cumprir o ato prometido;
>
> g) S pretende informar a R do conhecimento C que o enunciado de F deve conter e que obriga ao cumprimento do ato. S quer transmitir esse conhecimento C reconhecendo suas próprias intenções e quer que tais intenções sejam reconhecidas por meio do conhecimento que R tem do significado de F (intenção reflexiva);
>
> h) as regras semânticas da língua falada por S e R são tais que F se enuncia correta e sinceramente se e somente se subsistem as condições acima, todas[136].

[135] PUGLIESI, Márcio. **Filosofia e Direito**: delineamentos de Filosofia do Direito em uma sociedade de controle, volume II. São Paulo: Aquariana, 2022b.

[136] PUGLIESI, Márcio. **Filosofia e Direito**: delineamentos de Filosofia do Direito em uma sociedade de controle, volume II. São Paulo: Aquariana, 2022b, p. 62–63.

A partir dessas regras, inerentes a toda e a qualquer contratação, Pugliesi afirma que Searle apresenta regras adicionais que lhe permitem adotar um indicador da fora do "eu prometo", quais sejam: 1) *regra do conteúdo proposicional*: o "eu prometo" poderá ser utilizado somente em um enunciado que preveja um ato futuro de S; 2) *regra preparatória*: uma promessa só será capaz de ser cumprida caso R opte que S realize o ato prometido (ao invés de não realizá-lo); 3) *regra de sinceridade*: só existirá uma promessa caso S tenha, de fato, a intenção de realizar aquilo que promete; e 4) *regra essencial*: toda promessa será uma obrigação; portanto, ao enunciar uma promessa, esta deverá ser cumprida[137].

Transpondo o ato comunicacional e a fórmula da promessa ao Direito, já que é na sociedade que este se encontra imerso, Pugliesi aponta que as ações concretas, possíveis e realizáveis na sociedade decorrerão dos limites que foram impostos pelo ordenamento jurídico, o qual, por sua vez, será o resultado das **promessas implícitas** que regulam o funcionamento da própria sociedade e dos processos a ela inerentes.

Essa promessa de gestão oferecida pelo Estado, a partir do Direito, busca reduzir o cenário de conflitividade que decorre da própria constituição do poder estatal e, sobretudo, da organização em sociedade que reclama certa igualdade, ao menos no nível formal (uma erradicação formal do privilégio)[138].

Por isso, faz-se necessário refletir sobre a produção das normas jurídicas, sobretudo da Constituição, por parte daqueles que se apoderam do direito de efetivá-la, os quais, além de empregarem os mecanismos construídos pelo neoliberalismo — basicamente, as concessões que visaram estabelecer a ideia de igualdade formal (como a garantia dos direitos e as garantias individuais e sociais) —, também devem obter sua legitimidade por meio das **promessas** concretizadas nas normas jurídicas. E, para se obter legitimidade, é preciso conhecer o conjunto de projetos (cultura), tanto dos segmentos sociais dominantes como das "facções" (assim considerados os subconjuntos da sociedade que detêm a capacidade de organização e que fazem acontecer), de modo a tornar possível a implementação, por meio das decisões políticas, dos projetos mais significativos para essa sociedade em determinada etapa histórica[139].

É preciso destacar, contudo, que, na visão do autor, as normas jurídicas produzidas pelo poder político não são reflexos da sociedade regulada, mas antes um instrumento de concretização dos interesses e das condições de funcionamento trazidas pela óptica dos poderosos. Nesse tocante, de modo a reduzir o cenário de conflitividade social, as normas jurídicas costumam introduzir as pretensões

137 PUGLIESI, Márcio. **Filosofia e Direito**: delineamentos de Filosofia do Direito em uma sociedade de controle, volume II. São Paulo: Aquariana, 2022b.

138 PUGLIESI, Márcio. **Filosofia e Direito**: delineamentos de Filosofia do Direito em uma sociedade de controle, volume II. São Paulo: Aquariana, 2022b.

139 PUGLIESI, Márcio. **Filosofia e Direito**: delineamentos de Filosofia do Direito em uma sociedade de controle, volume II. São Paulo: Aquariana, 2022b.

dos poderosos, mas, "em contrapartida, prometem regras e princípios que aceitam cumprir para obter homeostase social a mais baixo custo"[140].

Dentre as promessas mais proeminentes estão as que buscam manter o status quo e de concretização de uma sociedade tida por igualitária, como inclusive pode ser vislumbrado, no caso brasileiro, a partir das previsões constantes nos arts. 1º, 3º, 4º e 5º, todos da Constituição Federal de 1988, em que são estabelecidos os princípios que inauguram uma nova ordem social e que também delimitam os limites de atuação dos promitentes em favor daqueles que receberão as **promessas** ali estabelecidas[141].

Quando as promessas apresentadas não são satisfeitas pelo poder legitimado, havendo uma brusca separação entre a legitimidade e a legalidade, há a perda de sentido que é apontada por Weber[142], o que leva a uma crise de legitimidade, provocando tanto uma perda do fundamento moral da vida como de lugar no mundo, já que as ações racionais com vistas a fins se tornam automatizadas, o que não se deve admitir, sob pena de se reduzir a legitimidade ao mero cumprimento formal, e, consequentemente, de fraco suporte subjetivo[143].

Daí é que, ao enunciar os direitos e as garantias fundamentais (aí incluídos os individuais, sociais e coletivos/difusos), as normas jurídicas emanadas pelo Estado devem não apenas prometer, mas garantir a exigência da promessa, com a concretização do compromisso que fora ali estabelecido.

A adoção dessa leitura da **norma como promessa** assume especial relevância para a teoria do direito na medida em que, além de produzir algumas consequências práticas, implica diretamente a própria noção de validade que, para Pugliesi, repousa não no formalismo de matiz kelseniano, ou mesmo da obrigatoriedade tratada por Alf Ross, mas, em verdade, na necessária adequação da norma às condições gerais estabelecidas pela Constituição (ou conjunto normativo equivalente a esta), de modo que, sendo cada norma jurídica uma promessa, "todo súdito do ordenamento, por força das representações sociais comuns acaba por ser adestrado a obedecer (por inculcação) às condições gerais prometidas por intermédio do ordenamento e a insurgir-se quando há a quebra dessa expectativa coletiva"[144].

Ao situar o texto legal no âmbito da Cultura (é um projeto) e a norma concretizada (a decisão construída a partir de fatos e disposições dos textos legais) no

140 PUGLIESI, Márcio. **Filosofia e Direito**: delineamentos de Filosofia do Direito em uma sociedade de controle, volume II. São Paulo: Aquariana, 2022b, p. 69.

141 PUGLIESI, Márcio. **Filosofia e Direito**: delineamentos de Filosofia do Direito em uma sociedade de controle, volume II. São Paulo: Aquariana, 2022b.

142 WEBER. Max. **A ética protestante e o espírito do capitalismo**. Tradução: Maria Irene de Q. F. Szmrecsányi e Tamás J. M. K. Szmrecsányi. 6. ed. São Paulo: Pioneira, 1987.

143 PUGLIESI, Márcio. **Filosofia e Direito**: delineamentos de Filosofia do Direito em uma sociedade de controle, volume II. São Paulo: Aquariana, 2022b.

144 PUGLIESI, Márcio. **Filosofia e Direito**: delineamentos de Filosofia do Direito em uma sociedade de controle, volume II. São Paulo: Aquariana, 2022b, p. 81.

domínio da Civilização, estabelece-se um modelo de dinâmica social que, embora sendo dialética, não comporta um telos, um objetivo finalizante, mas um novo projeto a partir desse novo objeto (a decisão normativa), que encadeia novas responsabilidades de integridade para os construtores das normas concretizadas a partir dessa decisão que se torna, uma vez prolatada, um novo projeto.

Outra consequência surge ao se avaliar o efeito da assinatura de convenções e tratados internacionais: em lugar de uma redução da soberania (como o pretende a maior parte das doutrinas do Direito Internacional), há o aumento desta, uma vez que os poderosos passam a poder efetivar outras promessas.

2.3.2 COERÇÃO, COAÇÃO E SANÇÃO

A coerção representa o exercício próprio do poder enquanto potência e, nas sociedades democráticas, deveria ser apanágio do Governo legal e legitimamente investido em suas funções, mas acaba por conglobar o efeito dos grupos organizados da sociedade (transnacionais, grupos de pressão, lobbies, imprensa etc.). A norma concretizada, ou a sentença judicial, é obtida pela aplicação desses textos legais aos casos "concretos" pelos agentes e operadores socioculturais autorizados pelo sistema a fazê-lo, e como tal, a(s) norma(s) deve(m) ter eficácia, ou seja, a capacidade de produzir efeitos no campo da Civilidade.

A coação corresponde à utilização da força segundo a legalidade e, por vezes, a legitimidade, ressaltando que, no âmbito dessa conjectura, se considera legítima qualquer ação que busque realizar os projetos da Cultura, no âmbito da Civilização, nos limites da legalidade. Sendo certo, em verdade, que, conforme a figura:

Há o legal sem ser legítimo, o legítimo sem ser legal e o legal legítimo. A legislação brasileira apresenta o caso da presunção *juris tantum* (aquela em que o dever de comprovar é de quem afirma) presente no modelo de citação da CLT — que supõe intimado a reclamada na ação trabalhista 48 horas depois da expedição da carta registrada para o endereço fornecido pelo reclamante. Isso conduz, no limite, à chamada prova diabólica: o reclamado precisa provar que não recebeu a notificação — e isso é quase impossível —, sendo vedada a prova diabólica pelo CPC em vigor. Assim, passa o artigo da legalidade e de uma certa legitimidade (discutem-se verbas alimentares) para uma completa ilegalidade.

O Direito, na sua expressão empírica, não se aplica sem esforço e sem luta — ao passar do campo da Cultura, em que prefigura a sociedade que há de ser, para fazê-la, de fato, se organizar de determinada maneira em detrimento de outras, a coerção necessita tornar-se, na maioria das vezes, coação. Há redução de poder a força para que os homens abandonem o antigo paradigma e se lancem nos moldes do mundo vindouro, além de complexos trabalhos hermenêuticos para compreender os textos legais em suas conexões com a integralidade do sistema jurídico.

Assim, por exemplo, vejam-se os organismos de controle do crédito (Serasa, Serviços de Proteção ao Crédito e assemelhados), que usam de coação moral e material para forçar a adequação da conduta comercial dos consumidores de crédito às condições que lhe são impostas. Mesmo os cadastros positivos, como o que seleciona os bons pagadores, têm o mesmo efeito educacional e de controle moral.

Esses processos de inculcação normativa pelas práticas sociais são os de maior efetividade para a redução da conflitividade presente na sociedade. A maior parte da população tem noções rudimentares do sistema normativo, mas a observação das condutas socialmente aceitas leva à reprodução delas com o fito de obter aceitação e aprovação nas situações que enfrenta. Esse é um aspecto coercitivo que afasta a necessidade de ruptura e redução do poder pelo recurso à coação. Quando o poderoso necessita coagir para conseguir seu desiderato, ele reduz seu poder. O efetivamente poderoso obtém as condutas sem a necessidade de exigi-las pela força.

2.3.3 O CONCEITO DE NORMA JURÍDICA E SUAS ESPÉCIES: AS REGRAS E OS PRINCÍPIOS

Inicialmente, deve-se fazer o importante registro de que o estudo das *normas* não é exclusivo da ciência do direito, especialmente porque o mundo hodierno é composto por uma pluralidade de *normas* que compõem a esfera social. Por exemplo, na Ciência Política são estudadas as *normas* políticas; na Teologia, as *normas* religiosas; na Sociologia, as *normas* sociais; nas Ciências Naturais, as *leis da natureza* e as *normas técnicas*; na Filosofia, as *normas* éticas (como é o caso da moral) e lógicas[145].

Com isso, as normas jurídicas representam apenas uma das espécies que integram o gênero normas sociais e, apesar de se mostrar autônoma frente às demais, têm uma relação dinâmica com todas elas, de modo que, inclusive, pode dispor de

[145] BITTAR, Carlos Eduardo Bianca. **Introdução ao Estudo do Direito**: humanismo, democracia e justiça. 2. ed. rev. e amp. São Paulo: Saraiva, 2019.

conteúdo equivalente quando, por exemplo, uma norma religiosa, moral ou política passa a ser regulada pelo direito[146].

Todavia, afinal, qual é o conceito de norma e, mais especificamente, da norma jurídica?

Para se chegar a um conceito preliminar, é interessante levar em consideração a distinção traçada por Goffredo Telles Junior entre o que se considera como normal e anormal:

> O adjetivo normal designa, fundamentalmente, a qualidade do que é conforme à regra. Designa a qualidade do que é próprio de muitos. Designa o carretar comum ou usual de um estado, de uma atividade ou de uma rota.
>
> Estado normal e procedimento normal são modos de ser e de atuar de acordo com o que é regular e coerente, em consonância com padrões estabelecidos e modelos assentes. É estado e procedimento não excepcionais.
>
> Ora, um procedimento ou estado, no mundo do comportamento humano — no chamado mundo ético — só se torna usual, ou é tido como comum, se estiver coadunado com o sistema dominante de concepções sobre o que é permitido e proibido, ou sobre o que deve e não deve ser feito ou estabelecido. No outro mundo — no chamado mundo físico — um procedimento ou estado só é tido como usual ou comum se acontecesse necessariamente, isto é, se o procedimento ou estado não deixar de ser, ou não pode ser senão o que é.
>
> Normal, no mundo ético, é a qualidade do procedimento ou do estado não extravagante, não contrário às referidas concepções dominantes; ou seja, a qualidade do procedimento ou estado que se coaduna com os padrões e modelos assentados. No mundo físico, normal é a qualidade do que é considerado conforme as convicções humanas, no âmbito das Ciências da Natureza.
>
> [...]

[146] Como registra Carlos Eduardo Bianca Bittar: "O que se constata, desde logo, é que no mundo moderno existe uma pluralidade de normas na atmosfera social, sendo que estas normas foram diferenciadas em aspectos diferentes da regulação social, de modo a formar normas sociais diversificadas (culturais; econômicas; políticas; educacionais; religiosas; morais). Todas estas normas coexistem e não se anulam em seus campos de atuação, porque estas normas são autônomas. Mas, estas normas provocam interferências recíprocas, complementando-se (por vezes), anulam-se (por vezes), atritam-se (por vezes). Por isso, processos sociais são complexos, por implicarem a simultaneidade não casual entre normas de origem e matizes diversas. Assim, fica claro que as normas jurídicas são, portanto, subespécie de normas sociais. Ainda mais, as normas jurídicas convivem com as demais de forma a manter correlação dinâmica, heterodoxa, não casual entre si. As normas jurídicas, então, não são algo dado, mas algo construído de modo complexo no mundo social, em profunda reciprocidade com outras normas sociais, e pressupõem relações dialéticas na história entre múltiplos fatores" (BITTAR, Carlos Eduardo Bianca. **Introdução ao Estudo do Direito**: humanismo, democracia e justiça. 2. ed. rev. e amp. São Paulo: Saraiva, 2019, p. 386–387).

> Anormal é a qualidade do que não se conforma com a regra. É a qualidade do insólito, do incongruente com as referidas concepções e convicções; do incompatível com o que se acha firmado e estabelecido como padrão e modelo de atuação e de modo-de-ser, ou colidente com as convicções e "certezas" científicas sobre os movimentos e rotas em geral.[147]

A partir dessa diretriz a respeito do que é normal — assim entendido como o comportamento que está em conformidade com as diretrizes (sociais, morais, filosóficas, políticas, religiosas ou jurídicas) de determinada sociedade —, pode-se, então, atribuir um sentido inicial ao conceito de normas, caracterizando-a como as ordenações sociais que têm por objetivo padronizar o comportamento humano, estabelecendo os padrões que deverão ser obedecidos em suas mais variadas acepções sociais de modo a garantir a convivência harmoniosa. A norma, portanto, contém, em si, um mandamento comportamental que passa a reclamar a obediência ao padrão de conduta que se entende (do ponto de vista social) como normal e aceitável.

Do ponto de vista jurídico, isto é, das normas jurídicas, um conceito mais específico pode ser apresentado.

Num primeiro momento, vale o registro, o conceito de norma jurídica esteve diretamente conectado ao próprio vocábulo de lei, o qual apresenta uma variação em sua etimologia apontando precisamente para três possíveis significações, conforme ilustra André Franco Montoro[148]:

> 1) Numa primeira significação, a palavra teria sido originada do verbo latino *legere*, significando basicamente "ler". Assim, a lei equivaleria a norma escrita (*jus scriptum*), vale dizer, diferentemente das normas costumeiras não escritas. A lei representaria aquilo que pode ser lido;
>
> 2) A partir de uma análise proposta por São Tomás de Aquino, o vocábulo teria se originado do verbo *ligare*, significando o ato de "ligar", "vincular", "obrigar", de modo que o comando da lei obrigaria as pessoas a uma certa forma de agir; e
>
> 3) De acordo com Cícero, a palavra "lei" tem suas bases no verbo *eligere*, significando o ato de escolher, eleger. Portanto, a lei seria a norma elencada pelo legislador como o melhor mecanismo para conduzir as relações sociais.

147 TELLES JUNIOR, Goffredo. **Iniciação na Ciência do Direito**. 4. ed. São Paulo: Saraiva, 2008, p. 17-18.

148 MONTORO, André Franco. **Introdução à Ciência do Direito**. 33. ed. rev. atual. e ampl. São Paulo: Revista dos Tribunais, 2016, p. 344.

Assim, em suas origens, o vocábulo "lei" encontra verdadeira sintonia com o conceito de norma, isto é, como padrão de conduta estabelecido para reger as relações humanas do ponto de vista ético, moral, humano e, sobretudo, jurídico. Daí ser tão comum o uso da palavra lei em suas variadas acepções, como à guisa de exemplo, lei da gravidade, leis da natureza, leis morais ou mesmo lei jurídica, assim considerada como as normas de conduta criadas e formalizadas pela autoridade social constituída.

Por isso é que também existem basicamente três sentidos da palavra lei, segundo a lição de André Franco Montoro[149]: 1) em sentido latíssimo, ou seja, mais amplo, o conceito de lei é aplicável a todos os setores da natureza; 2) em sentido lato, aplicável às chamadas leis humanas, éticas ou morais, assim consideradas todas aquelas que regulam o comportamento humano (normas religiosas, morais e regras de etiqueta); e 3) sentido estrito, para se referir à lei jurídica, vale dizer, às normas de conduta que foram criadas segundo o procedimento e autoridade definidas no ordenamento jurídico constituído.

Partindo do sentido estrito apontado, portanto, as normas jurídicas englobam as regras e princípios (espécies que serão sequencialmente esclarecidas) reguladores da conduta social e emanados do Estado, estabelecendo os padrões que serão tidos como autorizados, vedados ou cujos contornos deverão observar certas particularidades, admitindo-se, com isso, uma eventual restrição da liberdade de agir humana. E para que o seu cumprimento seja exigível, estabelecem-se direitos, deveres e procedimentos que obrigatoriamente deverão ser observados para se fazer valer o conteúdo prescritivo, como é o caso da sanção.

Daí é que Paulo Dourado de Gusmão apresenta o seguinte conceito, apontando que norma:

> É a proposição normativa inserida em uma fórmula jurídica (lei, regulamento, tratado internacional etc.), garantida pelo poder público (direito interno) ou pelas organizações internacionais. Proposição que pode disciplinar ações ou atos (regras de conduta), como pode prescrever tipos de organizações, impostos, de forma coercitiva, provida de sanção[150].

Ou, conforme José Cretella Júnior, "norma é a expressão da conduta humana, dirigida a um fim. Não há conduta ou comportamento sem norma ou regra, explícita ou implícita, disciplinadora. A cada forma de comportamento corresponde uma norma ou regra."[151]

149 MONTORO, André Franco. **Introdução à Ciência do Direito**. 33. ed. rev. atual. e ampl. São Paulo: Revista dos Tribunais, 2016, p. 344.

150 GUSMÃO, Paulo Dourado de. **Introdução ao Estudo do Direito**. Rio de Janeiro: Forense, 2005, p. 79.

151 CRETELLA JÚNIOR, José. **Introdução ao Estudo do Direito**. Rio de Janeiro: Forense, 1984, p. 156.

Com base nesses conceitos, percebe-se que, embora as normas jurídicas se assemelhem às demais normas sociais (já que em todas há a delimitação do comportamento humano/social), estas contam com três características fundamentais[152] que lhe distinguem, de modo que as regras jurídicas (e apenas estas) são dotadas cumulativamente de:

> (i) Coercibilidade: essa característica já trabalhada anteriormente atribui ao Direito a possibilidade do uso da "força necessária" para a concretização dos seus mandamentos, vale dizer, a simples possibilidade do uso da força organizada possibilita que as normas jurídicas sejam obedecidas, independentemente de qualquer juízo moral ou social a respeito da conduta disciplinada. Assim, há uma nítida diferença em relação a normas morais, em que a obrigação de cumprir os mandamentos é operacionalizada apenas no campo da consciência pessoal (e subjetiva), de normas religiosas, em que seguir as normas decorre de um ato de fé, ou mesmo dos costumes e hábitos sociais, os quais estão ligados apenas à noção de opinião pública;
>
> (ii) Heteronomia: significa basicamente que as normas jurídicas são e devem ser aplicadas independentemente de qualquer juízo de valor que as pessoas individualmente façam sobre elas. Assim, considerando que o Direito e as normas são criados pelo Estado e seus órgãos legitimados, a ordem jurídica é emitida por terceiros, obrigando-os ao cumprimento de seus preceitos;
>
> (iii) Atributividade: as normas jurídicas exprimem sempre um conteúdo atributivo na medida em que algumas normas, sobretudo as de caráter essencial, além de exprimir uma ordem/mandamento e, consequentemente, impor um dever, garantem que alguém que tenha sido lesado pelo seu descumprimento possa exigir a adequação do comportamento nos termos definidos pela norma.

Por fim, as normas jurídicas se desdobram em duas espécies: regras e princípios, cujos contornos serão esclarecidos a seguir.

2.3.4 AS DIFERENTES ESPÉCIES NORMATIVAS: REGRAS E PRINCÍPIOS — CONFLITO DE REGRAS E COLISÃO DE PRINCÍPIOS

A priori, é preciso apontar que, por um longo período, a doutrina e as teorias do Direito somente reconheciam o caráter de norma jurídica às regras jurídicas expressamente disciplinadas, ou seja, somente era considerado como tal o direito posto, positivamente expresso, o que tinha como base o chamado Positivismo Jurídico

[152] Essas três características são tratadas por Miguel Reale, sendo que na última, inclusive, além da atributividade, o autor exige a bilateralidade, ao partir do pressuposto de que o Direito sempre se dá numa relação entre pelo menos duas pessoas (REALE, Miguel. **Lições preliminares de Direito**. 27. ed. São Paulo: Saraiva, 2002).

anteriormente descrito. Entretanto, a partir da década de 1950, sobretudo após a influência de autores como Ronald Dworkin[153], Genaro Carrió, Robert Alexy e outros autores, novas bases teóricas a respeito da natureza do direito e sua composição foram apresentadas, sobretudo para reconhecer que os princípios também deveriam ser reconhecidos como espécies de normas[154].

A partir daí, a proposição que se fez, como reconhece Ruy Samuel Espíndola[155], é a de que os princípios passaram a ser reconhecidos como normas jurídicas dotadas de vinculatividade e juridicidade tal qual como qualquer outro preceito identificado na ordem jurídica, de modo que, a partir de então, as normas jurídicas devem ser tidas como gênero, do qual as regras e os princípios são considerados como espécies.

José Joaquim Gomes Canotilho igualmente esclarece que a metodologia jurídica tradicional costumava distinguir as normas dos princípios, mas, em sua concepção, a distinção deveria ser abandonada para se passar a considerar que i) regras e princípios representam duas espécies de normas; e ii) a distinção entre as regras e os princípios é uma diferenciação entre dois tipos de normas[156].

Também em sua obra central, sobretudo no capítulo "A estrutura dos direitos fundamentais", Robert Alexy[157] reconhece a cisão das normas jurídicas em regras e princípios como espécies do gênero normas, apontando, inclusive, que a distinção entre esses se apresenta como um verdadeiro pilar que sustenta toda a teoria dos direitos fundamentais[158].

Dito isso, passa-se a analisar primeiro o conceito de regras, seguido do conceito dos princípios e, sequencialmente, são discutidos os critérios que os distinguem a partir da doutrina clássica.

153 Dentre tantos outros fundamentos, a existência dos princípios jurídicos como verdadeiras normas jurídicas que integram obrigatoriamente o Direito foi um dos elementos centrais no primeiro "ataque" desferido por Ronald Dworkin ao positivismo jurídico, já que os autores centrais de referida teoria sempre apregoaram que apenas as regras expressamente previstas poderiam integrar o Direito e, consequentemente, servir como guia na interpretação e aplicação do Direito. Para Dworkin, o caráter argumentativo do Direito está diretamente conectado ao conteúdo veiculado pelos princípios, cujo teor é mais aberto, o que, consequentemente, reforça o caráter essencialmente linguístico e interpretativo da ciência jurídica (DWORKIN, Ronald. **Levando os Direitos a sério**. Tradução: Nelson Boeira, São Paulo: Martins Fontes, 2007b).

154 GUNDIM, Wagner Wilson Deiró. Hidras e Hércules: a relação circular entre princípios e regras. **Revista da Faculdade de Direito de São Bernardo do Campo**, v. 21, n. 2, 2015.

155 ESPÍNDOLA, Ruy Samuel. **Conceito de princípios constitucionais**: elementos teóricos para uma formulação dogmática constitucionalmente adequada. São Paulo: Editora Revista dos Tribunais, 1998, p. 28.

156 CANOTILHO, José Joaquim Gomes. **Direito Constitucional e Teoria da Constituição**. 7. ed. 13. reimp. Coimbra: Almedina, 2007, p. 1.160.

157 ALEXY, Robert. **Teoria dos direitos fundamentais**. 5. ed., Tradução: de Virgílio Afonso da Silva. São Paulo: Malheiros, 2008.

158 Cf. GUNDIM, Wagner Wilson Deiró. Hidras e Hércules: a relação circular entre princípios e regras. **Revista da Faculdade de Direito de São Bernardo do Campo**, v. 21, n. 2, 2015.

As regras são normas jurídicas que, via de regra, tratam de fatos bem delimitados, atribuindo-lhes uma consequência jurídica também definida e detalhada. Geralmente são compostas por mandamentos "cerrados", imbuídos de um teor mais objetivo e descritivo, e aplicáveis a um conjunto específico de situações[159].

Ao tratar do conceito de regras, José Joaquim Gomes Canotilho assim as define e exemplifica:

> Regras — insista-se nesse ponto — são normas que, verificados determinados pressupostos, exigem, proíbem ou permitem algo em termos definitivos, sem qualquer excepção (direito definitivo). Tomemos, como exemplo, o art. 25°/2, segundo o qual «ninguém pode ser submetido à tortura, nem a tratos ou penas cruéis, degradantes ou desumanos». Trata-se de uma regra consagradora de um direito definitivo: o indivíduo tem direito, sempre e sem excepção, à integridade moral e física; por consequência, proibiu-se, sempre e sem qualquer excepção, a prática de tortura, de tratos ou a sujeição a penas cruéis, degradantes ou desumanas (cfr., também, art. 19.°/6 que confirma a natureza definitiva deste direito)[160].

Por essas propostas, portanto, as regras jurídicas assumem a prevalência das normas jurídicas positivadas, na medida em que é a partir de seus preceitos que as ordenações, proibições e o exercício de direitos e deveres seriam constituídos, ao menos inicialmente. Seu objetivo central, nesse tocante, é tratar de questões de modo mais objetivo, direto e "definitivo".

Os princípios, por sua vez, conquanto também se apresentem como normas (espécies destas), têm configuração distinta, sobretudo no âmbito de sua configuração normativa, isto é, como comando padronizador de condutas. E isso tem relação direta com o próprio significado da palavra fora do direito. Nesse particular, De Plácido e Silva esclarece que a palavra "princípio", originada do latim *principium* (origem, começo), pode ser compreendida a partir de dois sentidos: i) no sentido comum ou vulgar, exprime a noção de início ou origem de qualquer coisa, como forma de exprimir o começo de uma vida ou o primeiro momento em que uma pessoa ou coisa passou a existir; e ii) uma expressão que designa uma espécie de norma jurídica, de conteúdo genérico, em contraposição às regras, de conteúdo mais individualizado[161].

159 Cf. BARROSO, Luís Roberto. Colisão entre Liberdade de Expressão e Direitos da Personalidade. Critérios de Ponderação. Interpretação Constitucionalmente adequada do Código Civil e da Lei de Imprensa. **Migalhas**, 3 out. 2013. Disponível em: http://www.migalhas.com.br/arquivo_artigo/art_03-10-01.htm. Acesso em: 13 mar. 2024.

160 CANOTILHO, José Joaquim Gomes. **Direito Constitucional e Teoria da Constituição**. 7. ed. 13. reimp. Coimbra: Almedina, 2007, p. 1.255.

161 SILVA, De Plácido e. **Vocabulário jurídico conciso**. 2. ed. Rio de Janeiro: Forense, 2010, p. 606.

Os princípios, assim, representam o ponto "ético"[162] de partida de fundamentação de todo o Direito, servindo-lhe como base, e que preveem ordenações que buscam a realização de algo da melhor forma possível, sempre dentro das possibilidades fáticas ou jurídicas, isto é, eles não tem por objetivo proibir, permitir ou exigir algo por uma visão de "tudo ou nada", mas buscam proporcionar a maximização de um direito ou bem jurídico de dentro de uma noção de reserva do possível[163].

No mesmo sentido é a lição de Celso Antônio Bandeira de Mello, ao aduzir que:

> [...] Princípio — já averbamos alhures — é, por definição, mandamento nuclear de um sistema, verdadeiro alicerce dele, disposição fundamental que se irradia sobre diferentes normas compondo-lhes o espírito e servindo de critério para sua exata compreensão e inteligência, exatamente por definir a lógica e a racionalidade do sistema normativo, no que lhe confere a tônica e lhe dá sentido harmônico. É o conhecimento dos princípios que preside a intelecção das diferentes partes componentes do todo unitário que há por nome sistema jurídico positivo. Violar um princípio é muito mais grave que transgredir uma norma qualquer. A desatenção ao princípio implica ofensa não apenas a um específico mandamento obrigatório, mas a todo o sistema de comandos. É a mais grave forma de ilegalidade ou inconstitucionalidade, conforme o escalão do princípio atingido, porque representa insurgência contra todo o sistema, subversão de seus valores fundamentais, contumélia irremissível e seu arcabouço lógico e corrosão de sua estrutura mestra[164].

Assim, os princípios, sobretudo os de índole constitucional, costumam veicular os valores fundamentais de dada sociedade que foram reconhecidos pela ordem constitucional e normativa e que, por isso mesmo, integram o sistema de modo a oferecer-lhe completude e maior abrangência na resolução de problemas na interpretação e aplicação do direito.

Por fim, também se mostra essencial apontar, a partir da doutrina clássica e atual, um dos principais critérios geralmente utilizados para diferenciar as

162 Ronald Dworkin inclusive concebe os princípios como "um padrão que deve ser observado, não porque vá promover ou assegurar uma situação econômica, política ou social considerada desejável, mas porque é uma exigência de justiça ou eqüidade ou alguma outra dimensão da moralidade" (DWORKIN, Ronald. **Levando os Direitos a sério**. Tradução: Nelson Boeira. 3. ed. São Paulo: Editora WMF Martins Fontes, 2010, p. 36).

163 Nas palavras de José Joaquim Gomes Canotilho: "Princípios são normas que exigem a realização de algo, da melhor forma possível, de acordo com as possibilidades fáticas e jurídicas. Os princípios não proíbem, permitem ou exigem algo em termos de «tudo ou nada»; impõem a optimização de um direito ou de um bem jurídico, tendo em conta a «reserva do possível», fáctica ou jurídica (CANOTILHO, José Joaquim Gomes. **Direito Constitucional e Teoria da Constituição**. 7. ed. 13. reimp. Coimbra: Almedina, 2007, p. 1.255).

164 MELLO, Celso Antônio Bandeira de. **Curso de Direito Administrativo**. 30. ed. rev. e atualiz. São Paulo: Malheiros, 2013, p. 794–795.

regras dos princípios no ordenamento jurídico. Isso revela uma necessidade de profunda agudeza, pois, como se verá, a resolução de conflitos entre regras ou a colisão de princípios parte não apenas de pressupostos, mas também acarreta consequências distintas.

Um dos primeiros autores a apontar não apenas que as regras e os princípios (estes últimos mais precisamente) integram o ordenamento jurídico, mas também que o seu âmbito de aplicação é particularmente distinto, sobretudo a partir da distinção entre os chamados *easy cases* (casos fáceis) e os *hard cases* (casos difíceis), foi Ronald Dworkin. Nesse particular, segundo o autor, a diferença entre as regras e os princípios assumiria uma natureza lógica, distinguindo-se especificamente no que tange à resposta que oferecem às questões jurídicas analisadas.

Assim, para o autor, as regras seguiriam o critério do tudo ou nada, já que, diante dos fatos (geralmente determinados) que uma norma desse tipo estipula, a regra oferecerá uma resposta que deverá ser aceita, sendo, portanto, válida, ou, caso a resposta apresentada não deva ser seguida, ela se mostrará como inválida. Para ilustrar a aplicação de sua teoria, Dworkin exemplifica da seguinte maneira:

> No beisebol, uma regra estipula que, se o batedor errar três bolas, está fora do jogo. Um juiz não pode, de modo coerente, reconhecer que este é um enunciado preciso de uma regra do beisebol e decidir que um batedor que errou três bolas não está eliminado. Sem dúvida, uma regra pode ter exceções (o batedor que errou três bolas não será eliminado se o pegador [*catcher*] deixar cair a bola no terceiro lance). Contudo, um enunciado correto da regra levaria em conta essa exceção; se não o fizesse, seria incompleto. Se a lista das exceções for muito longa, seria desajeitado demais repeti-la cada vez que a regra fosse citada; contudo, em teoria não há razão que nos proíba de incluí-las e quanto mais o forem, mais exato será o enunciado.
>
> Se tomarmos por modelo as regras do beisebol, veremos que as regras do direito, como aquela segundo a qual um testamento é inválido se não for assinado por três testemunhas, ajustam-se bem ao modelo. Se a exigência de três testemunhas é uma regra jurídica válida, nenhum testamento será válido quando assinado por apenas duas testemunhas. A regra pode ter exceções, mas se tiver, será impreciso e incompleto simplesmente enunciar a regra, sem enumerar as exceções. Pelo menos em teoria, todas as exceções podem ser arroladas e quanto mais o forem, mais completo será o enunciado da regra[165].

Como consequência, não é possível que duas regras jurídicas igualmente vigentes que tratem exatamente sobre o mesmo objeto possam ser consideradas

165 DWORKIN, Ronald. **Levando os Direitos a sério**. Tradução: Nelson Boeira. 3. ed. São Paulo: Editora WMF Martins Fontes, 2010, p. 39-40.

como válidas e aplicáveis. Assim, se os conteúdos de duas regras entrarem em conflito (antinomia jurídica própria), apenas uma delas deverá ser considerada como válida, sendo esperado que o sistema jurídico adote algum mecanismo para resolvê-lo, o que geralmente é feito por meio de critérios que considerem a hierarquia, especialidade ou o tempo de produção das regras em conflito. Como consequência, o acolhimento de uma das regras em detrimento da outra implicará a necessidade de expurgo da que foi preterida.

No mesmo sentido é a lição de Robert Alexy, para quem o conflito entre as regras somente pode ser resolvido de duas formas: 1) inicialmente, mediante a inserção de uma cláusula de exceção em uma das regras, possibilitando a resolução do conflito; ou 2) quando esse tipo de cláusula excepcional se mostrar inviável, uma das regras em conflito deve ser declarada inválida e, assim, expurgada do sistema[166].

Daí se falar em conflito entre regras, já que a consequência entre a disputa ocasionará na expulsão da regra derrotada do sistema normativo.

Já no caso dos princípios, tanto Dworkin quanto Alexy reconhecem que a forma de resolver uma eventual conflitividade adotará uma consequência muito distinta daquela aplicável ao conflito entre regras. Isso porque, argumenta Dworkin, os princípios têm uma dimensão do peso ou importância, isto é, quando esses se intercruzam, o critério adotado pelo aplicador do direito deverá ser no sentido de considerar a força (peso) que cada um dos princípios ostenta relativamente para aquele caso concreto. Não é que Dworkin não considere as regras como importantes, pois podem existir algumas que desempenhem papéis mais importantes do que outras no ordenamento; entretanto, o que não se pode afirmar é que "uma regra é mais importante que outra enquanto parte do mesmo sistema de regras, de tal modo que se duas regras entram em conflito, uma suplanta a outra em virtude de sua importância maior"[167].

No caso dos princípios, portanto, é plenamente compatível que se reconheça que, em determinado caso concreto, um desses será mais importante do que o outro, mesmo enquanto integrante do mesmo sistema, razão pela qual, quando esses

166 O autor esclarece a sua proposta a partir de um exemplo ilustrativo nos seguintes termos: "Um exemplo para um conflito entre regras que pode ser resolvido por meio da introdução de uma cláusula de exceção é aquele entre a proibição de sair da sala de aula antes que o sinal toque e o dever de deixar a sala se soar o alarme de incêndio. Se o sinal ainda não tiver sido tocado, mas o alarme de incêndio tiver sido soado, essas regras conduzem a juízos concretos de dever-ser contraditórios entre si. Esse conflito deve ser solucionado por meio da inclusão, na primeira regra, de uma cláusula de exceção para o caso do alarme de incêndio. Se esse tipo de solução não for possível, pelo menos uma das regras tem que ser declarada inválida e, com isso, extirpada do ordenamento jurídico [...]" (ALEXY, Robert. **Teoria dos direitos fundamentais**. Tradução: Virgílio Afonso da Silva. São Paulo: Malheiros, 2008, p. 92).

167 DWORKIN, Ronald. **Levando os Direitos a sério**. Tradução: Nelson Boeira. 3. ed. São Paulo: WMF Martins Fontes, 2010, p. 43.

colidem, ainda que um dos princípios precise ceder, ele não precisará ser declarado como inválido ou mesmo excluído do sistema. A questão é que, sob determinadas condições, um princípio prevalecerá sobre outro em razão de seu peso.

É por isso que, no caso de dois ou mais princípios se contraporem em determinada situação, a expressão técnica a se utilizar é colisão de princípios (em vez de conflito, já que o termo implica como consequência que um sairá vencedor e o perdedor será excluído do sistema), exigindo-se que a resolução do embate se dê não pelo critério de validade (válido ou inválido), mas do peso, isto é, prevalecerá o princípio que, sob determinadas condições, tenha um peso maior do que outro(s).

Nesse particular, Robert Alexy[168] propõe o que chama de relação de precedência condicionada entre os princípios em colisão

> [...] a qual é representada pela seguinte fórmula (P1 P P2) C, consubstanciada da seguinte maneira: (i) P1 e P2 representam os princípios em contraposição; (ii) P representa o símbolo da relação de precedência condicionada; e (iii) C representa as condições em que um princípio precede ao outro[169].

Trata-se, mais precisamente, da aplicação da chamada técnica da ponderação, a qual inclusive se soma à técnica da subsunção — aplicável no caso das regras jurídicas — como mecanismo de aplicação e interpretação do direito.

Nesse particular, apenas para elucidar e esclarecer:

> 1) Subsunção: técnica de aplicação do direito que utiliza um raciocínio silogístico, levando em consideração três elementos: 1) premissa maior; 2) premissa menor; e 3) conclusão/resultado. Na aplicação do direito, sobretudo das regras jurídicas, o intérprete resolverá os casos levando sempre em consideração a) a norma jurídica aplicável; 2) os fatos ocorridos e que exigem a aplicação da norma; e 3) o resultado esperado pelo cumprimento ou descumprimento da norma.

Para facilitar o entendimento, veja-se o seguinte exemplo: FULANO, após uma briga de trânsito, ceifou a vida de BELTRANO. Nesse caso, o artigo 121 do Código Penal estabelece que: "Art. 121. Matar alguém. Pena: 6 (seis) a 20 (vinte) anos".

O aplicador do direito nesse caso (juiz criminal), portanto, exercerá o raciocínio do silogismo e fará a subsunção do fato à norma da seguinte maneira:

168 ALEXY, Robert. **Teoria dos direitos fundamentais**. Tradução: Virgílio Afonso da Silva. São Paulo: Malheiros, 2008.

169 Cf. GUNDIM, Wagner Wilson Deiró. Hidras e Hércules: a relação circular entre princípios e regras. **Revista da Faculdade de Direito de São Bernardo do Campo**, v. 21, n. 2, 2015, p. 13.

- Premissa maior (norma): Art. 121 do Código Penal (Matar alguém; pena de 6 a 20 anos);
- Premissa menor (fato): FULANO matou BELTRANO;
- Conclusão: FULANO praticou o crime de homicídio consumado e, portanto, receberá uma pena que vai variar de 6 (seis) a 20 (vinte) anos.

> 2) Ponderação: técnica de aplicação do direito utilizada para solucionar a colisão de princípios ou de direitos fundamentais nos chamados *hard cases* (casos difíceis), sobretudo quando se verificar que a subsunção não foi capaz de solucionar a controvérsia[170].

É preciso também destacar que a ponderação é dividida pela doutrina em três fases de aplicação, de modo que na: i) primeira fase/etapa, o intérprete deve identificar as normas que seriam aplicáveis ao caso analisado de modo a agrupá-las a partir das soluções que apontem e, com isso, ter a capacidade de identificar os pontos de dissonância; ii) segunda etapa, deve ser feita uma análise profunda das circunstâncias fáticas do caso em voga, sem deixar de considerar quais serão os impactos que as normas selecionadas poderão trazer como resultado em sua aplicação; e iii) terceira etapa, "as dissonantes premissas maiores e a repercussão do caso concreto serão examinados conjuntamente, para que se possa sopesar os diversos elementos em celeuma e indicar qual o grupo de normas deve prevalecer no caso"[171].

Esse processo de aplicação da ponderação alexyana, como observado por Luís Roberto Barroso, tem como fio condutor o princípio[172] da proporcionalidade, que, por sua vez, deve ser aplicado levando-se sempre em consideração três sub-regras, as quais devem ser aplicadas na seguinte ordem sequencial e precedentes:

> 1) Adequação: será considerado como adequado o mecanismo utilizado que, uma vez utilizado, seja capaz de assegurar o resultado pretendido ou, no mínimo, tenha condições de fomentar e potencializar a realização do objetivo buscado. *A contrario sensu*, será considerada como inadequada uma

[170] Para Luís Roberto Barroso, a ponderação se constitui como uma "técnica de decisão jurídica, aplicável a casos difíceis, em relação aos quais a subsunção se mostrou insuficiente" (BARROSO, Luís Roberto. **Curso de direito constitucional contemporâneo**: os conceitos fundamentais e a construção do novo modelo. São Paulo: Saraiva, 2009, p. 334).

[171] GUNDIM, Wagner Wilson Deiró. Hidras e Hércules: a relação circular entre princípios e regras. **Revista da Faculdade de Direito de São Bernardo do Campo**, v. 21, n. 2, 2015, p. 15.

[172] Há, contudo, quem defenda que a proporcionalidade na visão de Alexy seria uma regra e não um princípio, como bem explica Virgílio Afonso da Silva ao aprofundar a discussão em: SILVA, Virgílio Afonso da. O proporcional e o razoável. **Revista dos Tribunais**, v. 91, n. 798, p. 23-50, abr. 2002.

ação ou medida que não promova nenhum tipo de contribuição para o objetivo pretendido[173].

Para ilustrar a aplicação da adequação, Alexy apresenta o exemplo da obrigatoriedade imposta aos produtos de tabaco de veicular nas embalagens de cigarro informações sobre o risco de fumar, ato esse que, segundo aponta, pode ser considerado como "adequado", uma vez que é possível constatar algum tipo de contribuição para o objetivo pretendido, qual seja: prevenir doenças ligadas ao uso do tabaco/cigarro.

2) Necessidade: a sub-regra da necessidade estabelece a premissa de que, para que um ato possa ser considerado necessário, é preciso demonstrar que a realização do objetivo buscado não possa ser concretizado pela utilização de outro ato que limite, em menor medida, o direito fundamental atingido[174]. Ou seja, ao se optar por escolher determinado ato em detrimento de outro, é preciso demonstrar que o que foi escolhido causa menos impactos ou sacrifícios desnecessários aos direitos fundamentais em voga.

A exemplificação de sua aplicação prática pode ser visualizada no mesmo exemplo do tabaco já exposto. Assim, ao se decidir pelo ato que deveria promover a saúde das pessoas e evitar os impactos do tabaco, existiam duas decisões possíveis: a) de um lado, interditar a venda do produto, o que atingiria o objetivo pretendido com sucesso, mas sacrificaria a liberdade de consumo e a liberdade profissional dos produtores de tabaco; ou b) de outro, impor a obrigação de alertar os consumidores sobre os riscos atrelados ao uso do tabaco, mas garantindo-lhes o livre exercício do direito de consumi-lo ou não, bem como restringindo apenas parcialmente a liberdade de profissão dos produtores de tabaco. Assim, ao optar pela segunda alternativa, o ato respeitou a sub-regra da necessidade, uma vez que o ato praticado causa menos impacto e sacrifício desnecessário de outros direitos fundamentais.

3) Proporcionalidade em sentido estrito: tão importante quanto os demais, a referida sub-regra consiste em "um sopesamento entre a intensidade da restrição ao direito fundamental atingido e a importância da realização do direito fundamental que com ele colide e que fundamenta a adoção da

[173] Saulo Cunha Guimarães e Vinicius Silva Bonfim asseveram sobre esse requisito: "A Adequação é uma busca de eliminar meios inadequados, como se fosse uma moldura, excluindo algumas coisas, especificamente inadequadas, sem, todavia, resolver tudo. Uma ação é considerada adequada caso esteja hábil a alcançar um determinado resultado desejado" (GUIMARÃES, Saulo Cunho; BONFIM, Vinicius Silva. A regra da ponderação e sua (des) estruturação. **RVMD**, Brasília, v. 5, nº 2, jul./dez., 2011, p. 292).

[174] SILVA, Virgílio Afonso da. O proporcional e o razoável. **Revista dos Tribunais**, v. 91, n. 798, p. 23-50, abr. 2002.

medida restritiva"[175]. Em outras palavras, o objetivo da meta-regra é verificar uma relação de "custo x benefício", vale dizer, se o benefício oferecido pelo ato adotado é maior do que o ônus que esse possa trazer. Esse é o momento em que o "peso" dos princípios ou direitos fundamentais em colisão será verificado pelo aplicador do direito.

No caso do tabaco, anteriormente mencionado, no Tribunal Constitucional Alemão, o ato de obrigar os produtores de tabaco a veicular informações sobre os riscos do seu consumo foi considerado proporcional, pois o peso das razões que justificam a limitação da liberdade profissional é alto (afinal, estar-se-ia garantindo como objetivo a saúde dos consumidores) e, por sua vez, a limitação que foi imposta é leve, não trazendo sacrifício ao direito fundamental restringido.

Essa técnica e aplicação da lei da ponderação esboçada teoricamente por Robert Alexy vem sendo aplicada tanto pelo Tribunal Constitucional Alemão, mas também pelo Supremo Tribunal Federal em diversos casos, o que demonstra a importância de se conhecer tecnicamente os seus termos. Ainda que existam importantes discussões travadas sobre os problemas da divisão entre os chamados *easy cases* (casos fáceis) x *hard cases* (casos difíceis)[176], bem como da própria ponderação aplicada pelo Supremo[177], trata-se de um tema relevante e comum na práxis jurídica.

Sugestão de Leitura e Atividade para Aprofundamento

No ano de 2021, durante os efeitos da pandemia da Covid-19 no Brasil, alguns Governos Estaduais, dentre eles o Estado de São Paulo, decidiram criar políticas de restrição temporária de atividades religiosas presenciais, o que, de um lado, causou um verdadeiro embate entre os direitos de liberdade de expressão

[175] SILVA, Virgílio Afonso da. O proporcional e o razoável. **Revista dos Tribunais**, v. 91, n. 798, p. 23-50, abr. 2002, p. 40.

[176] Dentre outros autores, Lenio Streck registra o subjetivismo que marca a própria cisão entre casos fáceis e difíceis; afinal, o próprio aplicador do Direito é que, no momento do caso, faria essa definição de forma subjetiva, mas também do próprio exercício da ponderação, já que a escolha pelo Direito ou princípio de maior peso também repousaria num ato subjetivo, segundo o autor (STRECK, Lenio Luiz. **Lições de crítica hermenêutica do Direito**. Porto Alegre: Livraria do Advogado, 2014).

[177] Em um estudo realizado sobre o tema, inicialmente no âmbito de doutorado e posteriormente convertido em livro, Fausto Santos de Morais realizou um estudo sobre a aplicação da proporcionalidade como fruto da ponderação pelo Supremo Tribunal Federal nos últimos dez anos, e a sua conclusão é de que as premissas teóricas de Alexy e sua lei de ponderação raramente convergiam com aquilo que vinha sendo aplicado pela Corte nos julgados, reforçando a crítica que vem sendo feita sobre a fundamentação das decisões judiciais pelo órgão (Ver: MORAIS, Fausto Santos de. **Ponderação e arbitrariedade**: a inadequada recepção de Alexy pelo STF. 3. ed. São Paulo: Juspodivm, 2022).

religiosa e de locomoção, e do outro, o direito social de saúde pública. O caso, então, foi levado para julgamento perante o Supremo Tribunal Federal, por meio da Arguição de Descumprimento de Preceito Fundamental n.º 811 (Processo n.º 0050295-20.2021.1.00.0000).

A partir do caso concreto acima apresentado, e com base na fundamentação teórica da lei de colisão e das sub-regras do princípio/regra da proporcionalidade, julguem o caso como se fossem Ministros do Supremo Tribunal Federal.

Recomendação de leitura para aprofundamento:

1) Acórdão da ADPF n.º 811 (Processo n.º 0050295-20.2021.1.00.0000), proferido pelo STF.

2) ALEXY, Robert. **Teoria dos direitos fundamentais**. 5. ed., Tradução: Virgílio Afonso da Silva. São Paulo: Malheiros, 2008.

3) SILVA, Virgílio Afonso da. O proporcional e o razoável. **Revista dos Tribunais**, v. 91, n. 798, p. 23–50, abr. 2002.

4) GARCIA, Gustavo Henrique Maia; AMARAL, Paula Senra de Oliveira. A RESTRIÇÃO DA LIBERDADE DE CULTO NA PANDEMIA DE COVID-19. **Revista Brasileira de Teoria Constitucional**, v. 7, n. 2, 2021. Disponível em: https://www.indexlaw.org/index.php/teoriaconstitucional/article/view/8128.

2.3.5 HIERARQUIA DAS NORMAS JURÍDICAS NO ORDENAMENTO

Como foi apontado anteriormente, a Constituição Federal do Brasil, em seu art. 59, indica que são consideradas como espécies normativas Emendas Constitucionais, leis ordinárias, complementares, delegadas, medidas provisórias, decretos e resoluções. Disso se extrai que o ordenamento jurídico pátrio classifica as suas normas a partir de um critério hierárquico, o qual, inclusive, mostra plena compatibilidade com o princípio da supremacia constitucional. Nesse particular, com a consolidação do chamado Estado Constitucional de Direito, a Constituição passa a ser a fonte primária da qual todas as demais normas jurídicas são emanadas, o que, por consequência, é traduzido na noção de primazia normativa da Constituição.

Por sua vez, como decorrência dessa primazia, dois princípios se mostram relevantes: 1) Supremacia Constitucional: a Constituição é o fundamento de existência e a validade de todas as normas jurídicas que integram determinado ordenamento jurídico; e 2) Rigidez Constitucional: significa que as normas constitucionais, em função de sua importância, ou estão imunes à possibilidade de alteração (caso das chamadas cláusulas pétreas, assim consideradas como o núcleo intangível da Constituição), ou para que o sejam, exigem um procedimento mais dificultoso para sua alteração.

Essa noção de hierarquia normativa tem fortes relações e origem na teoria kelseniana que considerou o Direito como um sistema especial de normas cujo pressuposto de validade deve ser encontrado não em outros sistemas normativos (religião, moral ou política), mas no próprio sistema, partindo do comando emanado por norma superior[178].

De modo a ilustrar o panorama da hierarquia das normas jurídicas nos ordenamentos jurídicos, tornou-se comum apresentá-las sob a perspectiva de uma relação piramidal, criando-se a ideia de "pirâmide normativa", que se atribui a Kelsen — embora, o autor, nunca tenha utilizado a metáfora da pirâmide da forma como veiculada[179] —, representada da seguinte forma:

178 "Em suma, Hans Kelsen considerou o Direito como um especial sistema de normas, cujo fundamento de validade não estava em outros sistemas normativos, como a religião ou a moral; mas também não estava na ordem dos fatos, como numa política. Ou seja, uma norma jurídica não teria vigência por ser moral ou útil, mas apenas porque é norma jurídica. Assim, passa a ser obrigatória em virtude do comando de uma norma superior. Daí por que o Direito se assemelha a uma 'pirâmide normativa', no topo da qual se encontra a Constituição. Mas, como a própria Constituição carece de um fundamento jurídico, a rigorosa construção lógica de sua teoria o obrigou a pressupor uma 'norma fundamental', que valida a Constituição" (RAMIRO, Caio Henrique Lopes; HERRERA, Luiz Henrique Martim. Hans Kelsen: filosofia jurídica e democracia. **Revista de Informação Legislativa**, ano 52, n. 205, jan./ mar., 2015, p. 241).

179 Conforme esclarecem Rafael Lazzarotto Simioni e Fafina Vilela de Souza: "Uma teoria complicada, sofisticada e abstrata que, como quase tudo em Kelsen, gerou inúmeros mal-entendidos. A metáfora da pirâmide foi um deles. Não que a pirâmide seja uma imagem errada para simbolizar a estrutura hierárquica de um ordenamento jurídico. Ela até pode constituir uma primeira aproximação visual de uma estrutura escalonada de diferentes tipos de normas jurídicas. O problema é que esse tipo de metáfora constituiu e continua constituindo obstáculos para uma compreensão mais interessante das contribuições de Kelsen para a dinâmica jurídica e, em especial, para a compreensão do processo de criação do Direito. Em primeiro lugar, não há referência à pirâmide em Kelsen. Quem usou a imagem da pirâmide como metonímia da hierarquia de um ordenamento jurídico foi um aluno dele, chamado Adolf Merckl, que depois se tornou professor da Faculdade de Jurisprudência da Universidade de Viena e posteriormente na Universidade de Tübingen. A ideia de Merckl foi, como todos os que o seguiram, usar um símbolo capaz de simplificar o desenho teórico do pensamento de Kelsen. O problema que é que essa simplificação cobrou um preço: onde fica a norma fundamental na pirâmide? A norma fundamental é a Constituição ou ela seria uma norma mais axiomática do que a própria constituição? Ela estaria dentro ou fora da pirâmide, já que ela é uma norma pressuposta?" (SIMIONI, Rafael Lazzarotto; SOUZA, Fafina Vilela de. O mito da pirâmide de Hans Kelsen. Opinião. **Revista Consultor Jurídico**, 2 out. 2021. Disponível em: https://www.conjur.com.br/2021-out-02/simioni-souza-mito-piramide-hans-kelsen/. Acesso em: 16 mar. 2024). "A posição assumida por Pugliesi é de que a norma fundamental (Grundnorm) kelseniana está fora da pirâmide para permitir o fechamento do sistema, por efeito de Kelsen conhecer o Teorema de Goedel que implica ser qualquer sistema coerente e fechado dependente de um fundamento externo que lhe dê a completude. Assim, o modelo seria o de uma pirâmide truncada" (PUGLIESI, Márcio. Filosofia e Direito: delineamentos de Filosofia do Direito em uma sociedade de controle, vol. II. São Paulo: Aquariana, 2022b).

Fonte: Elaboração própria.

Para facilitar a compreensão de cada uma das espécies normativas apontadas e tomando por base o quanto previsto pelo artigo 59 da Constituição, são consideradas como espécies normativas:

- **Emendas Constitucionais**: representam o mecanismo formal que promove alterações na Constituição Federal, desde que respeitados os limites ali estabelecidos, de modo que, uma vez aprovadas por meio do processo legislativo estabelecido (art. 60, CF), passam a integrar a Constituição como norma constitucional. Nesse particular, o art. 5º, §3º, da CF/88 estabelece também que os tratados e as convenções internacionais de direitos humanos que forem aprovados seguindo o mesmo procedimento das emendas constitucionais serão a estas equiparadas, tornando-se, por consequência, como integrantes da Constituição;
- **Leis complementares (art. 69, CF)**: são normas infraconstitucionais que regulam conteúdos específicos (matéria própria) determinados pela Constituição. Ou seja, quando determinada matéria demandar ser regulada mediante lei complementar, a Constituição assim o pedirá expressamente. Por exemplo, o art. 148 da Constituição estabelece: "A União, mediante lei complementar, poderá instituir empréstimos compulsórios." Como se vê, todas as vezes em que a Constituição prever a expressão complementar após a palavra lei, isso quer dizer que o processo formal de criação legislativa deve seguir os trâmites da lei complementar, que, embora tenha procedimentos muito semelhantes ao da lei ordinária

(cujo conceito se verá a seguir), tem um quórum de instalação e aprovação distintos da lei ordinária;

- **Leis ordinárias (art. 61 e seguintes, CF)**: são as normas infraconstitucionais "comuns", ou seja, todas as vezes que o legislador pretender regular a conduta humana, sem que se esteja a tratar de matéria de nível constitucional ou de temas que pedem lei complementar, trata-se de lei ordinária. Assim, quando a Constituição prever, por exemplo, que determinada matéria deverá ser objeto de lei (sem qualquer acréscimo), refere-se à lei ordinária. Veja-se o caso do art. 5, inciso LXXVII, o qual dispõe: "São gratuitas as ações de 'habeas-corpus' e 'habeas-data', e, na forma da lei, os atos necessários ao exercício da cidadania." Mas não é só; o Código Civil (Lei n.º 10.406/2002), o Código de Processo Civil (Lei n.º 13.105/2015) e a Lei n.º 9.504/1997 (Lei das Eleições) são exemplos de leis ordinárias;

- **Leis delegadas**: são normas infraconstitucionais cuja elaboração provém do Chefe do Poder Executivo, a partir de autorização expressa e específica (mediante delegação) do Poder Legislativo, nos termos do art. 68, da Constituição Federal[180];

- **Medidas Provisórias (art. 62, CF)**: trata-se de uma espécie normativa cuja iniciativa é conferida ao Presidente da República para que, nos casos de relevância e urgência, com expressa limitação de temas regulados, poderá criar conteúdos obrigacionais e direitos, com força de lei, as quais, posteriormente, deverão ser submetidas ao crivo do Poder Legislativo, que as acolherá, convertendo-as em lei, ou as rejeitará, disciplinando as consequências jurídicas de sua rejeição;

- **Decretos Legislativos**: trata-se de atos normativos próprios do Congresso Nacional, com força de lei ordinária, utilizados como instrumentos para veicular temas de sua competência exclusiva e que foram arrolados no art. 49 da Constituição Federal, por exemplo.

- **Resoluções**: tal qual os Decretos Legislativos, as Resoluções veiculam temas próprios de competência do Congresso Nacional ou de qualquer de suas Casas (Senado e Câmara dos Deputados) individualmente, diferenciando-se da anterior, porém, pelo fato de, via de regra, gerarem efeitos apenas *interna corporis* (apenas internamente a seus membros), salvo algumas exceções;

[180] TAVARES, André Ramos. **Curso de Direito Constitucional**. 15ª. ed., rev. e atual. São Paulo: Saraiva, 2017.

Ademais das espécies normativas contempladas pelo art. 59 indigitado, o art. 84, inciso IV, também da Constituição Federal, prevê outra espécie normativa que é a figura dos **decretos regulamentares**, os quais correspondem a atos normativos emitidos pelo Chefia do Executivo que tem como objetivo garantir a execução/satisfação de normas que lhe são hierarquicamente superiores. Isto é, referidos Decretos permitem que o conteúdo de leis já editadas possa ser executado e regulamentado, garantindo-lhes, assim, implementação real, concreta e efetiva. De modo a exemplificar referido Decreto na prática, Eduardo Bittar elenca o fato de o Código de Defesa do Consumidor (Lei n. 8.078/90) ter criado o Sistema Nacional de Defesa do Consumidor, o qual, contudo, somente foi de fato operacionalizado e instrumentalizado quando da edição do Decreto n.º 2.181/97, estabelecendo não apenas a forma de composição do indicado Sistema, mas sobretudo suas competências internas, regras de fiscalização, poderes e até mesmo as penas passíveis de aplicação pelos fiscais constituídos[181].

Quanto à hierarquia propriamente dita, a metáfora da pirâmide é pertinente para que se entenda, de fato, as consequências do escalonamento estabelecido.

Como se viu, em primeiro plano, no topo de pirâmide encontram-se as normas constitucionais, sendo a Constituição a "norma sobre todas as normas", de modo que, todas as demais espécies normativas (inclusive emendas, tratados e convenções) devem subordinação às suas previsões, tanto do ponto de vista formal, como material. Isto é, para que qualquer outra espécie normativa passe a integrar o ordenamento jurídico, exige-se plena compatibilidade, formal (procedimento) e material (conteúdo), com as disposições contidas na Constituição Federal. Daí é que, quando uma norma viola formal ou materialmente a Constituição, é possível reconhecer a sua inconstitucionalidade.

Posteriormente, seguem-se as normas infraconstitucionais, assim consideradas aquelas que se encontram abaixo da Constituição: leis complementares, leis ordinárias, leis delegadas, medidas provisórias, decretos e resoluções.

Embora a doutrina tenha divergência sobre a posição hierárquica da lei complementar, o fato é que a ela foi reconhecida como uma posição intermediária no escalonamento normativo; portanto, ela se encontra abaixo da Constituição (caso a contradiga, será inconstitucional), mas levemente acima de leis ordinárias e delegadas, medidas provisórias, decretos e resoluções.

Por fim, também é importante esclarecer o significado das chamadas leis federais, leis estaduais e leis municipais. Isso porque é muito comum que se atribua à referidas espécies de leis algum tipo de hierarquia, o que é um equívoco.

O primeiro esclarecimento que precisa ser feito é que uma lei complementar pode, por exemplo, ser elaborada pelo Congresso Nacional (Poder Legislativo

181 BITTAR, Carlos Eduardo Bianca. **Introdução ao Estudo do Direito**: humanismo, democracia e justiça. 2. ed. rev. e amp. São Paulo: Saraiva, 2019, p. 232.

Federal — Câmara dos Deputados e Senado Federal, conjuntamente) ou pela Assembleia Legislativa (Poder Legislativo Estadual) de determinado Estado. Assim, uma lei complementar pode ser federal ou estadual.

Do mesmo modo, qualquer um dos entes federativos (União, Estados ou Municípios) pode, por meio de seus respectivos entes (especialmente o Poder Legislativo), criar leis ordinárias sobre os mais variados temas admitidos pelo texto constitucional. Assim, é possível que se tenha uma lei ordinária federal, estadual ou municipal.

Não há, contudo, entre as leis federais, estaduais ou municipais uma questão de hierarquia entre elas, mas um critério de preponderância dos interesses específicos. Esclarecendo: o Brasil adota como forma de Estado o federalismo, o que, por sua vez, pressupõe a existência de entes federativos, a saber: União Federal, Estados e Municípios. Embora se pressuponha uma certa "hierarquia entre estes", na verdade, a definição das competências exercidas por cada um desses entes será feita pela Constituição a partir dos interesses específicos por esses exercidos.

Assim, a regra estabelecida é: 1) à União Federal é atribuída a responsabilidade de tratar sobre o interesse nacional; 2) aos Estados se atribui a tarefa de lidar com os interesses regionais; e 3) aos Municípios compete tratar sobre o interesse local.

O que definirá qual lei (federal, estadual ou municipal) será aplicada não envolve, portanto, uma questão exclusiva de hierarquia, mas sobretudo de competência e preponderância dos interesses específicos. Daí ser plenamente possível que, em determinado contexto, uma lei municipal que trate de interesse local deva ser considerada como válida e aplicável a um caso concreto em detrimento de uma lei federal.

Sugestão de Leitura e Atividade para Aprofundamento

Além da hierarquia normativa que divide as normas em constitucionais e infraconstitucionais, no caso específico do Brasil, tem-se um terceiro tipo de norma de caráter supralegal, status atribuído aos tratados e convenções internacionais sobre direitos humanos que não foram incorporados ao ordenamento jurídico pátrio seguindo o procedimento estabelecido para as Emendas Constitucionais (ou seja, aprovação nas duas casas do Congresso Nacional, em dois turnos de votação, com voto favorável de no mínimo ⅗ de seus membros, conforme decisão do Supremo Tribunal Federal nos autos do Recurso Extraordinário n.º 466.343/SP). Resumidamente, com esse caráter supralegal, os tratados e convenções de direitos humanos se posicionam hierarquicamente acima das leis ordinárias, mas abaixo da Constituição federal.

Analisem o caráter de supralegalidade apontado a partir das chamadas Teoria Monista e Dualista do Direito Internacional e, consequentemente, eventuais distorções com o sistema protetivo dos direitos humanos. Posteriormente, elaborem uma pequena dissertação sobre o tema com as conclusões do Grupo.

Recomendação de leitura para aprofundamento:

1) Acórdão do STF nos autos do Recurso Extraordinário n.º 466.343/SP.

2) SILVA, Blecaute Oliveira. Tratados de direitos humanos supralegais e constitucionais: uma abordagem analítico-normativa. **Revista de Informação Legislativa**, a. 53, n. 209, jan./ abr. 2016. Disponível em: https://www2.senado.leg.br/bdsf/bitstream/handle/id/520002/001063226.pdf. Acesso em: 16 mar. 2024.

3) AZEVEDO, Paula Regina Arruda de; CABACINHA, Paulo Máximo de Castro. Proteção multinível dos direitos humanos: lógica monista ou dualista do direito? **Revista de Direitos e Garantias Fundamentais**, [S. l.], v. 22, n. 1, p. 11–36, 2021. DOI: 10.18759/rdgf.v22i1.1659. Disponível em: https://sisbib.emnuvens.com.br/direitosegarantias/article/view/1659. Acesso em: 17 mar. 2024.

2.3.6 VALIDADE E REQUISITOS ESSENCIAIS DA NORMA JURÍDICA: VIGÊNCIA, EFICÁCIA E FUNDAMENTO

Para que uma norma jurídica possa ser aplicada, exige-se que ela, além de existente, satisfaça requisitos essenciais para sua validade, isto é, a norma jurídica precisa estar vigente e eficaz, tanto do ponto de vista jurídico como de seu fundamento.

2.3.6.1 VALIDADE FORMAL/TÉCNICO-JURÍDICA (VIGÊNCIA)

A vigência (em seu sentido mais amplo) é o aspecto que revela a validade formal ou técnico-jurídica da norma jurídica, apresentando-se como uma qualidade a ela inerente[182]. Como já esclarecido anteriormente, em Kelsen, a noção

[182] DINIZ, Maria Helena. **Compêndio de Introdução à Ciência do Direito**: introdução à teoria geral do direito, à filosofia do direito, à sociologia jurídica. 21. ed. rev. e atual. São Paulo: Saraiva, 2010.

de vigência da norma estava ligada diretamente à própria construção das relações existentes entre as normas, de modo que todo o fundamento de validade do sistema jurídico é fundado numa norma superior, a partir da qual as inferiores devem respeito.

Nesse particular, a análise da vigência (ou validade formal) de uma norma deve considerar alguns requisitos importantes, sendo o primeiro deles a necessidade de que a norma tenha sido criada por um órgão competente. Essa noção de competência representa basicamente a capacidade ou aptidão, reconhecida por uma norma jurídica, que autorize e delimite o espaço de criação legislativa. Como regra geral, se reconhece ao Poder Legislativo federal, representado pelo Congresso Nacional, a competência para criar leis federais (de interesse nacional), após a sanção do Presidente da República (Chefe do Executivo), e, no âmbito dos Estados, essa competência é das Assembleias Legislativas, que podem estabelecer leis estaduais (que tutelam interesses regionais), após a sanção do Governador (Chefe do Executivo).

A distribuição originária das competências legislativas está estabelecida no âmbito da Constituição, a qual, no caso específico do Brasil (Estado federativo), reconhece a existência de entes federativos autônomos e, justamente por isso, distribui competências específicas direcionadas à União Federal aos Estados membros e Municípios, de modo a atender o chamado princípio da predominância dos interesses específicos, anteriormente esclarecido. Ainda, optou o legislador por reconhecer a existência de dois tipos distintos de competência: a) competência material/administrativa e b) competência legislativa, as quais, por sua vez, podem ser exercidas de forma exclusiva, privativa ou comum/concorrente.

Entende-se por competência material ou administrativa a capacidade de realização dos comandos normativos previstos pela Constituição Federal por meio de ações concretas que visam satisfazer o interesse público ou proteger determinado direito. Por exemplo, o artigo 21 da CF/88 estabelece que o ente que detém competência para declarar guerras ou celebrar a paz é a União.

Já a competência legislativa, como o próprio nome explicita, representa a capacidade conferida a cada ente federativo (União, Estados membros e Municípios) para criar normas jurídicas, as quais deverão satisfazer os interesses tutelados. Por exemplo, o art. 22, inciso I, da Constituição Federal estabelece que é competência privativa da União legislar (criar normas) sobre direito civil, comercial, penal, processual, eleitoral, agrário, marítimo, aeronáutico, espacial e do trabalho; já o art. 24, inciso I, também da CF/88, apregoa que a União, os Estados membros e o Distrito Federal podem legislar de maneira concorrente sobre direito tributário, financeiro, penitenciário, econômico e urbanístico.

Em relação ao seu exercício, essas competências podem ser realizadas de forma exclusiva, privativa ou comum (no caso da competência material/administrativa)/concorrente (competência legislativa):

a) Competência exclusiva: significa basicamente que apenas o ente federativo, e apenas ele, pode executar o comando normativo e as ações concretas definidas pelo texto constitucional;

b) Competência privativa: significa que, embora inicialmente atribuída ou reconhecida a determinado ente, a competência pode ser objeto de delegação (transferência) a outro ente federativo. É o caso da competência legislativa conferida à União Federal e prevista no parágrafo único do art. 21, da CF, já que será admitida delegação mediante lei complementar;

c) Competência material/administrativa comum: todos os entes federativos têm competência para atuar de forma conjunta e satisfazer os interesses tutelados pela norma;

d) Competência legislativa concorrente: significa que mais de um ente federativo poderá legislar de modo paralelo sobre determinados temas. Contudo, existem regras importantes:

i) à União é reconhecida a competência para legislar de forma geral sobre as temáticas ali estabelecidas (art. 24, §1º, CF);

ii) os Estados e o Distrito Federal têm a competência de suplementar a legislação geral da União, isto é, de tratar sobre suas especificidades regionais, ainda que sobre a mesma temática;

iii) nos casos em que a União não tenha exercido sua competência geral, os Estados poderão exercer competência legislativa plena para atender suas peculiaridades (art. 24, §3, CF).

Assim, para que uma norma seja considerada vigente, em primeiro plano, é preciso verificar se o órgão que a criou goza de legitimidade para tanto. Essa legitimidade, conforme aponta Miguel Real, pode ser subjetiva (relacionada ao órgão em si) ou *ratione materiae* (relacionada à matéria veiculada pela norma), de modo que, para que uma lei seja considerada como válida, ela exige o preenchimento de dois requisitos cumulativos: "Ser emanada de um órgão competente e ter o órgão competência *ratione materiae*."[183]

Foi exatamente o que se viu anteriormente, pois, além de repartir as competências entre os entes federativos (competência subjetiva), a Constituição também elenca as matérias sobre as quais cada um desses entes poderá legislar ou atuar (competência sobre a matéria). Mas não é só isso. Para ser considerada como

183 REALE, Miguel. **Lições preliminares de Direito**. 27. ed. São Paulo: Saraiva, 2002, p. 109.

válida, a norma precisa ter obedecido às exigências normativas estabelecidas para sua criação, ao que se denomina legitimidade do procedimento[184].

Nesse particular, a Constituição Federal estabelece, por exemplo, que o procedimento de uma Proposta de Emenda Constitucional exige, para a sua aprovação, a discussão e a aprovação em cada uma das Casas do Congresso Nacional, em dois turnos de votação, sendo aprovada por ⅗ (três quintos) de seus integrantes. O descumprimento desse procedimento, portanto, implica uma norma inválida (e inconstitucional, do ponto de vista formal).

De tal modo, para ser considerada vigente, exige-se que três requisitos sejam atendidos:

> 1) o órgão que criou a norma deve ter competência constitucional reconhecida (competência *ratione personae*, em razão da pessoa);
>
> 2) o órgão que criou a norma pode criar uma norma sobre a matéria em específico (competência *ratione materiae*, em razão da matéria); e
>
> 3) o procedimento estabelecido para a criação da norma foi obedecido (legitimidade do procedimento).

É também importante esclarecer, em relação à vigência, sobre os conceitos de **promulgação e publicação**, bem como sobre os momentos em que a vigência das normas se iniciará e cessará.

Entende-se por **promulgação** o ato formal de criação da lei (sentido amplo), isto é, momento em que a lei se considera como integrada ao ordenamento jurídico, o que, no caso brasileiro, ocorre, em regra, após a sanção do Chefe do Executivo. A **publicação**, por sua vez, é o ato que publiciza a existência da norma jurídica, dando conhecimento a todos os destinatários sobre o seu conteúdo, mas é principalmente a partir desse ato que, em regra, se inicia a vigência e eficácia da norma. A publicação é realizada por meio da divulgação no Diário Oficial, de modo que, em regra, considera-se a norma vigente a partir do dia seguinte à sua publicação.

Ainda, é comum que a própria norma produzida indique a partir de quando passará a ser aplicada aos casos por ela regulados. Geralmente, o último artigo de uma lei criada é responsável por indicar a partir de quando ela passará a surtir efeitos. A esse período compreendido entre a publicação de uma lei e a produção de seus efeitos é dado o nome de *vacatio legis* (vacância da lei), de modo que é comum que a lei:

[184] Mais corretamente deveria ser: legalidade do procedimento.

a) passe a vigorar a partir de sua publicação. Como exemplo, veja-se o artigo 7º da Lei n.º 14.611, de 3 de julho de 2023 ("Lei da Igualdade Salarial"): "Art. 7º Esta Lei entra em vigor na data de sua publicação";

b) estabeleça um prazo a partir do qual produzirá seus efeitos, de modo a permitir que a sociedade tenha condições de se adaptar às mudanças por ela implementadas. Um exemplo mais recente está na Lei Geral de Proteção de Dados Pessoais (Lei n.º 13.709/2018), a qual foi promulgada no ano de 2018, mas os seus efeitos só começaram, de fato, no ano de 2020 (com suas sanções), tornando-se efetivamente vigente a partir de 2022; ou

c) não estabeleça nenhum prazo específico. Nesse caso, segundo previsto pelo art. 1º, da Lei de Introdução às Normas do Direito Brasileiro (LINDB - Decreto n.º 4.657/1942, com a redação dada pela Lei n.º 12.376/2010): "Salvo disposição contrária, a lei começa a vigorar em todo o país quarenta e cinco dias depois de oficialmente publicada".

Já no que diz respeito ao encerramento da vigência, duas são as hipóteses possíveis.

Em primeiro plano, existe a possibilidade de que a norma jurídica já nasça com vigência temporária, ou seja, o próprio órgão responsável, por sua elaboração, já estabeleceu um período determinado para surtir efeitos, de modo que, findo o prazo estabelecido, a norma desaparece do ordenamento jurídico.

A segunda possibilidade é que a norma jurídica produzida tenha sua vigência por prazo indeterminado, respeitando o *princípio da continuidade* estabelecido no art. 2º da Lei de Introdução às Normas do Direito Brasileiro (LINDB - Decreto n.º 4.657/1942, com a redação dada pela Lei n.º 12.376/2010), segundo o qual "não se destinando à vigência temporária, a lei terá vigor até que outra a modifique ou revogue". Nesse segundo caso, vale o registro de que a revogação segue estritamente o critério hierárquico das normas; portanto, as normas jurídicas somente podem ser revogadas por outra de igual ou maior estatura.

A **revogação**, nesse ponto, representa o ato de tornar sem efeito uma norma jurídica, excluindo o seu elemento de obrigatoriedade. É o apagamento da sua existência normativa. E, como bem esclarece Maria Helena Diniz, a **revogação** é o gênero do qual são espécies: a) *ab-rogação*, ato de suprimir por completo a norma anterior; e b) *derrogação*, ato que torna sem efeito apenas uma parte da norma.

Por fim, a revogação pode se operacionalizar de forma expressa ou tática.

Será *expressa* quando a nova norma jurídica expressamente preveja que a norma anterior foi integralmente extinta ou quando aponte precisamente os artigos ou itens da norma revogada que pretende atingir.

A revogação será *tática*, de outro lado, quando se constatar que a lei nova e a anterior, que versam sobre a mesma matéria, apresentam incompatibilidade sobre os mesmos pontos em que tratam. Nesse caso, a nova lei não prevê expressamente quais dispositivos da lei anterior foram superados.

2.3.6.2 VALIDADE FÁTICA (EFICÁCIA SOCIAL)

Além da validade formal técnico-jurídica (vigência), as normas jurídicas precisam também demonstrar a sua eficácia (efetividade ou validade de fato), isto é, que o teor que veiculam são compatíveis com a maneira de ser e de agir da sociedade em que estão inseridas. Nesse ponto, Miguel Reale pontua:

> Temos o hábito de confundir facilmente o Direito com a lei. O Direito legislado, ou seja, elaborado pelo Congresso e sancionado pelo Poder Executivo, é um Direito de tal natureza que a muitos parece ser-lhe bastante o requisito da vigência.
>
> Ocorre, todavia, que os legisladores podem promulgar leis que violentam a consciência coletiva, provocando reações por parte da sociedade. Há leis que entram em choque com a tradição de um povo e que não correspondem aos seus valores primordiais. Isto, não obstante, valem, isto é, vigem.
>
> Há casos de normas legais, que, por contrariarem as tendências e inclinações dominantes no seio da coletividade, só logram ser cumpridas de maneira compulsória, possuindo, desse modo, validade formal, mas não eficácia espontânea no seio da comunidade[185].

A verificação que se faz no nível da eficácia social, portanto, é no nível da aceitação social, isto é, se os destinatários da norma jurídica estão ou não ajustados ao comportamento por ela veiculado e ainda se a cumprem em maior ou menor grau. Daí é que existem casos em que um órgão competente pode emitir normas jurídicas válidas (sob o ponto de vista formal), mas que, por estarem completamente alheias à consciência social coletiva: i) deixam de ser observadas e aplicadas, exceto quando estão imbuídas de caráter compulsório; ou ii) caem em desuso, contando com vigência, mas não eficácia[186].

Assim, restará caracterizada a **eficácia social** quando o seu conteúdo corresponder aos interesses coletivos ou comportamentos sociais e, obrigatoriamente, quando a norma jurídica apresentar um mínimo de eficácia, já que a ineficácia

185 REALE, Miguel. **Lições preliminares de Direito**. 27. ed. São Paulo: Saraiva, 2002, p. 112.

186 DINIZ, Maria Helena. **Compêndio de Introdução à Ciência do Direito**: introdução à teoria geral do direito, à filosofia do direito, à sociologia jurídica. 21. ed. rev. e atual. São Paulo: Saraiva, 2010.

absoluta (caracterizada pelo desuso)[187], vale dizer, quando ela nunca for aplicada pela autoridade competente ou mesmo obedecida pelo destinatário, perderá a sua vigência[188].

2.3.6.3 VALIDADE ÉTICA (FUNDAMENTO)

O último dos elementos constitutivos da validade da norma jurídica é o **fundamento**, assim entendido como o valor ou finalidade perseguida. Geralmente, a discussão sobre o conteúdo da norma exige a sua *adequação à concretização da "justiça"*, ou seja: "toda norma jurídica deve traduzir anseios de justiça e representar interesses legítimos de seus destinatários"[189].

Maria Helena Diniz ressalta que a ideia de justiça contida na norma é um valor, mas também está assentada numa base ideológica cujo fundamento é a concepção de mundo advinda das relações sociais concretas e ligadas pela história, isto é, a norma deve ser uma expressão da justiça cujo objetivo se destina ao aperfeiçoamento da vida em sociedade[190].

O grande problema que se coloca, contudo, está afeto ao próprio conceito de justiça, o qual encontra um vasto repertório de teorias e acepções no tempo e na história[191], o que implica a necessidade de que o fundamento da norma jurídica

187 Carlos Eduardo Bianca Bittar exemplifica as situações em que uma norma estará desprovida de eficácia: "**2.5.4.d.** Situações de ineficácia: existem, pois muitas situações geradoras de ineficácia das normas jurídicas, tais quais se podem aqui identificar: a) a norma jurídica é ineficaz porque não produz efeitos nos destinatários (baixo grau de adesão social); b) a norma jurídica é ineficaz porque não possui condições técnicas para sua implementação (norma de eficácia contida; norma de eficácia limitada); c) a norma jurídica é ineficaz porque as autoridades não a aplicam (rejeição da comunidade jurídica aplicadora); d) a norma é ineficaz porque a exigência nela contida é impraticável (falta de recursos / instrumentos para implementá-la); e) a norma jurídica é ineficaz porque não há cobrança do comportamento (falta de fiscalização); f) a norma jurídica é ineficaz porque está desatualizada (desuso); g) a norma jurídica é ineficaz porque está sob contestação social (costume negativo)" (BITTAR, Carlos Eduardo Bianca. **Introdução ao Estudo do Direito**: humanismo, democracia e justiça. 2. ed. rev. e amp. São Paulo: Saraiva, 2019, p. 416).

188 DINIZ, Maria Helena. **Compêndio de Introdução à Ciência do Direito**: introdução à teoria geral do direito, à filosofia do direito, à sociologia jurídica. 21. ed. rev. e atual. São Paulo: Saraiva, 2010.

189 BITTAR, Carlos Eduardo Bianca. **Introdução ao Estudo do Direito**: humanismo, democracia e justiça. 2. ed. rev. e amp. São Paulo: Saraiva, 2019, p. 417.

190 DINIZ, Maria Helena. **Compêndio de Introdução à Ciência do Direito**: introdução à teoria geral do direito, à filosofia do direito, à sociologia jurídica. 21. ed. rev. e atual. São Paulo: Saraiva, 2010.

191 Além dos conceitos clássicos de justiça que podem ser encontrados nas bases da mitologia grega (Ver: GUNDIM, W. Themis and Diké: the transversal relationship between justice and revenge in the case of federal congressman Paulo Salim Maluf. **Revista da Faculdade de Direito do Sul de Minas**, [S. l.], v. 35, n. Edição Especial, 2019. Disponível em: https://revista.fdsm.edu.br/index.php/revistafdsm/article/view/28. Acesso em: 17 mar. 2024) e da filosofia clássica, como Aristóteles (ARISTÓTELES. **Ética a Nicômaco**. Poética. Seleção de textos de José Américo Motta Pessanha. 4. ed. São Paulo: Nova Cultural, 1991) e Platão (PLATÃO. **República**. 2. ed.

esteja ligado a algum conceito mais objetivo, como o atinente aos processos democráticos, de modo que o fundamento das normas jurídicas seja fruto de um *debate público*[192].

A seguir, apresenta-se um quadro esquemático em que todos os requisitos de validade da norma jurídica são devidamente resumidos:

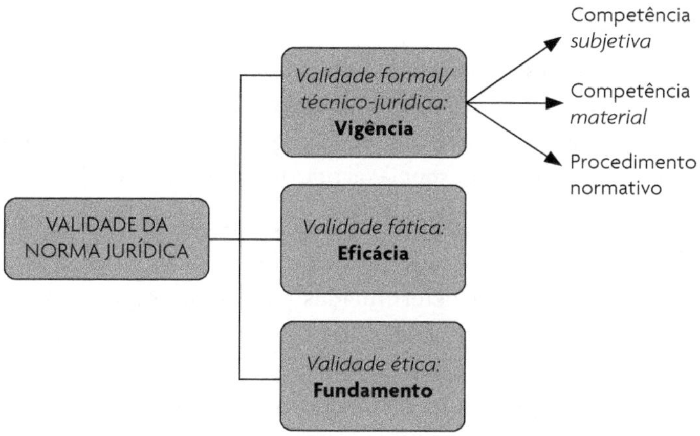

Fonte: Elaboração própria.

2.4 RELAÇÃO JURÍDICA E O SUJEITO DE DIREITO

2.4.1 SUJEITO DE DIREITO

O sujeito de direito é definido pela dogmática civilista contemporânea como o elemento subjetivo das relações jurídicas, isto é, o sujeito de direito é quem participa da relação jurídica, sendo proprietário (titular) de direitos e deveres, bem no espírito da Revolução Francesa de 1789: o sujeito é sujeito de direito porque participa das relações jurídicas, sendo titular de direitos e deveres, e é titular de direitos e deveres porque é sujeito de direito e porque participa de relações jurídicas — numa claríssima circularidade.

Tradução: Carlos Alberto Nunes. Belém: Edufpa, 1988), o debate teórico da filosofia política entre 1980 e 1990 aumentou exponencialmente os possíveis conceitos, como registrado por Will Kymlicka (KYMLICKA, Will. **Filosofia política contemporânea**. Tradução: Luís Carlos Borges. Revisão da tradução: Marylene Pinto Michael. São Paulo: Martins Fontes, 2006).

192 BITTAR, Carlos Eduardo Bianca. **Introdução ao Estudo do Direito**: humanismo, democracia e justiça. 2. ed. rev. e amp. São Paulo: Saraiva, 2019, p. 418.

Para fixar critérios, de um âmbito exclusivamente dogmático, pode-se afirmar que a posição do Direito Civil Brasileiro, em sua codificação mais recente, pode ser sumariada conforme se faz a seguir:

Sujeitos de direito são todos os centros subjetivos de direito ou dever: tudo que a doutrina vê como capaz de ser titular de direito ou devedor de prestação. Os sujeitos de direito podem ser classificados inicialmente em dois tipos, de acordo com seu objeto:

> **1. Sujeito de direito humano (a pessoa física e o nascituro)**: A pessoa natural é o ser humano vivo. Começa a personalidade civil do homem com o nascimento com vida (artigo 4° do Código Civil) e termina com a morte ou declaração judicial de ausência (artigo 10° do Código Civil).
>
> **2. Sujeito de direito inanimado (as pessoas jurídicas e as entidades despersonalizadas)**. A pessoa jurídica é uma ficção jurídica destinada a simplificar a disciplina de determinadas relações entre os homens em sociedade e a autorizar certos sujeitos de direito a praticar atos jurídicos em geral. Segundo o artigo 20 do Código Civil: a pessoa jurídica não se confunde com as pessoas físicas que a compõem. A existência legal das pessoas jurídicas de direito privado começa, de acordo com artigo 18 do Código Civil, com a inscrição no registro competente dos seus atos constitutivos, estatutos ou compromissos e termina, de acordo com o artigo 21 do Código Civil, pela sua dissolução, deliberada entre seus membros ou determinada por lei ou ato do governo.

Os sujeitos de direito, no direito privado, podem ser ainda classificados quanto à necessidade de autorização para a prática de atos jurídicos em sujeitos de direito personalizados e sujeitos de direito despersonalizados.

O sujeito de direito personalizado pode praticar todos os atos jurídicos que a lei não lhe proíbe. O sujeito de direito despersonalizado somente pode praticar os atos jurídicos que a lei lhe autoriza ou os correspondentes à sua função essencial. Existem exceções a essa regra:

Atos típicos de pessoa física não podem ser praticados por pessoa jurídica, ainda que não haja vedação legal expressa. Exemplo: o casamento civil, o divórcio, o testamento etc.

Atos jurídicos da essência dos entes despersonalizados podem ser praticados por esses mesmo sem autorização expressa. Exemplo: a contratação de empregados pelo condomínio.

O direito público, contudo, opera com conceitos diversos. O Estado, embora sendo pessoa jurídica, só pode praticar os atos que a lei lhe autoriza.

2.4.2 RELAÇÃO E OBRIGAÇÃO JURÍDICA

O sujeito não é apenas o que subjaz, mas o que constitui por sua atividade a própria realidade. Para o sujeito de direito, o jusracionalismo dos séculos XVI a XVIII, por intermédio dos direitos subjetivos, principiara sua constituição que se consolidaria com as formulações pandectistas dos séculos XVIII e XIX: as relações jurídicas entendidas como decorrentes de relações geradas pela vontade humana manifestadas por seus atos (manifestação volitiva transcendental e racional) no negócio jurídico.

Com as relações jurídicas entre sujeitos de direito criam-se obrigações jurídicas. A obrigação jurídica, em um sentido lato, pode ser entendida como a incumbência do devedor em dar, fazer ou não fazer algo em benefício a outra pessoa, denominada credor. Geralmente, os negócios jurídicos envolvem obrigações recíprocas entre os sujeitos de direito.

Nessas relações obrigacionais, o Estado geralmente participa somente como garantidor, ou seja, aquele que garante, com todo o seu poder coercitivo, que os negócios ocorrerão de determinada forma. Em uma compra e venda, por exemplo, alguém tem a obrigação de dar o bem vendido, enquanto o outro tem a obrigação de dar o valor acordado. Caso alguma das obrigações não seja cumprida, pode-se invocar o Estado, por meio do Judiciário, com a finalidade de que seja cumprida ou indenizada. Esse tipo de obrigação geralmente é investigado, no modelo romano-germânico, dentro do campo do Direito Privado, mais especificamente no direito das obrigações. No modelo de *common law*, certo espaço dessa sorte de obrigações pertence ao campo de estudo do instituto do *trust*.

As obrigações jurídicas podem tanto ser criadas por acordos, contratos ou negócios entre particulares quanto pela lei em um sentido lato (a fonte do direito, em determinado país, capaz de impor obrigações, como geralmente ocorre com decisões judiciais). Nesse caso, o Estado não é somente um garantidor da normalidade da relação, porém um próprio partícipe na relação, podendo inclusive, por vezes, pedir o cumprimento da obrigação em seu próprio nome ou da sociedade, como por meio das advocacias públicas e do ministério público. A obrigação de alimentos que um pai tem em relação ao seu filho é decorrente da legislação ou a obrigação de reparar o dano do réu, oriunda da legislação e de muitas decisões no âmbito penal, como exemplos. Nesses casos, o Estado pode intervir não somente como garantidor, mas como o próprio participante da relação. Esse tipo de obrigação pública, que nasce da relação de particulares com o Estado, é um dos focos principais de todos os ramos do direito público, como o direito constitucional, administrativo e tributário.

Posto isso, havia a necessidade de relacionar o sujeito de direito com a cidadania, sua posição de sujeito de direito de um estado de Direito. Sieyès[193] toma uma

193 SIEYÈS, Emmanuel Joseph. **A constituinte burguesa**: que é o Terceiro Estado? 3. ed. Rio de Janeiro: Lumen Juris, 1997, p. 1.

posição clara a esse respeito mediante a seguinte proposição: para que "uma nação prospere e subsista" são necessários "trabalhos particulares" e "funções públicas". A complexidade dos "trabalhos particulares" advém de uma nova economia, que confina os humanos, habitantes das modernas "sociedades comerciais", às novas condições da vida privada. As funções públicas correspondem a uma dessas condições: a de gerir o bem público, uma tarefa complexa, especializada e que requer exclusividade em seu exercício em nome e conta dos sujeitos praticantes dos trabalhos particulares.

Desse modo, ao perguntar e responder "1º) O que é o Terceiro Estado? Tudo - 2º) O que tem sido ele até agora na ordem política? Nada. - 3º) O que pede ele? Tornar-se algo", instaura, pela conjunção dessas funções públicas exclusivas, o princípio geral da representação por decorrência de reconhecer que o Terceiro Estado é tudo, pois se é tudo, quer ser qualquer coisa (*quelque chose*), e só por intermédio de escolha dos cidadãos, desses sujeitos políticos (representantes), aos quais se atribuirá, de modo pleno e exclusivo, a prerrogativa de escolher e estabelecer o que é o interesse público, poderá ser exercido o poder do Terceiro Estado.

Impõem-se vários dos agoniantes problemas políticos, entre os quais o da legitimidade do poder, e, em particular, o do poder constituinte. A resposta de Sieyès, defluente do Iluminismo, invoca a razão humana para conferir legitimidade ao poder, atribuindo a titularidade da soberania à Nação em oposição ao poder dos monarcas absolutos que invocavam a Deus como fonte de legitimidade do poder.

Embora parta Sieyès do conceito de soberania popular, formulado por Rousseau, em *Do contrato social*, reformula-o; contudo, ao introduzir o sistema representativo em lugar do modelo da democracia direta, ao perceber que a multidão não poderia ser conclamada para votar em cada instância decisória. Admite a delegação, ao menos parcial, da soberania do povo (o Terceiro Estado [o povo, a burguesia], a Nação, e que os outros dois Estados [nobreza e clero] não eram a Nação) a seus representantes.

2.4.3 DIREITO CIVIL E DIREITO COMUM (COMMON LAW)

Neste momento, fiéis ao estudo em espiral[194], retomam-se conceitos e proposições anteriores para efeito de aprofundamento e necessária exposição de outras temáticas.

A separação entre os dois modelos de Direito mais utilizados no mundo ocidental é principalmente histórica e geográfica. O sistema romano-germânico é principalmente utilizado no continente Europeu e na América Central e do Sul, enquanto o *Common Law* na Inglaterra e nos Estados Unidos. Pode-se observar que os países colonizados geralmente seguem o modelo dos colonizadores. Esses não

[194] Método que explora a retomada de determinados temas de relevo para facilitar sua compreensão.

são os únicos modelos de direito existentes; assim, por exemplo: a antiga União Soviética tinha seu próprio modelo de direito socialista, tal como hoje a China tem seu próprio modelo.

Na presente obra serão sumariamente investigados os dois modelos dominantes no Ocidente: o *Civil Law* e o *Common Law.*

2.4.3.1 DIREITO CIVIL OU CIVIL LAW

O modelo romano-germânico se formou sobre a base do direito romano. René David[195] esclarece que "as regras de direito são concebidas nestes países como sendo regras de conduta, estreitamente ligadas a preocupações de justiça e de moral". Nesse modelo, a tarefa essencial da ciência do direito é determinar quais regras deveriam ser essas. A aplicação do direito fica em segundo plano, se tornando uma questão de administração da justiça. A partir do século XIX, com os movimentos legalistas, um papel de suma importância foi atribuído à lei. Passaram-se a adotar Codificações como a fonte mais importante do Direito.

Esse modelo foi pensado precipuamente para regular relações humanas — daí a centralidade do direito civil. Os outros ramos do direito foram desenvolvidos a partir do núcleo do direito civil, da regulação de relações pessoais.

Chamados de *civil law,* ou Direito civil, nasceram nas universidades continentais europeias no século XIII, a partir de estudos acadêmicos com fundamento nas compilações de Justiniano — como a chamada *littera boloniensis.* São "os continuadores do direito romano [...]: não são de modo algum a cópia deles, tanto mais que muitos dos seus elementos derivam de fontes diversas do direito romano"[196]. Dada sua origem, esse modelo é dominado pela doutrina durante seus primeiros cinco séculos. Somente no século XIX, com a escola do direito natural, o modelo se volta à codificação, ao direito positivo, como disse David[197] :

> A codificação é a técnica que vai permitir a realização da ambição da escola do direito natural, expondo de modo método, longe do caos das compilações de Justiniano, o direito que convém à sociedade moderna e que deve, por consequência, ser aplicado pelos tribunais.
>
> A codificação liquidará os arcaísmos que muito freqüentemente se perpetuaram; ao mesmo tempo, ela porá fim à fragmentação do direito e à multiplicidade dos costumes, que são muitas vezes um obstáculo na prática, e para os

[195] DAVID, René. **Os grandes sistemas do Direito contemporâneo**: Direito comparado. Tradução: Hermínio A. Carvalho. Lisboa: Meridiano, 1972, p. 23.

[196] DAVID, René. Os **grandes sistemas do Direito contemporâneo**: Direito comparado . Tradução: Hermínio A. Carvalho. Lisboa: Meridiano, 1972, p. 33.

[197] DAVID, René. **Os grandes sistemas do Direito contemporâneo**: Direito comparado. Tradução: Hermínio A. Carvalho. Lisboa: Meridiano, 1972, p. 66.

> quais se tornou impossível, na época, fornecer uma justificação. Por isso, a codificação se distingue das compilações, oficiais ou privadas, dos séculos precedentes; estas puderam, sempre que se lhes oferecia ocasião, realizar certas reformas úteis. Mas, nem pela extensão do seu objeto, nem pela generalidade de sua aplicação, realizaram a ambição dos juristas da escola do direito natural.

A ambição da codificação é a certeza e previsibilidade do Direito — segurança. Busca-se, com esse mecanismo, estabelecer de modo claro as normas que devem ser seguidas em sociedade por meio da codificação. Para realizar a ambição, eram necessárias duas condições: que tal codificação fosse criada por um soberano esclarecido, com vistas a proteger as virtudes de liberdade, justiça e dignidade, e que fosse estabelecida em algum país influente no mundo com sucesso, sendo capaz de influenciar outros. Assim ocorreu na França, no período Napoleônico, por exemplo, com a codificação ainda associada às ideias da revolução de 1789.

O *civil law* se expandiu por um vasto território do mundo, pois foi transmitido (ou imposto) aos países colonizados por aqueles do continente europeu durante as grandes navegações (e posteriormente). Toda a América Latina, incluindo o Brasil, colonizado por Portugal, aderiu a esse modelo, assim como a Argentina, colonizada pela Espanha. Uma grande parte da África e alguns países da Ásia seguem esse modelo, como Japão e Indonésia. A técnica jurídica da codificação do direito romano-germânico a partir do século XIX facilitou a recepção desse modelo nos países que o adotaram. Investigar-se-á a adoção desse modelo em dois países: na França e no Brasil.

2.4.3.1.1 Civil Law Francês

Durante o século XII, o parlamento de Paris era o tribunal soberano na França. Posteriormente, os parlamentos das províncias alcançaram também esse posto. Esses parlamentos participavam do governo do reino — suas decisões não estavam vinculadas nem pelo Direito Romano estudado nas universidades, nem pelos costumes. Podiam recorrer a outras fontes para embasar suas decisões — uma forma de fazer prevalecer a equidade em detrimento do direito estritamente observado. Tentavam, com isso, adequar o direito aos tempos em que viviam.

Apesar de não dispor de força vinculante para os tribunais franceses, o direito romano sempre permaneceu fonte de forte influência. Em matéria de contratos, por exemplo, as soluções romanas eram comumente usadas pelos tribunais franceses.

As compilações publicadas das decisões dos parlamentos eram fonte precípua de consulta para conhecer o direito do reino francês. Até meados do século XVII são frequentes decisões regulamentares do parlamento sobre questões de processo e administração da justiça, porém, por vezes, até de direito privado. "Os precedentes, citados frequentemente, desempenharam na França, nesta época, uma função pelo menos igual ou superior àquela que, na mesma época, eles tinham na Inglaterra." Durante o século XVIII chegou-se a falar em um *common law* francês, produzido pelos tribunais em oposição ao direito legislado romano[198].

O papel da legislação no reino francês, durante esses séculos, era secundário. De certa forma, pensava-se, na Idade Média, que "o direito existe independente dos comandos da autoridade; o soberano não está qualificado nem para criar, nem para modificar o Direito. A sua função é uma pura função administrativa; [...] organizar e facilitar a administração da justiça." Não caberia ao soberano a criação do direito, mas somente, em certos casos, corrigir erros de justiça e, geralmente, garantir a facilitação da aplicação do Direito. As ordenações da época tinham esse objetivo, por vezes atuando também no direito penal, como a Carolina de 1532, na Alemanha[199].

As relações privadas usualmente não eram reguladas por essas ordenações; o soberano não buscava alterar os costumes do reino. Na França, por exemplo, os costumes da época foram coligidos pelos reis da França com a finalidade de sua continuidade. Os monarcas da época não acreditavam que detinham o poder para mudar as regras privadas — estavam fora de sua competência. Antes da revolução de 1789, pouca atividade legislativa era observada na França. Ordenanças de *Villers-Cottenêts* e *Moulins*, do século XVI, por exemplo, somente regulavam questões processuais, e as ordenanças de Colbert do século XVII tratavam apenas sobre administração da justiça ou polícia, por exemplo. As ordenanças de *Daguesseau*, do século XVIII, versavam sobre Direito Privado, porém deixam claro que eram apenas exposições dos costumes aceitos à época no reino. Como visto, o rei não poderia mudar essas normas.

No século XVIII, porém, se desenvolve a escola do Direito Natural, que rompe com essa tradição. Segundo David[200]: "Ela se recusa a reconhecer a onipotência do soberano e a atribuir a qualidade de leis aos comandos emanados da sua vontade arbitrária. Mas já transige ao ver na pessoa do soberano um legislador; atribui-lhe a função de reformar o direito de modo a rejeitar os erros do passado e a proclamar a autoridade de regras plenamente conformes à razão." Com essa nova linha de pensamento desenvolve-se a ferramenta da codificação no continente europeu, "em que a descoberta e o desenvolvimento do direito vão ser entregues, principalmente, ao legislador".

198 DAVID, René. **Os grandes sistemas do Direito contemporâneo**: Direito comparado. Tradução: Hermínio A. Carvalho. Lisboa: Meridiano, 1972, p. 50.

199 DAVID, René. **Os grandes sistemas do Direito contemporâneo**: Direito comparado. Tradução: Hermínio A. Carvalho. Lisboa: Meridiano, 1972, p. 62.

200 DAVID, René. **Os grandes sistemas do Direito contemporâneo**: Direito comparado. Tradução: Hermínio A. Carvalho. Lisboa: Meridiano, 1972, p. 64.

Dois foram os grandes êxitos da escola do direito natural: primeiramente, ela estendeu a dimensão do direito ao direito público, às relações entre o governante e os governados. Assim, o direito público passa a se tornar também uma preocupação dos juristas, tal como o direito privado; em segundo lugar, a codificação. Essa técnica estava em gestação por seis séculos nas faculdades de direito do Continente Europeu, quando da busca por um modelo de direito com base na justiça, seguindo a razão. Tornou-se, no século XVIII, a grande nova ferramenta do direito —considerava-se o direito com base nos costumes locais uma forma arcaica e em decadência. O novo modelo de direito codificado é o oriundo das universidades — trabalhado pela escola de direito natural como direito positivo para ser seguido pelas diferentes nações.

Nessa construção, reconhece-se o soberano, visto como legislador, legitimado para dizer e reformar o Direito, diferentemente da era medieval. Não se tratava de criar regras arbitrárias, porém de expor os princípios da lei natural. A escola de direito natural via o soberano como aquele legítimo para, por meio da codificação, dizer o Direito com base na razão, expondo assim os princípios da lei natural. Na prática ocorre que os novos poderes do soberano legislador o legitimam para transformar as bases da sociedade por meio da legislação, sem real preocupação com qualquer possível lei natural.

A codificação é um método sistemático de expor as normas que devem ser seguidas pela sociedade, distintamente do casuísmo das coletâneas de jurisprudência. Assim, permite uma forma de unificação do direito nacional ao expor claramente suas normas cogentes, pondo fim às diversas fontes consuetudinárias locais.

A própria noção de regra de Direito na França é a do modelo romano-germânico. O esforço de sistematização realizado na doutrina nas universidades do continente levou à criação de regras de alto teor de generalidade — não se tratava mais somente de regras para resolver casos concretos, porém de regras gerais de conduta para a sociedade. A concepção casuística própria de direitos jurisprudenciais passou a ser tratada com desdém. As regras de direito deveriam se situar em um nível superior à simples resolução de casos — um nível de generalidade para a sociedade. Essa noção de regra de direito é o que possibilita a própria ideia de codificação, que se alastrou pela Europa Continental. Não se poderia construir um código se, em cada decisão do judiciário, fosse criada uma regra.

Voltando a David, lemos:

> Um código, na concepção romano-germânica, não deve procurar a solução de todas as questões concretas que se apresentarão na prática; a sua função é formular regras, suficientemente gerais, ordenadas em sistema, que se tornem acessíveis à descoberta e ao conhecimento, para que destas regras, por um

trabalho tão simples quanto possível, juízes e cidadãos deduzam facilmente o modo como esta ou aquela dificuldade concreta deve ser resolvida[201].

Nesse contexto, ocorre a revolução francesa em 1789 — encerrando o reinado de Luís XVI com a finalidade de instaurar um tempo fundado na Razão e extinguir os privilégios. Os anos de brutalidades que seguem a revolução somente são freados por um novo imperador no início do século XIX: Napoleão Bonaparte. O Código Napoleônico, de 1804, é uma tentativa de colocar a técnica da codificação em prática na sociedade francesa, obtendo grande sucesso na Europa continental. Apesar de não ter sido a primeira tentativa na Europa de uma codificação desse tipo, pois foi antecedido pelo *Codex Maximilianeus bavaricus civilis* (Reino da Baviera, 1756), pelo *Allgemeines Landrecht* (Reino da Prússia, 1792) e pelo Código Galiciano Ocidental (Galícia, à época, parte da Áustria, 1797), certamente foi o que se mostrou mais influente na história. O Código Civil francês não teve base somente nas instituições de direito romano. Buscou seus fundamentos nas mais diversas fontes: instituições como casamento e filiação foram baseadas no direito canônico, os regimes matrimoniais nos costumes locais à época e instituições como propriedade e sucessão foram renovadas com fundamento nas ideias da Revolução Francesa.

Com o crescimento da codificação, o direito romano-germânico se afasta de suas raízes universitárias em busca por um modelo justo com base na razão. Nos países que adotam a técnica amplamente, como a França, o Direito passa a ser visto como a ordem de um soberano limitado a determinado território e não mais como uma busca por justiça coletiva universitária. A soberania legislativa desenvolve-se como característica fundamental dos novos países — podem criar normas dentro de seus territórios, porém, no relacionamento com outros países, devem respeitar a soberania legislativa destes. O direito nacional dentro de cada Estado é o que deve ser seguido. Há uma crença quase geral entre os juristas franceses na perfeição da razão dos códigos e que o meio mais seguro para alcançar a justiça em um caso concreto é por meio da exegese desses textos legais.

A prática de aplicação do Direito dos tribunais franceses nunca se limitou aos textos legais. A jurisprudência dos tribunais franceses, ao lado dos códigos, permitiu a continuidade do direito francês. Para ilustrar essa situação, por exemplo, no centenário do Código Civil francês, o juiz *Ballot-Beaupré*, presidente do tribunal de cassação da França, chegou a afirmar que a jurisprudência havia avançado para além do Código Civil sem que a doutrina francesa percebesse, se tornando uma das principais fontes do Direito no país.

No final do século XIX e início do século XX, na França, o envelhecimento dos códigos, que não se mostraram suficientes para se adequar às novas situações, fez

[201] DAVID, René. **Os grandes sistemas do Direito contemporâneo**: Direito comparado. Tradução: Hermínio A. Carvalho. Lisboa: Meridiano, 1972, p. 103.

diminuir o contentamento geral com as possibilidades do positivismo legislativo, pelo menos nos moldes antigos. Nesse período, desenvolve-se uma nova visão do papel do Estado e do Direito. Principalmente após a Segunda Grande Guerra no século XX, o Estado passa a ser visto como provedor — um *Welfare State*, no qual caberia ao Direito ser utilizado como ferramenta para uma transformação social. A França segue esse modelo, criando legislações para isso e novas instâncias para decidir os casos oriundos desse novo tipo de legislação.

Cresce na França o fenômeno do Direito Administrativo, certamente um dos países em que se desenvolveu com mais vigor. A estrutura administrativa francesa tem o Conselho de Estado como seu mais elevado grau. A grande preocupação da jurisdição administrativa francesa é não invadir a competência dos tribunais. Nessas instâncias, largos poderes discricionários são dados à Administração para solucionar certos tipos de caso, inclusive por meio de negociações e acordos diretos com o contribuinte, sem controle das jurisdições tradicionais. Ademais, os tribunais administrativos franceses não podem ordenar diretamente a administração a agir, porém somente anular atos ilegais e reconhecer direitos de particulares violados pela administração e estipular sua indenização. A morosidade e a dificuldade de execução de decisões administrativas são pontos negativos que enfraquecem essas instâncias na França. O Conselho de Estado, nessa época, fornece outro excelente exemplo da força criadora da jurisprudência na França. O Direito Administrativo francês é dirigido, em larga escala, por suas decisões.

Com o fenômeno da globalização no século XX, o direito nacional vem perdendo força frente às potências internacionais tanto econômica quanto juridicamente por meio de convenções e legislações supranacionais. A criação da União Europeia como marco desse fenômeno enfraqueceu os ordenamentos nacionais na Europa, que passaram a responder, em certas matérias, a instâncias comunitárias.

Hoje, assim como outros direitos romano-germânicos, o direito francês se aproxima da jurisprudência na formação das suas decisões. Não mais somente textos legais são vistos como necessários para o conhecimento do Direito, porém também para as decisões dos tribunais.

2.4.3.1.2 O *civil law* brasileiro e questões de ensino do Direito

Dois sistemas jurídicos são dominantes na atualidade, sendo que um breve resumo de um deles, que predomina no mundo anglo-saxônico, se apresentará abaixo, ao passo que o outro, o romano-germânico é adotado em todo o Continente Europeu, em quase todos os países das Américas Latina e Central, na província de Quebec, na Louisiana (EUA) e ainda em muitos países da Ásia e da África.

Ao se aceitar o sistema romano-germânico, por efeito de filiação ao modelo português, passou-se a organizar o ensino do Direito para obter o funcionamento desejado pelo Estado — logo, por suas principais instituições.

Afastando-se as incursões efetivadas na área no período do Estado Novo (1937–1945) pela chamada Reforma Capanema, a qual, mediante oito Decretos que regulamentaram o ensino em seus diversos níveis e ratificaram a ordem vigente e de interesse das camadas dominantes da sociedade pela manutenção do dualismo na educação brasileira, sempre se argumentou pela democratização do ensino como uma forma consistente de evolução social e de desenvolvimento do país.

O dualismo na educação consistia (e ainda consiste), durante sua longa vigência, na organização de um sistema de ensino com dois caminhos possíveis: o ensino secundário público, voltado às "elites condutoras", e o ensino profissionalizante, para as camadas populares.

Assim, se as relações de trabalho foram reguladas pela **CLT – Consolidação das Leis do Trabalho**, por outro lado, estabeleceu-se, para o sistema público de ensino, uma legislação que, segundo Ghiraldelli Junior[202], facilitou separar aqueles que poderiam estudar, daqueles que deveriam estudar menos e entrar no mercado de trabalho mais rapidamente.

Os estudantes oriundos das camadas médias e altas da sociedade cursavam o primário e, depois, o secundário em seus dois ciclos (ginásio e colégio) e, finalmente, a profissionalização no ensino superior (tendo a possibilidade de cursar qualquer curso universitário). Para os filhos de famílias oriundas das camadas baixas, o caminho era: conseguir uma vaga em escola pública (que não garantia matrícula para todos) e, assim, possivelmente cursar o primário (que contava com um quinto ano, preparatório ao Exame de Admissão ao ginásio — os que não eram considerados aptos nesse exame não podiam cursar o ginásio em escola pública), depois entrar no ensino secundário profissionalizante também em dois ciclos (o primeiro de quatro anos e o segundo de três anos) para, enfim, poder cursar o ensino superior em uma cadeira correspondente a habilitação no ensino secundário: o clássico, o científico e o normal. Os estudantes que fizessem o Ensino Normal, por exemplo, só poderiam frequentar o Ensino Superior em um dos cursos da "Faculdade de Filosofia", enquanto o científico, originariamente unificado, dividiu-se posteriormente em biológicas e exatas, direcionando o futuro acadêmico dos secundaristas.

O processo de desenvolvimento econômico requereu um novo perfil da força de trabalho urbana, impondo eficaz escolarização. A fim de profissionalizar a massa trabalhadora, já no ensino secundário, implantaram-se o SENAI, em 1942, e o SENAC, em 1946, para qualificar a mão de obra necessária, nesse estágio socioeconômico, para a indústria, o comércio e o incipiente mercado de prestação de serviços. A Confederação Nacional da Indústria (CNI) e a Confederação Nacional do Comércio (CNC), além do ensino gratuito, pagavam uma "ajuda de custo" a seus estudantes, tornando o estudo nessas instituições ainda mais atraente.

[202] GHIRALDELLI JR., Paulo. **História da Educação**. São Paulo: Cortez, 2000, p. 84.

De toda sorte, o estudante, ao trilhar o caminho da profissionalização, destacava-se simultaneamente do estrato daqueles que seguiam os ciclos conducentes aos cursos superiores de destaque e dos outros que permaneciam apartados da educação formal e destinados, desde logo, aos azares da iniciativa comercial ou aos empregos de menor remuneração e, no limite, ao desemprego estrutural.

No dizer de Foracchi[203], um segundo processo se instaurava:

> Fica claro, portanto, que o sentido da manutenção do jovem como estudante é o de manter os vínculos de dependência no limiar da transformação da situação familiar em situação de classe. Convém não esquecer, entretanto, que essa transformação é um processo e que isso nos impede de tomar a situação de classe como situação cristalizada e definida. Mantendo o estudante e preservando, assim, os vínculos de dependência que o ligam à família como situação de existência, esta se assegura condições favoráveis para manipulá-lo como agente de sua própria transformação e continuidade no sistema. Todavia, conforme indicamos acima, no momento em que esse processo se consuma, o estudante deixa de estar vinculado à família, quer dizer, nega-se como parte da família para integrar-se ao sistema como agente de classe. Na concretização de sua condição social específica, está, por conseguinte, inscrita a marca da camada que o produziu e a negação parcial do grupo que o constituiu.

Afirmativas que conduzem, desde logo, a questões de reestruturação social por força das transformações que os *habitus* adquiridos na escolaridade acabam se incorporando no horizonte familiar e ainda importando para a autoconcepção da família que se torna "importante" porque formou um "doutor" ou que transforma sua participação na esfera do consumo em decorrência do acréscimo dos salários de seus filhos mais velhos e se torna capaz de investir em educação mais elaborada de seus filhos mais novos.

O que sempre é relevante assinalar: a produção de escolarizados pela família comporta alterações em seu funcionamento e em sua estrutura de poder, com a busca da ascensão social por efeito da manipulação do estudante como elemento de redefinição e ampliação de sua inserção e influência sociais.

Sob esse ponto de vista, a demanda social por educação levava a duas opções: escolas que classificavam socialmente ou escolas que preparavam mais rapidamente para o trabalho, num implícito processo de discriminação social. Foracchi[204] novamente apresenta uma síntese adequada:

203 FORACCHI, Marialice Mencarini. **O estudante e a transformação da sociedade brasileira**. São Paulo: Nacional, 1965, p. 110.

204 FORACCHI, Marialice Mencarini. **O estudante e a transformação da sociedade brasileira**. São Paulo: Nacional, 1965, p. 175-176.

> As condições de transformação do sistema global fazem com que a preservação das posições adquiridas seja coincidente com a sua modificação permanente, quer dizer, com a possibilidade de desenvolver um tipo de ajustamento flexível e renovado de situações de existência social. Por essa razão, a preservação das posições conquistadas está associada nas representações familiares com a manutenção do impacto de mobilidade, anteriormente responsável pela alteração da situação de origem. Acontece, todavia, que, nas circunstâncias presentes, é indispensável equacionar esse impulso de mobilidade em termos de fatores formais, socialmente estabelecidos e regulamentados e manipular agentes humanos capazes de conduzi-lo a termo. A educação, notadamente a superior, representa um desses fatores e, ao mesmo tempo, um mecanismo eficiente para o controle da mobilidade, em escala social. E o estudante representa o agente humano incontestavelmente capaz de concretizar o projeto familiar.

A percuciente análise reflete os traços de seu tempo, de fato, o projeto de carreira contém componentes familiares indiscutíveis: mal se nasce, e os pais já decidem o futuro e a possível carreira, mas há de se considerar o projeto dos beneficiários da educação: os empregadores. Quanto mais adequada aos fins do sistema produtivo for a carreira, tanto mais será remunerada e atrativa com seus consectários: respeito social e "sucesso".

2.4.3.2 DIREITO COMUM OU COMMON LAW: O MODELO INGLÊS

O segundo modelo majoritário do ocidente é chamado de *common law*, operando principalmente na Inglaterra e nos Estados Unidos, colonizadores e colonizados. As raízes e características desse modelo de Direito são muito diferentes do *civil law*. Segundo David[205], o *common law* foi formado pelos juízes, que tinham que resolver litígios particulares e, desse modo, a regra de Direito do *common law*, menos abstrata que a regra de Direito da família romano-germânica, é uma regra que visa dar solução a um processo e não formular uma regra geral para condutas do futuro.

Trata-se de um modelo de Direito nascido na Inglaterra, após a conquista normanda, principalmente por meio de decisões dos Tribunais Reais de Justiça. Diferentemente do modelo romano-germânico, o Direito inglês não conheceu renovação pelo Direito romano ou pela codificação. Foi constituído de forma autônoma, sofrendo, por vezes, influências de outros países do continente europeu. O Direito inglês valoriza principalmente sua tradição histórica — a continuidade histórica que perpetuou. Geralmente, um jurista inglês pensa que o movimento de codificação levou a um rompimento na tradição do Direito romano-germânico. A

[205] DAVID, René. **Os grandes sistemas do Direito contemporâneo**: Direito comparado. Tradução: Hermínio A. Carvalho. Lisboa: Meridiano, 1972.

tradição do Direito inglês é valorizada por não ter passado por tal tipo de rompimento — essa seria a grande prova de sabedoria do *common law* inglês.

Desse modo, o Direito inglês se diferencia do Direito francês, de origem romano-germânica. Novamente David[206]: "A verdade é que os ingleses gostam de pôr em evidência o caráter tradicional, enquanto os franceses preferem evidenciar o caráter racional e lógico do seu Direito."

Apesar disso, ambos têm caráter tradicional e racional, apesar de suas diferenças. Tradicional pela adaptação necessária com o passar do tempo e a evolução da sociedade; racional pela possibilidade de solucionar os conflitos postos e a manutenção do equilíbrio social.

Quatro grandes períodos são reconhecidos no Direito inglês: o primeiro, anterior a 1066 e à conquista normanda; trata-se do período anglo-saxônico. Apesar da vigência do Direito romano na Inglaterra do império de Cláudio até a primeira parte do século V, esse não deixou grandes vestígios na tradição do Direito inglês. O primeiro período do Direito inglês tem início quando diversas tribos de origem germânica dividem a Inglaterra — saxões, anglos e dinamarqueses, principalmente. Nessa época, a Inglaterra se converte ao Cristianismo, com a missão de Santo Agostinho de Canterbury em 596. Esse Direito não é muito conhecido, tendo sido escrito na língua anglo-saxônica após a aceitação do Cristianismo. Não há um Direito comum a toda Inglaterra, e assim afirmou David[207]: "As leis anglo-saxônicas apenas regulam aspectos muito limitados das relações sociais às quais se entende a nossa concepção atual do Direito." Exemplos são as leis de Aethelbert, rei de Kent, produzidas em 600, que contam com apenas noventa frases curtas, e as leis do rei dinamarquês Canuto (1014–1035), mais elaboradas que suas antecessoras, anunciando a passagem do tribalismo ao feudalismo.

O segundo, de 1066 até 1485, começa com a conquista normanda e encerrando-se com a ascensão da dinastia Tudor. Esse período é o da formação do *common law*, no qual um sistema de Direito novo, comum a todo o reino, se desenvolveu e substituiu os costumes locais. Nesse período, Guilherme, o Conquistador, invade a Inglaterra com o objetivo de suceder o rei Eduardo, o Confessor. Com a sucessão, Guilherme determina que o Direito anglo-saxônico permanecerá em vigor, porém usa efetivamente a forma de governo da ilha. Introduz um poder centralizado e forte, dando início ao feudalismo na Inglaterra.

206 DAVID, René. **Os grandes sistemas do Direito contemporâneo**: Direito comparado. Tradução: Hermínio A. Carvalho. Lisboa: Meridiano, 1972, p. 355.

207 DAVID, René. **Os grandes sistemas do Direito contemporâneo**: Direito comparado. Tradução: Hermínio A. Carvalho. Lisboa: Meridiano, 1972, p. 357.

Esse é o período de fundação do *common law* na Inglaterra. O *common law* é, de acordo com David[208], por oposição aos costumes locais, o Direito comum a toda a Inglaterra. Esse Direito, em 1066, não existe. A assembleia dos homens livres [...] aplica o costume local, isto é, limita-se, de acordo com esse costume, a decidir qual das partes deverá provar a verdade de suas declarações. Essas cortes de homens livres, chamadas de *County Court* ou *Hundred Court*, aos poucos passam a ser substituídas por jurisdições senhoriais, como *Courts Baron*, *Court Leet* e *Manorial Courts*. Porém essas novas jurisdições buscam igualmente seus fundamentos para a base de aplicação do Direito nos costumes locais. Ao lado dessas jurisdições, após a conquista, foram estabelecidas cortes eclesiásticas para a aplicação do Direito comum à cristandade. A elaboração do *common law* inglês, ou Direito comum a toda Inglaterra, a partir da conquista normanda, fica a cargo dos Tribunais Reais de Justiça ou Tribunais de Westminster, alusão ao local em que são instalados no século XIII, tendo o rei como autoridade máxima.

No *common law*, a aplicação do Direito, ou seja, as regras concernentes à administração da justiça, às provas, ao processo e à execução de decisões, tem historicamente a mesma importância, ou até maior, que as regras substantivas do Direito, que regulam a matéria das relações humanas, sendo uma preocupação imediata a de restabelecer a ordem perturbada, não lançar as bases da sociedade. O *common law* está, pela sua origem, ligado ao poder real: desenvolveu-se nos casos em que a paz do reino estava ameaçada ou quando, por qualquer outro caso, se fazia necessária a intervenção real[209].

Desse modo, disse David[210] tratar-se primariamente de um direito público, só podendo as questões entre particulares ser submetidas aos tribunais de *common law* na medida em que pusessem em jogo o interesse da Coroa ou do reino. O *common law* é o direito público desenvolvido por juízes a partir do processo com a finalidade de solucionar questões que interessavam ao rei. Daí a importância dos precedentes judiciais — a forma como tais juízes operam o Direito e sua fonte principal.

Assim, no processo seguido pelos Tribunais de Westminster, os remédios jurídicos precedem os direitos (*remedies precedes rights*). Cada *writ* ou ação jurídica corresponde a um tipo de procedimento, que deve ser seguido formalmente para poder provar o Direito. Caso o Direito não possa ser obtido com a ação escolhida, essa deve ser descartada, assim como o Direito não deve ser reconhecido.

208 DAVID, René. **Os grandes sistemas do Direito contemporâneo**: Direito comparado. Tradução: Hermínio A. Carvalho. Lisboa: Meridiano, 1972, p. 356.

209 DAVID, René. **Os grandes sistemas do Direito contemporâneo**: Direito comparado. Tradução: Hermínio A. Carvalho. Lisboa: Meridiano, 1972, p. 25.

210 DAVID, René. **Os grandes sistemas do Direito contemporâneo**: Direito comparado. Tradução: Hermínio A. Carvalho. Lisboa: Meridiano, 1972, p. 360.

Enquanto o Direito romano-germânico mirava na determinação de direitos e obrigações substanciais, o Direito inglês elegia o processo como centro das atenções. O *common law* é constituído, de acordo com David[211], por um certo número de processos (*forms of action*), nos termos dos quais poderia ser proferida uma sentença; qual seria, quanto à substância, essa decisão, era algo incerto. O problema era demonstrar a competência das cortes para solucionar o problema. Uma vez comprovada essa competência, seguia-se um processo formal previamente elaborado, porém a solução substancial era incerta. Somente aos poucos, o *common law* passou a conter normas substantivas, que definem os direitos e as obrigações de cada um.

A investigação histórica do *common law* inglês serve para elucidar pelo menos quatro fatores importantes que ainda influenciam a prática do Direito inglês: a primazia do processo; a construção de categorias e conceitos próprios ao Direito inglês; a rejeição da distinção entre direito privado e público, tendo em vista sua raiz eminentemente pública, inclusive para a resolução de conflitos considerados privados; e a dificuldade criada na recepção de categorias e conceitos do Direito romano, uma vez que categorias e conceitos próprios foram criados na práticas pelas cortes inglesas. Daí advém outra noção importante: o *common law* deve ser aprendido na prática dos tribunais — a única forma de compreender seus complexos métodos formais de resolução de conflitos. Sem esquecer que a vertente principal do Direito romano-germânico tem origem privatista, apesar das profundas reflexões de ordem pública presentes na maior parte dos textos dos jurisconsultos.

O terceiro período vai de 1485 até 1832, com a ascensão dos Tudors, no qual ocorre o desenvolvimento das regras de *equity*, sistema complementar (por vezes, concorrente) ao *common law*. Dado o excesso de formalismo, o *common law* estava passando pela crise de não poder se desenvolver para se adaptar às necessidades do tempo. Não conseguindo obter a solução desejada dos tribunais, os particulares passaram a pedir tutela diretamente ao rei, pedido este que passava pela autoridade do chanceler. No século XV, o chanceler se torna mais um juiz, com a autoridade real e do conselho ao seu lado. Devido aos obstáculos formais no processo do *common law*, passa-se a pedir cada vez mais ao chanceler. As decisões advindas da chancelaria são tomadas inicialmente em consideração pela "equidade do caso particular", tornando-se cada vez mais sistemáticas, fazendo a aplicação de doutrinas equitativas, que constituem adjunções ou corretivos aos princípios jurídicos aplicados pelos Tribunais Reais. O chanceler, na dinastia Tudor, passa a ser primariamente um jurista, seguindo um processo de equidade inspirado nos princípios substanciais Direito canônico e romano, longe do formalismo do common law.

211 DAVID, René. **Os grandes sistemas do Direito contemporâneo**: Direito comparado. Tradução: Hermínio A. Carvalho. Lisboa: Meridiano, 1972, p. 364.

As cortes de *common law* pareciam correr o risco de caírem em desuso, porém, de fato, isso não se dá. Em 1616 um compromisso é formado entre as cortes de *equity* e de *common law*. Essas tinham ao seu lado o parlamento e os juristas tradicionais, em reunião contra o absolutismo real. Os defeitos da jurisdição do chanceler se mostraram também como aliados: a falta de organização e a morosidade das cortes de *equity* foram trunfos para mostrar a utilidade das cortes de *common law*. O compromisso ocorre para dar fim a um conflito violento entre a jurisdição do chanceler e os tribunais de *common law*, liderados pelo juiz-presidente Coke. O rei Jaime I decide em favor dos tribunais de *equity* e por sua manutenção, ao lado das cortes de *common law*.

Porém com condições: a jurisdição de *equity* não poderia realizar novas intromissões em detrimento dos tribunais de *common law*; ela preceituará de acordo com os seus precedentes, furtando-se, assim, à acusação arbitrária que lhe fora dirigida. Ainda mais, o rei não poderia vir a criar outras jurisdições no futuro para concorrer com as duas já criadas. Assim, os precedentes passam a vincular as cortes de *equiy*, assim como fazem nas de *common law*, afastando-as do Direito romano e aproximando-as das últimas. A partir de 1621, a Câmara dos Lordes passa a ter controle das decisões do Tribunal da chancelaria. Com essas condições, os tribunais de *common law* passam a aceitar a existência das cortes de *equity*, desde que apoiem suas decisões em precedentes.

O Direito inglês, nesse sentido, apresenta uma estrutura dualista: de um lado, o *common law*, criado pelos Tribunais de Westminster; e de outro, as soluções de *equity*, que vieram completar e aperfeiçoar as regras de *common law*. As regras de *equity* foram aplicadas somente pela jurisdição especial — o Tribunal da Chancelaria — até 1875. Com o passar do tempo, tornaram-se tão estritas e jurídicas quanto às decisões do *common law*, perdendo a característica do julgamento por equidade. Essa equidade inglesa nasce no século XVI, como pôde conceber o chanceler àquela época, e na medida que foi possível realizá-la. Esses precedentes foram tornados obrigatórios pelo compromisso, não cabendo mais espaço de liberdade para julgamentos somente fundados na equidade. Não se trata de uma equidade natural, porém de uma equidade concebida por uma autoridade no século XVI na medida de sua capacidade de conhecimento e realização. A partir disso, a *equity*, complementa David[212] é "um conjunto de regras que vieram corrigir historicamente o Direito inglês, e que constituem hoje uma peça integrante deste. A intervenção do chanceler para correção do Direito não mais se justifica, o parlamento pode intervir se houver necessidade de correção ou aperfeiçoamento."

Na tradição inglesa, esse poder de modificação do Direito não poderia ser dado a um juiz sob o pretexto de equidade, pois a segurança das relações jurídicas e a

212 DAVID, René. **Os grandes sistemas do Direito contemporâneo**: Direito comparado. Tradução: Hermínio A. Carvalho. Lisboa: Meridiano, 1972, p. 375.

supremacia do Direito seriam ameaçadas se os juízes aceitassem colocar em discussão as regras de Direito estabelecidas. Assim, o caminho aberto pelas cortes de *equity* rumo ao direito substancial romano não foi seguido, mantendo-se a tradição reinante do *common law*.

O quarto período, o moderno, vai de 1832 até a contemporaneidade. Segundo David[213], é aquele no qual o *common law* deve fazer face a um desenvolvimento sem precedentes da lei e adaptar-se a uma sociedade dirigida cada vez mais pela administração.

As marcas dessa nova época são as influências democráticas e o desenvolvimento da legislação com fundamento nas obras de Jeremy Bentham que, segundo Bobbio[214], indicou cinco defeitos fundamentais do *common law*: (1) insegurança jurídica (o cidadão não consegue prever as consequências das próprias ações); (2) retroatividade do direito comum (ao resolver um caso não subsumível às decisões anteriores, o juiz cria uma nova regra, permitindo que uma lei posterior torne ilegítimo dado proceder); (3) não se fundar no princípio da utilidade, que seria fixado em termos gerais pelo legislador; (4) a falta de competências específicas do juiz que sejam suficientes para decidir o caso; e (5) o povo não pode controlar a produção do direito pelos juízes (o que se não dá no caso da produção normativa pelo legislativo, uma vez que lá se encontram os representantes do povo).

Reformas processuais de 1832, 1833 e 1852 liberaram os juristas ingleses de entraves excessivamente formais do processo, mirando o direito substantivo, critério este que servirá para a sistematização de todas as soluções de *common law*. Os *Judicature Acts* de 1873–1875 suprimem a separação entre os tribunais de *equity* e *common law*, ou seja, todas as jurisdições inglesas passam a ter competência para a aplicação dos mesmos precedentes, regras de *equity* e *common law*. No direito substantivo, realizou-se a consolidação das regras postas e liberação de várias soluções arcaicas, que remontavam a outros tempos. Essa obra, porém, não retirou do Direito inglês sua característica tradicional, mas acentuou-a, tornando mais clara e sistemática a prática dos tribunais, sempre vinculados por seus precedentes.

No século XX, a partir de 1914, uma corrente de cunho social ligada a concepções de *welfare state* substitui a corrente liberal dominante, visando a constituição da sociedade sobre bases de justiça social. Isso acarreta uma grave crise no *common law*, dada a sua construção casuística e jurisprudencial, tendo em vista a grande importância que leis e regulamentos passam a ter. Essas leis e regulamentos criam diversos problemas para os cidadãos, como em qualquer lugar, que passam a ser solucionados por novos organismos criados com esse intuito, ao lado dos

213 DAVID, René. **Os grandes sistemas do Direito contemporâneo**: Direito comparado. Tradução: Hermínio A. Carvalho. Lisboa: Meridiano, 1972, p. 356.

214 BOBBIO, Norberto. **O positivismo jurídico**: lições de Filosofia do Direito. Tradução: Márcio Pugliesi, Carlos E. Rodrigues e Edson Bini, São Paulo: Ícone, 1995, p. 96-99.

tribunais de *common law*, principalmente em razão da possibilidade de congestionamento desses e da falta de preparo para lidar com tais casos. Foram criados tribunais administrativos, como na França, para lidar com esses problemas, que resolvem casos geralmente por métodos diferentes do *common law*.

O Direito romano-germânico, por sua natureza substancial, talvez esteja mais preparado para solver os problemas relativos à legislação no *welfare state*. Por isso, no século XX, testemunhou-se cada vez mais um fenômeno de aproximação entre o *common law* e o *civil law* continental. A entrada da Inglaterra na União Europeia fortaleceu esse movimento. Continua-se a acompanhar, no século XXI, essa aproximação, tanto de um lado quanto de outro. Cada vez mais, o *common law* se aproxima da legislação, e o *civil law* da técnica dos precedentes. Hoje, cada vez mais, verificam-se relações e confluências entre os dois modelos. No *common law*, começou-se a dar mais importância à lei ou *statutes* como fonte do Direito nas últimas décadas, enquanto no *civil law* se verifica a influência dos precedentes, presentes de modo cada vez mais forte como fontes do Direito. Esse é o processo, como se viu, pelo qual o Brasil tem passado nos últimos anos, dando cada vez mais importância e força aos precedentes jurídicos e à jurisprudência. Apesar disso, os conceitos, as classificações e as divisões do *common law*, incluindo o vocabulário dos juristas, são muito diferentes dos do modelo romano-germânico, o que deve ser levado em consideração por qualquer estudo que mire o direito inglês ou sua aproximação com qualquer outro direito.

Nesse sentido, a estrutura do Direito inglês é muito diferente da estrutura do Direito romano-germânico. Neste encontram-se grandes divisões, como o direito público e privado e o direito comercial e administrativo, enquanto no direito inglês se encontram outras classificações, como a distinção entre *equity* e *common law*. No nível de conceitos também há muitas diferenças. Enquanto no direito romano-germânico se encontram os conceitos de poder paternal, filiação, usufruto, dolo e força maior, por exemplo, no direito inglês surgem os conceitos de *trust, hailment, estoppel, consideration e trespass*, que não podem ser traduzidos em termos romano-germânicos, pois não correspondem a nenhuma noção contida nesse conhecimento. Uma tentativa de tradução falsearia os seus sentidos originais.

As regras de Direito se diferenciam também no *common law* e, tendo como apoio David, pode-se dizer:

> No direito inglês, elaborado pela jurisprudência, a *legal rule* representa algo diferente da regra de direito, sistematizada pela doutrina ou enunciada pelo legislador, [...] situa-se a um nível de generalidade menor do que a nossa regra de direito. Mesmo a regra de origem legislativa, chamada de *statute law*, tem um tratamento diferente no *common law*. As disposições que o legislador "formula" só serão plenamente assimiladas ao sistema do direito inglês quando forem retomadas e reafirmadas — por vezes alteradas — pelos tribunais, nas condições

> de normais da *common law*. Esse fator dificulta uma codificação nos termos do direito romano-germânico da *common law*. Um exemplo disso mostra-se nos países de *common law* que adotaram a técnica da codificação, como os Estados Unidos e a Índia, neles os códigos que foram promulgados não conseguiram tornar-se a base do direito[215].

Na Inglaterra, o processo de concepção da *legal rule* criou sérias dificuldades à criação de leis e regulamentos com o objetivo de transformar a sociedade, típicos do *welfare state*.

As leis e os regulamentos frequentemente tiveram que se limitar à colocação de princípios diretores e à previsão de modelos de conduta, deixando aos administradores, e aos que deveriam exercer um controle, ampla discricionariedade. Nesses casos, os Tribunais ingleses acabaram cedendo poderes de interpretação das leis e regulamentos aos órgãos administrativos, de modo análogo à jurisdição administrativa francesa. Não se trata de uma nova concepção inglesa de regra de direito, porém ocorreu limitação do alcance do controle dos próprios Tribunais. Eles são os únicos capazes de dizer o direito, porém tiveram seu poder de controle diminuído sobre as instâncias quase-judiciárias ou administrativas.

Desse modo, desde as maiores divisões aos menores conceitos, o direito romano-germânico se diferencia do *common law*, não sendo possível um estudo comparativo entre os dois sem levar em conta suas diferenças.

Essa diferença estrutural certamente se deve à evolução histórica dos dois modelos de direito. No sistema romano-germânico, originalmente, o direito é obra de eruditos nas universidades e legisladores, considerando os direitos substantivos e tentando uma ordenação lógica e racional, pecando no lado prático da aplicação do direito; enquanto o direito inglês foi construído na prática dos tribunais, a partir de regras processuais formais, sem a preocupação de ordenação lógica e racional do outro modelo. Somente com a abolição dos rígidos quadros processuais nos últimos duzentos anos pode-se tentar um projeto de ordenação e racionalização lógica dos quadros processuais. O sistema foi organizado, porém manteve as antigas classificações e conceitos em nome da tradição inglesa.

Como já foi dito, tradicionalmente, o interesse dos juristas continentais é voltado ao direito substantivo. As normas processuais, de prova e execução, por exemplo, são colocadas em segundo plano — um direito adjetivo. Novamente, tem-se como texto diretivo o de David[216]: "O jurista é aquele que estudou esse modelo de razão que é o direito romano e opõe-se ao prático que conhece as receitas do pro-

[215] DAVID, René. **Os grandes sistemas do Direito contemporâneo**: Direito comparado. Tradução: Hermínio A. Carvalho. Lisboa: Meridiano, 1972, p. 413.

[216] DAVID, René. **Os grandes sistemas do Direito contemporâneo**: Direito comparado. Tradução: Hermínio A. Carvalho. Lisboa: Meridiano, 1972, p. 404.

cesso, os regulamentos locais, mas que não tem a cultura geral dos juristas [...]." Por sua vez, o direito inglês não é um direito de universidades nem é um direito de princípios; é um direito de processualistas e de práticos. O grande jurista na Inglaterra é o juiz, saído da fileira dos práticos; não é um professor de universidade. A maioria dos juízes no século XIX na Inglaterra não tinha título universitário. Esses juízes eram práticos, formados nos tribunais por meio de lições de juízes e advogados, que conheciam os deslindes formais do processo. Atualmente, esse quadro mudou. O processo tornou-se menos formal, e os juristas frequentam universidades para aprender os princípios e conceitos sistematizados do *common law*. Porém a ligação com o passado eminentemente prático não cessou até hoje, o que pode ser observado no método de *case study*.

2.5 TEORIA E DOGMÁTICA DO DIREITO

2.5.1 SISTEMAS E ORDENAMENTOS JURÍDICOS

Cotidianamente, o conceito de sistema é confundido com o de ordenamento na prática jurídica. Tratam-se de duas instâncias diferentes, que devem ser corretamente definidas. Para sintetizar brevemente a diferença, pode-se partir do pressuposto de que o ordenamento jurídico se compõe das diferentes normas hierarquicamente relacionadas, obtidas essas normas dos textos legais segundo a operosidade dos tecnoburocratas empoderados para tanto, isto é, o ordenamento jurídico é fruto da vontade do poder constituído e vigente e se manifesta a partir de uma estrutura normativa fundamentada no direito positivado. Já o sistema, representa um conceito mais teórico e abstrato, uma vez que se constitui a partir da análise de relações entre as diferentes instituições componentes do Estado, e, igualmente, representa a estrutura que permite a organização e a interpretação do direito posto, compreendendo não apenas os textos legais, mas também os princípios e axiomas que orientam a aplicação do direito. A teoria dos sistemas pode auxiliar na compreensão dessa diferença entre os dois conceitos.

2.5.2 TEORIA OU TEORIAS DO DIREITO[217]

A busca por fundamentos é uma constante no pensamento humano — a investigação daquilo sob o que se fundam os fenômenos sociais e as ciências, pois pensa-se que, a partir do conhecimento dos pressupostos, seria possível montar uma teoria mais segura sobre a realidade social. Uma metáfora pode ser feita com a engenharia: o primeiro passo para a construção de uma edificação é a fundação. Se a fundação for seguramente realizada, a edificação passará a ter fundamento sólido. Assim se pensa com a ciência: buscam-se os fundamentos de algo para conhecer

[217] Contou-se com a forte colaboração do Prof. Dr. André Martins Brandão neste trecho.

sua estrutura mais interna para posteriormente reconstruí-lo de forma mais segura por meio da teoria, permitindo uma análise mais eficiente da realidade.

A ciência do Direito, como outras ciências naturais e sociais, realizou diversas análises a respeito dos fundamentos da ordem jurídica ao longo da história. Investigar-se-ão, neste livro, algumas dessas tentativas, propondo um modelo próprio ao final para facear a mesma problemática.

2.5.2.1 O DIREITO COMO CIÊNCIA EM HANS KELSEN E A NORMA FUNDAMENTAL

Na teoria positivista kelseniana, o Direito é visto como um sistema de normas reguladoras da conduta humana: nasce assim o questionamento de qual é o fundamento de unidade de sistema de pluralidade de normas. Para Kelsen, essa questão está intimamente ligada com outra: o que consiste em dizer que uma norma é válida, ou seja, qual é o seu fundamento de validade? Para Kelsen, esse fundamento de validade último das normas não pode ser buscado na ordem do ser, pois o fundamento de uma norma não pode ser um fato[218]. Do ser não pode seguir-se que algo deve ser. Dessa forma, o fundamento de validade de uma norma somente pode estar também na ordem do dever-ser, ou seja, outra norma. Uma norma é superior a outra quando representa seu fundamento de validade.

Por muitas vezes, o fato de a norma ser posta por uma autoridade parece ser suficiente para fundamentá-la. As normas postas por autoridades cujo poder derivaria de fontes divinas seguem esse caminho — deve-se respeitá-las, pois são postas por determinadas autoridades. Kelsen argumenta que o fato de alguém determinar um comando não o faz ser considerado válido; apenas normas estabelecidas por autoridades competentes podem ser tidas como válidas. A chave é a competência, e o que confere competência à autoridade é a própria norma, que confere poder de fixar normas. Tanto os legisladores quanto seus destinatários estão sujeitos a essa primeira norma, que fixa competências, uma norma superior.

Desse modo, uma norma que fundamenta outra, dando-lhe validade, como visto, é uma norma superior. Para Kelsen, a investigação do fundamento último das normas não pode, como na causalidade, se perder em infinitismos, procurando causas últimas cada vez mais remotas. Kelsen afirma que a busca "tem de terminar numa norma que se pressupõe como a última e mais elevada. Como a norma mais elevada, ela tem de ser pressuposta, visto que não pode ser posta por uma autoridade, cuja competência teria de se fundar numa norma mais elevada." Com isso, para Kelsen, o fundamento de validade último não se põe em questão.

[218] Embora se deva observar que, no caso das normas consuetudinárias — do ser emerja o dever-ser —, por efeito de generalização, de resto, uma das mais comuns formas de formação das leis, inclusive as científicas.

"Uma tal norma, pressuposta como a mais elevada, será aqui designada como norma fundamental (*Grundnorm*)."[219]

Um sistema de normas ou de ordem normativa é formado por normas que reconduzem seu fundamento de validade a uma norma fundamental. Essa norma fundamental é o fundamento de validade comum de todas as normas de um sistema. Cada sistema ou ordem normativa tem uma norma fundamental que fundamenta todas as outras normas. A norma fundamental constitui a unidade do sistema, que tem sua pluralidade de normas por essa primeira validadas.

Para Kelsen, existem duas espécies de sistemas de normas: um estático e outro dinâmico. No primeiro, todas as normas têm a capacidade de fundar seu conteúdo em uma norma superior, como ocorre em diversos sistemas de moral, que têm normas fundantes como veracidade ou o amor ao próximo. Nesse tipo de ordem, todo o conteúdo das normas que o compõem pode ser deduzido por operação lógica da norma fundamental pressuposta, do geral ao particular. Nesse tipo de sistema, o conteúdo da norma pressuposta deve ser evidente, de forma a fundamentar uma dedução lógica para as outras normas do sistema.

Uma norma evidente para Kelsen significa que é dada na razão, pela razão. Assim, o conceito de uma norma evidente necessita de uma razão prática, de uma razão legisladora, e para o autor australiano, isso é insustentável, pois a função da razão é conhecer e não querer, e o estabelecimento de normas é um ato de vontade. Por isso, não pode haver qualquer norma imediatamente evidente[220]. A crença de uma norma imediatamente evidente leva à crença de que foi posta por uma vontade sobre-humana ou pelo costume e, por isso, evidente. Para Kelsen, trata-se de uma "norma estabelecida por um ato de vontade". A sua validade só pode, em última análise, ser fundamentada por uma norma pressuposta, por força da qual "nós devemos conduzir em harmonia com os comandos de autoridades ou [...] com normas criadas pelo costume"[221]. Essa norma genérica apenas tem a capacidade de fornecer fundamento de validade para as normas, e não conteúdo de validade. Nesse caso, trata-se de um sistema dinâmico de normas. Esse tipo de sistema opera sobre um princípio dinâmico, no qual sua norma fundamental oferece apenas um fundamento de validade para as outras normas do sistema, porém não um conteúdo de validade. Não é possível realizar uma dedução lógica do conteúdo da norma fundamental para outras normas em sistemas dinâmicos, tal como é possível em sistemas estáticos.

219 KELSEN, Hans. **Teoria pura do Direito**. 4. ed., Tradução: João Baptista Machado. Coimbra: Arménio Amado, 1979, p. 134 e ss.

220 KELSEN, Hans. **Teoria pura do Direito**. 4. ed., Tradução: João Baptista Machado. Coimbra: Arménio Amado, 1979, p. 137.

221 KELSEN, Hans. **Teoria pura do Direito**. 4. ed., Tradução: João Baptista Machado. Coimbra: Arménio Amado, 1979, p. 137.

A norma fundamental pressuposta em sistemas dinâmicos não tem por conteúdo "senão a instituição de um fato produtor de normas, a atribuição de poder a uma autoridade legislativa ou — o que significa o mesmo — uma regra que determina como devem ser criadas a normas gerais e individuais do ordenamento fundado sobre esta norma fundamental"[222]. Um exemplo pode aclarar o caso: se um filho perguntasse ao pai o motivo de ter a obrigação de acordar cedo, o pai poderia explicar que é para ir à escola; se o filho afirmasse que não queria ir à escola e que, logo, não precisa acordar cedo, seu pai poderia dizer que ele tem a obrigação de ir à escola; se o filho continuasse indagando sobre a obrigação de ir à escola, seu pai poderia, por fim, responder que o motivo é a sua ordem, e os filhos devem obediência aos pais; se o filho continuasse indagando o motivo de dever obediência ao seu pai, este poderia responder que é porque Deus ordenou; se o filho continuasse indagando porque devemos obedecer às ordens de Deus, estaria pondo em questão a própria norma fundamental do sistema, e o fundamento de validade dessa norma não pode ser encontrado, apenas pressuposto. A obrigação última do filho — acordar cedo para ir à escola — não pode ser deduzida da norma fundamental do sistema. Essa norma fundamental se limita a fixar uma autoridade legisladora, estatuindo uma regra para a criação de normas com a qual todas devem se conformar.

Uma norma pertence a um sistema dinâmico quando criada de tal e qual forma, em conformidade com a norma fundamental do sistema. Não pertence ao sistema por ter determinado conteúdo. O conteúdo das normas, segundo Kelsen, apenas pode ser "determinado através de atos pelos quais a autoridade a quem a norma fundamental confere competência e as outras autoridades que, por sua vez, recebem daquela a sua competência, estabelecem as normas positivas deste sistema"[223].

Há reunião dos princípios estático e dinâmico em uma mesma norma quando a norma fundamental pressuposta, além de conferir poder a certa autoridade legisladora, também estabelece "normas pelas quais se prescreve uma determinada conduta dos sujeitos subordinados a normas e das quais — como do particular ao geral — podem ser deduzidas novas normas através de uma operação lógica". Esse é o caso dos Dez Mandamentos, segundo Kelsen, que, além de apontar uma autoridade legisladora — os pais —, fixam normas de conteúdo das quais podem ser deduzidas outras normas.

Uma ordem jurídica ou um sistema de normas jurídicas é fundado essencialmente sobre o princípio dinâmico. A validade das normas não é aduzida a partir de seu conteúdo, porém determinada pela sua criação de uma forma determinada

222 KELSEN, Hans. **Teoria pura do Direito**. 4. ed., Tradução: João Baptista Machado. Coimbra: Arménio Amado, 1979, p. 138.

223 KELSEN, Hans. **Teoria pura do Direito**. 4. ed., Tradução: João Baptista Machado. Coimbra: Arménio Amado, 1979, p. 138.

— como ordenado na norma fundamental pressuposta. As normas criadas em conformidade com a forma determinada na norma fundamental fazem parte de determinada ordem jurídica, ao passo que as criadas em desconformidade não o fazem. Nesse sentido, para Kelsen, "todo e qualquer conteúdo pode ser Direito. Não há conduta humana que, como tal, por força de seu conteúdo, esteja excluída de ser conteúdo de uma norma jurídica"[224].

A norma fundamental em uma ordem jurídica não é uma norma material, da qual podem ser deduzidas normas por operações lógicas. Ela determina uma forma especial de criação das normas de determinada ordem jurídica. As normas criadas por esse procedimento são positivas. Por exemplo, se uma constituição determina que as normas podem ser criadas pelo costume de uma comunidade, "a norma fundamental é aquela norma que é pressuposta quando o costume, através do qual a constituição surgiu, ou quando o ato constituinte, posto conscientemente por determinados indivíduos são interpretados objetivamente como fatos produtores de normas"[225]. Quando, por exemplo, aqueles que criam as primeiras normas são considerados como autoridades legislativas, pressupõe-se uma norma fundamental que valida seus atos. A partir daí, todas as normas produzidas em consonância com determinada norma fundamental farão parte de determinada ordem jurídica.

A norma fundamental pode ser considerada como constituição em sentido lógico-jurídico, diferentemente da constituição em sentido jurídico-positivo — a constituição posta pelas autoridades. A norma fundamental é o ponto de partida do processo de criação do Direito positivo. Não é uma norma posta por autoridades, pelo costume ou até positiva, mas uma norma pressuposta, como modo de dar fim a qualquer tipo de infinitismo[226].

Na modernidade, cada território, denominado de Estado, comumente tem uma ordem jurídica soberana vinculada a uma norma fundamental. As normas produzidas em consonância com essa norma fundamental constituem a ordem jurídica desse Estado. A ordem jurídica desse Estado é considerada soberana porque não responde a qualquer ordem superior (sem considerar a possibilidade de uma ordem jurídica internacional, que funda ou é fundada pela estatal).

Para Kelsen, a natureza de uma norma fundamental se refere:

224 KELSEN, Hans. **Teoria pura do Direito**. 4. ed., Tradução: João Baptista Machado. Coimbra: Arménio Amado, 1979, p. 139.

225 KELSEN, Hans. **Teoria pura do Direito**. 4. ed., Tradução: João Baptista Machado. Coimbra: Arménio Amado, 1979, p. 139.

226 BASTOS, Rodrigo Reis Ribeiro. (2016) **Fundamentos para a informatização do Direito**: a possível influência dos Teoremas da Incompletude de Kurt Goedel na construção da norma hipotética fundamental de Hans Kelsen. Tese de doutorado – PUCSP. Disponível em: https://tede2.pucsp.br/bitstream/handle/7017/1/Rodrigo Reis Ribeiro Bastos.pdf. Acesso em: 2 maio 2024.

> [...] imediatamente a uma Constituição determinada, efetivamente estabelecida, produzida através do costume ou da elaboração de um estatuto, eficaz em termos globais; e mediatamente se refere a uma ordem coercitiva criada de acordo com essa Constituição, também eficaz em termos globais, enquanto fundamenta a validade da mesma Constituição e a ordem coercitiva de acordo com ela criada. A norma fundamental não é, portanto, o produto de uma descoberta livre. A sua pressuposição não se opera arbitrariamente, no sentido de que temos a possibilidade de escolha entre diferentes normas fundamentais quando interpretamos o sentido subjetivo de um ato constituinte e dos atos postos de acordo com a Constituição por ele criada como seu sentido objetivo, quer dizer: como normas jurídicas objetivamente válidas. Somente quando pressuponhamos esta norma fundamental referida a uma Constituição inteiramente determinada, quer dizer, somente quando pressuponhamos que nós devemos conduzir de acordo com esta Constituição concretamente determinada, é que podemos interpretar o sentido subjetivo do ato constituinte e dos atos constitucionalmente postos como sendo o seu sentido objetivo, quer dizer, como normas jurídicas objetivamente válidas, e as relações constituídas através destas normas como relações jurídicas[227].

A norma fundamental não pode, assim, ser arbitrariamente pressuposta, porém somente com base em determinados fatos humanos pontuais, como um estatuto globalmente eficaz ou costumes globalmente eficazes. Há eficácia de uma constituição quando suas normas são globais e, via de regra, observadas e aplicadas. A efetividade limita a legitimidade para a produção de normas. Não cabe à investigação se a ordem jurídica é justa ou injusta, ou se garante a paz. Não há pressuposição de valores transcendentes da norma fundamental ao direito positivo.

A norma fundamental, em uma analogia com a teoria do conhecimento de Kant, para Kelsen, é uma condição lógico-transcendental da interpretação jurídica. Somente com a "pressuposição de uma norma fundamental se torna possível interpretar o sentido subjetivo do fato constituinte e dos fatos postos de acordo com a Constituição como seu sentido objetivo, quer dizer, como normas objetivamente válidas"[228].

A teoria epistemológica de Kelsen exige que, em ordem de se pressupor uma norma fundamental, deve-se conduzir como prescreve a constituição, de forma harmônica "com o sentido subjetivo do ato de vontade constituinte, harmonia

[227] KELSEN, Hans. **Teoria pura do Direito**. 4. ed., Tradução: João Baptista Machado. Coimbra: Arménio Amado, 1979, p. 141.

[228] KELSEN, Hans. **Teoria pura do Direito**. 4. ed., Tradução: João Baptista Machado. Coimbra: Arménio Amado, 1979, p. 141.

com as prescrições do autor da Constituição"[229]. Nesses termos, a função da norma fundamental "é fundamentar a validade objetiva de uma ordem jurídica positiva, isto é, das normas, postas através de atos de vontade humanos, de uma ordem coercitiva globalmente eficaz, quer dizer: interpretar o sentido subjetivo destes atos como seu sentido objetivo"[230].

O processo de fundamentação de uma norma ocorre de modo silogístico. No silogismo, a premissa maior é uma norma considerada objetivamente válida, como a que cria o dever de obedecer aos comandos de determinada pessoa; a premissa menor é a afirmação de que essa pessoa comandou determinada conduta; na conclusão, seguiria-se a afirmação de validade da norma, devendo-se praticar a conduta determinada. Kelsen conclui sobre a teoria da norma fundamental:

> Com a sua teoria da norma fundamental a Teoria Pura do Direito de forma alguma inaugura um novo método do conhecimento jurídico. Ela apenas consciencializa aquilo que todos os juristas fazem — quase sempre inconscientemente — quando não concebem os eventos acima referidos como fatos causalmente determinados, mas pensam (interpretam) o seu sentido subjetivo como normas objetivamente válidas, como ordem jurídica normativa, sem reconduzirem a validade desta ordem normativa a uma norma superior de ordem metajurídica — quer dizer: a uma norma posta por uma autoridade supra-ordenada à autoridade jurídica —; quando concebem o Direito exclusivamente como Direito positivo. A teoria da norma fundamental é somente o resultado de uma análise do processo que o conhecimento jurídico positivista desde sempre tem utilizado[231].

A norma fundamental, como já afirmado, constitui a unidade da pluralidade de normas de uma ordem jurídica. Essa unidade, para Kelsen, é demonstrada na possibilidade de a ordem jurídica ser descrita por proposições jurídicas não contraditórias. Existe a possibilidade fática de que órgãos jurídicos produzam normas conflitivas — determinem condutas não compatíveis, por exemplo.

No entanto, acredita-se que tais conflitos possam ser resolvidos por meio da interpretação. A estrutura da ordem jurídica é escalonada, contando com normas superiores e inferiores e normas gerais e particulares; logo, a ciência jurídica tem ferramentas para a interpretação e resolução de tais conflitos normativos, como

229 KELSEN, Hans. **Teoria pura do Direito**. 4. ed., Tradução: João Baptista Machado. Coimbra: Arménio Amado, 1979, p. 142.

230 KELSEN, Hans. **Teoria pura do Direito**. 4. ed., Tradução: João Baptista Machado. Coimbra: Arménio Amado, 1979, p. 142.

231 KELSEN, Hans. **Teoria pura do Direito**. 4. ed., Tradução: João Baptista Machado. Coimbra: Arménio Amado, 1979, p. 143.

o princípio de que a lei posterior derroga a lei anterior. Mais sobre o assunto será visto na parte sobre o conflito de normas.

2.5.2.2 O POSITIVISMO JURÍDICO DE HERBERT HART

Herbert L. A. Hart foi um dos grandes responsáveis pela conciliação do positivismo com o *common law*. Sua obra, *O conceito de Direito* (1986), é uma das mais importantes investigações positivistas sobre o tema na Teoria do Direito. A teoria de Hart se debruça sobre a crítica ao sistema criado por John Austin em sua obra *The Province of Jurisprudence Determined*. (1832) A partir da crítica ao sistema de Austin, Hart constrói sua teoria positivista para o *common law*.

Para Hart[232], segundo a teoria de Austin, os fundamentos de um sistema jurídico "consistem na situação em que a maioria de um grupo social obedece habitualmente às ordens baseadas em ameaças da pessoa ou pessoas soberanas, as quais: não obedecem a elas próprias habitualmente a ninguém". Hart explica que, na teoria de Austin, essa situação é uma condição necessária e suficiente para existência do direito. Apesar de conter algumas verdades sobre os sistemas jurídicos, Hart argumenta que tal teoria é incapaz de explicar alguns aspectos dos modernos sistemas de direito. Nesse sentido, um modelo mais complexo para dar conta dessa realidade deve ser buscado. Hart identifica uma situação social mais complexa, com a existência de uma regra secundária de reconhecimento socialmente aceita que serve como fundamento para as regras primárias e que impõe obrigações.

Esse tipo de regra de reconhecimento poderia ser admitido como fundamento do sistema jurídico. A partir dela, para Hart, tanto os cidadãos quanto as autoridades disporiam de critérios de autoridade para identificar regras que contêm obrigações. No entanto, o que seria uma regra de reconhecimento? Trata-se de uma regra socialmente aceita que dispõe sobre a fonte de produção legítima do direito — somente atos produzidos pela fonte legitimada pela regra de reconhecimento são válidos para o direito.

Os critérios dispostos na regra de reconhecimento podem ser os mais diversos: atos legislativos, a referência a um texto com autoridade, costumes, precedentes judiciais, declarações de certas pessoas, dentre outros. Com tal regra, os funcionários e particulares dispõem de um critério seguro para identificar o direito válido. Quanto mais complexo o sistema de direito, mais complexa será a regra de reconhecimento. Sistemas modernos que dispõem de variadas fontes do Direito têm uma regra de reconhecimento mais complexa, segundo Hart:

232 HART, Herbert L. Adolphus. **O conceito de Direito**. Tradução: A. Ribeiro Mendes. Lisboa: Calouste Gulbenkian, 1986, p. 111.

> Num moderno sistema jurídico, em que existe uma variedade de fontes do direito, a regra de reconhecimento é correspondentemente mais complexa: os critérios para identificar o direito são múltiplos e comumente incluem uma constituição escrita, a aprovação por uma assembléia legislativa e precedentes judiciais. Na maior parte dos casos, estabelece-se uma solução para conflitos possíveis, através da ordenação destes critérios numa hierarquia de subordinação e primazia relativas. É assim que no nosso sistema a *common law* está subordinada à lei parlamentar[233].

Assim, em sistemas jurídicos mais complexos, com diversas fontes do direito, geralmente adotam-se critérios para a primazia relativa de certas fontes, como o critério da subordinação relativa. É importante distinguir a subordinação relativa da noção de derivação: no *common law*, por exemplo, os precedentes jurídicos e os costumes são subordinados à lei, uma vez que essa pode alterar ou suprimir costumes ou precedentes no sistema.

Porém, para Hart, tanto os costumes quanto os precedentes devem sua força jurídica não ao exercício do poder legislativo, mas à aceitação social de uma regra de reconhecimento, que os coloca em um lugar subordinado a leis, porém independente. Esses critérios se manifestam na prática geral de identificação do Direito em um sistema complexo.

Hart afirma que uma regra de reconhecimento raramente é expressa e formulada como tal. Na maioria das vezes, não é diretamente enunciada; porém, no modo de identificação das regras de um sistema, sua existência é manifesta. O uso que fazem os tribunais e outras entidades da regra de reconhecimento, para Hart, tem como característica o ponto de vista interno.

Manifestam sua própria aceitação das regras na forma que as usam, diferentemente de um ponto de vista externo apenas descritivo do direito, que busca descrever a aceitação de determinadas regras por determinado grupo social, sem aceitar o próprio observador a regra de reconhecimento. O ponto de vista interno representa uma forma de uso de aceitação compartilhada das próprias regras usadas. Do ponto de vista interno, fazem-se afirmações internas a certo sistema de Direito, enquanto, do externo, afirmações externas.

Para Hart, com essa diferenciação entre afirmações internas e externas sobre uma regra de reconhecimento, é possível resolver vários problemas de validade jurídica. Geralmente, o conceito de validade é usado em afirmações internas ao sistema. Não se apresenta as condições de validade, apenas uma leitura interna afirmando a validade da regra pela aceitação. Em ordem de possibilitar uma afirmação tanto interna quanto externa sobre a validade da norma, deve-se aferir

[233] HART, Herbert Lionel Adolphus. **O conceito de Direito**. Tradução: A. Ribeiro Mendes. Lisboa: Calouste Gulbenkian, 1986, p. 118.

concretamente os critérios de validade dispostos pela regra de reconhecimento, observados socialmente tanto por aquele sujeito à regra quanto pelo observador externo. No modelo de Hart, uma regra será válida quando for produzida a partir das fontes autorizadas pela regra de reconhecimento, sendo apta a passar em todos os testes de validação. Desse modo, clarificando-se os critérios, é possível fazer afirmações mais acuradas sobre o direito posto.

Nesse ponto aparece a questão entre validade e eficácia do direito. Uma regra pode ser válida sem ser socialmente respeitada e observada, ou seja, eficaz? Hart afirma que não há relação necessária entre a eficácia de uma regra e sua validade, pelo menos se a regra de reconhecimento não estatuir como critério para validade das normas a eficácia social, o que muitas vezes ocorre sob a figura do desuso.

A eficácia de uma regra pode ou não servir de argumento contra sua validade. Porém, para Hart[234], deve-se ater à realidade na aplicação do direito: "Insistir em aplicar um sistema de regras que nunca foi realmente eficaz, ou que foi abandonado seria — salvo em circunstâncias especiais — tão fútil como avaliar o progresso de um jogo por referência a uma regra nunca aceita ou abandonada."

Na afirmação interna sobre a validade de uma regra se pressupõe a verdade da afirmação externa sobre a eficácia do Direito — sobre o fato de ser cotidianamente respeitado e observado. Para Hart, isso ocorre porque tais afirmações geralmente são feitas em um contexto de eficácia geral do Direito. Na construção de Hart, isso permite observar porque, na teoria corrente, afirmar a validade de uma regra consiste na predição de que ela será observada e aplicada pelos tribunais. Nesse sentido, a afirmação externa de eficácia das normas é geralmente aceita e pressuposta por aquele que faz afirmações internas de validade de uma norma. Assim, a distinção entre afirmações externas e internas permite corrigir o erro da teoria corrente.

No modelo de Hart, a regra de reconhecimento é uma regra última, pois estabelece critérios a partir dos quais as outras regras deverão ser criadas — critérios para aferir a validade de uma regra. Dentre os critérios de subordinação e primazia relativa estabelecidos pela regra de reconhecimento há um supremo. Para Hart, é importante investigar a ideia de regra de reconhecimento última e seu critério supremo. Essa investigação é importante para negar a teoria corrente no que diz respeito à existência de um poder legislativo soberano juridicamente ilimitado.

Um critério supremo seria aquele capaz de identificar as regras de um sistema mesmo se elas estivessem em conflito com regras identificadas a partir de outros critérios, seguindo que essas últimas não seriam regras do sistema, por estarem em discordância com tal critério supremo. O critério supremo seria superior quanto aos outros subordinados a ele. A ideia de supremacia não deve ser confundida com poder legislativo juridicamente ilimitado.

234 HART, Herbert Lionel Adolphus. **O conceito de Direito**. Tradução: A. Ribeiro Mendes. Lisboa: Calouste Gulbenkian, 1986, p. 115.

Por vezes, o critério supremo para a validade de regras converge com determinado poder jurídico ilimitado, capaz de suprimir qualquer regra do sistema, como ocorre no Reino Unido, segundo Hart. Porém, é possível que o poder jurídico de criação de regras conviva de outras formas com um critério supremo.

Em outros casos, não existe tal poder jurídico ilimitado, e sim critérios últimos de produção legislativa que limitam o poder de produção legal, como quando a assembleia legislativa é limitada por uma constituição que cria critérios de produção legislativa, e não contém uma cláusula de revisão. Nesse caso, o poder juridicamente ilimitado não se confunde com o critério último de reconhecimento, estabelecido na constituição como critério último de validade.

Assim, a regra de reconhecimento é a regra última do sistema jurídico, pois ela é capaz de responder aos questionamentos sobre a validade de determinada regra em determinado sistema. Hart se questiona se tal critério último é comumente empregado por tribunais e destinatários da lei. Essa pergunta leva de uma afirmação interna de validade do direito para uma afirmação externa de eficácia das regras; logo, não caberia dentro da ciência do direito. Juízos de valor quanto a excelência da regra de reconhecimento e do sistema jurídico nela apoiado também não caberiam na ciência do direito, que preza por juízos de validade normativos e não de valor.

Hart argumenta que a teoria que considera que a regra de reconhecimento pode validar outras regras do sistema, e quando sua validade não pode ser demonstrada — sendo assumida, postulada ou suposta como uma hipótese, como na teoria kelseniana —, pode induzir a um erro. Afirmações de validade de uma regra arrastam certos pressupostos, segundo Hart.

Tais afirmações de validade, nas palavras do autor, se constituem como verdadeiras "afirmações internas de direito expressando o ponto de vista daqueles que aceitam a regra de reconhecimento do sistema e, como tais, não exprimem muito do que podia ser expresso em afirmações de fato externas acerca do sistema"[235]. Dessarte, a regra de reconhecimento é tida por pressuposta nessas afirmações. Para Hart, é importante investigar essas questões pressupostas para aclará-las.

As pressuposições são duas: em primeiro, uma pessoa que afirma seriamente uma regra, o faz pela aceitação de uma regra de reconhecimento que considera apropriada para tanto; em segundo, que essa regra de reconhecimento não é aceita somente por essa pessoa, porém se trata da regra funcional do sistema de direito.

O conceito de validade serve para investigar regras que se adéquam a determinado sistema jurídico, respeitando os critérios observados na regra de reconhecimento. Porém a regra de reconhecimento não pode passar pelo mesmo procedimento. Ela não pode ser válida ou inválida, pois ela mesmo cria os critérios de validade. Hart afirma que uma regra de reconhecimento pode ser apenas aceita

[235] HART, Herbert L. Adolphus. **O conceito de Direito**. Tradução: A. Ribeiro Mendes. Lisboa: Calouste Gulbenkian, 1986, p. 119.

socialmente como apropriada para utilização e não válida ou inválida. O exemplo de Hart é ilustrativo. O metrô de Paris é um dos últimos testes de correção de todas as medidas, porém o próprio metrô de Paris não se coloca em questão; ele é socialmente aceito como adequado para solucionar o problema de medidas.

Hart afirma que, em sistemas jurídicos amadurecidos, um sistema de regras inclui uma regra de reconhecimento que cria certos critérios para a produção de regras jurídicas. A afirmação de existência de uma regra dentro de um sistema como esse implica uma "afirmação interna aplicando uma regra de reconhecimento aceita, mas não expressa e significando (grosseiramente) nada mais do que válida, dados os critérios de validade do sistema".

Porém a afirmação, no sentido aqui posto, da existência da própria regra de reconhecimento, não pode ser uma afirmação interna ao sistema; precisa ser externa, social, afirmando a existência de uma prática complexa, geralmente em concordância, de aplicadores e destinatários da lei, que identificam certos critérios comuns para afirmar a validade de uma regra dentro do sistema. A existência da regra de reconhecimento é, assim, uma questão de fato, que somente pode ser investigada de modo externo, social.

2.5.2.3 DWORKIN E A CRÍTICA PÓS-POSITIVISTA A HART

Ronald Myles Dworkin (1931–2013) foi um dos nomes mais debatidos na Teoria do Direito no final do século XX e início do século XXI[236]. Seus trabalhos iniciais começaram por mover um ataque ao positivismo jurídico, principalmente na vertente defendida por Herbert L. A. Hart. Esse movimento, por sua oposição ao positivismo, foi conhecido como pós-positivismo, apesar do desacordo entre essa nomeação e a teoria de autores compilados sob a essa designação[237].

Para Dworkin, o positivismo é a teoria que tenta explicar o funcionamento real do Direito, baseada nas práticas dos tribunais e no funcionamento das instituições

[236] A mesma conclusão é compartilhada por Ronaldo Porto Macedo Junior, para quem "[...] o pensamento jurídico de Ronald Dworkin 'agendou' o debate teórico jurídico durante os anos 1980–1990. As suas críticas ao positivismo jurídico (tornadas célebres pelo assim denominado 'debate Hart-Dworkin') e ao pragmatismo jurídico americano o inseriram no centro das principais polêmicas teórico-jurídicas das últimas décadas. Nesse sentido, os seus trabalhos fixaram a agenda das discussões e dos problemas teóricos que passaram a ser dominantes nos foros acadêmicos e teóricos" (MACEDO JUNIOR, Ronaldo Porto. **Do xadrez à cortesia**: Dworkin e a teoria do direito contemporânea. São Paulo: Saraiva, 2014, p. 31).

[237] É o que aponta Lenio Streck, por exemplo, ao registrar a inaplicabilidade do termo no Brasil, já que a divisão entre os chamados casos fáceis e difíceis tem sido utilizada como critério para tomar decisões sobre a utilização da "ponderação" na colisão de princípios, momento em que o intérprete, por meio de critérios subjetivos, decidirá o caso concreto. Isso, segundo o autor, é uma marca do positivismo jurídico com aplicabilidade no país (STRECK, Lenio Luiz. **Lições de crítica hermenêutica do Direito**. Porto Alegre: Livraria do Advogado, 2014).

jurídicas. Com a crítica ao trabalho de H. L. A Hart, um dos maiores nomes do positivismo jurídico, o autor começa a desenhar sua tese.

De acordo com Dworkin, o esqueleto do positivismo jurídico pode ser explicado com três proposições centrais que fazem parte dessa tese.

A primeira delas: o Direito de uma comunidade é formado por regras que estipulam a conduta dos indivíduos, determinando quando esse será punido ou coagido pelo poder público. Essas regras podem ser identificadas por um teste de *pedigree*, "ou maneira pela qual foram adotadas ou formuladas, não tendo relação com seu conteúdo"[238].

A segunda proposição diz que, quando uma conduta não está claramente coberta por uma dessas regras, o caso deve ser resolvido por meio da aplicação do direito, ou seja, a autoridade deve ir além do direito para solucionar o caso, utilizando seu poder discricionário.

A terceira e última proposição diz que existe uma obrigação jurídica quando o caso se enquadra em uma regra jurídica válida. Dessa forma, quando não existe regra, não existe obrigação jurídica. Assim, no caso em que um juiz decide exercendo sua discrição, ele não está fazendo valer um direito jurídico que corresponde a essa matéria.

Dworkin acredita que as diferentes versões do positivismo jurídico diferem, sobretudo quanto ao teste formal de *pedigree* das regras, ou seja, quanto ao teste utilizado para aferir a validade de uma regra. Nesse sentido, a diferença principal se trata do fundamento utilizado para o Direito.

Por exemplo, para John Austin (1790–1859), um dos grandes nomes do positivismo jurídico inglês, esse teste dizia respeito à vontade do soberano. Para esse autor, em toda a comunidade poderia ser encontrada uma figura a qual todos obedecem e que não obedece a ninguém, por ele denominada de "soberano". Dessa forma, o Direito seria constituído por regras emanadas dessa figura, deveres coletivos de caráter geral criadores de obrigações jurídicas. Assim, caso ocorram casos difíceis não cobertos por regras previamente emanadas do soberano, as autoridades encarregadas de aplicar o direito devem criar ordens para resolver o caso. Isso tendo em vista que "o soberano confere aos encarregados de fazer cumprir as leis (os juízes) poder discricionário para criar novas ordens, sempre que casos inéditos ou problemáticos se apresentarem"[239].

O teste formal de reconhecimento da validade do Direito na concepção de Austin se resumiria às ordens do soberano. Os comandos do soberano seriam, assim, as regras que constituiriam o Direito de uma comunidade. Para Dworkin, muitas objeções podem ser levantadas contra essa tese. Em primeiro plano, numa sociedade

238 DWORKIN, Ronald. **Levando os Direitos a sério**. Tradução: Nelson Boeira. 3. ed. São Paulo: Editora WMF Martins Fontes, 2010.

239 DWORKIN, Ronald. **Levando os Direitos a sério**. Tradução: Nelson Boeira, São Paulo: Martins Fontes, 2007b, p. 29.

complexa, é difícil achar a figura do soberano, uma instituição ou pessoa que controle todos os outros grupos, a quem esses respeitam de forma cega. Em um segundo plano, a teoria de Austin não oferece meios para distinguir o Direito de outras ordens de caráter geral, como as ordens de um criminoso, por exemplo, pois, assim como as últimas, atribui o respeito ao Direito e suas obrigações como o respeito a ser dado a um comando sujeito à ameaça da força caso não cumprido. Assim, a autoridade do Direito reside somente na vontade do soberano de punir aqueles que não lhe obedecem, fato esse que, para Dworkin, não se afaz a uma sociedade contemporânea.

Por sua vez, de acordo com Dworkin, a concepção de Direito de Hart é mais complexa, devendo ser mais destrinchada e debatida. Em sua concepção de Direito, Hart refuta a tese de que as regras são uma espécie de ordem de um soberano, fazendo uma análise mais ampla sobre esse instituto. Ele diferencia dois tipos lógicos de regras: as regras primárias e as regras secundárias. As regras primárias seriam aquelas que "concedem direitos ou impõem obrigações aos membros da sociedade", enquanto as secundárias "são aquelas que estipulam como e por quem tais regras podem ser estabelecidas, declaradas legais, modificadas ou abolidas"[240].

Para explanar a obrigatoriedade das regras, Hart diferencia as concepções de ser compelido (*being obliged*) a fazer algo e ser obrigado (*being obligated*). Se a obrigatoriedade da regra se baseia simplesmente na possibilidade de coação caso seja descumprida, então não se é obrigado, e sim compelido a respeitá-la. Porém "se alguém está submetido a uma regra, não está simplesmente compelido, mas obrigado a fazer o que a regra determina"[241].

Hart estipula que se está obrigado a seguir os ditames do direito. Mas de que vem essa obrigação?

> Uma regra difere de uma ordem por ser normativa, por estabelecer um padrão de comportamento que se impõe aos que a ela estão submetidos, para além da ameaça que pode garantir sua aplicação. Uma regra nunca pode ser obrigatória somente porque um indivíduo dotado de força física quer que seja assim. Ele deve ter autoridade para promulgar essa regra ou não se tratará de uma regra; tal autoridade somente pode se derivar de outra regra que já é obrigatória para aqueles aos quais ele se dirige. Essa é a diferença entre uma lei válida e as ordens de um pistoleiro[242].

Na tese de Hart, a obrigatoriedade do Direito não depende da força física de seus autores, e sim de critérios diferenciados de obrigatoriedade. A regra pode ser

[240] DWORKIN, Ronald. **Levando os Direitos a sério**. Tradução: Nelson Boeira, São Paulo: Martins Fontes, 2007b, p. 29.

[241] DWORKIN, Ronald. **Levando os Direitos a sério**. Tradução: Nelson Boeira, São Paulo: Martins Fontes, 2007b, p. 32.

[242] DWORKIN, Ronald. **Levando os Direitos a sério**. Tradução: Nelson Boeira, São Paulo: Martins Fontes, 2007b, p. 33.

obrigatória porque é socialmente aceita por um grupo ou porque é "promulgada de acordo com uma regra secundária que estipula que regras assim promulgadas serão obrigatórias"[243]. Esse segundo ponto nos traz o conceito de validade. *Uma regra é válida quando formulada de acordo com a maneira descrita por uma regra secundária, chamada de "regra de reconhecimento"*. Dessa forma, afirma Dworkin: "Uma regra pode ser obrigatória porque é aceita ou porque é válida."[244]

Em sociedades primitivas existem somente regras primárias, que são aceitas pela comunidade, não existindo um teste válido para separar regras sociais de regras jurídicas. Em uma sociedade complexa esses testes existem, sendo possível separar regras sociais de jurídicas, possibilitando a ideia de Direito. A regra utilizada para fazer esse reconhecimento de regras jurídicas é chamada por Hart de "regra de reconhecimento". Cada regra jurídica presente no ordenamento deve ser colocada em uma cadeia de validade, remontando a regra fundamental, que seria a regra de reconhecimento.

A regra de reconhecimento, em si, não é válida, pois não pode passar pelo mesmo teste que as demais. Assim, é a única regra do ordenamento que depende de aceitação para se tornar obrigatória.

Nesse ponto ocorre a maior diferença entre o pensamento de Austin e Hart. Apesar de admitir que as regras possam emanar de autoridades públicas, como Austin previa, Hart diz que elas não vêm do seu monopólio de poder, e sim de padrões constitucionais que autorizam essas autoridades a operar, aceitos previamente pela comunidade, na forma de uma regra de reconhecimento.

Hart ainda reconhece que diferentes comunidades utilizam diferentes testes para aferir a validade de suas regras, não existindo um teste-padrão para todas as comunidades jurídicas, como supunha Austin.

A partir desse ponto, tendo traçado em linhas gerais no que consiste o positivismo jurídico, Dworkin começa seu ataque ao positivismo utilizando a obra de Hart como paradigma dessa corrente.

O centro do ataque de Dworkin consiste que, principalmente em casos difíceis, ao debaterem sobre direitos e obrigações, os juristas "recorrem a padrões que não funcionam como regras, mas operam diferentemente, como princípios, políticas e outros tipos de padrões"[245]. Para esse autor, o positivismo é um sistema constituído por regras que relega esses outros padrões utilizados para resolver casos concretos.

[243] DWORKIN, Ronald. **O império do Direito**. Tradução: Jefferson Luiz Camargo. Revisão técnica: Gildo de Sá Leitão Rios, São Paulo: Martins Fontes, 2007a, p. 33.

[244] DWORKIN, Ronald. **O império do Direito**. Tradução: Jefferson Luiz Camargo. Revisão técnica: Gildo de Sá Leitão Rios, São Paulo: Martins Fontes, 2007a, p. 33.

[245] DWORKIN, Ronald. **Levando os Direitos a sério**. Tradução: Nelson Boeira, São Paulo: Martins Fontes, 2007b, p. 36.

Para Dworkin, esses princípios, políticas e outros tipos de padrões são denominados genericamente de "princípios". Assim, a diferença entre esse tipo genérico arguido de princípio e o termo "política" é que o primeiro é uma exigência de "justiça, equidade ou alguma outra dimensão de moralidade", enquanto o segundo "é aquele tipo de padrão que estabelece um objetivo a ser alcançado, em geral uma melhoria em algum aspecto econômico, político ou social da comunidade"[246].

Dworkin, dessa forma, identifica padrões jurídicos diferentes de regras, chamados de "princípios", que têm o condão de solucionar casos judiciais. A partir do descobrimento da importância dos princípios jurídicos para o Direito, Dworkin defende que um conceito de obrigação jurídica deve dar grande atenção a esses padrões, possibilitando seguir dois caminhos distintos.

O primeiro caminho, segundo o autor, leva a tratar os princípios jurídicos como normas, assim como as regras, defendendo que alguns deles têm obrigatoriedade e devem ser levados em consideração pelas autoridades aplicadoras do Direito ao tomar suas decisões. Dessa forma, o Direito seria concebido como um sistema de regras e princípios. O segundo, por sua vez, nega, de acordo com Dworkin, a obrigatoriedade dos princípios. O cerne da questão, então, seria a escolha de um dos dois conceitos para os princípios jurídicos.

Dworkin faz o paralelo entre as duas teses sobre os princípios jurídicos com dois conceitos de regra previamente expostos por Hart. O jusfilósofo lembra que adotar uma regra para si como obrigatória é diferente de estar obrigado por uma regra. Assim, quando adotamos uma regra, contrariá-la não significa que estamos fazendo algo errado; porém, quando estamos obrigados por uma regra, contrariá-la pode levar a críticas e até punição.

As duas teses sobre princípios andam paralelamente às das regras. Quando se adota a primeira tese, de acordo com Dworkin, os princípios devem ser considerados obrigatórios pelos juízes, incorrendo em erro em caso de sua não aplicação, quando pertinente. Ao adotar a segunda, a utilização dos princípios é de livre escolha do julgador, pois não são obrigatórios, fazendo com que o juiz deva ir além do Direito para tomar sua decisão.

Assim, Dworkin demonstra a diferença entre a aceitação das doutrinas expostas. No caso da primeira, a resolução dos casos difíceis pelos juízes por meio da aplicação de princípios nada mais seria do que a aplicação de direitos e obrigações jurídicas, tendo em vista que, nessa concepção, os princípios jurídicos são obrigatórios. A aceitação da segunda doutrina significaria o uso do poder discricionário dos juízes para a solução de casos, partindo de outras fontes alheias ao Direito.

Passa, então, o autor a investigar o significado de poder discricionário para solucionar confusões a respeito desse conceito e verificar se existe relação entre

[246] DWORKIN, Ronald. **Levando os Direitos a sério**. Tradução: Nelson Boeira, São Paulo: Martins Fontes, 2007b, p. 32.

o poder discricionário defendido pelos positivistas e aquele trazido pela segunda concepção de princípios.

Dworkin assevera que os positivistas retiraram o conceito de poder discricionário da linguagem comum. Nessa linguagem, o poder discricionário só faria sentido se alguém tivesse que tomar uma decisão de acordo com os padrões estabelecidos por uma autoridade.

No entanto, esse é um conceito relativo, que depende do contexto em que está sendo utilizado para se entender seu significado. "Como quase todos os termos, o significado de 'poder discricionário' é afetado pelas características do contexto."[247] Dessa forma, a expressão "poder discricionário" pode ser usada em várias acepções. Em um primeiro sentido (fraco), significa que alguma autoridade, por alguma razão, deve aplicar padrões que não podem ser aplicados mecanicamente, exigindo certa capacidade de julgamento, como no caso em que um tenente ordena a um sargento que traga seus cinco homens mais experientes, mas é difícil determinar quais são eles, devendo o sargento fazer um pequeno julgamento sobre a situação.

Em um segundo sentido (também fraco), significa que alguma autoridade pública tem o poder de tomar uma decisão de última instância para a qual não existe revisão e não pode ser cancelada por ninguém.

Dworkin define essas duas formas como fracas para diferenciá-las de um terceiro sentido, a qual o autor classifica como forte. No sentido forte de poder discricionário, a autoridade não é limitada por padrões previamente estabelecidos, estando livre para tomar sua decisão de acordo com seus padrões de racionalidade, equidade e eficácia. Teria esse tipo de poder discricionário o sargento ordenado a escolher quaisquer cinco homens para uma patrulha. Essa escolha seria feita de acordo com os critérios do sargento, dando-lhe certa liberdade de escolha.

Cabe ressaltar, segundo o autor, que essa forma de poder discricionário "não é equivalente à licenciosidade e não exclui a crítica". Ele quer dizer que, mesmo com poder discricionário, no sentido forte, a autoridade deve decidir de acordo com o bom senso e a equidade, sendo que "apenas a decisão não é controlada por um padrão formulado pela autoridade particular que temos em mente quando colocamos a questão do poder discricionário"[248], podendo a autoridade imbuída com esse poder ser criticada, porém não quanto à desobediência.

Tendo Dworkin esclarecido os sentidos de poder discricionário, ele volta sua crítica ao positivismo, sustentando que, ao não existir regra para um caso, o juiz deve decidir discricionariamente. Os positivistas defendem que, normalmente, os juízes não têm poder discricionário, só quando não existe uma regra disponível para o caso.

[247] DWORKIN, Ronald. **Levando os Direitos a sério**. Tradução: Nelson Boeira, São Paulo: Martins Fontes, 2007b, p. 51.

[248] DWORKIN, Ronald. **Levando os Direitos a sério**. Tradução: Nelson Boeira, São Paulo: Martins Fontes, 2007b, p. 53.

Um ponto forte na doutrina positivista é a existência de uma regra formal de reconhecimento para desvendar o que é o "direito". Um positivista pensaria: "Como os princípios nem sempre podem passar por esse teste formal, então não são obrigatórios." Porém tendo em vista que os princípios jurídicos são excelentes aliados para a resolução de casos difíceis, então, de acordo com Dworkin, um modelo que explicasse seu papel no direito sairia em frente ao positivismo.

O autor acredita que os princípios, ou pelos menos alguns deles, devem ser considerados obrigatórios para os juízes e necessários para se chegar a algumas decisões, sob o risco de poucas ou mesmo nenhuma regra ser obrigatória para eles. Para chegar a essa conclusão, Dworkin argumenta que, na atualidade, a rejeição de regras estabelecidas é normal. Assim, se os tribunais tivessem o poder discricionário para mudar ou rejeitar essas regras, nenhuma regra seria obrigatória para eles, não havendo, assim, direito nos termos positivistas. Dessa forma, eles devem argumentar que existem padrões para serem seguidos pelos juízes na rejeição de uma regra posta. Porém: quais seriam esses padrões?

De acordo com Dworkin, esses padrões devem ser os princípios jurídicos, agindo de duas formas distintas. Na primeira, é necessário que a mudança de regras favoreça algum princípio superior. Para o autor, é óbvio que não poderia ser arguido qualquer princípio a bel prazer da autoridade judiciária, sendo necessário que haja uma ponderação de interesses para revelar a importância e o peso do princípio pelo qual a regra está sendo alterada.

Em uma segunda forma, um juiz que pretende alterar uma doutrina deve se ater aos padrões contrários a essa alteração, que, na maioria das vezes, se mostram como princípios. Dessa forma, caso alguém pense no Direito como um sistema de regras e, ainda assim, reconheça que os juízes alteram o ordenamento jurídico, ele facilmente chegará à doutrina do poder discricionário em sua acepção forte.

Existe, segundo Dworkin, outra consequência de pensar o Direito como um sistema de regras. Nessa concepção, quando os positivistas pensam em princípios, eles veem padrões de direito; porém, como só conhecem o direito como regras, então tentam ver os princípios como regras, ou seja, padrões que tentam ser regras.

Quando os positivistas veem alguém argumentando que os princípios fazem parte do Direito, eles os entendem como a teoria da norma superior. Nessa concepção, os princípios seriam regras sobre regras do Direito. Porém não há como testar a validade de pretensas regras, concluindo, assim, o positivista que esses padrões não poderiam ser regras sobre regras, mas somente padrões extrajurídicos selecionados por juízes para ajudá-los a resolver casos difíceis com seu poder discricionário, tendo em vista a impossibilidade de os testar formalmente em todos os casos. A adoção dessa tese pelos positivistas significaria a adoção da doutrina do poder discricionário pelos juízes.

A partir de sua tese principiológica, Dworkin passa examinar a regra de reconhecimento de Hart — o teste formal para aferir a validade de regras jurídicas.

Dworkin alega que, se a vontade for preservar a noção de uma regra de reconhecimento, essa regra deve ser capaz de reconhecer os princípios jurídicos também como normas.

Para Hart, as regras têm validade quando promulgadas por uma instituição ou autoridade competente, satisfazendo a regra de reconhecimento. De acordo com Dworkin, é impossível fazer esse mesmo teste quando se trata de princípios. Para ele, esses princípios jurídicos têm origem em outras bases, como explicitou:

> A origem desses princípios enquanto princípios jurídicos não se encontra na decisão particular de um poder legislativo ou tribunal, mas na compreensão do que é apropriado, desenvolvida pelos membros da profissão e pelo público ao longo do tempo[249].

Contudo, como Dworkin provaria quais são princípios jurídicos? De acordo com o autor, quanto mais apoio institucional pudéssemos encontrar para um princípio, mais peso poderíamos reivindicar a ele. Por apoio institucional, Dworkin se refere, por exemplo, a decisões passadas que o utilizaram na sua argumentação, leis que exemplificam o princípio ou o trazem em seu preâmbulo. Dessa forma, seria um apoio estatal, institucional, a respeito da existência de dado princípio. Esse apoio não é necessário, porém é de grande valia para dar mais legitimidade ao princípio em pauta.

Mesmo com esse argumento, ainda seria impossível encontrar um teste formal padrão para os princípios jurídicos que atribuísse validade a eles. Dworkin, nesse ponto, pondera sobre a validade dos princípios. Para o jusfilósofo, validade é um conceito do tipo tudo ou nada, que cabe mais às regras, sendo incompatível com a dimensão de peso típica dos princípios.

Dworkin lembra que, nos Estados Unidos e na Inglaterra, existem regras jurídicas que não foram criadas por um órgão competente, pois representavam o costume de certas comunidades, passando a ser aceitas como regras. Austin negava que tais regras tivessem valor jurídico, pois como, para ele, as regras diziam respeito a comandos do soberano, e como essas regras provindas dos costumes não eram ordens explícitas dele, não poderiam ser regras até que fossem reconhecidas pelos tribunais ou pelo próprio soberano.

Hart pensou de outro modo: ele acreditava que a regra suprema de reconhecimento poderia estipular um costume como regra jurídica sem que, para isso, passasse pelo reconhecimento de uma autoridade competente; porém, em sua doutrina, Dworkin não apresenta a forma para isso ocorrer. Dworkin comenta que o critério não pode ser o que a comunidade acredite ser a regra moralmente obrigatória, pois, dessa forma, não poderiam ser separadas regras jurídicas de regras morais.

249 DWORKIN, Ronald. **Levando os Direitos a sério**. Tradução: Nelson Boeira, São Paulo: Martins Fontes, 2007b, p. 64.

Hart acreditava que a regra de reconhecimento representava a passagem da sociedade primitiva para uma sociedade mais evoluída, tendo em vista que, a partir da adoção dessa regra fundamental, poderiam ser separadas as regras jurídicas de outras regras, podendo ser reconhecidas e não mais medidas pela aceitação.

Dworkin argumenta que, se a regra de reconhecimento simplesmente afirmar que todas as regras aceitas pela sociedade como obrigatórias sejam obrigatórias, então não haveria realmente um teste de reconhecimento: a regra de reconhecimento seria uma não regra de reconhecimento.

Porém, não é isso o que ocorre. Segundo Dworkin, o tratamento dado por Hart aos costumes permite inferir que esse doutrinador aceita serem determinadas regras válidas não em razão de uma regra suprema, mas sim por serem aceitas como obrigatórias pela comunidade. Esse fato contradiz a teoria de Hart de que somente a regra de reconhecimento teria base na aceitação social.

Dworkin reconhece que Hart também não aceitaria colocar os princípios jurídicos no ordenamento como regras costumeiras pela aceitação social, uma vez que isso reduziria em grande parte a força e a importância da regra de reconhecimento. Além disso, caso os princípios fossem aceitos dessa forma no ordenamento, as regras proferidas pela primeira vez após uma decisão pautada em princípios retirariam sua força desses princípios e não de uma regra de reconhecimento.

Esses fatos levam a crer que é impossível adaptar a versão do positivismo de Hart para a inclusão dos princípios, como nos mostrou Dworkin:

> Nenhum teste de *pedigree* que associe princípios a atos que geram legislação pode ser formulado, nem seu conceito de direito oriundo do costume, em si mesmo uma exceção a primeira tese do positivismo, pode ser tornado útil sem o abandono integral dessa tese[250].

Dworkin então se pergunta se não seria interessante ver os princípios como o fundamento do ordenamento, retirando, assim, a importância da regra de reconhecimento. O autor responde a sua indagação dizendo que, para isso, seria necessário arrolar todos os princípios em vigor naquela época em um documento, com sua devida importância anotada. Somente dessa forma poderíamos usar os princípios jurídicos como regra de reconhecimento de determinado Estado, porém isso seria impossível:

> Se [...] realmente tentarmos arrolar todos os princípios em vigor, seremos mal sucedidos. Eles são controversos, seu peso é de importância fundamental, eles

250 DWORKIN, Ronald. **Levando os Direitos a sério**. Tradução: Nelson Boeira, São Paulo: Martins Fontes, 2007b, p. 69.

> são incontáveis e se transformam com tanta rapidez que o início de nossa lista estaria obsoleto antes que chegássemos à metade dela[251].

O autor conclui que, caso se queira ver os princípios jurídicos como direito, então será preciso abandonar a primeira tese que forma o esqueleto positivista, a tese da regra de reconhecimento. Deve-se também abandonar a segunda, aquela sobre o poder discricionário dos juízes. Porém a terceira, a respeito da obrigação jurídica, ainda não foi debatida.

Para os positivistas, só haveria obrigação jurídica quando existisse uma regra válida e obrigatória que a estabelecesse. Assim, nos casos difíceis, não haveria obrigação jurídica até que os juízes criassem uma regra para o futuro, aplicando, consequentemente, ao caso passado. Dessa maneira, porém, os juízes não estariam efetivando uma obrigação jurídica, e sim legislando após o fato.

De acordo com Dworkin, a doutrina positivista do poder discricionário exige essa acepção, pois se um juiz tivesse esse poder, então não existiriam nem direitos, nem obrigações, pelo menos nos casos difíceis. Quando os princípios são adotados como normas jurídicas, aceita-se que uma obrigação jurídica pode advir de um princípio ou de uma constelação deles, assim como de regras, contrariando a tese do poder discricionário.

Dworkin assegura que o positivismo não procura enfrentar casos difíceis e enigmáticos, e quando eles aparecem, essa doutrina se refugia na tese do poder discricionário: para ele, isso seria impensável. É necessário, então, construir um modelo mais condizente com a realidade e as práticas judiciais, um modelo que considere princípios e políticas como normas jurídicas.

O autor construiu esse modelo, chamando-o de “Direito como integridade”, vendo o Direito a partir de uma teoria interpretativa construtivista. Para Dworkin, o positivismo, com a ideia central de relativismo valorativo e ceticismo moral, trouxe problemas ao objetivismo e à questão da verdade, reduzindo concepções sobre o mundo a meras opiniões e diminuindo a força moral da construção de um Estado de Direito.

A verdade última somente é alcançada pela ciência; logo, todas as opiniões se encontram sob o mesmo patamar (e só é realmente válido aquele ponto de vista cientificamente comprovado, tendo o método para se chegar à verdade do mundo). Tal linha de pensamento influencia a sociedade até hoje, desde o meio jurídico até o artístico.

251 DWORKIN, Ronald. **Levando os Direitos a sério**. Tradução: Nelson Boeira, São Paulo: Martins Fontes, 2007b, p. 70.

Nesse compasso, Dworkin[252] tenta combater tal ideia por meio de uma metodologia interpretativa pautada em um programa político liberal e igualitário, com base na equidade, devido processo legal e direitos individuais[253].

Em sua obra seminal, *O império do Direito*, Dworkin adota o ponto de vista de um participante interno do sistema a partir da análise da prática dos tribunais e do Direito como argumentação, fundamentando sua teoria principalmente em uma crítica ao positivismo, tentando substituí-lo por uma teoria da interpretação do Direito com a finalidade de, em cada caso, buscar a resposta jurídica correta.

Nessa construção, ele afirma que a função de um profissional do Direito é uma atividade precipuamente moral, principalmente em razão de lidar com vidas e as situações complexas que as atingem. Ainda mais, advogados, juízes, promotores, dentre outros, fazem parte de um processo ininterrupto de formação do Direito, dada sua natureza argumentativa e inconclusa. Desse modo, o entendimento sobre a natureza, teoria e prática do Direito são importantíssimos, pois são esses horizontes que lhes darão as ferramentas necessárias para a perpetuação do projeto[254].

Em defesa de sua teoria interpretativista diante do projeto complexo de sociedade, Dworkin argumenta que "os enunciados jurídicos são juízos interpretativos e, portanto, combinam elementos que parecem se mover para trás e para diante"[255] e, assim, "interpretam a prática jurídica contemporânea como uma narrativa em processo de desenvolvimento"[256]. Nesse contexto, o projeto do Estado de Direito seria a criação de uma comunidade de princípios liberais, tendo os cidadãos não como meros sujeitos, e sim como portadores de direitos, que devem ser respeitados pela sua qualidade intrínseca de ser humano.

Nesse contexto, Dworkin faz a diferenciação entre princípios e políticas: "Os argumentos de princípio são argumentos destinados a estabelecer um direito individual"[257], enquanto "os argumentos de política são argumentos destinados a

252 DWORKIN, Ronald. **O império do Direito**. Tradução: Jefferson Luiz Camargo. Revisão técnica: Gildo de Sá Leitão Rios, São Paulo: Martins Fontes, 2007a, p. 199-200.

253 Em suas palavras: "Os ideais de uma estrutura política imparcial, uma justa distribuição de recursos e oportunidades é um processo equitativo de fazer vigorar as regras e os regulamentos que os estabelecem. Para ser breve, vou chamá-los de virtudes da equidade, justiça e devido processo legal adjetivo."

254 DWORKIN, Ronald. **O império do Direito**. Tradução: Jefferson Luiz Camargo. Revisão técnica: Gildo de Sá Leitão Rios, São Paulo: Martins Fontes, 2007a, p. 87.

255 DWORKIN, Ronald. **O império do Direito**. Tradução: Jefferson Luiz Camargo. Revisão técnica: Gildo de Sá Leitão Rios, São Paulo: Martins Fontes, 2007a, p. 225.

256 DWORKIN, Ronald. **O império do Direito**. Tradução: Jefferson Luiz Camargo. Revisão técnica: Gildo de Sá Leitão Rios, São Paulo: Martins Fontes, 2007a, p. 225.

257 DWORKIN, Ronald. **O império do Direito**. Tradução: Jefferson Luiz Camargo. Revisão técnica: Gildo de Sá Leitão Rios, São Paulo: Martins Fontes, 2007a.

estabelecer um objetivo coletivo. Os princípios são proposições que descrevem direitos; as políticas são proposições que descrevem objetivos."[258]

Assim, juridicamente, os princípios precedem as políticas, tendo em vista que exprimem direitos, os quais, na visão dworkiniana, funcionam como trunfos que permitem que as pessoas sejam tratadas como iguais. A proteção de tais direitos individuais é um papel fundamental do judiciário, que inclusive deve proteger as minorias contra as maiorias ou determinada classe contra os fortes interesses econômicos, julgando esses casos com base em princípios, e não em políticas (às quais cabem ao Legislativo e Executivo).

No sentido de demonstrar a melhor forma de prática judicial no sistema em eterna construção, Dworkin apresenta o juiz Hércules, seu juiz-modelo. De acordo com o filósofo, o papel de tal juiz não é encontrar um direito natural que se jaz subjacente ao sistema, aparentemente por comungar com a percepção pós-moderna de que não existe uma estrutura natural do mundo, sendo esse um construto humano, e sim tentar impor certa ordem à doutrina existente, procedendo a significação do passado, em ordem que o sistema possa ser revitalizado para o futuro. Cabe a Hércules (simbolizando a comunidade jurídica) contar a narrativa de desenvolvimento da história institucional, em ordem de dar continuidade ao Estado de Direito fundado na liberdade e igualdade[259].

Desse modo, Dworkin desenvolve a ideia do romance em cadeia. Para o autor, a história de interpretação e aplicação do Direito em dado Estado se assemelha a um livro ou narrativa que tem diversos autores, porém que nunca é concluído, estando em eterna construção e reconstrução. Cabe ao autor subsequente partir de onde o último parou, dando continuidade à história, porém acrescentando material novo — essa é a obrigação judicial: dar continuidade ao sistema de Direito, mas sempre acrescentando coisas novas, buscando o equilíbrio entre o passado e o futuro e a coerência do sistema como um todo. É por meio dessa narrativa que a história do desenvolvimento social é contada. Nas palavras de Dworkin:

> é como um romancista na corrente. Ele deve ler tudo o que os outros juízes escreveram no passado, não apenas para descobrir o que disseram, ou seu estado de espírito quando o disseram, mas para chegar a uma opinião sobre o que esses juízes fizeram coletivamente, da maneira como cada um de nossos romancistas formou uma opinião sobre o romance coletivo escrito até então[260].

258 DWORKIN, Ronald. **O império do Direito**. Tradução: Jefferson Luiz Camargo. Revisão técnica: Gildo de Sá Leitão Rios, São Paulo: Martins Fontes, 2007a, p. 225.

259 SINCLAIR, Michael B. W. Hercules, omniscience, omnipotence, and the right answer thesis. **New York Law School Law Review**, New York, v. 46, 2003, p. 447-456.

260 DWORKIN, Ronald. **Uma questão de princípio**. 2. ed. Tradução: Luís Carlos Borges, São Paulo: Martins Fontes, 2005, p. 238.

Dworkin assinala que a tarefa do intérprete-aplicador do direito é complexa, exigindo responsabilidade para o discernimento de meras opiniões e crenças com o que é correto perante o sistema. Desse modo, não cabe ao intérprete-aplicador julgar conforme sua consciência[261] ou discricionariamente. Para Dworkin, o Direito sempre vincula a resposta do intérprete-aplicador, seja por meio de regras ou princípios. Cabe a ele organizar o sistema de modo que possa produzir respostas para as novas demandas. O sujeito não é mais aquele que deve emitir sua opinião de acordo com sua consciência para resolver casos concretos não regulados especificamente, e sim se deve impor ordem à doutrina e à jurisprudência, tentando, de forma responsável e coerente, investigar o sistema para obter respostas coerentes com novas demandas, ou seja, a resposta correta[262]. Ainda nas palavras de Dworkin:

> O direito como integridade nega que as manifestações do direito sejam descrições factuais do convencionalismo, voltados para o passado, ou programas instrumentais do pragmatismo jurídico, voltados para o futuro. Insiste em que as afirmações jurídicas são opiniões interpretativas que, por esse motivo, combinam elementos que se voltam tanto para o passado quanto para o futuro, interpretam a prática jurídica contemporânea como uma narrativa do processo de desenvolvimento[263].

Assim, cabe ao intérprete julgador, de forma responsável, organizar o sistema, de modo que possibilite a construção de respostas jurídicas coerentes para a resolução de novas demandas e, ademais:

> [...] a integridade torna-se um ideal político quando exigimos o mesmo do Estado ou da comunidade considerados como agentes morais, quando insistimos em que o Estado aja segundo um conjunto único e coerente de princípios mesmo quando seus cidadãos estão divididos quanto à natureza exata dos princípios de justiça e equidade corretos[264].

Negando a visão do Direito assumia pelo positivismo jurídico, para o qual deve haver um afastamento da dimensão moral na análise no Direito, Dworkin considera que ele é mediado pela moral, que se encontra latente na narrativa de construção do Estado de Direito ao qual se pertence, ou seja, nas decisões do passado, sejam elas políticas ou jurídicas. Assim, a moralidade dworkiniana se encontra na

261 Vale ver: STRECK, Lenio Luiz. **O que é isto**: decido conforme minha consciência? 6. ed. Porto Alegre, Livraria do Advogado, 2017.

262 ZIPURSKY, Benjamim C. Two takes on truth in normative discourse. **Boston University Law Review**, Boston, v. 90, 2010, p. 525-531.

263 DWORKIN, Ronald. **O império do Direito**. Tradução: Jefferson Luiz Camargo. Revisão técnica: Gildo de Sá Leitão Rios, São Paulo: Martins Fontes, 2007a, p. 225.

264 DWORKIN, Ronald. **O império do Direito**. Tradução: Jefferson Luiz Camargo. Revisão técnica: Gildo de Sá Leitão Rios, São Paulo: Martins Fontes, 2007a, p. 202.

construção da comunidade de princípios, possibilitada pela escrita de uma narrativa responsável e coerente da história institucional. Por outro lado, o princípio da integridade[265], basilar na construção de Dworkin, corresponde à moralidade interna do Direito, que "pede aos legisladores que tentem tornar o conjunto de leis moralmente coerente, e um princípio jurisdicional que determina que o direito, na medida do possível, seja visto como coerente nesse sentido"[266].

Dessa forma, segundo esse autor, a integridade insta os intérpretes-aplicadores do direito a trabalhar com ele de certa maneira: "o princípio jurisdicional de integridade ensina os juízes a identificar os direitos e deveres jurídicos, na medida do possível, a partir do pressuposto de que foram todos criados por um único autor"[267], qual seja "a comunidade personificada —, exprimindo uma concepção coerente de justiça e equidade". Ademais, a integridade ainda atesta que "as proposições de direito são verdadeiras se constarem (ou decorrerem) dos princípios de justiça, equidade e processo legal justo que fornecem a melhor interpretação construtiva da prática jurídica da comunidade"[268].

Para Dworkin, sua teoria permite não ser levado por uma concepção que tenta descrever de modo frio e objetivo o Direito, como fez grande parcela do positivismo, porém exige uma interpretação construtiva. O Direito não está pronto e acabado e nunca estará. Advogados, juízes, promotores, a população, dentre outros, fazem parte de um processo de eterna construção do sistema de direitos e deveres — aqueles que determinam o direito fazem parte da ordem jurídica.

Nessa construção, o Direito é uma questão interpretativa, um eterno diálogo entre pessoas com conhecimentos jurídicos sobre a existência de direitos, todos podendo alcançar a resposta jurídica correta. A argumentação, portanto, está na base desse sistema. Por vezes, a habilidade judicial não é boa o suficiente para

265 Dantas expôs: "Resumidamente o direito como integridade é uma teoria não cética das pretensões juridicamente protegidas: sustenta que as pessoas têm como pretensões juridicamente protegidas todos os direitos que são patrocinados pelos princípios que proporcionam a melhor justificativa da prática jurídica como um todo. Esses princípios são: a justiça, a equidade e o devido processo legal (legalidade)." Assim, para Dworkin, os juízes que aceitam o ideal interpretativo da integridade decidem os casos difíceis tentando encontrar, em um conjunto de princípios coerentes sobre os direitos e deveres das pessoas, a melhor interpretação construtiva da estrutura política e da doutrina jurídica de sua comunidade. O princípio da integridade desempenha o papel de equilibrar a justiça, a equidade e a legalidade. É um chamado aos juízes para que atuem com "coerência narrativa" na captação do fenômeno jurídico (DANTAS, David Diniz. Introdução à Teoria dos Princípios Constitucionais. MOREIRA, Eduardo Ribeiro; PUGLIESI, Márcio. (coord.). **20 anos da Constituição Brasileira**. São Paulo: Saraiva, 2009, p. 9).

266 DWORKIN, Ronald. **O império do Direito**. Tradução: Jefferson Luiz Camargo. Revisão técnica: Gildo de Sá Leitão Rios, São Paulo: Martins Fontes, 2007a, p. 176.

267 DWORKIN, Ronald. **O império do Direito**. Tradução: Jefferson Luiz Camargo. Revisão técnica: Gildo de Sá Leitão Rios, São Paulo: Martins Fontes, 2007a, p. 225.

268 DWORKIN, Ronald. **O império do Direito**. Tradução: Jefferson Luiz Camargo. Revisão técnica: Gildo de Sá Leitão Rios, São Paulo: Martins Fontes, 2007a, p. 225.

encontrar a resposta correta, porém cabe ao intérprete-aplicador continuar, por meio da interpretação e argumentação, em sua busca, uma vez que sempre existirão direitos a serem desvelados.

Dessa forma, o relativismo interpretativo pode ser combatido com a atitude interpretativa daqueles que o interpretam[269]. Advogados, juízes, promotores e acadêmicos — todos estão envolvidos na prática interpretativa de construção do direito com a finalidade de impor um sentido à prática que coligue moralmente a comunidade de princípios: "As pessoas agora tentam impor um significado à instituição — para vê-la em sua melhor luz —, e em seguida reestruturá-la à luz de tal significado"[270]. Ainda mais: "Uma questão de impor um propósito a um objeto ou uma prática, a fim de convertê-los no melhor exemplo possível da forma ou do gênero ao qual se considera que pertencem."[271]

Com esse ideário, Dworkin[272] descreve a prática interpretativa fundada em três etapas: uma pré-interpretativa, na qual a prática deve ser identificada; uma interpretativa, na qual se deve justificar a necessidade de continuidade da prática; e uma pós-interpretativa, em que se deve reformar a prática de acordo com a justificação oferecida na segunda etapa, construindo-a para o futuro.

A partir desse vetor de interpretação, baseado em um projeto de comunidade com um significado, e de interpretações coerentes com tal projeto, pode-se afirmar que existem interpretações mais corretas que outras, ou seja, mais verdadeiras.

É possível utilizar como exemplo desse tipo de interpretação uma experiência estética, como a interpretação de um filme. Tomemos como exemplo o famoso filme *Laranja mecânica*, de Stanley Kubrick, baseado no romance distópico *A Clockwork Orange* (1986), de Anthony Burgess.

Um espectador poderia interpretá-lo como um filme de ação, no qual uma gangue de jovens aterroriza uma cidade em um futuro não tão distante. Essa primeira interpretação não consegue ser coerente com o projeto crítico delineado na obra, uma vez que a reduz a uma narrativa sem pretensões críticas, mais um "enlatado de entretenimento", geralmente produzido em terras norte-americanas.

269 Nesse sentido, Dworkin diz: "O império do direito é definido pela postura [...] interpretativa, autorreflexiva, voltada para a política no sentido mais amplo. É uma postura protestante, que torna cada cidadão responsável por imaginar quais são os compromissos públicos da sociedade com o princípio. E essa comunidade de aedos construirá, entusiasmada e perpetuamente, não autopoieticamente, o sistema do Direito" (DWORKIN, Ronald. **O império do Direito**. Tradução: Jefferson Luiz Camargo. Revisão técnica: Gildo de Sá Leitão Rios, São Paulo: Martins Fontes, 2007a, p. 413).

270 DWORKIN, Ronald. **O império do Direito**. Tradução: Jefferson Luiz Camargo. Revisão técnica: Gildo de Sá Leitão Rios, São Paulo: Martins Fontes, 2007a, p. 47.

271 DWORKIN, Ronald. **O império do Direito**. Tradução: Jefferson Luiz Camargo. Revisão técnica: Gildo de Sá Leitão Rios, São Paulo: Martins Fontes, 2007a, p. 52.

272 DWORKIN, Ronald. **O império do Direito**. Tradução: Jefferson Luiz Camargo. Revisão técnica: Gildo de Sá Leitão Rios, São Paulo: Martins Fontes, 2007a, p. 81–82).

Um segundo espectador, por sua vez, enxerga que se trata de um filme dramático, em que o vazio existencial provocado pela sociedade de consumo reverbera na violência sem sentido praticada por jovens como única forma de se sentirem realmente vivos em uma sociedade plastificada. A segunda acepção se mostra mais coerente com o projeto crítico delineado por Anthony Burgess em seu livro e relido em filme por Kubrick. Não se trata de uma obra de ação violenta, e sim de um esforço intelectual para mostrar o vazio existencial provocado em uma sociedade que preza pelo *avoir* (ter), em detrimento do *être* (ser), o que culmina em uma juventude sem ligações fortes com o projeto humano, propensa a atos de violência desmedida, tendo em vista a reificação (coisificação) provocada nos indivíduos pela sociedade de consumo, que enxerga no outro uma coisa e não um sujeito.

A partir de tal construção, Dworkin clama para que os intérpretes-aplicadores do direito persigam uma resposta certa, no sentido de correção aqui expressado, ou seja, íntegro e coerente com o projeto de comunidade que se deseja construir.

Como já suscitado, é importantíssimo que o acervo de concepções sobre o Direito auxilie na construção e reconstrução do sistema, uma vez que, não contando com bases seguras sobre o que se está falando, é muito provável que ocorram interpretações falaciosas. Dworkin aqui rejeita que a interpretação do Direito diante de casos difíceis deva ser refém de opiniões solipsistas, da discricionariedade judicial ou do decido conforme minha consciência. É necessário um estudo profundo da natureza do Direito e do próprio sistema normativo vigente em ordem de entender o projeto de comunidade em que se está inserido, organizando o sistema e proporcionando, de forma responsável, respostas coerentes (corretas) para os casos em voga.

O que Dworkin tenta construir é um sistema em que o importante não é a opinião pessoal do intérprete, porém respostas coerentes com o sistema como um todo. A interpretação do Direito deixaria de ser refém de solipsismos, devendo ser íntegra e responsável, interpretando o projeto da sociedade e buscando respostas para o Direito coerentes com esse projeto, equilibrando o passado e o futuro de forma que possa ser dada continuidade ao sistema, sempre acrescentando algo novo. Estar-se-á, com essa narrativa, contando a história da sociedade na qual se vive.

2.5.2.3.1 Resposta de Hart a Dworkin no posfácio da edição de 1994 do "Conceito de Direito"

Após as críticas tecidas por Dworkin ao positivismo, Hart elaborou sua resposta no posfácio da edição de 1994 de seu *O conceito de Direito*. Hart afirma que Dworkin defende que os princípios não podem ser identificados "por uma regra de reconhecimento manifestada na prática dos tribunais e que, uma vez que os princípios são elementos centrais no direito, deve abandonar-se a doutrina da regra de reconhecimento". Nesse esteio, os princípios jurídicos, para Dworkin, somente poderiam ser identificados por meio de uma interpretação construtiva — o cerne de seu

Direito como integridade, "como membros de um conjunto único de princípios que não só se ajusta melhor a toda a história institucional do direito estabelecido de um sistema jurídico, como também melhor o justifica"[273].

Hart afirma que nenhum tribunal nos Estados Unidos ou na Inglaterra jamais utilizou tal critério extensivo a todo o sistema ou holístico em suas decisões. Segundo o autor, mesmo Dworkin não acredita que um ser humano real seja capaz de dessa tarefa, relegando-a ao seu juiz mítico ideal, Hércules, que poderia praticar "o feito de construir uma interpretação de todo o Direito do seu país, de forma imediata". Hércules serviria para Dworkin como modelo para o entendimento da prática dos tribunais, que são "entendidos de forma mais cristalina enquanto tentam imitar Hércules de um modo limitado, e encarar os seus julgamentos dessa forma serve [...] para trazer à luz sua forma escondida"[274].

Para Hart, esse ponto de vista hercúleo de Dworkin de que a atividade interpretativa construtiva limitada de um juiz poderia clarificar a atividade jurídica prática não é plausível. Hart argumenta que a preocupação com a interpretação construtiva levou Dworkin "a ignorar o fato de que muitos princípios jurídicos devem o seu estatuto não ao conteúdo que serve como interpretação do direito estabelecido, mas antes aquilo que ele chama de seu *pedigree*"[275].

Segundo Hart, a preocupação demasiada com a interpretação construtiva leva Dworkin a um duplo erro. Primeiramente, de que os princípios jurídicos não podem ser identificados por um teste de reconhecimento; em segundo, de que a regra de reconhecimento somente pode conter critérios de *pedigree*.

Hart afirma que uma disposição constitucional ou um ato legislativo pode atuar de modo não conclusivo, semelhantemente aos princípios de Dworkin, trazendo razões para a determinação da decisão em um sentido e que podem ser superadas por outras regras ou princípios que tragam razões mais fortes no caso concreto.

Para Hart, diversos princípios jurídicos, no sentido dado por Dworkin, podem ser "identificados como direito pelo teste de *pedigree*, na medida em que têm sido invocados de forma coerente pelos tribunais, em casos diferentes, conferindo razões para a decisão, as quais devem ser levadas em conta, embora suscetíveis de serem afastadas em alguns casos"[276] por outras razões mais fortes. Com esse argumento, Hart afirma que a adoção de princípios jurídicos não leva necessariamente ao abandono da regra de reconhecimento.

Se alguns princípios podem ser identificados mediante uma regra de reconhecimento, a tese de Dworkin, segundo Hart, deve "reduzir-se à pretensão mais modesta de que há muitos princípios jurídicos que não podem ser capturados assim, porque

[273] HART, Herbert L. Adolphus. **The concept of Law**. Oxford: Clarendon, 1994, p. 326.
[274] HART, Herbert L. Adolphus. **The concept of Law**. Oxford: Clarendon, 1994, p. 326.
[275] HART, Herbert L. Adolphus. **The concept of Law**. Oxford: Clarendon, 1994, p. 327.
[276] HART, Herbert L. Adolphus. **The concept of Law**. Oxford: Clarendon, 1994, p. 327.

são demasiado numerosos, demasiado fugazes, ou demasiado suscetíveis de alteração ou modificação"[277], ou ainda, não passíveis de reconhecimento por qualquer teste diferente daquele de pertencerem a um esquema de princípios coerente e ajustado à história institucional e às práticas do sistema, servindo para justificá-las.

Desse modo, para Hart, o método dworkiniano também se trata de um teste, porém um teste interpretativista, "que parece não constituir uma alternativa a um critério fornecido por uma regra de reconhecimento, mas apenas [...] uma forma complexa, positivista moderada, de um tal critério que identifica os princípios pelo seu conteúdo, e não *pedigree*"[278]. Assim, o teste interpretativista de Dworkin seria um teste de reconhecimento pelo conteúdo dos princípios, e não de *pedigree*, ou seja, pela autoridade de que emanou o ato.

Para Hart, o método interpretativista não seria capaz de prover o "grau de certeza na identificação do direito que, segundo Dworkin, seria desejado por um positivista". Porém, como visto, trata-se de um teste de reconhecimento material que leva em conta o conteúdo dos princípios e que, logo, não estaria em contradição com a tese da regra de reconhecimento.

Nessa linha, Hart demonstra a necessidade de uma regra de reconhecimento na tese de Dworkin caso um princípio precise ser identificado pela via de um critério interpretativo:

> Isto é assim, porque o ponto de partida para a identificação de qualquer princípio jurídico, que seja trazido à luz pelo teste interpretativo de Dworkin, radica-se em alguma área específica do direito constituído a que o princípio se ajusta e que ajuda a justificar. O uso desse critério pressupõe, por isso, a identificação do direito constituído, e, para tal ser possível é necessária uma regra de reconhecimento que especifique as fontes de direito e as relações de superioridade e de subordinação que se estabelecem entre elas. Na terminologia do Império do Direito, as regras e práticas jurídicas que constituem ponto de partida para a tarefa interpretativa de identificação dos princípios subjacentes ou juridicamente implícitos constituem direito pré-interpretativo e muito do que Dworkin diz acerca dessa matéria parece apoiar o ponto de vista de que, para a sua identificação, é necessário algo muito semelhante a uma regra de reconhecimento que identifique as fontes de direito de forma autorizada [...][279].

Segundo Hart, a identificação de princípios por meio de critério interpretativo faz com que seja necessária uma regra de reconhecimento como ponto de partida para demonstrar as fontes válidas de obtenção do Direito. Hart acredita que a principal

277 HART, Herbert L. Adolphus. **The concept of Law**. Oxford: Clarendon, 1994, p. 328.
278 HART, Herbert L. Adolphus. **The concept of Law**. Oxford: Clarendon, 1994, p. 328.
279 HART, Herbert L. Adolphus. **The concept of Law**. Oxford: Clarendon, 1994, p. 329.

diferença entre o seu modelo e o de Dworkin é que, enquanto o primeiro atribui a fonte do reconhecimento ao "acordo geral existente entre os juízes quanto aos critérios de identificação das fontes de Direito à sua aceitação partilhada das regras que atribuem tais critérios[280], Dworkin prefere falar, não de regras, mas de consenso, de paradigmas e pré-compreensões", partilhados por membros de determinada sociedade.

Hart afirma que Dworkin diferencia dois tipos de consenso: um consenso de convicções independentes, no qual o concurso de outros não faz parte, e um consenso de convenção, no qual participam outras pessoas. A regra de reconhecimento, segundo Hart, está fundamentada em sua obra numa "forma convencional de consenso judicial". Nesse sentido, apesar das diferentes expressões utilizadas, Hart conclui que a explicação de Dworkin sobre a identificação judicial das fontes do direito é a mesma de seu trabalho.

Apesar dessa aproximação, Hart afirma que há grandes diferenças entre sua teoria e a de Dworkin; primeiramente, esta não concordaria com o tratamento dado por Hart para seu teste interpretativo como regra de reconhecimento, pois aviltaria seu projeto de construção interpretativa sob a melhor luz para o Direito, tendo em vista que este, para Dworkin, se ligaria com diversas outras práticas interpretativas, como a crítica literária, e não somente com a tarefa de reconhecer o Direito. Porém, segundo Hart, esse critério interpretativo holístico de Dworkin não é utilizado na prática dos tribunais, mas se o fosse, poderia perfeitamente ser embasado em uma regra convencional de reconhecimento.

Por outro lado, esquece Hart de observar que Dworkin, como explicitado por Pugliesi[281]:

280 HART, Herbert L. Adolphus. **The concept of Law**. Oxford: Clarendon, 1994, p. 329.

281 Textualmente: *"According to Dworkin (2013, 400 ff.), for instance, legal positivism says that law is a set of rules resulting from an agreement, norms created by human beings on the basis of contingent choices and practices and as such belonging to a particular community, but this positivism does not consider moral obligations to be part of law. In Dworkin's view, relativist or conventionalist conceptions, which believe that both law and morality are human creations, also fall within the orthodox framework of separation because, like positivism, they fail to establish the connections between the two systems of norms. Dworkin describes morality as a set of standards or norms that are binding on everyone. For this author, morality is not a conventional measure created by anyone, nor does it belong to any particular community. He believes that there is a common view of morality that would justify moral convictions in value judgements based on the analysis of an event. He also argues that the objectivity of a moral conviction does not derive from the particular elements that make up a (historical) fact, i.e. the social historical fact is not evidence of the truth of a moral conviction. Moral judgments would not be perceived mentally either, but the objective truth of moral judgments would find an answer in the structure of morality itself and not outside of it—which is clearly circular. Nothing escapes the necessary cultural component of a socio-historically situated project. There is no timeless morality to be found in itself: people construct their rules on the basis of the situations of their time and for the purposes of the dominant lines of their projects. This power to choose what projects will be objects belongs to the optimates and shapes the understanding of the norms themselves. The least loss for everyone in the situation depends on being able to play. Which doesn't always happen (just look at the extremely high costs of any legal dispute). In support of this belief, Dworkin (2013) states that moral reasoning would arise from interpretive reasoning in the search for 'morally good and better arguments' that would surpass the 'adequate' arguments that justify the truth of*

De acordo com Dworkin (2013, p. 400 e ss.), por exemplo, o positivismo jurídico afirma que o direito é um conjunto de regras resultantes de um acordo, normas criadas por seres humanos com base em escolhas e práticas contingentes e, como tais, pertencentes a determinada comunidade, mas esse positivismo não considera as obrigações morais como parte do Direito.

Na visão de Dworkin, as concepções relativistas ou convencionalistas, que acreditam que tanto o direito quanto a moral são criações humanas, também se enquadram na estrutura ortodoxa de separação porque, assim como o positivismo, elas não conseguem estabelecer as conexões entre os dois sistemas de normas.

Dworkin descreve a moralidade como um conjunto de padrões ou normas que são obrigatórios para todos. Para esse autor, a moralidade não é uma medida convencional criada por ninguém nem pertence a nenhuma comunidade em particular. Ele acredita que há uma visão comum da moralidade que justificaria as convicções morais em julgamentos de valor baseados na análise de um evento.

Ele também argumenta que a objetividade de uma convicção moral não deriva dos elementos particulares que compõem um fato (histórico), ou seja, o fato histórico social não é evidência da verdade de uma convicção moral. Os julgamentos morais também não seriam percebidos mentalmente, mas a verdade objetiva dos julgamentos morais encontraria uma resposta na estrutura da própria moralidade e não fora dela — o que é claramente circular.

Nada escapa do componente cultural necessário de um projeto sócio-historicamente situado. Não há moralidade atemporal a ser encontrada em si mesma: as pessoas constroem suas regras com base nas situações de seu tempo e para os propósitos das linhas dominantes de seus projetos.

Esse poder de escolher quais projetos serão objetos pertence aos otimizados e molda a compreensão das próprias normas. A menor perda para todos na situação depende da possibilidade de jogar. O que nem sempre acontece (basta olhar para os custos extremamente altos de qualquer disputa legal).

moral beliefs. He affirms the existence of a connection between morality and law through jurisprudential and legislative connections, in the context of legal normativity, and also a connection of content, i.e. the influence that the content of one system exerts on the content of the other. This reckless and inadequate position can be overcome by recognising that the search for the least harm to all those involved in the situation reached by the law is the best description of the moral action undertaken in the practice of law. This is in accordance with the precept recorded by Ulpiano and stated in the Digest: 'Iuris praecepta sunt haec: honeste vivere, alterum non laedere, suum cuique tribuere', that is: 'The precepts of law are these: to live honestly, not to harm others, to give each person what is his'" (PUGLIESI, Márcio. **Social clothes**: a proposal for a new approach to hermeneutics. London: Lambert, 2024).

> Em apoio a essa crença, Dworkin (2013) afirma que o raciocínio moral surgiria do raciocínio interpretativo na busca de "argumentos moralmente bons e melhores" que que superariam os argumentos "adequados" que justificam a verdade das crenças morais.
>
> Ele afirma a existência de uma conexão entre a moral e o direito por meio de conexões jurisprudenciais e legislativas, no contexto da normatividade jurídica, e também uma conexão de conteúdo, ou seja, a influência que o conteúdo de um sistema exerce sobre o conteúdo do outro.
>
> Essa posição temerária e inadequada pode ser superada com o reconhecimento de que a busca pelo menor dano a todos os envolvidos na situação alcançada pela lei é a melhor descrição da ação moral empreendida na prática do Direito. Isso está de acordo com o preceito registrado por Ulpiano e declarado no Digesto: "*Iuris praecepta sunt haec: honeste vivere, alterum non laedere, suum cuique tribuere*", ou seja: "Os preceitos da lei são estes: viver honestamente, não prejudicar os outros, dar a cada um o que é seu."

Como se pode ver, subjaz a toda essa discussão, quer envolva questões fundamentais do Direito, quer não, a busca constante da manutenção da propriedade nas mãos de quem a tem. A permeabilidade do sistema moral representa um risco permanente se essa regra não for observada, pois o sistema instaurado a partir das observações de Locke e disseminado por toda a dialética da Modernidade representa a busca da manutenção do estado de coisas burguês: um olho no lucro e outro na segurança da propriedade já adquirida.

2.5.2.4 O CULTURALISMO DE MIGUEL REALE E A ESTRUTURA TRIDIMENSIONAL DO DIREITO

Miguel Reale foi um dos mais importantes teóricos do Direito do Brasil. Sua teoria sobre o Direito influenciou — e continua influenciando — parte da academia e da prática jurídica. Para o autor, a palavra "Direito" pode corresponder a três acepções: direito em seu aspecto normativo, englobando a ciência do direito e seu ordenamento; direito em seu aspecto fático, seara de efetividade histórica e social; e direito em seu aspecto axiológico, implicando juízos de valor e justiça. Nas palavras de Reale:

> O Direito é sempre fato, valor e norma, para quem quer que o estude, havendo apenas variação no ângulo ou prisma de pesquisa. A diferença é, pois, de ordem metodológica, segundo o alvo que se tenha em vista atingir. E, o que com acume Aristóteles chamava de "diferença específica", de tal modo que o discurso do jurista vai do fato ao valor e culmina na norma; o discurso do sociólogo

vai da norma para o valor e culmina no fato e, finalmente, nós podemos ir do fato à norma, culminando no valor, que é sempre uma modalidade do valor do justo, objeto próprio da Filosofia do Direito[282].

Dessa construção de Reale nasce o modelo tridimensional do Direito, como norma, fato e valor:

a) onde quer que haja um fenômeno jurídico, há, sempre e necessariamente, um fato subjacente (fato econômico, geográfico, demográfico, de ordem técnica etc.); um valor, que confere determinada significação a esse fato, inclinando ou determinando a ação dos homens no sentido de atingir ou preservar certa finalidade ou objetivo; e, finalmente, uma regra ou norma, que representa a relação ou medida que integra um daqueles elementos ao outro, o fato ao valor;

b) tais elementos ou fatores (fato, valor e norma) não existem separados um dos outros, mas coexistem numa unidade concreta;

c) mais ainda, esses elementos ou fatores não só se exigem reciprocamente, mas atuam como elos de um processo (já se viu que o Direito é uma realidade histórico-cultural) de tal modo que a vida do Direito resulta da interação dinâmica e dialética dos três elemento que a integram[283].

No modelo de Reale[284], o Direito se apresenta como um fenômeno resultante da relação dialética e dinâmica dos três elementos: norma, fato e valor. Desse modo, um fato se liga a um valor "para se expressar através de uma norma legal que atende às relações que devem existir entre aqueles dois elementos". Assim, "fatos, valores e normas se implicam e se exigem reciprocamente, o que, [...], se reflete também no momento em que o jurisperito (advogado, juiz ou administrador) interpreta uma norma ou regra para dar-lhe aplicação".

Reale afirma que, desde o surgimento da norma jurídica — sua positivação —, ela serve para regular fatos de acordo com determinados valores até o momento final de sua aplicação, quando, da interpretação, observa-se a implicação de fatos e valores. Nesse compasso, "o Direito se caracteriza por sua estrutura tridimensional, na qual fatos e valores se dialetizam, isto é, obedecem a um processo dinâmico [...]"[285]. O autor chama esse processo de "dialética de implicação-polaridade", que não se confunde com a dialética dos opostos hegelianos. No processo, fato e valor se correlacionam de forma que se mantêm irredutíveis — polaridade, porém

282 REALE, Miguel. Linha evolutiva da Teoria Tridimensional do Direito. In: **Revista da Faculdade de Direito, Universidade de São Paulo**, v. 88, 1993, p. 305.

283 REALE, Miguel. **Lições preliminares de Direito**. 27. ed. São Paulo: Saraiva, 2002, p. 60.

284 REALE, Miguel. **Lições preliminares de Direito**. 27. ed. São Paulo: Saraiva, 2002, p. 61.

285 REALE, Miguel. **Lições preliminares de Direito**. 27. ed. São Paulo: Saraiva, 2002, p. 61.

"se exigindo mutuamente", e implicação, "o que dá origem à estrutura normativa como momento de realização do Direito. Por isso, é denominada também 'dialética da complementaridade'", pois ocorre atribuição bilateral das esferas de fato e valor, mantendo-se irredutíveis, que tem sua síntese no dever-ser normativo.

A partir da tridimensionalidade e da dialética da complementaridade, Reale conceitua o Direito de três modos: primeiramente no âmbito do fato, "Direito é a realização ordenada e garantia do bem comum numa estrutura tridimensional bilateral atributiva"[286]; em segundo lugar, no âmbito da norma, como "ordenação heterônoma, coercível e bilateral atributiva das relações de convivência, segundo uma integração normativa de fatos segundo valores"; em terceiro e último, no âmbito do valor, "direito é a concretização da ideia de justiça na pluridiversidade de seu dever ser histórico, tendo a pessoa como fonte de todos os valores".

Na investigação de Reale, o Direito somente pode ser integralmente compreendido com o estudo da relação dinâmica entre as três dimensões da experiência jurídica. Nesse compasso, alguns esclarecimentos iniciais sobre o tridimensionalismo de Reale se fazem necessários para investigar sua teoria sobre os fundamentos do Direito.

Nesse modelo, o fundamento de validade de uma norma a pode ser investigado por três aspectos: "O de validade formal ou técnico-jurídica (vigência), o da validade social (eficácia ou efetividade) e o da validade ética."[287]

O primeiro aspecto investiga critérios formais de validade de uma norma, como o órgão competente para sua produção ou a matéria sobre a qual versa a legislação. Por exemplo, a Constituição brasileira determina que a União tem competência exclusiva para legislar sobre Direito Penal. Assim, em matéria de Direito Penal, somente normas produzidas pela União são válidas — os estados e municípios são vedados de legislar sobre a matéria. Para Reale, o terceiro critério avaliado nesse aspecto é a legitimidade do procedimento ou *due process of law*. "Esse requisito diz respeito à legitimidade da própria maneira pela qual o órgão executa aquilo que lhe compete, ou a norma jurídica é elaborada."[288] Assim, "não basta ser governo. É preciso praticar os atos de governo segundo os trâmites legais." A legitimidade do procedimento exige a prática de atos segundo os limites da lei. Desse modo, por exemplo, a norma de direito penal não pode ser criada de qualquer forma pela União, mas deve seguir os trâmites estabelecidos na Constituição para a produção de normas jurídicas dessa espécie.

Uma norma que se conforme aos três critérios investigados nesse âmbito é uma norma que tem condições de vigência, segundo Reale. Caso contrário, se uma norma não se enquadra nesses critérios, ela não dispõe de condições de vigência.

O exame de constitucionalidade de uma lei, por muitas vezes, é o exame de adequação da lei a esses três critérios, caso dispostos na Constituição. Por

286 REALE, Miguel. **Lições preliminares de Direito**. 27. ed. São Paulo: Saraiva, 2002, p. 62.
287 REALE, Miguel. **Lições preliminares de Direito**. 27. ed. São Paulo: Saraiva, 2002, p. 61
288 REALE, Miguel. **Lições preliminares de Direito**. 27. ed. São Paulo: Saraiva, 2002, p. 101.

exemplo, uma pessoa pode arguir a inconstitucionalidade de uma lei penal porque ela foi produzida por um estado, faltando a primeira e a segunda condição de vigência (órgão e matéria); pode também arguir em razão de ilegitimidade no procedimento — a norma penal foi produzida pela União, porém não houve respeito aos requisitos de votação no Congresso Nacional, o que seria um desrespeito ao procedimento que deve ser seguido para elaboração de normas dessa matéria. Nesses casos, por não dispor de condições de vigência, a norma deve ser declarada inválida. De outro modo, a norma será válida quando tiver condições de vigência.

O segundo aspecto investiga critérios de validade social, principalmente quanto à eficácia, que, segundo Reale, se refere à "aplicação ou execução de uma norma jurídica, ou por outras palavras, é a regra jurídica enquanto momento da conduta humana. A sociedade deve viver o direito e como tal reconhecê-lo."[289] Desse modo, "tal reconhecimento, feito ao nível dos fatos, pode ser o resultado de uma adesão racional deliberada dos obrigados, ou manifestar-se através do [...] 'assentimento costumeiro'", como forma de adesão coletiva costumeira, principalmente em razão de utilidade e conveniência do ordenamento posto.

Nesse sentido, Reale chama de autêntico o direito que é tanto declarado quanto reconhecido. "A regra de direito deve, por conseguinte, ser formalmente válida e socialmente eficaz."[290] Porém isso não impede que determinadas normas não reconhecidas socialmente, mas formalmente válidas, sejam aplicadas. Tais normas, para Reale, têm eficácia compulsória. No seu entendimento, os tribunais não podem recusar a aplicação de normas em vigor, corretamente produzidas, a não ser quando amplamente comprovado que caíram em desuso. O autor ressalta que, por vezes, "quando não se caracterizou desuso, o Judiciário, ao ter que aplicar uma regra em conflito com valores do ordenamento, atenua, quando não elimina, os seus efeitos aberrantes, dando-lhe interpretação condizente com o espírito do sistema"[291], principalmente em razão da possibilidade de correlação construtiva com outras regras em vigência.

Reale ressalta que trata apenas de normas legais e não de normas costumeiras. Estas últimas: primeiramente, são socialmente eficazes para depois serem declaradas formalmente válidas. Resulta de uma prática habitual. A fonte primeva de sua validade é o reconhecimento social. A norma legal, pelo contrário, tem como fonte primária a validade lógico-formal, podendo ou não ser socialmente eficaz para ser aplicada.

Assim, a eficácia diz respeito "aos efeitos ou consequências de uma regra jurídica" ou como determinada norma reverbera no mundo dos fatos. Algumas normas não geram qualquer efeito social, permanecendo "no limbo da normatividade abstrata", enquanto outras cotidianamente geram efeitos. Assim, para Reale:

289 REALE, Miguel. **Lições preliminares de Direito**. 27. ed. São Paulo: Saraiva, 2002, p. 104.

290 REALE, Miguel. **Lições preliminares de Direito**. 27. ed. São Paulo: Saraiva, 2002, p. 104.

291 REALE, Miguel. **Lições preliminares de Direito**. 27. ed. São Paulo: Saraiva, 2002, p. 104-105.

> Validade formal ou vigência é, em suma, uma propriedade que diz respeito à competência dos órgãos e aos processos de produção e reconhecimento do Direito no plano normativo. A eficácia, ao contrário, tem um caráter experimental, porquanto se refere ao cumprimento efetivo do Direito por parte de uma sociedade, ao "reconhecimento" (*Anerkennung*) do Direito pela comunidade, no plano social, ou mais particularizadamente, aos efeitos sociais que uma regra suscita através de seu cumprimento[292].

Em conjunto com a vigência e a eficácia, um terceiro aspecto é investigado por Reale, principalmente quanto à validade ética das normas, o que chama de fundamento. Para o autor, o direito deve tentar ser um direito justo, visando "à realização de valores ou fins essenciais ao homem e à coletividade. O fundamento é o valor ou fim objetivado pela regra de direito. É a razão de ser da norma, ou *ratio juris*." Para Reale[293], a razão de ser de uma norma seria "a finalidade que legitima sua vigência e eficácia".

No modelo de Reale, a norma jurídica deve reunir os três requisitos de validade: fundamento axiológico (valor), eficácia social (fato) e validade formal ou vigência (norma). A tese sobre a validade de normas jurídicas de Reale[294] pode ser resumida na seguinte afirmação: a validade é uma propriedade que se encontra simultaneamente "na vigência, ou obrigatoriedade formal dos preceitos jurídicos; na eficácia, ou efetiva correspondência dos comportamentos sociais ao seu conteúdo; e no fundamento, ou valores capazes de legitimar a experiência jurídica numa sociedade de homens livres".

Desse modo, o jusfilósofo construiu sua teoria tridimensional para os fundamentos do Direito, apoiada no tripé de aspectos: norma, fato e valor.

2.5.2.5 A PRAGMÁTICA DE TÉRCIO SAMPAIO FERRAZ JUNIOR

Em sua teoria do Direito, Tércio Sampaio Ferraz Junior[295] identifica dois enfoques teóricos para o objeto de investigação: um dogmático e outro zetético, em conformidade com as sugestões de Viehweg. Vive-se cercado por perguntas e respostas sobre problemas na vida e na ciência.

O enfoque que prioriza as perguntas é **zetético** — "os conceitos básicos, as premissas, os princípios ficam abertos à dúvida, [...] permanecendo abertos à

292 REALE, Miguel. **Lições preliminares de Direito**. 27. ed. São Paulo: Saraiva, 2002, p. 106.
293 REALE, Miguel. **Lições preliminares de Direito**. 27. ed. São Paulo: Saraiva, 2002, p. 107.
294 REALE, Miguel. **Lições preliminares de Direito**. 27. ed. São Paulo: Saraiva, 2002, p. 107.
295 FERRAZ JUNIOR, Tercio Sampaio. **Introdução ao Estudo do Direito**: técnica, decisão, dominação. 1. ed. São Paulo: Atlas, 1983, p. 40–41.

crítica"[296]. O objetivo desse enfoque é problematizar teorias, encontrar seus pontos fracos e atacá-los para que possam ou não ser melhorados.

O segundo enfoque prioriza a resposta, chamado **dogmático** — "determinados elementos são, de antemão, subtraídos à dúvida [...], postos fora de questionamento, mantidos como soluções não atacáveis, eles são, pelo menos temporariamente, assumidos como insubstituíveis, postos de modo absoluto"[297].

O autor esclarece que zetética vem de *zetein*, "que significa perquirir", enquanto dogmática, de *dokein*, "que significa ensinar, doutrinar". Essa divisão não é absoluta, pois todas as investigações têm os dois lados, algumas pendendo mais para um ou para o outro. Assim:

> O enfoque dogmático releva o ato de opinar e ressalva algumas opiniões. O zetético, ao contrário, desintegra, dissolve opiniões, pondo-as em dúvida. Questões zetéticas têm uma função especulativa explícita e são infinitas. Questões dogmáticas têm uma função diretiva explícita e são finitas. Nas primeiras, o problema tematizado é configurado como um ser (que é algo?). Nas segundas, a situação nelas captada configura-se como um dever-ser (como deve-ser algo?). Por isso, o enfoque zetético visa saber o que é uma coisa. Já o enfoque dogmático preocupa-se em possibilitar uma decisão e orientar a ação[298].

O fenômeno jurídico permite tanto abordagens zetéticas quanto dogmáticas em sua investigação. Isso explica, para Ferraz Junior, o motivo de tantas ciências investigarem o objeto. Em algumas predominam perguntas (zetética); em outras, respostas (dogmática). Por exemplo, na História, Filosofia e Sociologia do Direito predomina o enfoque zetético, campo aberto para outras diferentes abordagens do fenômeno jurídico. Por outro lado, o autor aponta que nos últimos 150 anos a Ciência do Direito, em sentido estrito, tem se apresentado como um saber dogmático, mirando-se em respostas e certeza, deixando a seara das perguntas como complementar ao seu estudo. Além da ciência do Direito em sentido estrito, a dogmática do Direito compreende o estudo das disciplinas dogmáticas como ciência do Direito civil, constitucional, processual, penal, tributário, dentre muitos outros.

O estudo dogmático do Direito tem como finalidade possibilitar sua compreensão da aplicação dentro dos limites de determinada ordem jurídica. Desse modo, como forma de orientar sua investigação, Ferraz Junior propõe um estudo

296 FERRAZ JUNIOR, Tercio Sampaio. **Introdução ao Estudo do Direito**: técnica, decisão, dominação. 1. ed. São Paulo: Atlas, 1983, p. 40–41.

297 FERRAZ JUNIOR, Tercio Sampaio. **Introdução ao Estudo do Direito**: técnica, decisão, dominação. 1. ed. São Paulo: Atlas, 1983, p. 40–41.

298 FERRAZ JUNIOR, Tercio Sampaio. **Introdução ao Estudo do Direito**: técnica, decisão, dominação. 1. ed. São Paulo: Atlas, 1983, p. 40–41.

dogmático da ciência do Direito, porém com análises zetéticas, funcionando de modo crítico, sobre suas possibilidades e limitações.

Para Ferraz Junior, o problema central da ciência dogmática do Direito é a decidibilidade de conflitos. No século XIX, o fenômeno da positivação do Direito foi entendido como uma "relação causal entre a vontade do legislador e o direito como norma legislada ou posta, o século XX aprendeu rapidamente que o direito positivo não é criação da decisão legislativa (relação de causalidade), mas surge da imputação da validade do Direito a certas decisões"[299]. Assim, para o autor, isso quer dizer que o Direito não necessita, até certo ponto, de referência "genética aos fatos que o produziram (um ato de vontade historicamente determinado) e sua positividade passa a decorrer da experiência atual e corrente, que se modifica a todo o instante e determina a quem se devam endereçar sanções, obrigações, modificações etc."[300]. O Direito permanece um resultado de fatores causais alheios à decisão, como fatores sociais, econômicos, políticos etc. "Contudo, a decisão do legislador, que não o produz, tem a função importante de escolher uma possibilidade de regulação de comportamento em detrimento de outras que, apesar disso, não desaparecem do horizonte da experiência jurídica."[301]

Com isso, modificou-se a própria ciência do Direito, na medida em que se abandona a preocupação de determinar o que o direito sempre foi com "o fito de descrever aquilo que, então, pode ser direito (relação causal), para se ocupar com a oportunidade de certas decisões, tendo em vista aquilo que deve ser direito (relação de imputação)"[302]. Assim, a ciência do Direito não se preocupa com a questão da verdade, mas sim da decidibilidade. A ciência do Direito se aproxima de uma tecnologia de decisão de conflitos, que precisa de especialistas dogmáticos, mas também com conhecimentos zetéticos, para cumprir sua finalidade.

Para Ferraz Junior, a ciência dogmática do Direito pode ser abordada por três diferentes modelos, segundo a maneira que se encara o problema da decidibilidade de conflitos sociais. O autor esclarece que o objeto central da ciência do direito é o homem, que entra em conflito e cria normas para solucioná-lo. Desse modo, cada modelo se trata de uma concepção de ser do homem como alguém que centraliza e articula o pensamento jurídico[303].

299 FERRAZ JUNIOR, Tercio Sampaio. **Introdução ao Estudo do Direito**: técnica, decisão, dominação. 1. ed. São Paulo: Atlas, 1983, p. 91.

300 FERRAZ JUNIOR, Tercio Sampaio. **Introdução ao Estudo do Direito**: técnica, decisão, dominação. 1. ed. São Paulo: Atlas, 1983, p. 91.

301 FERRAZ JUNIOR, Tercio Sampaio. **Introdução ao Estudo do Direito**: técnica, decisão, dominação. 1. ed. São Paulo: Atlas, 1983, p. 91.

302 FERRAZ JUNIOR, Tercio Sampaio. **Introdução ao Estudo do Direito**: técnica, decisão, dominação. 1. ed. São Paulo: Atlas, 1983, p. 91.

303 FERRAZ JUNIOR, Tercio Sampaio. **Introdução ao Estudo do Direito**: técnica, decisão, dominação. 1. ed. São Paulo: Atlas, 1983, p. 91.

O primeiro modelo é chamado de analítico e "encara a decidibilidade como relação hipotética entre conflito e decisões, isto é, dado um conflito hipotético e uma decisão hipotética, a questão é determinar suas condições de adequação". Assim, nesse modelo, buscam-se "as possibilidades de decisões para um possível conflito. [...] A ciência do direito aparece como uma sistematização de regras para a obtenção de decisões possíveis, o que lhe dá um caráter até certo ponto formalista."[304] Nesse modelo, a ciência do Direito se mostra como uma dogmática analítica, uma teoria da norma jurídica, com a finalidade de investigação de decisões adequadas para possíveis conflitos.

O modelo seguinte "vê a decidibilidade do ângulo de sua relevância significativa", ou seja, investiga o sentido da relação entre conflitos e decisões possíveis. Ferraz Junior[305] pressupõe que todo o agir humano, por menor que seja, tem um sentido. Assim, a ciência do direito se apresenta como atividade interpretativa que se constrói a partir de um sistema de compreensão do comportamento humano[306]. Trata-se de uma dogmática hermenêutica ou uma ciência do Direito como teoria da interpretação do sentido.

O terceiro e último modelo, seguindo Ferraz Junior, investiga as condições de possibilidade de uma decisão hipotética frente a um conflito hipotético. Ele vai além do exame formal de adequação entre decisão e conflito realizado na dogmática analítica ou teoria da norma, pois leva em consideração a contínua evolução e transformação do ser humano em seu ambiente. Concebe-se a ciência do Direito, nesse sentido, "como investigação das normas de convivência, estando a norma encarada como processo decisório, constituindo-se, então, o pensamento jurídico como sistema explicativo do comportamento humano enquanto controlado por normas"[307]. Miram-se nas condições materiais de realização de uma decisão e não somente no exame formal de adequação ao sistema. Por esse motivo, trata-se de um modelo empírico — uma dogmática da decisão ou teoria dogmática da argumentação jurídica.

O primeiro modelo se trata de uma teoria da norma, o segundo de uma teoria da interpretação e o terceiro de uma teoria da decisão. Para Ferraz Junior, esses não aspectos estanques, porém que se interrelacionam na complexidade do fenômeno

[304] FERRAZ JUNIOR, Tercio Sampaio. **Introdução ao Estudo do Direito**: técnica, decisão, dominação. 1. ed. São Paulo: Atlas, 1983, p. 92.

[305] FERRAZ JUNIOR, Tercio Sampaio. **Introdução ao Estudo do Direito**: técnica, decisão, dominação. 1. ed. São Paulo: Atlas, 1983, p. 92.

[306] FERRAZ JUNIOR, Tercio Sampaio. **Introdução ao Estudo do Direito**: técnica, decisão, dominação. 1. ed. São Paulo: Atlas, 1983.

[307] FERRAZ JUNIOR, Tercio Sampaio. **Introdução ao Estudo do Direito**: técnica, decisão, dominação. 1. ed. São Paulo: Atlas, 1983, p. 92.

jurídico. Assim, "o modo como se dá esse interrelacionamento é o problema da unidade sistemática do saber dogmático"[308].

Essas primeiras acepções sobre o pensamento jurídico de Ferraz Junior são necessárias para investigar o modo pelo qual se trata os fundamentos do Direito.

O primeiro modelo, ou teoria da norma, fixa um critério objetivo para encontrar o direito — a lei, conforme o princípio dogmático da legalidade. Desse modo, partindo de um todo, o jurista analisa o Direito, decompondo-o; em seguida, separando e especificando suas partes por distinções e classificações. A análise trata de procedimentos de diferenciação e ligação. A diferenciação é um instrumento analítico para a decomposição dos elementos, enquanto a ligação serve ao procedimento regressivo, buscando a aproximação de elementos compatíveis.

Assim, com base na teoria da norma de Ferraz Junior, para encontrar a decisão adequada para um conflito em um caso hipotético dentro de um sistema — por exemplo, um caso de divisão de bens decorrente da morte de um pai de família —, o jurista primeiro procede a uma diferenciação dos elementos que formam o todo do Direito, conforme o critério da legalidade. Encontra no Código Civil — uma lei —, por meio de distinções e classificações do direito posto, as normas que regem a herança. Nessas normas, encontra uma solução para decidir o conflito. Passa então a um procedimento de ligação regressivo, buscando a adequação por meio de aproximação de elementos compatíveis de tal decisão com o sistema jurídico. Assim, para o autor, "os sistemas não são construídos por puro gosto especulativo [...], mas tendo em vista a decidibilidade de conflitos em geral"[309]. A identificação de decisões adequadas pela teoria da norma visa a decidibilidade de conflitos.

Nessa teoria, a norma aparece como "um instrumento operacional importante para realizar sua tarefa analítica de identificar o direito"[310], um conceito tão importante que Hans Kelsen o apontou como um elemento central da ciência do Direito. Para Ferraz Junior, o reducionismo da ciência kelseniana "recebe a objeção de empobrecer o universo jurídico"[311], pois limita a seara de conhecimento da ciência do Direito à norma jurídica. Apesar dessa objeção, a teoria de Kelsen acerta na possibilidade de ver o Direito como um conjunto de normas, de modo a criar critérios para a segura identificação, possibilitando uma investigação dogmática, e não zetética, do objeto.

[308] FERRAZ JUNIOR, Tercio Sampaio. **Introdução ao Estudo do Direito**: técnica, decisão, dominação. 1. ed. São Paulo: Atlas, 1983, p. 92.

[309] FERRAZ JUNIOR, Tercio Sampaio. **Introdução ao Estudo do Direito**: técnica, decisão, dominação. 1. ed. São Paulo: Atlas, 1983, p. 86.

[310] FERRAZ JUNIOR, Tercio Sampaio. **Introdução ao Estudo do Direito**: técnica, decisão, dominação. 1. ed. São Paulo: Atlas, 1983, p. 98.

[311] FERRAZ JUNIOR, Tercio Sampaio. **Introdução ao Estudo do Direito**: técnica, decisão, dominação. 1. ed. São Paulo: Atlas, 1983, p. 86.

No entanto, qual é o fundamento de validade das normas nessa concepção dogmática analítica? Ferraz Junior esclarece que a validade não é uma propriedade intrínseca das normas — elas não são válidas em si: "Dependem do contexto, isto é, dependem da relação da norma com as demais normas em contexto [...]. Tecnicamente diríamos, então, que a validade de uma norma depende do ordenamento no qual está inserida."[312] Nessa perspectiva, o ordenamento pode ser visto como um conjunto de normas postas que define critérios para a validade de todas as normas no seu interior. O ordenamento jurídico brasileiro, por exemplo, é o conjunto de todas as suas normas, com critérios para a classificação de normas válidas e inválidas. Nesse sentido, a pertinência de uma norma a determinado ordenamento é uma ferramenta essencial para aferir sua validade:

> Um ordenamento, em relação ao qual a pertinência de uma norma a ele é importante para identificá-la como válida, além de ser um conjunto de elementos normativos (normas) e não-normativos, é também uma estrutura, isto é, um conjunto de regras que determinam as relações entre os elementos. Note bem a diferença: uma sala de aula é um conjunto de elementos, as carteiras, a mesa do professor, o quadro-negro, o giz, o apagador, a porta etc.; todavia, esses elementos, todos juntos, não formam uma sala de aula, pois pode tratar-se de um depósito da escola; e a disposição deles, uns em relação aos outros, que nos permite identificar a sala de aula; essa disposição depende de regras de relacionamento; o conjunto dos elementos é apenas o repertório. Assim, quando dizemos que a sala de aula é um conjunto de relações (estrutura) e de elementos (repertório), nela pensamos como um sistema. O sistema é um complexo que se compõe de uma estrutura e um repertório. Nesse sentido, ordenamento é sistema[313].

A validade de uma norma pode ser aferida, então, pela investigação de sua pertinência a determinado ordenamento, que tem critérios para determinar a validade de normas. O ordenamento pode ser pensado como um sistema, dispondo de uma estrutura, com certas relações, e como um repertório, composto de determinados elementos normativos (normas) e não normativos (critérios, classificações, definições etc.).

Mas qual seria o fundamento último de validade do ordenamento? Kelsen aponta uma norma fundamental; Hart, uma regra de reconhecimento; Dworkin, práticas jurídicas de integridade; e Reale, o tripé norma, fato e valor. Para Ferraz Junior[314], a própria ideia de "sistema permite traçar esses contornos, posto que sis-

[312] FERRAZ JUNIOR, Tercio Sampaio. **Introdução ao Estudo do Direito**: técnica, decisão, dominação. 1. ed. São Paulo: Atlas, 1983, p. 175.

[313] FERRAZ JUNIOR, Tercio Sampaio. **Introdução ao Estudo do Direito**: técnica, decisão, dominação. 1. ed. São Paulo: Atlas, 1983, p. 175–176.

[314] FERRAZ JUNIOR, Tercio Sampaio. **Introdução ao Estudo do Direito**: técnica, decisão, dominação. 1. ed. São Paulo: Atlas, 1983, p. 178.

tema implica a noção de limite, esta linha diferencial abstrata que nos autoriza a identificar o que está dentro, o que entra, o que sai e o que permanece fora".

A questão do fundamento último de validade do ordenamento na teoria das normas de Ferraz Junior é identificada com o problema dos limites. As hipóteses delineadas pelos autores mencionados trabalham com uma ideia semelhante, apesar de utilizarem diferentes nomenclaturas. Os conceitos de norma fundamental, ou regra de reconhecimento, por exemplo, criam limites para identificar o direito válido. A norma que se encontra dentro desses limites é válida e a que se encontra fora, inválida.

O limite traçado por Ferraz Junior diz respeito ao próprio sistema, como maneira de enxergar o ordenamento. Esse seria um conceito operacional que permitiria integrar as normas como um conjunto, possibilitando identificar as normas válidas. Os critérios do sistema para realizar tal identificação são opções teóricas do jurista, tendo como fundamento último um problema zetético e não dogmático. Assim, parte-se de determinada concepção de sistema, utilizando-a para modelizar o ordenamento e verificar seus limites.

O sistema escolhido traça os limites para o ordenamento:

> Para a dogmática analítica, ordenamento é um conceito operacional que permite a integração das normas num conjunto, dentro do qual é possível identificá-las como normas jurídicas válidas. Concretamente, seu repertório não contém apenas elementos normativos, mas, como vimos, também não normativos. A decisão de incluí-los ou não na consideração do ordenamento como sistema é uma opção teórica cujo fundamento último é um problema zetético. Do mesmo modo, em sua estrutura concreta manifestam-se os mais variados tipos de regras e relações (algumas são regras empíricas, isto é, nascidas e percebidas na experiência como o princípio da soberania e a preeminência das normas estatais), outras são regras lógicas (como a exigência de coerência entre as normas), outras são expressões de valorações (como o princípio da *lex superiori*) etc. Assim, a decisão de incluí-las como componentes da estrutura do ordenamento enquanto sistema é, igualmente, uma opção teórica de fundamento zetético[315].

Para Ferraz Junior, o conceito de validade, por uma investigação zetética, tem origem na economia e não na filosofia, pois se relaciona com a noção de valor. Por sua origem econômica, os valores são medidos de modo relacional, como o dinheiro, valendo mais ou menos dependendo da situação. Na filosofia, os valores adentraram por meio da filosofia dos valores, para a qual os valores são objetos diferentes dos objetos reais, uma vez que esses *são* (ordem do ser), enquanto aqueles *valem* (ordem do dever-ser). Dada a origem econômica, os valores são relativos; daí o problema de

[315] FERRAZ JUNIOR, Tercio Sampaio. **Introdução ao Estudo do Direito**: técnica, decisão, dominação. 1. ed. São Paulo: Atlas, 1983, p. 177–178.

a Filosofia afirmar valores absolutos. A relatividade dos valores traz uma importante lição: "Dessa relatividade segue o caráter relacional da validade: valer é sempre valer-para algo [...]. Em consequência, se dizemos de uma norma que ela vale, isto significa que existe em relação a. A questão é saber em relação a que."[316]

Para Ferraz Junior[317], essa relação pode ser determinada, sob um enfoque pragmático, a partir da "relação de um signo com seus usuários, ou seja, a validade da norma em relação a seu emissor — autoridade — e seu receptor — sujeito". A norma é aqui entendida como uma forma de comunicação, uma comunicação normativa estabelecida entre emissor e receptor, a qual, como qualquer outra comunicação, ocorre em dois níveis.

A relação comunicativa estabelecida se trata de uma relação de autoridade, isto é, "espera confirmação, admite negação, mas não suporta desconfirmação. A desconfirmação da autoridade descaracteriza a autoridade como tal. A confirmação ou negação da comunicação da autoridade caracteriza validade da norma, enquanto a desconfirmação de sua invalidade."[318]

Nesse sentido, é necessário que a autoridade esteja imunizada contra a desconfirmação de suas comunicações pelo receptor. *In verbis*: "Essa imunização funda-se em outra instância, que é a própria noção de autoridade. Afinal, nenhuma autoridade é autoridade em si, mas em razão de algum fundamento (reconhecimento social, inspiração divina, etc.)." Assim, uma norma é imunizada por outra norma. "Uma norma é válida se imunizada por outra norma. Validade expressa, pois, uma relação de imunização."[319]

Zeteticamente, assim, uma relação de validade é uma relação de imunização de uma norma por outra. Tal relação de imunização ou validade não é puramente formal, como imaginava Kelsen, porém, segundo Ferraz Junior, pragmática, fundada no próprio reconhecimento da autoridade — por exemplo: uma norma social imunizante.

A validade, sob este enfoque pragmático, "enquanto relação de imunização do cometimento de uma norma pelo relato de outra (respectivamente, norma imunizada e norma imunizante), implica a neutralização da indiferença"[320]. A partir desse enfoque, não se pode ignorar a lei, mesmo alegando desconhecimento. Uma

[316] FERRAZ JUNIOR, Tercio Sampaio. **Introdução ao Estudo do Direito**: técnica, decisão, dominação. 1. ed. São Paulo: Atlas, 1983, p. 181.

[317] FERRAZ JUNIOR, Tercio Sampaio. **Introdução ao Estudo do Direito**: técnica, decisão, dominação. 1. ed. São Paulo: Atlas, 1983, p. 183.

[318] FERRAZ JUNIOR, Tercio Sampaio. **Introdução ao Estudo do Direito**: técnica, decisão, dominação. 1. ed. São Paulo: Atlas, 1983, p. 183.

[319] FERRAZ JUNIOR, Tercio Sampaio. **Introdução ao Estudo do Direito**: técnica, decisão, dominação. 1. ed. São Paulo: Atlas, 1983, p. 184.

[320] FERRAZ JUNIOR, Tercio Sampaio. **Introdução ao Estudo do Direito**: técnica, decisão, dominação. 1. ed. São Paulo: Atlas, 1983, p. 187.

vez imunizada, a norma se torna critério para a ação de seus receptores, mesmo se a intenção for sua negação.

Assim, um sistema necessita de regras para reger as relações de validade — imunização. Para Ferraz Junior[321], os "ordenamentos ou sistemas jurídicos normativos são constituídos primariamente por normas (repertório do sistema) que guardam entre si relações de validade reguladas por regras de calibração (estrutura do sistema)". A expressão "regra de calibração" tem origem na cibernética. "Trata-se de regras de regulagem ou ajustamento de um sistema." O termostato de uma geladeira funciona com tais regras de calibração — impede que a temperatura caia ou suba de determinado patamar, permitindo o resfriamento contínuo do sistema. Assim, para a atuação na vida social, ou seja, para as decisão de conflitos, "as normas têm de estar imunizadas contra a indiferença, o que ocorre pela constituição de séries hierárquicas de validade, que culminam com uma norma-origem". Essa norma origem representa o núcleo de imunização do sistema. Diz respeito aqui ao fundamento de validade do sistema considerado.

Se, do ponto de vista zetético, a validade é uma questão em aberto, do ponto de vista dogmático é fechada. Pergunta-se, nesse âmbito, pelos critérios de identificação de normas em determinado ordenamento jurídico. O problema dogmático da validade consiste em determinar os critérios de validade de normas em ordenamentos concretos, com o brasileiro ou alemão. Cumpre ao dogmático do direito demonstrar quando uma norma é reconhecida como válida em determinado ordenamento e não zeteticamente investigar a existência de fundamentos de validade últimos. O dogmático pressupõe certos elementos, não os colocando sob indagação, mas partindo deles para aferir a validade das normas. O zetético não pressupõe qualquer coisa; por isso, sua investigação leva ao problema do fundamento último.

A determinação do sentido das normas, tendo em vista a decidibilidade de conflitos, é investigado no segundo modelo de ciência do direito: a dogmática hermenêutica. Diferentemente da dogmática analítica, que tem como objeto central a identificação do direito a ser seguido, escopo da busca por fundamentos, a dogmática hermenêutica trabalha com a (1983, p. 256) "determinação do sentido das normas, o correto entendimento do significado dos seus textos e intenções, tendo em vista a decidibilidade de conflitos". Desse modo, cabe ao jurista não somente conhecer o Direito, mas conhecê-lo com vistas às condições de decidibilidade de conflitos. Assim, investiga a interpretação do direito.

O terceiro modelo da ciência do direito de Ferraz Junior investiga como se obtém a decisão dentro de um sistema de direito — trata-se de uma teoria da decisão ou da teoria dogmática da argumentação jurídica, que será retomada nesta obra no âmbito da decisão jurídica.

[321] FERRAZ JUNIOR, Tercio Sampaio. **Introdução ao Estudo do Direito**: técnica, decisão, dominação. 1. ed. São Paulo: Atlas, 1983, p. 187.

Uma investigação zetética mais profunda dos fundamentos do direito ainda é realizada por Ferraz Junior, tendo como objeto a justificação e a busca pelos fundamentos do Direito. Na antiguidade romana, o saber do direito era relacionado com a técnica e com a arte. A técnica ou arte aparecia, no saber aristotélico, como "como um sistema de regras de aprendizado, obtidas pela experiência, mas pensadas logicamente a posteriori, que visava à condução correta da ação, objetivando sua perfeição". Essa arte poderia ser ensinada e aprendida por meio de regras, que, embora de invenção humana, tinham por base a natureza.

2.5.2.6 *O MODELO QUE SE ADOTA — LEGITIMIDADE COMO FUNDAMENTO*

Como base para o modelo proposto, um conceito pode ser abordado de maneira mais estrita: um Governo e o ordenamento jurídico construído em situação são dotados de legitimidade quando perseguem, nos limites da legalidade, os objetivos que a cultura apresenta à civilidade. Quando a cultura dominante, supondo-se que esta consiga de fato impor seus desígnios, se afasta sobremodo da popular, por mais esforços que o Governo desempenhe, ainda assim parecerá ilegítimo à maioria da população[322] e, em consequência, o mesmo se dará com o ordenamento criado.

O Estado serve, culturalmente, para esconder/justificar a atividade civilizatória do Governo. Quando se fala de Estado, razões de Estado, motivações de

[322] Marat, ao elaborar seu *Plan de Législation criminelle*, escreveu : "Ce qu'on appelle de ce nom (les lois) qu'est-ce autre chose que les ordres d'un maître superbe ? Leur empire n'est donc qu'une sourde tyrannie exercée par le petit nombre contre la multitude. [...] Qu'importe, après tout, par qui les lois sont faites, pourvu qu'elles soient justes ; ce qu'importe qui en est le ministre, pourvu qu'il les fasse observer. [...] Périssent donc enfin ces lois arbitraires, faites pour le bonheur de quelques individus au préjudice du genre humain ; et périssent aussi ces distinctions odieuses, qui rendent certaines classes du peuple ennemies des autres, qui font que la multitude doit s'affliger du bonheur du petit nombre et que le petit doit redouter le bonheur de la multitude`!" (MARAT, Jean-Paul. *Plan de Législation criminelle*. Introd. et postface de Daniel Hamiche, Paris : Aubier Montaigne, 1974, p. 35). Em tradução livre: "O que se chama por esse nome (as leis) senão as ordens de um senhor soberbo. Seu império é apenas surda tirania exercida pela minoria contra multidão. [...] Que importa, afinal, por quem as leis são feitas desde que sejam justas; e que importa quem as aplique, desde que as faça observar. [...] Pereçam, então, enfim, essas leis arbitrárias feitas para a felicidade de alguns indivíduos e em prejuízo do gênero humano; e pereçam também essas distinções odiosas, que tornam certas classes do povo inimigas das outras, que fazem com que a multidão deva se afligir com a felicidade da minoria e que a minoria deva temer a felicidade da multidão!" Ideias que são complementadas por Marat em seu *Chaînes de l'esclavage* (Paris`: Union Générale d'Editions, 1972, p. 58–59): "C'est à la violence que les états doivent leur origine, presque toujours quelque heureux brigand en est le fondateur et presque partout les lois ne furent, dans leur principe, que des règlements de police, propres à maintenir à chacun la tranquille jouissance de ses rapines." Em tradução livre: "É à violência que os estados devem sua origem; quase sempre algum feliz aventureiro é o seu fundador e quase em toda parte as leis foram, tão só em suas origens, apenas regras de polícia, próprias para garantir para cada um a tranquila fruição de suas rapinas."

Estado e tarefas de Estado, emprega-se uma linguagem ligada a situações futuras, precedentes a evitar, punição da impunidade e, enfim, de promessas. O termo se configura como um repositório de projetos de uma dada sociedade que "sabe" ou "deveria saber" o que sua cultura estabeleceu como situações futuras desejáveis.

Matus assim apresenta a questão:

> Governar ou conduzir é algo muito complexo, que não pode ser reduzido inteiramente a uma teoria. É uma arte, mas não é pura arte. Para governar requer-se cada vez mais um certo domínio teórico sobre os sistemas sociais.
>
> O condutor dirige um processo para alcançar objetivos que escolhe e altera segundo as circunstâncias (seu projeto), superando os obstáculos de maneira não-passiva, mas ativamente resistente (governabilidade do sistema). E, para vencer essa resistência com sua força limitada, o condutor deve demonstrar capacidade de governo.
>
> [...]
>
> A diferenciação leva a reconhecer sistemas de natureza distinta: o sistema propositivo de ações (projeto de governo); o sistema social (governabilidade do sistema) e o sistema de direção e planejamento (capacidade de governo).
>
> A interação e o condicionamento mútuo indicam, por sua vez, algo comum aos três sistemas: a ação humana. O projeto de governo é um conjunto de propostas de ação; a governabilidade do sistema refere-se à possibilidade de ação e ao controle de seus efeitos; a capacidade de governo pode ser definida como capacidade de gerar e controlar ações[323].

Para os efeitos dessa conjectura, o projeto situa-se no domínio da cultura, a governabilidade é prospecção situada no mesmo âmbito, tendo efetividade[324]e apenas a capacidade de governo é eficaz e situa-se no domínio da civilização. Mas é o Governo que representará a convergência de todas as forças políticas, mesmo as situadas fora do aparato burocrático de sustentação das decisões desse mesmo Governo e será visto como o agente que se acoberta sob os aspectos do Estado.

323 MATUS, Carlos. **Política, planejamento e governo**. 3. ed., Brasilia: IPEA, 1993, 2 vols., VOL. I, p. 59-61.

324 Nesta conjectura, entende-se por efetividade a característica de um sistema de produzir a resposta esperada na quantidade de vezes suficiente para manter sua homeostase. Assim, o sistema normativo, em seus desdobramentos (legal, judicial etc.) terá efetividade quando cumprir essa meta sistêmica.

Esta pode ser uma expressão gráfica, já apresentada em Pugliesi[325], do que se disse. Observa-se que a posição superior de Cultura é meramente decorrente de sua maior abstração frente à concreção de que os elementos da Civilização dispõem. Esse gráfico busca mostrar que, por estar a História lastreada no registro das circunstâncias (situações) e das decisões (política) tomadas frente a essas situações, a História representa o registro das decisões tomadas em decorrência da harmonização dialética das condições concretas e atuais da Civilização e das tendências de longo prazo ditadas pela Cultura.

Para tanto, é preciso que o cidadão não seja o administrado, o subordinado, mas passe a ser, antes, o autor de seus atos num sistema dotado de legitimidade, isto é, em que se busque realizar, na civilidade, os grandes objetivos da cultura, pois a constituição e as instituições centrais legítimas não significam, nem implicam a existência de Governos democráticos e liberais, nem tampouco voltados à preservação dos direitos sociais humanos.

Nota-se que, como bem o observou Piaget, as instituições geram uma situação paradoxal: embora sejam sistemas de meios de satisfação das tendências, as instituições não só satisfazem, mas "constrangem, sabotam, sublimam" as tendências, que, ao existirem no meio institucional, promovem a satisfação e o constrangimento, pois, não derivando diretamente das tendências, fazem com que a instituição só possa proporcionar satisfação indiretamente, e aqui se acresce: apenas podem produzir o que podem e não aquilo para que foram criadas.

Todo impulso experimentado na direção da satisfação se faz por meios institucionais gerados pela sociedade ou pelo Governo (em geral, por pressões ou demandas sociais). Contudo, é na própria instituição que pode ser capturado, pois a criação de meios de satisfação pode gerar ainda situações apartadas dessa possibilidade de satisfação ou conducentes a derivativos inesperados ou indesejados.

Esse é mais um paradoxo da sociedade, capaz de produzir neurose decorrente do meio institucional, isto é, desse meio em que se busca a identidade pelas coisas próprias desse mesmo meio: ao acreditar que as instituições são invariantes e que,

325 PUGLIESI, Márcio. **Teoria Geral do Direito**. São Paulo: Aquariana, 2022c.

com seu concurso, é possível chegar a se reconhecer definitivamente como sujeito (uma atmosfera semântico-pragmática permanentemente em busca de sentido e constituída por esses mais uma gramática), pode-se ter infirmada a autoimagem pela resposta possível à instituição: como já se afirmou, esta não fornece a resposta demandada, mas apresenta aquela que pode fornecer.

Quando esse se subdivide em poderes (no caso pátrio: Executivo, Legislativo e Judiciário), regras especiais de ação e de limitação são dispostas. O poder Judiciário, por exemplo, embora encarregado da administração monopolística da justiça, simula desconsiderar as regras do Direito Administrativo e submeter-se apenas a normas de hierarquia inferior, tais como Regimentos Internos. Alegar-se uma pretensa unidade da ação do Estado significa atribuir-se ao imaterial, à possibilidade de agir.

Mas precisamente quando precisam responder às demandas, essas mesmas limitações só podem produzir artefatos ou respostas deslocadas do desejo. O resultado é um estado conflitivo permanente, visto que os projetos culturais, no máximo circunscritos pela efetividade, só têm correlatos civilizatórios adstritos à eficácia.

A normatização das condutas a par de corresponder às disposições da *potestas* (que atua ou deveria atuar segundo a legalidade), ainda toma em consideração a *auctoritas*, que se deriva de *augere* (aumentar), e também se conecta (a *auctoritas*) às condições da legitimidade por decorrer da busca incessante dos projetos postos pela cultura de dada sociedade. O harmônico dialético resultante entre legalidade/legitimidade, que nunca se confundem, serve à homeostase sistêmica por permitir as acomodações das tensões sociais, tendo por efeito as lideranças de momento, quanto por instituições que o fazem no médio e longo prazo, tendo como meta os projetos e a consecução dos meios para a produção dos objetos assim projetados.

Em síntese, para se obter legitimidade, é preciso compreender a cultura, uma vez que apenas a busca de alcançar a produção dos objetos civilizatórios indicados pela cultura servirá para produzir *auctoritas*.

Se a tarefa parece demasiado extensa há, entretanto, restrições aplicáveis a cada tempo por efeito de algoritmos sociais decorrentes da instauração de rotinas, não apenas em decorrência de disposições normativas (tanto legais, quanto morais, quanto de etiqueta e assemelhadas), mas também por efeito das necessidades orgânicas e de planejamentos dos sujeitos envolvidos nos diferentes processos.

Basta considerar os efeitos de rush, de manada[326] nos investimentos bursáteis, dos fluxos de casamentos em grupos de amigos, dos falecimentos sistemáticos

[326] Scheibe assim expôs: "Os investidores são levados a agir pelos yins e yang complementares do medo e da cobiça. Ambos são presenças constantes na mente dos investidores, como nomes diferentes de bactéria no trato digestivo. Uma estratégia racional e segura de investimento seria comprar e manter uma variedade representativa de títulos, pensando em ganhos a longo prazo. Mas a ação diária de mais de um bilhão de ações é prova da reatividade dos investidores em relação ao medo e à cobiça do dia. A cobiça fica ativa em mais dias do que o medo, mas quando o medo bate, seus efeitos são mais extremados. A existência de

nesses mesmos grupos etc. A fixação dos horários de ingresso e saída no trabalho nas áreas de proximidade de instalações laborais nas grandes cidades promove a maior circulação em estreitas faixas de horário; os feriados prolongados, com seus horários de retorno aproximados, criam eventos de rush nas rodovias conducentes a áreas de lazer. A demanda por papéis de determinada empresa promove ainda maior busca e o aumento de preços — igualmente vale para o fenômeno inverso. As faixas etárias próximas explicam tanto o fenômeno de casamentos quanto de falecimentos em grupos de amigos, particularmente de instituições de ensino.

Esses fenômenos preludiam a percepção de que há algoritmos sociais que facilitam a previsão das condutas desejáveis e até mesmo da previsão da flutuação de poder nas instituições pela ocorrência de aposentação e óbito de seus quadros, bem assim pela alternância dos partidos no poder.

Além disso, há ainda outros algoritmos de homeostase que, como observou Harvey:

> Para aqueles deixados ou lançados para fora do sistema de mercado — uma vasta reserva de pessoas aparentemente descartáveis, desprovidas de proteção social e estruturas sociais de apoio — há pouco para ser esperado da neoliberalização, exceto pobreza, fome, doença e desespero[327].

Indicando que, mesmo com essa busca pelo equilíbrio por efeito das escolhas eleitorais, pouco se resolve para as escolhas em um sistema mundializado de distribuição que se autorregula sem tomar em consideração os indivíduos e seus problemas.

Análises de causas possíveis de fenômenos já ocorridos e de outros a acontecer se encontram na motivação de muitas obras de destaque como as de Max Weber (1989), Karl Polanyi (2000), Ota Sik (1978), Anthony Giddens (1991), Roger

regularidades sistemáticas no movimento diário do mercado é prova do poder do momento para os investidores como entidade coletiva. As pessoas têm uma tendência manifesta de acreditar que o mercado vai continuar a se mover na direção em que está se movendo. Ninguém entende por que o mercado se movimenta como o faz. Mas, por uma suspensão voluntária da incredulidade, é possível se empenhar em aprender a dançar no ritmo dos giros do mercado. O mercado de ações é o teatro das massas da sociedade capitalista contemporânea. Seu movimento é cativante, arrebatador e hipnótico em seus efeitos" (SCHEIBE, Karl E. **O drama da vida cotidiana**. Tradução: Laura Knapp, São Paulo: EDUC, 2005, p. 120). E se Scheibe tem razão, basta lembrar dos eventos de outubro de 1929, que só foram recuperados em 1954, e mais recentemente, em outubro de 1987, com a redução do dinheiro em circulação nas operações das Bolsas, retornando aos índices anteriores mais de dois anos depois; é importante notar que os efeitos das perdas sempre superam os dos ganhos — o que parece corroborar a insistência nessa obra de operar pelo aspecto negativo: deseja-se evitar perdas, embora se ambicione o ganho.

327 SCHEIBE, Karl E. **O drama da vida cotidiana**. Tradução: Laura Knapp, São Paulo: EDUC, 2005, p. 185.

Chartier (2009) etc. — precisamente porque permitem o estabelecimento de delimitações (*constraints*) esclarecedoras e reduzem a complexidade do que pretendem interpretar.

Esses argumentos se enfeixam na clara possibilidade de se estabelecer previsões por meio de interpretações propensivas a partir de fatos tomados como evidências de desenvolvimentos futuros[328]. As restrições de caráter qualitativo facilitariam a produção da situação a compor o quadro de referência para a tomada de decisões, visto que nunca será possível dar conta de todos os aspectos existentes numa situação.

Além disso, na prática diária, a utilidade das atmosferas semântico-pragmáticas se encontra limitada por critérios tais como custo de oportunidade e utilidade marginal de bens e serviços. Por custo de oportunidade se pode entender a escassez de recursos de cada sujeito —valores são desencaixados para se adquirir um bem ou serviço e deixa-se de poder utilizá-los para adquirir outros, e o mesmo vale para a utilização do crédito de que disponha. Assim, suas escolhas encontram limites em sua capacidade de pagamento. Por outra parte, a utilidade marginal de um bem ou serviço diminui com o aumento de sua disponibilidade para dado sujeito. Quem tem centenas de sapatos deveria ter menor utilidade marginal para um novo par de sapatos, aplicando seus recursos em outros bens de maior utilidade marginal para si.

Essas assunções têm o condão de reduzir as expectativas sobre a conduta de outrem (todos seres algorítmicos: que tendem a repetir as condutas exitosas), facilitando uma análise propensiva de suas escolhas, desde que se tenha acesso a suas informações. Nesse sentido, por exemplo, as contemporâneas coletas de dados a partir de hábitos de consumo por análise de extratos de cartões de débito e crédito permitem a análise da propensão ao consumo dos diferentes agentes econômicos, aumentando as características de controle da sociedade de dados.

Essa nova condição permite que novas instituições e normas se façam exigíveis para que haja a manutenção do controle — é preciso antecipar para manter o nível de homeostase social em marcos considerados adequados pelos governantes a serviço dos poderosos.

Dessa maneira, a produção de normas por iniciativa do poder executivo se torna inescapável dado que, para efeito de otimização de gestão com o mínimo de dispêndio de energia sistêmica, a redução de complexidade se faz essencial.

A compreensão (princípio operatório semântico) adequada de que a proibição da prática de determinadas condutas impede seus atos consectários facilita o

328 Os populares filmes do chamado Mundo Z expressam os temores daqueles insertos no sistema quanto às possíveis reações dos excluídos mediante um antigo e muito usado método de figurar o inaceitável — são um dos possíveis cenários de reação aos excessos desse mundo de consumo segmentar.

controle social. Por exemplo, veja-se que, segundo Lepointe[329], em Roma, no fim da República (cerca 27 a.C.), exigia-se a importância de 400 mil sestércios para que um cavaleiro passasse ao senado — contendo, assim, o acesso às vantagens dessa posição, pertinente às antigas famílias, aos recém-chegados dos estratos intermediários da população.

Ou ainda mais recentemente, conforme disse Hacker[330] medidas análogas foram impostas nos EUA aos bancos estatais por via da Lei dos Bancos (1863) para limitar suas emissões fiduciárias. Restrições de outra ordem são postas por decisões que se expressam mediante "planos" de governo — essas intervenções governamentais nos ciclos econômicos nacionais impedem o desenvolvimento de certas atividades, favorecem outras e pretendem alcançar modelos de desenvolvimento teoricamente produzidos a partir de evidências obtidas por intermédio de amostragens e generalizações delas decorrentes.

Por outro lado, os efeitos dessas intervenções no domínio econômico se tornam objeto de releituras críticas preparatórias de novos planos — todos reduzindo a complexidade efetiva das situações, quase sempre de relacionamento internacional, para efeito de permitir decisões que favoreçam a tônica dominante de mercado.

Assim, por exemplo, no caso do chamado Plano Real (Medida Provisória 434/94 – depois leis 8880/94 e 9069/95), implementado na década de 1990, durante o governo de Itamar Franco, no Brasil, objetivou-se estabilizar as contas de governo para reduzir a inflação; a criação da URV (unidade real de valor) para efeito da desindexação da economia e ainda a emissão do real, que seria uma moeda com poder aquisitivo estável, se mostrou e se mostra improvável.

Para tanto, implantou-se o Programa de Ação Imediata (PAI), que tinha os seguintes objetivos: reduzir os gastos da União e aumentar sua eficiência; recuperar a arrecadação tributária; equacionar o endividamento de estados e municípios e regular sua relação com a União; sanear os bancos federais e aumentar controle sobre aqueles estaduais; e reduzir a participação da União na economia por intermédio de privatização de empresas estatais.

Num diagnóstico simples, a grande questão (que permanece) seria a prestação dos serviços essenciais devidos pela União a seus súditos, bem assim sua reduzida capacidade de investimento em estrutura. Sem solução adequada para a obtenção dos fundos necessários para tanto, o governo criaria impostos e, depois, contribuições sobre a movimentação financeira visando qualificar o custo tributário e reduzir a taxação sobre os menos favorecidos.

329 LEPOINTE, G. **Manuel d'histoire des institutions et des faits sociaux**. Paris: R. Pichon et R. Durand-Auzias, 1958, p. 206.

330 HACKER, Louis M. **Proceso y triunfo del capitalismo americano**. Tradução: J. Prados Arrarte, Buenos Aires: Sudamericana, 1942, p. 339.

O Fundo Social de Emergência, que seria uma fonte não inflacionária de recursos para financiar as contas do Governo Federal, uma vez que suas receitas defluíam de aumentos de tributos e de realocação de transferências intergovernamentais por conta do ajuste das contas e da responsabilidade fiscal, acabou servindo para lastrear as contas do Sistema Único de Saúde (SUS). Outro artifício, a DRU (desvinculação das receitas da União), aprovada em 2011, serviria para permitir o uso livre de 20% dos recursos vinculados a fundos ou outras rubricas do orçamento na gestão da coisa pública. Como se pode perceber, essas intervenções no alcance das normas sempre visava atender a necessidades emergenciais ou ainda a emendas orçamentárias da base aliada.

Nota-se que um intenso processo de produção legislativa visou reduzir as expectativas possíveis e dirigir o investimento e as aplicações de recursos. O processo de privatização mirava na transferência dos custos de modernização e manutenção da infraestrutura para o setor privado, reduzindo assim a incapacidade do governo em suprir às necessidades do crescimento econômico que viabilizaria a manutenção do sistema capitalista e sua expansão, particularmente pelos investimentos internos e afixação de novos estabelecimentos das transnacionais no país para efeito de cumprir a etapa produtiva destinada[331] a ele, bem assim a participação em outros mercados.

Essa forma de intervenção do governo na economia pressupõe a existência de ciclos econômicos de expansão e contração da produção, da renda, do investimento e do emprego e visaria estabilizar os preços, a renda, o nível de emprego e outras variáveis macroeconômicas — contraditando as expectativas neoclássicas de ajuste automático do mercado (Say – Marshall), que supunham a oferta gerar sua própria demanda.

A **Teoria Geral do Emprego, dos Juros e do Dinheiro**, de John Maynard Keynes, em 1936, derivada de análise das causas e efeitos da crise de 1929, que representou um caso de superoferta e de subconsumo, sugeriu a intervenção estatal na atividade econômica para efeito de, em prazo mais reduzido, restabelecer o equilíbrio, visando o pleno emprego dos recursos para buscar estabilidade econômica mediante a cooperação da iniciativa privada e da ação governamental.

Visto que, para manter o pleno emprego na economia, quando a economia entra em recessão, o governo deve gerar deficits orçamentários (gastos sem a renda necessária para cobri-los), elevando o nível de emprego e mantendo-o em níveis adequados, sempre que a oferta exceder a demanda, a produção deve ser reduzida para se encontrar um ponto de equilíbrio estável abaixo do pleno emprego.

331 Dependendo da quantidade, qualidade e disponibilidade da mão de obra produzida pelo sistema educacional e posta no mercado, bem assim pela facilidade de transporte e sistema geral de tributação, entre outras vantagens exigidas pelos investidores internacionais, nota-se que a mão obra é cuidada como um recurso como outros quaisquer: são os recursos humanos.

O Governo precisaria complementar a insuficiência do investimento privado para efeito de alcançar o apropriado nível de emprego. Mediante uma política fiscal conveniente ao ciclo de contração da economia, o governo atuaria diretamente por intermédio de seus gastos (orçamento público) ou indiretamente pela tributação dos agentes econômicos privados. Pelo controle da oferta e demanda de moeda e pela fixação dos juros — a chamada política monetária —, ele regula os níveis de consumo, emprego e investimento da economia por meio de três mecanismos principais: o depósito compulsório, o mercado aberto e o redesconto.

Dessa maneira, o depósito compulsório reduz ou aumenta a quantidade de moeda ofertada pelos bancos comerciais, exigindo que esses mantenham maior ou menor porcentagem de seus depósitos a vista sob a guarda do Banco Central. Pelos mecanismos do mercado aberto, ou seja, pela oferta ou compra títulos da dívida pública a fim de interferir sobre os níveis de juros — aumentando-os pela venda e reduzindo-os pela compra. O Banco Central atua ainda pelo redesconto como um banco dos bancos ao socorrer as instituições bancárias com problemas de liquidez[332]. Keynes via a política monetária como forma indireta de atuação do Governo sobre a atividade econômica e de reduzida utilidade prática.

No Brasil, constitui faina diária do Governo, por via de sua autoridade monetária, para alcançar ajustes de curto prazo nas expectativas dos agentes econômicos. A política fiscal, por outra parte, que produz efeitos diretos sobre a demanda agregada, deveria se ancorar principalmente nos gastos públicos e na sua adequada gestão. Assim, eles devem ser reduzidos durante as fases de expansão e aumentados nas de contração. Na política monetária, a oferta de moeda deve ser restringida mediante a venda de títulos da dívida pública (elevação dos juros) na expansão e reduzidos pela compra na contração. Na fiscal, deve-se impor um aumento da carga tributária sobre os fatores de produção para evitar a inflação no ciclo expansivo e reduzi-la no depressivo.

Dessarte, deflação e desemprego requereriam menos impostos e maiores gastos públicos (o que gera aumento de popularidade do Governo) e, por outra parte, a inflação de preços — aumento de impostos e corte dos gastos públicos[333] (com efeito inverso sobre o índice de aprovação do governo). O fato é que as despesas adicionais do governo proporcionam receitas adicionais aos vendedores (via de regra privados), que as empregam para o pagamento de salários, matérias-primas e distribuição de lucros.

Esses valores são invertidos na compra de bens de produção (empresas) ou de consumo (pessoas físicas), e essas compras dão origem a novas receitas que, por sua vez, produzem novas compras. Esse é o mecanismo multiplicador de demanda

332 O que a Secretaria do Tesouro americana decidiu não permitir no caso do Lehmann Brothers.

333 Veja-se o caso do Brasil na segunda década do século XXI.

apontado por Keynes. A propensão a consumir indica como cresce a renda quando cresce o investimento e ainda o fluxo de importações/exportações.

De todo modo, a redistribuição dos recursos obtidos pela tributação progressiva dos mais abastados conjuntamente com o aumento do investimento, do nível de emprego e da renda por intermédio das despesas de capital pelo governo seriam suficientes, de um ponto de vista keynesiano, para combater a depressão econômica. Isso mostra que a mais importante variável nessa teoria seria o investimento, que determinaria o nível de emprego e renda da economia sob análise, e essa variável seria, por sua vez, afetada, assim como a renda e o nível de emprego, pela propensão marginal a consumir, pela taxa de juros e pela eficácia marginal do capital.

É importante ressaltar que o investimento depende da poupança agregada e que esta será um tanto menor quanto for a participação dos investidores rentistas e dos empresários na renda agregada, uma vez que a sua propensão marginal a consumir será menor do que a dos trabalhadores assalariados, viabilizando o poupar.

Posto isso, e ressaltando que muitas outras teorias podem ser utilizadas e ou pensadas para a regulação da atividade macroeconômica (por exemplo, a de Schumpeter, a de Kalecki etc.) e do governo, pode-se perceber o quão relevante é a análise de propensões para a produção de normas que viabilizem a ação governamental na gestão da coisa pública e da economia nacional.

Além disso, sob o prisma dos agentes econômicos, a regulação clara e eficaz de sua atividade serve como baliza para a redução da complexidade dada pelas possibilidades totais e como orientação de suas ações no domínio econômico. Por outro lado, no que concerne às relações de convívio, o desempenho das instituições também é um fator relevante para as decisões dos cidadãos, bem assim a de um equilíbrio social pretendido.

Com isso, se demonstra que a possibilidade de editar normas de regulação do sistema econômico depende de promessas feitas aos endereçados pelas normas de gestão conforme a essas promessas. O nível de descontentamento dos cidadãos será medido pela capacidade de o Governo atender aos projetos mais desejados por esses, transformando-os em objetos civilizacionais. A homeostase sistêmica depende desse balanço — transformar em objetos os projetos da cultura. As normas são promessas da realização desses desideratos dos sujeitos.

CAPÍTULO 3

INTERPRETAÇÃO E APLICAÇÃO DO DIREITO

3.1 O PROBLEMA DA INTERPRETAÇÃO E APLICAÇÃO DO DIREITO

Uma das características que decorrem do chamado Direito positivo é justamente a expressa determinação do conteúdo das normas jurídicas, o que traz como consequência direta e imediata a necessidade de que sejam fruto de aplicação pela autoridade designada pelo Estado como competente a fazê-lo. Esse exercício de aplicação do Direito se dá tanto pelo magistrado, quando aplica o Direito ao proferir uma sentença, mas também quando o Poder Legislativo aplica a Constituição ao exercer a função legislativa (criando leis) ou no momento em que o Poder Executivo, aplicando uma norma constitucional expressa, emite decretos dentro de suas competências previamente estabelecidas[1].

Interessa-nos aqui, entretanto, a interpretação e a aplicação do Direito concretizadas pelo Poder Judiciário ao promover a busca pela pacificação social, dirimindo os conflitos, o que se dá pela aplicação das normas (regras e princípios) aos casos particulares.

Nesse particular, é preciso esclarecer alguns conceitos e pressupostos teóricos importantes. Com o advento do positivismo jurídico e, consequentemente, a compreensão e a identificação do Direito com as normas postas de forma objetiva, a

[1] DINIZ, Maria Helena. **Compêndio de Introdução à Ciência do Direito**: introdução à teoria geral do direito, à filosofia do direito, à sociologia jurídica. 21. ed. rev. e atual. São Paulo: Saraiva, 2010.

atividade interpretativa passou por algumas fases e nuances que moldaram a sua própria aplicabilidade.

Inicialmente, durante a fase do positivismo jurídico primevo/exegético, isto é, aquele vinculado à denominada Escola da Exegese[2] difundida na França[3], o Direito "passa a ser identificado com a *norma escrita, a lei escrita*"[4], o que, por conseguinte, implicou um modelo restritivo ao processo interpretativo, na medida em que o jurista/cientista do Direito não teria a prerrogativa de criar o Direito, mas tão somente de descrevê-lo, sistematizá-lo e interpretá-lo tal qual criado. Daí é que, sob essa perspectiva, a "resposta correta" será encontrada a partir de uma única interpretação objetiva, adequada e clara levada a cabo exclusivamente sobre o texto normativo, o que consagrou a figura do juiz como mero *bouche de la loi* ("boca da lei").

Em outras palavras, os magistrados não dispunham de qualquer tipo de abertura para o exercício de interpretações que pudessem extrapolar os contornos definidos pelo texto da lei; portanto, as suas decisões deveriam se limitar a aplicar da forma mais automática possível as leis que haviam sido criadas pelo Poder Legislativo, mais especificamente daquilo que estivesse contido no Código de Napoleão, de 1804[5]. Assim, o Direito deveria ser visto como uma ciência objetiva, segura e dotada de certeza, uma vez que que alberga conceitos determinados e com sentidos únicos[6].

Kelsen, contudo, trouxe uma proposta de superação do positivismo primevo por um positivismo normativista que, além de reforçar a existência de um método

2 Miguel Reale aponta nesse sentido que: "Sob o nome de 'Escola da Exegese' entende-se aquele grande movimento que, no transcurso do século XIX, sustentou que na lei positiva, e de maneira especial no Código Civil, já se encontra a possibilidade de uma solução para todos os eventuais casos ou ocorrência da vida social. Tudo está em saber interpretar o Direito. Dizia, por exemplo, Demolombe que a lei era tudo, de tal modo que a função do jurista não consistia senão em extrair e desenvolver o sentido pleno dos textos, para apreender-lhes o significado, ordenar as conclusões parciais e, afinal, atingir as grandes sistematizações" (REALE, Miguel. **Lições preliminares de Direito**. 27. ed. São Paulo: Saraiva, 2002, p. 271).

3 Alf Ross ensina que: "Na França, Comte lançou as bases do positivismo num programa que pretendia basear a política cientificamente nas leis que regem as comunidades e sua evolução (sociologia). Além disso, os juristas franceses, após a aprovação do grande código civil, o Código Napoleão de 1804, perderam o interesse nas reivindicações político-jurídicas de reforma e, com isso, no direito natural. Seu interesse se concentrou no direito positivo: o Código e sua interpretação" (ROSS, Alf. **Direito e justiça**. Tradução e notas: Edson Bini. Bauru: Edipro, 2007, p. 291).

4 FREITAS, Hudson Couto Ferreira de. **Teoria(s) do Direito**: do jusnaturalismo ao pós-positivismo. Belo Horizonte: D'Plácido, 2016, p. 84.

5 Cf. GOMES, Sérgio Alves. **Hermenêutica jurídica e constituição no estado de direito democrático**. Rio de Janeiro: Forense, 2001.

6 Essa corrente é também chamada de formalismo jurídico ou positivismo teórico (denominação dada por Bobbio), pressupondo com isso que "[...] o Direito é um sistema fechado, completo e perfeito que conforma um ordenamento sem contradições, de modo que a tarefa do aplicador seria mecânica e objetiva, sem necessidade ou mesmo margem para interpretações. Daí a célebre afirmação de o juiz seria (*sic*), tão somente, *a boca da lei*" (FREITAS, Hudson Couto Ferreira de. **Teoria(s) do Direito**: do jusnaturalismo ao pós-positivismo. Belo Horizonte: D'Plácido, 2016, p. 110).

analítico — combatendo as propostas de rigor jurídico difundido pela Escola do Direito Livre e Jurisprudência dos Interesses —, tentou demonstrar que o problema da interpretação no direito assume um caráter de sentido (semântico, portanto) e não apenas formal (sintático)[7].

Mais do que isso, Kelsen reconhece que, diferentemente da visão exegética que atribui às normas sentidos unívocos no Direito, existe uma indeterminação parcial que é fruto da "pluralidade de significações de uma palavra ou de uma sequência de palavras em que a norma se exprime: o sentido verbal da norma não é unívoco, o órgão que tem de aplicar a norma encontra-se perante várias significações possíveis"[8]. Assim, deve ser reconhecido ao intérprete um espaço de liberdade para que, dentro da "moldura normativa", ele consiga preencher o espaço de indeterminação que existe no direito a partir de um ato de conhecimento, mas também de um ato de vontade:

> Se queremos caracterizar não apenas a interpretação da lei pelos tribunais ou pelas autoridades administrativas, mas, de modo inteiramente geral, a interpretação jurídica realizada pelos órgãos aplicadores do direito, devemos dizer: na aplicação do Direito por um órgão jurídico, a interpretação cognoscitiva (obtida por uma operação de conhecimento) do direito a aplicar combina-se com um ato de vontade em que o órgão aplicador do Direito efetua uma escolha entre as possibilidades reveladas através daquela mesma interpretação cognoscitiva. Com este ato, ou é produzida uma norma de escalão inferior, ou é executado um ato de coerção estatuído na norma jurídica aplicada. Através deste ato de vontade se distingue a interpretação jurídica feita pelo órgão aplicador do Direito de toda e qualquer outra interpretação levada a cabo pela ciência jurídica[9].

Como se vê, para Kelsen, o exercício da atividade interpretativa pelo magistrado levará em consideração um ato de conhecimento como um ato de vontade, sendo que o intérprete deverá exercer um juízo intelectivo livre, o que lhe permitirá decidir qual hipótese se mostra mais recomendada para solucionar a indeterminação que se busca resolver[10]. Aqui, é preciso esclarecer que o raciocínio kelseniano sobre a interpretação é estabelecido em duas fases: a primeira, quando da publicação da primeira edição de sua obra, em 1934; e a segunda, quando da publicação da edição final da obra, em 1960.

7 GUNDIM, Wagner Wilson Deiró. **Gadamer e Supremo Tribunal Federal**: uma proposta de hermenêutica filosófica dialógica. 1. ed. São Paulo: LiberArs, 2020, p. 144.

8 KELSEN, Hans. **Teoria pura do Direito**. 8. ed. Tradução: João Baptista Machado, São Paulo: Martins Fontes, 2009, p. 389.

9 KELSEN, Hans. **Teoria pura do Direito**. 8. ed., Tradução: João Baptista Machado, São Paulo: Martins Fontes, 2009, p. 394.

10 GUNDIM, Wagner Wilson Deiró. **Gadamer e Supremo Tribunal Federal**: uma proposta de hermenêutica filosófica dialógica. 1. ed. São Paulo: LiberArs, 2020.

A principal diferença é que, enquanto na primeira proposta Kelsen limita a discricionariedade do juiz à moldura normativa, na outra, passa a admitir que o intérprete ultrapasse esse limite, admitindo-se, inclusive, uma possibilidade de capacidade de criação do direito para além do legislativo[11]. Com isso, apesar de ter adotado uma metodologia objetivista que evidenciou as dimensões semânticas e sintáticas dos enunciados normativos, sobretudo o seu caráter plurívoco (múltiplos significados possíveis) — superando a proposta do positivismo exegético —, a teoria kelseniana não cuidou de explorar o aspecto prático da aplicação do direito na solução dos chamados "casos difíceis".

Na verdade, a proposta de Kelsen foi atribuir aos órgãos aplicadores do Direito a resolução desses problemas a partir de um ato de vontade que, como bem explica Tércio Sampaio Ferraz Junior[12], é fundamentado a partir da premissa do "eu quero", gerando, assim, uma discricionariedade judicial que se mostra incompatível com o Estado Democrático de Direito.

Após Kelsen, outro positivista importante — e que lidou diretamente com o problema da interpretação e aplicação do direito — foi Adolphus Lionel Herbert Hart, em seu livro *O conceito de Direito*, publicado originariamente em 1961 a partir de uma importante modificação na forma de compreensão do direito, sobretudo do seu caráter essencialmente linguístico[13]. Ou seja, para Hart, conforme observa Lenio Streck, o

11 Com maior esclarecimento: "Na primeira edição de sua obra, Kelsen trabalha o elemento cognitivo de forma vinculada ao normativismo, i.e., a norma a ser aplicada atuará como verdadeira moldura que delineará a decisão do juiz, fazendo com que o ato seja discricionário, mas não arbitrário. Nesse momento inicial, portanto, torna-se essencial que o juiz conheça (por isso ato cognoscitivo) todas as possibilidades de interpretação que são permitidas e decorrem da própria norma). O momento posterior, por sua vez, denominado pelo próprio autor como elemento volitivo, está ligado diretamente à ideia de discricionariedade, ou seja, após 'conhecer o direito', deverá o aplicar do direito, segundo sua vontade, escolher uma dentre as variadas hipóteses de interpretação possíveis. Vale ressaltar aqui que, embora reconheça a abertura concebida ao intérprete para decidir de acordo com sua vontade e valores particulares, Kelsen condiciona o exercício do ato cognoscitivo ao ato de conhecimento, o que significa dizer que não se trata de um decisionismo absoluto, pois o intérprete estaria sempre vinculado à moldura interpretativa, não podendo decidir fora dela. Já na edição de 1960, Kelsen altera sensivelmente a sua teoria da interpretação e, especificamente ao tratar sobre a decisão como ato de vontade, passou também a admitir que o juiz também poderia decidir além do que foi estabelecido pela moldura, ou seja, o papel criador do magistrado não estaria mais adstrito a uma tarefa meramente complementar da norma fixada pelo legislador, mas também assumiria uma capacidade criadora inaugural. Com isso, Kelsen passa a admitir uma 'concepção meramente voluntarista da interpretação, admitindo a escolha, por parte do aplicador do direito, de uma opção que se encontre "fora da moldura". Além disso, recai em uma teoria cética da interpretação'" (Cf. GUNDIM, Wagner Wilson Deiró. **Gadamer e Supremo Tribunal Federal**: uma proposta de hermenêutica filosófica dialógica. 1. ed. São Paulo: LiberArs, 2020, p. 150–151).

12 FERRAZ JUNIOR, Tércio Sampaio. **Introdução ao Estudo do Direito**: técnica, decisão, dominação. 7. ed. São Paulo: Atlas, 2013, p. 228.

13 A obra, traduzida para o Brasil, encontra uma de suas versões mais circuladas: HART, Herbert L. A. **O conceito de Direito**. Tradução: Antônio de Oliveira Sette-Câmara. 2. ed. São Paulo: WMF Martins Fontes, 2009.

Direito se constitui como "[...] um fenômeno cultural constituído pela linguagem; por isso é que ele, desde a linguística, pretende privilegiar o uso da linguagem normativa como o segredo para compreender-se a normatividade do direito"[14].

Assim, para o autor, o direito não é capaz de estabelecer de forma precisa todos os padrões de comportamento, tampouco apresentar-se de modo a não admitir a existência de dúvidas quando de sua interpretação, sobretudo pela falibilidade da linguagem. Ou seja, sendo as regras jurídicas moldadas pela linguagem, é impossível que elas sejam capazes de resolver todas as coisas, o que demonstra a existência de uma "textura aberta" que revela vaguezas e até mesmo confusão sobre o conteúdo veiculado[15]. Ao esclarecer o que seria a "textura aberta" do direito, Hart aponta que:

> [...] significa que existem, de fato, áreas do comportamento nas quais muita coisa deve ser decidida por autoridades administrativas ou judiciais que busquem obter, em função das circunstâncias, um equilíbrio entre interesses conflitantes, cujo peso varia para cada caso[16].

E, para resolver o problema dessa textura abertura ou, na expressão do autor, da "zona de penumbra" (local em que ficariam os chamados *hard cases*[17]), Hart também apostará na "discricionariedade" do intérprete quando da solução de casos concretos, notadamente dos *hard cases*, admitindo, inclusive, que a decisão judicial possa criar, de certa maneira, uma nova legislação[18]. Vale dizer, como forma de solução da indeterminação presente no Direito, que é

14 STRECK, Lenio Luiz; MOTA, Francisco José Borges. Relendo o debate entre Hart e Dworkin: uma crítica aos positivismos interpretativos. **Revista Brasileira de Direito**, Passo Fundo, v. 14, n. 1, abr. 2018, p. 61. DOI: https://doi.org/10.18256/2238-0604.2018.v14i1.2451.

15 MACCORMICK, Neil. **H. L. A. Hart**. 2. ed. Tradução: Cláudia Santana Martins. Rio de Janeiro: Elsevier, 2010.

16 HART, Herbert L. Adolphus. **O conceito de Direito**. Tradução: Antônio de Oliveira Sette-Câmara. 2. ed. São Paulo: WMF Martins Fontes, 2009, p. 175.

17 Ao reconhecer a polissemia da linguagem e, consequentemente, as regras jurídicas, Hart faz uma distinção entre os denominados *easy cases* (casos fáceis) e *hard cases* (casos difíceis), o que é esclarecido por Hudson Freitas nos seguintes termos: "Em síntese, os casos fáceis seriam aqueles para os quais o aplicador do Direito, o juiz, encontraria uma regra jurídica (lei, costume ou precedente judicial) suficientemente clara e precisa, que não demandaria, portanto, esforços criativos ou interpretativos. O papel do juiz, aqui, seria a de operar uma simples subsunção da norma ao fato, uma vez que a regra a ser aplicada guardaria um significado claro, preciso ou unívoco. Por outro lado, os casos difíceis seriam aqueles para os quais ou não haveria uma regra jurídica específica (lacuna), ou esta seria configurada por uma forma linguística muito aberta, ambígua, porosa, imprecisa, não sendo possível se obter uma interpretação única e inequívoca. Nestes casos, que Hart (2009) denomina de *zona de penumbra*, o juiz deverá se lançar em um processo interpretativo criativo, utilizando-se da discricionariedade" (FREITAS, Hudson Couto Ferreira de. Teoria(s) do Direito: do jusnaturalismo ao pós-positivismo. Belo Horizonte: D'Plácido, 2016, p. 172).

18 STRECK, Lenio Luiz; MOTA, Francisco José Borges. Relendo o debate entre Hart e Dworkin: uma crítica aos positivismos interpretativos. **Revista Brasileira de Direito**, Passo Fundo, v. 14, n. 1, abr. 2018. DOI: https://doi.org/10.18256/2238-0604.2018.v14i1.2451.

essencialmente linguístico e plurívoco, Hart defenderá a utilização da discricionariedade em sentido forte.

Dworkin, por sua vez, como já visto anteriormente, contrapõe-se ao positivismo como um todo e também ao pragmatismo, mas o que aqui interessa é que também inova com relação à sua visão sobre o papel da interpretação e aplicação do Direito, sobretudo ao rechaçar de modo muito veemente a possibilidade de que a discricionariedade seja o elemento central da teoria do Direito. Ainda que a teoria dworkiniana reconheça a dualidade normativa a partir das regras e princípios, esses últimos de teor mais aberto, elástico e que permitem a integração da leitura moral ao direito[19], a sua teoria interpretativa não admite a discricionariedade (em sentido forte) como forma de resolver a indeterminação semântica ou mesmo a incompletude do ordenamento jurídico.

Dworkin, assim, propõe a visão do Direito como prática argumentativa na medida em que o significado do Direito, enquanto prática social normativa, está inerente às condições de verdade assumidas pelas práticas argumentativas que o integram. Isto é, dado o caráter discursivo e argumentativo do Direito, as controvérsias e disputas existentes sobre o seu conteúdo buscam definir os conceitos a partir de uma prática interpretativa que demanda uma prática social normativa conectada ao conceito de integridade[20], mas, sobretudo, decisões justificadas:

> O direito é, sem dúvida, um fenômeno social. Mas sua complexidade, função e consequências dependem de uma característica especial de sua estrutura. Ao contrário de muitos outros fenômenos sociais, a prática do direito é argumentativa. Todos os envolvidos nessa prática compreendem que aquilo que ela permite ou exige depende da verdade de certas proposições que só adquirem sentido através e no âmbito dela mesma; a prática consiste, em grande parte, em mobilizar e discutir essas proposições. Os povos que dispõem de um direito criam e discutem reivindicações sobre o que o direito permite ou proíbe, as quais seriam impossíveis — porque sem sentido — sem o direito, e boa parte daquilo que seu direito revela sobre eles só pode ser descoberta mediante a observação de como eles fundamentam e defendem essas reivindicações[21].

19 Como observa Hudson Couto Ferreira de Freitas: "Dworkin (2003) elabora que a interpretação/aplicação do Direito será sempre marcada por uma leitura moral/política e que, assim, a interpretação correta do Direito deverá ser aquela em que o intérprete busque jogar a melhor luz, ou seja, busque reconstruir a melhor interpretação moral possível das práticas sociais assentes em uma dada comunidade" (FREITAS, Hudson Couto Ferreira de. **Teoria(s) do Direito**: do jusnaturalismo ao pós-positivismo. Belo Horizonte: D'Plácido, 2016, p. 220).

20 MACEDO JUNIOR, Ronaldo Porto. **Do xadrez à cortesia**: Dworkin e a teoria do direito contemporânea. São Paulo: Saraiva, 2014, p. 213.

21 DWORKIN, Ronald. 2007a, p. 17.

E para que o exercício interpretativo não seja marcado por uma discricionariedade em sentido forte (ou seja, sem limites), Dworkin estabelece inclusive a necessidade de que a interpretação criativa no Direito se dê a partir de três fases: i) fase pré-interpretativa: o momento em que o aplicador do Direito tem o primeiro contato com a prática social ou o texto que deverá aplicar, quando também poderá adicionar seus preconceitos e refletir sobre a própria prática analisada; ii) fase interpretativa: representada pelo ato de selecionar e construir as justificativas gerais que evidenciem o significado que deverá ser atribuído ao texto ou prática social em análise, sempre levando em consideração eventuais paradigmas já estabelecidos ou aplicados em uma dada comunidade; e iii) fase pós-interpretativa: oportunidade em que o intérprete condensará a atitude das fases anteriores e garantirá a integridade do Direito[22].

A controvérsia sobre o papel atribuído ao intérprete do Direito, ou mesmo dos limites do real significado da interpretação e aplicação do Direito, não findou com as teorias apresentadas. Ao contrário, sobretudo após o debate Hart *versus* Dworkin, a natureza do debate teórico-jurídico gerou uma "parafernália filosófica" que dominou o debate entre os anos 1980–2000 e resultou num quadro composto por novas teorias ou formas de visualização do Direito e, consequentemente, de sua aplicação, como aponta Ronaldo Porto Macedo Junior[23]:

> (i) o positivismo jurídico passou a ser cindido entre os positivistas inclusivistas (*soft positivists*), como Herbert Hart, Jules Coleman[24], Willfrid J. Waluchow[25], dentre outros, e positivistas exclusivistas (*hard positivists*), como Joseph Raz[26], Scott J. Shapiro[27] e Andrei Marmor[28];
>
> (ii) o interpretativismo, proposta teórica trazida por Ronald Dworkin;

22 FREITAS, Hudson Couto Ferreira de. **Teoria(s) do Direito**: do jusnaturalismo ao pós-positivismo. Belo Horizonte: D'Plácido, 2016.

23 MACEDO JUNIOR, Ronaldo Porto. **Do xadrez à cortesia**: Dworkin e a teoria do direito contemporânea. São Paulo: Saraiva, 2014, p. 166–167.

24 COLEMAN, Jules. **The pratice of principle**: in defense of a pragmatist approach to legal theory. Oxford: Oxford University, 2001.

25 WALUCHOW, Willfrid J. **Inclusive legal positivism**. Oxford: Clarendon, 1994.

26 RAZ, Joseph. Legal principles and the limits of law. **Yale Law Journal**, 81, 823, 1971–1972; e RAZ, Joseph. **O conceito de sistema jurídico**: uma introdução à teoria dos sistemas jurídicos. Tradução: Maia Cecília de Almeida, São Paulo: WMF Martins Fontes, 2012.

27 SHAPIRO, Scott J. **Legality**. Cambridge: Belknap, 2011.

28 MARMOR, Andrei. Exclusive legal positivism. COLEMAN, Jules; SHAPIRO, Scott (Eds). **The Oxford handbook of jurisprudence and philosophy of law**. Oxford: Oxford University Press, 2002.

(iii) adeptos do jusnaturalismo contemporâneo, sendo possível apontar para John Finnis[29], Robert George[30] e Germain Grisez[31];

(iv) teóricos da chamada razão comunicativa ou pós-positivistas, sendo possível citar Jürgen Habermas[32], Klaus Günther[33] e Robert Alexy[34]; e

(v) uma versão mais sofisticada da teoria do pragmatismo, agora aplicado ao âmbito jurídico especificamente, tendo como principais expoentes Richard Rorty[35], Richard Posner[36], dentre outros.

Tudo isso para demonstrar que o ato de interpretação e aplicação do Direito é um dos grandes desafios enfrentados pela ciência jurídica, sobretudo para os casos em que a norma se apresenta de modo mais aberto/abstrato ou mesmo nos casos em que, aparentemente, o ordenamento jurídico não dispõe de nenhuma regra ou princípio que possa resolver o caso concreto apresentado. Daí, portanto, a importância de esclarecer o conceito de "lacunas", suas formas de preenchimento, mas também os métodos de interpretação que compõem a chamada hermenêutica, que será objeto dos próximos tópicos adiante desenvolvidos.

3.1.1 A PROBLEMÁTICA DA (IN)COMPLETUDE DO SISTEMA JURÍDICO: AS LACUNAS COMO ELEMENTO DO ORDENAMENTO JURÍDICO

Como indicado anteriormente, a partir da aplicação de resultados da Filosofia da Linguagem ao Direito pela teoria trazida por Herbert A. L. Hart (o qual sofreu forte influência do impropriamente dito segundo Wittgenstein), o *caráter plurívoco* dos significados normativos passou a ser reconhecido. Isto é, sendo o Direito constituído como linguagem, o sentido verbal da norma contém várias significações possíveis, as quais devem ser buscadas e aplicadas no processo interpretativo.

29 FINNIS, John. **Natural law and natural rights**. Oxford: Claredon, 1980.

30 GEORGE, Robert P. **In defense of natural law**. Oxford: Clarendon, 1999; GEORGE, Robert P. (Eds). **Natural law theory**: contemporary essays. Oxford: Oxford University Press, 1992.

31 GRISEZ, Germain; SHAW, Russel. **Beyond the new morality**: the responsibilities of freedom. 3rd ed. Notre Dame, USA: University of Notre Dame Press, 1988.

32 HABERMAS, Jürgen. **Direito e democracia**: entre facticidade e validade. Tradução: Flávio Beno Siebeneichler. Rio de Janeiro: Tempo Brasileiro, 1997, v 2.

33 GHÜNTER, Klaus. **The sense of appropriateness**. Tradução: John Farrel. Albany: Suny, 1993.

34 ALEXY, Robert. **Teoria dos direitos fundamentais**. Tradução: Virgílio Afonso da Silva. São Paulo: Malheiros, 2008.

35 RORTY, Richard. **Consequences of pragmatism**. Minneapolis: University of Minnesota Press, 1989.

36 Ver: POSNER, Richard A. **Law, pragmatism and democracy**. Cambridge: Harvard, 2003; POSNER, Richard A. **Problemas de Filosofia do Direito**. Tradução: Jefferson Luiz Camargo. São Paulo: Martins Fontes, 2007.

No entanto, para além do problema da indeterminação semântica do Direito, há também um problema de coerência sistêmica que precisa ser verificado: afinal, é possível que o ordenamento jurídico seja capaz de prever antecipadamente todos os comportamentos humanos e regulá-los normativamente? E caso não o seja, seria coerente falar em ordenamento jurídico completo e fechado?

Como observa Tércio Sampaio Ferraz Junior, a questão da sistematização do ordenamento jurídico envolve basicamente dois aspectos. O primeiro enfrenta a problemática da completude, ou seja, identificar se as lacunas são ou não admitidas; o segundo diz respeito aos métodos de preenchimento/superação dessas lacunas caso se constate pela sua existência[37].

Em um trabalho seminal sobre a teoria do Direito, Norberto Bobbio chama a atenção, dentre outros pontos, para as características essenciais que compõem o ordenamento jurídico, quais sejam: *unidade, coerência e completude*[38]. O conceito que aqui nos importa e deve ser objeto de análise neste tópico está relacionado ao último dos requisitos: a noção de *completude* e, consequentemente, o problema fundamental das chamadas *lacunas* no direito.

Ao tratar sobre a chamada *completude* como característica fundamental do ordenamento jurídico, Bobbio assim a conceitua:

> Por "completude" entende-se a propriedade pela qual um ordenamento jurídico tem uma norma para regular cada caso. Tendo em vista que a ausência de uma norma costuma ser chamada de "lacuna" (em um dos sentidos do termo "lacuna"), "completude" significa "ausência de lacunas". Em outras palavras, um ordenamento é completo quando o juiz pode encontrar nele uma norma para regular cada caso que se lhe apresente, ou melhor, não há caso que não possa ser regulado com uma norma extraída do sistema[39].

A completude, prossegue Bobbio, é um elemento necessário para o ordenamento jurídico, já que é esta condição *sine qua non* de existência do próprio sistema, o que traz como consequência a necessidade de que os juízes estejam obrigados a decidir todos os casos apresentados e, cumulativamente, julgá-los a partir de normas jurídicas que pertençam ao sistema[40].

O dogma da completude, nos tempos modernos, está ligado à própria noção e apresentação do direito como um poder que integra o próprio monopólio do

37 FERRAZ JUNIOR, Tércio Sampaio. **Introdução ao Estudo do Direito**: técnica, decisão, dominação. 7. ed. São Paulo: Atlas, 2013, p. 186.

38 BOBBIO, Norberto. **Teoria Geral do Direito**. Tradução: Denise Agostinetti. 3. ed. São Paulo: Martins Fontes, 2010.

39 BOBBIO, Norberto. **Teoria Geral do Direito**. Tradução: Denise Agostinetti. 3. ed. São Paulo: Martins Fontes, 2010, p. 271.

40 BOBBIO, Norberto. **Teoria Geral do Direito**. Tradução: Denise Agostinetti. 3. ed. São Paulo: Martins Fontes, 2010.

Estado, de modo que, na mesma medida em que o Estado moderno crescia exponencialmente, toda e qualquer outra fonte do Direito que não estivesse ligada ao conceito de lei deixava de ser considerada. Justamente por isso é que se fazia imprescindível defender a completude do ordenamento jurídico, já que adotar tese em sentido contrário (isto é, de incompletude) equivaleria a permitir que outras forças não estatais e concorrentes tivessem a possibilidade de produzir direito[41].

Esse desejo de garantir a completude do sistema foi aperfeiçoado inicialmente por meio das grandes codificações (como o Código de Napoleão de 1804 e, posteriormente, o *Burgerliches Gesetzbuch* (BGB), no ano de 1900, na Alemanha), o que acabou produzindo também a doutrina do *positivismo exegético*, a qual, rememore-se, apregoava a estrita vinculação dos juízes à norma escrita e positivada, tal qual lançada (o famoso "juiz boca da lei")[42].

Um ponto central no reconhecimento da existência de lacunas é justamente a sua consequência direta e imediata: ao se reconhecer que existem lacunas, isto é, espaços vazios em que a norma jurídica não se aplica e se satisfaz, caberá ao juiz fazer o preenchimento dessas "lacunas". A grande controvérsia, contudo, reside em determinar quais serão os limites para o exercício dessa atividade interpretativa que resolverá a incompletude notada, seja pela insuficiência das codificações ou mesmo nos casos de profundas e intensas transformações ocorridas na sociedade.

Sem adentrar no mérito específico a respeito dos argumentos e contra-argumentos que se lançaram no debate entre reconhecer ou não a completude do ordenamento[43], seguimos a linha de Bobbio, que expressamente admite a existência de lacunas, embora as defina de modo diverso: as lacunas são verificadas não pela ausência de norma jurídica específica para determinado caso concreto, "*mas pela ausência de um critério para escolha de qual das duas regras gerais, aquela exclusiva e aquela inclusiva, deva ser aplicada*[44]". Afinal, esclarece o mesmo autor, nenhum

[41] BOBBIO, Norberto. **Teoria Geral do Direito**. Tradução: Denise Agostinetti. 3. ed. São Paulo: Martins Fontes, 2010.

[42] BOBBIO, Norberto. **Teoria Geral do Direito**. Tradução: Denise Agostinetti. 3. ed. São Paulo: Martins Fontes, 2010.

[43] Sobre esse debate, Maria Helena Diniz esclarece: "Os autores se dividem em duas principais correntes antitéticas: a que afirma, pura e simplesmente, a inexistência de lacunas, sustentando que o sistema jurídico forma um todo orgânico sempre bastante para disciplinar todos os comportamentos humanos; e a que sustenta a existência das lacunas no sistema que, por mais que perfeito que seja, não pode prever todas as situações de fato que, constantemente, se transformam, acompanhando o ritmo instável da vida" (DINIZ, Maria Helena. **Compêndio de Introdução à Ciência do Direito**: introdução à teoria geral do direito, à filosofia do direito, à sociologia jurídica. 21. ed. rev. e atual. São Paulo: Saraiva, 2010, p. 447-448).

[44] BOBBIO, Norberto. **Teoria Geral do Direito**. Tradução: Denise Agostinetti. 3. ed. São Paulo: Martins Fontes, 2010, p. 291.

ordenamento jurídico é perfeito, e, justamente por isso, é plenamente possível que alguns casos não sejam regulados de modo específico por uma norma[45].

Há, portanto, uma **lacuna** quando o ordenamento jurídico não se mostra capaz, num primeiro momento, de oferecer uma solução objetiva e concreta a um caso apresentado.

Por fim, deve-se pontuar, a título didático, que a doutrina costuma classificar as lacunas em algumas espécies, a saber:

- *lacunas normativas x lacunas ideológicas*: considera-se como normativa sempre que o ordenamento jurídico não consiga extrair do sistema jurídico uma norma que regule o comportamento; ideológica, por outro lado, será constatada quando verificada a ausência de uma "norma justa", ou seja, de uma solução ideal para o caso concreto[46];
- *lacunas próprias x lacunas impróprias*: enquanto as lacunas próprias seriam verificadas no sistema ou dentro do sistema, as impróprias decorrem de uma comparação entre o sistema real e um sistema idealizado[47];
- *lacunas subjetivas e objetivas*: as primeiras dependem de algum motivo atribuído ao legislador, já as objetivas **in**dependem da vontade do legislador, isto é, todos os fatos sociais que contribuam para o envelhecimento e inaplicabilidade dos textos legislativos; e
- *lacunas praeter legem* e *intra legem*: no primeiro caso, serão constatadas quando as regras expressas existentes forem muito específicas e, em razão dessa característica, não forem capazes de regular todos os casos possíveis; já as *lacunas intra legem* têm lugar quando as regras existentes forem muito genéricas, e, justamente por isso, deixará vazios que dependerão de interpretação.

3.1.2 CONSTATAÇÃO E MECANISMOS NORMATIVOS DE CORREÇÃO/COLMATAÇÃO DAS LACUNAS

A partir do momento em que as lacunas jurídicas são admitidas, torna-se necessário apurar como será verificada a sua constatação e, sobretudo, a sua integração e

45 BOBBIO, Norberto. **Teoria Geral do Direito**. Tradução: Denise Agostinetti. 3. ed. São Paulo: Martins Fontes, 2010.

46 Cf. CAMPILONGO, Celso Fernandes; GONZAGA, Alvaro; FREIRE, André Luiz. **Enciclopédia Jurídica da PUCSP**, tomo I (recurso eletrônico): teoria geral e filosofia do direito. São Paulo: Pontifícia Universidade Católica de São Paulo, 2017.

47 BOBBIO, Norberto. **Teoria Geral do Direito**. Tradução: Denise Agostinetti. 3. ed. São Paulo: Martins Fontes, 2010.

preenchimento por parte dos juízes. Trata-se de uma tarefa importante, na medida em que a constatação e preenchimento das lacunas não ocorre a partir de aspectos subjetivos[48] considerados pelo aplicador do direito, mas, como se verá, a partir da própria previsão legal.

Nesse particular, os métodos de integração e colmatação/preenchimento de lacunas no direito brasileiro estão expressamente estabelecidos na Lei de Introdução às Normas do Direito Brasileiro (LINDB - Decreto n.º 4.657/1942, com a redação dada pela Lei n.º 12.376/2010, mais precisamente em seu art. 4º, que prevê que, para os casos de omissão da lei, deverá o juiz se socorrer da *analogia, costumes, princípios gerais de direito* e da *equidade*, cujos conceitos e requisitos serão trabalhados com maior precisão a seguir).

3.1.2.1 ANALOGIA

A **analogia** é um método de integração do direito caracterizado pela aplicação de uma norma jurídica, inicialmente prevista para uma hipótese distinta da analisada, mas que será adotada para o caso concreto por razões de similitude.

Em outras palavras, para resolver o problema da inexistência de regulação normativa de um caso concreto, o juiz deverá "fazer um empréstimo" do conteúdo de outra norma, que regula hipótese semelhante, mas não igual, de modo a decidir o caso concreto; afinal, é vedado ao juiz escusar-se de julgar, não podendo se esconder na fórmula romana do *non liquet* (como já explicado anteriormente, é a cláusula de incerteza do direito que permitia ao magistrado de se escusar de julgar a questão).

Nas palavras de Bobbio, a analogia é o mais comum e um dos mais essenciais procedimentos interpretativos do ordenamento jurídico, pois se apresenta como "[...] aquele procedimento mediante o qual se manifesta a chamada tendência de todo sistema jurídico a *expandir-se* para além dos casos expressamente regulados"[49].

A aplicação da analogia se dá a partir de um raciocínio lógico que envolve praticamente duas fases/atividades[50]:

48 Nesse ponto, Maria Helena Diniz, citando Alípio Silveira, constata: "Os meios de preenchimento de lacuna são indicados pela própria lei, isto porque [...] nosso legislador não iria, evidentemente, pôr nas mãos do juiz um verdadeiro cartucho de dinamite para que fizesse ir pelos ares a certeza do direito e desse curso à torrente arrasadora do subjetivismo anárquico" (DINIZ, Maria Helena. **Compêndio de Introdução à Ciência do Direito**: introdução à teoria geral do direito, à filosofia do direito, à sociologia jurídica. 21. ed. rev. e atual. São Paulo: Saraiva, 2010, p. 461).

49 BOBBIO, Norberto. **Teoria Geral do Direito**. Tradução: Denise Agostinetti. 3. ed. São Paulo: Martins Fontes, 2010, p. 303.

50 DINIZ, Maria Helena. **Compêndio de Introdução à Ciência do Direito**: introdução à teoria geral do direito, à filosofia do direito, à sociologia jurídica. 21. ed. rev. e atual. São Paulo: Saraiva, 2010, p. 462.

1) *fase de constatação*: nesse momento, mediante uma atividade de comparação, o juiz deverá buscar e fundamentar as semelhanças fáticas entre o caso já normatizado e o tipo não previsto (inicialmente lacunoso); e

2) *fase de valoração*: deverá o magistrado demonstrar a relevância das semelhanças encontradas, em contraposição com as diferenças, a partir de um procedimento argumentativo.

Para facilitar a visualização de aplicação da analogia, veja-se, por exemplo, a previsão do artigo 12, parágrafo único, do Código Civil:

> Art. 12. Pode-se exigir que cesse a ameaça, ou a lesão, a direito da personalidade, e reclamar perdas e danos, sem prejuízo de outras sanções previstas em lei.
>
> Parágrafo único. Em se tratando de morto, terá legitimação para requerer a medida prevista neste artigo **o cônjuge sobrevivente**, ou qualquer parente em linha reta, ou colateral até o quarto grau (grifo não original).

Como se vê, a norma em questão prevê a possibilidade de que, para a defesa dos direitos da personalidade (assim entendidos aqueles que visam proteger os aspectos mais basilares da pessoa — vida, integridade física, honra, imagem etc.), o Código Civil estabelece expressamente a possibilidade de se exigir que qualquer ameaça ou lesão seja cessada, mas também a possibilidade de se reclamar eventual indenização por danos materiais ou morais no caso de violação. A norma ainda vai além e estabelece em seu parágrafo único (que aqui nos interessa) para prever que, caso o titular do direito da personalidade atingido esteja morto, terão a mesma legitimidade para pleitear os direitos previstos no *caput* do artigo o **cônjuge sobrevivente** ou mesmo qualquer parente em linha reta ou colateral até o quarto grau.

Partindo dessa previsão legal, entretanto, percebeu-se que havia um "vácuo" normativo quanto à figura dos companheiros, ou seja, pessoas que mantêm um relacionamento estável, duradouro e público (união estável) e que, pela simples literalidade do artigo citado, não teriam legitimidade para pleitear, no caso de falecimento de seu companheiro, a tutela prevista em lei.

Daí é que, ao analisar casos submetidos em que companheiros buscavam a tutela dos direitos da personalidade de seus companheiros falecidos, o Poder Judiciário passou a reconhecer que, **por analogia**, o art. 12, parágrafo único, do Código Civil, também se aplica aos companheiros.

Ou seja, partiu-se de uma situação de fato inicialmente lacunosa (sem correspondência normativa imediata) e, a partir de uma norma jurídica que regula uma situação semelhante, mas não idêntica, deu-se a mesma regulação jurídica.

É preciso pontuar que a **analogia** acima foi, inclusive, objeto de pacificação no âmbito do Superior Tribunal de Justiça ao julgar reiterados casos sobre a mesma temática, tendo sido assentado expressamente que:

> AGRAVO REGIMENTAL NO RECURSO ESPECIAL. ACIDENTE DE TRÂNSITO. MORTE DE PASSAGEIROS. AÇÃO DE INDENIZAÇÃO. DANO MORAL. IRMÃOS DA VÍTIMA. **LEGITIMIDADE ATIVA**. PRECEDENTES. AGRAVO REGIMENTAL IMPROVIDO. 1. **De acordo com a jurisprudência desta Casa, são ordinariamente legitimados** para a ação indenizatória o cônjuge **ou companheiro**, os descendentes, os ascendentes e os colaterais, de modo não excludente. Relativamente aos colaterais, aliás, a orientação desta Casa firmou-se no sentido de que "os irmãos de vítima fatal de acidente aéreo possuem legitimidade para pleitear indenização por danos morais ainda que não demonstrado o vínculo afetivo entre eles ou que tenha sido celebrado acordo com resultado indenizatório com outros familiares" (AgRg no AREsp n. 461.548/DF, Relator o Ministro João Otávio de Noronha, DJe de 27/11/2014). 2. Agravo regimental a que se nega provimento[51] (grifos não originais).

A aplicação analógica, contudo, não pode ocorrer de maneira indiscriminada, antes exigindo alguns requisitos essenciais apontados por Maria Helena Diniz[52]:

> 1) o caso fático que será julgado não pode estar previsto em nenhuma norma jurídica, afinal, havendo disposição legal expressa, deve esta ser aplicada, não sendo cabível se falar em analogia para desconsiderar a norma já estabelecida;
>
> 2) exista entre o caso analisado e aquele regulado pela norma uma relação de semelhança; e
>
> 3) a relação de semelhança entre os casos deve ser verdadeira e real, ou seja, de modo a justificar a aplicação da norma paradigma que será aplicada, o julgador deverá demonstrar que existe uma semelhança fundamental ou que os fatos veiculados são próximos ao que foi considerado pelo legislador quando elaborou a norma que será aplicada.

Bobbio caminha no mesmo sentido ao deixar claro que as razões de semelhança exigidas para a aplicação do procedimento analógico devem ser *relevantes*, isto

51 Cf. BRASIL. Superior Tribunal de Justiça. **AgRg no REsp: 1418703 RJ 2013/0328148-0**, Relator: Ministro MARCO AURÉLIO BELLIZZE, Data de Julgamento: 24/05/2016, T3 - TERCEIRA TURMA, Data de Publicação: DJe 06/06/2016.

52 Cf. DINIZ, Maria Helena. **Compêndio de Introdução à Ciência do Direito**: introdução à teoria geral do direito, à filosofia do direito, à sociologia jurídica. 21. ed. rev. e atual. São Paulo: Saraiva, 2010, p. 464–465.

é, "é preciso remontar os dois casos a uma qualidade comum a ambos, que seja ao mesmo tempo a razão suficiente pela qual foram atribuídas ao caso regulado aquelas e não outras consequências"[53].

Por fim, existem duas importantes observações que precisam ser feitas ainda com relação à analogia e sua aplicação no ordenamento jurídico brasileiro:

i) não se admite o uso da *analogia in malam partem* (em prejuízo da parte) no Direito Penal: significa dizer que, no âmbito do Direito Penal, o emprego da analogia somente pode ser realizado em benefício dos réus (*in bonam partem*). Isso decorre, entre outras razões, pela aplicação do princípio da legalidade/reserva legal traduzido na expressão latina *nullum crimen, nulla poena sine praevia lege* (não há crime sem lei anterior que o defina, nem pena sem prévia cominação legal). Assim, não se admite que o juiz, na ausência de norma expressa, utilize-se da analogia no direito penal para, por exemplo, aplicar a uma situação de fato ocorrida uma pena prevista para outro tipo legal/normativo[54]. Também não se admite a aplicação da analogia no âmbito do Direito Tributário para a exigência de tributo não previsto em lei, embora possa ser utilizado como técnica hermenêutica (art. 108, §1º, Código Tributário Nacional);

ii) a analogia se diferente da *interpretação analógica ou extensiva*: enquanto, no primeiro caso, o juiz deverá fazer a *integração* do direito buscando fundamento em outra norma que regule caso semelhante, na *interpretação analógica ou extensiva*, a norma jurídica existe, mas veicula um conceito ou conteúdo indeterminado que precisará, no ato interpretativo, ser revelado. Ou seja, o juiz deverá descobrir o sentido e alcance da norma, o que pressupõe a existência e aplicação de uma norma que já regula o caso. Por exemplo, o artigo 121 do Código Penal estabelece como crime o ato de matar alguém, cominando a pena de seis a vinte anos de reclusão. Quando o crime for qualificado, entretanto, a pena varia de quinze a trinta anos. Dentre as hipóteses em que o crime será considerado como qualificado, o inciso I, do art. 121, estabelece que assim o será aquele cometido "mediante paga ou

[53] BOBBIO, Norberto. **Teoria Geral do Direito**. Tradução: Denise Agostinetti. 3. ed. São Paulo: Martins Fontes, 2010, p. 305.

[54] No mesmo sentido, Goffredo Telles Júnior esclarece: "Assim, em matéria criminal, não pode alguém ser condenado pela prática de ato análogo ao ato qualificado como crime. Não há crime por analogia. Somente são crimes os atos que a lei assim os considera. Reza o art. 1º do Código Penal: 'Não há crime sem lei anterior que o defina.' Logo, não pode o juiz fundar-se na analogia para condenar réu acusado da prática de ato não expressamente incluído pela lei no rol dos crimes. Aliás, não pode o juiz aplicar penas por analogia, porque as únicas penas comináveis são as penas estabelecidas pela lei, para cada tipo de crime. O mesmo art. 1º do Código Penal estabelece: 'Não há pena sem prévia cominação legal'" (TELLES JUNIOR, Goffredo. **Iniciação na Ciência do Direito**. 4. ed. São Paulo: Saraiva, 2008, p. 200).

promessa de recompensa, **ou por outro motivo torpe**". O que será objeto de interpretação (analógica/extensiva) nesse caso é o termo genérico usado pela norma já existente (motivo torpe), exigindo-se, contudo, que seja semelhante ao parâmetro estabelecido.

Para facilitar a diferenciação apresentada, segue-se o quadro ilustrativo:

ANALOGIA	É um instrumento de integração do Direito. Aplicável aos casos de ausência de norma aplicável ao caso, recomendando o uso de outra norma que trate de situação semelhante. No direito penal, só se admite para beneficiar o réu.
INTERPRETAÇÃO ANALÓGICA	É um mecanismo de interpretação do Direito. A norma jurídica aplicável já existe, mas há algum conceito "aberto" ou genérico que demanda complemento. No direito penal, pode ser utilizada tanto para beneficiar como prejudicar eventualmente o acusado.
INTERPRETAÇÃO EXTENSIVA	É um mecanismo de interpretação do direito. A norma jurídica aplicável já existe, mas há a necessidade de compreender o real sentido e alcance da norma. No direito penal, pode ser utilizada tanto para beneficiar como prejudicar eventualmente o acusado.

Fonte: Elaboração própria.

3.1.2.2 COSTUME

O segundo mecanismo de integração do direito, que deve ser aplicado de maneira supletiva, isto é, apenas quando esgotadas todas as possibilidades de colmatar a coluna por meio de alguma norma jurídica, é o **costume**.

Diferentemente da norma jurídica, cujo nascedouro se encontra no regular, certeiro, previsível e determinado processo legislativo, o costume é incerto e imprevisível, pois está diretamente relacionado às práticas sociais reiteradas e que acabam constituindo padrões de comportamento manifestados por rituais, procedimentos ou silêncios que presumem sua aprovação. Do mesmo modo, diferentemente da norma jurídica, que geralmente adota a forma escrita, o costume frequentemente é não escrito, notadamente ser derivado do hábito, da prática e do uso.

A caracterização do costume se dá a partir da constatação de dois elementos obrigatórios: 1) **o uso ou prática reiterada de um comportamento** (elemento material/externo); e 2) **a convicção de sua obrigatoriedade** (elemento psicológico/interno), ou seja, o reconhecimento de que a regra, mesmo não escrita, tem força cogente sobre os atores sociais.

Assim, o **costume** pode ser conceituado como a prática uniforme, reiterada, pública e de caráter geral reconhecida por dada sociedade/comunidade como vinculante e externalizada por procedimentos rituais ou mesmo pelo silêncio, constituídas de eficácia social. É preciso pontuar que o reconhecimento da vinculação dessa prática deve ser geral, o que demanda a sua observância por toda a sociedade, uma parcela significativa da comunidade ou, no mínimo, por um grupo especial de pessoas[55].

A condição de juridicidade dos costumes, contudo, depende do seu reconhecimento e aplicação por parte da autoridade judicial, momento em que deixará de ser apenas uma prática social desprovida de força coercitiva e, então, passará a ser dotada de obrigatoriedade. É por isso que "pela tese da *confirmação jurisprudencial*, que se opõe à da confirmação legislativa (inadmissível, por exigir a confirmação do legislador, exagerando o papel deste), é necessário que o costume se consagre pela prática judiciária"[56].

Ademais, como já esclarecido anteriormente, os costumes são divididos em três espécies:

> *1) costume secundum legem* (costume segundo a lei): são os costumes expressamente positivados e reconhecidos em lei, portanto, adotados e respeitados nos Estados. Por exemplo, veja-se a dicção do artigo 615 do Código Civil, o qual acolheu expressamente o costume como elemento da norma jurídica: "Art. 615. Concluída a obra de acordo com o ajuste, **ou o costume do lugar**, o dono é obrigado a recebê-la. Poderá, porém, rejeitá-la, se o empreiteiro se afastou das instruções recebidas e dos planos dados, ou das regras técnicas em trabalhos de tal natureza." No mesmo sentido, também os artigos 596 e 1.297, §1º, ambos do Código Civil;
>
> *2) costume praeter legem*: é aquele utilizado como suplemento da lei, que tem a capacidade de completá-la em casos omissos. É justamente o tipo de costume a se discutir no presente tópico e que consta como método de preenchimento de lacunas nos termos do art. 4º, da LINDB; e
>
> *3) costume contra legem*: são os costumes contrários à lei. É importante consignar que esse tipo de costume social não tem o poder de revogar a lei em vigor, não contando com característica legislativa, de acordo com a ciência

[55] GONÇALVES, Carlos Roberto. **Direito Civil Brasileiro**, vol. 1: parte geral. 8. ed. São Paulo: Saraiva, 2010.

[56] GONÇALVES, Carlos Roberto. **Direito Civil Brasileiro**, vol. 1: parte geral. 8. ed. São Paulo: Saraiva, 2010, p. 97.

do direito, de modo que a doutrina o rejeita por sua manifesta incompatibilidade com a própria função normativa do Estado.

Por fim, apenas para exemplificar uma aplicação prática do costume *praeter legem* aqui em estudo, o exemplo mais citado pela doutrina é o relativo ao cheque pré-datado. O cheque é um título de crédito que consiste numa ordem de pagamento à vista emitida por alguém em favor de terceiros, de modo que, no exato momento de sua apresentação perante a instituição bancária, os fundos garantidos devem estar disponíveis para saque/recebimento imediato. Inclusive, a apresentação de cheque sem fundos configura a prática do crime de estelionato na modalidade fraude (art. 171, §2°, inciso VI, do Código Penal).

Contudo, de modo a facilitar os atos de comércio, tornou-se um hábito apresentar os cheques com data pré-assinalada, ou seja, estabelecendo-se uma data futura e determinada a partir da qual o título poderia ser apresentado, com a provisão de fundos garantida.

Embora a lei nunca tenha previsto essa modalidade, a validade do cheque pré-datado foi chancelada pelo Poder Judiciário brasileiro, que inclusive passou a reconhecer e deferir o pagamento de indenização por danos morais àqueles que sacavam o crédito disponível antes da data fixada no acordo formalizado entre as partes no título de crédito, conforme se verifica por entendimento pacificado e sumulado perante o Superior Tribunal de Justiça:

> **SÚMULA N. 370**
>
> Caracteriza dano moral a apresentação antecipada de cheque pré-datado.

No mesmo sentido, a jurisprudência já vinha decidindo que:

> APELAÇÃO CÍVEL. AÇÃO INDENIZATÓRIA. APRESENTAÇÃO DE CHEQUE PRÉ-DATADO PREMATURAMENTE. DANO MORAL CONFIGURADO. SUMULA 370 DO STJ. QUANTUM FIXADO. REDUÇÃO. DESCABIMENTO. VALOR ATRIBUÍDO EM CONSIDERAÇÃO À POTENCIALIDADE DO DANO, E ÀS PECULIARIDADES DO CASO. Segundo inteligência da Súmula 370 do STJ: **Caracteriza dano moral a apresentação antecipada de cheque pré-datado.** 2. A quantia fixada a título de indenização deve ser suficiente a mitigar a dor moral sofrida, buscando com isso, impor uma penalidade ao ofensor e, igualmente, dissuadi-lo de práticas semelhantes. 3. Levando-se em conta as particularidades do caso e a potencialidade do dano no íntimo do lesado, não se desprezando, evidentemente, as condições da vítima, a capacidade econômica do agente causador do dano, bem como a gravidade da ofensa, conclui-se que a importância foi fixada com moderação. 4. Não há que se falar

> em redução do valor fixado, a títulos de danos morais (R$ 8.000,00). Danos materiais não comprovados. APELAÇÕES CONHECIDAS E DESPROVIDAS.
>
> (TJ-GO - AC: 679734120108090051 GOIANIA, Relator: DR(A). SANDRA REGINA TEODORO REIS, Data de Julgamento: 16/02/2012, 5A CÂMARA CÍVEL, Data de Publicação: DJ 1031 de 26/03/2012).
>
> APELAÇÃO CÍVEL – AÇÃO DE INDENIZAÇÃO POR DANOS MORAIS - CHEQUE PRÉ-DATADO – PROVA DA APRESENTAÇÃO PRÉVIA – DANO MORAL CARACTERIZADO (SUMULA 370/STJ) – RECURSO PROVIDO. A apresentação antecipada de cheque pré-datado, pode gerar responsabilidade civil do credor, nos termos da Súmula no 370 do STJ, "Caracteriza dano moral a apresentação antecipada de cheque pré-datado". Orientação jurisprudencial da Corte Superior de Justiça neste sentido. A fixação do valor da indenização por dano moral deve atender as condições financeiras das partes, a gravidade do dano e o grau de culpa do ofensor.
>
> (TJ-MS - AC: 08020587320188120010 MS 0802058-73.2018.8.12.0010, Relator: Des. João Maria Lós, Data de Julgamento: 02/12/2020, 1ª Câmara Cível, Data de Publicação: 07/12/2020)

Como se vê, o costume *praeter legem* passa a integrar o Direito na medida em que passa pela chancela do Poder Judiciário, que o incorpora e torna a conduta social antes seguida por convenção agora obrigatória.

3.1.2.3 PRINCÍPIOS GERAIS DO DIREITO

O terceiro método supletivo de preenchimento de lacunas previsto pelo art. 4º da LINDB são os chamados **princípios gerais do Direito**, os quais, repita-se, só podem ser aplicados na ausência de norma jurídica expressa ou na ausência de solução na analogia e nos costumes, ostentando, portanto, um caráter subsidiário.

Para Carlos Roberto Gonçalves, **os princípios gerais do Direito** são regras que, embora não escritas, são aceitas de maneira universal pela sociedade e que estão inseridas em sua consciência, atuando no ordenamento vigente com o propósito de orientar a compreensão do sistema jurídico, notadamente em sua integração e aplicação[57].

Assim, eles se revelam como diretrizes propulsoras extraídas da ordem jurídica, efetivadas na forma de regras que integram o patrimônio jurídico e cultural da sociedade e permitem ao juiz suprir as insuficiências normativas com a adoção de

[57] GONÇALVES, Carlos Roberto. **Direito Civil Brasileiro**, vol. 1: parte geral. 8. ed. São Paulo: Saraiva, 2010, p. 97.

cânones que, embora não instrumentalizados na forma de preceitos, carregam em si o espírito do sistema jurídico[58].

É interessante notar que muitos desses princípios gerais já se encontram inseridos no próprio ordenamento jurídico, sobretudo no campo do direito civil, como: 1) o art. 3º da LINDB estabelece expressamente que ninguém pode deixar de cumprir a lei sob o argumento de que não a conhece; 2) o art. 112 do Código Civil prevê que, nas declarações de vontade, a intenção que elas expressarem deverão se sobrepor ao sentido literal da linguagem expressada; e, ainda que de maneira implícita, 3) a tutela da boa-fé no âmbito das relações contratuais, com repúdio à má-fé (art. 422, do Código Civil); 4) a obrigatoriedade de cumprimento das obrigações que foram contraídas; 5) da garantia de autonomia da vontade e liberdade de contratação[59]; 6) o de que ninguém deve lesar a outrem; 7) ninguém pode transferir mais direitos do que tem[60]; dentre outros.

Por fim, e não menos importante, deve-se consignar que os princípios gerais do Direito não se confundem com a subespécie de norma-princípio anteriormente descrita, sobretudo os de índole constitucional.

Os princípios gerais do direito, repita-se, são métodos de resolução/preenchimento de lacunas, geralmente não escritos, mas pressupostos no próprio sistema e aplicáveis quando a norma jurídica se mostrar ineficiente para resolver o caso concreto, isto é, apenas como elemento último. Já os princípios, como subespécie de normas, ou mesmo os princípios constitucionais, são aplicáveis em primeiro plano, têm força vinculante e representam o ponto de partida do ato de compreensão, interpretação e aplicação do direito, sobretudo diante de sua posição normativa hierárquica[61].

58 Nas palavras de Caio Mário da Silva Pereira: "Faz apelo às inspirações mais altas da humanidade civilizada, e joga com aquelas regras incorporadas ao patrimônio cultural e jurídico da nação, permitindo ao juiz suprir a deficiência legislativa com a adoção de um cânon que o legislador não chegou a ditar sob a forma de preceito, mas que se contém imanente no espírito do sistema jurídico" (PEREIRA, Caio Mário da Silva. **Instituições de Direito Civil**. v. 1. 12. ed. Rio de Janeiro: Forense, 1991, p. 55).

59 Cf. DINIZ, Maria Helena. **Compêndio de Introdução à Ciência do Direito**: introdução à teoria geral do direito, à filosofia do direito, à sociologia jurídica. 21. ed. rev. e atual. São Paulo: Saraiva, 2010, p. 464-465.

60 GONÇALVES, Carlos Roberto. **Direito Civil Brasileiro**, vol. 1: parte geral. 8. ed. São Paulo: Saraiva, 2010, p. 97

61 Alexandre de Freitas Câmara reforça essa distinção quando afirma: "É preciso antes de tudo deixar claro que não coincidem exatamente os conceitos de princípios gerais de direito e de princípios constitucionais. Basta ver o seguinte: estabelece o art. 126 do CPC que, diante de uma lacuna da lei, deverá o juiz se valer da analogia, não havendo norma que possa ser aplicada analogicamente, o julgador se valerá dos costumes e, por fim, não havendo costume que se aplique ao caso, será a decisão baseada nos princípios gerais do Direito. Ora, a se aceitar a ideia de que esses princípios gerais são os princípios constitucionais, ter-se-ia de admitir que os princípios constitucionais são aplicados em último lugar, depois da lei e das demais fontes de integração das lacunas. Isto, porém, não corresponde à verdade. Os princípios constitucionais devem ser

3.1.2.4 EQUIDADE

A **equidade**, embora não seja considerada como um mecanismo de colmatação de lacunas[62], está prevista no art. 5º da LINDB expressamente como recurso auxiliar de aplicação da lei, quando determina que o juiz deverá atender aos fins sociais a que ela se dirige e às exigências do bem comum. É preciso pontuar que aqui o conceito de equidade não é adotado em sentido amplo, cuja significação está atrelada ao próprio conceito de justiça[63] [64], mas em seu sentido particular, isto é, de aplicação nas hipóteses em que a própria lei expressamente a admite como forma de suprir vácuos normativos[65].

aplicados em primeiro lugar (e não em último), o que decorre da supremacia das normas constitucionais sobre as demais normas jurídicas. Entende-se por princípios gerais de direito aquelas regras que, embora não se encontrem escritas, encontram-se presentes em todo o sistema, informando-o. É o caso da velha parêmia segundo a qual 'o direito não socorre os que dormem'" (CÂMARA, Alexandre de Freitas. **Lições de Direito Processual Civil**. v. I, 16. ed. Rio de Janeiro: Lumen Juris, 2007, p. 20 e 33).

62 Essa não é a posição de Maria Helena Diniz, pois, em seu entender, "a equidade é elemento de integração, pois consiste, uma vez esgotados os mecanismos previstos no art. 4º da Lei de Introdução ao Código Civil, em restituir à norma, a que acaso falte, por imprecisão de seu texto ou por imprevisão de certa circunstância fática, a exata avaliação da situação a que esta corresponde, a flexibilidade necessária à sua aplicação, afastando por imposição do fim social da própria norma o risco de convertê-la num instrumento iníquo" (DINIZ, Maria Helena. **Compêndio de Introdução à Ciência do Direito**: introdução à teoria geral do direito, à filosofia do direito, à sociologia jurídica. 21. ed. rev. e atual. São Paulo: Saraiva, 2010, p. 482).

63 A equidade foi um conceito trabalhado inicialmente por Aristóteles em seu livro *Ética a Nicômaco*, a qual a caracterizou como um critério de ajuste da lei para os casos em que ela se mostrou ineficiente, além de compará-la à régua de Lesbos — uma régua utilizada pelos gregos e cuja composição tinha um metal flexível que permitia adaptá-la à forma das rochas — para afirmar que a justiça deve ser sempre realizada no caso concreto, ou seja, a partir da circunstâncias factuais (ARISTÓTELES. **Ética a Nicômaco**. Poética. Seleção de textos de José Américo Motta Pessanha. 4. ed. São Paulo: Nova Cultural, 1991).

64 Paulo Nader também aborda o conceito de equidade, caracterizando-a da seguinte forma: "Algumas normas há que se ajustam inteiramente ao caso prático, sem a necessidade de qualquer adaptação; outras há, porém, que se revelam rigorosas para o caso específico. Nesse momento, então, surge o papel da equidade, que é adaptar a norma jurídica geral e abstrata às condições do caso concreto. Equidade é a justiça do caso particular. Não é caridade, nem misericórdia, como afirmavam os romanos — *justitia dulcore misericordiae temperata* (justiça doce, temperada de misericórdia). Não é, via de regra, fonte criadora do Direito, apenas sábio critério que desenvolve o espírito das normas jurídicas, projetando-o nos casos concretos. Icílio Vanni precisou, com clareza e objetividade, que a equidade 'não é mais do que um modo particular de aplicar a norma jurídica aos casos concretos; um critério de aplicação, pelo qual se leva em conta o que há de particular em cada relação'. Também configura a equidade o fato de o juiz, devidamente autorizado por lei, julgar determinado caso com plena liberdade. Nesta circunstância não ocorre uma adaptação da norma ao caso concreto, mas a elaboração da norma e sua aplicação. Tal prática se enquadra no conceito de que equidade é a justiça do caso concreto" (Cf. NADER, Paulo. **Introdução ao Estudo do Direito**. 36. ed. rev. e atual. Rio de Janeiro: Forense, 2014, Local 125-126).

65 GONÇALVES, Carlos Roberto. **Direito Civil Brasileiro**, vol. 1: parte geral. 8. ed. São Paulo: Saraiva, 2010.

Isso é confirmado pela expressa previsão de alguns diplomas normativos, como é o caso do Código de Processo Civil que, em seu artigo 127, admite que os juízes recorrem à equidade, desde que nos casos admitidos por lei. E via de regra, isso acontece quando a norma jurídica adota conceitos mais ou menos vagos ou quando existem variadas alternativas ao juiz e, a partir deles, o julgador deverá elencar a que se mostre mais "adequada" às circunstâncias do caso em particular.

Carlos Roberto Gonçalves exemplifica outros dispositivos legais nos quais a regra da equidade pode ser encontrada e aplicada no Código Civil: 1) ao tratar sobre as modalidades de guarda dos filhos (unilateral ou compartilhada), o art. 1.586 determina que, havendo motivos graves, o juiz poderá, a bem dos filhos, regular de modo diferente dos critérios anteriormente estabelecidos pela norma. Assim, ainda que a guarda compartilhada possa, por exemplo, ser a regra aplicável nos casos comuns, diante da situação específica (gravidade da situação fática), poderá o juiz adotar tratamento diferenciado; e 2) no exercício da tutela, o tutor poderá requerer ao juiz que, quando se mostrar indispensável, este atue "como houver por bem", visando defender os interesses do menor[66].

3.2 O CONFLITO ENTRE NORMAS JURÍDICAS E A NOÇÃO DE INCOMPATIBILIDADE NORMATIVA

Além do problema da completude do sistema e da possibilidade ou não de se reconhecer a existência de lacunas discutido nos tópicos anteriores, uma pergunta fundamental que se estabelece na própria concepção do Direito como sistema está relacionada ao chamado dogma da coerência. Em outras palavras, é possível falar em sistema quando um ordenamento jurídico tem normas incompatíveis/contraditórias entre si?

Ao analisar a questão da completude sistêmica, Dimitri Dimoulis apresenta um princípio fundamental da lógica clássica a saber: o princípio da *não contradição*, segundo o qual, uma coisa não pode existir e não existir simultaneamente e uma afirmação não pode ser verdadeira e falsa, apontando ainda que:

> Traduzindo o princípio da não contradição na linguagem da lógica, temos uma alternativa: "Se é verdade que a água da banheira é quente, então é necessariamente falso que seja gelada" (e vice-versa). Devemos escolher! Aplica-se esse princípio ao direito? Já sabemos que as normas jurídicas não podem ser qualificadas como verdadeiras ou falsas, mas somente como válidas ou inválidas (Lição 6, 2.2). Poderíamos, então, pensar que o princípio da não contradição, aplicável em todas as afirmações do ser, não encontra aplicação nas normas do

[66] GONÇALVES, Carlos Roberto. **Direito Civil Brasileiro**, vol. 1: parte geral. 8. ed. São Paulo: Saraiva, 2010.

> dever ser. Com efeito, nada impede o legislador emitir duas ordens contraditórias para a mesma pessoa e o mesmo caso. Ambas serão formalmente válidas.
>
> Isso é correto, em princípio. Na prática, porém, a situação é bem diferente, já que o legislador procura regulamentar a vida social e não quer fazer brincadeiras de jogos e palavras. Por isso não encontraremos lei cujo art. 1.º preveja, por exemplo, que o voto é obrigatório, uma vez que o art. 2.º da mesma lei estabelece que o voto é facultativo. Tal contradição pode, no máximo, ser um erro de redação, que deve ser imediatamente corrigido[67].

Disso se extrai que, no Direito, a contradição entre normas jurídicas se revela basicamente a partir de duas maneiras: 1) desconhecimento do legislador: ocorre nos casos em que ao se criar uma nova norma jurídica contrária à outra já estabelecida, o legislador não prevê expressamente a sua revogação, de modo que, caso alguém invoque a aplicação da lei anterior, caberá ao judiciário resolver o conflito; ou 2) intencionalmente pelo criador da norma: quando a autoridade estatal constituída de forma deliberada cria uma lei que desrespeita normas jurídicas superiores, como um decreto emitido pelo presidente da República que contraria o conteúdo de uma lei ou quando uma lei de matéria tributária desrespeita normas constitucionais[68].

Fato é que a doutrina reconhece a existência de contradições entre as normas jurídicas sem que isso seja capaz de afetar a ideia de coerência do sistema jurídico, desde que, é claro, o sistema seja capaz de resolver as contradições eventualmente existentes. A seguir, apresentar-se-ão os conceitos das chamadas antinomias, suas espécies, mas sobretudo as fórmulas adotadas pela legislação brasileira para se extirpar ou corrigir o problema de incompatibilidade normativa, quando verificáveis.

3.2.1 ANTINOMIA JURÍDICA: CONCEITO E ESPÉCIES

Como visto anteriormente, é possível que duas normas jurídicas estejam, ao mesmo tempo, válidas, vigentes e eficazes, com âmbito de aplicação aos mesmos fatos/casos concretos de forma contraditória.

Quando se verifica a existência de duas ou mais normas jurídicas (regras ou princípios) que integram o mesmo ordenamento jurídico, são igualmente válidas, regulam os mesmos fatos/caso concreto e, por fim, mostram-se incompatíveis entre si, será reconhecida a existência do que se entende como **antinomia jurídica**.

[67] DIMOULIS, Dimitri. **Manual de Introdução ao Estudo do Direito**. 4. ed. rev. e ampl. São Paulo: Editora Revista dos Tribunais, 2011, p. 204-205.

[68] DIMOULIS, Dimitri. **Manual de Introdução ao Estudo do Direito**. 4. ed. rev. e ampl. São Paulo: Editora Revista dos Tribunais, 2011, p. 204-205.

Inclusive, Maria Helena Diniz estabelece que a antinomia será reconhecida quando, além da incompatibilidade lógica entre as normas, não seja possível saber de antemão qual delas deverá ser aplicada ao caso particular analisado[69].

Bobbio, por sua vez, define a antinomia como a situação em que são criadas duas normas cujos conteúdos sejam contraditórios; por exemplo, enquanto uma obriga que seja realizada determinada conduta, a outra proíbe, ou quando uma obriga e a outra permite, ou ainda quando uma proíbe e a outra admite a concretização do mesmo comportamento[70]. No entanto, segundo o mesmo autor, para que a antinomia seja caracterizada, faz-se necessária a presença de duas condições indispensáveis: a) as duas normas devem integrar o mesmo ordenamento; e 2) ambas devem estar no mesmo âmbito de validade, isto é, de validade temporal, espacial, pessoal e material[71].

Mais importante do que simplesmente constatar a existência de contradições é identificar a maneira pela qual elas deverão ser resolvidas, de modo a permitir que o juiz chegue a uma decisão clara e definitiva a respeito de determinada questão jurídica colocada sob sua apreciação. Isto é, ainda que se reconheça a possibilidade de contradições nas normas jurídicas, as quais atuam na regra do dever-ser, é essencial resolvê-las de modo a garantir segurança jurídica e resguardar a própria capacidade do ordenamento em regular a vida social[72].

Por fim, as antinomias podem ser classificadas quanto ao/à:

> 1) *critério de solução:* nesta hipótese, as antinomias podem ser *a) aparentes*: quando os critérios para sua solução estejam previstos no próprio ordenamento jurídico; ou *b) reais*: quando os critérios de solução não estejam previstos no ordenamento e, para solver a incompatibilidade, será necessário editar uma nova norma;

[69] Cf. DINIZ, Maria Helena. **Compêndio de Introdução à Ciência do Direito**: introdução à teoria geral do direito, à filosofia do direito, à sociologia jurídica. 21. ed. rev. e atual. São Paulo: Saraiva, 2010, p. 464-465.

[70] BOBBIO, Norberto. **Teoria Geral do Direito**. Tradução: Denise Agostinetti. 3. ed. São Paulo: Martins Fontes, 2010.

[71] Bobbio esclarece que "não constituem antinomias duas normas que não coincidam em relação à: a) validade temporal: 'É proibido fumar das cinco às sete' não é incompatível com 'É permitido fumar das sete às nove'; b) validade espacial: 'É proibido fumar na sala cinematográfica' não é incompatível com 'É permitido fumar na sala de espera'; c) validade pessoal: 'É proibido aos menores de 18 anos fumar' não é incompatível com 'É permitido aos adultos fumar'; d) validade material: 'É proibido fumar charutos' não é incompatível com 'É permitido fumar cigarros'" (BOBBIO, Norberto. **Teoria Geral do Direito**. Tradução: Denise Agostinetti. 3. ed. São Paulo: Martins Fontes, 2010, p. 246).

[72] DIMOULIS, Dimitri. **Manual de Introdução ao Estudo do Direito**. 4. ed. rev. e ampl. São Paulo: Editora Revista dos Tribunais, 2011.

2) *conteúdo*: as antinomias, neste caso, subdividem-se em *a) antinomia própria*: verificável por motivos formais, isto é, nos casos em que uma conduta está simultaneamente prescrita e não prescrita, proibida e permitida; e *b) antinomia imprópria*: quando a contradição se der no âmbito do conteúdo material das normas[73];

3) *âmbito de aplicação*: nessa hipótese, pode-se ter *a) antinomia de direito interno*: constatada quando ocorrida entre normas jurídicas de um mesmo ramo jurídico ou de outros, mas dentro do ordenamento jurídico de determinado Estado; *b) antinomia de direito internacional*: aquela que se verifica quando as normas estabelecidas em convenções, costumes, decisões ou outras normas no âmbito internacional se mostram contraditórias e conflitantes; e *c) antinomia de direito interno-internacional*: verificável nos casos de conflito entre uma norma de direito interno e uma norma de direito internacional;

4) *extensão da contradição*: conforme Alf Ross, pode se constituir como *a) antinomia total-total*: ocorre quando uma das normas não pode ser aplicada em nenhuma circunstância sem que se mostre conflituosa com o teor de outra; *b) antinomia total-parcial*: quando uma das normas não pode ser aplicada em nenhuma circunstância sem que se mostre conflituosa com o teor de outra, ao passo que a outra pode ser aplicada e o conflito com a outra norma é apenas parcial; e *c) antinomia parcial-parcial*: verificável nos casos em que as duas normas têm um campo de aplicação que não entra em contradição com a outra, mas outra parte sim[74].

3.2.2 CRITÉRIOS TÉCNICOS PARA RESOLUÇÃO DE ANTINOMIAS

Como adiantado anteriormente, torna-se necessário identificar de que modo as *antinomias jurídicas* devem ser resolvidas, de maneira a prestigiar a coerência do ordenamento jurídico e garantir que a aplicação do direito não se dê a partir de critérios subjetivos e sem qualquer tipo de orientação apta a garantir segurança

73 Maria Helena Diniz exemplifica esse tipo de antinomia da seguinte maneira: "P. ex: se norma do Código Militar prescreve a obediência incondicionada às ordens de um supervisor e disposição do Código Penal proíbe a prática de certos atos (matar, privar alguém de liberdade), quando um capitão ordena o fuzilamento de um prisioneiro de guerra, o soldado vê-se às voltas com duas normas conflitantes — a que o obriga a cumprir ordens do seu superior e a que o proíbe de matar um ser humano. Somente uma delas pode ser tida como aplicável, e essa será determinada por critérios normativos" (Cf. DINIZ, Maria Helena. **Compêndio de Introdução à Ciência do Direito**: introdução à teoria geral do direito, à filosofia do direito, à sociologia jurídica. 21. ed. rev. e atual. São Paulo: Saraiva, 2010, p. 485-486).

74 ROSS, Alf. **Direito e justiça**. Tradução e notas: Edson Bini. Bauru: Edipro, 2007, p. 163.

jurídica. Daí é que a doutrina e a jurisprudência no decorrer dos séculos[75] estabeleceram critérios para a solução de antinomias que passaram a ser acolhidos e aceitos.

Do mesmo modo, existem dois tipos de antinomias que podem ser verificados, conforme se esclarecerá a seguir.

3.2.2.1 ANTINOMIAS DE PRIMEIRO GRAU

Consideram-se como **antinomias de primeiro grau** aquelas em que duas ou mais normas jurídicas (regras ou princípios) que integram o mesmo ordenamento jurídico são igualmente válidas, regulam os mesmos fatos/caso concreto e, por fim, mostram-se incompatíveis entre si.

Para a resolução desse conflito, a ordem jurídica prevê a existência de critérios que se subdividem em:

> **1) Critério hierárquico (lex superior derogat legi inferiori)**: por este critério, havendo conflito entre uma norma de hierarquia superior e outra de hierarquia inferior, deverá prevalecer a primeira, hierarquicamente superior. Isso foi melhor esclarecido quanto se tratou a respeito do princípio da supremacia normativa da Constituição e da estrutura piramidal das normas no ordenamento jurídico, sendo explicitamente consignado que há um escalonamento das normas, em função de sua importância.
>
> **2) Critério cronológico (lex posterior derogat legi priori)**: a partir deste, a norma que foi criada posteriormente (mais recentemente) prevalece sobre a norma anterior (de vigência mais antiga), desde que ambas pertençam ao mesmo escalão hierárquico. A justificativa não demanda maiores esclarecimentos: se as normas jurídicas nascem com o objetivo de regular a vida em sociedade, pressupõe-se que a norma mais recente é aquela que atende os interesses sociais de seu tempo e, por isso mesmo, ela equivale à vontade atual do legislador e de seus representados; e
>
> **3) Critério da especialidade (lex specialis derogat legi generali)**: por meio dele, quando se verifica a incompatibilidade de duas normas jurídicas, sendo uma delas de conteúdo geral e outra de conteúdo específico/especial (ou excepcional), prevalecerá a segunda. Isso porque, sendo a lei especial criada justamente para dar um tratamento diferenciado a determinadas situações, no caso de conflito, nada mais adequado e justo que a regra especial prevaleça sobre os critérios de generalidade trazidos pela norma comum.

[75] BOBBIO, Norberto. **Teoria Geral do Direito**. Tradução: Denise Agostinetti. 3. ed. São Paulo: Martins Fontes, 2010.

3.2.2.2 ANTINOMIAS DE SEGUNDO GRAU E FÓRMULAS DE SOLUÇÃO

Embora os critérios de resolução de antinomia de primeiro grau se mostrem capazes de solucionar questões de incompatibilidade normativa, no geral, pode ocorrer de que, em determinados casos, existam conflitos sobre os próprios critérios a serem aplicados. Nessas situações, isto é, em que exista conflito entre os critérios de solução de antinomias, estar-se-á diante das chamadas **antinomias de segundo grau**.

Imagine, por exemplo, que se está discutindo qual norma deve ser aplicada a um caso em específico e que, para esse tema, existe uma norma constitucional **anterior** e uma lei ordinária **posterior.** Num primeiro momento, haveria uma dúvida se o critério a ser aplicado seria o hierárquico ou o cronológico, de modo que, adotando-se a hierarquia, prevaleceria a norma constitucional, mesmo que anterior, mas adotando-se o cronológico, prevaleceria a lei ordinária inferior, posterior.

Dessa forma, a fim de resolver o conflito entre os critérios, foram estabelecidas diretrizes para solucionar as incompatibilidades e, com isso, garantir a coerência do sistema. De tal forma, sendo três os critérios possíveis, o conflito entre os critérios também podem ser três:

> **1) Critério hierárquico x critério cronológico:** esse conflito vai se caracterizar nos casos em que uma norma superior *anterior* conflita com uma norma inferior *posterior.* Nesse caso, o critério hierárquico prevalecerá sobre o cronológico, permitindo que a norma inferior seja afastada, ainda que mais recente. A razão de ser está assentada na própria noção da ordem hierárquica das normas, as quais são categorizadas de acordo com a sua importância. Assim, uma norma de índole superior deve sempre prevalecer contra uma de índole inferior, ainda que mais recente. É importante registrar que o critério cronológico será aplicável quando duas normas estejam colocadas no mesmo plano hierárquico;
>
> **2) Critério da especialidade x critério cronológico:** essa situação será verificada quando uma norma especial *anterior* colide com uma norma geral *posterior* (mais recente). O conflito existe na medida em que, no caso, se aplique o critério da especialidade; a primeira norma, embora mais "velha", prevalecerá sobre a norma geral, mais recente; de modo inverso, caso aplicado o critério cronológico, ter-se-ia uma norma geral mais recente, prevalecendo sobre a específica mais antiga. Para solucionar esse conflito fora criada a regra *Lex posterior generalis non derogat priori speciali*, ou seja, quando existir um conflito entre o critério especial e cronológico, a norma especial, ainda que anterior, prevalecerá; e

3) Critério hierárquico x critério da especialidade: verificável quando constatada uma norma superior de caráter geral em contraposição a uma norma inferior, mas de caráter especial. No caso desse conflito, segundo aponta Maria Helena Diniz, não é possível estabelecer uma regra geral aplicável a todos os casos, indicando que um ou outro deva prevalecer indistintamente sob pena de se contrariar a própria adaptabilidade do direito, isto é, a necessidade de que as normas estejam compatíveis com a nova realidade social que se mostra[76]. Assim, a depender das circunstâncias do caso concreto, qualquer um dos critérios poderia prevalecer a partir da escolha do intérprete e aplicador do direito, não havendo, assim, ao menos inicialmente, predominância de um sobre o outro. A gravidade do conflito, como aponta Bobbio, deriva do fato de que estão em jogo dois valores fundamentais de todo ordenamento jurídico, sendo, de um lado, a ordem, que determina o respeito à hierarquia estabelecida, e, de outro, a materialização da justiça, na medida em que, adotando-se o critério da especialidade, é possível reconhecer o caráter social do direito e suas adaptações por meio de previsões específicas para regular a ordem social[77]. Por fim, Maria Helena Diniz anota que, em casos extremos, isto é, em situações em que seja impossível optar por alguns dos critérios estabelecidos, o *critério dos critérios* para resolver o caso será adotar o *princípio supremo da justiça*; assim, deve-se escolher a norma "mais justa" para o caso concreto analisado[78].

3.3 INTERPRETAÇÃO, APLICAÇÃO E MÉTODOS DE COMPREENSÃO DO DIREITO

3.3.1 CONCEITO, FUNÇÕES E ESSENCIALIDADE DA INTERPRETAÇÃO JURÍDICA

As considerações trazidas nos tópicos anteriores foram capazes de demonstrar que as normas jurídicas, por mais claras e taxativas que possam parecer, sempre vão exigir do aplicador do Direito algum tipo de exercício interpretativo.

Com isso se quer dizer que, mesmo em situações em que o texto da norma pareça ser claro e preciso — a escola da exegese adotava, dentre outros, o preceito do *in claris cessat interpretatio* (na clareza se cessa a interpretação) —, a própria

[76] DINIZ, Maria Helena. **Compêndio de Introdução à Ciência do Direito**: introdução à teoria geral do direito, à filosofia do direito, à sociologia jurídica. 21. ed. rev. e atual. São Paulo: Saraiva, 2010.

[77] BOBBIO, Norberto. **Teoria Geral do Direito**. Tradução: Denise Agostinetti. 3. ed. São Paulo: Martins Fontes, 2010.

[78] Cf. DINIZ, Maria Helena. **Compêndio de Introdução à Ciência do Direito**: introdução à teoria geral do direito, à filosofia do direito, à sociologia jurídica. 21. ed. rev. e atual. São Paulo: Saraiva, 2010, p. 491.

constatação de que a norma é clara revela em si uma atividade interpretativa. Soma-se a isso o fato de que a clareza de um texto pode ser relativa, de modo que, para alguns casos, ela se mostra evidente, mas para outros, pode exigir algum tipo de complementação ou esclarecimento.

Não bastasse esse fato, existem alguns problemas na seara do direito que geram problemas no momento da interpretação jurídica, sendo alguns deles apontados por Dimitri Dimoulis[79]: 1) *vagueza da linguagem*: reflete o caráter polissêmico da linguagem humana e, em diversas ocasiões, as palavras podem ser objeto de interpretações variadas, sendo muito comum existirem dúvidas, contradições ou incertezas sobre o seu significado; 2) *abstração dos regulamentos legais*: diante da impossibilidade ou dificuldade de se prever todas as hipóteses de regulação social, a norma jurídica apresenta um caráter geral e abstrato mediante a imposição de regras gerais e mais abertas que permitem ao aplicador do direito, sobretudo o juiz, decidir o caso concreto mediante o exercício interpretativo; e 3) *conflitos de interesses*: pessoas e grupos terão seus interesses em colisão, e isso pode gerar ou demandar interpretações distintas sobre o fenômeno jurídico.

Daí é que Márcio Pugliesi e Nuria López reconhecem que a interpretação deve ser vislumbrada como *possível* e *infinita*:

> Logo, a interpretação se constitui numa tarefa possível e infinita. Possível porque — segundo a época histórica em que vive o intérprete ou de acordo com o que ele, intérprete individual sabe — não se pode excluir o surgimento de interpretações melhores ou mais adequadas que as demais existentes, relativamente à época e o que nela se sabe. Infinita porque uma interpretação aparentemente adequada pode mostrar-se incorreta e porque, sempre, se pode encontrar interpretações novas e melhores. Além disso, uma consciência hermeneuticamente adequada deve mostrar-se, preliminarmente, sensível à alteridade do texto. Deve ser consciente de suas próprias prevenções, para que o texto apareça em sua alteridade e para que possa, de fato, fazer valer seu conteúdo de verdade diante dos pressupostos do intérprete[80].

Em outras palavras, a atividade interpretativa não pode e não deve ser estática, de modo que, ainda que esteja vinculada ao enunciado normativo, a seu texto, também ultrapassa a mera literalidade trazida por ele, exigindo que a interpretação se desenvolva num movimento dialético que considere a intenção

79 DIMOULIS, Dimitri. **Manual de Introdução ao Estudo do Direito**. 4. ed. rev. e ampl. São Paulo: Editora Revista dos Tribunais, 2011.

80 PUGLIESI, Márcio; LÓPEZ, Nuria. Teoria da decisão: um paradigma hermenêutico pós-reviravolta linguístico-pragmática. **Revista Jurídica da Faculdade de Contagem**, v. 2, n. 1, 2015, p. 98.

do texto e também do seu leitor[81]. Nesse mesmo sentido, Umberto Eco registra com muita propriedade: "Mais do que um parâmetro a ser utilizado com a finalidade de validar a interpretação, o texto é um objeto que a interpretação constrói no decorrer do esforço circular de validar-se com base no que acaba sendo o seu resultado."[82]

Disso se extrai a natureza essencial da interpretação[83], notadamente porque, sendo o direito uma ciência social e, portanto, envolta na própria dinamicidade das relações sociais que avançam e demandam um acompanhamento normativo eficaz, o sentido e o alcance das normas jurídicas precisam ser construídos e reconstruídos, analisados e adaptados, verificados e confirmados de modo a evitar que a ordem jurídica se mostre obsoleta e incapaz de regular a vida em sociedade.

Interpretar, dessa forma, é o ato de identificar e precisar o sentido e o alcance de uma norma jurídica, buscando evidenciar os conceitos jurídicos, seu campo de aplicação e, sobretudo, integrá-la às necessidades concretas e atuais das relações jurídicas a que se aplica.

3.3.2 TEORIAS SUBJETIVA E OBJETIVA DA INTERPRETAÇÃO NO SÉCULO XX: VONTADE DA LEI X VONTADE DO LEGISLADOR

Uma vez compreendido que a interpretação é essencial para a concretização da própria norma jurídica, é preciso entender qual critério metodológico deve ser seguido para que se possa chegar ao resultado buscado, qual seja: identificar o sentido e o alcance da norma.

Desde o fim do século XIX, duas teorias jurídicas encabeçaram a discussão teórico-filosófica a respeito de qual deve ser o caminho utilizado pelo intérprete para desvendar o significado da norma, quais sejam: 1) de um lado, a chamada *teoria subjetiva*; e 2) de outro, a *teoria objetiva*.

A **teoria subjetiva**, também conhecida como *voluntas legislatoris* (vontade do legislador) tem como seus principais expoentes autores como Savigny, Heck, Stammler, Windscheid, Regelsberger, dentre outros, e, resumidamente, por ela se apregoa que a interpretação deve obrigatoriamente adotar como parâmetro de sua efetivação o estudo da "vontade histórico-psicológica" do legislador e foi expressa na norma jurídica analisada, sobretudo porque: 1) é mandatório que o intérprete se utilize de recursos à técnica histórica de interpretação, análise de

81 Cf. GUNDIM, Wagner Wilson Deiró. **Gadamer e Supremo Tribunal Federal**: uma proposta de hermenêutica filosófica dialógica. 1. ed. São Paulo: LiberArs, 2020.

82 ECO, Umberto. **Interpretação e superinterpretação**. Tradução: MF. Revisão e texto final: Monica Stahel. São Paulo: Martins Fontes, 1993, p. 74-76.

83 A esse respeito, vale conferir: PUGLIESI, Márcio. **Social clothes**: a proposal for a new approach to hermeneutics. London: Lambert, 2024.

textos, documentos e mesmo discussões preliminares que antecederam a criação da norma, e, por isso, a vontade do legislador originário não pode ser ignorada; 2) mesmo os fatores objetivos que eventualmente designam a vontade da lei também estão submetidos à interpretação, de modo que, ao colocar a vontade do intérprete acima da vontade do legislador, os defensores da busca pela *mens legis* (vontade da lei) criaram um subjetivismo que pressupõe que o intérprete está acima do legislador e da própria norma jurídica; e 3) caso acolhida a ideia de se buscar a vontade da lei no processo interpretativo, a segurança e a apreensão do sentido da norma jurídica estariam à livre opinião do intérprete[84].

Em outras palavras, pela ***teoria subjetiva*** a interpretação deve ser direcionada e baseada em identificar o pensamento do legislador (*mens legislatoris*) quando da criação da norma, o que permitirá ao intérprete compreender o sentido e alcance daquele que criou o direito e, por isso mesmo, conhece o seu sentido por completo.

Já a ***teoria objetiva***, seguida por autores como Schreier, Dahm, Karl Larenz, Gustav Radbruch, Binder, Maria Helena Diniz e outros, defende que a interpretação deve se pautar na busca pela vontade da lei (*mens legis*), pautada em critérios objetivos e que não está ligada ou dependente do querer subjetivo do legislador. Isso porque, criada a norma jurídica, esta se torna independente da vontade do seu elaborador, adquirindo, assim, uma existência objetiva que independe do seu elaborador e, em razão disso, o seu sentido e alcance devem ser buscados no texto produzido[85].

E considerando que a norma jurídica, uma vez incorporada ao ordenamento jurídico, se articula e harmoniza com a própria ordem social, não há necessidade em se fazer um "estudo" psicológico do elaborador do seu texto, cujo sentido e significado se paralisou no momento em que idealizou a norma, mas apenas do momento presente em que a norma se aplica; portanto, o sentido da lei deve ser o parâmetro de interpretação acolhido.

Ainda é possível mencionar quatro argumentos centrais que resumem a teoria objetiva, como aponta Maria Helena Diniz[86]: 1) a ideia de uma *voluntas legislatoris* seria uma mera ficção, já que o legislador quase nunca é uma pessoa identificável e, por isso mesmo, não há como perscrutar o significado da norma por esse indivíduo, além do fato de que a criação da lei é fruto de várias ideias e espíritos que se

84 DINIZ, Maria Helena. **Compêndio de Introdução à Ciência do Direito**: introdução à teoria geral do direito, à filosofia do direito, à sociologia jurídica. 21. ed. rev. e atual. São Paulo: Saraiva, 2010, p. 434.

85 DINIZ, Maria Helena. **Compêndio de Introdução à Ciência do Direito**: introdução à teoria geral do direito, à filosofia do direito, à sociologia jurídica. 21. ed. rev. e atual. São Paulo: Saraiva, 2010, p. 434.

86 DINIZ, Maria Helena. **Compêndio de Introdução à Ciência do Direito**: introdução à teoria geral do direito, à filosofia do direito, à sociologia jurídica. 21. ed. rev. e atual. São Paulo: Saraiva, 2010, p. 434.

fundem e se harmonizam para acoplar os mais variados interesses no Parlamento, o que dificulta sobremaneira identificar qual seria a vontade do elaborador da norma; 2) o legislador representa uma competência legal no processo legislativo, de modo que o respeito à forma é essencial para a constituição do próprio ordenamento jurídico, na medida em que somente as manifestações que tenham sido constituídas na forma de lei têm força cogente; 3) a teoria proporciona maior segurança ao destinatário da norma, pois ele saberá que ela será aplicada segundo o seu sentido objetivo, isto é, no texto contido na norma; e 4) apenas uma interpretação de cunho objetivo será capaz de corresponder aos interesses de integração do direito pelo órgão competente[87].

Apesar da dualidade teórica apresentada, Tércio Sampaio Ferraz Junior esclarece que nenhuma das teorias é capaz de resolver de forma satisfatória o problema da interpretação no direito, uma vez que:

> [...] Assim, levado ao extremo exagerado, podemos dizer que o subjetivismo favorece um autoritarismo, ao privilegiar a figura do legislador, pondo sua vontade em relevo. Por exemplo, a exigência, na época do nazismo, de que as normas fossem interpretadas, em última análise, de acordo com a vontade do "Füher" (era o *Führersprinzip*) é bastante significativa. Por sua vez, o objetivismo, também levado ao exagero, favorece certo anarquismo, pois estabelece o predomínio de uma equidade duvidosa do intérprete sobre a própria norma, ou, pelo menos, desloca a responsabilidade do legislador na elaboração do Direito para o intérprete, ainda que intérprete legalmente constituído, chegando-se a afirmar, como fazem os realistas americanos, que Direito é "o que decidem os tribunais". Além disso, não deixa de ser curioso que, nos movimentos revolucionários, o direito anterior à revolução é relativizado e atualizado em função da nova situação, predominando a doutrina objetivista, muito embora, quanto ao direito novo, pós-revolucionário, tenda-se a privilegiar a vontade do legislador e as soluções legislativas sobre as judiciais, com tendências nitidamente subjetivistas[88].

Lenio Luiz Streck caminha no mesmo sentido e reconhece a fragilidade de ambas as teorias e os riscos que elas oferecem para a concretização da interpretação, de modo que, enquanto a teoria subjetivista abre margem para a efetivação do paradigma da filosofia da consciência — a qual abre margem para um intérprete criador de sentidos, e, em alguns casos, como ato vontade livre e desprendida do

[87] DINIZ, Maria Helena. **Compêndio de Introdução à Ciência do Direito**: introdução à teoria geral do direito, à filosofia do direito, à sociologia jurídica. 21. ed. rev. e atual. São Paulo: Saraiva, 2010, p. 434.

[88] FERRAZ JUNIOR, Tercio Sampaio. **A ciência do Direito**. 3. ed. São Paulo: Atlas, 2014, p. 88-89.

próprio texto normativo, a teoria objetivista "organiza o seu processo de determinação do sentido a partir de um aprisionamento do sujeito que conhece ao objeto que é conhecido"[89]. Daí é que o autor registra a inutilização da distinção na medida em que atribuir o *lócus* da interpretação na coisa (lei) ou no sujeito (intérprete) é retornar à já superada dicotomia do esquema sujeito-objeto[90] [91].

A bem da verdade, é preciso que se reconheça a superação do esquema sujeito-objeto a partir do denominado giro linguístico-pragmático, momento em que se reconhece que a linguagem é a substância do pensamento e a verdadeira condição para o pensar[92], o que se inicia de forma mais consistente a partir do livro *Investigações filosóficas*, publicado durante a "segunda fase" de Wittgenstein, e da obra *Ser e tempo*, de Martin Heidegger.

A partir de então, reconhece-se um papel de essencialidade da linguagem no Direito e sobretudo na interpretação jurídica, de modo que essa (linguagem) abandona o caráter de mera transmissora de imanências humanas para se mostrar como condição essencial de efetivação do próprio sentido, isto é, a linguagem se apresenta como "condição de possibilidade e de constituição de sentidos e de mundo"[93]. E nesse percurso, que coloca a linguagem no centro do processo de interpretação e de constituição do próprio direito, surgem as diferentes teorias de como o direito deve ser aplicado e apresentado, como já se viu anteriormente em autores como Hart, Dworkin, Gadamer (que apostam no papel da linguagem, embora com paradigmas filosóficos distintos).

3.3.3 HERMENÊUTICA E TÉCNICAS DE INTERPRETAÇÃO DO DIREITO

3.3.3.1 A HERMENÊUTICA COMO CIÊNCIA

Compreender a tarefa de interpretação e aplicação do Direito demanda a necessidade de apreender o significado do vocábulo ***hermenêutica***, originado do latim *hermeneuticus*, o qual, por sua vez, decorre do grego *hermeneuein*, cujas vinculações

89 STRECK, Lenio Luiz. Voluntas Legis versus Voluntas Legislatoris: esclarecendo a inutilidade da distinção. **Direitos Fundamentais & Justiça**. a. 7, n. 25, out./dez. 2013, p. 159.

90 STRECK, Lenio Luiz. Voluntas Legis versus Voluntas Legislatoris: esclarecendo a inutilidade da distinção. **Direitos Fundamentais & Justiça**. a. 7, n. 25, out./dez. 2013.

91 Referido esquema "implica uma relação de atribuição da verdade ao objeto e faz com que a linguagem seja enxergada como um mero instrumento de compreensão da estrutura do real, apresentando-se como uma coisa qualquer dentre as demais" (Cf. GUNDIM, Wagner Wilson Deiró. **Gadamer e Supremo Tribunal Federal**: uma proposta de hermenêutica filosófica dialógica. 1. ed. São Paulo: LiberArs, 2020, p. 152).

92 ARRABAL, Alejandro Knaesel; ENGELMANN, Wilson; KUCZKOWSKI, Sidnei. Filosofia da linguagem e giro linguístico: implicações para os direitos autorais. **Scientia Iuris**, Londrina, v. 20, n. 2, jul. 2016, p. 87. DOI: https://doi.org/10.5433/2178-8189.2016v20n2p81.

93 GOMES, Sérgio Alves. **Hermenêutica jurídica e constituição no estado de direito democrático**. Rio de Janeiro: Forense, 2001, p. 27–28.

remontam à mitologia helênica, mais precisamente ao deus Hermes, cuja atuação era agir como um elo entre os demais deuses e os mortais, transmitindo a mensagem e vontade dos primeiros aos segundos[94].

Especificamente no Direito, a hermenêutica (jurídica) é apresentada por Carlos Maximiliano da seguinte maneira:

> 1 – A Hermenêutica Jurídica tem por objeto o estudo e a sistematização dos processos aplicáveis para determinar o sentido e o alcance das expressões do Direito.
>
> As leis positivas são formuladas em termos gerais; fixam regras, consolidam princípios, estabelecem normas, em linguagem clara e precisa, porém ampla, sem descer a minúcias. É tarefa primordial do executor a pesquisa da relação entre o texto abstrato e o caso concreto, entre a norma jurídica e o fato social, isto é, aplicar o Direito. Para o conseguir, se faz mister um trabalho preliminar: descobrir e fixar o sentido verdadeiro da regra positiva; e, logo depois, o respectivo alcance, a sua extensão. Em resumo, o executor extrai da norma tudo o que na mesma se contém: é o que se chama interpretar, isto é, determinar o sentido e o alcance das expressões do Direito[95].

A **hermenêutica jurídica**, portanto, representa a ciência da arte de interpretar e aplicar o direito, fornecendo as regras e orientações necessárias para que o intérprete consiga desvelar o sentido e o alcance das normas jurídicas. Cabe-lhe, na condição de ciência, promover o estudo e a sistematização dos métodos e procedimentos aplicáveis a partir dos quais o intérprete poderá aplicar o direito.

E de modo a sistematizar, orientar e conduzir o intérprete no processo de aplicação do Direito, a hermenêutica fornece técnicas de caráter lógico e diverso que, quando utilizados, conduzirão o aplicador às várias significações do conteúdo normativo, as quais serão tratadas em detalhe a seguir.

3.3.3.2 TÉCNICA GRAMATICAL, LITERAL, FILOLÓGICA OU SEMÂNTICA

A primeira das técnicas fornecida pela hermenêutica jurídica é chamada de ***interpretação gramatical, literal, filológica ou semântica***, por meio da qual o intérprete deverá identificar o sentido literal do texto normativo analisado.

Nesse particular, é preciso relembrar que as normas têm caráter plurívoco e, diante de um cenário de indeterminação semântica, caracterizado por textos

[94] GUNDIM, Wagner Wilson Deiró. **Gadamer e Supremo Tribunal Federal**: uma proposta de hermenêutica filosófica dialógica. 1. ed. São Paulo: LiberArs, 2020, p. 191.

[95] MAXIMILIANO, Carlos. **Hermenêutica e aplicação do direito**. 21. ed. Rio de Janeiro: Forense, 2017 (Fora de Série), Local 14.

ambíguos ou vagos, o primeiro passo no processo interpretativo é justamente o de constatar *o sentido dos vocábulos* que integram o texto, analisando a sua correspondência (ou não) com a realidade que ele se propõe a regular[96].

Ou seja, quando se enfrenta uma questão léxica, isto é, referente à conexão de uma expressão com outras expressões em um dado contexto, parte-se do pressuposto de que não apenas a ordem das palavras, mas também a forma como estão interligadas são importantes para se desvelar o sentido da norma[97]. Daí é que a definição da norma por essa perspectiva vai oscilar, de um lado, pelo significado corrente do termo utilizado para designar determinado fato, e, de outro, pela sua significação normativa[98].

Para tornar o ensinamento mais claro, pense no seguinte exemplo: A Constituição Federal estabelece expressamente que ninguém poderá ser definitivamente preso antes do trânsito em julgado da sentença condenatória (Art. 5º, inciso LVII: ninguém será considerado culpado até o trânsito em julgado de sentença penal condenatória).

Ao se ater exclusivamente à literalidade do texto, é preciso identificar, nesse contexto específico, o significado da expressão "trânsito em julgado", que, de forma resumida, significa basicamente o exaurimento de recursos que poderiam modificar a sentença condenatória.

Recentemente, inclusive, a jurisprudência do Supremo Tribunal Federal oscilou em variadas oportunidades a respeito dessa questão, quando discutiu a possibilidade de antecipação dos efeitos do trânsito em julgado de sentenças condenatórias que haviam sido confirmadas em 2º grau de jurisdição.

O embate se deu porque a sistemática processual estabelece como regra geral que os recursos direcionados às instâncias superiores (Superior Tribunal de Justiça e Supremo Tribunal Federal) não são dotados de efeito suspensivo e, tecnicamente, as matérias por ele veiculadas são muito restritas, havendo dados que demonstram um baixo índice de modificação, por essas Cortes, das decisões proferidas pelas instâncias ordinárias. Dado esse contexto, passou-se a defender que, após a confirmação da sentença condenatória ou mesmo da condenação em 2º grau de jurisdição, a pena aplicada poderia ser passível de execução, de modo que a

96 Cf. DINIZ, Maria Helena. **Compêndio de Introdução à Ciência do Direito**: introdução à teoria geral do direito, à filosofia do direito, à sociologia jurídica. 21. ed. rev. e atual. São Paulo: Saraiva, 2010, p. 434.

97 FERRAZ JUNIOR, Tércio Sampaio. **Introdução ao Estudo do Direito**: técnica, decisão, dominação. 7. ed. São Paulo: Atlas, 2013, p. 182.

98 Nesse ponto, Maria Helena Diniz esclarece que existem duas teorias ou aspectos que precisam ser considerados nesse contexto. Inicialmente, faz-se o uso da onomasiologia, que representa a teoria da designação nominal e o aspecto semasiológico da palavra, que revela a sua significação na norma (DINIZ, Maria Helena. **Compêndio de Introdução à Ciência do Direito**: introdução à teoria geral do direito, à filosofia do direito, à sociologia jurídica. 21. ed. rev. e atual. São Paulo: Saraiva, 2010).

expressão "trânsito em julgado" deveria ser lida como o exaurimento dos recursos ordinários, isto é, aqueles discutidos em 2ª instância.

O entendimento mais recente (ao menos até a finalização desta 1ª edição), contudo, deu-se após o julgamento da Ação Declaratória de Constitucionalidade n.º 43/DF, em que, por maioria de votos (6 a 5), o Supremo Tribunal Federal firmou entendimento de que a sentença condenatória somente poderia ser executada após o fim do processo, com o exaurimento de todos os recursos. Um dos argumentos utilizados foi justamente o de que **a literalidade da norma constitucional** deveria ser respeitada.

3.3.4 INTERPRETAÇÃO LÓGICA

Por meio da chamada **interpretação lógica**, o intérprete buscará descobrir o sentido e o alcance da norma jurídica "por meio de raciocínios lógicos, analisando os períodos da lei e combinando-os entre si, com o escopo de atingir perfeita compatibilidade"[99].

Ou seja, a interpretação lógica demanda que o intérprete aplique as normas jurídicas seguindo os princípios da lógica formal e da razão. Isso envolve analisar e interpretar textos legais, estatutos, precedentes judiciais e outros documentos jurídicos a partir de premissas lógicas e argumentativas. Ao interpretar a norma logicamente, os intérpretes buscam garantir consistência, coerência e racionalidade na aplicação do direito, o que pode envolver a identificação e resolução de ambiguidades, contradições ou lacunas nos textos legais por meio de raciocínio lógico.

No que tange aos seus instrumentos, Tércio Sampaio Ferraz Junior[100] os delimita em três procedimentos básicos, sendo eles:

> 1) *atitude formal*: atua visando sanar problemas de incompatibilidades decorrentes da criação de: a) regras gerais que permitem resolver problemas de integração e aplicação do direito, como é o caso das regras utilizadas para a resolução das antinomias de primeiro segundo grau anteriormente discutidas (lei posterior revoga a anterior/lei especial derroga lei geral), dentre outras;
>
> 2) *atitude prática*: busca evitar incompatibilidades à medida que se apresentam, permitindo ao intérprete repensar as noções e as próprias normas diante das situações concretas, como é o caso das regras jurisprudenciais, as quais podem resolver o conflito de forma mais equitativa em determinado

[99] Cf. DINIZ, Maria Helena. **Compêndio de Introdução à Ciência do Direito**: introdução à teoria geral do direito, à filosofia do direito, à sociologia jurídica. 21. ed. rev. e atual. São Paulo: Saraiva, 2010, p. 439.

[100] FERRAZ JUNIOR, Tercio Sampaio. **A ciência do Direito**. 3. ed. São Paulo: Atlas, 2014.

conflito e, para isso, reinterpretar um elemento do conteúdo de determinada norma para garantir uma decisão mais justa; e

3) *atitude diplomática*: sugere que o intérprete, em determinado momento e em certas circunstâncias, poderá criar uma saída que resolverá o conflito, mesmo que de forma provisória, e, cumulativamente, conseguirá evitar algum tipo de incompatibilidade.

3.3.5 INTERPRETAÇÃO/TÉCNICA SISTEMÁTICA

A chamada **interpretação sistemática** é aquela que impõe a necessidade de que a norma jurídica seja sempre considerada como parte integrante de um sistema, isto é, dentro da sua relação harmônica e conectada com as demais normas que integram o mesmo ordenamento jurídico e tratam sobre o mesmo objeto.

A necessidade de se interpretar as normas jurídicas a partir de uma visão sistêmica está diretamente relacionada com a própria noção de unidade e integridade do sistema jurídico, de modo que, direta ou indiretamente, os diversos ramos do direito, embora independentes, estão conectados a um mesmo sistema.

Daí a necessidade de que a interpretação valorize aquilo que se encontra disposto no Título, Capítulo ou item dentro de um mesmo Código ou ainda a leitura de uma norma jurídica disposta no mesmo ramo do Direito, mas também sendo possível buscar a fundamentação ou conexão em normas de escalão superior, uma vez que é preciso reconhecer a codependência entre as normas jurídicas[101].

José Levi Mello do Amaral Júnior exemplifica a aplicação do indicado método por parte do Supremo Tribunal Federal da seguinte forma:

> Exemplo de interpretação sistemática consta da ADI no 939/DF, ministro relator Sydney Sanches (BRASIL, 1993b), mormente no que se refere à compreensão da anterioridade tributária como direito fundamental dos contribuintes. O inciso IV do § 4o do art. 60 da CRFB firma "os direitos e garantias individuais" como limites materiais à reforma constitucional, o que remete ao art. 5° da CRFB, mas não só. O próprio art. 5° apresenta uma cláusula de abertura, o respectivo § 2°: "Os direitos e garantias expressos nesta Constituição não excluem outros decorrentes do regime e dos princípios por ela adotados, ou dos tratados internacionais em que a República Federativa do Brasil seja parte" (BRASIL, [2022]). Portanto, é "garantia individual do contribuinte", protegida pelo inciso IV do § 4° do art. 60 da

[101] BITTAR, Carlos Eduardo Bianca. **Introdução ao Estudo do Direito**: humanismo, democracia e justiça. 2. ed. rev. e amp. São Paulo: Saraiva, 2019, p. 582–583.

CRFB, a anterioridade tributária (art. 150, inciso III, alínea b, da CRFB). Foi exatamente isso que ficou assente naquela ADI[102].

No mesmo sentido, sobre a interpretação constitucional de modo mais específico, o então ministro do Supremo Tribunal Federal, Eros Roberto Grau, registrou a impossibilidade de se interpretar a Constituição Federal em "tiras, aos pedaços", asseverando ainda que não se interpretam apenas textos do direito, de forma isolada, mas sim o Direito, a Constituição, na sua integralidade[103].

3.3.6 TÉCNICA INTERPRETATIVA HISTÓRICA

Aplicando referida técnica, o intérprete deverá buscar o sentido e o alcance do texto normativo, levando em consideração o momento histórico de criação da norma, mas também os seus antecedentes, incluindo-se o estudo do projeto de lei, sua motivação, todas as fases do processo legislativo (emenda, votação, sanção ou veto) até a aprovação final, tudo isso para conseguir captar as circunstâncias sociais, políticas, econômicas, culturais, psicológicas e culturais que fizeram surgir a necessidade de regulação normativa.

Em outras palavras, a exata identificação das razões que motivaram o legislador a criar determinada norma jurídica pode facilitar a sua adequada compreensão e aplicação, na medida em que será cognoscível a finalidade e o alcance que se buscava garantir pela norma.

3.3.7 TÉCNICA TELEOLÓGICA OU SOCIOLÓGICA

A última das técnicas de interpretação é chamada de **teleológica ou sociológica**. Nesse ponto, vale registrar que a palavra grega *telos* (término/escopo) representa basicamente a busca pela finalidade. Assim, por meio dessa técnica, objetiva-se identificar qual foi o fim, a finalidade buscada pelo preceito normativo que justificou a criação da norma jurídica analisada.

Melhor esclarecendo: ao criar uma lei, o legislador buscava realizar e alcançar determinadas finalidades, mas, por exemplo, em razão de mudanças da sociedade, a norma deixou de acompanhar e regular especificamente o caso concreto. A partir dessa técnica, considerando que se conhece o que fundamentou (*telos*) a criação

[102] AMARAL JÚNIOR, José Levi Mello do. Interpretação e aplicação das normas constitucionais: entre deferência e ativismo, o rigoroso apego à democracia representativa. **RIL**, Brasília a. 59 n. 235, jul./set. 2022, p. 19.

[103] BRASIL. Supremo Tribunal Federal. **Ação Direta de Inconstitucionalidade 3.685/DF**. Relator: ELLEN GRACIE, Data de Julgamento: 22/03/2006, Tribunal Pleno, Data de Publicação: 10/08/2006. Disponível em: https://redir.stf.jus.br/paginadorpub/paginador.jsp?docTP=AC&docID=363397. Acesso em: 30 mar. 2024.

da norma, é possível interpretar a norma jurídica como se ela fosse atual para atender aos fins sociais.

Com isso, "a interpretação irá valorizar os objetivos, os fins sociais, os resultados concretos, o alcance prático, a eficácia"[104].

Sugestão de Leitura e Atividade para Aprofundamento

Em 27 de abril de 2020, o então presidente Jair Messias Bolsonaro editou um Decreto nomeando Alexandre Ramagem Rodrigues para exercer o cargo de Diretor-Geral da Polícia Federal. Visando impugnar o ato que entendia ser ilegal e violador da Constituição Federal, o Partido Democrático Trabalhista (PDT) impetrou o Mandado de Segurança n.º 37.097/DF perante o Supremo Tribunal Federal, buscando, em síntese, cassar a indicada nomeação por entender que houve, por parte do então presidente, desvio de finalidade, já que o nomeado mantinha laços de amizade com a família do Chefe do Executivo e que o objetivo de tal nomeação seria promover um verdadeiro aparelhamento ideológico da Polícia Federal, o que não se deveria admitir.

Ao analisar o pedido, o ministro relator Alexandre de Moraes proferiu uma decisão monocrática, determinando a suspensão da posse até o julgamento final do Mandado de Segurança, e, posteriormente, o próprio presidente da república tornou sem efeito a nomeação.

O caso em análise evidenciou uma discussão hermenêutica sobre dois postulados fundamentais que regem a Administração Pública e o próprio Estado.

> **1)** De um lado, a ideia de que os Ministros de Estado (o Diretor-Geral da Polícia Federal se equipara nesse sentido) **são de livre nomeação** pelo Chefe do Executivo, nos termos do art. 84, inciso I, da Constituição Federal. Assim, por uma interpretação literal e histórica da norma jurídica, a nomeação caberia exclusivamente ao presidente da república, sem qualquer possibilidade de avaliação de mérito sobre a escolha por parte do Poder Judiciário;
>
> **2)** De outro lado, a tese de que, ao se nomear um ministro de Estado com forte vinculação pessoal e com o aparente objetivo de imprimir um viés ideológico na Polícia Federal, órgão essencial de investigação da União, o presidente da república estaria incorrendo em verdadeiro **desvio de finalidade**, violando, dessa forma, os princípios constitucionais, sobretudo

[104] BITTAR, Carlos Eduardo Bianca. **Introdução ao Estudo do Direito**: humanismo, democracia e justiça. 2. ed. rev. e amp. São Paulo: Saraiva, 2019, p. 583.

da legalidade e impessoalidade, estampados no art. 37 da CF/88. Assim, a partir de uma interpretação sistemática e combinada do art. 84, inciso I, em conjunto com o art. 37, da CF, embora o presidente da república tenha a liberdade de nomear os seus ministros de Estado, a escolha e a indicação devem se pautar na legalidade e impessoalidade, evitando, com isso, o aparelhamento irregular das instituições.

A partir desse caso concreto, sugere-se a criação de dois grupos para a realização de um *role-play*, seguindo-se os seguintes critérios:

1) um grupo ficará responsável por defender a tese de aplicação da interpretação gramatical/literal e histórica, defendendo, dessa forma, que a nomeação de Alexandre Ramagem não poderia ter tido o seu mérito avaliado pelo STF;

2) o segundo grupo deverá adotar a tese contrária, argumentando que, por uma interpretação sistemática e teleológica de artigos da Constituição, referida nomeação se constitui como desvio de finalidade, violando, assim, os princípios constitucionais da legalidade e impessoalidade; e

3) o restante da sala atuará como órgão julgador, decidindo a tese vencedora.

Para leitura e aprofundamento, sugerimos consultar:

BRASIL. Supremo Tribunal Federal. **MS n. 37.097 / DF**. Disponível em: https://www.stf.jus.br/arquivo/cms/noticiaNoticiaStf/anexo/MSRamagem.pdf.

PANUTTO, P.; DECHICHI GROSSI, A. O QUE OS CASOS DE LULA E RAMAGEM TÊM EM COMUM? A SUSPENSÃO DO PROVIMENTO DE CARGOS POLÍTICOS DO EXECUTIVO PELO STF, O ATIVISMO E A MINISTROCRACIA. **Revista Direitos Sociais e Políticas Públicas (UNIFAFIBE)**, [S. l.], v. 12, n. 1, p. 148–168, 2024. DOI: 10.25245/rdspp.v12i1.1450. Disponível em: https://portal.unifafibe.com.br:443/revista/index.php/direitos-sociais-politicas-pub/article/view/1450. Acesso em: 31 mar. 2024.

CAPÍTULO 4

UMA TEORIA DA DECISÃO JURÍDICA

4.1 CONSIDERAÇÕES INTRODUTÓRIAS À TEORIA DA DECISÃO

A moderna Teoria da Decisão se desenvolveu a partir de meados do século XX através de contribuições de várias disciplinas acadêmicas e se tornou uma parte relevante da teoria do risco (as ciências cindínicas) e, muita vez, revestida de forte base estatística, tanto em sua versão discreta, como contínua. Do ponto de vista dos juristas tem interesse para analisar os requisitos de racionalidade nas decisões.

O Direito pode ser visto como o lugar em que, convenientemente, se estabelecem as regras coletivas (promessas dos poderosos aos desapoderados) do jogo de poder social, a fim de que os conflitos sejam reduzidos de fenômenos, por vezes, coletivos a situações individualizadas e que, no entanto, mantêm conexão com outras análogas e tomadas (muita vez indevidamente) iguais.

Enquanto uma estrutura de dominação serve e servirá à manutenção do estado geral de coisas, pois o que se aplica é o direito posto e não aquele implícito na conduta da sociedade, que só se manifesta subsidiariamente em tarefas integrativas sistêmicas[1].

[1] Interessante ver a postura de GRAU, Eros Roberto. O direito posto e o direito pressuposto. in **O direito posto e o direito pressuposto**. São Paulo: Malheiros, 1996, p. 35-56: "Não será demasiado repetirmos <...> que é no *direito pressuposto* que se encontra a sede dos princípios, *princípios de cada direito, e não princípios gerais do direito. Relembro que o direito pressuposto é fundamentalmente princípios*, embora nada obste que nele vicejem regras (normas jurídicas cujo grau de generalidade é mais estreito do que o grau de generalidade dos princípios)." (p.56). Ressalte-se que sempre se preferirá, sob o ponto de vista desta conjectura, ver esses pressupostos sistêmicos como constituintes de possível fronteira da juridicidade e, ainda como seu núcleo, pelo fato de transformarem o direito posto em outro se forem alterados. Além de distinguir-se, aqui, entre princípios de direito que são não-escritos de normas encaradas, por sua importância, como se fossem princípios.

Se for verdade, por um lado, como afirma Boulanger[2], que não é possível ocorrer uma revolução sem que sejam apresentados novos princípios gerais de direito, entendidos como a totalidade de proposições descritivas, mas de caráter deôntico (conceito linguístico que ajuda a expressar obrigações, permissões e proibições eficazmente), de um determinado ordenamento, condicionando a interpretação e afastamento de regras[388], nem por isso é menos verdadeiro que os juristas aplicarão tais princípios - se e somente se - a revolução obtiver êxito, caso contrário, esses tais permanecerão no domínio do possível.

A rigor, no contexto de uma situação real, os controles e sanções são construídos e manipulados por grupos de pressão, que detêm os mecanismos efetivos de produção das normas e de controle de sua aplicação, conforme, explicitamente, disse Faria[3]:

> No plano da ordem político-jurídica, os diferentes controles e suas respectivas sanções são forjados e manipulados a partir de posições-chave tanto ao nível dos próprios grupos e classes sociais quanto ao nível dos 'anéis' burocráticos do aparelho estatal. Entre outras razões porque, subjacente à impossibilidade de eliminação total dos conflitos e tensões por uma ordem legal supostamente homogênea, unívoca e sintética, conforme a pretensão 'idealizante' do contratualismo liberal, encontram-se pactos e coalizões temporários de interesses prevalecentes que a própria práxis política vai reformulando segundo as necessidades de interdependência dos grupos e classes dominantes.

Contudo, esses aspectos serão segundo esta perspectiva, que se permita a metáfora, fagocitados pelo estado de conhecimento do sujeito compondo elementos de sua estratégia.

Pois as condições gerais do mundo — ciência, técnica, sistemas explícitos (ou implícitos) de dominação, de comunicação etc. — são empregadas mercê de um esquema de apropriação dessas informações (logo e ainda: no domínio da linguagem) e esse esquema, receba o nome que receber, inclusive o de Filosofia, engendrará a formação de expectativas e conjecturas aptas a transformar essas próprias condições prévias de existência em decisões conformes ao interesses do jogo de cada jogador, tendo em conta os cenários a que tiver acesso e as condições objetivas da produção de seu projeto.

Não se ignora a advertência, de Quine, de que as semânticas 'acríticas' supõem seja a mente humana uma espécie de museu repleto de 'significados' expostos em vitrines (palavras) e que, portanto, trocar de linguagem seria equivalente a trocar os nomes preservando os 'significados'.

2 BOULANGER, Jean. **Principes généraux du droit positif et droit positif**. Le Droit Prive Français au milieu du XXe siècle (Études offertes a Georges Ripert). Paris: LGDJ, 1950, p. 69.

3 FARIA, José Eduardo (org.). **A crise do direito numa sociedade em mudança**. Brasília: UnB, 1988, p. 128.

Com Quine (e além dele) pensa-se a Língua como um produto sócio-histórico de longa duração de que cada um se apropria de uma parte (não necessariamente própria, vez que sempre será possível engendrar neologismos) constituinte do todo de sua linguagem: isto é, não há nada dado, há o socialmente construído e, assim, não há sentido como entidade psíquica, mas propriedades do comportamento social (logo, decorrente do agir) conhecido como comportamento linguístico.

Não se admite[4] a ideia do *stimulus meaning* invocado por esse filósofo americano que intenta uma abordagem behaviorista do significado que conduz a uma indeterminabilidade absoluta desse mesmo significado, mas se preferem as estruturas desenvolvidas e combinadas de Moscovici e Vygotsky, que admitem a possibilidade de se encontrar uma solução intersubjetiva para tanto e, com o acréscimo do critério da ação resultante do processo comunicativo, lograr uma compreensão de processo da comunicação[5] possível.

Para o momento, posto em situação, apresenta-se ao sujeito (entendido como atmosfera semântico-pragmática) a possibilidade de escolher estratégias que conduzam à melhor solução de cada subjogo componente de seu jogo total – sempre referenciado ao jogo dos possíveis envolvidos nas situações em que este

4 - O mesmo para as posições de DAVIDSON, Donald. **Inquiries into Truth and Interpretation**. Oxford: Clarendon, 2009 e em **Subjective, Intersubjective, Objective**. Oxford: Clarendon, 2001. Esse autor, relevante continuador e crítico dos estudos de Quine, facilita uma abordagem hermenêutica do significado e começa por admitir que as crenças, desejos, atitudes e proferimentos de uma pessoa formam uma unidade holística, por isso a compreensão do significado de expressões linguísticas só é possível a partir de uma teoria da verdade e da interpretação que lance mão de alguns pressupostos sobre a racionalidade humana e a sociabilidade. Por outra parte, a tarefa da semântica de uma linguagem L (qualquer) é dar o significado de toda expressão significativa de L e essa teoria tem de ser recursiva e mostrar que todo o potencial expressivo de uma linguagem pode ser axiomatizado e analisado a partir de um procedimento operacional finito. Põe-se, desse modo, praticamente fora de todo alcance de sua teoria do significado, as expressões metonímicas e metafóricas que, como se pode mostrar, compõem quase todo processo de conhecimento. A fundamentação de sua teoria de verdade naquelas de Frege, Tarski e, parece, do último Wittgenstein - enfraquecem sobremodo a amplitude de seu intento. É bem verdade que, admite esse autor, deve a teoria preservar um traço distintivo das linguagens: o caráter holístico-composicional, isto é, cada palavra só obtém sentido no contexto de uma sentença e cada sentença, por sua vez, só tem sentido no contexto da linguagem como um todo, pois o significado de uma sentença só se deixa determinar pela determinação do significado de todas as outras sentenças. Isso significa uma ampliação acima do alcance de qualquer falante, vez que nem todo sentido é captado fora de uma situação. Situação esta que envolve outros referentes de significado como clima emocional, fatores extrínsecos ao texto e, ainda, o histórico de relação entre os falantes, sendo certo, além disso, que nem sempre a verdade é que caracteriza a interlocução, nem é marco para a possível compreensão do dito. Expressões metafóricas como: 'Meus mais caros amigos dedicam-se, de há muito, a estudar a geologia dos campos santos.' e 'Fomos e não encontramos vivalma' – embora possam ter referência, nem por isso são subsumíveis às expectativas de Davidson, embora sejam expressivas.

5 Uma posição mais elaborada se pode ver em PUGLIESI, Márcio. **Social clothes**: a proposal for a new approach to hermeneutics. London: Lambert, 2024.

ocorre – é na ambiência desse conflito que desenvolve habilidade para interpretar/compreender o dito e para decidir a ação a empreender.

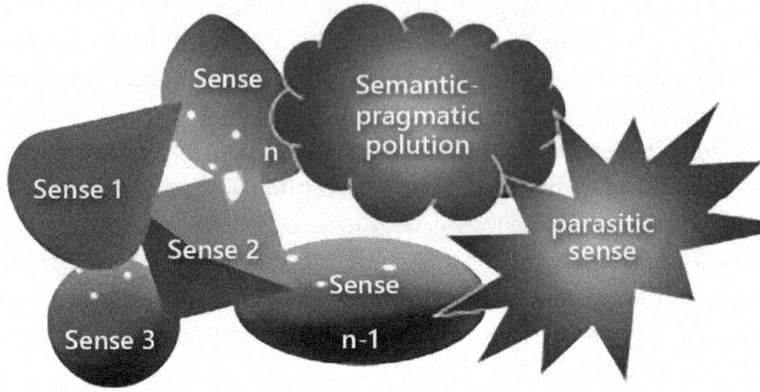

Esquema de uma atmosfera semântico-pragmática. Fonte: Elaboração própria.

Na avaliação implícita, ou explícita, caso aflore à consciência, dessa inter-relação vai o sujeito compondo a teia de suas decisões. Dessarte, os fatos que se apresentam são interpretados e a partir dessa representação da mundividência[6] constroem-se as decisões dos problemas exsurgidos e mediante a formulação de estratégias (conjuntos de decisões) chega-se a constituir uma política (conjunto de

6 - ALTHUSSER, Louis. **Ideologia e aparelhos ideológicos de Estado**. Tradução: Joaquim José de Moura Ramos. 3. ed. Lisboa: Presença, 1980, p. 189 afirma: "Lembrem-se do que dissemos que sobre a diferença que distingue uma filosofia de uma concepção de mundo. Numa concepção do mundo pode tratar-se da ciência, mas uma concepção do mundo nunca é centrada sobre a ciência como o é a filosofia. Não mantém com as ciências as relações que a filosofia mantém com a ciência. Uma concepção do mundo é centrada sobre algo diferente das ciências: sobre o que nós chamamos os valores das **ideologias práticas**. Uma concepção do mundo exprime as tendências que atravessam as ideologias práticas (religiosa, jurídica, política etc.). Uma c.d.m. tem sempre directa ou indirectamente pontos de contacto com questões que pertencem a estes domínios: problemas da religião, da moral, da política e, duma maneira mais lata, problema do sentido da história, da salvação da história humana. Toda a c.d.m. exprime finalmente uma certa tendência de carácter ou matiz político". E conclui-se: infelizmente, para Althusser e para todos, nem mesmo a ciência e a filosofia podem, num gesto de higiene, depurar-se, mesmo por profundo e intenso trabalho metodológico, dessa impura instância da realidade. A formulação teórica é afetada por todas essas poluições semânticas e constrói-se no interior dessa poluída e única disponível atmosfera semântico-pragmática. O mundo, composto por todas as formulações de toda linguagem, constitui o complexo ação-fabulação e essa, a linguagem (entendida como subconjunto da Língua) ao apropriá-lo começa a empreender a transformação da própria e construída realidade e da linguagem que a expressa e constitui. Não há domínio do pensamento que possa eximir-se do contágio das ideologias práticas e das demais pulsões do teórico.

estratégias) e a alterar o mundo, num processo e trabalho contínuos, em que problemas serão decididos e surgirão na própria trama do mundo da vida[7].

É verdade que, antes mesmo de decidir, se pode explicar — a si mesmo ou aos outros — a estruturação para decidir o que se tomará em consideração, como, por exemplo, esta:

a) enunciados constatativos representantes das informações disponíveis aptas a circunscrever a situação (por exemplo: o veículo abalroou o poste);

b) enunciados, mesmo conjecturais, que enunciem as estratégias possíveis e disponíveis para o caso. Tais enunciados são passíveis de detalhamento e se conformam a um senso de realidade intersubjetivo a fim de conferir credibilidade à atuação e às ações anunciadas;

c) enunciados — quase sempre conjecturais — exprimindo os efeitos das ações empreendidas em conformidade com as estratégias e decorrentes de "a" e "b" mercê de conexões de caráter lógico ou probabilístico;

d) enunciados avaliativos defluentes de um critério geral de êxito e aplicado aos enunciados presentes em "c";

e) proposições normativas que permitem formar os enunciados de "c";

f) proposição de preferência entre os enunciados expressos em "d";

g) proposição normativa enunciando a norma segundo a qual "f" pode ser formulada;

7 - Essa é uma expressão ambígua e, por exemplo, em Habermas, o corifeu do consenso (lembre-se, aqui, que esse conceito se liga à persuasão e à opinião), apresenta sua polissemia. Segundo esse autor, a realidade social reproduz-se no sistema e no mundo da vida. O sistema possibilita a reprodução material da sociedade mediante trabalho e o mundo da vida, a reprodução simbólica da mesma, dado que é, essencialmente, comunicativo. Assim, para esse autor, o ponto de partida para a construção do mundo da vida (*Lebenswelt*) é a situação biográfica: dos indivíduos, das sociedades, dos conceitos e vincula, dessarte, esse conceito aos questionamentos de GADAMER (1999) ao incorporar a historicidade de uma hermenêutica genealógica e comparativa à atividade conceitual. A História é a dimensão que apreende tanto o intérprete quanto o seu objeto enquanto momentos de uma mesma interdependência. É conveniente lembrar que Gadamer propôs-se, inclusive, a pensar historicamente o historicismo (*Einwirklich historisches Denken muss die eigene Geschichtlichkeit mitdenken*) ao reconhecer uma visão de mundo (*Weltansicht*) na visão linguística (*Sprachansicht*), questão central de qualquer Hermenêutica, mostrando que a linguagem não consiste apenas num sistema de formas simbólicas, mas na existência de estreita conexão entre a forma linguística e o conteúdo transmitido. De fato, esse é um conceito empregado por Habermas para sustentar o seu conceito de ação comunicativa, mas que possui, na origem, raízes husserlianas e, volta-se a cobrir, da perspectiva habermasiana, as deficiências de concepção linguístico-comunicativas da noção de consciência coletiva em Durkheim face ao uso que delas, Habermas, deseja fazer. Ver a respeito WHITE (1995), p. 91-122, AIDAR PRADO (1996), p. 36-38 e HUSSERL (2001), p.104-163.

h) proposição geral que estabeleça a base de decisão e que se reveste, via de regra, da seguinte forma: "A estratégia escolhida garantirá o alcance da condição exposta por aquela norma preferencial, em geral, buscando reduzir ao mínimo o prejuízo possível". Esclarece-se, assim, a necessidade de escolha e essa refletirá, para que a decisão faça sentido, a utilidade[8], em sentido técnico, da parte optante. Nesse sentido será, sempre, um enunciado performativo, uma vez que constrangerá o agir;

i) enunciado que expresse o resultado da dedução estabelecida a partir de "h" e dos precedentes e que estabelece o vínculo da decisão a um processo de execução;

j) a proposição final, da responsabilidade pelo vínculo à estratégia (ou estratégias), em que, explícita ou implicitamente, se assumem as consequências dessa estratégia adotada.

Esta última proposição pode estar ausente, em particular quando se transige a responsabilidade. Um exemplo esclarecedor consiste em apreciar a posição do consultor que sugere estratégias ("soluções") para quem o contrata. Sua opinião é, muita vez, causa de sucesso, mas o mérito (a responsabilidade) será atribuído a quem a faz executar por assim haver decidido (numa quase metadecisão).

8 A utilidade esperada poderia, mais precisamente, ser designada por "teoria da utilidade ponderada pela probabilidade". Na teoria da utilidade esperada, a cada alternativa é atribuída uma média ponderada dos seus valores de utilidade em diferentes estados da natureza, e as probabilidades desses estados são utilizadas como pesos.
A rigor, a utilidade depende do subjogo em andamento e não se confunde com a expectativa racional de escolha. Assim, por exemplo, em um orçamento limitado a escolha racional do que seria útil pode ser substituída por outra que aumente a alegria. Por exemplo, suponha que se tenha o suficiente para pagar uma determinada conta, no entanto, se gasta esse dinheiro em um belo par de sapatos. A satisfação será maior e o pagamento do devido será adiado. Escolha irracional, mas útil para o caso.
Nas suas versões mais antigas, a teoria da utilidade esperada não se referia a utilidades no sentido moderno da palavra, mas a resultados monetários. A recomendação era jogar um jogo se este; provavelmente, aumentasse a riqueza esperada, caso contrário, não. As probabilidades referidas eram frequências objetivas, como as que podem ser observadas nos dados e máquinas de jogar, como os caça-níqueis.

Mostrou-se em *A Theory of Law*[9] que o processamento das decisões (também as judiciais) está mais afeito à Teoria de Jogos do que à Lógica Formal[10] – de resto um instrumento cada vez mais abstrato e ligado à busca de formalização de teorias do que à busca da decisão.

A formação de algoritmos[11] de decisão têm seguido outras matrizes (oriundas em sua maioria de lógicas polivalentes) e, em particular critérios da Pesquisa Operacional (de que a Teoria de Jogos é parte própria) e seria o modelo mais apropriado, se conjugado à teoria de jogos para explicar os processos decisórios do Direito.

O juiz, mesmo pelo patrulhamento ideológico de sua categoria, como todo ser humano construiu e constrói para si valores, crenças, pulsões, enfim poluidores semântico-pragmáticos que impedem qualquer neutralidade.

Precisa-se, também, combater o pressuposto de que o ensino do Direito goze de neutralidade temática. As diferentes grades curriculares – a par da reprodução da mão-de-obra necessária ao mercado - produzem profissionais com vieses

9 PUGLIESI, Márcio. **A Theory of Law: a systemic constructionist approach**. Berlin: NEA, 2017.

10 Não se ignora que, por exemplo, WEBER, Max.`**Essais sur la théorie de la science**, Tradução: Julien Freund, Paris: Plon, 1992 e, com mais precisão em`**La science, profession et vocation**, Tradução: Isabelle Kalinowski, Marseille: Agone, 2005, afirmou`que: «`*Tout travail scientifique présuppose toujours la validité des règles de la logique et de la méthode, ces fondements universels de notre orientation dans le monde*`» (p. 36). Em tradução livre: Todo trabalho científico pressupõe sempre a validade das regras da lógica e do método, esses fundamentos universais de nossa orientação no mundo.
De fato, precisamos de método e regras – mas, se insiste: devem ser explicitados (como se o fez aqui) e sempre serão construídos para efeito de construção de um modelo, de uma conjectura e, se quiserem, de uma teoria – todos passíveis de abandono se as situações a serem alcançadas, com seu concurso, assim o exigirem. Lembra-se, ainda, que a, talvez, primeira tentativa de resolver questões de duopólio (prenunciando a futura teoria de jogos) foi feita por COURNOT, Augustin. (1838), **Recherches sur les principes mathématiques de la théorie des richesses**. Paris: Hachette, 1838. – e, esse já pensava em reiteradas negociações com soma zero.

11 - Texto introdutório e preciso é o de HAREL, David & FELDMAN, Yishai. **Algorithmics: The Spirit of Computing**. 3d. Ed., Harlow: Addison-Wesley, 2004. Quer-se, aqui, citar MORIN, Edgar. **Introduction à la pensée complexe**. Paris: ESF, 1990: L'action suppose la complexité, c'est-à-dire, aléa, hasard, iniciative, décision, conscience des dérives et des transformations. Le mot stratégie s'oppose à celui de programme. Pour les séquences qui se situent dans un environnement stable, il convient d'utiliser des programmes. Le programme n'oblige pas à être vigilant. Il n'oblige pas à innover. Ainsi quand nous nous rendons au travail au volant de notre voiture, une partie de notre conduite est programmée. Si un embouteillage inattendu surgit, il faut alors décider s'il faut changer d'itinéraire ou non, enfreindre le code`: il faut faire preuve de stratégie. (p. 107-108) em tradução livre: A ação implica complexidade, ou seja, aleatoriedade, chance, iniciativa, decisão, consciência de desvios e transformações. Para sequências que estão localizadas em um ambiente estável, é aconselhável usar programas. O programa não requer vigilância. Não requer inovação. Assim, quando vamos trabalhar guiando nosso carro, parte da nossa condução é programada. Se ocorrer um engarrafamento inesperado, é necessário decidir se o itinerário deve ser alterado ou não, para quebrar o código: é necessário mostrar estratégia. Neste texto indica-se um problema: não há ambiente estável – as situações que o projetam assim – significam simplificações funcionais que, por algum tempo serão adequadas. Variações não relevantes para alguns efeitos serão determinantes, possivelmente, em outros, Por isso, um programa é uma aposta – um risco calculado de funcionamento, com fatores de risco também calculados.

definidos vez que o direcionamento da pesquisa científica (a escolha dos temas e problemas a serem investigados), não responde apenas ao interesse em desenvolver o conhecimento como um fim em si mesmo – mas, atende a circunstâncias as mais variadas, começando pelo repertório (já existente) dos professores. Cabendo lembrar que, por sua vez, esses são recrutados por coordenações/direções que buscam manter a homogeneidade do corpo docente.

Há a forte suposição que a escolha entre as teorias é exclusivamente racional, sem envolver valores sociais. Isso não acontece – a própria escolha de métodos e teorias repousa sobre um processo sócio-histórico em andamento. Ademais, as proposições de qualquer ciência não são meramente descritivas – abrigam juízos de valor e dependem das reduções feitas nos informes e informações disponíveis ao cientista, ao juiz, ao professor[12] etc.

No caso de decisões judiciais se o juiz pode ser imparcial- certamente não será neutro. Por essa razão o Direito não pode ser escoimado de política: toda decisão é politicamente orientada: o juiz não pode ser omisso em relação aos problemas que a aplicação das normas jurídicas pode suscitar no meio social. O juiz precisa dar respostas à sociedade[13].

Além disso, não há significação uma do texto legal. Esse pressuposto de haver um único significado atribuível ao texto legal esquece a mais básica assunção de qualquer hermenêutica: quem fecha o sentido do texto é seu leitor. Com isso se pode perceber quanto é variável a possibilidade da leitura do texto legal pelos seus diversos leitores: facultando, como é claro, que um mesmo leitor possa ler o mesmo texto com fechamento de sentidos distintos a cada leitura – dentro de lindes (bastante elásticos) que o próprio texto estabelece[14]. Até por efeito da aprendizagem que cada leitura introduz. O enunciado é o mesmo – mas o leitor é outro. Como disse Mezan[15]:

> A diversidade dos resultados a que chegam leituras diferentes da mesma obra se explica pela diversidade das perguntas que lhe são endereçadas, perguntas relevantes num sistema de referências e irrelevantes noutros, mas sempre orientadas pela significação que o leitor espera produzir: o trabalho de leitura

[12] Posição mais explícita em KUHN, Thomas S. **The Structure of Scientific Revolutions**. 2nd. Ed. Enl., Chicago/London: Chicago,1970.

[13] Sugere-se o brilhante e sintético artigo de FERRAZ Junior. Tercio Sampaio. ***Justiça e Vingança***. In **Revista OAB: Advocacia Hoje**. 1ª. Ed., junho 2019, p. 63-67 para se compreender outros motivos para a insustentabilidade desse princípio. Cita-se, apenas, seu epílogo: Donde o juiz não ser nunca uma simples máquina de fazer silogismos (subsunção), posto que a personalidade do culpado nunca é encerrada em sua problemática singular de sentido único (tipo): sempre há uma nebulosa de leituras possíveis, organizadas em torno de um sentido dominante. [...] (p. 67)

[14] Ver ECO, Umberto. **Interpretação e superinterpretação**. Tradução: MF. Revisão e texto final: Monica Stahel. São Paulo: Martins Fontes, 1993. ECO, Umberto. **Os limites da interpretação**. Tradução: Pérola de Carvalho. 2. tiragem. São Paulo: Perspectiva. 2000.

[15] - MEZAN, Renato. **A vingança da esfinge: ensaios de psicanálise**. São Paulo: Brasiliense, 1988, p. 69.

tem sempre um destinatário, parta quem ele se dirige e em relação ao qual deseja ser portador de uma eficácia.

Assim, por exemplo, a eficácia da norma decorre dos efeitos que produz no meio social a que se destina e isso deflui das possibilidades sócio-históricas do estádio da sociedade que alberga as promessas desse texto legal. Quando a confiança dos administrados tem estabilidade: a conflitividade diminui e a necessidade de coação se reduz visto que a coerção consegue a homeostase sistêmica – reduzindo os custos de segurança e ampliando as liberdades.

Quando a confiança se reduz[16] – todo o processamento se torna mais caro – posto exigir maiores dispêndios com o aparato de segurança (pública e privada) para a manutenção da ordem pública; com o aumento dos prêmios de seguro; pelo fato da redução das aplicações bursáteis, pela desvalorização do câmbio etc.

O efeito das eleições periódicas nas repúblicas democráticas é, entre outros, restaurar o tecido da confiança que as gestões tendem a esgarçar. Nas monarquias constitucionais, o povo tende a ver a conservação de um status quo como fator de confiabilidade – dando aos gestores mais tempo para a realização dos projetos.

Ademais, instila-se a crença de que haja uma verdade objetiva que corresponderia a um referencial semântico apoiado num fato 'real', presumido ou, mesmo, ficto. Esse referencial não é dado, é construído e o referencial normativo é semântico-pragmático[17]: depende dos resultados sociais de sua aplicação e da acei-

16 - FEBRABAN. **Como fazer os juros serem mais baixos no Brasil**. *Uma proposta aos bancos, ao governo, Congresso, Judiciário e à sociedade*. São Paulo: Febraban, 2018. – constitui caso em que se vê a busca de nova confiança num setor - tradicionalmente – visto pela sociedade como inimigo sistêmico. Um argumento interessante para se perceber a tentativa: Os gastos operacionais se estendem à necessidade de reforçada segurança das agências para proteger os funcionários, clientes e patrimônio. **O setor emprega 68 mil vigilantes privados – o equivalente a cerca de 75% do efetivo da Polícia Militar em São Paulo – e investe em monitoramento eletrônico**. [...] Ao arcar com tal despesa, os bancos fornecem um bem – segurança pública – que deveria ser de responsabilidade do Estado. (p. 88)
Não é preciso se refletir muito para compreender que a defesa dos interesses privados dos bancos tem um efeito colateral que é capitalizado na citação acima. Muitas outras propostas apresentadas tem como efeito o aumento de custos do Estado para o benefício do setor como o cadastro positivo; acesso a bancos de dados hoje protegidos por sigilo fiscal; aumentar o sistema de cobrança extrajudicial; deduções no imposto de renda; zerar o imposto sobre operações financeiras etc.

17 Precisa-se indicar que a distinção feita na expressão 'semântico-pragmática' remete a uma dialética permanente: o sentido (aspecto semântico) só é dado pela ação (pragmática) que produz, sugere ou induz produzir. A cortante distinção positivista entre os dois termos foi combatida, entre outros por Quine, Sellars, Davidson e, de outra forma, pelo Wittgenstein das **Investigações** – com grande sucesso e, bem assim, entre o linguístico e o empírico; a teoria e a observação e outros pares da epistemologia de raiz positivista. Assim, se destacam os termos, semântica e pragmática, para que se compreenda que são processo incessante como faces de uma moeda: adquire-se sentido mediante ação e se age por efeito do sentido auferido na situação.

tação desses efeitos pela sociedade, em seus setores afetados para manutenção da legitimidade possível[18] – já na esfera da política - dessa interpretação.

Além disso, o sentido dos textos legais não é obtido a partir da referência à vontade de alguma entidade como Deus, Estado, Povo, Nação, *mens legis, mens legislatoris,* a sabedoria primeva etc.: o que permitiria construir, dessarte, uma pretensa neutralidade da interpretação/compreensão desses textos legais.

O sentido é negociado e construído – não há a fixidez pretendida pelo positivismo – nem a volta às origens do texto – nem um referente externo sustentáculo de uma presumida verdade. Cada sentença traz consigo o sentir de quem a estabelece – a partir da negociação preliminar do sentido com os autores das situações processuais – assim, não importa a vontade originária, mas a melhor solução (aquela que acarreta menor prejuízo a todos) para a situação conflitiva e pela qual se negocia e estabelece o sentido dos textos legais aceitos como pertinentes[19].

Acredita-se que a situação hermenêutica consista em descobrir, descrever, revelar e desentranhar (retirar das entranhas) o significado autônomo da lei[20] para efeito de sua aplicação aos *facti especies* (por efeito de uma subsunção).

18 Cabe referir Platão (PLATON. **OEuvres Complète**s. Ed. Luc Brisson, Paris: Flammarion, 2016.), em seu **A república**, em tradução livre: as cidades são duas, entre si inimigas, a cidade dos pobres e a dos ricos. (422e-423a) Há muitas cidades na sociedade de mercado segmentar – isso serve para sublinhar a plurivocidade das atribuições de sentido e a necessidade do pragmático para efeito de compor a decisão dada a situação e a fixação do sentido nesse âmbito.

19 Sugere-se GREIMAS, Algirdas-Julien. **Du Sens : *essais sémiotiques*.** Paris: du Seuil. 1970. Em particular o texto: Le contrat de véridiction. Veja-se este trecho da versão em português GREIMAS, Algirdas-Julien. **Sobre o sentido II. Ensaios semióticos.** Tradução: Dílson Ferreira da Cruz. São Paulo: Nankin/Edusp, 2014: "O discurso é esse lugar frágil onde se inscrevem e se leem a verdade e a falsidade, a mentira e o segredo; modos de veridicção resultantes da dupla contribuição do enunciador e do enunciatário; suas diferentes posições não se estabelecem senão na forma de um equilíbrio mais ou menos estável que provêm de um acordo implícito entre os actantes da estrutura da comunicação. É esse acordo tácito que é designado pelo nome de contrato de veridicção". (p. 117)

20 Veja-se, por exemplo, a posição de DUVERGER. Maurice. **La République des citoyens.** Paris: Ramsay, 1982`: [...] L'idée qu'un texte juridique puisse avoir des lectures dissemblables aurait choqué Stendhal, qui lisait chaque jour une page du Code civil pour s'habituer à la rigueur du langage. Le génie du notre tend à la précision. Que les poètes jouent avec la musique des mots et l'ambiguïté de leurs évocations, rien de plus naturel. En se livrant aux mêmes exercices, un juriste pervertit le droit. Pour que ses règles assurent la sécurité des signataires d'un contrat ou des citoyens devant la loi, il faut qu'elles soient aussi claires que possible, c'est à dire univoques. Une constitution s'ouvrant à plusieurs lectures serait une constitution mal rédigée, à cela près qu'aucun écrit n'est totalement dépourvu d'ambiguïté. (p.225) Em tradução livre: A ideia de que um texto jurídico possa ter leituras diferentes teria chocado Stendhal, que todos os dias lia uma página do Código Civil para se habituar ao rigor da língua. O nosso génio tende a ser a precisão. Que os poetas brinquem com a música das palavras e a ambiguidade das suas evocações, nada mais natural. Ao fazer os mesmos exercícios, um jurista perverte o direito. Para que as suas regras garantam a segurança dos signatários de um contrato ou dos cidadãos perante a lei, devem ser tão claras quanto possível, isto é, inequívocas. Uma Constituição aberta a mais de uma leitura seria uma Constituição mal redigida, exceto que nenhum escrito é totalmente desprovido de ambiguidade.

Essa posição de Duverger mostra – com alguma clareza – a ideia de que o leitor de textos legais desentranha o significado do texto legal conferindo-lhe clareza. Nada mais equivocado – e a

O saber e o crer pertencem ao mesmo universo cognitivo, sendo certo que o saber muita vez não precisa eliminar o crer, entretanto o crer, com frequência, prescinde do saber. E, nessa relação de confiança por força da crença e de confidência pelo caráter do saber – se instaura o espaço da construção semântico-pragmática do sentido – em particular: aquele das normas que são promessas feitas e sujeitas ao estatuto do crer para lograrem eficácia com reduzida conflitividade, vez que – como bem apontara Gadamer: compreender significa elaborar projetos adequados às coisas - em suas palavras "Assim, a tarefa constante de compreensão é elaborar os projetos apropriados e corretos, ou seja, ousar antecipar, confirmar, primeiro, com as coisas"[21].

Posição esta que tem o problema da correspondência entre o dito e o real – dos mais difíceis para esse tipo de realismo fenomenológico e que se preferiu elidir ao se configurar o sentido como efeito de ação[22] e, reciprocamente: a ação construindo o sentido.

Maurice Blondel afirmou que: na ação é que se deve situar o centro da Filosofia, vez que lá também se encontra o centro da vida[23]. Assim é, mas a complexidade tem aumentado e os processos decisórios têm encontrado teorias que os suportam e estratégias cada vez mais detalhadas.

A tendência principal desta obra se perfila com as concepções que assumem seja a ação decorrente de processo decisório prévio o mais fundamental elemento

prática jurídica o atesta – quem não viu liminares de medidas cautelares negadas visto que o dano que se pretendia afastar ainda não havia sido causado? E, depois, a própria medida cautelar denegada porque já não possuía objeto – vez que o dano já havia sido causado? Talvez, nesse caso, não haja simples falha de interpretação.

21 No original: "So ist die ständige Aufgabe des Verstehen, die rechten, sachangemessesen Entwürfe auszuarbeiten, das heist Vorweghahmen, die sich, an den Sachen, erst bestätigen sollen, zu wagen.". GADAMER, Hans-Georg. **Wahrheit und Methode**, Tübingen: J.C. B. Mohr, 1972, p. 60. Tradução: Livre).

22 - Para discussões interessantes e pertinentes sugerem-se: DAVIDSON, Donald. **Essays on actions and events**. Oxford: Oxford, 1980. DAVIDSON, Donald. **Problems of Rationality**. Oxford: Clarendon, 2004. DAVIDSON, Donald. **Subjective, intersubjective, objective**. Oxford: Clarendon, 2001. DAVIDSON, Donald. **Inquiries into Truth and Interpretation**. 2. Ed. Oxford: Clarendon, 2009. DAVIDSON, Donald & HARMAN, Gilbert. (eds.), **California, Dickinson Studies on the way of words**. Massachusetts: Cambridge, 1989. SELLARS, Wilfrid. **Science, Perception and Reality**. London: Routledge & Kegan Paul, 1967. GADAMER, Hans-Georg. **Philosophical Hermeneutics.** Berkeley: California, 1976. PUTNAM, Hilary. **Mind, Language and Reality**. Cambridge: Cambridge, 1975 e QUINE, Willard von Orman. **Word and Object**. Cambridge (Mass.): MIT, 1960. DAVIDSON, Donald. **From a logical point of view**. 2. Ed., Cambridge (Mass.): Harvard, 1961. DAVIDSON, Donald. **The way of paradox**. New York: Random, 1966. **Ontological relativity and Other Essays**. New York: Columbia, 1969.

23 - BLONDEL, Maurice. **L'Action**. Paris: PUF, 1973, p. XXIII.

para veritação[24] (por sua vez, também, um processo ativo). O dito só se realiza pelo ato, embora também seja ato.

Habermas[25] oferece uma nova perspectiva para a ação humana ao, apoiando-se na solução de Bühler[26], estabelecer o que chama de agir comunicativo, embora permaneça, esse agir, acoplado à ideologia dos planos de ação individuais que nele confluem. Ou seja, de um ponto de vista pragmático, o problema da validade de uma proposição se desloca da relação objetiva entre linguagem e mundo e independente do processo de comunicação se posta na perspectiva do emissor.

Pretensões de validade discursiva repousam no reconhecimento intersubjetivo emissor/receptor por meio de razões e o ouvinte demonstra seu entendimento por reações, incluso verbais, ao discurso. Segundo Habermas, a própria compreensão de um ato de fala indica as condições de um possível consenso sobre o que foi dito.

Para efeito das ações sociais, pode-se dizer que Habermas se circunscreve a estudar: 1) as ações comunicativas (orientadas à obtenção de entendimento); 2) proposicionalmente diferenciadas (sem considerar as ações não linguísticas ou ações linguísticas abreviadas); 3) linguísticas (em oposição a ações proposicionalmente diferenciadas porém não linguísticas); 4) não ligadas institucionalmente (aquelas que se referem aos aspectos gerais das normas de ação); 5) explícitas (que adotam

24 - Se fosse verdadeiro, como o supõe Wittgenstein (2004: p. 16) que uma proposição possa representar seu sentido apenas por ser sua representação lógica, o sentido de representação deveria ser visto como decorrente da ação de presentar, agir para tornar presente de novo o conteúdo ocorrencial de um fato: o que é, manifestamente, impossível. Um pensamento (*Gedanke*) corresponde ao produto lógico (*Tatsache*) de proposições elementares (*Elementarsatzen*) e, como tal, será composto por palavras ou será inefável e, nem sempre, redutível ao resultado de uma operação de apontar (ostensão). A solução que se aponta acima, toma essas considerações wittgensteinianas (2004: p.186) em conta e busca superá-las.

25 - Habermas elaborou sua epistemologia das ciências sociais presente em seu **Lógica das Ciências Sociais**, mediante cinco etapas: 1) aplicou o princípio da análise reflexiva contra o estrutural-funcionalismo de Parsons. O seu postulado parsoniano de uma harmonia básica entre os motivos da ação social e os valores institucionais do sistema social importa numa perda teórica ao não admitir espaço para o complexo papel da intersubjetividade na tradição e na sociedade; 2) Habermas voltou-se à teoria de Alfred Schutz e embora ali encontrasse o lastro sociofenomenológico, não obteve a dimensão linguística da comunicação social; 3) para alcançar essa dimensão serviu-se dos jogos linguísticos de Wittgenstein que, contudo, representam formas de vida fechadas em si mesmas, a exigência de uma intersubjetividade em ato implica contatos constantes entre universos linguísticos diferentes e abertos; 4) a hermenêutica, tal como proposta por Gadamer, com sua ênfase na tradição como tradução viva de diferentes horizontes socioculturais, complementa, na direção desejada por Habermas, as teorias de Wittgenstein. Contudo, a tradução transcultural tende a esquecer que linguagem e cultura podem servir, também, como instrumentos de repressão; 5) para completar a teoria de Gadamer recorre, como já o fizera Marcuse, a Freud e a Marx, mas preocupado com o potencial emancipatório do ideal de autorreflexão, mais do que com a descrição freudiana de forças psíquicas.

26 - BÜHLER, Karl. **Teoría del lenguaje**. Tradução: Julián Marías. Madrid: Revista del Occidente, 1950.

uma forma verbal padrão, ao contrário das emissões implícitas, que dependem de condições contextuais).

Para Habermas, a estrutura de um ato de fala tem um aspecto cognitivo e outro comunicativo. A semântica formal estuda o conteúdo proposicional dos enunciados e a pragmática formal a força ilocucionária (ou seus pressupostos). A pragmática formal busca responder à questão: que significa entender uma oração ou sentença empregada comunicativamente (uma emissão ou proferimento) e responde que entender um ato de fala corresponde a saber o que o faz aceitável, conforme a ação performativa de um participante na comunicação: o sentido performativo de ato de fala só é apreendido por um ouvinte quando esse deixa a posição de observador e se torna partícipe, adotando a mesma linguagem e mundo da vida do emissor e, sobretudo: agindo.

No primeiro momento da pragmática se via o conteúdo racional no enunciado e a força ilocucionária se encontrava no sentido atribuído (*commitment*), o componente irracional do ato de fala. A posição habermasiana desloca esse entendimento: as pretensões de validade discursiva se assentam sobre uma racionalidade que se apresenta como um conjunto estrutural abrangente de condições de validade; pretensões de validade referidas a essas condições e razões para resgatar tais pretensões de validade, vez que a falta de uma dessas condições levaria à desconsideração do ato de fala. A sede da racionalidade se desloca, abandona o componente proposicional e se aloja no ilocucionário e rompe com a fixação das condições de validade na proposição e permitindo, contemporaneamente, a fixação das pretensões de validade em outro referencial que aquele das relações da linguagem com o mundo objetivo.

As condições de verdade permanecem sendo a medida para se dizer se um enunciado preenche a sua função de representação, mas as funções expressiva e interativa exigem a introdução de critérios que permitam a avaliação do enunciado e, para tanto, Habermas sugerirá a introdução da sinceridade subjetiva e da correção normativa como conceitos para a validade dos atos de fala.

A análise habermasiana do discurso é uma análise da pragmática do discurso: pela linguagem se possibilita a reprodução simbólica da sociedade, a transmissão e a crítica das informações sobre o mundo, das normas sociais reguladoras dos comportamentos, a socialização dos indivíduos, vez que o uso do discurso é sempre uma utilização social, mesmo no monólogo. Contudo, vez que existe uma espécie de dinâmica das pretensões à validade e, sobretudo, porque um procedimento reflexivo permite progressivamente tomar em consideração os diferentes usos da linguagem e incluso sua aprendizagem, se torna possível reconstruir a história deste desenvolvimento.

Nos termos deste livro, a validade de um determinado ato ilocucional dependerá da qualidade da interseção das atmosferas semântico-pragmáticas em relação.

Com isso deseja-se significar: a frequência; a presença de conexões sociofuncionais entre os sujeitos e o compartilhamento de situações promoverá a validação dos atos de fala dos sujeitos em comunicação. A sinceridade pedida por Habermas[27] defluiu da inserção do ato de fala nessa atmosfera semântica compartilhada.

Certamente, aqui, haverá a tentação de se reduzir tudo ao contextualismo, isto é, os requisitos de conhecimento ou acatamento do discurso dependerão de variações circunstanciais de sentido e relação intersubjetiva. Sim - sem dúvida - mas ainda de uma série histórica, se existente, de correlação entre os sujeitos: a credibilidade cresce com o número de relações bem sucedidas.

Nesse sentido, Foucault[28] parece haver identificado o problema ao falar de práticas discursivas e entendê-las como uma sistematicidade que não é nem de tipo lógico, nem de tipo linguístico. As práticas discursivas estabelecem um recorte no campo dos objetos pela definição de uma perspectiva legítima (ou aceita como tal) e pela fixação de normas para a elaboração de conceitos e teorias. Essas práticas, por vezes, acabam por reunir diversas disciplinas ou ciências ou por estabelecer interseções inesperadas entre vários campos do conhecimento.

Nessas práticas há dois momentos: o pré-construído e a paráfrase. No pré-construído há a surgimento na superfície discursiva de qualquer elemento significativo como se já estivesse aí, corresponde ao que é sabível, compreensível. E na paráfrase há a busca do fechamento de dada formação discursiva para assegurar, como se fosse possível, sua identidade.

Algo semelhante, *cum granum salis*, parece se dar na comunicação simples e diária. Quando dois sujeitos se relacionam num ato ilocucionário, essa relação será validada pela conduta que assumirem um em relação ao outro. E essa validação defluirá não da sinceridade, mas da efetividade comunicativa. Com isso quer-se dizer: as relações performativas são eficazes quando a conduta esperada se dá e isso acontece por efeito de prévias relações semanticamente efetivas dos sujeitos em relação e independentes da verdade dos enunciados particulares em jogo. Assim, por exemplo, se a relação intersubjetiva se basear num alucinado jogo teatral[29] entre os sujeitos, a efetividade dos atos praticados será tão objetiva quanto daquelas relações intersubjetivas praticadas sob a mais sadia das racionalidades.

Quando o agir fetichizado e submetido às ideologias produz seus efeitos a partir de atos de fala, não se terá ilusórios atos concretos, mas ação humana efetiva. Por outra parte, por mais consciente e razoável que seja uma relação intersubjetiva,

27 HABERMAS, Jürgen. **Comentários à ética do Discurso**. Tradução: Gilda Lopes Encarnação, Lisboa: Piaget, 1999. contém as referências mais relevantes para esse trecho.

28 Em particular, FOUCAULT. Michel. **A Arqueologia do Saber**. 6ª. ed. Tradução: Luiz Felipe Baeta Neves, Rio de Janeiro: Forense. 2002.

29 Pense-se, por exemplo, no filme **Who's Afraid of Virginia Woolf? (Quem tem medo de Virgínia Woolf?**) de 1966, drama dirigido por Mike Nichols e adaptação da peça homônima de Edward Albee, em que o jogo da verdade proposto leva a mentiras e situações desconfortáveis e surreais.

se, do ponto de vista semântico, não houver referentes que permitam a execução dos atos, não será possível obter efetividade na comunicação.

Dessarte, quando alguém furta levado pelo insano consumismo e pela falta objetiva de condições para praticá-lo, torna efetiva uma condição posta pela própria sociedade cujas normas descumpre: o implícito comando de consumir. Age, de fato, em dois campos distintos: ao obedecer ao comando do consumo atende à cultura; quando descumpre a norma impeditiva do furto desatende à civilidade.

Essa relação anômica com as diferentes ordens normativas, as dos meios de comunicação e da propaganda e aquela jurídica dominante, torna-se ainda mais aguda quando escapa do domínio atomizado do sujeito e se transforma em desobediência civil.

Se, de fato, o sujeito é no máximo um quase contínuo; se a história é mais uma arqueogenealogia do que, de fato, uma necessária continuidade de ações humanas, sem dúvida a cosmovisão possível para um sujeito imerso em dada sociedade acaba por comportar um repertório sobre a autoridade e os detentores do poder.

Com isso quer-se dizer: a atmosfera semântico-pragmática comporta, além de simples significados sobre o mundo dos objetos, outros significados sobre o mundo do poder. Os atos ilocucionais apoiam-se nesses referenciais e permitem a condução de um processo decisório à efetividade.

Se as práticas discursivas forem pensadas como um espaço de interação/negociação intersubjetiva em que se estabelece o processo conjunto de construção de sentido (por emprego de estratégias semiológicas): pode-se pensar que sejam capazes de permitir a configuração ou reconfiguração de modelos de mundo pela produção e manipulação de processos semânticos em jogos de linguagem individuais ou coletivos.

Dessarte pode-se perceber que as práticas discursivas conferem sentido ao que se poderia designar como experiências vividas e, de fato, compõem o fluxo[30] semântico do que se convencionou chamar de consciência.

Souza[31] tece comentários relevantes sobre outro específico componente desse quadro:

> Ao analisar o aspecto de interiorização da consciência, como fruto da transformação sofrida pelas sociedades ocidentais, Freire Costa (1989)[32] afirma que a cultura também sofre enormes transformações, saindo do modelo grego da cultura da vergonha para o modelo moderno da cultura da culpa.

[30] Veja-se, por exemplo, o fantástico fluxo presente nas p. 871-933 – de JOYCE, James. **Ulysses (annotated student edition)**. Introd. / notes – Declan Kiberd, London: Penguin, 2011. Ou, ainda, aquele de Grande Sertão: Veredas de Guimarães Rosa, na fala de Riobaldo Tatarana.

[31] - SOUZA, Mériti de. **A experiência da lei e a lei da experiência**: ensaios sobre práticas sociais e subjetividades no Brasil. Rio de Janeiro/São Paulo: Revan/FAPESP, 1999, p. 187-197.

[32] Refere-se a autora a FREIRE COSTA, Jurandir. **Psicanálise e contexto cultural**: Imaginário psicanalítico, grupos e psicoterapias. Rio de Janeiro: Editora Campus, 1989.

Na cultura da culpa, protótipo das sociedades ocidentais contemporâneas, a moral passa a ser constituída como valor individual e interiorizado, produzindo a extrema valorização do indivíduo e adotando a concepção de uma vida interna.

A participação política e pública é desvalorizada, até mesmo sonegada, emergindo as 'ideologias das liberdades individuais, simulacro das liberdades públicas reais' (Freire Costa, 1989, p. 24). Em que pesem as diferenças apontadas, entre a sociedade nacional e as ocidentais contemporâneas, acreditamos que o aspecto da constituição de culpa, como sucedâneo da vergonha, explicita exemplarmente a constituição das subjetividades no Brasil, no tocante ao trato com a lei e na construção de uma ética.

Em outras palavras, transfere-se para o terreno da intimidade e para uma decisão interna, o que foi realizado no âmbito do comum. Dessa forma, acreditamos que, no tocante à experiência com as leis, a vertente que investe na adoção do modelo da modernidade e da subjetividade privatizada ou individualizada, subdivide-se: demanda a produção da culpa e de uma ética íntima, como legislação para os assuntos comuns e, por outro lado, mantêm a obediência às leis formais, como parâmetro, demandando uma ética regida por valores universais e impessoais.

Dessa forma, supomos que o quadro de representações, construído sobre a sociedade nacional e seu funcionamento social, favorecem à constituição de Modelos identificatórios que valorizam a adoção de comportamentos diferenciados, na gestão dos negócios públicos e na gestão dos negócios privados. Produz-se, assim, a constituição de 'identidades instrumentais', que se adéquam às diferentes demandas das práticas públicas e políticas e das práticas familiares e pessoais, vigentes no país.

A crença de que valores diferenciados devem ser adotados em determinadas situações é fruto da dissociação social vivenciada pelo país, que adota uma Constituição e uma legislação formal liberal, sobrepostas a práticas holistas e hierárquicas. Como vimos anteriormente, essa situação se remete à apropriação do projeto liberal pelas nossas elites, que produziu a instalação de um aparato formal e jurídico, dissociado das experiências da maioria dos brasileiros.

A instalação da prática social da instrumentalização da lei é constituída como tentativa de lidar com essa realidade. A subjetividade, produzida nesse contexto, é capturada pelo discurso de que, a instrumentalização de valores e comportamentos, não envolve prejuízos. Entretanto, o prejuízo, como vemos, é da ordem da própria instrumentalização do 'eu'.

> A apropriação do projeto liberal produz outros frutos, como a adoção da ideia da 'menoridade', a partir da qual as elites assumem o papel de guia do 'povo/criança'. Produz, ainda, a descrença nas leis formais, associada ao estabelecimento da representação de que o país é dominado pela falcatrua. Dissemina-se a ideia de que a lei não é cumprida e 'se eu não levar vantagem, alguém vai levar'. A primeira concepção pode gerar a adoção de comportamentos 'paternalistas', pois o governante, ou algum outro tipo de líder, sabe o que é melhor para o governado, ao passo que a segunda, pode gerar comportamentos cínicos, em que as pessoas buscam abocanhar o seu quinhão o mais rápido possível, antes que alguém o faça, confiante na impunidade.

Deste modo, saber se uma norma é válida constitui, apenas, requisito inicial para a sua eficácia e esse saber não defluirá exclusivamente de requisitos técnicos, mas, ainda, de outros componentes, como os imediatamente acima expostos, da atmosfera semântica do endereçado pela norma. Um 'objetor de consciência', por exemplo, poderá reagir pela ação negativa à norma[33]. Uma norma, que não seja exigida pelo Executivo ou cuja sanção seja tênue e imprecisa, terá sua eficácia moderada, como no caso da proibição de fumar em lugares fechados e que só se tornou impositiva pela negativa reação social a esse hábito.

Todas essas instâncias revelam o que subjaz nos atos de fala: uma relação de poder se estabelece no processo comunicativo intersubjetivo e só se torna eficaz quando as respectivas atmosferas semânticas permitem relações de subordinação[34] e/ou coordenação entre os sujeitos. Pois, de fato, como registrado por Ladrière, é na ação que o homem se coloca em risco, em experimentação e construção, ao passo que, para o mesmo autor "o discurso ético, tentativa que é para compreender e justificar a ação como tal, prolonga-a e, ao mesmo tempo, se lhe antecipa. É que ele próprio é ação e/ou coordenação entre os sujeitos[35]".

Observações de Michel Serres relatadas por Levy[36] permitem explicar um pouco melhor essas relações esquecendo o estreito espaço daquelas relações no Estado e transportando o assunto ao estádio. Ali, os torcedores de um mesmo time gritam, em uníssono, refrãos, hinos, apupos, palavras de baixo calão e outros despautérios.

A catarse coletiva reduz a inteligência e liberta, sublimadas, as emoções – por sua vez outro fruto do meio sociocultural. Os movimentos coordenados como

33 - Um objetor de consciência pode conduzir à desobediência civil – basta lembrar, por exemplo, Mahatma Gandhi e a reação ao imposto sobre o sal.

34 LADRIÈRE, Jean. **A articulação do sentido**. Tradução: e prefácio de Salma Tannus Muchail, São Paulo: EPU/EDUSP, 1977, p. 155.

35 LADRIÈRE, Jean. **A articulação do sentido**. Tradução: e prefácio de Salma Tannus Muchail, São Paulo: EPU/EDUSP, 1977, p. 155.

36 LÉVY, Pierre. **O que é o virtual?** Tradução: Paulo Neves, ed. 34, 1996.

por um inexistente coreógrafo são, via de regra, repetitivos e simbólicos. No campo, o evolver dos jogadores parece desconexo e variado, mas tende a um fim. Um conduz a bola por um dos extremos de campo, chega ao final do espaço demarcado e "cruza" essa bola para companheiros que se deslocaram para recebê-la e escapar à marcação atenta da defesa do time adversário. Por sua vez, essa defesa ocupou posições propícias à interferência nesse peculiar lance da partida.

Essas estratégias constituem e constroem a partida. Um espectador desapaixonado poderá "antever" o desenlace de um lance ou, pelo menos, antecipar a possibilidade de uma conclusão exitosa ou falha. Mas o que dá sentido a esse desenrolar é a bola. Objeto e charneira dos sucederes, a bola introduz o sentido por seu movimento. A torcida está apartada e seu rumor pode alterar o estado psíquico dos jogadores, mas não a trajetória da pelota. Esse objeto é o mesmo para todos e distinto para cada um em sua relação com ele.

> O funcionamento de um objeto como mediador de inteligência coletiva implica sempre um contrato, uma regra do jogo, uma convenção. Mas convém sublinhar que, por um lado, a maior parte dos contratos não dizem respeito à circulação dos objetos e que, por outro, um contrato (respectivamente: uma regra, uma convenção, uma lei...) jamais é o suficiente por si só para fazer emergir inteligência coletiva[37].

Essas diferentes categorias do agir humano sugerem que von Wright tem razão ao asseverar que uma ação não é apenas mudança, pois as mudanças acontecem no curso da Natureza, ao passo que as ações humanas são interferências no curso da natureza. Seriam, então, as manifestações da torcida apartadas da categoria do agir, vez que são incapazes de alterar a trajetória da bola? Mas, de fato, esse é um agir cultural que afeta aos homens e não aos objetos.

Trata-se de uma conduta afetando a conduta de outros[38], trata-se de uma ação situada no espaço comunicativo e, talvez aí, resida mais um traço distintivo da sociedade humana: os acordos de vontade e os ritos imanentes oriundos de tais acordos devem ser capazes de produzir alterações de conduta e, portanto, da forma de

[37] LÉVY, Pierre. **O que é o virtual?** Tradução: Paulo Neves, ed. 34, 1996, p. 131.

[38] SZTOMPKA, Piotr. **A sociologia da mudança social**. Tradução: Pedro Jorgensen Jr., Rio de Janeiro: Civilização Brasileira, 1998, p. 34: [...] isso significa que a sociedade deveria ser concebida não como um estado constante, mas como um processo; não como um rígido quase-objeto, mas como uma contínua e interminável cadeia de eventos. Percebeu-se que uma sociedade (grupo, comunidade, organização, estado-nação) existe somente na medida em que e somente enquanto, algo acontece nela, ações são praticadas, mudanças ocorre, processos continuam a se operar. [...] A consequência metodológica de uma tal visão dinâmica da vida social é a rejeição da validade de estudos puramente sincrônicos e a afirmação de uma perspectiva diacrônica (histórica).

atuação sobre os processos naturais transformando, assim, uma ação de natureza comunicativa[39] no agir sobre a natureza (o mundo = conjunto de cenários).

Pode-se admitir que nem toda ação humana seja intencional ou consciente, pois senão se seria obrigado a falar de ações apenas quando fosse possível determinar a consciência do ator, mas, de qualquer forma, dizer que um determinado ator não realizou, não está realizando determinado ato, implica dizer que está realizando outro. Essa negativa, como se vê, ao desconstituir a existência de um determinado agir, abre a infinita possibilidade de outros agires. A omissão só acontece no espaço do dever ser, pois só se omite o que se deve fazer, aquilo que se faz habitualmente em certa situação.

Todos os estados intencionais consistem de um conteúdo representativo em um modo psicológico. A chave para se compreender a intencionalidade[40] é a noção de representação e para entender essa última deve-se pensar em condições de satisfação. Todo estado intencional com uma direção de provimento representa suas condições de satisfação e, assim, a relação entre intencionalidade e ação parece incluir-se nessa caracterização geral de intencionalidade, pois: minha crença é satisfeita se e somente se o estado de coisas representado pelo conteúdo de minha crença se atualiza[41], e o desejo é satisfeito se e somente se o estado de coisas representado pelo conteúdo do desejo advém e, ainda, minha intenção é satisfeita se e somente se a ação representada pelo conteúdo de minha intenção se performa.

Portanto, uma ação intencional consiste na realização das condições de satisfação de uma intenção. Assim, por enquanto, para caracterizar a prática de um ato intencional é preciso que o agente tenha produzido, completamente, as condições para a efetivação desse ato.

Ainda, quando se dá ordens a alguém, tais ordens destinam-se a pessoas que irão realizar atos intencionais, de fato, só é possível ordenar a realização de atos intencionais. Normas que disponham a realização de atos não intencionais restarão ineficazes.

39 - Ver, para outros desdobramentos: FORRESTER, John. **A linguagem e as origens da Psicanálise**. Tradução: Ernani Pavaneli de Moura, Rio de Janeiro: Imago, 1983 e, ainda, para viés ainda mais distinto: BERNE, Eric. **Análise transacional em psicoterapia**. Tradução: Lúcia Helena Cavasin Zabotto, São Paulo: Summus, 1985, p. 79 – 126.

40 - Segundo SEARLE, John. **Intentionality: *an essay in the philosophy of mind***, Cambridge: Cambridge, 1983, p. 1, em tradução livre: "Intencionalidade é aquela propriedade de muitos estados e eventos mentais por intermédio da qual se dirigem para, ou são sobre, ou a respeito dos objetos e estados de coisas do mundo. Se, por exemplo, tem-se uma crença de que isso ou aquilo é o caso, e se se tem um temor, deve ser um temor de algo ou de que algo aconteça."

41 SEARLE, John. op. cit., p.13: "Assim, se tenho a crença de que está chovendo, o conteúdo de minha crença é: que está chovendo. E as condições de satisfação são: que está chovendo."

Contudo, há ações que produzem efeitos não intencionais e a sua performance, embora realizando um conteúdo de uma intenção, acarreta efeitos indesejados[42]. Assim, por exemplo, a alteração do zoneamento de uma determinada região da cidade acaba por produzir um impacto inesperado no trânsito, na valorização dos imóveis e na violência urbana; Édipo casa com Jocasta e, assim, sem a intenção, com sua mãe etc.

É preciso, ainda, notar que algumas ações, embora intencionais, não necessitam de um plano prévio, como, por exemplo, levantar-se; iniciar uma caminhada sem rumo certo etc. Outra distinção relevante, para cometer certas ações, torna-se necessário o desempenho de outras subsidiárias e pré-condições para aquelas, assim, por exemplo: há uma reunião no centro da cidade e para realizá-la torna-se necessário dirigir até essa região.

Embora o caminho não faça parte da ação de se reunir com alguém precisa-se praticar várias ações intencionais para chegar até lá. A existência de intenção prévia é autorreferente[43] no sentido de que o conteúdo representativo de uma ação se refere à prática de que é parte. Para esclarecer o conteúdo desse conceito, Searle[44] apresenta o seguinte exemplo relativo a atos de fala:

> Suponha que eu ordene que você saia da sala. E suponha que você responda dizendo: — Estou saindo da sala, mas não porque você tenha ordenado. Estava saindo de qualquer modo. Mas não estou saindo da sala porque você mandou.
>
> Se você sai da sala, terá obedecido minha ordem? Certamente não terá desobedecido a ordem, mas em certo sentido não terá obedecido, porque a ordem não funcionou como o motivo pelo qual você agiu. Não poderíamos, por exemplo, tomando como base numa série de casos como esse, descrevê-lo como uma pessoa obediente.

Aqui se alcança o cerne das coxias do Direito, pois se na encenação dos tribunais há um palco e uma plateia[45] (que por vezes se estende muito além dos contornos estreitos do edifício para os lindes das modalidades de comunicação social

[42] - A respeito: KERVERN, Georges-Yves. **Elementos fundamentais das ciências cindínicas: compreender e prever os acidentes, catástrofes e perigos**. Tradução: Fernanda Oliveira. Lisboa: Piaget, 1995, em particular, p. 61-67.

[43] - A questão da autorreferência é absolutamente central vez que pode conduzir a inúmeros paradoxos como aqueles devidos a Russel-Whitehead (o do barbeiro e o do conjunto de todos os conjuntos), bem assim o mais antigo do mentiroso e outros decorrentes do conceito recursivo de infinito, como tentaram resolvê-los o teorema de Tychonoff (equivalente ao axioma da escolha), o teorema da compacidade e o axioma de Dedekind-Cantor no caso da reta real.

[44] - Op. cit. p. 83.

[45] - SILVA BRITO, Thiago Francisco da. **Decisão e julgamento: uma questão de relevância**. Tese (Doutorado em Doutorado) - Faculdade de Direito da USP, 2010 apresentou interessante posição sobre esse tema.

existentes) – a trama efetiva se desenvolve nas relações de poder que se estendem nos bastidores.

Essa noção de autorreferência[46] não cria, como pode parecer, uma recursão ao infinito, pois, quando se ordena a performance de uma determinada ação cria-se, pela autorreferência, o motivo de cometer esse ato, isto é, pratica-se o ato devido ao comando sem necessidade de criar uma razão para que a ordem seja uma razão. Em linguagem forense, por exemplo: o agente pratica o ato em virtude de lei, isto é, porque a lei exige que tenha essa conduta, sem necessidade de explicar-se por que a lei é lei, basta indicar qual a lei que assiste ao ato praticado.

Discussões sobre a validade, vigência etc., aplicam-se à lei e sua relação com ordenamento e não ao ato cometido, pelo menos inicialmente. Já o desvio de finalidade, excesso, abuso de poder, legitimidade referem-se a atos praticados e fatos fora do domínio alcançado pela lei.

A intenção na ação é autorreferencial no sentido de que seu conteúdo intencional determina que esteja satisfeita se e somente se o evento que é seu objeto intencional seja causado por ela. A condição para satisfazer uma intenção prévia é, de fato, uma ação, mas nem todas as ações são realizadas por efeito de uma intenção prévia. Mas, não há ações, nem mesmo ações não intencionais, sem intenções em ação: ações têm, necessariamente, intenções em ação, mas não são, necessariamente, causadas por intenções prévias. Lembrando que, aqui, se assume o sentido de intenção a partir de intento, *as, avi, atum, are*: estender, i, e, a busca algo futuro mediante ação própria.

Desse modo, uma ação é qualquer evento composto ou estado que contenha a ocorrência de uma intenção de ação. Se tal intenção em ação causa suas condições de satisfação o evento ou estado é uma ação intencional exitosamente concluída. Uma ação não-intencional é uma ação intencional que tem aspectos indesejados.

Parsons[47] pressentira a utilidade do conceito de ação para lastrear o objeto da Sociologia, e assim a definiu:

> A ação é a atividade que, de alguma maneira, está relacionada com coisas fora do organismo, através de princípios de relações (ou se se prefere, de inter-relações). Esta é a unidade básica de que trata a ciência social.
>
> Tal unidade pode ser decomposta. O ambiente compreende todas as coisas situadas 'fora' do organismo que possam estar relacionadas com a ação. A situação se refere à relação teórica existente entre o organismo e o ambiente, excluindo, entretanto, a ação que tenha ocorrido. Ambos os termos, ambiente e situação, implicam abstração, mas de tipos diferentes. Ao descrever o ambiente

46 - Fatal para efeito de fundamentação da matemática submetida a um cálculo de primeira ordem.
47 - Op. cit. p. 50.

> devemos abstrair, pois não é possível descrever tudo, e ao descrever a situação também devemos abstrair, pois os princípios de relações implicados selecionam as características do ambiente e do organismo sob exame. Tal abstração se realiza segundo a teoria que conceptualiza os princípios das relações. No estudo das situações abstraímos as características do ambiente que chamamos objetos; do organismo abstraímos o que chamamos o ator. Embora a situação abarque tanto a objetos quanto a atores, é conveniente falar dos atores e das situações como se fossem conceitos independentes até certo ponto: por isso falamos de atores em situações. Se para certos propósitos for necessária maior precisão pode-se usar o termo situação dos objetos, elaborado a partir da situação total e que inclui a objetos e atores. São os atores nas situações aqueles que atuam (ação manifesta): os organismos estão em atividade nos ambientes. Isto é, o que impressiona nossos sentidos e o que registram nossos instrumentos de medida são as atividades dos organismos nos ambientes; aquilo com que lidamos, em nível científico, são as ações dos atores nas situações e essas, por sua vez, constituem abstrações realizadas segundo princípios de relações.

Essa citação acoplada à investigação de Searle — ambas — podem conduzir às noções de ação, situação e estado de coisas de que se necessita para bem expor esta abordagem das decisões em contextos estratégicos.

As ações estratégicas são ações intencionais[48] defluentes da apreciação de um estado de coisas e das decisões tomadas em situações, encadeando-se a fim de realizar a intenção prévia que fixou os objetivos gerais a conseguir. São, pois, ações dispostas em um peculiar estado de coisas (cenário) e sob o império de um sistema normativo que lhes dá a possibilidade, justificativa e limites.

Um conjunto de estados de coisas compõe um cenário e um conjunto de cenários compõe um contexto. Um conjunto de contextos estabelece um horizonte a que se chama, usualmente, mundo. A totalidade de horizontes resolve-se numa biografia ou no presente de uma atmosfera semântico-pragmática.

[48] Na acepção deste texto a intencionalidade representa o vetor resultante do somatório das interações semântico-pragmáticas de dado sujeito, por sua vez entendido como atmosfera semântico-pragmática com sua inafastável poluição. Isso significa que o exercício de vontade reduzido a ação se dá em decorrência de interações na esfera semântica e pragmática do agente em sua relação com o Outro e com o meio. Afastando, portanto, os problemas decorrentes da simples interiorização desse processo conforme faz Husserl ao afirmar que, analogamente, ao processo de variação dos caracteres noemáticos transparece um sentido idêntico designativo do objeto, assim também, por meio das variações dos predicados constitutivos desse sentido, se destaca um significado, um *cogitatum* idêntico que se distinguindo do núcleo noemático, ocupa um ponto íntimo do noema e forma como que o centro do núcleo fazendo-se o objeto simplesmente considerado, o objeto intencional (*das intencionale Objekt*).

Aqui se faz necessário indicar alguns pressupostos que a fenomenologia heideggeriana, referindo ao Parmênides[49] (em sua peculiar leitura), traz como problema e permite que, ao se erigir o sujeito a essa nova condição se os resolva e estabeleça o patamar para um novo filosofar:

> Entendemos por 'ação' (πραγμα) como o âmbito essencial unitário das coisas 'disponíveis à mão' (vorhandenen) e do homem que 'age e co-institui' (haldelnden). À assim compreendida 'ação' pertence necessariamente η οδοσ, o caminho, como a marcha cheia de perspectivas, que oscila entre o presente dado e o homem 'agente' e co-instituidor. O caminho οδοσ significa ορτα. O ορθοσ grego significa 'sempre em frente', na visão prévia e ao longo de um mirada para o desencoberto. O significado básico de ορτοσ é diferente do retêm romano, do que está direcionado para o que está em cima, porque é direcionado por comandos, por ordens e 'governantes' de cima. A rectitudo romana obstruiu também a ορθοτεσ grega, que pertence à ομοιωσιζ, cuja essência está originalmente atrelada na αλεθεια. A assimilação desvelante em direção ao descoberto no âmbito do descobrimento é um ir longo, ou seja, ao longo do caminho que conduz 'sempre em frente', ορθοσ, para o desencoberto, ομοιωσιζ é ορθοτεσ. ορθοζ , pensado de modo grego, não tem, primordialmente, nada em comum com o rectum romano ou com nosso 'direito'. Ao âmbito essencial de πραγμα, isto é, da ação compreendida essencialmente, pertence o caminho que vai sempre em frente 'para o desencoberto'.[50]

Esse ir para o desencoberto, ou para o desvelado, compreende o sentido essencial de que se reveste o pragmático no sujeito: a firme concepção que repousa nesse sentido do pragmático é de que o sujeito se dirija, por qualquer de seus atos (mesmo os de linguagem, em que estabeleça obrigações para si) na direção do que acredita verdadeiro (desencoberto, desvelado). A ação humana representa o único critério confiável para efeito de estabelecer a verdade acreditada por dado sujeito. E esse acreditada comporta, não somente o aspecto de crença, mas ainda aquele, de mesma raiz, crédito. Alongar-se em busca do sentido é, antes de tudo, conferir crédito à sua possibilidade e só o agir corresponde ao induzir/estabelecer sentido para o que está inerte (sema) compondo o sentido permissivo do agir. Nesse círculo permanente, mas virtuoso, se debate o Homem para compreender a própria vida. E isso leva, novamente, às ponderações de Heidegger sobre essa sua mesma elocução:

49 HEIDEGGER, Martin. **Parmênides**. Tradução: Sérgio Mário Wrublevski, rev. Renato Kirchner, Bragança Paulista/Petrópolis/RJ: São Francisco/Vozes, 2008.

50 - Op. Cit., p. 120.

> O homem moderno possui uma 'experiência vivida' do mundo e pensa o mundo naqueles termos, isto é, em termos de si mesmo como um ente que, enquanto fundamento, está na base da fundação de toda a explicação e ordenação dos entes como um todo. Na linguagem da metafísica, o que está na base da fundação é o *subiectum*. O homem moderno é, em sua essência, o 'sujeito'. Somente porque ele é 'sujeito', podem seu eu [Ich] e seu ego [Icheit] ser essenciais. [...] Somente onde o homem se tornou sujeito, os entes não humanos se tornam objetos. Somente no interior do âmbito da subjetividade pode irromper uma disputa sobre objetividade, sobre sua validade, sobre seu lucro e perda, e sobre as vantagens e desvantagens de cada caso particular.
>
> Dado que, porém, a essência do homem, para os gregos, não é determinada como 'sujeito', o conhecimento do começo do Ocidente histórico é difícil e estranho para o 'pensar' moderno, pressuposto que a 'vivência' moderna não simplesmente interpreta, retroativamente suas vivências para dentro do mundo grego, como se o homem moderno experimentasse uma relação de intimidade pessoal com o helenismo pela simples razão de que organiza 'jogos olímpicos', periodicamente, nas principais cidades do planeta.[51]

A inexistência desse sujeito, muito embora o *hipokeimenon* aristotélico[52], durante larga parte da história e de sua descaracterização em menos de duzentos anos de sua aparição necessária na *Aufklärung* (Esclarecimento), por força do processo produtivo e do novo direito dele decorrente, aponta para crises filosóficas inevitáveis em função de um processo histórico que faz o sujeito perder suas raízes e tornar-se fenômeno transiente e que, recorrentemente, precisa se auto constituir para, sendo a cada vez outro, mais fielmente se seguir. Suas ações não apenas seguem o domínio do verdadeiro (do desencoberto), em sua ortóptica, mas seguem caminhos enviesados em que o útil, com frequência, substitui ao verdadeiro. De fato, sua verdade sempre será inquinada pelo útil e suas ações denunciarão, a cada vez, seu efetivo fanal.

[51] Op. cit., p. 233.

[52] ARISTOTE. **Œuvres complètes**. Direction Pierre Pellegrin, Paris`: Flammarion, 2014, ***Métaphysique***, Livre Z, 1038b`: [...] La substance se dit comme le substrat, l'être ce que c'est, le composé des deux et l'universel. On a donc traité des deux d'entre eux, c'est-à-dire de l'être ce que c'est et du (5) substrat dont on a dit qu'il est le substrat en deux sens, soit parce qu'il est un ceci comme l'animal pour ses affections, soit la matière pour l'état accompli. Em tradução livre: A substância se diz como o substrato, o ser que é, o composto dos dois e o universal. Tratou-se de dois entre esses, isto é, do ser que é e do (5) substrato de que se disse que é o substrato em dois sentidos, seja porque é um tal como o animal para suas afecções, seja a matéria para o estado finalizado.
Hipokeimenon, então, como substrato, subjacente e, no latim: *subjectum*.

Busca-se, nesse contexto, torná-las – as ações estratégicas - exitosas mediante a consecução das condições de realização do projeto do sujeito, vez que nada será capaz, dada a dominação existente, de afastá-lo de seu útil.

E se Sztompka[53] parece ter razão ao afirmar que a teoria da revolução seria impossível vez que ao fornecer previsões forneceria informações que poderiam frustrar o movimento analisado e se não o fizer, não seria uma teoria – talvez aqui poderia encontrar uma resposta: ao perseguir sua utilidade, mesmo os membros do poder entronizado podem encontrar razões para preferir a mudança[54].

Após situar a ação em seu segundo sentido parsoniano vê-se que essa, em síntese, representa uma alteração na situação por força de qualquer modificação observável nessa situação de partida em direção à de chegada, esclarecendo-se que observável, no sentido adotado nesta conjectura significa, apenas, perceptível, i.e., sensações redutíveis a termo, a fato. A introdução de equipamentos que estendam a capacidade de apreensão do real em nada muda a definição, apenas a amplia, pois, de fato, o mundo se faz perceber, i.e., os dados sensórios se apresentam e configuram as primeiras sensações que, com o concurso do senso comum (primeira base teórica), acabam por representar uma intuição do mundo (*Weltanschauung*).

Assim, excluindo-se todas as mudanças decorrentes de processamentos do próprio sistema da natureza, os demais processamentos encontrarão atores (racionais ou irracionais) que produzam tais transformações interagindo com outros iguais ou com situações. O processo por ser contingente dificulta a explicação e conduz à ideia de trama narrativa. O tempo psicológico é dado pelas diferentes aspecções de uma situação obtidas pelo mesmo ator, mesmo que isso dê nessa urdidura narrativa.

O tempo objetivo ou mensurável decorre da comparação de variações de uma situação com aparato destinado a estabelecer variações de mesmo período. Como se procura estabelecer o sentido de ação vinculada a uma sociedade pode-se dizer que a ação significa alterar condições de uma situação e que a situação engloba condições espaço-temporais.

Na situação vigente (vida em sociedade) apresentam-se fatores operativos que se subdividem em fatores atuantes sobre a situação a ser decidida [um conjunto vetorial, pois seus componentes apresentam módulo, direção e sentido: v.g., as normas aplicáveis à situação, a maior ou menor capacitação técnica dos atores diretamente envolvidos (em geral, na situação jurídica: partes, advogados, promotores, peritos e juízes) e fatores assemelhados] e a ação dos outros, representados na conjectura

53 SZTOMPKA, Piotr. **A sociologia da mudança social**. Tradução: Pedro Jorgensen Jr., Rio de Janeiro: Civilização Brasileira, 1998, p. 534.

54 - Basta lembrar a ação conjunta do clero, nobreza e plebe nas Frondas contra Jules Mazarin; a adesão de parte da nobreza togada à revolução de 1789; a participação de nobres na deposição de Pedro II etc.

como externos e designados pelo nome de grupos de pressão (outro conjunto vetorial, v.g., imprensa, indivíduos ou associações com interesse na lide, clamor público etc.) – e a soma desses vetores conduz à decisão sistêmica sobre o conflito.

Nem por isso se pode perder de vista que mesmo essas sequências constituem prolongamento e reinvenção de outras compossíveis. A 'realidade' se põe como o conjunto de escolhas que afastaram as demais compossibilidades, embora nutrida pela sombra do que se não escolheu, numa contrafatualidade onipresente por força da memória, quer individual, quer coletiva. Assim, por exemplo, a frequente consideração contrafática do que teria sido a história do mundo sem as campanhas russas de Napoleão e Hitler.

Mesmo assim, o vetor – tempo (muito embora sua atual concepção unidirecional: passado-futuro) se torna o fio condutor da narratividade mesmo quando se faz referência a estado, se diz instante e esse é vínculo entre passado e futuro, pois, desde o modelo do tempo de Lorentz-Minkowski não se pode mais pensar em instante sem compreender que os tensores levam do passado ao futuro pelo ponto nodal do tempo presente.

Não há como evitar, mediante escolha entre compossíveis estados: a performance de um futuro limitado pelo horizonte temporal intrínseco. Busque-se maior clareza. Quando Aurélio Agostinho propunha seu paradoxo de como o tempo pode ser se o passado não mais e o futuro ainda não chega a ser, também o resolvia declarando que o passado e o futuro estão presentes a nós nas representações de nosso espírito. Essa tentativa de vincular os fenômenos físicos à subjetividade reaparecerá revigorada com as primeiras tentativas da fenomenologia com seu repto de voltar às coisas mesmas, porém ancoradas nos modos subjetivos de percepção, como já se viu, com o tempo imanente do curso da consciência.

Do que se fala aqui é de outra conjuntura, quando em situação o agente realiza suas escolhas constitui novos fatos, estes por sua vez geradores de novas compossíveis situações e excludentes de outras que seriam possíveis apenas se outras escolhas fossem feitas.

Por exemplo, quando alguém opta por se casar perde, se leal, todas as outras possíveis escolhas. Sua vida assumirá condições decorrentes dessa escolha e seguirá um curso de maior ou menor êxito pela parceria estabelecida. Poderão, os casados, optar por ter filhos, ou não, e isso ensejará novos cursos de possibilidades[55] e assim sucessivamente. Uma escolha reduzindo complexidade e instaurando

[55] - MORIN, Edgar. **Introduction à la pensée complexe.** Paris: ESF, 1990, afirmou`: Certes, l'action est une décision, un choix, mais c'est aussi um pari. (p. 105) (em tradução livre: Certamente, a ação é uma decisão, uma escolha, mas, também, é uma aposta.) E, este aspecto, advém, do agir se dar em situação e causar efeitos sobre as situações vindouras. Como a situação corresponde a uma redução de complexidade viabilizadora do agir, traz consigo consequências advenientes de aspectos desconsiderados e impactantes nos desdobramentos futuros. Basta, para se pensar em exemplos consistentes, acompanhar as ações dos agentes políticos para se constatar essas decorrências do agir em situação (uma construção do sujeito no curso de um processo).

novas possibilidades, sem que seja causa imediata das consequências, mas estas, sim, dando à escolha (que instaura um fato (descrição linguística de ocorrência)) o estatuto de causa e seu sentido, que pode ser descoberto muito tempo depois de sua ocorrência física ou mental.

A narrativa, embora, com frequência, se fixe em ocorrências externas pode se circunscrever ao mental ou resultar de uma combinação de ambos. Como Davidson bem ponderou, por vezes, há conflitos psíquicos de que o eu consciente, supondo-se a existência de um, não precisa (ou não pode – por questões lógicas) tomar conhecimento e isso permite explicar a existência de 'atos irracionais' – sem dúvida presentes nas escolhas, mas que de modo geral toma a feição do jogo total desenvolvido pelo ator.

Segundo Davidson[56] uma ação é intencional quando há um estado mental que foi uma justificativa, uma razão, para ela. Em sua teoria da ação: razão primária é a justificativa do par crença-desejo ligado à ação, isto é, crença e desejo são premissas de que deriva, logicamente, o agir ou, em outras palavras, crenças e desejos são causas das ações para as quais constituem razões e tanto umas como outras são descritas proposicionalmente. E uma atitude proposicional só logra sentido em um conjunto de outras crenças, intenções, desejos, fundado em princípios normativos que dão coerência e consistência à trama total de crenças e desejos.

De modo geral, há uma consequência derivada desses pontos de partida: o agente deve ser visto como um ser coerente dotado de um mínimo de racionalidade que consiste no sistema normativo de racionalidade normal, isto é, um padrão de racionalidade.

Em geral, ao agir há ponderação entre a positividade e a negatividade decorrentes da prática do ato, mas só há conflito quando esses aspectos forem muito próximos. A ação que exige explicação é aquela em que, o agente após ter ponderado motivos favoráveis e desfavoráveis do ato a praticar escolhe contrariamente a essa ponderação. Nesse caso as relações causais permanecem, enquanto a relação lógica é perdida. Segundo Davidson deve haver uma causa que não é justificativa para a ação vez que altera o resultado da deliberação baseada nas causas que seriam justificativas para a ação decorrente da ponderação[57]. Nisso residiria a irracionalidade do agir. Freud chamou de racionalização a redução dessa causa irracional como motivo secundário para agir.

[56] DAVIDSON, Donald. **Inquiries into truth and interpretation**. Oxford: Clarendon, 2009.

[57] DAVIDSON, Donald. **Inquiries into truth and interpretation**. Oxford: Clarendon, 2009, p. 155-170, ***Thought and Talk***, apresenta interessante discussão que pode ser assim compendiada: uma criatura não pode ter pensamentos se não for interprete da fala de outro. (p 157) Ainda, a noção de crença verdadeira, implícita no pensar e no conectar linguagem/realidade depende da noção de elocução verdadeira e isso só é possível mediante linguagem compartilhada (p. 170).

Prefere-se, aqui, considerar que a razão oculta para a ação irracional é a totalidade do jogo jogado, isto é, a conduta que em um subjogo parece subótima ou irracional adquirirá razoabilidade caso se contemple o jogo total jogado. Ou seja, deslocar a racionalidade para a consideração das situações e não dos atos. Assim, por exemplo, numa separação litigiosa, o cabeça do casal (entendido como aquele cônjuge que tem mais a perder) que concede tudo que lhe é requerido e parece, assim, agir irracionalmente, poderá - em verdade – considerar outros valores e circunstâncias desconhecidos para o cônjuge requerente. Da mesma forma, aquele cônjuge menos dotado de condições de sobrevivência que nada exige do outro pode lobrigar a possibilidade de conseguir mais do que obteria judicialmente mediante conhecimento do comportamento geral do cônjuge requerido.

A razão para esse posicionamento que prefere esquecer a filosofia da consciência[58] e da representação repousa no fato de que apenas as condutas podem ser percebidas, nunca o processamento geral do processo decisório. A decisão se manifesta pelo ato, mesmo verbal/discursivo, mas preferivelmente, ação que se desenvolva socialmente. Essa visão externalista se torna exigível vez que o acesso às motivações sempre será difícil: a dualidade interno-externo posta por Descartes com a descoberta da subjetividade remete a problemas muito difíceis que a estratégia de privilegiar o externo a partir do corpo seguida por Merleau-Ponty resolve apenas parcialmente pela radicalização da corporeidade.

Quando se fala no sujeito como uma atmosfera semântico-pragmática trata-se de indicar que se houver representação mental essa se transforma e se dá aos outros sempre por via de atos, incluso os de fala. Não temos acesso a processos internos, mas apenas às suas manifestações externas – muito embora a tradição filosófica tenha intentado demonstrar que esse domínio (a consciência[59]) seria aquele de acesso imediato do sujeito – sendo certo que Kant, contrariamente a Descartes, levou essa questão ao domínio ontológico – obtendo motivo para a sua crítica (estabelecimento de limites) para a construção do objeto, vez que a consciência do objeto não é, nesse autor, reificável.

Mas, o que se precisa abandonar é a pretensão da existência de uma relação pré-linguística com os objetos admitindo, implicitamente que a 'consciência' teria relação com os objetos conforme os representa, isto é, a metáfora do olhar adquiriria nova intenção – aquela de substituir o objeto – assumindo que pensar seria ver com a mente (seja o que se entenda por isso). Com efeito, a atmosfera semântico-pragmática correlaciona sentidos para obter novos sentidos e praticar ações

58 - A respeito se delongou TUGENDHAT, Ernst. **Vorlesungen zur Einführung in die Sprachanalytische Philosophie**. Frankfurt: Suhrkamp, 1976.

59 - Em seus últimos escritos, por exemplo, Heidegger abandona o uso de consciência e adota o de abertura (*Erschlossenheit*) em que o 'mundo' passa a significar a totalidade de um contexto de sentido em que o *Dasein* se compreende.

segundo a totalidade do jogo que escolheu para sua vida. E para os que veem nisso intencionalidade, sublinha-se que se assume ser a intencionalidade um processo teleológico – quem intenciona quer praticar ato no futuro.

Por exemplo, formar um contrato é predispor-se, teleologicamente, a cumprir determinadas obrigações, é assumir conduta futura. Nada se sabe das intenções finais de quem contrata, apenas se pode observar sua conduta – o efeito não precede a sua causa, apenas se ajusta a ela, independentemente do tempo decorrido entre o intencionar e o realizar.

Pois, de fato, quando se fala de semântica se diz de concepção do conhecimento que afirma o conhecimento como ato pelo qual se representa internamente o que se encontra na realidade, ou seja, opiniões, teorias ou crenças espelham os objetos conhecidos com maior ou menor precisão. Ao se falar de pragmática, ao contrário, trata-se de comportamento ou ação, isto é, do que é externo. Não se tem, sob a concepção desta conjectura, mais que complementaridade nessas posições. O que se ressalta, é a preponderância da externalidade sobre a internalidade, vez que a segunda é conceitualmente dependente da primeira: só se tem acesso a esta. Outro ponto a considerar é a distinção que Davidson e Dennet, entre outros, estabelecem entre ação e comportamento.

De acordo com Davidson ao falar de comportamento humano fala-se de regularidades de relações entre um ser humano e elementos do ambiente em que se encontra, incluso outros seres humanos. A ação, por outro lado, pressuporia a intencionalidade, ou seja, a liberdade e racionalidade com que os atores fazem o que fazem. Ora, segundo essa concepção, alguns comportamentos podem ser descritos nomológica e causalmente, mas as ações não.

Davidson acentua que a ação ocorre de um modo não-nomológico e escapa ao determinismo das causas naturais por decorrer de razões que são representações e não relações entre coisas. Assim, as representações existiriam num plano mental e não seriam encontráveis as instâncias individuais a que se refeririam. Esse equívoco de raiz idealista deixa de perceber que uma representação consiste apenas na presentação reiterada de algo, isto é, é mero substituto para se referir algo ausente.

Prefere-se pensar, ao contrário e para fugir a essas situações teóricas especiosas, que comportamentos são conjuntos de ações que se repetem porque se mostraram exitosos em situação. Como se pôs a racionalidade na correlação ato/situação, pode-se afirmar que a conduta além de intencional, quando não parece o ser envolve irracionalidade defluente da situação ou, pelo menos, o não-intencional será sempre o resultado indesejado de ação desejada. Afastar a distinção entre ação e comportamento (conjunto de ações) é atitude pragmática e situa o conhecimento naquilo que os seres humanos fazem, excluindo cogitações sobre motivações que compõem a base da abordagem de cunho semântico, dependente da pragmática.

Dessarte, dizer o sujeito uma atmosfera semântico-pragmática traz implicações interessantes: primeiro, o sujeito deixa de ser sólido, se desmancha na atmosfera e se refaz a cada novo aporte cognitivo defluente de sua ação; segundo constitui-se, num permanente processo identitário, a partir dos atos praticados e a praticar num jogo que joga permanentemente para a constituição e reforma de seus projetos a partir dos objetos que constitui. Abandona-se, dessarte, a representação e conserva-se a ação humana como o elemento essencial do processo cognitivo e, quando (aparentemente) inativo estará concertando sentidos por meio da gramática num diálogo interior.

Por efeito da prática continuada de ações exitosas e que dependem de escolhas (quase sempre racionais e algorítmicas e, por isso, encadeadas) se produzem estruturas sociais. Se Sartre tem razão de que o momento da escolha também é aquele da liberdade: nem por isso o hábito (a pratica continuada de ações sucessivas exitosas) deixa de constituir o costume.

Em decorrência dessa postura, as estruturas sociais (alguns preferem: instituições) necessitam ser entendidas como totalidades (consequentemente: arbitrários recortes do todo social) regidas por leis de composição não redutíveis a sucessões de eventos ou a uma gênese.

A estrutura[60] é um conjunto de transformações obedecendo a uma lei (registro e memória de repetições com êxito) da totalidade considerada ou, ainda, sob o ponto de vista material, conjunto organizado de partes conexas.

As situações são compossíveis e sua estruturação numa política não é diretamente observável – mesmo porque acontece no tempo e depende de decisões intermediárias: uma vez consolidada a recursividade do sucesso – será repetida (até folhar ou se mostrar menos efetiva que outra).

É fato que todas as teorias do equilíbrio necessitam simplificar, mas qualquer teoria simplifica. A homeostase sistêmica é conceito dependente da escolha de fatores atuantes, objetivos a perseguir e operadores interessados.

A autorregulação sistêmica representa uma série de desequilíbrios tornados suportáveis por alterações políticas, isto é, por reconsideração, no período crítico, das decisões possíveis na instauração de novas situações.

Sempre cumpre lembrar que o sistema social é um conjunto cujas partes interagem e se transformam em mais que a simples somação das partes. Por mais que os operadores se arroguem o apanágio de decidir, sempre será possível, mediante

[60] - Texto sugerido: BOUDON, Raymond. **Para que serve a noção de estrutura?** *A significação da noção de estrutura nas Ciências Humanas*. Tradução: de Luiz Costa Lima, Rio de Janeiro: Eldorado, 1974 – em que se apresenta a seguinte definição: Definiremos então a descrição estrutural de um objeto como o conjunto de *teoremas* que resultam da aplicação de uma axiomática a este objeto, axiomática e teoremas constitutivos de uma teoria do objeto como sistema. (p. 146)

mobilização, introduzir um novo operador no cenário, ou fazer variar os fatores atuantes e, no limite, mudar os objetivos a atingir.

Esse efetivamente o grande momento histórico, pois a Civilização estruturou-se de tal modo que o domínio das tecnologias associado ao correto associanismo poderá produzir mobilização em tempo muito reduzido e, se a crença no poder da minoria não for por demais arraigada e estabelecida e reforçada pelos meios de comunicação de massa, será possível participar do espaço público como nunca anteriormente: como operadores dessa sociedade.

Claro, não se está acreditando na formação de uma camada baseada no mérito, pois a ideologia oficial meritocrática não pode convencer, vez que o capital político, como diria Bourdieu, só pode ser conseguido, além daquele cultural e escolar, por mobilização consciente e centrada na abertura ao Outro: tanto por intermédio de partidos, quanto de sindicatos, quanto de grupos de pressão bem estruturados e com projeto conjunto.

Projeto tem um pressuposto que seria, sob o ponto de vista de uma teoria de representações sociais, o da apreensão de uma 'realidade social' e de sua relação com a representação predominante. Isso leva ter contato com uma teoria capaz de correlacionar ideologia e comunicação e da articulação/conflito do sujeito com a sociedade.

No sentido contemporâneo pode-se dizer que a representação social é uma modalidade específica do conhecimento, que tem por função a elaboração dos comportamentos e da comunicação entre os indivíduos, constituindo um corpus organizado de conhecimentos e atividade psicofísica pelas quais se torna inteligível a realidade social e física, permitindo a inclusão em um grupo ou relações cotidianas e a transformação do mundo social, passível de estranhamento, num mundo cotidiano, familiar e 'amistoso'.

As representações sociais, dessarte, são subsistemas que concretizam a imaterial ideologia e a incorporam à atmosfera semântico-pragmática dos atores sociais.

Denise Jodelet[61], por intermédio dos conceitos de objetivação e ancoragem buscou esclarecer a gênese social e a manutenção das representações sociais.

Pela objetivação procede-se a transformação de um determinado aspecto do social em representação e pela ancoragem tal representação se fixa no social transformando-se na forma de viver e ver a realidade social.

Isto é, a representação social torna-se a 'realidade social' ao possibilitar as relações cotidianas: garante que o conjunto interseção das atmosferas semânticas individuais não seja o conjunto vazio.

Mas representar vincula-se à 'presentação' de um ausente, ou seja, para ter algum sentido a representação precisa de algum referente ou, pelo menos, de alguma ausência, isto é, o momento em que se apresentou o objeto social.

61 - JODELET, Denise. . **Les Représentations Sociales**. Paris: PUF. 1991.

Têm-se, então, duas possibilidades: (a) a representação substituiria algo que se apresentou e seria ou uma cópia do fenômeno ou, ainda pior, (b) seria uma deformação desse.

Ademais, o fenômeno representado pode tanto ser uma realidade social ou, um construto sem fundamentação fática, logo descritiva, uma realidade consensual obtida por intermédio de determinados processos de recorte individual transferido ao grupo ou reciprocamente.

Cabe indagar, quase aporeticamente, então: o caráter social das representações seria dado por uma 'realidade social' que o antecede, ou, mais propriamente, a realidade social está configurada como ponto de convergência de representações cognitivas? As representações sociais são teorias do senso comum, são mais que opiniões ou atitudes e sobre elas se elabora, a partir de sua estruturação e sistematicidade determinada, as teorias sobre os fatos ou situações.

Nota-se, assim, que as representações sociais constituem a etapa intermédia entre o saber científico (epistême) e a opinião (doxa). É a ponte que permite transitar da doxa à epistême: trata-se de sentido comum sistematizado que descobre, organiza e torna possível a comunicação social ao permear atmosferas semânticas (aos sujeitos) sob o ponto de vista epistêmico.

No presente modelo dir-se-ia que o conjunto formado pela doxa, representações sociais e epistême constitui a atmosfera semântico-pragmática individual que, ao se postar diante de outra estabelece comunicação mercê, se possível, de intersecção não-vazia entre as distintas atmosferas[62].

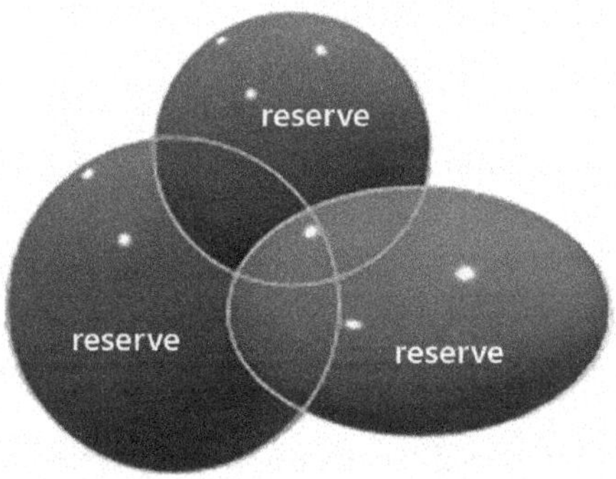

Fonte: Elaboração própria.

[62] O ato comunicativo representa pela interseção de três atmosferas semântico-pragmáticas mostra que as reservas mútuas são maiores que a informação compartilhada. Para saber mais: PUGLIESI, Márcio. **Social clothes**: a proposal for a new approach to hermeneutics. London: Lambert, 2024.

Insiste-se na presença de um determinado grau de poluição semântica vez que, tanto individual, quanto coletivamente, não há como evitar certo grau de ideologia e de variáveis próprias do indivíduo e do grupo.

É preciso, entretanto, que se explicite um pouco mais a questão da poluição semântica: esta deve encontrar a atmosfera visada em seu momento de autorreconhecimento e transformação, pois estabelece novas subjetividades apenas ao iniciar os códigos da atmosfera anterior e isso inclui um fator: deve se dar na língua-mãe da atmosfera semântica, para não implicar um processo de tradução e a ruptura de sua 'familiaridade'.

Ainda, como se trata de uma relação imaginária com relações reais de existência converge sobre práticas, instituições e, em particular, interesses reais. Como influência externa que se internaliza e passa a compor o quadro de referência da atmosfera semântica só obterá êxito nessa incorporação se permitir que essa opere sob os parâmetros de sua formação social, muito embora, também, auxilie a formar tais parâmetros, porém sem a elasticidade necessária para atuar em todo momento e campo. Essa poluição, embora residual, opera na formação das condições potenciais para a existência e manutenção da atmosfera e a seleção de seus interesses na vida real.

Quando as atmosferas semânticas individuais compartilham das condições gerais postas pela cultura e civilização estabelece-se a maioria que se organizará para a manutenção da estrutura civilizatória existente e sua reprodução numa homeostase sistêmica. Mais, quando as representações sociais predominantemente preencherem as atmosferas semânticas, os indivíduos nessa condição terão entendimento mais próximo e, apesar de si mesmos, comporão a base de sustentação e pacificação dessa civilização de consumo, parte própria da sociedade pós-industrial e alijada das condições de ocupar um estrato superior na hierarquia social da adveniente sociedade do conhecimento.

Centrais são os conceitos de ação e situação para a compreensão do processo interativo da sociedade e, em particular, constatar que a instituição de uma organização hierarquizada favorece os processos (sucessão de situações) coletivos.

Outra questão assiste, infelizmente, à preliminar fixação da hierarquia – não se tem apenas o requisito iluminista da Razão operando como máxima absoluta ou imperativo categórico. No dizer de Nelson Saldanha: [...] a razão pode ser reconhecida como ingrediente do direito, mas a 'racionalidade' do direito, e mais ainda a do saber jurídico - que ao direito se vincula como objeto de tratamento epistemológico – é uma pretensão historicamente dada e historicamente caracterizável[63].

[63] SALDANHA, Nelson Nogueira. **Filosofia do Direito**. Rio de Janeiro: Renovar, 1976, p.304.

Essa tendência (muito vinculada ao Século das Luzes) anda se mantém: a irracionalidade, embora admitida, tende a ser excluída (ou pelo menos, reduzida) nos processos de decisão. E isso leva, mais ou menos eficazmente, à formulação de algoritmos, cujo conjunto constitui rotinas – que se reproduzem no âmbito do processamento de dados e na constituição de praxemas que, repetidos, levam a um processo decisório indutor de segurança e hábito.

O conjunto dessas rotinas permite a formulação de algoritmos que conduzem à inteligência artificial em que os atores (no domínio da vida) tem mimetizados seus algoritmos por agentes de inteligência artificial.

Assim, se na esfera da inteligência artificial têm-se agentes, no domínio da vida têm-se atores. Se lá a hierarquização pode ser definida por questões de funcionamento – mesmo indiferenciado – dos agentes, aqui a estruturação da civilidade impõe regras severas que excluem, não apenas a comunicação, como também o acesso às benesses que o sistema civilizatório pode oferecer para aqueles que excedem os lindes do sistema organizacional.

No domínio da sociedade não há indiferenciação – as diferenças são imediatas no domínio da civilidade e mediatas por efeitos da cultura: fato que permite a absorção dos principais conflitos sociais. O enfrentamento de situações e a seleção de uma decisão que estabelece nova situação entre as compossíveis, ambos, passam por vários estágios: 1) pré-compreensão do estado de coisas – sem disposição para agir – mercê das representações sociais; 2) compreensão efetiva da situação com apoio da atmosfera semântico-pragmática dos envolvidos na situação; 3) escolha adequada dos fatores atuantes; 4) compreensão dos efeitos deformantes da situação pela atividade dos grupos de pressão atuantes (se os houver); 5) detecção do influxo dos grupos de pressão onipresentes (caso dos *mass* media e dos produtos da cultura de massa (incluindo-se a moral social latente)); 6) formulação de um projeto a partir da consideração das situações compossíveis futuras e seleção de uma estratégia; 7) ação efetiva para a consolidação das situações desejadas (soluções exitosas); 8) reavaliação da estratégia a partir do alcance da situação imediatamente seguinte e reiteração do processo descrito.

Há situações que se reiteram (embora sejam, só pela reiteração, diversas) e que ocasionam a tendência de reorganizar-se a(s) mesma(s) estratégia(s) exitosa(s) a fim de conseguir o mesmo resultado. Originam-se, assim, políticas (com subpolíticas possíveis) que pelo êxito alcançado tendem a se transformar em rotinas – com difícil revisão frente a variações não percebidas. Muito fracasso tem como origem essa falta de exame de variações não perceptíveis à primeira inspeção.

Como nos experimentos de IAD, com agentes deliberativos, a ação só será possível após a avaliação dos movimentos necessários para se produzir o resultado desejado. De fato, a delimitação da situação (recorte de uma totalidade de que se não tem controle) decorre de projeto estratégico presente para o encaminhamento de uma solução projetada.

Hierarquizam-se, então, a partir do projeto, as situações que são indispensáveis (repise-se: do ponto-de-vista do projeto) dando-lhes prioridade sobre aquelas descartáveis ou negociáveis. Em linguagem lógica: segregam-se as que seriam necessárias e suficientes como o núcleo de que se não pode abrir mão frente ao projeto.

Mas, ressalta-se: o projeto global que inclui todos os jogos jogados por um sujeito não é claramente dado. A avaliação do que é essencial no projeto do jogo global depende precisamente desse conhecimento. Do ponto de vista individual esse programa pode ou não ser explícito, já as instituições expressam as linhas programáticas gerais em seus estatutos e regimentos, embora, de fato, a gestão efetiva é que viabiliza a apreensão de seu projeto, de resto, nem sempre cumprido. As instituições produzem o que podem, nem sempre os produtos para os quais foram instituídas.

E isso, no espaço estrutural decorre do fato de que as situações em que se age, mesmo no caso de macroeventos, são de incerteza estruturada, isto é, os futuros estados do sistema podem ser cogitados, mas não se poderá saber quais serão em qualquer futuro decorrente da evolução da situação de partida.

Isto é particularmente verdadeiro para as situações de uma sociedade, fenômenos econômicos, andamento e tendência de um processo judicial. Há incerteza caso sejam desconhecidos os estados do sistema para qualquer futuro, isto é, para qualquer projeto que se possa estabelecer a partir da situação presente, o resultado será desconhecido – o que, em geral, não acontece nas situações sociais submetidas a algum Direito que, de fato, ao restringir as possibilidades de ação, também diminui as variações sistêmicas possíveis.

Essas considerações repousam sobre regularidades, propensões e projeções e isso leva, naturalmente, a algumas críticas bastantes bem formuladas, como aquelas feitas por David Hume quanto aos processos indutivos.

O problema implícito é aquele de que ao se agir dessa maneira supõe-se seja a natureza[64] (*physis*) uniforme, isto é, que surpresas e eventos – acreditados impossíveis – não ocorrerão. Projeta-se uma regularidade observada e componente das representações sociais como se fosse absolutamente esperável em situações análogas e/ou futuras.

No campo da sociedade, por exemplo, as projeções para agir e efetivadas a partir de uma situação incorporam, como parte própria da situação, fatores atuantes que incluem normas (inclusive de caráter jurídico) que podem ser mudadas a qualquer momento e expectativas de cunho moral que, também, embora persistentes, são transientes observado o tempo histórico.

64 A natureza é constituída por tudo que não seja artefato.

Pensa-se em neutralizar os efeitos dessa insegurança recorrendo a lugares comuns retóricos como segurança jurídica, permanência das instituições, legalidade, irretroatividade das leis pro malum, *stare decisis* etc. Mas sabem, todos, atores ou operadores sociais e do Direito, que a superveniência de estado revolucionário (embora previsível no mor das vezes); clamor público orquestrado por grupos de pressão com apoio de mass media; escândalos programados; ações procrastinatórias de todo tipo (aguardando – por vezes – condições mais favoráveis) introduzem variedade e incerteza para a decisão. Se a lógica indutiva não pode servir de base para a projeção de situações – a ponderação da interatividade das situações poderá servir de referência para projetar o futuro em condições de incerteza estruturada, com o emprego de recursos da matemática discreta.

Quanto à incerteza desestruturada – essa é componente que pouco interessa ao objeto de análise, mas que fundamenta toda a possibilidade de qualquer jogo em que habilidade não se exija.

As situações se conectam e constituem um processo. O processo tem andamento não apenas pela ação das partes diretamente envolvidas nas situações, mas por efeito de interações - por vezes incontroláveis – com outras situações com, frequentemente, outros atores envolvidos.

A complexidade do sistema social decorre precisamente desse estado de coisas: as situações só podem ser isoladas do processo mercê de ação e abstração. Para agir adequadamente: um corte epistêmico, por assim dizer, deve ser realizado a fim de se isolar uma situação-problema, de todas as demais situações. Ainda, quando se realiza esse corte e se prepara um projeto para alcançar um determinado resultado – simplifica-se o processo a fim de se conseguir agir, pois, de fato, uma situação é, também, construto destinado a reduzir complexidade sistêmica.

Marx (em nota presente na edição francesa de O capital) assim define:

> A palavra processo que exprime um desenvolvimento considerado no conjunto das suas condições reais pertence desde há muito à linguagem científica de toda a Europa. Em França foi inicialmente introduzida de uma maneira tímida, sob sua forma latina: *processus*. Depois foi desviada, despojada deste seu disfarce pedante nos livros de química, fisiologia etc., e em algumas obras metafísicas. E acaba por obter a sua carta de completa naturalização. Notemos de passagem, que os alemães, tal como os franceses, empregam, na linguagem ordinária, a palavra 'processo' no seu sentido jurídico[65].

[65] - MARX, Karl. **Le Capital: *livre premier: Le développement de la production capitaliste*. *(Sections I, II et III)***. Tradução: Joseph Roy. rev. Karl Marx (1872-1875). Paris: Sociales. 1969, p.181.

E procurou em toda sua construção teórica mostrar que esse conceito era científico e que o de sujeito era ideológico. Como Althusser disse:

> Eis a principal dívida de Marx com Hegel: o conceito de processo sem sujeito [...] Mas falar de processo sem sujeito implica que a noção de sujeito seja uma noção ideológica. Se tomarmos a sério esta dupla tese: 1. O conceito de processo é científico; 2. A noção de sujeito é ideológica; daí se seguem duas consequências: 1. Uma revolução nas ciências: a ciência da história torna-se formalmente possível; 2. Uma revolução em filosofia: pois toda filosofia clássica repousa sobre as categorias de sujeito + objeto (objeto = reflexo especular do sujeito).[66]

Em que pese a autoridade dos autores, vê-se aqui, ambos os termos, como construídos e tão científicos, se assim se puder dizer, tanto um quanto outro. Assumir que as relações fundamentais para a descrição do processo histórico são aquelas de produção, implica subsumir os indivíduos concretos a aspectos e relações de exclusivo caráter econômico e se, realmente, são as mais radicalmente importantes, há outras relações que vêm a se incrementar no chamado capitalismo tardio, o *Spätkapitalismus*.

Touraine[67] ao se referir à historicidade que concebe como a criação de um modelo de conhecimento e de distanciamento relativamente ao circuito de trocas sociais entre os membros da sociedade ou desta e seu meio, apresenta uma posição mais próxima daquela que se adota nesta conjectura. Pois o modelo, inserto na cultura, atua sobre a correspondente materialização na civilidade e altera o campo da cultura por novo projeto (pois dada a concreção de um projeto, de imediato se projetam alterações que o aperfeiçoem ou, no limite, o neguem) e na civilização

66 - ALTHUSSER, Louis. **Ideologia e aparelhos ideológicos de Estado**. Tradução: Joaquim José de Moura Ramos, 3ª. ed. Lisboa: Presença, 1980, p.137. Esse trecho revela as articulações que a gramática faz perdurar – as estruturas da Língua pré-moldam as possibilidades de articulação dos sentidos. E Althusser faz referência à específica Filosofia Alemã – a francesa já lidava com estruturas e a insular com a linguagem.

67 - TOURAINE, Alain. **Um novo paradigma – para compreender o mundo de hoje**. 4ª. Ed., Tradução: Gentil Avelino Titton, Petrópolis/RJ: Vozes, 2011, p. 239 e ss. E, em particular: O individualismo que triunfa sobre as ruínas da representação social de nossa existência revela a fragilidade de um eu constantemente modificado pelos estímulos que o atingem e o influenciam. Uma interpretação mais elaborada desta realidade insiste no papel dos meios de comunicação na formação deste eu individual cuja unidade e independência parecem então ameaçadas. [...] Mas este individualismo tem também uma dimensão totalmente diferente numa sociedade onde dependemos não apenas das técnicas de produção, mas também das técnicas de *consumo e comunicação*, nós procuramos salvar nossa existência individual, singular. Desdobramento criador, porque nos faz nascer ao lado do ser empírico um *ser de direitos*, que procura se constituir como ator livre através da luta por seus direitos. (p. 240) Como já se ressaltou, não apenas essas definidas marcas – certamente de muito peso – ainda se pode pensar na elaboração do projeto de uma vida: a plena busca de realização dos projetos que encadeados gestam a biografia.

como novas concreções possíveis ao estádio do sistema produtivo [feito o projeto, o interesse econômico ou (esse 'ou' é inclusivo) político pode selecioná-lo como futuro produto][68].

No quadro do processo produtivo, se o longo prazo é o período de tempo necessário para que a economia chegue ao equilíbrio completo de pleno emprego, no domínio da microeconomia as decisões devem ter êxito em processos de mais curto prazo, posto a busca do lucro atrelar-se à produção e à produção de demanda e se realiza na distribuição adequada dos produtos[69].

Sendo preponderante o aspecto econômico para a manutenção da sociedade, não importa sob qual regime, alcançar êxito nos processos deflagrados é condição de permanência e de possibilidade de realização de projetos mediante processos. Pois, segundo o marco neoliberal, em uma economia competitiva, o lucro econômico resulta da inovação, que permite o emprego de meios e processos novos para reduzir os tempos unitários de produção e distribuição.

Pretendem, ainda, que a concorrência reduziria tal lucro a zero, pois seria levada à busca de inovação e repassaria, dessarte os benefícios desse ciclo infinito aos consumidores. Na verdade, o benefício não se repassa totalmente visto que o custo da inovação deve ser socializado, nem o capital pode se manter sem remuneração.

O que se constata é que o custo desse ciclo de inovação é repassado aos consumidores que, como trabalhadores que são (incluindo-se os capitalistas que administrem sua fortuna), contribuem para o aumento de ganho não apenas pela mais valia agregada, mas pelo pagamento dos custos de financiamento e inovação tecnológica. De tal sorte que se pode afirmar que o sujeito imerso no processo histórico nele interfere, ainda que atomicamente, como ator de suas decisões, quando o é. A articulação produtiva entre indivíduo e sociedade é ponto de partida originário para, mediante um processo histórico a se desenvolver, a humanização desse indivíduo.

Contudo, o sistema precisa se ajustar às exigências da sociedade existente que necessita de alimentos, saúde, transporte adequado, remuneração para garantia do giro monetário sistêmico e, para tanto, requer êxito nos processos em curso.

68 - SAVELLE. Max (coord.). **História da Civilização Mundial**. Tradução: Milton Amado. Belo Horizonte / Rio de Janeiro: Vila Rica. 4 vols.. 1990, em particular no volume 2 – **A civilização atlântica**, ao empreender a análise da formação do estado absolutista (p. 405 e ss.) ressalta a importância da retomada do comércio como lastro da possibilidade dessa nova forma de dominação. E, abordando época posterior, HOBSBAWM, Eric J. **A era dos impérios. – 1875-1914**. 13ª. Ed., Tradução: Sieni Maria Campos e Yolanda Steidel de Toledo, São Paulo: Paz e Terra, 2011, p. 63 e ss.: indica a produção industrial como o motor das alterações de poder e riqueza – sem dúvida – entretanto, esse processo influiu no processo identitário de forma marcante, como bem o indica a obra de Zola, Émile. **Germinal**. Tradução:`Silvana Salerno, São Paulo: Companhia das Letras, 2016.

69 LEFTWICH, Richard H. **O sistema de preços e a alocação de recursos**. Tradução: Maria Tereza de Oliveira Audi, 8ª ed., São Paulo: Pioneira,1994 – apresenta abordagem microeconômica consentânea com o modelo em desaparição.

Servindo-se de quadro de praxemas (de fato, um algoritmo) ter-se-ia, para obter êxito em uma determinada situação em um processo:

(1) [seleção do objetivo a alcançar (fator de projeto e conhecimento)]

(2) [avaliação dos fatores atuantes (fator de conhecimento e estratégia)]

(3) [identificação dos grupos de pressão interessados (fator de conhecimento e política)]

(4) [prospecção dos recursos disponíveis (fator de conhecimento e tecnologia)]

(5) [análise de possíveis litisconsortes (aliados/inimigos) (fator estratégico)]

(6) [verificação de que o agir produzirá o menor dano a todos em situação (fator ético0]

(7) [nova análise da situação problema]

(8) [decisão de agir]

(9) [primeira ação]

(10) [segunda ação – após análise da situação decorrente de (9)

e

reiteração dos passos (1) a (8)] e, assim, sucessivamente.

Esses praxemas necessitariam ser reduzidos a notação mais adequada, Moles & Rohmer[70] buscaram estabelecer uma notação para os elementos de ação ou praxemas e desenvolveram, inclusive, um modelo de ação social, mas para as finalidades deste livro, a sequência estruturada acima já é indicativa da reiteração do processo.

Restaria indicar, apenas que uma praxessemia talvez seja possível, lembrando, por exemplo, um caso de grafia em praxemas, aquele da partitura musical. O compositor fixa mediante um número limitado de símbolos (notas, sinais de acidentes, claves, armadura de clave, etc.) em pautas divididas por compassos e andamentos, que supõem sincronia, todo um universo de possibilidades de execução. E, o intérprete fará dessa partitura um sem-número de execuções, chegando mesmo a desfigurá-la[71] - sem que com isso, via de regra, a depreciem. Mas, na mais das vezes, com melhor ou pior resultado obter-se-á do ouvinte a compreensão do trecho executado e sua identificação se já conhecido.

[70] - MOLES, Abraham & ROHMER, Élizabeth. **Théorie des actes: *vers une écologie des actions*.** Paris: Tournai & Casterman. 1977, (p.184-208).

[71] - Vejam-se, por exemplo, as releituras em cítara de músicas dos Beatles, entre outras, realizadas por Alberto Marsicano.

Compositores como Wagner apresentarão *leit motiv* para representar uma personagem, outros se servirão, como Verdi, de sentenças musicais completas para introduzir nova personagem; Mozart – com seu incrível talento melódico – obterá sequências melódicas maravilhosas e Johan Sebastian Bach estruturará toda uma resolução contrapontística original em seus trabalhos, todos segundo as possibilidades de seu tempo.

Seria previsível que esses praxemas levassem tão longe? Como é possível tal variedade com tão escassos elementos?

Que se poderia dizer, então, do multifacetado mundo social sem o concurso de alguns pressupostos que permitam acreditar que – frente a todas essas situações de incerteza estruturada – se podem estabelecer estratégias, políticas e obter soluções exitosas?

Acredita-se ter apresentado o bastidor em que o tecido da História poderá ser composto: a ação estratégica dos sujeitos na difícil operação entre os grandes ditames da cultura e as escassas possibilidades da civilidade estabelecerá pela eliminação da maior parte das situações compossíveis aquelas que comporão no caso individual sua biografia e no caso geral, a História de sua sociedade.

A ação coletiva padecerá do problema de enfrentar subjogos diversos e operar com estratégias e políticas subótimas para obter o menos oneroso dos êxitos, de resto, nem mesmo compartilhado por todos os atores sociais.

Mas se a composição de uma lógica das situações é atividade que se reservará para outro trabalho, será necessário, embora sabendo, como diria Walt Whitman, que as verdades estão à espera em todas as coisas e que não contribuem para o próprio parto, indicar algumas consequências do que se disse neste capítulo.

Segundo Vico: '*Scire est facere*.' e por essa divisa incitou, nesta conjectura, a investigação da ação humana em seu análogo dos agentes da inteligência artificial, precisamente porque, no âmbito dos agentes, esse agir – estritamente racional com vista a fins – poderia lançar alguma luz sobre o multifacetado agir social humano.

A complexidade dos motivos humanos, a pobreza da interpretação finalista que busca resumir o *iter actionii* às concretas condições percebidas por um observador que sempre acreditará ver um jogo quando na verdade há jogos simultâneos e, pior ainda, quando se busca uma análise de mesmo tipo para a ação coletiva em que conjuntos de jogos se entrelaçam no desenvolvimento de um jogo compartilhado e cujo êxito terá diferente significado para os jogadores individuais (basta pensar numa mobilização de interessados para a eleição de um entre eles para presidente do clube – (quanta motivação diversa nesse afã!)).

Vê-se pela apresentação da organização possível para os agentes em inteligência artificial – e nesse contexto não há como suprimir o fazer – que a ação tem uma finalidade que se põe pela interação dos agentes envolvidos no processo frente a uma situação-problema. A rigor, um paralelo muito intenso entre agentes e atores não pode ser estabelecido.

Em situações de rotina até se poderia pensar em condições interativas ótimas em que todos os atores interagissem com conhecimento e qualidade a fim de obter decisões ótimas para as situações apresentadas, mas como bem lembrou Becker[72]:

> [...] Chegou o momento de considerarmos a outra metade da equação: as pessoas que fazem e impõem as regras às quais os estranhos não se adaptam.
>
> A questão aqui é simplesmente: quando são feitas e impostas as regras? Observei anteriormente que a existência de uma regra não garante automaticamente que ela será imposta. Há muitas variações na imposição de regras. Não podemos explicar a imposição de regras invocando algum grupo abstrato que está sempre vigilante; não podemos dizer que a 'sociedade' fica prejudicada por cada infração e atua no sentido de restaurar o equilíbrio. Poderíamos colocar, como um extremo, um grupo no qual isso ocorresse, no qual todas as regras fossem absoluta e automaticamente impostas. Mas imaginar tal caso extremo somente serve para tornar claro o fato de que os grupos sociais em geral não são assim. É mais típico que as regras só sejam impostas quando algo provoque a imposição. A imposição, então, exige explicação.

E, se de fato, na sociedade de agentes na IAD as regras são, sempre, imediatamente obedecidas, porque os agentes não são humanos, na sociedade humana as regras são, com frequência maior que se admite, obedecidas - embora ignoradas. Voltando a Becker[73]:

> [...] O habitante da cidade preocupa-se com seus próprios problemas e nada faz em relação à infração de regras a não ser que ela interfira em seus negócios. Simmel rotulou a atitude urbana típica como 'reserva':
>
> 'se houvesse tantas reações profundas como respostas aos contatos externos contínuos com inumeráveis pessoas, à maneira de cidades pequenas, onde todo mundo conhece quase todo mundo que encontra e onde se tem uma relação positiva com quase todo mundo, uma pessoa ficaria completamente atomizada internamente e chegaria a um estado psíquico inimaginável. Em parte, esse fato psicológico, em parte o direito de desacreditar que os homens têm diante dos elementos transitórios da vida metropolitana tornam necessária a nossa reserva. Como resultado dessa reserva, muitas vezes nem mesmo conhecemos de vista aqueles que foram nossos vizinhos durante anos. E é essa reserva que,

[72] - BECKER, Howard S. **Uma teoria da ação coletiva**. Tradução: Marcia Bandeira de Mello Leite Nunes, Rio de Janeiro: Zahar, 1977, p. 86.

[73] BECKER, Howard S. **Uma teoria da ação coletiva**. Tradução: Marcia Bandeira de Mello Leite Nunes, Rio de Janeiro: Zahar, 1977, p. 87-88.

> aos olhos das pessoas da cidade pequena, fazem com que aparentemos ser frios ou sem coração. Na verdade, se não me engano, o aspecto mais interior dessa reserva exterior não é somente indiferença. Mas, mais frequentemente do que podemos perceber, uma ligeira aversão e repulsa, que se transformará em ódio e medo no momento de um contato mais íntimo, não importa como esse tenha sido causado ...
>
> Essa reserva, com sua concomitante aversão escondida, aparece, por sua vez, como a forma ou o disfarce de um fenômeno mental mais geral da metrópole: ela atribui ao indivíduo um tipo e uma quantidade de liberdade pessoal que absolutamente não tem analogia em outras condições.
>
> [...] A reserva, embora tipicamente encontrada nas cidades, não é característica de toda vida urbana. Muitas áreas urbanas – algumas favelas e zonas que são etnicamente homogêneas – têm um pouco o caráter de uma cidade pequena; seus habitantes veem tudo o que ocorre na vizinhança como problemas seus. O homem urbano mostra sua reserva mais marcadamente em áreas públicas anônimas [...] onde pode sentir que nada do que ocorre é de sua responsabilidade e que há profissionais, encarregados de fazer cumprir as leis, cuja tarefa é lidar com tudo que seja fora do comum. A concordância em ignorar a infração das regras repousa em parte no conhecimento de que a garantia do cumprimento destas pode ser deixada a cargo desses profissionais.
>
> Em situações estruturadas de forma mais complexa, há maior possibilidade de interpretações diferentes da situação e um possível conflito em relação à imposição das regras.

De fato, nesta conjectura, quanto mais concentradas as condições de civilidade, quanto mais realizado o padrão de cultura em suas bases materiais, mais poderá o Homem descuidar-se de suas relações com os demais: essas estarão reguladas por fatores de controle da civilidade, o lugar por excelência para a concretização da ordem desejada mercê de guardiães contratados pelo Governo para a manutenção da ordem e, quanto mais afastados se estiver dos centros civilizatórios, mais a cultura deverá imperar como condição de manutenção de uma regularidade de conduta.

A situação entre Civilização e Cultura é de, contemporaneamente, maior possibilidade de realização das aspirações culturais quanto mais evoluída estiver a civilização e, ao mesmo tempo, maior necessidade de cultura quanto menor o império das estruturas sistêmicas da civilização – o que por si só referenda o interesse dos grupos de poder na manutenção das culturas regionais.

A normatização das condutas a par de corresponder às disposições da *potestas* (que atua ou deveria atuar segundo a legalidade), ainda, toma em consideração a auctoritas que, se deriva de augere (aumentar), também se conecta às condições da legitimidade por decorrer, a auctoritas, da busca incessante dos projetos postos pela cultura de dada sociedade.

O harmônico dialético resultante entre legalidade/legitimidade, que não se confundem[74], serve à homeostase sistêmica por permitir acomodações das tensões sociais tento por efeito das lideranças de momento, quanto por instituições (cuja principal característica é a extensa duração) que o fazem no médio e longo prazo tendo como meta os projetos e a consecução dos meios para a produção dos objetos assim projetados.

Em síntese, para se obter legitimidade é preciso compreender a cultura, vez que apenas a busca de se alcançar a produção dos objetos civilizatórios indicados pela cultura servirá para produzir auctoritas e essa será exercida mediante a confiança recíproca de governante e governados por força do cumprimento das promessas postas pelas normas.

Se a tarefa parece demasiado extensa há, entretanto, restrições aplicáveis a cada tempo por efeito de algoritmos sociais decorrentes da instauração de rotinas, não apenas em decorrência de disposições normativas (tanto legais, quanto morais, quanto de etiqueta e assemelhadas), mas também por efeito das necessidades orgânicas e de planejamento dos sujeitos envolvidos nos diferentes processos.

Basta se considerarem os efeitos de *rush*, de manada[75] nos investimentos bursáteis; dos fluxos de casamentos em grupos de amigos; dos falecimentos sistemáticos

74 A legalidade representa agir segundo as normas e a legitimidade é conceito político que se vincula à realização dos projetos da sociedade no âmbito da legalidade.

75 SCHEIBE, Karl E. **O drama da vida cotidiana**. Tradução: Laura Knapp, São Paulo: EDUC, 2005, assim expôs: "Os investidores são levados a agir pelos yin e yang complementares do medo e da cobiça. Ambos são presenças constantes na mente dos investidores, como nomes diferentes de bactéria no trato digestivo. Uma estratégia racional e segura de investimento seria comprar e manter uma variedade representativa de títulos, pensando em ganhos em longo prazo. Mas a ação diária de mais de um bilhão de ações é prova da reatividade dos investidores em relação ao medo e à cobiça do dia. A cobiça fica ativa em mais dias do que o medo, mas quando o medo bate, seus efeitos são mais extremados. A existência de regularidades sistemáticas no movimento diário do mercado é prova do poder do momento para os investidores como entidade coletiva. As pessoas têm uma tendência manifesta de acreditar que o mercado vai continuar a se mover na direção em que está se movendo. Ninguém entende por que o mercado se movimenta como o faz. Mas, por uma suspensão voluntária da incredulidade, é possível se empenhar em aprender a dançar no ritmo dos giros do mercado. O mercado de ações é o teatro das massas da sociedade capitalista contemporânea. Seu movimento é cativante, arrebatador e hipnótico em seus efeitos" (p. 120).

E se Scheibe tem razão, basta lembrar os eventos de outubro de 1929, que só foram recuperados em 1954, e mais recentemente, em outubro de 1987, com a redução do dinheiro em circulação nas operações das Bolsas, retornando aos índices anteriores mais de dois anos depois; é importante notar que os efeitos das perdas sempre superam os dos ganhos — o que parece corroborar a insistência nessa obra de operar pelo aspecto negativo: deseja-se evitar perdas, muito embora se ambicione o ganho. Sem se esquecer dos ainda presentes efeitos das bolhas imobiliárias em diversos países.

nesses mesmos grupos etc. A fixação dos horários de ingresso e saída no trabalho nas áreas de proximidade de instalações laborais nas grandes cidades promove a maior circulação em estreitas faixas de horário; os feriados prolongados com seus horários de retorno aproximados criam novos eventos de rush nas rodovias conducentes a áreas de lazer. A demanda por papéis/ações de determinada empresa incentiva ainda maior busca e o aumento de preços, o mesmo vale para o fenômeno inverso. As faixas etárias próximas explicam tanto o fenômeno de casamentos, quanto de falecimentos em grupos de amigos, particularmente de colegas de instituições de ensino.

Esses fenômenos preludiam a percepção de que há algoritmos sociais que facilitam a previsão das condutas desejáveis e, até mesmo, da previsão da flutuação de poder nas instituições pela ocorrência de aposentação e óbito de seus quadros, bem assim pela alternância dos partidos no poder.

Orientando essas decisões encontra-se o conceito de utilidade[76]. Já na metade do século passado, autores como Allais[77] e Savage[78] se dedicaram ao estudo dos processos decisórios, sem esquecer os axiomas de DeGroot[79] que têm servido de ponto de interlocução das principais abordagens do tema.

Há uma teoria que se pode chamar 'clássica' ou hipótese da utilidade esperada. De modo qualitativo e, muita vez, não há condição técnica, nem 'empírica' para se fazer uma análise da propensão – pense-se, por exemplo, no que se pode esperar de um cônjuge sabida e declaradamente infiel sobre sua conduta futura. Em princípio – haverá a tendência de se considerar que essa será conforme a sua manifesta condição anterior (o que leva, em geral, à solução trivial da separação). No entanto, sob o ponto de vista da utilidade, outras variáveis podem entrar na composição da decisão racional a se tomar. Fatores como o custo de uma separação; as ações judiciais possíveis; a opinião pública e efeitos morais deletérios (quando seja possível manter em reserva os fatos – ou transformá-los em outros socialmente aceitáveis numa sociedade conservadora); o impacto sobre a prole e os custos com terapeutas para sanar essas intercorrências – todos esses fatores podem ser apreciados sem necessidade de medir a probabilidade da ocorrência de cada um deles e da composição de seus efeitos.

Via de regra a análise se torna mais confiável quando medida precisa pode ser usada, por exemplo: a moeda. Meio que, com alguma frequência, se transforma

76 Conceito explorado por BENTHAM, Jeremy. **An Introduction to the principles of morals and legislation**. New York: Dover, 2016 (primeira edição em 1780) entre outros expoentes do utilitarismo.

77 ALLAIS, Maurice. ***Le comportement de l'homme rationnel devant le risque:*** critique des postulats et axiomes de l'école américaine. **Econometrica**, n. 21, 1953, p. 503-546.

78 SAVAGE, Leonard J. **The Foundations of Statistics**. 2a. ed. New York: Dover, 1972.

79 DeGROOT, M.H. **Optimal Statistical Decisions**. New York: McGraw-Hill, 1970.

em fim. Muitos exemplos podem ser encontrados em Leonard & Hsu[80] e a consulta a essa obra poderá esclarecer um fato: a decisão diante de escolhas complexas poderá conduzir a paradoxos de difícil solução sem o recurso a modelos que tomem em consideração um conjunto de variáveis que possa estabelecer correlações entre as evidências de partida e as possíveis decorrências das estratégias a partir de tais evidências por via de homomorfismos.

Esse conjunto de processos é usual nas ciências humanas e a análise de causas possíveis de fenômenos já ocorridos e de outros a acontecer se encontram na motivação de muitas obras de destaque como, por exemplo, as de Max Weber[81], Karl Polanyi[82], Ota Sik[83], Anthony Giddens[84], Roger Charter[85] etc. – precisamente porque permitem o estabelecimento de delimitações (constraints) esclarecedoras e reduzem a complexidade do que pretendem interpretar.

Esses argumentos se enfeixam na clara possibilidade de se estabelecer previsões por meio de interpretações propensivas de probabilidades de ocorrência de eventos a partir de fatos tomados como evidências de desenvolvimentos futuros[86]. As restrições de caráter qualitativo facilitariam a produção da situação a compor o quadro de referência para a tomada de decisões, visto que pouco será possível dar conta de todos os aspectos existentes numa situação.

Além disso, na prática diária, as utilidades das atmosferas semântico-pragmáticas se encontram limitadas por critérios tais como custo de oportunidade e utilidade marginal de bens e serviços. O custo de oportunidade se pode entender como a escassez de recursos de cada sujeito: se desencaixa valores para adquirir um bem ou serviço, deixa de poder utilizá-los para adquirir outros, o mesmo vale para a utilização do crédito de que disponha. Assim suas escolhas encontram limites em sua capacidade de pagamento. Por outra parte, a utilidade marginal de um bem ou serviço se reduz com o aumento de sua disponibilidade para dado sujeito. Quem tem centenas de sapatos deveria ter menor utilidade marginal para um novo par de sapatos, aplicando seus recursos em outros bens de maior utilidade marginal para si.

80 LEONARD, Thomas & HSU, John S.J. **Bayesian Methods**: an analysis for statisticians and interdisciplinary researchers. New York: Cambridge, 2009.

81 WEBER. Max. **A ética protestante e o espírito do capitalismo**. Tradução: Maria Irene de Q. F. Szmrecsányi e Tamás J. M. K. Szmrecsányi. 6ª. ed. São Paulo: Pioneira. 1989.

82 POLANYI. Karl. **A grande transformação: *as origens da nossa época***. 2ª. ed., Tradução: Fanny Wrobell. Rio de Janeiro: Campus. 2000.

83 SIK, Ota. **Argumentos para uma terceira via. (nem comunismo soviético, nem capitalismo)**. Coimbra: Almedina, 1978.

84 GIDDENS. Anthony. **As consequências da Modernidade**. 2ª. ed., Tradução: Raul Fiker, São Paulo: EdUNESP, 1991

85 CHARTIER, Roger. **Origens Culturais da Revolução Francesa**. Tradução: George Schlesinger, São Paulo: EdUNESP, 2009.

86 Claros prospectos de aplicação do teorema de Bayes.

Essas assunções têm o condão de reduzir as expectativas sobre a conduta de outrem facilitando uma análise propensiva de suas escolhas, desde que se tenha acesso a suas informações. Nesse sentido, por exemplo, as contemporâneas coletas de dados a partir de hábitos de consumo por análise de extratos de cartões de débito e crédito permitem a análise da propensão ao consumo dos diferentes agentes econômicos, aumentando as características de controle da sociedade de dados. Se, como Bauman disse – as relações são transientes, por outra parte, o controle é permanente.

Essa nova condição faz com que novas instituições e normas se façam exigíveis para que haja a manutenção do controle – é preciso antecipar para manter o nível de homeostase social em marcos considerados adequados pelos governantes ou controladores.

Dessarte, a produção de normas por iniciativa do poder executivo se torna inescapável dado que, para efeito de otimização de gestão com o mínimo de dispêndio de energia sistêmica, a redução de complexidade se faz essencial.

A compreensão (princípio operatório semântico) adequada de que a proibição da prática de determinadas condutas impede seus atos consectários facilita o controle social. Veja-se que em Roma, no fim da República (circa 27 a.C.), exigia-se a importância de 400 000 sestércios[87] para que um cavaleiro passasse ao senado – contendo, assim, o acesso às vantagens dessa posição, pertinente às antigas famílias, aos recém-chegados dos estratos intermediários da população.

Ou, ainda, mais recentemente, medidas análogas foram impostas, nos EUA, aos bancos estaduais por via da Lei dos Bancos (1863) para limitar suas emissões fiduciárias[88]. Restrições de outra ordem são postas por decisões que se expressam mediante 'planos' de governo – essas intervenções governamentais nos ciclos econômicos nacionais impedem o desenvolvimento de certas atividades, favorecem outras e pretendem alcançar modelos de desenvolvimento teoricamente produzidos a partir de evidências obtidas por intermédio de amostragens e generalizações delas decorrentes.

Os efeitos dessas intervenções no domínio econômico se tornam por outro lado, objeto de releituras críticas preparatórias de novos planos – todos reduzindo a complexidade efetiva das situações – quase sempre de relacionamento internacional – para efeito de permitir decisões que favoreçam a tônica dominante de mercado.

87 Ver LEPOINTE, G. **Manuel d'histoire des institutions et des faits sociaux**. Paris: R. Pichon et R. Durand-Auzias, 1958, p. 206.

88 HACKER, Louis M. **Proceso y triunfo del capitalismo americano**. Tradução: J. Prados Arrarte, Buenos Aires: Sudamericana, 1942, p. 339.

Do acima exposto se depreende que cada movimento normativo é precedido por cadeias de decisões que visam, no limite, reduzir os prejuízos possíveis a todos; dadas as situações relevantes ao caso (cenário reduzido).

De modo geral, seriam úteis modelos válidos, aqueles que representariam, de maneira precisa, as características relevantes do problema decisório sob estudo. Assim, por exemplo, ao se depurar o projeto de lei do chamado Código de Defesa do Consumidor brasileiro, tratou-se de o apresentar aos principais endereçados pela norma: os fornecedores.

O modelo empregado[89] levou em conta vários aspectos: 1) fazer com que o texto se divulgasse entre as direções das empresas e seus empregados; 2) a inexistência de recursos governamentais para efeito de viagens de divulgação do projeto de lei – logo a busca de convites de federações de indústria e comércio; 3) a divulgação dos eventos por intermédio dos mass media a serviço dessas Federações; 4) o convite de instituições da sociedade civil (Ongs; associações de moradores; grupos de pressão como Liga de Senhoras Católicas etc.) para esses eventos e seu efeito multiplicador; 5) a mantença de cartazes e fotos dos eventos pelas instituições com a consequente dispersão das informações; 6) esclarecimento de questões impactantes para os endereçados; 7) demonstração de que o fornecedor também é consumidor como argumento forte para o acatamento das determinações daquela lei.

Esse modelo foi bastante criticado à época (por dar atenção demasiada aos órgãos representativos dos fornecedores) – sem que se apercebessem das virtudes implícitas a ele. O que se observa, hoje, foi seu êxito – fazendo dessa norma uma das mais aplicadas às questões de consumo. Isso para mostrar que um bom modelo permite ganhar conhecimento e entendimento sobre o objeto ou problema de decisão que está sendo investigado, com a melhoria da análise das decisões a tomar e já tomadas e, incluso, com a redução das pressões dos alcançados por essas decisões.

4.2 OS MODELOS DE DECISÃO E A TEORIA DOS JOGOS

Os modelos de decisão são, em geral, classificados em três grandes grupos: a) prescritivos; b) preditivos e c) descritivos. Estes últimos em que se busca descrever o resultado ou comportamento de determinada operação ou sistema representam na formulação normativa o momento em que se apuram os possíveis efeitos das

89 Posição tomada por Márcio Pugliesi quando primeiro Diretor do Departamento Nacional de Proteção e Defesa do Consumidor do Ministério da Justiça e responsável, juntamento com José Del Chiaro Ferreira da Rosa e Tercio Sampaio Ferraz Jr., pela tramitação e aprovação do projeto de Lei do CDC no Congresso Nacional.

variáveis independentes sobre a variável dependente, i.e., os fatores devidos aos endereçados pela normatização e a própria normatização.

Para ilustrar: os efeitos de norma que aumente a tributação sobre combustíveis são difusamente percebidos, porém se sabe que esta causará aumento geral dos preços e criará pressão inflacionária em um primeiro momento. Espera-se, ainda, que esse efeito seja amortecido com o passar do tempo e com sua incorporação na formação de preços ao consumidor que, em última instância, pagará o custo do governo.

Os modelos preditivos buscam estimar os valores alcançados pela varável dependente quando aquelas independentes tiverem valores específicos. Para tanto será preciso conhecer as relações (funções) mantidas entre estas e aquelas. Dessarte, por exemplo, supondo-se que o desempenho desejável do Judiciário dependa de estrutura física, número de funcionários, sistemas e gestão: ao se atribuírem valores a essas variáveis -mediante uma função a ser obtida por métodos empíricos – seria possível (em princípio) antecipar um ótimo alcançável dadas essas condições.

No modelo prescritivo, as variáveis independentes estariam sob controle e somente seria necessário adequar seus valores a fim de obter o ótimo da variável dependente. O sistema normativo supõe essa condição e através de regras estabelece o resultado desejado.

No caso do Direito – essas condições não estão sob o controle do normatizador que, de um modo ou de outro, precisa negociá-las com a sociedade mediante os grupos interessados diretamente no processo. Por essa razão se prefere ver a norma como promessa de conduta dos poderosos em relação aos desapoderados, vez que a efetividade normativa é função da aceitaçao do prometido pelo endereçado da norma.

É preciso lembrar, ademais, que a história pregressa das instituições e dos encarregados de decidir produz um efeito de ancoragem – isto é, um modelo implícito e 'confortável' que leva à tomada de decisões irracionais por força de hábitos arraigados e preconceitos. Por outra parte, os efeitos de estruturação do problema, isto é, a percepção as alternativas para efeito de minimizar o prejuízo – pode levar a escolhas irracionais e contraproducentes.

Conjugados, esses dois fatores servem para explicar a maior parte das falhas de modelagem das situações decisórias.

Estabelecidas aquelas premissas, podem-se indicar parâmetros para a constituição de uma pragmática do Direito enquanto estratégia para a decisão[90] de

[90] - Usar-se-á formulações de teorias de jogos – sem apresentar os recursos matemáticos. Referem-se obras relevantes como as de NEUMAN, John von & MORGENSTERN, Oskar. **Theory of Games and Economic Behavior**. Princeton/Oxford: Princeton, 2007; BAUMOL, William J. **Economic Theory and Operational Analysis**.2ª. ed., New Jersey: Prentice Hall, 1965; BOREL. Emile. **Probabilidade e Certeza**. 2ª. ed. São Paulo: DIFEL, 1966.

conflitos, usar os conceitos essenciais a tal tentame e formular uma estrutura apta a permitir o ulterior desenvolvimento da conjectura, sob uma perspectiva de globalidade, em que a negociação componha um elemento fundamental para a constituição de uma teoria estruturada do Direito, que possibilite otimizar condutas tendentes a decidir situações conflitivas[91], mediante recurso a técnicas da ciência da tomada de decisão, chamada Pesquisa Operacional e, em particular, um seu capítulo, designado por Teoria dos Jogos.

Sempre, é claro, recordando que a própria decisão representará um acréscimo ao universo cognitivo de quem decide e que as decisões são tomadas no seio de um processo em que o construtor/construído interagem permanentemente, reconfigurando os limites e as metas a atingir.

O sujeito[92] age, a partir das regras do jogo e de seu conhecimento das circunstâncias, corrige sua ação e busca conferir os efeitos da atuação sobre o sistema (subconjunto do mundo, entendido como sua atmosfera semântica e a respectiva poluição) e o meio, a totalidade das aspecções possíveis a ele, e então, por assim dizer, retroage, isto é, realimenta seu próprio cabedal de informações e refaz, quando possível, a decisão preliminarmente assumida, recompondo sua teoria. Isso representa uma conduta algorítmica e que introduz rotinas capazes de aumentar a segurança nas decisões – permitindo-lhe, além disso, constituir modelos ou teorias (conjunto de modelos conexos) sobre o funcionamento de seu cenário e, com maior precisão sobre as situações mais recorrentes em seu 'mundo' (um conjunto de cenários ou estados de coisas).

Antes de tudo, ressalta-se que um dos pontos relevantes e aceitos pela maioria dos teóricos contemporâneos da ciência é o de que, se uma dada teoria falha em explicar fatos em seu escopo, deve ter sua amplitude de aplicação restringida ou ser substituída por outra mais abrangente, ou, pelo menos, mais instrumental para o caso. A História, da Ciência em particular, tem mostrado, no entanto, que, na maior parte dos casos, as falhas de uso decorrem do excesso de confiança na teoria, na incorreta observação de seus limites de aplicação, ou, ainda, na tentativa de a aplicar a fatos novos e, a priori, subsumíveis, aparentemente, ao modelo implícito da mesma.

[91] - Aqui serão exploradas algumas das contribuições de Jürgen Habermas, em particular sua discussão sobre conflito/resolução e alcance de objetivos (Ver: HABERMAS, Jürgen. Towards a Communication-Concept of Rational Collective Will-Formation. A Thought-Experiment. **Ratio Iuris**, n. 2, p. 144-154, 1989. DOI: https://onlinelibrary.wiley.com/actiohttps://doi.org/10.1111/j.1467-9337.1989.tb00033.x)..

[92] Além das observações feitas sobre o conceito de sujeito, no período contemporâneo, ainda cabe lembrar sobre o Homem a amarga e sábia observação de Heráclito: "γενόμενοι ζώειν έθέλους μόρους τ̓ έχειν, μαλλον δέ άυαπαύεσθαι, καί παϊδας καταλείπουσι μόρος γευέσθαι" (frag. 20) e que pode ser traduzido de modo aproximado por: "Nascidos querem viver e sofrer seu destino de morte, ou antes, encontrar o repouso, deixam após de si — filhos destinados a morrer desde a nascença". Acresça-se: o que vale é o tempo que o jogo dura e como é jogado.

Esta constatação exsurgida da prática epistemológica usual faz presente a necessidade de delimitar o campo de aplicação da teoria que se pretende construir[93] e, ademais, metodologicamente, estabelecer um critério para análise do objeto, por sua vez, não imediatamente acessível ou defluente, de modo direto da Natureza, mas um construto humano inserto em determinada socio civilidade com seu peculiar modo de produção. Como conjectura preliminar — a ser ofertada à prova — supor-se-á o Direito como uma área específica do saber/fazer humanos voltada à decisão/solução de conflitos quer de âmbito interno, quer internacional, mediante o recurso a estratégias e procedimentos racionais com respeito a fins[94].

Os estados conflitivos associam-se aos conceitos de negociação e estratégia, posto que tais estados podem ser tidos como patológicos/patógenos e a atitude

[93] - É elucidativa a posição de Hans Kelsen: "[...] Como teoria, quer única e exclusivamente conhecer o seu próprio objeto. Procura responder a esta questão: o que é o Direito? Mas já não lhe importa a questão de saber como deve ser o Direito, ou como deve ele ser feito. É ciência jurídica e não política do Direito. Quando a si própria se designa como 'pura' teoria do Direito, isto significa que ela se propõe garantir um conhecimento apenas dirigido ao Direito e excluir deste conhecimento tudo quanto se não possa, rigorosamente, determinar como Direito. Quer isto dizer que ela pretende libertar a ciência jurídica de todos os elementos que lhe são estranhos. Esse é seu princípio metodológico fundamental" (KELSEN, Hans. **Teoria pura do Direito**. 4. ed., Tradução: João Baptista Machado. Coimbra: Arménio Amado, 1979, p. 17).

[94] G. DELEUZE nos indica, em sua *Décima Série* o fato de que "nossos jogos conhecidos respondem a um certo número de princípios, que podem ser o objeto de uma teoria. Esta teoria convém tanto aos jogos de destreza quanto aos de azar; só difere a natureza das regras: 1) é preciso, de qualquer maneira, que um conjunto de regras preexista ao exercício do jogo e, se jogamos, é necessário que elas adquiram um valor categórico; 2) estas regras determinam hipóteses que dividem o acaso, hipóteses de perda ou ganho (o que vai acontecer se ...); 3) estas hipóteses organizam o exercício do jogo em uma pluralidade de jogadas, real e numericamente distintas, cada uma operando uma distribuição fixa que cai sob este ou aquele caso (mesmo quando temos uma só jogada, esta jogada não vale senão pela distribuição fixa que opera e por sua particularidade numérica); 4) as consequências das jogadas se situam na alternativa 'vitória ou derrota'. Os caracteres dos jogos normais são, pois, as regras categóricas preexistentes, as hipóteses distribuintes, as distribuições fixas e numericamente distintas, os resultados consequentes. Estes jogos são parciais por um duplo título: porque não ocupam a não ser uma parte da atividade dos homens e porque, mesmo que os levemos ao absoluto, **retêm o acaso somente em certos pontos** e abandonam o resto ao desenvolvimento mecânico das consequências ou à destreza como arte da causalidade. É, pois, forçoso que, sendo mistos neles mesmos, remetam a um outro tipo de atividade, ao trabalho ou à moral, dos quais são a caricatura ou a contrapartida, mas também cujos elementos integram em uma nova ordem. Seja o homem que faz a aposta de Pascal, seja Deus que joga o xadrez de Leibniz, o jogo não é tomado explicitamente como modelo a não ser porque ele próprio tem modelos implícitos que não são jogos: modelo moral do Bem ou do melhor, modelo econômico das causas e dos efeitos, dos meios e dos fins" (DELEUZE, G. **Lógica do Sentido**. São Paulo: Perspectiva: 1974, p. 61-62). O arguto e culto leitor terá, certamente, notado o que se não poderá deixar de dizer: nenhum dos casos apontados, por Deleuze, como não jogos escapam da possibilidade de serem, assim, lidos e entrelidos. É fácil mostrar, com uma abordagem centrada em Freud e Nietzsche, por exemplo, que a moral é, estruturalmente, um jogo com pay-offs muito claros. A exposição tratará desse tema, mas basta refletir, metodicamente, sobre o Direito que é, para perceber quanto as características elencadas por Deleuze se aplicam àquele domínio.

pragmática corresponde ao seu tratamento, ou, então, como fato consumado ensejando uma pragmática humana a seu respeito mediante a negociação; as políticas decorrentes de decisões que fixam estratégias; e a busca de meios que evitem a formação de novos estados conflitivos.

A manutenção inalterada do conflito (designada por vários nomes e, principalmente, por impasse) pode servir, por razões estratégicas, para provocar desgaste na parte menos forte e conduzir a uma variação das condições pela parte que tem o tempo a seu favor[95]. As partidas de esportes coletivos, como, em particular, o futebol, são claros exemplos de como o tempo é fator importante e, por vezes, preponderante, para a manutenção de um conjunto de estratégias (política) por parte de um dos times contra o outro. É comum, cabe lembrar, que em diversas oportunidades quem tinha o tempo a seu favor passe a tê-lo contra e, claro, vice-versa.

A otimização de condutas exitosas num conflito pode ser vista como um conjunto de ações que conduzam à obtenção de um determinado objetivo, objeto do conflito. O conhecimento desse conjunto de ações (estratégia do conflito) tem interesse por algumas razões:

a) como a ação correta (adequada ao fim) em cada instância do conflito depende para cada ator da atuação de seu oponente ou oponentes (mesmo em conflitos de foro íntimo), pode haver um interesse em influir na conduta da contraparte;

b) conhecer o conjunto de possíveis reações à própria atuação;

c) conhecer de que modo uma ação ou um dado subconjunto de ações possíveis, não necessariamente postas em ato, afetará o oponente.

É inequívoco, no caso dos conflitos mediados por processos e regrados por algum Direito, que as condutas pressupostas por este modelo são aquelas racionais[96] com respeito a fins, isto é, aquelas em que os atores atuem com o fito de obter seu objetivo e empreguem decisões ou soluções (quando possíveis) e ações, sob o ponto de vista de seu estado de conhecimento, conducentes, com o mínimo de custo (material, fisiológico, processual etc.) à obtenção de um fim

95 Assim, por exemplo, quando um partido político chega ao poder e deve compor sua equipe, nomes indesejados, embora capacitados, podem ser erodidos por boatos veiculados na imprensa, por anúncios precoces de assunção de cargos e, frequentemente, pela simples manutenção da equipe anterior até final composição de forças com os demais partidos.

96 Não esquecendo que a interferência de fatores operativos e emocionais pode também influir nas escolhas. Nem sempre o utilitário prevalecerá, questões emotivas e de praticidade podem pesar nas decisões, ainda mais intensamente que a simples busca de evitar a inutilidade (o Direito de Família apresenta inúmeros exemplos desse tipo de decisão em que o velho adágio "Mais vale um gosto que um tostão no bolso" costuma dizer presente).

colimado. O aspecto irracional da conduta vincula-se à determinação da utilidade aplicada ao objetivo, isto é, a escolha do que poderá causar menor dano entre as compossíveis numa situação conflitiva será variável para cada processo cognitivo em andamento (e dependente da atmosfera semântico-pragmática atuante no caso), vez que se o processo será racional: a finalidade poderá ser irracional.

No caso do Direito, os procedimentos, isto é, a administração das ações, delimitam ao racional com respeito a fins, a atuação das partes em conflito e a sua decisão. Apenas a título indicativo: embora se busque a obtenção de um determinado objetivo e as questões éticas permaneçam apartadas, por princípio, da determinação da estratégia ótima, nada há que impeça a mantença de um firme propósito de fidelidade a determinados princípios, uma ética de princípios como norteadora da escolha das ações a tomar nem, é claro, assumir o custo da influência de tais princípios éticos para o alcance da decisão.

Nem mesmo, é necessário excluir, em benefício dessa estratégia ótima, o mais profundo respeito pelo Outro: basta incluir esse fator ético como fator limitante para as escolhas. Deve-se, entretanto, indicar que mesmo a Ética será o resultado de uma reflexão, no domínio da Cultura, sobre as práticas socioculturais conducentes a um melhor equilíbrio entre pares.

Cabe apontar, ainda, que a sua concretização, através da sanção civilizada da Moral, dependerá de decisões comunitárias aptas a escolher um subconjunto de regras morais entre os preceitos gerais da Ética.

Acresce ressaltar, ademais, que a simples afirmativa da existência do conflito e a indicação de que os atores visam para cada um o mesmo objetivo (vencer, por exemplo) não implicam em afirmar a inexistência de objetivos comuns em que convirjam sem conflito e inclusive interajam solidariamente, exceto no tipo puro de conflito, aquele em que os interesses dos antagonistas sejam completamente opostos e inconciliáveis, e.g., no mundo da literatura, o conflito de Páris e Menelau por Helena.

Lembrando, ainda, que, até mesmo nesse caso, tratativas — sem êxito — foram reiteradamente tentadas. Nos demais casos ocorre a negociação, em que se buscam concessões mútuas ou, pelo menos, condutas não mutuamente prejudiciais relativamente a fins. Neste âmbito valem a intimidação, escândalos de imprensa, conflito restrito a certos aspectos da lide, transação parcial do conflito, desistência da apresentação de certos argumentos etc. que, embora não primem pela moralidade, constituem moeda corrente de muitos dos embates de interesses dos indivíduos e das corporações.

Nesse contexto, a negociação deve percorrer caminhos definidamente concatenados e precisos, sempre que possível. A ignorância de pormenores ou de informações necessárias ao estabelecimento desses passos enseja uma conduta procrastinatória que, como se viu, nem sempre é prejudicial, mas que, via de regra, mantém e aguça o conflito.

O estabelecimento de estratégias adequadas, sempre com alternativas viáveis e sua implementação constituem, nesta conjectura, o cerne de condutas que possam efetivamente conduzir a uma satisfatória decisão dos estados conflitivos.

A palavra estratégia não se refere, consoante o sentido que se dará à palavra neste texto, à aplicação eficiente e atual da força, mas à exploração de uma força potencial em que os mecanismos citados (intimidação, concessões mútuas, composição parcial da lide etc.) sejam aplicados não apenas à parte contrária, mas a eventuais litisconsortes que causem desconfiança. Relaciona-se não apenas com a distribuição de lucros/perdas entre dois litigantes, mas, também, com a possibilidade de que decisões particulares sejam melhores (ou piores) que quaisquer outras para todos os litigantes ao mesmo tempo, isto é, em termos da teoria dos jogos[97], lida-se no Direito, algumas vezes, com jogos de soma variável, em que o mais obtido por um não significa necessariamente o menos para outro, particularmente no caso em que o preço da decisão acaba sendo um custo social.

Constitui-se, na situação da lide jurídica, um interesse comum (pelo menos por parte dos advogados dos litigantes) de encontrar soluções ou decisões, que sejam mutuamente vantajosas ou, no pior dos casos, não desvantajosas.

Em termos da estratégia do conflito, nota-se que a maioria das conjunturas conflitivas é essencialmente composta por situações de negociação. Em geral, na lide jurídica, as possibilidades de obtenção do objetivo de uma das partes dependem, em alto grau, da argumentação ou decisões assumidas pela contraparte[98]. A negociação pode ser explícita (v.g., concessão de que determinadas posições da parte contrária são corretas) ou tácita (por exemplo, não discutir alguns dos argumentos apresentados pela contraparte).

[97] Utilizar-se-á, em particular, a obra de RAPOPORT, Anatol. **Lutas, jogos, debates**. Tradução: Sérgio Duarte. Brasília: UnB, 1980.

[98] Também na política (por sua vez, onipresente nas decisões judiciais) se encontram essas situações, mormente porque o pensamento político baseia-se, essencialmente, na capacidade de formação de opinião. Uma pergunta repetitiva referiu-se à presença de preconceitos na formação dos conflitos. Ora, preconceber significa estabelecer um conceito previamente ao seu exame e, por consequência, sobre outros, frequentemente não tão conexos, conceitos. Dessarte, ao preconceber há uma antecipação ao juízo por recurso a outros conceitos obtidos no passado, sem que haja conveniente avaliação das circunstâncias atuais frente àquelas pretéritas. A preconcepção só pode ser desmascarada com a cuidadosa investigação e crítica de seus pressupostos, isto é, com a detida análise de sua ancoragem no passado e a explicitação das diferenças daquelas situações frente às novas. Constitui e constituirá, ao longo da história humana, importante causa de conflitos, mesmo porque a preconcepção torna-se mais comum nas situações aparentemente rotineiras e repetitivas. Assim, por exemplo, será mais comum vermos um veículo em mau estado de conservação ser retido em verificações policiais do que outros mais novos - face à maior incidência de problemas constatados na documentação e mantença desses veículos do que nos mais novos etc.

Em termos da negociação, inúmeros circuitos podem ser seguidos, desde a mera barganha (negociação com concessões mútuas ou, no sentido dado por Rapoport[99], negociação com ofertas absurdas pelas contrapartes, a fim de se obter um ponto de equilíbrio; redefinições terminológicas com consequências de fato), até a ameaça de produção de danos (inclusive mútuos) como nas guerras de preços, dumping, greves, escândalos de imprensa, divulgação de segredos negociais etc.

Estes últimos aspectos, conhecidos como "deterrência" ou intimidação, para que sejam eficazes, têm de ser verossímeis e tal verossimilhança decorre do esforço e riscos a serem incorridos pelo ameaçante para efetivar a ameaça. Assim, por exemplo, uma determinada afirmativa intimidante terá maior peso se as condições objetivas de sua realização implicarem menor risco (aqui uma correta avaliação sobre o adversário é essencial) e, concomitantemente, estiverem ao alcance (por si ou por meio de coalizão) de quem a enuncia.

No episódio de intimidação em que vantagens expressas sejam exigidas, como, por exemplo, na extorsão, a atitude de quem deve ou deveria conceder para que a atualização da ameaça não venha a ocorrer será preponderante no encaminhamento do conflito, isto é, está-se diante de um dos inúmeros casos em que as condições iniciais são extremamente importantes para a decisão do conflito.

Um outro fator a ser considerado: as alternativas que restem à contraparte frente à ameaça. Deve-se, sempre, permitir-lhe alguma saída tolerável, a fim de que o equilíbrio negocial não fique completamente comprometido. Ameaças de caráter definitivo fazem com que a parte adversa procure reagir de modo extremo, eliminando a possibilidade de ações menos intensas e forçando a opções entre extremos, o que, sob o ponto de vista do Direito, representaria uma situação extremamente onerosa para as partes e até, dependendo da lide em análise, transferência do âmbito da questão da esfera atomizada das motivações particulares para a generalidade dos interesses sociais.

É preciso distinguir, preliminarmente, entre a aplicação atual dos recursos de força sugeridos na intimidação (coação) e a ameaça, potencial, da aplicação da força (coerção). A intimidação sempre se refere à coerção: sua finalidade é a de indicar a um opositor (infrator potencial, inclusive) que, em seu próprio interesse, deve evitar certas condutas. Mas, a intimidação depende de outros aspectos relevantes: se a pessoa a que se dirige não é dotada de racionalidade mínima, seu efeito é nulo; o grau de autodisciplina do endereçado também é importante fator de eficácia, pois o procrastinador habitual terá imensa dificuldade em reagir de modo consistente à ameaça; outro fator que reduz a coerção da intimidação é o nível de autoconfiança (justificada ou não) do intimidado; a convicção de que a ameaça será levada a cabo compõe, indubitavelmente, o elenco de fatores de sua

[99] RAPOPORT, Anatol. **Lutas, jogos, debates**. Tradução: Sérgio Duarte. Brasília: UnB, 1980, p. 149.

eficácia. O mais importante: a intimidação requer a existência de um conflito ou interesse comum entre as partes em relação. É impossível empregar-se a intimidação em situações de total comunidade de interesses e difícil empregá-la em casos de absoluto antagonismo destes.

Como um conceito tipicamente estratégico, a intimidação busca influir na conduta da parte adversa e sob o influxo do que esta espera seja a ação de quem intimida. Busca, entre outras circunstâncias, colocar a contraparte diante da evidência de que a conduta de resposta será determinada pela sua, como, por exemplo: as conhecidas condutas de minimizar o efeito de um dano causado; a ameaça de prosseguir em investigações que já tiveram resultados contundentes; a interrupção de uma guerra de preços sob alegação de gesto de boa vontade, a exploração de algum aspecto colateral do conflito e sua exposição a julgamento antecipado via mass media; as insinuações (verdadeiras ou não) de que há mais material a ser apresentado a juízo ou a público etc.

Num estado comunicativo maximal, em que o trânsito de informações de parte a parte seja completo, todos os aspectos estratégicos da intimidação ficam comprometidos, haja vista a profunda convicção de cada parte sobre o objeto final do conflito: a mais vantajosa decisão[100] racional para cada um dos envolvidos na relação conflituosa e o conhecimento prévio das estratégias a seguir pelas partes.

Assim, nas difíceis questões internacionais, semelhantes, em certa medida, para a teoria da decisão, aos conflitos originados de problemas exteriores ao Direito (em que nenhuma autoridade pode ser invocada, diretamente, para dirimir as dúvidas e decidir as pendências, por exemplo, disputas entre quadrilhas, contratos com objeto ilícito etc.), se os serviços de inteligência dos países envolvidos tiverem acesso à totalidade ou, pelo menos, àquelas informações efetivamente expressivas (aqui o papel dos especialistas em informações é certamente essencial para garantir a confiabilidade dos dados disponíveis) para o foco de interesse, a intimidação só poderá cobrar eficácia, se o intimidante possuir, sob o ponto de vista comunicacional: credibilidade[101].

Esta última condição pode decorrer de características de atuação anteriores, devidamente divulgadas pelos *mass media*, por sua vez detentores de credibilidade, suficientes para tornar incerta a racionalidade das decisões possíveis frente a

[100] Decidir racionalmente significa, entre várias outras possibilidades, a expectativa de que o agente escolha a opção que lhe maximize a utilidade. Esse preceito, caro a Jeremy Bentham, motivou quase toda a microeconomia neoclássica, em particular, a teoria do consumidor e tem sido objeto de muita discussão.

[101] Em situações conflituosas em que um objetor de consciência ameaça produzir escândalos via meios de comunicação de massa, uma estratégia frequente, dos detentores do poder, consiste em tornar tal objetor em pessoa desacreditada, particularmente por requisições de exames de sanidade mental, desmentidos formais acrescidos de provas materiais (forjadas ou não) etc.

problemas. A previsibilidade proporcionada pela tendência de decisões racionais com vistas a fins tem uma função importante no sentido de impedir convulsões intestinas ou internacionais frente a manobras intimidatórias.

Nos conflitos com o Iraque, antiga base de influência norte-americana no Oriente Médio, a inexistência de contornos mais definidos de atuação por parte desse país fez com a que a ação intimidatória disposta tivesse de ser extrema e de imediata constatação por parte de seus dirigentes: isto é, ocorreu o trânsito da coerção para a coação, inicialmente no domínio econômico[102] e, a seguir, na guerra franca. A intimidação foi ineficaz e o poder teve de se tornar ato.

Não se objetiva, aqui, discutir o mérito da questão, apenas mostrar que, neste caso, não bastou uma coerção invisível embora sabidamente existente — mister se fez atualizá-la, ainda que restritamente, em coação para que a situação conflitiva permanecesse num quase controle, isto é, sem que as partes envolvidas se permitissem supor a continuidade indeterminada do impasse ou o estalar de uma guerra franca de duração indeterminada. As partes em litígio queriam firmar seus pontos e conseguiram. Deu a última palavra quem pôde dá-la[103].

Expressões corriqueiras no processo decisório por intermédio de negociação, tais como "poder negocial", "habilidade negocial", "capacidade de negociação", sugerem de modo expressivo que as vantagens residem em ser poderoso, hábil, forte. Tais expressões, contudo, ou são truísmos (aqueles que ganham, ganham) ou são sistematicamente enganadoras, posto que, em geral, possuir as qualidades de força, poder ou habilidade representa — na verdade — um ônus e uma posição desvantajosa, imediatamente, no início das negociações.

Assim, por exemplo, um negociador tecnicamente refinado terá dificuldades em obstinar-se em manter determinadas posições, o que será facilmente suportado por outro, de fato e apenas, obstinado.

Um país que possui uma economia forte e prepondera, em termos de decisões econômicas, sobre uma vasta porção do mercado mundial, se submetido a eventuais dificuldades, terá recusada a ajuda pelos demais, mesmo que dela, de fato, venha a necessitar. Tal não se dá com um país incapaz de cobrar os impostos que seus súditos devem; de manter relativamente estável sua balança de comércio exterior, que apresenta elevado nível de pobreza conjugado a políticas de concentração progressiva de renda etc.

102 A cobrança do petróleo bruto em euros como base da pendenga, além, é claro, da perda de confiabilidade política, como aliado na região, em face de tal exigência. Um ato disruptivo na sequência de um muito salutar e reciprocamente rentável relacionamento.

103 Salutar a leitura de KENNEDY (1989) para abundante demonstração histórica desses fatos. E, em particular p. 510-513 para se observar quanto evoluiu a conflitividade possível entre as potências e como o eixo dos acontecimentos foi afetado pela efetiva implementação da "Comunidade Econômica Europeia", pois se lucro e poder devem andar lado a lado, a convergência comercial deverá deslocar o foco do poder.

Mas, afinal, que seria esse poder negocial, essa capacidade de obter os resultados desejados mediante estratégias[104] eficazes, com o concurso de políticas ótimas? O que se designa por poder negocial consiste, basicamente, em fixar as posições não desejadas como sendo as mais favoráveis a obter para a parte contrária, em outras palavras, transformar aquilo que se deseja em a mais vantajosa concessão a ser feita pela parte contrária, de tal modo que, se possível, esta o faça de boa mente.

Inquestionavelmente há, aqui, a interveniência da simulação e do logro, tanto no falseamento dos dados como na manutenção de uma tática. Num processo de barganha, por exemplo, quando o comprador capaz de pagar mais oferece menos e o vendedor, embora sabendo da capacidade de pagamento do comprador, aceita a oferta, terá havido, de fato, logro? Parece que o comprador poderá afirmar que não enganou o vendedor e este, dificilmente sentir-se-á logrado. A vantagem obtida numa transação qualquer será avaliada a partir do estado de conhecimento dos contendores e, de fato, quem acredita ter logrado poderá ter sido enganado.

Ao se falar em logro introduz-se, sub-repticiamente, aquela outra questão, já referida, mais complexa, na aparência, da verdade. Sustenta-se, para os fins da teoria da negociação, que a contrapartida correta ao engano não é dada pela verdade, mas pelo acerto, pressupondo, antes, a verossimilhança que a verdade propriamente dita, pois transcende o espaço lógico e invade aquele da ação.

Mais claramente: sob o ponto de vista de um enfoque negocial do Direito, uma decisão não é verdadeira ou falsa (como, aliás, de modo algum o será), nem correta ou incorreta; uma decisão será conveniente ou inconveniente, pressupondo um quadro situacional (estado de coisas) e os estados de conhecimento, no sentido adotado nesta conjectura, de todos os envolvidos a qualquer título.

Assim, o efetivo *poder negocial* consistiria em estabelecer, para os eventuais contendores, condições de contorno aptas a fazê-los aceitar a situação mais desejável para quem as oferece.

Essa concepção vincula-se, embora não o pareça, à ideia de uma justiça distributiva, implicando, consequentemente, o princípio da justa divisão que, em termos práticos, é representada, em face das diferentes capacidades negociais, pela barganha.

Hobbes[105] já dizia que a justiça consiste, simplesmente, na prudência racional em contextos em que a cooperação de terceiros é condição para se obter aquilo

104 - Artigo interessante é o de GÜNTER, Rolf; MONTANI, Sarah. Strategie und lebensnerv der juristischen Wissensarchitektur — Der Homo oeconomicus in der Anwaltskanzlei, in Anwalts. **Revue de l' Avocat, n.** 2, 2004, p. 53-55.

105 HOBBES, Thomas. **Leviatán: *o la materia, forma y poder de una república eclesiástica y civil*,** 3ª ed., Tradução: de Manuel Sánchez Sarto, México/DF: FCE, 2017.

que se deseja. Deste modo, em abordagem preliminar, acredita-se que dada a decisão de um conflito (o que não implica a justiça) só haverá justiça quando as partes em litígio, diante da decisão apresentada, não puderem exigir, cada uma delas, mais que o obtido, segundo os limites da situação decidida.

Esse mesmo sentimento, ou consenso, igualmente compartilhado pelos litigantes, significa, a rigor, que se obteve o limite do, razoavelmente, exigível. Esse "razoavelmente" implica, nesta conjectura, que a decisão foi obtida nos limites de Pareto, isto é, segundo uma distribuição de probabilidades que contempla os pontos de possível acordo entre as partes em face dos limites da situação conflitiva enfrentada[106].

J. F. Nash publicou, em 1950, artigo que alterou substancialmente o entendimento da questão da barganha que, até então, era enfocado como sujeito a apenas duas condições de contorno (*constraints*) [107]:

> 1) nenhum dos contendores racionais poderia aceitar um acordo em que ganhasse menos do que se não houvesse acordo;
>
> 2) nenhum acordo será mantido se houver qualquer outro em que uma das partes possa ganhar mais, sem que a outra parte venha a perder.

Isto seria verdadeiro numa única conjuntura, nas equipotenciais do campo de força composto pela capacidade negocial dos contendores, isto é, no caso de se ter um conflito entre litigantes de mesmo poder negocial ou, no limite, com mesmo arsenal de razões jurídicas e de prova à disposição.

Não há necessidade de muita reflexão para se constatar que o poder de barganha, nas mais das vezes, não está equipartido e seria suma injustiça agir como se assim fosse. Para dar conta dessa diferente capacidade negocial, Nash busca mostrar que a solução numa barganha é um ponto, no interior dos limites ou

106 Robert Alexy pondera: "Isso esclarece uma das mais importantes diferenças entre a argumentação jurídica e a argumentação prática geral. No contexto da argumentação jurídica nem todas as questões estão abertas ao debate. Essa discussão ocorre com certas limitações. A extensão e o tipo de limitações são muito diferentes nas diferentes formas. A mais livre e menos limitada é a discussão do tipo científico jurídico. Os limites são maiores no contexto de um processo. Aqui os papéis são desigualmente distribuídos, a participação do acusado não é voluntária, e a obrigação de dizer a verdade é limitada. O processo de argumentação tem limite de tempo e é regulado pelas leis processuais. As partes são instruídas a se guiar pelos próprios interesses. Com frequência, talvez mesmo seja comum, elas não se preocupam com chegar a um resultado justo ou correto, mas a um resultado que seja vantajoso para si mesmas" (ALEXY, Robert. **Teoria da Argumentação Jurídica**: a teoria do discurso racional como teoria da justificação jurídica. Tradução: Zilda Hutchinson Schild Silva, São Paulo: Landy, 2001, p. 212). Na mesma direção foi Luhmann ao expressar, em forma contracta, que uma decisão justa só pode ser aquela tomada sob a fórmula de contingência, isto é, com adequação e consistência.

107 NASH JR, John F. The bargaining problem. **Econometrica**, vol. 18, n. 2, apr. 1950. DOI: https://doi.org/10.2307/1907266.

fronteiras de Pareto, isto é, no interior da região de distribuição das probabilidades de acordo, segundo as utilidades de Von Neumann e Morgenstern, em que as partes são igualmente adversas a arriscar o desacordo para obter mais do que o acordo oferece, em linguagem matemática, a solução da barganha será dada, na região de Pareto, quando o produto das utilidades dos litigantes for máximo.

Essa solução decorre de alguns pressupostos interessantes:

1) há um ponto de desacordo a partir do qual os ganhos (mesmo os negativos) decorrentes do acordo devem ser calculados;

2) há condições de contorno (fronteiras de Pareto) sob as quais, isto é, um conjunto de pontos de possíveis acordos, a solução deve ser encontrada;

3) há um ponto chamado solução que reflete, necessariamente, o poder de barganha relativo;

4) a única informação necessária para obter a solução é conhecer, para cada possível solução, a utilidade das partes ou, mais precisa e praticamente, suas inutilidades.

Reflita-se, brevemente, acerca desses pressupostos. O primeiro deles parece implicar que, a partir do desacordo, essencial para se exigir a solução, há um determinado ponto de acumulação a partir do qual as soluções possíveis podem ser encontradas. Há uma outra sugestão implícita: nem sempre estar em desacordo e permanecer nele deixa de ser uma situação desejável.

Um litigante mais fraco pode, inclusive, servir-se de recursos meramente procrastinatórios para buscar uma sobrevida e condições mais favoráveis para prosseguir litigando. Os tribunais estão fartos de recusar este tipo de lide de má-fé, nem por isso o estratagema tem sido abandonado. Assim, por exemplo, a discussão sobre os fatores de acréscimos legais em dívidas junto ao fisco têm sido uma constante na história do Direito Tributário brasileiro e, quando não providas pelo Judiciário, as ações têm ensejado o alcance de benefícios posteriormente propostos pelo Governo que, diante do orçamento em aberto, precisa favorecer a arrecadação mediante concessões que levem os inadimplentes a pagar.

O segundo pressuposto indica um campo de possíveis soluções e que esse é o campo do qual deverá sair a decisão. Note-se, não há a expectativa de uma equipartição de bens em disputa, o que se espera é que o mais apto na situação de barganha obtenha tanto quanto não seja insustentável para a contraparte negociar (ceder). Na hipótese de arbitragem é conveniente observar que, segundo Nash, quaisquer decisões que se situem fora das fronteiras de Pareto implicarão quebra da pretendida imparcialidade do árbitro e um pedido de revisão dessas decisões.

O terceiro indica a existência da possibilidade de otimizar a decisão exatamente por tomar em consideração as maiores utilidades relativas dos litigantes e isso indica que ao perdedor o menor dano é sempre a máxima vantagem.

E o quarto e último reconhece a qualidade racional da decisão visto a partição seguir precisamente as utilidades dos litigantes e sua capacidade de fazer valer seus interesses ou direitos. É conveniente, contudo, atentar para a observação de Rapoport[108], que lembra que a essência do compromisso não está em sua formulação, mas na vontade das partes em acordar sobre as consequências de alguma fórmula, independentemente da situação particular em que se possam encontrar, isto é, no vigor da promessa.

A questão do poder negocial adquire relevo quando os sujeitos, quer de direito público, quer de direito privado, estão submetidos a ordenamentos de diferentes países. A negociação, em termos internacionais, envolve, preliminarmente, saber se as partes envolvidas aceitam adotar um dos procedimentos disponíveis, pois se, por um lado, a Organização das Nações Unidas (ONU) impõe o dever aos Estados-membros de solução pacífica de controvérsias que ponham em risco a paz internacional[109], de outro, os mecanismos conducentes a tal resultado são postos em ação, se as partes em litígio concordam ou se dispõem a utilizá-los, quer sejam membros da ONU ou não [art.35 (2)].

Ademais, os métodos tradicionais de solução de conflitos, embora sejam vistos por muitos como gêneros particulares, constituem em verdade e conforme se vê, espécies do gênero negociação. São tais métodos listados no artigo 33(1) da Carta da ONU: arbitragem, investigação, negociação, conciliação, solução judicial, recurso a entidades ou acordos regionais etc.[110] Esquecida a questão da jurisdição compulsória, que não se necessita tratar aqui, vê-se com clareza que tanto a arbitragem quanto a solução judicial como o recurso a entidades regionais consistem, meramente, em negociação com a presença de um terceiro, por hipótese, neutro e capaz de dizer a regra aplicável ao caso e de, de alguma maneira, exigir seu cumprimento e aplicação.

A investigação que objetiva, nos termos do artigo 34 da Carta, determinar se a continuação de tal controvérsia ou situação pode constituir ameaça à situação de paz ou segurança internacionais, representa medida preparatória para ulteriores intervenções da ONU, se a controvérsia não for dirimida, e compõe, neste quadro, o âmbito da intimidação. Já os acordos regionais consubstanciam o resultado de negociações anteriores e servem como elementos-guia para a nova negociação em andamento.

108 RAPOPORT, Anatol. **Lutas, jogos, debates**. Tradução: Sérgio Duarte. Brasília: UnB, 1980.

109 - Confrontar **Carta da Organização das Nações Unidas**, artigo 2(3) e **Resolução da Assembleia Geral 2025** (XXV), de 1970.

110 RANGEL, Vicente Marotta (org.) **Direito e relações internacionais**. São Paulo: RT, 1971, p. 31.

Como decorrência da soberania das partes em relação, a interveniência da ONU limita-se à extensão e intensão das condições assumidas pelos países signatários e, de fato, só há efetividade da conduta indicada pela ONU em decorrência do disposto no Capítulo VII da citada Carta e, em particular, nos artigos 41 e 42 (in verbis):

> 41. O Conselho de Segurança decidirá sobre as medidas que, sem envolver o emprego de forças armadas, deverão ser tomadas para tornar efetivas suas decisões e poderá convidar os Membros das Nações Unidas a aplicarem tais medidas. Estas poderão incluir a interrupção completa ou parcial das relações econômicas, meios de comunicação ferroviários, marítimos, aéreos, postais, telegráficos, radiofônicos, ou de qualquer outra espécie, e o rompimento de relações diplomáticas.
>
> 42. No caso de o Conselho de Segurança considerar que as medidas previstas no art. 41 seriam ou demonstraram que são inadequadas, poderá levar a efeito, por meio de forças aéreas, navais ou terrestres, a ação que julgar necessária para manter ou restabelecer a paz e a segurança internacionais. Tal ação poderá compreender demonstrações, bloqueios e outras operações, por parte das forças aéreas, navais ou terrestres dos Membros das Nações Unidas.

Cançado Trindade indica que em 50 casos selecionados de conflitos internacionais ocorridos entre 1945 e 1971, a negociação, mesmo com a interposição de terceiros, foi o método de maior sucesso[111].

Sob o presente ponto de vista, exceto quando há a atualização da coerção, a negociação consiste no único método disponível para a resolução das questões internacionais (sendo os "métodos" indicados na Carta da ONU, nada mais que espécies do gênero negociação).

A discussão acima conduz a um problema estrutural, que consiste na presença de um mediador ou agente negociador[112] no contexto da situação conflitiva, afetando-a de duas maneiras, pelo menos.

Em primeiro lugar, poderá suceder que as regras sob as quais tenha de atuar o agente mediador sejam tão estritas que este se veja impossibilitado de assumir a decisão desejável, em decorrência de regras procedimentais limitantes. Um exemplo no campo de análise decorre da situação dos juízes de direito ou dos árbitros, nacionais ou internacionais, que têm condicionantes legais à sua conduta e, ainda,

[111] TRINDADE, Antonio Augusto Cançado. Os métodos de solução pacífica de controvérsias internacionais. Tendências recentes. **Revista de Informação** Legislativa, ano 21, n. 82, Senado Federal, março 1984, p. 5-32.

[112] Cf. SCHELLING, Thomas, op. cit., em particular: Segunda Parte – **Una reorientación de la Teoría de los Juegos**, p. 103-198.

outras derivadas de forças sociais (meios de comunicação, partidos políticos, coalizões de interesses etc.).

Uma segunda possibilidade deflui da situação em que o agente negociador tenha vínculos com uma das partes e não possa declarar suspeição. Um exemplo é aquele da companhia de seguros que, ao intervir em nome de seu segurado num eventual processo de ressarcimento por acidente, por aquele cliente, sofrido, deixa-o numa situação desfavorável para acioná-la se, em decorrência de acordo extrajudicial, termina por receber menos que o efetivo prejuízo suportado.

Outro elemento comum na esfera negocial é a configuração de um precedente. Mais claramente e por exemplo: o estudante de Lógica acredita não se encontrar preparado para realizar a prova que deve fazer e solicita ao professor que substitua esta exigência por um trabalho sobre a disciplina. O professor declara a impossibilidade de uma tal conduta, posto que, se adotada uma vez e estabelecido o precedente, sempre deverá ser assumida (por isonomia). Isto acontece porque uma das partes, o professor, tem um "público" ou auditório particular e o estudante, não. Este último pode tentar neutralizar esta situação excluindo o auditório e buscando estabelecer com o primeiro um acordo secreto.

Em termos de conflitos internacionais esta não será, por certo, uma situação anômala. Basta lembrar, neste contexto, as demoradas negociações quando interesses nacionais estão envolvidos antes do estabelecimento de reuniões de cúpula. Recorde-se, ainda, as estratégicas viagens realizadas pelos presidentes do Brasil, para não ir mais longe, nos três últimos governos, sempre precedida de outras, mais demoradas, de assessores próximos e em missão oficial.

Prosseguindo neste inventário preliminar ao estabelecimento de uma formulação estrutural do conflito, nota-se a existência de negociações entrecruzadas. Assim, se um país estiver negociando sua dívida externa com uma série de credores e estes, por sua vez, não têm outros devedores, o país devedor poderá tornar mais árduas as negociações, mostrando a cada um dos credores que, cedendo em um dos casos, deverá ceder em todos, alcançando, assim, uma situação insustentável e prejudicial a cada um de tais credores ao ser levado, o devedor, a uma situação de total inadimplência.

A existência de negociações futuras entre os mesmos interlocutores é um outro problema da relação negocial. As negociações contínuas implicam, a cada acordo, um comprometimento estratégico das partes: ceder em uma dada tratativa pode implicar cessões contínuas ao longo do tempo negocial e a tendência das partes em relação será a de endurecer cada um dos acordos, a fim de garantir um ponto de partida mais favorável para a próxima etapa negocial.

Outro aspecto a ser considerado consiste na possibilidade de compensação recíproca entre as contrapartes. Assim, por exemplo, supondo-se um determinado setor em que há, em face da amplitude dos investimentos, um oligopólio natural (como acontece em setores da petroquímica), os parceiros poderão realizar determinados investimentos, se houver uma compensação relativa de custos, de tal modo que cada um dos partícipes venha a experimentar alguma vantagem econômica. Numa questão envolvendo diferentes esferas de poder público, para dar outro exemplo, e interesses populares (como o previsto na Constituição Federal, artigo 225 e seus parágrafos, relativamente ao meio ambiente), sempre será possível que o custo decorrente de alguma ação civil pública seja rateado entre os atingidos pela decisão judicial.

Ou, ainda, pelo Protocolo de Kyoto, os países poluentes podem se envolver no financiamento de projetos de captura de gás carbônico em todo o mundo ou, ainda, na implementação de práticas ambientalistas.

Um caso hipotético extraído de Schelling ajudará a compreender melhor o ponto:

> [...] A 'agenda' tem particular importância nestes casos, vez que a concessão sobre algum outro objeto é o meio mais importante de compensação. Se podem ser entabuladas duas negociações simultâneas e relacionadas entre si, há a possibilidade de um meio de compensação. Se são estabelecidas separadamente, cada uma permanece como um objeto indivisível.
>
> Para uma das partes pode ser vantajoso manter isolada uma negociação, e para a outra, por outro lado, uni-la a outra distinta. Caso existam dois projetos, cada um dos quais representando um custo de três e cada um dos quais possui um valor de dois para A e de quatro para B e ambos são projetos que, intrinsecamente, devem ser realizados por um só homem e se a compensação é institucionalmente impossível, B não terá outro remédio senão satisfazer o custo total de cada um dos projetos, enquanto tais projetos se mantenham separados. Não pode esgrimir validamente a ameaça de não os realizar, já que A não tem nenhum interesse de fazê-lo por si mesmo. Mas se B consegue conjuntar ambos os projetos, oferecendo-se para viabilizar um deles, enquanto A faz o mesmo com o outro, pode, então, ameaçar efetivamente renunciar a ambos a menos que A leve a cabo um deles. A tem a seu alcance a opção de fazê-lo com um benefício de quatro e um custo de três e B vê seus próprios custos reduzidos à metade"[113].

Mas algumas outras características da negociação também devem ser discutidas: As palavras empregadas na discussão foram bem negociadas e definidas? Toda a informação disponível já foi obtida? É possível apresentar uma oferta tentativa e, uma vez aceita esta, retirá-la? Qual o custo implícito em fazê-lo? A rescisão para contratos celebrados em estado de perigo e em que intervenham o

113 - SCHELLING, Thomas C., op. cit., p. 47.

conhecimento por uma das partes do estado de necessidade de outra e, ainda, o abuso nas condições impostas à necessitada não configuraria, talvez, a garantia para o estabelecimento da oferta, sob tais condições, e sua posterior retirada? Ou, ainda, no mesmo diapasão, o previsto no Código de Processo Civil artigos 356 e 966, não forneceria elementos mais que aptos para vantagens negociais decorrentes de procedimento? Seria incorreto contratar um agente que venha a estabelecer ofertas à contraparte apenas para se ter uma ideia de suas intenções negociais? Será sempre possível estabelecer uma nova negociação quando se chegar a um impasse? Qual o peso dos impasses para a retomada das negociações? Será sempre possível agir mediante *interposta persona*, quando sucessivos impasses dificultarem a obtenção do objetivo? Até quando a contraparte será capaz de resistir ao processo negocial sem firmar posições irredutíveis? Há um tempo-limite para a negociação? O acordo a ser estabelecido é definitivo, isto é, pode ser completamente cumprido ou será preciso repactuar? Será possível, nesse caso, repactuar? A discussão pode ocorrer em ambiente restrito ou a presença de meios de comunicação é inafastável? Será possível oferecer engodos aos oponentes, isto é, encetar ações diversionistas? Dado um rol de negócios envolvendo as mesmas contrapartes, aqueles poderão ser tratados com os mesmos agentes, numa agenda única ou será possível e, se possível, desejável, fracioná-los e resolvê-los em conexões distintas? Será viável aliciar terceiros para compor a lide? Caso sejam empregadas manobras diversionistas, a descoberta do engodo terá peso na composição da lide? Poder-se-á manter controle de todas as variáveis relevantes?

Estas questões (e outras assemelhadas, em que se destacam as normas incidentes e a jurisprudência correspondente) vinculadas à negociação, de cuja importância não há necessidade de falar, poderão ser descritas, para os fins desta conjectura, como elementos de um conjunto (de fato, um vetor[114]) denominado fatores atuantes e designado pela letra F.

As ações[115], comportamentos e decisões envolvidos nas situações negociais serão chamados, como já se disse, de estratégias e o conjunto das estratégias (e_1, e_2, ... e_n) em uma determinada negociação N será designado por E_n.

É preciso, ainda, que se reconheçam diferentes categorias de ação e comportamento. Um comportamento corresponde à adoção sequenciada de ações numa determinada situação. Há comportamentos que parecem oriundos de arcos reflexos e condicionamentos, como, por exemplo, levantar os braços para a

114 Tem intensidade, direção e sentido.

115 O significado das ações depende da autorreferência dos atores nela implicados e do contexto situacional precedente e consecutivo, isto é, a ação só se torna concreta em uma dada situação e, ainda assim, terá distintos significados para diferentes atores sociais, embora negociem- previamente – o sentido de suas expressões.

defesa contragolpes dirigidos ao corpo ou à cabeça; encolher-se em situações de perigo, de temor ou frio; calar-se diante da exasperação verbal do interlocutor etc. Há, entretanto, a ação intencional reflexiva, isto é, aquela voltada à obtenção de resultados e que pode ser de dois tipos: interativa, quando estabelece o vínculo entre dois atores, ou não interativa, quando representa a relação entre o ator e o sistema.

A ação intencional reflexiva interativa pode[116] ser: conflitiva, estratégica cooperativa ou estratégica comunicativa. Aquela não interativa: instrumental, comportamental ou informativa. A conflitiva pode corresponder à guerra propriamente dita; ao enfrentamento sem limites e ao estabelecimento de hostilidades.

A estratégica cooperativa em que os atores cometem ou deixam de cometer ações conforme tratativas prévias. Pode-se pensar, em abordagem de apenas alguns aspectos da lide excluindo-se outros mutuamente danosos; desistência recíproca de alguma atividade, por exemplo, da exigência de perícia sobre autenticidade de algum documento, do exame de verificação de paternidade presumida etc.

A estratégica comunicativa está presente em qualquer diálogo, até mesmo naquele de Adão e Eva, segundo o Brás Cubas de Machado de Assis. O longo e aparente monólogo das petições encerra, em verdade, a dialogia autor-intérprete ou a trilogia: advogado-advogado-juiz etc. compondo a sutil trama negocial que tem seu desenlace na sentença, de resto um texto que busca finalizar o conflito mercê da constituição de uma situação derradeira apta a contemplar, ou – por vezes – não, os interesses das partes frente às pré-condições existentes.

A aplicação desses comportamentos ou ações sobre estados de coisas dados e componentes de uma situação de partida compõe, na sequência de decisões, o estabelecimento de uma estratégia. Os r.p.g. (*role playing games*) permitem a cada ator percorrer uma determinada estratégia até o final do jogo. Na vida real, em que os percursos estratégicos são mais longos, acaba-se por perfazer conjuntos integrados de estratégias que comporão o que se pode chamar uma política para lidar com um conflito ou conjunto de estados conflitivos.

Quando se diz que o governo estabelece políticas públicas para o desenvolvimento afirma-se, *ipso facto*, que o governo agenda e desenvolve, em determinados cenários (isto é, conjuntos de estados de coisas), estratégias almejando um determinado fim, qual seja, o de decidir conflitos de ordem pública, mediante a alteração de situações por via de suas estratégias.

Para indicar o conjunto de todas as consequências derivadas da implementação das estratégias de todas as contrapartes envolvidas num conflito encontra-se

116 Classificação que não se pretende nem correta nem exaustiva, apenas útil.

uma situação resultante e para tanto, chamar-se-á a tal conjunto de situações[117], e se o designará por ***S***.

Tendo as contrapartes assumido suas estratégias (E_n) ter-se-ão as seguintes possibilidades: 1) **S** aleatório e as probabilidades de sua realização decorrem de E_n, algo como uma partida de damas em que o prêmio seja uma rifa; 2) E_n pode resultar em diferentes **S** — isto implicaria admitir a existência de algum fator atuante não incluído em F, o que, por definição, não é possível para se ter um modelo capaz de descrever adequadamente o conflito; 3) dado E_n, o conjunto **S** está completamente determinado[118]. Esta consequência é que interessa, a fim de assegurar a univocidade de **S** e a adequação do modelo.

Por **G** serão designados os grupos de interesse (coalizões ou amicus curiae, por exemplo) ou partícipes individuais envolvidos por pretensões a quaisquer decorrências do conflito (**S**).

Finalmente, é necessário expressar em que consistem os interesses de **J**, o jogador. Em termos matemáticos pode-se denotar esta escolha pela apresentação de um par de situações e indicando qual delas prevalece, em termos de simples preferência, sobre a outra. É claro que podem ocorrer situações únicas quanto à preferência de **J**, v.g. em decisões de cunho ético. Nesses casos basta supor um par constituído pelo interesse incomparável e outro de interesse nulo.

Indica-se que uma situação s1 é preferível, para J, a outra s2 através da seguinte notação: s1PJs2. Um modo mais genérico, do ponto de vista matemático, de se descrever este fato é o seguinte: para cada negociação **n**, para todas as situações S define-se uma função L de tal modo que s1PJs2 ocorre sempre que **L**(s1) maior que **L**(s2). A função **L** é conhecida como a função lucro da negociação. É de se notar que o lucro numa lide jurídica, mesmo quando a "vitória" é completa, consiste no mínimo prejuízo tendo em vista o tempo de disputa.

117 A natureza topológica da palavra "situação" remete à existência da possibilidade de se examinar o problema da negociação por intermédio de pontos de acumulação que, conjugados, estabelecem um caminho crítico realizável para a decisão da lide. Excluindo o tratamento formal, dir-se-ia que as decisões orbitam, salvo em casos patológicos, em zonas de probabilidade estreitas em face das condições de contorno (estados de conhecimento) disponíveis para os atores e, em particular, naquelas do âmbito jurídico, ainda mais próximas e estritas em face do vínculo legal das decisões e ao devido processo legal para se as alcançar.

118 Cumpre ressaltar que o conceito de "situação" empregado indica, fortemente, que essa é função implícita das estratégias e do tempo. Ademais, as situações são covariantes e podem ser compossíveis, isto é, em face de um dado conflito multilateral será possível manter sob relativo controle algumas dessas facetas e interferir fortemente em outras, coexistindo tais situações contemporaneamente. Por outra parte, em face da estrutura covariante e interrelacional das situações, alterações praticadas sobre uma poderão ocasionar correspectiva e até simultânea alteração de todas as demais, de parte das demais e, mesmo, de nenhuma das demais. Entretanto, prefixando-se o conjunto total de estratégias, definir-se-á o conjunto das possíveis situações resultantes.

Assim, de modo formal, um conflito pode ser descrito estruturalmente como a quíntupla, que é conhecida como um **jogo:**

<**F,** En (n Ɛ N), **S**, G, **L**>

Tal quíntupla representa a estruturação matemática de um jogo ou, mais precisamente, um modelo matemático de um conflito genérico. A situação (de situ = lugar e actione = ação) representa não apenas a localidade em que se exerce a atividade, mas, ainda, o tempo em que se executa a ação, vez que esta não é instantânea, e constituirá, neste modelo, uma função implícita da(s) estratégia(s) desenvolvidas no tempo, isto é: $S = f(E_n, t)$.

Permitindo que escrevamos a quíntupla como um terno

<**F,** S, **G**>

vez que o conjunto de fatores atuantes é uma quantidade que tem direção e sentido e o conjunto dos grupos de pressão, também é uma resultante que tem módulo, direção e sentido, isto é, são quantidades vetoriais e a função lucro, que sempre se constituiu em particular dificuldade para o utilitarismo anglo-saxão, fica absorvida pela identificação da estratégia mais adequada para se chegar ao resultado pretendido.

A representação desse terno: rx = **S**; ry = **F**; rz = **G** em um espaço tri-ortogonal permitirá que, ao se identificar a resultante (r) se encontre o ponto de acumulação e uma bola aberta topológica, nele centrada, em seu redor, de raio tão variável quanto mais complexo (*hard cases*, no sentido de Dworkin, por exemplo) o conflito a ser decidido e em que estará a decisão desse conflito.

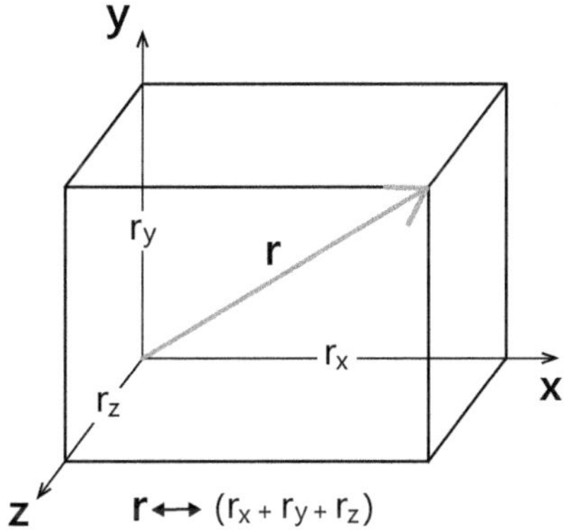

Decisão de um conflito em sentido técnico:
Fonte Elaboração própria.

Além disso, deve-se notar, que o conjunto das estratégias constitui uma política que, por sua vez, pode ser desmembrada, para efeito de avaliação, em subpolíticas. O conjunto de todas as políticas que promovem a correlação entre os campos da civilidade e cultura constitui a Política e é realizado pelas ações de operadores e agentes socioculturais e jurídicos.

A distinção entre operadores e agentes consiste em que os primeiros dispõem de poder para realizar seus intentos e os segundos apenas se limitam a executar as operações preestabelecidas. Quando os agentes se mobilizam em entidades passam à condição de operadores.

A chamada *Teoria dos Jogos* lida, fundamentalmente, com o estudo de conflitos tratados como jogos no sentido desta definição, que, embora pareça excessivamente abstrata e formal, abarca todas as componentes inevitavelmente presentes nos conflitos tais como descritos neste livro e, em particular, nas lides jurídicas.

Resta a explanar o conceito de otimização de decisões: de maneira aproximada e formal, significaria obter para cada negociação o máximo valor de L, ou, em situações reais, por efeito da teoria de propensões, o mínimo de perda, isto é, a eliminação de escolhas/decisões inúteis (em sentido técnico: se p representa a utilidade de uma dada decisão, (1-p) representará sua inutilidade, isto é, o conjunto complementar de todas as escolhas indesejadas pelo sujeito).

No caso do *dilema dos dois prisioneiros*[119], em que ambos serão afetados por suas escolhas por efeito de perda de liberdade, a função lucro tem valores negativos, vez que indica perdas para os jogadores: para cada um deles, seu máximo corresponde à mínima perda, ou seja, seu dilema corresponde a um dos casos alcançados pelo teorema do minimax.

E cada um dos prisioneiros deverá buscar o descarte dos valores mais negativos, isto é, das penas mais onerosas. Via de regra, em situações de incerteza, o comportamento mais indicado consiste em eliminar aquelas que impliquem maior perda. Esse traço característico da condição humana permite, por sua vez, antecipar as condutas ocultas da contraparte e tornar esse ludus puerorum um pouco mais previsível e, ao mesmo tempo, sustentável e mais difícil, pois o mesmo princípio se aplica a qualquer conduta.

[119] Ver a respeito: PUGLIESI, Márcio. **Teoria do Direito**. 2ª. Ed., São Paulo: Saraiva, 2009, p. 205-206.

REFERÊNCIAS

AARNIO, Aulis; GARZÓN VALDÉS, Ernesto; UUSITALO, Jyrki. **La normatividad del derecho**. Barcelona: Gedisa, 1997.

ABENDROTH, Wolfgang; FORSTHOFF, Ernst; DOEHRING, Karl. **El Estado Social**. Madrid: Centro de Estudios Constitucionales, 1986.

ABRANTES, Paulo (org.). **Epistemologia e cognição**. Brasília: EdUnB, 1994.

ABUSCH, Dorit. Applying Discourse Semantics and Pragmatics to Co-reference in Picture Sequences. **Sinn und Bedeutung 17, Proceedings**, École Normale Supérieure, 2012.

ACKOFF, Russell L. **Redesigning the future**: A systems approach to societal problems. New York: John Wiley & Sons, 1974.

ADEODATO, João Maurício. **Ética & Retórica**. Para uma teoria da dogmática jurídica. 4ª. Ed., São Paulo: Saraiva, 2009.

ADORNO, Theodor W. et alii. **A disputa do positivismo na Sociologia alemã**. Org. Márcio Pugliesi, Tradução: Ana Laura et alii, São Paulo: Ícone, 2014.

ADSHAW, J. **Software Agents**. Cambridge (Mass): MIT, 1997.

AGOSTINHO. **Confissões**. Tradução: Arnaldo do Espírito Santo & Domingos Lucas Dias; João Beato; Maria Cristina de Castro-Maia de Souza Pimentel. Lisboa: Imprensa Nacional-Casa da Moeda, 2004.

ALAMI, Sophie; DESJEUX, Dominique; GARABUAU-MOUSSAOUL, Isabelle. **Os métodos qualitativos**. Tradução: Luís Alberto S. Peretti, Petrópolis/RJ: Vozes, 2010.

ALEXY, Robert. **Teoria dos direitos fundamentais**. 5. ed., Tradução: Virgílio Afonso da Silva. São Paulo: Malheiros, 2008.

ALEXY, Robert. **El concepto y la validez del Derecho y otros ensayos**. Barcelona: Gedisa, 2004.

ALEXY, Robert. **Teoria da Argumentação Jurídica**: a teoria do discurso racional como teoria da justificação jurídica. Tradução: Zilda Hutchinson Schild Silva, São Paulo: Landy, 2001.

ALEXY, Robert. **Teoría de los derechos fundamentales**. Tradução: Ernesto Garzón Valdés, Madrid: Centro de Estudios Constitucionales, 1993.

ALEXY, Robert. **Theorie der Grundrechte**. Frankfurt: Suhrkamp, 1986.

ALEXY, Robert. Zum Begriff des Rechsprinzips. **Rechtstheorie**, Beiheft 1, 1979.

ALLAIS, Maurice. ***Le comportement de l'homme rationnel devant le risque:*** critique des postulats et axiomes de l'école américaine. **Econometrica,** n. 21, 1953, p. 503-546.

ALTHUSSER, Louis. **Ideologia e aparelhos ideológicos de Estado**. Tradução: Joaquim José de Moura Ramos. 3ª. ed. Lisboa: Presença, 1980.

AMARAL ROCHA FILHO, Sylvio. **Sentimento**: móvel de qualquer decisão – a busca de sentença que satisfaça os atores do direito. Dissertação de mestrado. São Paulo: PUC-SP, 2004.

AMARAL JÚNIOR, José Levi Mello do. Interpretação e aplicação das normas constitucionais: entre deferência e ativismo, o rigoroso apego à democracia representativa. **RIL**. Brasília a. 59 n. 235, jul./set. 2022.

ANDRADE, João Sousa. **Algumas Observações sobre a Metodologia da Economia**. Coimbra: Faculdade de Economia Universidade de Coimbra, 1997.

ANÔNIMO. **O Livro dos Mortos do Antigo Egito**. Tradução: Márcio Pugliesi e Norberto de Paula Lima, Hemus, 1978.

ANSCOMBE, E.; GEACH, P. T. **Descartes**: Philosophical Writings. London: Nelson, 1969.

APOLLONIOS de Rhodes. **Argonautique**s, vol. 1, chant I-II, texte établi e commenté par Francis Vian, Tradução: par Émile Delage, Paris: Les Belles Lettres, 1995.

APOLLONIOS de Rhodes. **Argonautiques**, vol. 2, chant III, texte établi e commenté par Francis Vian, Tradução: par Émile Delage, Paris: Les Belles Lettres, 1995.

APOLLONIOS de Rhodes. **Argonautiques**, vol. 3, chant VI, texte établi e commenté par Émile Delage, Paris: Les Belles Lettres, 1995.

ARAÚJO, Nádia de. **Direito Internacional Privado**: teoria e prática brasileira. 1 ed. Porto Alegre: Revolução Ebook, 2016.

ARCHIBUGI, Danielle; HELD, David; KÖHLER, Martin. **Re-imagining Political Community** – Studies in Cosmopolitan Democracy. Stanford: Stanford, 1998.

ARENDT, Hannah. **A promessa da política**. Organização e introdução Jerome Kohn. Tradução: Pedro Jörgensen Jr. 2ª ed., Rio de Janeiro: DIFEL, 2009.

ARENDT, Hannah. **Responsabilidade e Julgamento**. ed. e rev. Bethânia Assy e André Duarte, Tradução: Rosaura Eichenberg, São Paulo: Companhia das Letras, 2004.

ARENDT, Hannah. **A vida do Espírito**: o pensar, o querer, o julgar. Tradução: Antônio Abranches, Cesar Augusto R. de Almeida e Helena Martins, rev. téc. Antônio Abranches. Rio de Janeiro: Relume Dumará/edUFRJ, 1992.

ARENDT, Hannah. **Eichmann em Jerusalém**: um relato sobre a banalidade do mal. Tradução: Sônia Orieta Heinrich. São Paulo: Diagrama e Texto, 1983.

ARISTOTE. (2014) **Œuvres complètes.** Direction Pierre Pellegrin, Paris: Flammarion, 2014.

ARISTÓTELES. **Ética a Nicômaco.** Tradução: António de Castro Caeiro. São Paulo: Atlas, 2019.

ARISTÓTELES. Ética a Nicômaco. Poética. Seleção de textos de José Américo Motta Pessanha. 4. ed. São Paulo: Nova Cultural, 1991.

ARMSTRONG, D.M.; MARTIN, C.B. (eds.). **Locke and Berkeley** – a collection of critical essays. Notre Dame (Indiana)/London: Notre Dame, 1968.

ARNESON, Richard J. (1989) Equality and equal opportunity for welfare. **Philosophical Studies 5**6, 1989, p. 77-93.

ARNESON, Richard J. Liberalism, distributive subjectivism, and equal opportunity for welfare. **Philosophy and Public Affairs 19**, 1990, p.159-194.

ARNESON, Richard J. Luck egalitarianism and prioritarianism. **Ethics**, 110, 2000, p. 339-49.

ARRABAL, Alejandro Knaesel; ENGELMANN, Wilson; KUCZKOWSKI, Sidnei. Filosofia da linguagem e giro linguístico: implicações para os direitos autorais. **Scientia Iuris**, Londrina, v. 20, n. 2, jul. 2016, p. 87. DOI: https://doi.org/10.5433/2178-8189.2016v20n2p81.

ASÍS ROIG, Rafael de. **Las paradojas de los derechos fundamentales como límites al poder**. Madrid: Debate, 1992.

ASSIS, Machado de. **Memórias Póstumas de Braz Cubas**. São Paulo: W.M. Jackson, 1944.

ASSIS e SILVA, Francisco de. **Ficções Jurídicas em Hans Vaihinger**. São Paulo: Instituto Kora, 2012.

AUDARD, Cathérine (Coord.). **John Rawls**: politique et métaphysique. Paris: PUF, 2004.

AUSTIN, John. **The Province of Jurisprudence Determined**. London: John Murray, 1832.

AUSTIN, John L. **How to do things with words**. Oxford: Oxford, 1962.

AUTUORI, Luiz; SPITZ, Tania M. Autuori; OSSI, Vera Lúcia Autuori. **Regulae Iuris** (Regras de Direito). Rio de Janeiro: Tavares e Tristão, 1974.

ÁVILA, Flávia; BIANCHI, Ana Maria. (orgs). **Guia de Economia Comportamental e Experimental**. Edição revista e atualizada, Tradução: Laura Teixeira Motta & Paulo Futagawa, rev. Taís Rocha, São Paulo: Economia Comportamental, 2015.

ÁVILA, Humberto. **Teoria dos Princípios** - da definição aos princípios jurídicos. 4ª ed. São Paulo: Malheiros, 2006.

AYER, Alfred Julius. **Lenguage, Verdad y lógica**. Tradução: Marcial Suárez. Barcelona: Martínez Roca, 1971.

AYER, Alfred Julius. **O problema do conhecimento**. Tradução: Vieira de Almeida. Lisboa: Ulisseia, s/d.

AYER, Alfred Julius. **As ideias de Bertrand Russell**. Tradução: Leônidas Hegenberg e Octanny Silveira da Mota. São Paulo: Cultrix/EDUSP, 1974.

AZEVEDO, P. R. A. de; CABACINHA, P. M. de C. Proteção multinível dos direitos humanos: lógica monista ou dualista do direito? **Revista de Direitos e Garantias Fundamentais**, [S. l.], v. 22, n. 1, p. 11–36, 2021. DOI: 10.18759/rdgf.v22i1.1659. Disponível em: https://sisbib.emnuvens.com.br/direitosegarantias/article/view/1659. Acesso em: 17 mar. 2024.

AZEVEDO, Rodrigo Ghiringhelli de. Justiça Penal e segurança pública no Brasil: causas e consequências da demanda punitiva. **Revista Brasileira de Segurança Pública**. Ano 3. Mar/abr, 2009, p. 94 - 113.

BACHELARD, Gaston. **Le nouvel esprit scientifique**. Paris: PUF, 1975.

BADIOU, Alain. **Sobre o conceito de modelo**: introdução a uma epistemologia materialista das matemáticas. Tradução: Fernando Bello Pinheiro, Lisboa: Estampa, 1972.

BAKHTIN, Mikhail. **Estética da criação verbal**. 5ª. Ed., Tradução: Paulo Bezerra, São Paulo: Martins Fontes, 2010.

BAKHTIN, Mikhail. **Estética da criação verbal**. São Paulo: Martins Fontes, 2010.

BAKHTIN, Mikhail. **Esthétique et theorie du roman**. Tradução: Daria Olivier, Paris: Gallimard, 1978.

BANDEIRA DE MELLO, Celso Antônio. **Curso de direito administrativo**. 10.ª ed. São Paulo: Malheiros, 1998.

BARACHO, José Alfredo de Oliveira. A. **Direito processual constitucional**: aspectos contemporâneos. Belo Horizonte: Fórum, 2008.

BARAK, Aharon. **Proportionality**: Constitutional Rights and their Limitations, Cambridge: Cambridge, 2012.

BARREIRO, Alejandrino Fernández; PARICIO, Javier. **Historia del derecho romano y su recepción europea**. Madrid: Marcial Pons, 2010.

BARROS, Gustavo. Herbert A. Simon and the concept of rationality: Boundaries and procedures. **Brazilian Journal of Political Economy**, vol. 30, nº 3 (119), p. 455-472, July-September/2010.

BARROSO, Luís Roberto. Colisão entre Liberdade de Expressão e Direitos da Personalidade. Critérios de Ponderação. Interpretação Constitucionalmente adequada do Código Civil e da Lei de Imprensa. **Migalhas**, 3 out. 2013. Disponível em: http://www.migalhas.com.br/arquivo_artigo/art_03-10-01.htm. Acesso em: 13 mar. 2024.

BARROSO, Luís Roberto. **Curso de direito constitucional contemporâneo**: os conceitos fundamentais e a construção do novo modelo. São Paulo: Saraiva, 2009.

BARROSO, Luís Roberto. Neoconstitucionalismo e Constitucionalização do Direito: o triunfo tardio do direito constitucional no Brasil. **Revista de Direito Administrativo.** Rio de Janeiro, 240, p. 1-42. Abr./Jun. 2005. Disponível em https://doi.org/10.12660/rda.v240.2005.43618. Acesso em: 15 jan. 2022.

BASTOS, Aurélio Wander. **O ensino jurídico no Brasil**. 2. ed., Rio de Janeiro: Lumen Juris, 2000.

BASTOS, Rodrigo Reis Ribeiro. (2016) **Fundamentos para a informatização do Direito**: a possível influência dos Teoremas da Incompletude de Kurt Goedel na construção da norma hipotética fundamental de Hans Kelsen. Tese de doutorado – PUCSP. Disponível em: https://tede2.pucsp.br/bitstream/handle/7017/1/Rodrigo Reis Ribeiro Bastos.pdf. Acesso em: 2 maio 2024.

BAUMAN, Zygmunt. **Vida Líquida**, 9ª. Ed., Barcelona: Paidos, 2015.

BAUMAN, Zygmunt; DONSKINS, Leonidas. **Cegueira Moral** – a perda da sensibilidade na modernidade líquida. Tradução: Carlos Alberto Medeiros, Rio de Janeiro: Zahar, 2014.

BAUMAN, Zygmunt. **Medo líquido**. Tradução: Carlos Roberto Medeiros. Rio de Janeiro: Zahar, 2008.

BAUMOL, William J. **Economic Theory and Operational Analysis**. 2ª. ed., New Jersey: Prentice-Hall, 1965.

BECKER, Howard S. **Uma teoria da ação coletiva.** Tradução: Marcia Bandeira de Mello Leite Nunes, Rio de Janeiro: Zahar, 1977.

BENTHAM, Jeremy. **An Introduction to the principles of morals and legislation.** New York: Dover, 2016.

BENTHAM, Jeremy. **Uma introdução aos princípios da moral e da legislação.** Tradução: Luiz João Baraúna, São Paulo: Abril, Os pensadores (Bentham/Mill), 1975.

BENVENISTE, Émile. **Últimas aulas no Collège de France (1968-1969).** Tradução: Daniel Costa da Silva et alii, São Paulo: EdUNESP, 2014.

BERGER, Peter I. **La construcción social de la realidad**. Tradução: Silvia Zuleta, rev. tec. Marcos Gimenez Zapiola. Buenos Aires: Amorrortu, 1998.

BERGER, Peter I.; LUCKMANN, Thomas. **A Construção Social da Realidade** – Tratado de Sociologia do Conhecimento. 2ª. ed., Tradução: Floriano de Souza Fernandes. Petrópolis/RJ: Vozes, 1974.

BERNSTEIN, Basil. **Pedagogía, Control Simbólico e Identidad**. Madrid: Morata, 1998.

BERNSTEIN, Basil. **Teoria Geral dos Sistemas**. 3ª. Ed., Tradução: Francisco M. Guimaraes, Petrópolis: Vozes, 1977.

BERTALANFFY, Ludwig van et alii. **Tendencias en la Teoría General de Sistemas**. George J. Klir (sel.), Tradução: Álvaro Delgado e Andrés Ortega. Madrid: Alianza, 1978.

BETEGÓN, Jerônimo et alii (coords.). **Constitución y derechos fundamentales**. Madrid: Centro de Estúdios Políticos y Constitucionales, 2004.

BETIOLI, Antonio Bento. **Introdução ao Estudo do Direito**: lições de propedêutica jurídica tridimensional. 14. ed. São Paulo: Saraiva, 2015.

BIÉLER, André. **O pensamento econômico e social de Calvino**. Tradução: Waldir Carvalho Luz, rev. Sabatini Lelli, São Paulo: Presbiteriana, 1990.

BISPO, Adrielle da Silva; BINTO, Emanuel Vieira. CRIMES CIBERNÉTICOS: DA INEFICÁCIA DA LEI CAROLINA DIECKMANN NA PRÁTICA DE CRIMES VIRTUAIS. **Revista Ibero-Americana de Humanidades, Ciências e Educação**, [S. l.], v. 9, n. 11, 2023, p. 361. DOI: 10.51891/rease.v9i11.12291. Disponível em: https://periodicorease.pro.br/rease/article/view/12291. Acesso em: 4 mar. 2024.

BITTAR, Carlos Eduardo Bianca. **Introdução ao Estudo do Direito**: humanismo, democracia e justiça. 2. ed. rev. e amp. São Paulo: Saraiva, 2019.

BITENCOURT, Cezar Roberto. **Tratado de direito penal:** parte geral, v. 1. 21 ed. rev. e atual. 2015.

BLOCH, Marc. **La societé féodale**: les classes et le gouvernement des hommes. Paris: Albin Michel, 1949.

BLONDEL, Maurice. **L'Action**. Paris: PUF, 1973.

BOBBIO, Norberto. **Teoria do ordenamento jurídico.** Tradução: Ari Marcelo Solon. São Paulo: EDIPRO, 2011.

BOBBIO, Norberto. **Teoria Geral do Direito.** Tradução: Denise Agostinetti. 3. ed. São Paulo: Martins Fontes, 2010.

BOBBIO, Norberto. **O positivismo jurídico**: lições de Filosofia do Direito. Tradução: e notas Márcio Pugliesi, Edson Bini e Carlos E. Rodrigues. São Paulo: Ícone, 2006.

BOBBIO, Norberto. **Teoria do Ordenamento Jurídico**. 10°. Ed., Tradução: Maria Celeste Cordeiro Leite Santos, rev. tec. Cláudio De Cicco, Brasília: EdUnB, 1999.

BOBBIO, Norberto. **O positivismo jurídico**: lições de Filosofia do Direito. Tradução: Márcio Pugliesi, Carlos E. Rodrigues e Edson Bini, São Paulo: Ícone, 1995.

BONAVIDES, Paulo. **Ciência política**. 13ª ed. São Paulo: Malheiros, 2006.

BONAVIDES, Paulo. **Curso de Direito Constitucional**. 12ª ed. São Paulo: Malheiros, 2002.

BONAVIDES, Paulo. **Teoria constitucional da democracia participativa**: por um direito constitucional de luta e resistência, por uma nova hermenêutica, por uma repolitização da legitimidade. São Paulo: Malheiros, 2001.

BOREL. Emile. **Probabilidade e Certeza**. 2ª. ed. São Paulo: DIFEL, 1966.

BORGES DE CARVALHO, Lucas. (2013) Caminhos (e descaminhos) do pluralismo jurídico no Brasil. WOLKMER, Antonio Carlos; VERAS Neto, Francisco Q. (orgs.). **Pluralismo Jurídico – os novos caminhos da contemporaneidade**. 2ª. ed., São Paulo: Saraiva, 2013.

BORNHEIM, Gerd. O Sujeito e a Norma. **Ética**, 6ª ed. Companhia das Letras, São Paulo, 1992.

BORST, C.V. (ed.). **The mind/brain identity theory**. London & Basingstoke: MacMillan, 1970.

BOUDON, Raymond. **A Quoi Sert la Notion de 'Structure'?** Essai sur la Signification de Structure dans les Sciences Humaines. Paris: Gallimard, 1968.

BOULANGER, Jean. **Principes généraux du droit positif et droit positif.** Le Droit Prive Français au milieu du XXe siècle (Etudes offertes a Georges Ripert). Paris: LGDJ, 1950.

BOURDIEU, Pierre. **Sobre o Estado**: cursos no Collège de France (1989-92). Tradução: Rosa Freire d'Aguiar. 1ª ed. São Paulo: Companhia das Letras, 2014.

BOURDIEU, Pierre; PASSERON, Jean-Claude. **A reprodução**: elementos para uma teoria do ensino. Tradução de Reynaldo Bairão. Petrópolis: Vozes, 2012.

BOURDIEU, Pierre. **O poder Simbólico**, 4ª. ed., Tradução: Fernando Thomaz, Rio de Janeiro: Bertrand Brasil, 2001.

BOX, George E.P.; PANIAGUA-QUIÑONES, Carmen. Use of Strip-Strip-Block Design for Multi-Stage Processes to Reduce Costs of Experimentation, **Quality Engineering**, 20:1, 46-52, 2007.

BRANDÃO, Cláudio. **Lições de História do Direito Canônico e História do Direito em perspectiva.** Belo Horizonte: Editora D'Plácido, 2017.

BRASIL. Superior Tribunal de Justiça. **AgRg no REsp: 1418703 RJ 2013/0328148-0**, Relator: Ministro MARCO AURÉLIO BELLIZZE, Data de Julgamento: 24/05/2016, T3 - TERCEIRA TURMA, Data de Publicação: DJe 06/06/2016.

BRASIL. Supremo Tribunal Federal. **Ação Direta de Inconstitucionalidade 3.685/DF.** Relator: ELLEN GRACIE, Data de Julgamento: 22/03/2006, Tribunal Pleno, Data de Publicação: 10/08/2006. Disponível em: https://redir.stf.jus.br/paginadorpub/paginador.jsp?docTP=AC&docID=363397. Acesso em: 30 mar. 2024.

BRASIL. Supremo Tribunal Federal. **MS n. 37.097 / DF.** Disponível em: https://www.stf.jus.br/arquivo/cms/noticiaNoticiaStf/anexo/MSRamagem.pdf.

BRÉHIER, Louis. **La Civilisation Byzantine.** Paris: Albin Michel, 1950.

BRAUDEL, Fernand. **Civilização Material, Economia e Capitalismo, séculos XV-XVIII**: vol. I As Estruturas do Cotidiano: o possível e o impossível. Tradução: Telma Costa, São Paulo: Martins Fontes, 1995.

BRIDGMAN, Percy W. **The Logic of Modern Physics.** 3ª ed. New York: Macmillan, [1927], 1960.

BRIDGMAN, Percy W. **The Nature of Physical Theory.** Princeton: Princeton, 1936.

BRIEY, Laurent de. **O conflito dos paradigmas – Habermas, Renaut**: duas estratégias de renovação do projecto moderno. Tradução: Rui Pacheco, Lisboa: Piaget, 2009.

BRITO, Thiago Francisco da Silva. **Decisão e julgamento**: uma questão de relevância. Tese (Doutorado em Direito) - Faculdade de Direito da USP, 2010.

BRUUN, Hans Henrik. **Science, Values and Politics**. Max Weber's Methodology. Aldershot: Routledge, 2007.

BUCKLE, S. **Natural Law and the Theory of Property**. Grotius to Hume. Oxford: Clarendon, 1991.

BÜHLER, Axel. Abschied von der Kritischen Theorie. ALBERT, Gert e SIGMUND, Steffen (Orgs.). **Soziologische Theorie kontrovers**. Wiesbaden: VS, 2011, p. 494-497.

BÜHLER, Karl. **Teoría del lenguaje**. Tradução: Julián Marías. Madrid: Revista del Occidente, 1950.

BURGER, Thomas. **Max Weber's Theory of Concept Formation**. History, Laws, and Ideal Types. Durham: Duke, 1976.

BURGESS, Anthony. **Laranja Mecânica**. São Paulo: Aleph, 2006.

BURGESS, Anthony. **A Clockwork Orange Resucked**. A Clockwork Orange. New York: W. W. Norton & Company, 1986.

BURKE, Edmund. **Reflexões sobre a Revolução em França**, Brasília: EdUnB, 1997.

BURKE, Edmund. **Reflections on The Revolution in France and on the Proceedings in Certain Societies in London Relative to that Event in a Letter Intended to have been sent to a Gentleman in Paris**. London: J. Didley, 1790.

CÂMARA, Alexandre de Freitas. **Lições de Direito Processual Civil**. v. I, 16. ed. Rio de Janeiro: Lumen Juris, 2007, p. 20 e 33.

CALASSO, Francesco. **Medioevo nel diritto**: le fonti. Milano: Giuffrè, 1954.

CAMBI, Franco. **História da Pedagogia**. Tradução: Álvaro Lorencini, ed. UNESP, 1999.

CAMPILONGO, Celso Fernandes; GONZAGA, Alvaro; FREIRE, André Luiz. **Enciclopédia Jurídica da PUCSP**, tomo I (recurso eletrônico): teoria geral e filosofia do direito. São Paulo: Pontifícia Universidade Católica de São Paulo, 2017.

CANARIS, Claus-Wilhelm. **Pensamento sistemático e conceito de sistema na Ciência do Direito**. 2ª. Ed. Lisboa: Calouste Gulbenkian, 1996.

CANARIS, Claus-Wilhelm. **Direitos fundamentais e Direito privado**. Coimbra: Almedina, 2003.

CANOTILHO, José Joaquim Gomes. **Direito Constitucional e Teoria da Constituição.** 7ª ed. 13ª reimp. Coimbra: Almedina, 2007.

CANOTILHO, José Joaquim Gomes. **Estudos sobre direitos fundamentais**. Coimbra: Coimbra, 2004.

CANOTILHO, José Joaquim Gomes. **Direito Constitucional e Teoria da Constituição**. 3ª. Ed. Coimbra: Almedina, 1999.

CANOTILHO, José Joaquim Gomes. **Constituição dirigente e vinculação do legislador**: contributo para a compreensão das normas constitucionais programáticas. Coimbra: Coimbra, 1994.

CANOTILHO, José Joaquim Gomes. **Direito Constitucional**. 6ª. ed. Coimbra: Almedina, 1993.

CAPRA, Fritjof; LUISI, Pier. L. **A visão sistêmica da vida**: uma concepção unificada e suas implicações filosóficas, políticas, sociais e econômicas. São Paulo: Cultrix, 2014.

CARDOSO DE MELLO, João Manuel; NOVAIS, Fernando. **Capitalismo tardio e sociabilidade moderna**. 2ª. Ed., Campinas/São Paulo: edUNESP/FACAMP, 2009.

CARDOZO, Benjamin. The nature of the judicial process. **Journal of Law** (1 chapter one), number 2 (2011), 329-348.

CARITAT, Jean Antoine Nicolas de: Marquis de Condorcet. **Sur les Élections et autres textes**, Corpus des Oeuvres de Philosophie en Langue Française, Paris: Fayard, 1985 – Texto original produzido em 1782.

CARNEIRO LEÃO, Emmanuel. **Heidegger e a Modernidade**: a correlação de Sujeito e Objeto. In Tempo Brasileiro, 50, 1977, p. 3-26.

CARVALHO, Paulo de Barros. **Curso de direito tributário**. 30 ed. São Paulo: Saraiva, 2019.

CASTELLS, Manuel. **A era da informação: economia, sociedade e cultura**. vol. I, A sociedade em rede. Tradução: Roneide Venâncio Majer e colab. Klauss Brandini Gerhardt. Rio de Janeiro: Paz e Terra, 2003.

CAVALCANTI, Themístocles Brandão. **Teoria do Estado.** 3ª ed. São Paulo: RT, 1977.

CAYGILL, Howard. **Dicionário Kant**. Tradução de Álvaro Cabral. rev. téc. de Valério Rohden, Rio de Janeiro: Jorge Zahar, 2000.

CELANO, Bruno. "Defeasibility" e bilanciamento. Sulla possibilità di revisioni stabili. **Diritti & questioni pubbliche**, n° 2, agosto, 2002.

CHAMON JUNIOR, Lúcio Antônio. **Filosofia do Direito na Alta Modernidade**: incursões teóricas em Kelsen, Luhmann e Habermas. 2ª ed. rev. e ampl. Rio de Janeiro: Lumen Juris, 2007.

CHARTIER, Roger. **Origens Culturais da Revolução Francesa**. Tradução: George Schlesinger, São Paulo: EdUNESP, 2009.

CHOUKR, Fauzi Hassan. A leitura do STF sobre o sistema recursal e o início da execução da pena: a pauperização do comparatismo à brasileira. **Revista Brasileira de Direito Processual Penal**, Porto Alegre, vol. 4, n. 3, p. 1119-1142, set/dez. 2018.

CHURCHMAN, C. West. **The systems approach**. New York: Delf, 1978. Tradução: port.: Introdução à teoria dos sistemas. Tradução: Francisco M. Guimarães, 2ª. ed. Rio de Janeiro: Vozes, 1971.

CICCO, Cláudio de. **Direito**: Tradição e Modernidade – poder e autoridade no Direito e no Estado das origens romanas ao Direito brasileiro moderno. São Paulo: Ícone, 1993.

CÍCERO, Marco Túlio. **Sobre as Leis**. Tradução: introd. notas: Bruno Amaro Lacerda & Charlene Martins Miotti, Juiz de Fora: EdUFJF, 2021.

CLOUGH, Sheppard B.; MOODIE, Carol Gayle. **História Económica de Europa**. Tradução: Eduardo Goligorsky. Buenos Aires: Paidós, 1968.

COELHO, Fábio Ulhôa. **Manual de direito comercial**: direito de empresa. 23 ed. São Paulo: Saraiva, 2011.

COELHO, Luiz Fernando. **Teoria Crítica do Direito**. 2°. Ed., Porto Alegre: SAF, 1991.

COELHO, J. G.; BROENS, M. C.; GONZALEZ, Maria Eunice Quilici (Orgs.). **Encontro com as Ciências Cognitivas**. 1ª. ed. São Paulo: Cultura Acadêmica, 2007.

COHEN, Gerald Allan. Equality of what? On welfare, goods and capabilities. **Recherches Économiques de Louvain 56**, 1990, p. 357-382.

COHEN, Gerald Allan. On the currency of egalitarian justice, **Ethics 99**, n. 4, Chicago: Chicago, 1989, p. 906-944.

COLEMAN, Jules. **The pratice of principle**: in defense of a pragmatist approach to legal theory. Oxford: Oxford University, 2001.

COMTE-SPONVILLE, André. **Uma educação filosófica**. Tradução: Eduardo Brandão, São Paulo: Martins Fontes, 2001.

COSSIO, Carlos. **Teoría de la Verdad Jurídica**. Buenos Aires: Losada, 1954.

CORTELLA, Mário Sérgio. **A Escola e o Conhecimento**: fundamentos epistemológicos e políticos. 12ª. Ed. revista e ampliada, São Paulo: Cortez, 2008.

COSTA LIMA, Luiz (org.). **O estruturalismo de Lévi-Strauss**. Petrópolis/RJ: Vozes, 1968.

COULANGES, Fustel de. **La cité antique**. Paris: Champs/Flammarion, 1964.

COURNOT, Augustin. **Recherches sur les principes mathématiques de la théorie des richesses**. Paris: Hachette, 1838.

COURTIS, Christian; ABRAMOVICH, Victor. **Los derechos sociales como derechos exigibles**. Madrid: Trotta, 2004.

CRETELLA JÚNIOR, José. **Introdução ao Estudo do Direito**. Rio de Janeiro: Ed. Forense, 1984.

CUNHA, Paulo Ferreira da. Prolegômenos a toda a hermenêutica constitucional futura: Constituição, norma e princípios. MOREIRA, Eduardo Ribeiro; PUGLIESI, Márcio. (coord.). **20 anos da Constituição Brasileira**. São Paulo: Saraiva, 2009.

DALLARI, Dalmo de Abreu. **Elementos de teoria geral do Estado.** 33ª ed. São Paulo: Saraiva, 2016.

DANIELS, Norman (Ed.). **Reading Rawls**. Stanford: Stanford, 1989.

DANTAS, David Diniz. Introdução à Teoria dos Princípios Constitucionais. MOREIRA, Eduardo Ribeiro; PUGLIESI, Márcio. (coord.). **20 anos da Constituição Brasileira**. São Paulo: Saraiva, 2009.

DANTAS, Paulo Roberto de Figueiredo. **Direito Processual Constitucional**. 10 ed. rev. e atual. Indaiatuba/SP: Editora Foco, 2021.

DAVID, René. **Os grandes sistemas do Direito contemporâneo**: Direito comparado. Tradução: Hermínio A. Carvalho. Lisboa: Meridiano, 1972.

DAVIDSON, Donald. Actions, Reasons, and Causes. **Journal of Philosophy Vol. LX**, (1963) nº 23, p. 685-700.

DAVIDSON, Donald. **Inquiries into Truth and Interpretation**. Oxford: Clarendon, 2009.

DAVIDSON, Donald. **Problems of Rationality**. Oxford: Clarendon, 2004.

DAVIDSON, Donald. **Subjective, Intersubjective, Objective**. Oxford: Clarendon, 2001.

DAVIDSON, Donald; HARMAN, Gilbert. (eds.). **California, Dickinson Studies on the way of words**. Massachusetts: Cambridge, 1989.

DAVIDSON, Donald. **Essays on actions and events**. Oxford: Oxford, 1980.

DAWKINS, Richard. **O gene egoísta**. 2.ª ed., Tradução: Ana Paula Oliveira, adaptação Vítor João Oliveira, Lisboa: Gradiva, 1999.

DE CICCO, Cláudio; GONZAGA, Alvaro de Azevedo. **Teoria geral do Estado e ciência política.** 7. ed. São Paulo: RT, 2016.

DEFROIDMONT, Jean. **La Science du Droit Positif.** Paris: Desclée de Brouwer, 1933.

DeGROOT, M.H. **Optimal Statistical Decisions.** New York: McGraw-Hill, 1970.

DEL NERO, Henrique Schützer. **O Sítio da Mente**: Pensamento, Emoção e Vontade no Cérebro Humano, São Paulo: Collegium Cognitio, 1997.

DELEUZE, Gilles. **Pourparlers.** Paris: Les Éditions de Minuit, 1990.

DELEUZE, G. **Lógica do Sentido**. São Paulo: Perspectiva: 1974.

D'ENTREVES, M. P.; BENHABIB Seyla (eds.). **Habermas and the Unfinished Project of Modernity**. Critical Essays on The Philosophical Discourse of Modernity. London: MIT, 1997.

DESCARTES, Rene. **Descartes**: obras escolhidas. J. Guinsburg, Roberto Romano e Newton Cunha (Orgs.). Tradução J. Guinsburg, Bento Prado Jr. et alii, São Paulo: Perspectiva, 2019.

DESCARTES, Rene. **Discours de la Méthode suivi des Méditations**. Présentation et annotation François Misrach, ed. 10/18, 1998.

DESCARTES, Rene. **Discurso sobre o método**. Tradução: Márcio Pugliesi e Norberto de Paula Lima. São Paulo: Hemus, 1975.

DESCARTES, Rene. Principles of Philosophy. ANSCOMBE, E.; GEACH, P. T. **Descartes**: Philosophical Writings. London: Nelson, 1969.

DIAMOND, Cora. **The realistic spirit** – Wittgenstein, Philosophy, and the mind. Cambridge (Mass.): MIT, 1996.

DIAZ, Elías. **Ética contra política**. México D.F.: Distribuiciones Fontamara, 1998.

DIAZ, Elías. **Curso de Filosofía del Derecho**. Madrid: Marcial Pons, 1998.

DIAZ, Elías. Legitimidad democrática: libertad y critério de las mayorias. **Milano**: Rivista Sociologia del Diritto, Vol. XI, 1984, p. 109-120.

DIAZ, Elías. **Estado de Derecho y Sociedad Democrática**. Madrid: EDICUSA, 1975.

DÍAZ, Juan Carlos Galende. Un sistema de validación documental: de la Quirografía a las cartas partidas. *In*: **Espacio, Tiempo y Forma**, Serie III, H. Medieval, t. 9, 1996, p. 347-381.

DIDIER JÚNIOR, Fredie; et alii. (Coord.). **Precedentes**. Salvador: Juspodivm, 2015.

DILLARD, Dudley. **A teoria econômica de John Maynard Keynes:** teoria de uma economia monetária. 4ª. Ed., Tradução: Albertino Pinheiro Junior, São Paulo: Pioneira, 1982.

DILTHEY, Wilhelm. **Weltanschauungslehre**: Abhandlungen zur Philosophie der Philosophie. Leipzig: B. G. Teubner, 1931.

DIMOULIS, Dimitri. **Manual de Introdução ao Estudo do Direito**. 4. ed. rev. e ampl. São Paulo: Editora Revista dos Tribunais, 2011.

DINIZ, Maria Helena. **Compêndio de Introdução à Ciência do Direito**: introdução à teoria geral do direito, à filosofia do direito, à sociologia jurídica. 21. ed. rev. e atual. São Paulo: Saraiva, 2010.

DINIZ, Maria Helena**. Compêndio de Introdução à Ciência do Direito:** introdução à teoria geral do direito, à filosofia do direito, à sociologia jurídica e à lógica jurídica. Norma jurídica e aplicação do direito. 25. ed. São Paulo: Saraiva, 2014.

DI PIETRO, Maria Sylvia Zanella. **Direito Administrativo**. 30 ed. rev. atual. e ampl. Rio de Janeiro: Forense, 2017.

DURKHEIM, Émile. **Educação e Sociologia**. Tradução: Maria de Fátima Oliva do Couto, São Paulo: Hedra, 2010.

DUVERGER. Maurice. **La République des citoyens**. Paris: Ramsay, 1982.

DWORKIN, Ronald. **Levando os Direitos a sério**. Tradução: Nelson Boeira. 3. ed. São Paulo: Editora WMF Martins Fontes, 2010.

DWORKIN, Ronald. **O império do Direito**. Tradução: Jefferson Luiz Camargo. Revisão técnica: Gildo de Sá Leitão Rios, São Paulo: Martins Fontes, 2007a.

DWORKIN, Ronald. **Levando os Direitos a sério**. Tradução: Nelson Boeira, São Paulo: Martins Fontes, 2007b.

DWORKIN, Ronald. **Uma questão de princípio**. 2. ed. Tradução: Luís Carlos Borges, São Paulo: Martins Fontes, 2005.

DWORKIN, Ronald. **Taking rights seriously**. Cambridge (Mass.): Harvard, 1977.

ECO, Umberto. **Interpretação e superinterpretação**. Tradução: MF. Revisão e texto final: Monica Stahel. São Paulo: Martins Fontes, 1993.

ECO, Umberto. **Os limites da interpretação**. Tradução: Pérola de Carvalho. 2. tiragem. São Paulo: Perspectiva, 2000.

EICHENGREEN, Barry. **A Globalização Do Capital**: uma história do sistema monetário internacional. Tradução: Sérgio Blum, São Paulo: Editora 34, 2000.

ELIAS. Norbert. **O Processo Civilizador**. Formação do Estado e Civilização. Tradução: Ruy Jungmann. apr. e rev. Renato Janine Ribeiro, Rio de Janeiro: Jorge Zahar. vol. 2, 1993.

ELIAS. Norbert. O **Processo Civilizacional**: investigações sociogenéticas e psicogenéticas – 1º. Vol.: Transformações do comportamento das camadas superiores seculares do ocidente. Tradução: Lídia Campos Rodrigues. Lisboa: Dom Quixote, 1989.

ELIOT, T. S. Choruses from 'the Rock. **Collected Poems (1909-1962)**, 5ª ed., London: Faber & Faber, 1970.

ELLUL, Jacques. **Histoire des Institutions**, Paris: P.U.F, 1956.

ERDÖ, Péter. **Storia della Scienza del Diritto canonico** – uma introduzione. Roma: Pontificia Università Gregoriana, 1999.

ESCOBAR, Carlos Henrique (org.). **O método estruturalista**. Rio de Janeiro: Zahar, 1967.

ESPÍNDOLA, Ruy Samuel. **Conceito de princípios constitucionais**: elementos teóricos para uma formulação dogmática constitucionalmente adequada. São Paulo: Editora Revista dos Tribunais, 1998.

FARACO, Carlos Alberto. **Linguagem & diálogo**. As ideias linguísticas do círculo de Bakhtin. São Paulo: Parábola, 2009.

FARIA, José Eduardo. **O Direito na Economia Globalizada**. 1ª Edição. São Paulo: Malheiros, 2002.

FARIA, José Eduardo (org.). **A crise do direito numa sociedade em mudança**. Brasília: UnB, 1988.

FARIA, José Eduardo. **A Reforma do Ensino Jurídico**. Porto Alegre: SAFE, 1987.

FARNSWORTH, E. Allan. **Introdução ao Sistema Jurídico dos Estados Unidos**. Tradução: Antônio Carlos Diniz de Andrada. Rio de Janeiro: Forense, 1963.

FATTORINI, Hector H. **Infinite Dimensional Optimization and Control**. Cambridge: Cambridge, 1999.

FAZENDA, Ivani. **Interdisciplinaridade**: qual o sentido? 2ª. Ed., São Paulo: Paulus, 2006.

FEBRABAN. **Como fazer os juros serem mais baixos no Brasil**. Uma proposta aos bancos, ao governo, Congresso, Judiciário e à sociedade. São Paulo: Febraban, 2018.

FELIPE, Sônia. (Org.). **Justiça como Eqüidade**. Florianópolis: Insular, 1998.

FERRAJOLI, Luigi. **Derechos y garantías**. La ley del más débil. Madrid: Trotta, 2004.

FERRAJOLI, Luigi. **Direito e razão**. Teoria do garantismo penal. São Paulo: RT; 2002.

FERRAJOLI, Luigi. Juspositivismo Crítico y Democracia Constitucional. **Isonomía**, n° 16, abril 2002.

FERRAJOLI, Luigi. **Los fundamentos de los derechos fundamentales**. Madrid: Trotta, 2001.

FERRAZ, Sérgio. (org.). **A norma jurídica**. Rio de Janeiro: Freitas Bastos, 1980.

FERRAZ JUNIOR, Tercio Sampaio. Justiça e Vingança. **Revista OAB**: Advocacia Hoje. 1ª. Ed., junho 2019, p. 63-67.

FERRAZ JUNIOR, Tercio Sampaio. **A ciência do Direito.** 3. ed. São Paulo: Atlas, 2014.

FERRAZ JUNIOR, Tércio Sampaio. **Introdução ao Estudo do Direito**: técnica, decisão, dominação. 7. ed. São Paulo: Atlas, 2013.

FERRAZ JUNIOR, Tercio Sampaio. **Introdução ao Estudo do Direito**: técnica, decisão, dominação. 3. ed. São Paulo: Atlas, 2001.

FERRAZ JUNIOR, Tercio Sampaio. **Introdução ao Estudo do Direito**: técnica, decisão, dominação. 1. ed. São Paulo: Atlas, 1983.

FERRAZ JUNIOR, Tércio Sampaio. **A ciência do Direito**. 2. ed. São Paulo: Atlas, 1980.

FIGUEIRA, José; GRECO, Salvatore; EHRGOTT, Matthias. **Multiple Criteria decision Analysis**. New York: Springer, 2005.

FIGUEROA, Alfonso García. Norma y valor en el neoconstitucionalismo. **Revista Brasileira de Direito Constitucional** - N° 7 - Jan./Jun 2006 - Vol. 2, p. 107-121.

FILOMENO, José Geraldo. **Manual de teoria geral do Estado e ciência política.** 7. ed. Rio de Janeiro: Forense Universitária, 2009.

FINNIS, John. **Natural law and natural rights**. Oxford: Claredon, 1980.

FINKELSTEIN, Maria Eugenia; FINKELSTEIN, Claudio. Privacidade e Lei Geral de Proteção de Dados Pessoais. **Revista de Direito Brasileira,** Florianópolis/SC, v. 23, n. 9, maio./ago., 2019.

FIORIN, José Luiz. (org.). **Introdução à Linguística I**. Objetos teóricos. 5ª. Ed., São Paulo: Contexto, 2008.

FIORIN, José Luiz (org.). **Introdução à Linguística II**. Princípios de análise. 4ª. Ed., São Paulo: Contexto, 2008.

FISCHBACH, Oskar Georg. **Teoría general del Estado**. 4. ed. Tradução: Rafael Luengo Tapia. Barcelona: Editorial Labor, 1949.

FLEURBAEY, Marc. Equality and responsibility. **European Economic Review 39**, 1995, p. 683-689.

FLUSSER, Vilém. **Língua e realidade**. São Paulo: Herder, s.d.

FOGELIN, Robert J. **Reflexões pirrônicas sobre o conhecimento e a justificação**. Tradução: Israel Vilas Bôas, rev. tec. Plínio Junqueira Smith, Salvador: Eduba, 2017.

FORACCHI, Marialice Mencarini. **O estudante e a transformação da sociedade brasileira**. São Paulo: Nacional, 1965.

FORSÉ, Michel. **A ordem improvável**. Tradução: Adriano Fonseca, Porto: Rés, s.d.

FOUCAULT, Michel. **A Arqueologia do Saber**. 6ª. ed., Tradução: Luiz Felipe Baeta Neves, Rio de Janeiro: Forense, 2002.

FOUCAULT, Michel. **Vigiar e Punir**. Petrópolis/RJ: Vozes, 1998.

FOUCAULT, Michel. **Surveiller et punir**. Paris: Gallimard, 1975.

FOUCAULT, Michel **A sociedade punitiva**. Tradução: Ivonne Castilho Benedetti, São Paulo: Mediafashion/Folha de São Paulo, 2021.

FOUCAULT, Michel. **Historia de la sexualidade**. Vol. I., Tradução: Ulises Guiñazú, México, DF: Siglo XXI, 1978.

FOUCAULT, Michel. **História da sexualidade I**: a vontade de saber. Tradução: Maria Thereza da Costa Albuquerque e J. A. Guilhon Albuquerque. Rio de Janeiro: Graal, 1997.

FREIRE COSTA, Jurandir. **Psicanálise e contexto cultural** - Imaginário psicanalítico, grupos e psicoterapias. Rio de Janeiro: Editora Campus, 1989.

FREUD, Sigmund. **Über eine Weltanschauung**, 35. Vorlesung, Neue Folge der Vorlesungen zur Einführung in die Psychoanalyse, 1932.

FREITAS, Hudson Couto Ferreira de. **Teoria(s) do Direito:** do jusnaturalismo ao pós-positivismo. Belo Horizonte: D'Plácido, 2016.

FRIEDRICH, Carl J. (ed.). **The Philosophy of Kant** – Immanuel Kant's Moral and Political Writings. Tradução: Carl L. Friedrich, Theodore M. Greene e James C. Meredith, New York: Random House, 1949.

FRIEDMAN, Matthew. **Fuzzy Logic** – dispatches from the information revolution. Montréal: Véhicule, 1997.

FULLER, Lon L. **O caso dos exploradores de caverna**. Tradução: Ivo de Paulo LL. M. Livraria e Editora Universitária do Direito. 2008.

GADAMER, Hans Georg. **Truth and method**. Tradução: Joel Weinsheimer & Donald G. Marshall. 2. ed. rev. New York: Continuum, 1994. Tradução: brasileira: (1999) Verdade e Método: traços fundamentais de uma hermenêutica filosófica. 3ª. Ed., Tradução: Flávio Paulo Meurer, rev. Ênio Paulo Giachini, Petrópolis/RJ. Vozes, 1999.

GADAMER, Hans-Georg. **Philosophical Hermeneutics**. Berkeley: California, 1976.

GADAMER, Hans-Georg. **Wahrheit und Methode**, Tübingen: J.C. B. Mohr, 1972.

GAIUS. **Institutions or Institutes of Roman Law by Gaius**. 4 th ed., transl. Edward Poste, London: Oxford, 1904.

GAMBA, João Roberto Gorini. **Direito de propriedade**: fundamentos históricos e filosóficos. 3ª ed. Rio de Janeiro: Lumen Juris, 2021.

GAMBA, João Roberto Gorini. **Teoria geral do Estado e ciência política**. 3ª ed. Barueri-SP: Atlas, 2023.

GARCIA, Gustavo Henrique Maia; AMARAL, Paula Senra de Oliveira. A RESTRIÇÃO DA LIBERDADE DE CULTO NA PANDEMIA DE COVID-19. **Revista Brasileira de Teoria Constitucional**, v. 7, n. 2, 2021.

GARCÍA FIGUEROA, Alfonso. Teoria do Direito em tempos de constitucionalismo. MOREIRA, Eduardo Ribeiro; PUGLIESI, Márcio (orgs). **20 anos de Constituição Brasileira**. São Paulo: Saraiva, 2009, p. 455 - 479.

GARCÍA FIGUEROA, Alfonso. **Principios y positivismo jurídico**: el no positivismo principialista en las teorías de Ronald Dworkin y Robert Alexy. Madrid: Centro de Estudios Políticos y Constitucionales, 1998.

GARGARELLA, Roberto. **As teorias da justiça depois de Rawls**: um breve manual de filosofia política. Tradução: Alonso Reis Freire. São Paulo: WMF Martins Fontes, 2008.

GARIN, Eugenio (org.). **O homem renascentista**. Lisboa: Presença, 1991.

GAUDEMET, Jean. **Les Institutions de l'Antiquité**. 8ª. ed., Paris: Montchrestien, 2014.

GELAIN, Itamar L. (Org.). **Uma introdução à filosofia do direito**. Ijuí: EdUnijuí, 2015.

GEORGE, Robert P. **In defense of natural law**. Oxford: Clarendon, 1999.

GEORGE, Robert P. (Eds) **Natural law theory**: contemporary essays. Oxford: Oxford University Press, 1992.

GERGEN, Kenneth J. **El yo saturado** – dilemas de identidad en el mundo contemporáneo. 3ª. Reimp., Tradução: Leandro Wolfson, Barcelona: Paidos, 1997.

GETTELL, Raymond G. **Historia de las Ideas Políticas**. Tradução: Teodoro González García. Barcelona/Buenos Aires: Labor, 1930.

GHIRALDELLI JR., Paulo. **História da Educação**. São Paulo: Cortez, 2000.

GHÜNTER, Klaus. **The sense of appropriateness**. Tradução: John Farrel. Albany: Suny, 1993.

GIANFORMAGGIO, Letizia. L'interpretazione della Costituzione tra applicazione basata su principi. **Rivista Internazionale di Filosofia del Diritto**, gennaio/marzo, IV Serie, LXII, Giuffrè, 1985.

GIDDENS, Anthony. **As consequências da Modernidade**. 2ª. ed., Tradução: Raul Fiker, São Paulo: EdUNESP, 1991.

GIDDENS, Anthony. **A Constituição da Sociedade**. Tradução: Álvaro Cabral. São Paulo: Martins Fontes, 1989.

GILISSEN, John. **Introdução Histórica ao Direito**. Tradução: De A. M. Hespanha e L. M. Macaísta Malheiros, Lisboa: Calouste Gulbenkian, 1988.

GOLDBERG, John C. P. Benjamin Cardozo and the Death of the Common Law (May 29, 2018). **34 Touro L. Rev. 147** (2018), Harvard Public Law Working Paper No. 18-40.

GOLDSCHMIDT, Victor. **A religião de Platão**. Tradução: Ieda e Oswaldo Porchat Pereira. São Paulo: Difusão Europeia do Livro, 1970.

GOMES, Sérgio Alves. **Hermenêutica jurídica e constituição no estado de direito democrático**. Rio de Janeiro: Forense, 2001.

GONÇALVES, Carlos Roberto. **Direito Civil Brasileiro**, vol. 1: parte geral. 8. ed. São Paulo: Saraiva, 2010.

GONZAGA, Tomás Antônio. **Obras completas**. ed. crit. Manuel Rodrigues Lapa. São Paulo: Nacional, 1942.

GOODMAN, Nelson. **Fact, fiction and forecast**. 2nd. Ed., New York: Bobbs--Merrill, 1965.

GOYARD-FABRE, Simone. **Os fundamentos da ordem jurídica.** Tradução: Claudia Berliner. 2ª ed. São Paulo: Martins Fontes, 2007.

GRAU, Eros Roberto. O direito posto e o direito pressuposto. GRAU, Eros Roberto. **O direito posto e o direito pressuposto**. São Paulo: Malheiros, 1996.

GRAVES, Robert. **The Golden Fleece**: And Seven Days in New Crete. Manchester: Carcanet, 2004.

GRAY, John W. **Mastering Mathematica** – programming methods and applications. 2nd. Ed., San Diego: Academic, 1997

GREIMAS, Algirdas-Julien. **Du Sens**: essais sémiotiques. Paris: du Seuil, 1970.

GREIMAS, Algirdas-Julien. **Sobre o sentido II**. Ensaios semióticos. Tradução: Dílson Ferreira da Cruz. São Paulo: Nankin/Edusp, 2014.

GRICE, Herbert Paul. **The logic of Grammar**, ed. Donald Davidson; Gilbert Harman, California, Dickinson Studios on the way of words. Massachusetts: Cambridge, 1989.

GRIMBERG, Carl. **El siglo de la Ilustración**: el despotismo ilustrado y los enciclopedistas. Tradução: E. Rodriguez e J. J. Llopis, Madrid/Barcelona/México D. F./ Buenos Aires: Daimon/ Manuel Tamaio, 1968.

GRISEZ, Germain; SHAW, Russel. **Beyond the new morality**: the responsibilities of freedom. 3rd ed. Notre Dame, USA: University of Notre Dame Press, 1988.

GROSSI, Paolo. **A ordem jurídica medieval**. São Paulo: WMF Martins Fontes, 2014.

GROSSI, Paolo. **Das Recht in der europäischen Geschichte**. München: Beck, 2010.

GROSSI, Paolo. **Primeira Lição sobre direito**. Tradução: Ricardo Marcelo Fonseca. Rio de Janeiro: Forense, 2008.

GROSSI, Paolo. **L'ordine giuridico medievale**. Roma-Bari: Laterza, 2002.

GROTIUS, H. **O Direito da Guerra e da Paz** (De Jure Belli ac Pacis), v. I. Tradução: Ciro Mioranza. Ijuí: Ed. Unijuí/Fondazione Cassamarca, 2004.

GROTIUS, H. **O Direito da Guerra e da Paz** (De Jure Belli ac Pacis), v. II. Tradução: Ciro Mioranza. Ijuí: Ed. Unijuí/Fondazione Cassamarca, 2004.

GUERRA FILHO, Willis Santiago. **Teoria Processual da Constituição**. 3ª. Ed., São Paulo: RCS, 2007.

GUILLARME, Bertrand. **Rawls et l'égalité démocratique**. Paris: P.U.F, 1999.

GUILLEBAUD, Jean-Claude. **A reinvenção do mundo**: um adeus ao século XX. Tradução: Maria Helena Kühner, Rio de Janeiro: Bertrand Brasil, 2003.

GUIMARÃES, Antônio Márcio da Cunha; GUIMARÃES, Guilherme Stagni. Direito digital. **Revista de Direito Internacional e Globalização Econômica,** v. 1, n. 2, jul-dez., 2017.

GUIMARÃES, Antonio Márcio da Cunha; GUIMARÃES, Arianna Stagni (coords). **Direito do Comércio Internacional - estudos em homenagem ao Prof. Dr. Geraldo José Guimarães da Silva**. São Paulo: Lex, 2013.

GUIMARÃES, Saulo Cunho; BONFIM, Vinicius Silva. A regra da ponderação e sua (des) estruturação. **RVMD**, Brasília, v. 5, nº 2, Jul./Dez, 2011.

GUNDIM, Wagner Wilson Deiró. Pelo reconhecimento de um direito humano fundamental à proteção de dados no Brasil: uma discussão sobre a natureza do dano no caso de violação de dados pessoais. VAILATTI, Diogo; PEIXOTO, Paulo Henrique Ledo; OLIVEIRA, Denizom (Org.). **Estudos interdisciplinares sobre Direitos Humanos**: homenagem ao professor Erival da Silva Oliveira. Novas Edições Acadêmicas, 2022.

GUNDIM, Wagner Wilson Deiró. **Democracia 4.0**: A liberdade de expressão na sociedade de dados. Londrina/PR: Editora Thoth, 2021.

GUNDIM, Wagner Wilson Deiró. **Gadamer e Supremo Tribunal Federal**: uma proposta de hermenêutica filosófica dialógica. 1. ed. São Paulo: LiberArs, 2020.

GUNDIM, W. Themis and Diké: the transversal relationship between justice and revenge in the case of federal congressman Paulo Salim Maluf. **Revista da Faculdade de Direito do Sul de Minas**, [S. l.], v. 35, n. Edição Especial, 2019. Disponível em: https://revista.fdsm.edu.br/index.php/revistafdsm/article/view/28. Acesso em: 17 mar. 2024.

GUNDIM, Wagner Wilson Deiró. Hidras e Hércules: a relação circular entre princípios e regras. **Revista da Faculdade de Direito de São Bernardo do Campo**, v. 21, n. 2, 2015.

GÜNTER, Rolf; MONTANI, Sarah. Strategie und lebensnerv der juristischen Wissensarchitektur — Der Homo oeconomicus in der Anwaltskanzlei, in Anwalts. **Revue de l' Avocat, n.** 2, 2004, p. 53-55.

GUSMÃO, Paulo Dourado de. **Introdução ao Estudo do Direito**. Rio de Janeiro: Forense, 2005.

HÄBERLE, Peter. **Hermenêutica Constitucional** – A sociedade aberta dos intérpretes da constituição. Contribuição para a interpretação pluralista e "procedimental" da constituição (Die offene Gesellshaft der Verfassungsinterpreten. Ein Beitrag zur pluralistischen und "prozessualen" Verfassungsinterpretation). Tradução: de Gilmar de Mendes, Porto Alegre: SAFE, 1997.

HABERMAS, Jürgen. **O discurso filosófico da Modernidade**: doze lições. 2ª. tiragem. Tradução: Luiz Sérgio Repa & Rodnei Nascimento. São Paulo: Martins Fontes, 2002.

HABERMAS, Jürgen. **A crise de Legitimação no capitalismo tardio**. 2ª. Ed., Tradução: Vamireh Chacon, Rio de Janeiro: Tempo Brasileiro, 2002.

HABERMAS, Jürgen. **Comentários à ética do Discurso**. Tradução: Gilda Lopes Encarnação, Lisboa: Piaget, 1999.

HABERMAS, Jürgen. **Direito e democracia**: entre facticidade e validade. Tradução: Flávio Beno Siebeneichler. Rio de Janeiro: Tempo Brasileiro, 1997, v 2.

HABERMAS, Jürgen. Towards a Communication-Concept of Rational Collective Will-Formation. A Thought-Experiment. **Ratio Iuris**, n. 2, p. 144-154, 1989. DOI: https://onlinelibrary.wiley.com/actiohttps://doi.org/10.1111/j.1467-9337.1989.tb00033.x.

HABERMAS, Jürgen (org). **Theorie der Gesellschaft oder Sozialtechnologie**: Was leistet die Systemforschung? Frankfurt: Suhrkamp, 1971.

HACKER, Louis M. **Proceso y triunfo del capitalismo americano**. Tradução: J. Prados Arrarte, Buenos Aires: Sudamericana, 1942.

HAREL, David; FELDMAN, Yishai. **Algorithmics**: The Spirit of Computing. 3d. Ed., Harlow: Addison-Wesley, 2004.

HARVEY, David. **A Brief History of Neoliberalism**. Oxford: Oxford, 2005.

HAURIOU, Maurice. **La teoría de la institución y de la fundación**. Buenos Aires: Abeledo-Perrot, 1968.

HART, Herbert L. Adolphus. **O conceito de Direito**. Tradução: Antônio de Oliveira Sette-Câmara. 2. ed. São Paulo: WMF Martins Fontes, 2009.

HART, Herbert L. Adolphus. **The concept of Law**. Oxford: Clarendon, 1994.

HART, Herbert L. Adolphus. **Direito, liberdade, moralidade**. Tradução: Gérson Pereira dos Santos. Porto Alegre: S. A. Fabris, 1987.

HART, Herbert L. Adolphus. **O conceito de Direito**. Tradução: A. Ribeiro Mendes. Lisboa: Calouste Gulbenkian, 1986.

HAUSER, Henri. **Les compagnonnages des arts et des métiers à Dijon au XVII et XVIII siècles**, Paris: Pinard et fils, 1907.

HAYAKAWA, Samuel Ichiey. **A linguagem no pensamento e na ação**: como os homens usam as palavras e como as palavras usam os homens. Tradução: Olívia Krähenbühl. São Paulo: Pioneira, 1972.

HEGEL, Georg Wilhelm Friedrich. **Linhas Fundamentais da Filosofia do Direito**. Tradução: Apres. Notas Marcos Lutz Müller, Adendos Eduard Gans, introd. Jean-François Kervégan, São Paulo, Editora 34, 2022.

HEGEL, Georg Wilhelm Friedrich. **Grundlinien der Philosophie des Rechts**. (Naturrecht und Staatswissenschaft im Grundrisse. Zum Gebrauch für seine Vorlesungen), Werke. Band 7, Frankfurt am Main, S. 11. Erstdruck: Berlin (Nicolai) 1820, vordatiert auf 1821, 1979.

HEGEL, Georg Wilhelm Friedrich. **La Phénoménologie de l'Esprit**, Tradução: Jean Hyppolite, Paris: Aubier/Montaigne, 1941.

HEGENBERG, Leonidas. **Definições** – termos teóricos e significado. São Paulo: Cultrix/Edusp, 1974.

HEIDEGGER, Martin. **Parmênides**. Tradução: Sérgio Mário Wrublevski, rev. Renato Kirchner, Bragança Paulista/Petrópolis/RJ: São Francisco/Vozes, 2008.

HEIDEGGER, Martin. A sentença de Anaximandro. **Présocráticos**, São Paulo: Abril Cultural, 1973.

HEIDEGGER, Martin. **El ser y el tiempo**. Tradução: José Gaos, México: Fondo de Cultura Económica, 1951.

HEILBRONER, Robert L. **A formação da sociedade econômica**. 5ª. Ed., Tradução: Álvaro Cabral, rev. téc. Mauro Roberto da Costa Souza, Rio de Janeiro: Guanabara, 1987.

HEINICH, Nathalie. **A sociologia de Norbert Elias**. Tradução: Maria Filomena Duarte, Bauru: EdUSC, 2001.

HERNÁNDEZ, Gil. El concepto del derecho civil. **Revista de Derecho Privado**: Madrid, 1943.

HESPANHA, António Manuel. **Cultura jurídica européia**: síntese de um milénio. Florianópolis: Fundação Boiteux, 2009.

HESPANHA, António Manuel. **Às vésperas do Leviathan**: instituições e poder político em Portugal no século XVII. Coimbra: Almedina, 1994.

HESSE, Konrad. **A força normativa da constituição**. Porto Alegre: SAFE, 1991.

HOBBES, Thomas. **Leviatán: *o la materia, forma y poder de una república eclesiástica y civil***, 3ª ed., Tradução: de Manuel Sánchez Sarto, México/DF: FCE, 2017.

HOBBES, Thomas. **Leviatã ou Matéria, forma e poder de um estado eclesiástico e civil.** Tradução:: João Paulo Monteiro e Maria Beatriz da Silva. 2ª ed. São Paulo: Abril Cultural (Os Pensadores), 1979.

HÖFFE, Otfried. **Immanuel Kant**. Tradução: Christian Viktor Hamm e Valério Rohden, São Paulo: Martins Fontes, 2005.

HOLMES, Oliver Wendell. **The Common Law**. Massachusetts: Cambridge, 1967.

HONNETH, Axel. **Luta por reconhecimento**: a gramática moral dos conflitos sociais. Tradução: de Luiz Repa. São Paulo: 34, 2006.

HONNETH, Axel. **Verdinglichung** – Eine anerkennungstheorische Studie, Frankfurt: Suhrkamp, 2006.

HUNTINGTON, Samuel P. **A ordem política nas sociedades em mudança.** Tradução: Pinheiro de Lemos. Rio de Janeiro: Forense-Universitária; São Paulo: Ed. USP, 1975.

JAEGER, Werner. **Paideia**: los ideales de la cultura griega. 2ª. ed. Tradução: Joaquín Xirau e Wenceslao Roces. México/Buenos Aires: Fondo de Cultura Económica, 1962.

JAKOBSON, R. **Essais de Linguistique Générale**. Paris: Minuit, 1963.

JAMES, William. **El significado de la verdad**. Tradução: Santos Rubiano, Madrid: Daniel Jorro, 1924

JAPIASSU, Hilton. **Nascimento e morte das Ciências Humanas**. Rio de Janeiro: Francisco Alves, 1978.

JARDIM, Eduardo Marcial Ferreira. Normas gerais de direito financeiro. Enciclopédia jurídica da PUC-SP. Celso Fernandes Campilongo, Alvaro de Azevedo Gonzaga e André Luiz Freire (coords.). **Tomo: Direito Tributário**. Paulo de Barros Carvalho, Maria Leonor Leite Vieira, Robson Maia Lins (coord. de tomo). 1. ed. São Paulo: Pontifícia Universidade Católica de São Paulo, 2017. Disponível em: https://enciclopediajuridica.pucsp.br/verbete/307/edicao-1/normas-gerais-de-direito-financeiro.

JELLINEK, Georg. **Teoría general del Estado.** Tradução: y prólogo de Fernando de los Ríos. México: FCE, 2000.

JEVONS, William Stanley. **A teoria da economia política**. Tradução: Cláudia Laversveiler de Morais, São Paulo: Abril Cultural, 1983

JODELET, Denise (org.). **As Representações Sociais**, Tradução: Lilian Ulup, Rio de Janeiro: EDUERJ, 2001.

JODELET, Denise; GUERRERO TAPIA, Alfredo. **Develando la Cultura**: Estudios em representaciones sociales. Mexico: UNAM, 2000.

JOYCE, James. **Ulysses** (annotated student edition). Introd. / notes – Declan Kiberd, London: Penguin, 2011.

JUSTINIAN. **The Institutes of Justinian**. 4th. Ed., Tradução: J. B. Moyle, Oxford: Clarendon, 1906.

KANT, Immanuel. **A Metafísica dos Costumes**. 3ª. Ed., Tradução:, introd, e notas José Lamego, Lisboa: Calouste-Gulbenkian, 2017.

KANT, Immanuel. **Rumo à paz perpétua/Zum ewigen Frieden**. Tradução: Heloísa Sarzana Pugliesi, São Paulo: Ícone, 2010.

KANT, Immanuel. **Sobre Educación**. Tradução: e comp. Lorenzo Luzurriaga, Madrid: Daniel Jorro, 1988.

KANT, Immanuel. **Crítica da Razão Prática**. Tradução: Artur Morão, Lisboa: 70, 1984.

KANT, Immanuel. **Cimentación para la Metafísica de las Costumbres**. 4ª. Ed., Tradução: Carlos Martin Ramirez, Buenos Aires: Aguilar, 1973.

KANT, Immanuel. **Immanuel Kant's Critique of Pure Reason**, Tradução: Smith, N. K., Bedford, Boston/New York: St. Martin's, 1965.

KELSEN, Hans. **O problema da justiça**. Tradução: João Baptista Machado. 5ª ed. São Paulo: Martins Fontes, 2011.

KELSEN, Hans. **Teoria pura do Direito.** 8. ed., Tradução: João Baptista Machado, São Paulo: Martins Fontes, 2009.

KELSEN, Hans. **Quien debe ser el defensor de la Constitución**. Madrid: Tecnos, 2002.

KELSEN, Hans. **La garantía jurisdiccional de la Constitución** (La justicia constitucional), Tradução: Rolando Tamayo y Salmorán, México: UNAM, Instituto de Investigaciones Jurídicas, Serie Ensayos Jurídicos, n.º 5, 2001.

KELSEN, Hans. **Teoria pura do Direito.** 7. ed., Tradução: João Baptista Machado, São Paulo: Martins Fontes, 2000.

KELSEN, Hans. **Teoria pura do Direito.** 6. ed., Tradução: João Baptista Machado, São Paulo: Martins Fontes, 1999.

KELSEN, Hans. **Teoria pura do Direito.** 4. ed., Tradução: João Baptista Machado. Coimbra: Arménio Amado, 1979.

KERVERN, Georges-Yves. **Elementos fundamentais das ciências cindínicas**: compreender e prever os acidentes, catástrofes e perigos. Tradução: Fernanda Oliveira. Lisboa: Piaget, 1995.

KLAES, Matthias; Sent, Esther-Mirjam. A conceptual history of the emergence of bounded rationality. **History of Political Economy**, 37: 1: 27-59, 2005.

KLEENE, Stephen C. **Introduction to Metamathematics**. Amsterdam/Oxford: North Holland, 1971.

KRISTEVA, Julia. **La Révolution du Langage Poétique**. Paris: du Seuil, 1974.

KUHN, Thomas S. A **estrutura das revoluções científicas**. Tradução: Beatriz Vianna Boeira e Nelson Boeira, São Paulo: Perspectiva, 1996.

KUHN, Thomas S. **The Structure of Scientific Revolutions**. 2nd. Ed. – enlarged, Chicago/London: University of Chicago, 1970.

KYMLICKA, Will. **Filosofia política contemporânea**. tradução, Luís Carlos Borges; revisão da tradução, Marylene Pinto Michael. São Paulo: Martins Fontes, 2006.

LADRIÈRE, Jean. **A articulação do sentido**. Tradução: e prefácio de Salma Tannus Muchail, São Paulo: EPU/EDUSP, 1977.

LAKOFF, George; JOHNSON, Mark. **Metáforas da Vida Cotidiana**. coord. da Tradução: Mara Sophia Zanotto e Vera Maluf. Campinas/São Paulo: Mercado das Letras/EDUC, 2002.

LAMPEDUSA, Giuseppe Tomasi de. **Il Gattopardo**, pref. Gioacchino Lanza Tomasi, Milano: Feltrinelli, (2008, 1ª. Ed. 1959).

LAPIERRE. Jean-William. **Le pouvoir politique**. Paris: P.U.F, 1959.

LARENZ, Karl. **Metodología de la ciencia del derecho**. Tradução: Enrique Gimbernat Ordeig. Barcelona: Ariel, 1966.

LEFEBVRE, Henry. **O direito à cidade**. Tradução: Rubens Eduardo Frias, São Paulo: Moraes, 1991.

LE GOFF, Jacques. **A Idade Média e o dinheiro**. 5ª. Ed. Tradução: Marcos de Castro, Rio de Janeiro: Civilização Brasileira, 2015.

LE GOFF, Jacques. **O maravilhoso e o quotidiano no Ocidente medieval**. Lisboa: 70, 2010.

LE GOFF, Jacques. (Dir.). **O Homem Medieval**. Lisboa: Estampa, 1994.

LE GOFF, Jacques. **O imaginário medieval**. Lisboa: Estampa, 1994.

LEIBNIZ, Gottfried Wilhelm Freiherr von. **Philosophical Writings of Leibniz**. ed. G. H. R. Parkinson, Tradução: Mary Morris & G. H. R. Parkinson, London: Dent, 1973.

LEITE, Maria Cecilia Lorea (Org.). **Imagens da justiça, currículo e educação jurídica**. Porto Alegre: Sulina, 2014.

LEKACHMANN, Robert (coord.). **Teoria Geral de Keynes** – trinta anos de debates. Tradução: Leonidas Gontijo de Carvalho, São Paulo: Ibrasa, 1968.

LE MOIGNE, Jean-Louis. **A Teoria do Sistema Geral**: teoria da modelização. Tradução: Jorge Pinheiro, Lisboa: Piaget, 1996.

LE MOIGNE, Jean-Louis. **La Théorie Du Système Général** - Théorie De La Modélisation. Collection Les Classiques Du Reseau Intelligence De La complexité, 1990.

LENY, Jean-François. Compéhension du langage et représentations sémantiques. MONTANGERO, Jacques; TRYPHON, Anatasia (eds.) **Psychologie génétique et sciences cognitives**. Genéve: Fondation Archives Jean Piaget, 1991, p. 125-142.

LEONARD, Thomas & HSU, John S.J. **Bayesian Methods:** an analysis for statisticians and interdisciplinary researchers. New York: Cambridge, 2009.

LEPOINTE, G. **Manuel d'histoire des institutions et des faits sociaux**. Paris: R. Pichon et R. Durand-Auzias, 1958.

LEPSCHY, Giulio C. **A linguística estrutural**. Tradução: Nites T. Feres, rev. Alice Myiashiro e Mary Amazonas Leite de Barros, São Paulo: Perspectiva, 1971.

LEVINSON, Stephen C. **Pragmatics**. Cambridge: Cambridge, 1983.

LÉVY, Pierre. **O que é o virtual?** Tradução: Paulo Neves, ed. 34, 1996.

LIMA, José Expedito Passos. **A Estética entre saberes antigos e modernos na Nuova Scienza de Giambattista Vico**. Tese doutoral em Filosofia, PUC-SP, 2006.

LIMA PINTO, Emerson de; DIAS, Giovanna. O caso dos exploradores de caverna e o que se pode aprender com ele. **Revista Consultor Jurídico**, 17 ago. 2019. Disponível em: https://www.conjur.com.br/2019-ago-17/diario-classe-exploradores--caverna-aprender-ele/. Acesso em: 3, maio. 2024.

LINTON, Ralph. **The study of man**. New York: Appleton Century, 1936.

LOCKE, John. **Segundo Tratado do Governo**. Tradução: E. Jacy Monteiro. São Paulo: Nova Cultural (Os Pensadores), 1991.

LOPES, José Reinaldo de Lima. **O Direito na História**: lições introdutórias. 4ª ed. São Paulo: Atlas, 2012.

LORENTZ, Konrad. **Os Fundamentos da Etologia**. Tradução: Pedro Mello Cruz e Carlos C. Alberts. São Paulo: EdUNESP, 1995.

LUHMANN, Niklas. **O direito da sociedade**. Tradução: Saulo Krieger, Tradução: citações em latim: Alexandre Agnolon, São Paulo: Martins Fontes, 2016.

LUHMANN, Niklas. **Introdução à teoria dos sistemas**. Tradução: Ana Cristina Arantes Nasser, Petrópolis/RJ: Vozes, 2009.

LUHMANN, Niklas. **A realidade dos meios de comunicação**. Tradução: Ciro Marcondes Filho, São Paulo: Paulus, 2005.

LUHMANN, Niklas. **Ausdifferenzierung des Rechts**. Frankfurt: Suhrkamp, 1999.

LUHMANN, Niklas. **Die Gesellschaft der Gesellschaft**, Frankfurt: Suhrkamp, 1997.

LUHMANN, Niklas. **Sociologia do Direito II**. Tradução: Gustavo Bayer, Rio de Janeiro: Tempo Brasileiro, 1985.

LUHMANN, Niklas. **Legitimação pelo procedimento**. Tradução: Maria da Conceição Corte Real. Brasília: EdUnB, 1980.

LYOTARD, Jean-François. **La posmodernidad** (explicada a los niños). 2ª. Ed., Tradução: Enrique Lynch, Barcelona: Gedisa, 1992.

MACCORMICK, Neil. **H. L. A. Hart**. 2. ed. Tradução: Cláudia Santana Martins. Rio de Janeiro: Elsevier, 2010.

MACCORMICK, Neil. **Retórica e o Estado de Direito**. Rio de Janeiro: Elsevier, 2008.

MACCORMICK, Neil. **Rhetoric and the Rule of Law**: a theory of legal reasoning. Oxford: Oxford, 2009.

MACEDO JUNIOR, Ronaldo Porto. **Do xadrez à cortesia**: Dworkin e a teoria do direito contemporânea. São Paulo: Saraiva, 2014.

MACINTYRE, Alistair. **After virtue**: a study in moral theory. London: Duckworth, 1981.

MACIEL, Lizete S. Bomura; SHIGUNOV Neto, Alexandre. A educação brasileira no período pombalino: uma análise histórica das reformas pombalinas do ensino. **Educação e Pesquisa**, São Paulo, v.32, n.3, p. 465-476, set./dez. 2006.

MAIA, Maria Cláudia Zaratini. Breve histórico da proteção do consumidor no Brasil: da ausência de direitos ao Código de Defesa do Consumidor. **Revista JurisFib**, Ed. Especial 15 anos Direito FIB, dez. 2020. DOI: https://doi.org/10.59237/jurisfib.v10i2.470.

MAIA, Vitor Mendonça. A necessária coerência entre direito financeiro e direito tributário: por uma reaproximação doutrinária. **Revista Tributária e de Finanças Públicas - Rtrib**, ano 26, v. 139, 2018. Disponível em: https://rtrib.abdt.org.br/index.php/rtfp/article/view/108. Acesso em: 20 dez. 2023.

MALUF, Sahid. **Teoria geral do Estado.** 35ª ed. São Paulo: Saraiva, 2019.

MANNHEIM, Karl. **Diagnóstico de nosso tempo.** 3ª. ed., Tradução: Octávio Alves Velho, rev. tec. Dirceu Lindoso e Moacir G. S. Palmeira, Rio de Janeiro: Zahar, 1973.

MARANHÃO, Juliano S. Von Wright e o Silogismo Prático como Método de Compreensão da Ação. **Cognitio**, v. 7, n. 2, p. 261-275, jul./dez. 2006.

MARAT, Jean-Paul. **Plan de Législation criminelle.** Introd. et postface de Daniel Hamiche, Paris : Aubier Montaigne, 1974.

MARCUSE. Herbert. **Cultura e Sociedade.** vol. II. Tradução: Wolfgang Leo Maar, Isabel Maria Loureiro e Robespierre de Oliveira. São Paulo/Rio de Janeiro: Paz e Terra, 1998.

MARCUSE. Herbert. **Cultura e Sociedade.** vol. I. Tradução: Wolfgang Leo Maar, Isabel Maria Loureiro e Robespierre de Oliveira. São Paulo/Rio de Janeiro: Paz e Terra. 1997.

MARRAMAO, Giácomo. **Poder e secularização**: as categorias do tempo. Tradução: Guilherme Alberto Gomes de Andrade, São Paulo: edUNESP, 1995.

MARROU, Henri-Irenée. **Histoire de l'Éducation dans l'Antiquité.** 2a. Ed., Paris: du Seuil, 1950.

MARSILIUS DE PADUA. **Marsilius von Padua**: Defensor pacis. editor: Richard Scholz. Hannover: Hahnsche Buchhandlung, 1932-1933. (Fontes iurisgermanici antique in usum scholarum ex Monumentis Germaniae Historicis separatim editi).

MARX, Karl; ENGELS, Friedrich. **La Ideología Alemana: Crítica de la novísima filosofía alemana en las personas de sus representantes Feuerbach, B. Bauer y Stirner y del socialismo alemán en las de sus diferentes profetas.** 4a. ed., Tradução: Wenceslao Roces, Buenos Aires: Pueblos Unidos, 1973.

MARX, Karl; ENGELS, Friedrich. **O Manifesto do Partido Comunista.** Tradução: Marcos Aurélio Nogueira e Leandro Konder. Petrópolis: Vozes, 2011.

MARMOR, Andrei. Exclusive legal positivism. COLEMAN, Jules; SHAPIRO, Scott (Eds). **The Oxford handbook of jurisprudence and philosophy of law**. Oxford: Oxford University Press, 2002.

MATURANA, Humberto; Varela, Francisco. **A árvore do conhecimento**: as bases biológicas do entendimento humano. Tradução: Jonas Pereira dos Santos, Campinas: Psy II, 1995.

MATUS, Carlos. **Teoria do Jogo Social**. Tradução: Luis Felipe Rodrigues del Riego, ver. Téc. Vania Mundim Sant'Anna, São Paulo: Fundap, 2005.

MATUS, Carlos. **Política, planejamento e governo**. 3. ed., Brasilia: IPEA, 1993, 2 vols.

MAXIMILIANO, Carlos. **Hermenêutica e aplicação do direito.** 21. ed. Rio de Janeiro: Forense, 2017 (Fora de Série).

MAZZUOLI, Valeria de Oliveira. **Curso de Direito Internacional Público**. 7 ed. rev. atual. e ampl. São Paulo: Editora Revista dos Tribunais, 2013.

MCMURRIN, S. (ed.). **Tanner Lectures on human values**. vol. 1, University of Utah, 1980.

MEDEIROS, Marcelo. A Trajetória do Welfare State no Brasil: Papel Redistributivo das Políticas Sociais dos Anos 1930 aos Anos 1990. **Textos para discussão n. 852**. Brasília: IPEA, 2001, p. 1-24.

MELLO, Celso Antônio Bandeira de. **Curso de Direito Administrativo**. 30ª ed. rev. e atualiz. São Paulo: Malheiros, 2013.

MENDONÇA DE BRITO, Rosa. Do neokantismo ao culturalismo. *In*: **Meio Século de Filosofia** – Anais do VI Congresso Brasileiro de Filosofia, São Paulo: Instituto Brasileiro de Filosofia, 2003.

MENGER, Carl. **Princípios de Economia Política**. Tradução: João Luís Baraúna, São Paulo: Abril Cultural, 1983.

MERCIER, Paul. **Histoire de l'Anthropologie**. Paris: P.U.F, 1971.

MÈSZÀROS, István. **O poder da ideologia**. Tradução: Magda Lopes. São Paulo: Ensaio, 1996.

MILL, John Stuart. **Princípios de Economia Política com algumas de suas aplicações à Filosofia Social**. Tradução: Luiz João Baraúna, São Paulo: Abril Cultural, Os economistas. Vol, I e II, 1983.

MILL, John Stuart. **Utilitarismo** Tradução: Eunice Ostrensky. São Paulo: Martins Fontes, 2000.

MILL, John Stuart. Autobiography. **Collected Works of John Stuart Mill**, v. I. Toronto: University of Toronto, 1980.

MILLER, David (Ed.). **Popper selections.** New Jersey: Princeton, 1985 com tradução ao português de Vera Ribeiro, rev. César Benjamin, Rio de Janeiro: Contraponto/ Edpucrio, 2010.

MIRANDA, Jorge. **Teoria do Estado e da Constituição**. Coimbra: Coimbra, 2002.

MIRANDA, Jorge. **Manual de Direito Constitucional**. Tomo VI, 1ª. Ed., 2001. Coimbra: Coimbra, 2001.

MIRANDA, Jorge. **Manual de Direito Constitucional**. Tomo II, 4ª. Ed., Coimbra: Coimbra, 2000.

MIRANDA, Jorge. **Manual de Direito Constitucional**. Tomo V, 2ª. Ed., Coimbra: Coimbra, 2000.

MIRANDA, Jorge. **Manual de Direito Constitucional**. Tomo IV, 3ª. Ed., Coimbra: Coimbra, 2000.

MIRANDA, Jorge. **Manual de Direito Constitucional**. Tomo III, 4ª. Ed., Coimbra: Combra, 1998.

MIRANDA, Jorge. **Manual de Direito Constitucional**. Tomo I, 6ª. Ed, Coimbra: Coimbra, 1997.

MIRANDA, Jorge (org.). **Perspectivas Constitucionais**: nos 20 anos da Constituição de 1976. Vol. I. Coimbra: Coimbra, 1996.

MISES, Ludwig von. **Ação Humana**: um tratado de economia. 2ª. Ed., Tradução: Donald Stewart Jr., Rio de Janeiro: Instituto Liberal, 1995.

MISSE, Michel. Sobre a acumulação social da violência no Rio de Janeiro. **Revista Civitas**, v. 8, n 3. Porto Alegre, 2008, p. 371-385.

MOISÉS, José Antonio. (2005) A desconfiança nas instituições democráticas. *In*: **Opinião Pública, Campinas**, Vol. XI, nº 1, março, 2005, p. 33-63.

MOMMSEN, Teodoro. **Disegno del Diritto Pubblico Romano**. Tradução: e postille di Pietro Bonfante. Milão: Francesco Vallardi, s. d.

MONTANGERO, Jacques; TRYPHON, Anatasia (eds.). **Psychologie génétique et sciences cognitives**. Genéve: Fondation Archives Jean Piaget, 1991.

MONTESQUIEU, Charles Secondat de. **De l'esprit des lois**. 2 vols., édition établie par Laurent Versini, Paris: Éditions Gallimard. Texto original produzido em 1758, 1995.

MONTORO, André Franco. **Introdução à Ciência do Direito**. 33 ed. rev. atual. e ampl. São Paulo: Editora Revista dos Tribunais, 2016.

MOORE, R. I. **The formation of persecuting society**: authority and deviance in Western Europe, 950-1250. Oxford: Blackwell, 2007.

MORAIS, Fausto Santos de. **Ponderação e arbitrariedade**: a inadequada recepção de Alexy pelo STF. 3 ed. São Paulo: Juspodivm, 2022.

MOREIRA, Eduardo Ribeiro. **Filosofia Constitucional**. Rio de Janeiro: Multifoco, 2017.

MOREIRA, Eduardo Ribeiro; PUGLIESI, Márcio. (coord.). **20 anos da Constituição Brasileira**. São Paulo: Saraiva, 2009.

MOREIRA, Eduardo Ribeiro. **Neoconstitucionalismo?** A invasão da Constituição. São Paulo: Método, 2008.

MOREIRA HYPÓLITO, Álvaro; GANDIN, Luís Armando (Orgs.). **Educação em tempo de incertezas**. Belo Horizonte: Autêntica, 2000.

MORENO, Arley R. **Wittgenstein**: os labirintos da linguagem – ensaio introdutório. São Paulo: Moderna, 2000.

MORIN, Edgar. **Introduction à la pensée complexe**. Paris: ESF, 1990.

MORIN, Edgar. **La Méthode**: La connaissance, tomo III, Paris: du Seuil, 1986.

MORIN, Edgar. **La méthode**: La nature de la nature. tomo 1, Paris: Seuil, 1977.

MORIN, Edgar; LE MOIGNE, Jean-Louis. **A Inteligência da Complexidade**. São Paulo: Petrópolis, 2000.

MORRISON, Wayne. **Filosofia do Direito**: dos gregos ao pós-modernismo. Tradução: Jefferson Luiz Camargo. 2 ed. São Paulo: Editora WMF Martins Fontes, 2021.

MORRISON, Wayne. **Filosofia do Direito**: dos gregos ao pós-modernismo. Tradução: Jefferson Luiz Camargo, rev. técnica Gildo Rios, São Paulo: Martins Fontes, 2006.

MOSCOVICI, Serge. **A invenção da sociedade** – sociologia e psicologia. Tradução: Maria Ferreira, Petrópolis/RJ: Vozes, 2011.

MOSCOVICI, Serge. **A Representação Social da Psicanálise**, Tradução: Álvaro Cabral, Rio de Janeiro: Zahar, 1978.

MUMFORD, Lewis. **A cidade na História**: suas origens, transformações e perspectivas. 2ª. Ed., Tradução: Neil R. da Silva, São Paulo: Martins Fontes/edUSP, 1982.

MUSCO MENDES, Norma; BARROS OTERO, Uiara. Religiões e as questões de cultura, identidade e poder no Império Romano. **PHOÎNIX**. Rio de Janeiro: 11, 196-220, 2005.

NADER, Paulo. **Introdução ao Estudo do Direito**. 36. ed. rev. e atual. Rio de Janeiro: Forense, 2014.

NAGEL, Thomas. **Visão a partir de lugar nenhum**. Tradução: Silvana Vieira, rev. tec. Eduardo Giannetti da Fonseca, São Paulo: Martins Fontes, 2004.

NASH JR, John F. The bargaining problem. **Econometrica**, vol. 18, n. 2, apr. 1950. DOI: https://doi.org/10.2307/1907266.

NEUMAN, John von & MORGENSTERN, Oskar. **Theory of Games and Economic Behavior.** Princeton/Oxford: Princeton, 2007.

NICHOLAS, J. K. B. M. **An introduction to Roman Law**. Oxford: Clarendon, 1962.

NOGUEIRA, Gustavo Santana. **Stare decisis et non quieta movere**: a vinculação aos precedentes no Direito Comparado e Brasileiro. Rio de Janeiro: Lumen Juris, 2011.

NOJIRI, Sérgio. **Emoção e Intuição** – como (de fato) se dá o processo de tomada de decisão judicial. Belo Horizonte: Arraes, 2021.

NUNES, Jorge Amaury Maia. **Segurança jurídica e súmula vinculante**. São Paulo: Saraiva, 2010.

O'HEAR, Anthony (org.). **Karl Popper** – Filosofia e Problemas. Tradução: Luis Paulo Rouanet, São Paulo: EdUNESP, 1997.

OLIVEIRA, Amâncio Jorge de; ONUKI, Janina. Política externa brasileira e Legislativo: a atuação dos grupos de interesse. **Papéis Legislativos**, n. 8, dez. 2007.

OLIVEIRA, Manfredo A. **Reviravolta linguístico-pragmática na filosofia contemporânea**. São Paulo: Loyola, 1996.

PACI, Enzo. Antropologia estrutural e fenomenologia. Tradução: Carlos Henrique Escobar. COSTA LIMA, Luiz (org.). **O estruturalismo de Lévi-Strauss**. Petrópolis/RJ: Vozes, 1968, p. 94-106.

PANUTTO, P.; DECHICHI GROSSI, A. O QUE OS CASOS DE LULA E RAMAGEM TÊM EM COMUM? A SUSPENSÃO DO PROVIMENTO DE CARGOS POLÍTICOS DO EXECUTIVO PELO STF, O ATIVISMO E A MINISTROCRACIA. **Revista Direitos Sociais e Políticas Públicas (UNIFAFIBE)**, [S. l.], v. 12, n. 1, p. 148–168, 2024. DOI: 10.25245/rdspp.v12i1.1450. Disponível em: https://portal.unifafibe.com.br:443/revista/index.php/direitos-sociais-politicas-pub/article/view/1450. Acesso em: 31 mar. 2024.

PARETO, Vilfreto. **Manual de Economia Política**. Tradução: João Guilherme Vargas Netto, São Paulo: Abril Cultural, Os economistas, vol. I e II, 1984.

PARSONS, Talcott. **The social system**. Londres: Routledge & Kegan Paul, 1970.

PARSONS, Talcott. **Sociedades, perspectivas evolutivas e comparativas**, Tradução: Dante Moreira Leite, São Paulo: Pioneira, 1969.

PARSONS, Talcott et allí. **Hacia una Teoría General de la Acción**, Tradução: Rubén Héctor Zorrilla, rev. Justino M. O'Farrell, Buenos Aires: Kapelusz, 1968.

PATEL, Raj. **The Value of Nothing**: How to Reshape Market Society and Redefine Democracy. New York: Picador, 2010.

PEÑA DE MORAES, Guilherme. **Curso de Direito Constitucional**. Rio de Janeiro: Lumen Juris, 2008.

PEÑA DE MORAES, Guilherme. **Constitucionalismo Multinacional**: uso persuasivo da jurisprudência estrangeira pelos tribunais constitucionais. São Paulo: Atlas, 2015.

PERAZOLLO, Rodolpho et alii (orgs.). **Refugiados, Imigrantes e Igualdade dos Povos – Estudos em Homenagem a António Guterres**, São Paulo: Quartier Latin, 2017.

PEREIRA, Caio Mário da Silva. **Instituições de Direito Civil**. v. 1. 12. ed. Rio de Janeiro: Forense, 1991.

PERELMAN, Chaïm. **Ética e Direito**. Tradução: Maria Ermantina de Almeida Prado Galvão. São Paulo: Martins Fontes, 2005.

PEREZ, Francisco Porrua. **Teoria del Estado.** 3ª ed. México: Porrua, 1962.

PERROUX, François. **Alienation et Société Industrielle**. Paris: Gallimard, 1970.

PERTILLE, José Pinheiro. Aufhebung, meta-categoria da lógica hegeliana. **Revista Eletrônica de Estudos Hegelianos**. Ano 8, nº15, dezembro - 2011: p. 58-66.

PHELPS, Edmund S. Macroeconomics for a Modern Economy. **Prize Lecture**, December 8, 2006, 343-368.

PHELPS, Edmund S. Toward a Model of Innovation and Performance: Along the Lines of Knight, Keynes, Hayek and M. Polanyí. **Max Planck Institut-Kauffman Foundation Conference**, Tegernsee (Munich) 8-9 May, 2006.

PHELPS, Edmund S. The Accumulation of Risky Capital: A Sequential Utility Analysis. **Econometrica**, 1962, 30(4), 729-43.

PIAGET, Jean; INHELDER, Bärbel. **A Psicologia da Criança**. São Paulo: Difel, 1986.

PINHEIRO, Patrícia Peck. **Direito Digital**. 7 ed. São Paulo: Saraiva, 2021. Ebook.

PINTO, Paulo Roberto Margutti (org.). **Filosofia analítica, pragmatismo e ciência**. Belo Horizonte: edUFMG, 1998.

PIPPIN, Robert B. **Modernism as a philosophical problem**: on the dissatisfactions of European high culture, Cambridge/Massachusetts: Blackwell, 1991.

PIRENNE, Henri. **Les villes et les institutions urbaines**. 2. vols., Paris: Alcan, vol. I, 1939.

PIRENNE, Henri. **História Econômica e Social da Idade Média**. 5ª. Ed., São Paulo: Mestre Jou, 1978.

PLATÃO. **República**. 2. ed. Tradução de Carlos Alberto Nunes. Belém: Edufpa, 1988.

PLATON. **Œuvres**. Paris: Plèiade, 1969.

PLATON. **Œuvres Complètes.** Ed. Luc Brisson, Paris: Flammarion, 2016.

POLANYI, Karl. **A grande transformação**: as origens da nossa época. 2ª. ed., Tradução: Fanny Wrobell. Rio de Janeiro: Campus, 2000.

POLANYI, Karl. **Systema de sciencia positiva do Direito**. Rio de Janeiro: Jacintho Ribeiro dos Santos, v. I e II, 1922.

PONTES DE MIRANDA, Francisco Cavalcanti. **O problema fundamental do conhecimento**. Porto Alegre: Globo, 1937.

POOLE, Austin Lane. **From Domesday Book to Magna Carta**. Oxford: Oxford, 1986.

POPPER, Karl. **Os dois problemas fundamentais da teoria do conhecimento**. org. Troels Eggers Hansen, Tradução: Antonio Ianni Segatto, São Paulo: EdUNESP, 2013.

POPPER, Karl. **A Lógica da Pesquisa Científica**. 9ª. Ed., Tradução: Leonidas Hegenberg e Octanny Silveira da Motta, São Paulo: Cultrix, 2001.

POPPER, Karl. O realismo e o objectivo da ciência: 1°. Vol. **Do Pós-escrito à Lógica da Descoberta Científica**. Org. W.W. Bartley III, Lisboa: Dom Quixote, 1987.

POPPER, Karl. **Conjecturas e Refutações**. Tradução: Sergio Bath, Brasília: EdUnB, 1980.

POPPER, Karl. **O Racionalismo Crítico na Política**. Tradução: Maria da Conceição Côrte-Real. rev. téc. Heloisa de Lacerda Santos. Brasília: UnB, 1981.

POPPER, Karl. **A Miséria do Historicismo**, Tradução: Octany S. da Mota e Leonidas Hegenberg, São Paulo: Cultrix/EDUSP, 1980.

POPPER, Karl. **Lógica das ciências sociais.** Tradução: Estevão de Rezende Martins et al. Rio de Janeiro: Tempo Brasileiro/EdUNB, 1978.

POPPER, Karl. **Conhecimento Objetivo – uma abordagem evolucionária**, Tradução: Milton Amado, Belo Horizonte/São Paulo: Itatiaia/EDUSP, 1975.

POPPER, Karl. **La lógica de la investigación científica**. Tradução: Victor Sanchez de Zavala, Madrid: Tecnos, 1971.

POPPER, Karl. La Racionalidad y el Status del Principio de Racionalidad. **Revista de Occidente 4,** 133-146, 1968.

POPPER, Karl. **El desarollo del conocimiento científico**: conjeturas y refutaciones. Tradução: Néstor Míguez. Buenos Aires: Paidos, 1967.

POSNER, Richard A. Tribute to Ronald Dworkin and a Note on Pragmatic Adjudication, **63 New York University Annual Survey of American Law**, v. 9, 2007.

POSNER, Richard A. **Problemas de Filosofia do Direito**. Tradução: Jefferson Luiz Camargo. São Paulo: Martins Fontes, 2007.

POSNER, Richard A. **Law, pragmatism and democracy**. Cambridge: Harvard, 2003.

PRADO, Luiz Regis. **Curso de direito penal brasileiro**, v. 1: parte geral. 11 ed. rev. atual, ampl. São Paulo: Editora Revista dos Tribunais, 2011.

PRIETO SANCHÍS, Luis. **Ley, principios, derechos**. Madrid: Dykinson; Instituto de Derechos Humanos Bartolomé de las Casas; Universidad Carlos III de Madrid, 1998.

PRIETO SANCHÍS, Luis. **Sobre principios y normas.** Problemas del razonamiento jurídico. Madrid: Centro de Estudios Constitucionales, 1992.

PUGLIESI, Márcio. **Social clothes**: a proposal for a new approach to hermeneutics. London: Lambert, 2024.

PUGLIESI, Márcio. **Teoria Geral do Direito**. São Paulo: Aquariana, 2022c.

PUGLIESI, Márcio. **Filosofia e Direito:** delineamentos de Filosofia do Direito em uma sociedade de controle, volume II. São Paulo: Aquariana, 2022b.

PUGLIESI, Márcio. **Filosofia e Direito:** delineamentos de Filosofia do Direito em uma sociedade de controle, volume I. São Paulo: Aquariana, 2022a.

PUGLIESI, Márcio. **Filosofia e Direito**: uma abordagem sistêmico-construcionista. Tomos 1 e 2, Chesinau: Novas Edições Acadêmicas, 2021.

PUGLIESI, Márcio. Human Rights and Theory of Law. SILVA, Marco Antonio Marques; PINTO, Eduardo Vera-Cruz. **The effectiveness of human dignity in the Globalized Society**. Tradução: Mario Pugliesi Netto, Chisinau: Lambert, 2021, p. 164-179.

PUGLIESI, Márcio. **A Theory of Law**: a systemic-constructionist approach. 3rd. Ed., Berlin: Novas Edições Acadêmicas, 2017.

PUGLIESI, Márcio. **Teoria do Direito** – Aspectos macrossistêmicos. Rio de Janeiro/ Seattle: Sapere Aude/Amazon, 2015.

PUGLIESI, Márcio; BRANDÃO, André Martins. Uma conjectura sobre as tecnologias de big data na prática jurídica. **Rev. Fac. Direito UFMG**, Belo Horizonte, n. 67, p. 453-482, jul/dez., 2015. DOI: 10.12818/P.0304-2340.2015v67p453.

PUGLIESI, Márcio; LÓPEZ, Nuria. Teoria da decisão: um paradigma hermenêutico pós-reviravolta linguístico-pragmática. **Revista Jurídica da Faculdade de Contagem**, v. 2, n. 1, 2015.

PUGLIESI, Márcio. Laís, galharda e pavana por uma sociedade moribunda. GUIMARÃES, Antonio Márcio da Cunha; GUIMARÃES, Arianna Stagni (coord.), **Direito do Comércio Internacional - estudos em homenagem ao Prof. Dr. Geraldo José Guimarães da Silva**. São Paulo: Lex, 2013.

PUGLIESI, Márcio. **Teoria do Direito.** 2ª. Ed., São Paulo: Saraiva, 2009.

PUTNAM, Hilary. **Mind, Language and Reality**. Cambridge: Cambridge, 1975.

QUINE, Willard V. **Palabra e objeto**. Tradução: Sofia I. A. Stein e Desidério Murcho, rev. téc. Sofia I.A. Stein, Petrópolis (RJ): Vozes, 2010.

QUINE, Willard V. **Logica Matematica**. Tradução: José Hierro S. Pescador, Madrid: Revista de Occidente, 1972.

QUINE, Willard V. **Ontological relativity and Other Essays**. New York: Columbia, 1969.

QUINE, Willard V. **The way of paradox**. New York: Random, 1966.

QUINE, Willard V. **Desde un punto de vista lógico**. Tradução: Manuel Sacristán, Barcelona: Ariel, 1962.

QUINE, Willard V. **Los métodos de la Lógica**. Nueva edición, Tradução: Juan José Acero & Nieves Guasch, Barcelona: Ariel, 1962.

QUINE, Willard V. **From a logical point of view**. 2. Ed., Cambridge (Mass.): Harvard, 1961.

QUINE, Willard V. **Word and Object**. Cambridge (Mass.): MIT, 1960.

RADBRUCH, Gustav. **El hombre en el Derecho**. Buenos Aires: Depalma, 1980.

RADBRUCH, G.; SCHMIDT, E.; WELZEL, H. **Derecho injusto y derecho nulo**. Madrid: Aguilar; 1971.

RADCLIFFE BROWN, A. R. **Estrutura e função na sociedade primitiva**. Tradução: Nathanael C. Caixeiro, Petróplois/RJ: Vozes, 1973.

RAMIRO, Caio Henrique Lopes; HERRERA, Luiz Henrique Martim. Hans Kelsen: Filosofia jurídica e democracia. **Revista de Informação Legislativa**, ano 52, n. 205, jan./ mar., 2015.

RAMOS, Graciliano. **Vidas Secas**. 120ª. ed., Rio de Janeiro: Record, 2013.

RAPOPORT, Anatol. **Lutas, jogos, debates**. Tradução: Sérgio Duarte. Brasília: UnB, 1980.

RAWLS, John. **Justice as fairness**. Cambridge (Massachusetts)/ London: Belknap, 2001.

RAWLS, John. **Collected Papers**. Ed. Samuel Freeman, Cambridge: Harvard, 1999.

RAWLS, John. **A Theory of Justice**. Cambridge: Belknap, 1971.

RAWLS, John. Justice as Fairness: Political not Metaphysical. **Philosophy and Public Affairs**, Vol. 14, No. 3. (Summer, 1985), p. 223-251.

RAZ, Joseph. Why interpret? **Ratio Juris**, vol. 9, n° 4, December 1996, p. 349-363.

RAZ, Joseph. **O conceito de sistema jurídico**: uma introdução à teoria dos sistemas jurídicos. Tradução: Maia Cecília de Almeida, São Paulo: WMF Martins Fontes, 2012.

RAZ, Joseph. **Razón práctica y normas**. Madrid: Centro de Estudios Constitucionales, 1991.

RAZ, Joseph. Legal principles and the limits of law. **Yale Law Journal**, 81, 823, 1971–1972.

REALE, Miguel. **Lições preliminares de Direito**. 27. ed. São Paulo: Saraiva, 2002.

REALE, Miguel. Linha evolutiva da Teoria Tridimensional do Direito. *In*: **Revista da Faculdade de Direito, Universidade de São Paulo**, v. 88, 1993.

REICHENBACH, Hans. **The Theory of Probability**. Berkeley: University of California, 1949.

REINHOLD, Karl Leonhard. **Essay on a New Theory of the Human Capacity for Representation**, Tradução: Tim Mehigan and Barry Empson, Berlin, New York: De Gruyter, 2011.

RENAUT, Alain. **O indivíduo**: reflexão sobre a filosofia do sujeito, Tradução: Elena Gaidano, Rio de Janeiro: Difel, 1998.

RESENDE JÚNIOR, José de. **Em busca de uma teoria do sentido**: Rickert, Husserl e Lask. Tese de doutorado em Filosofia, PUC-SP, 2011.

RICOEUR, Paul. On John Rawls' A Theory of Justice: is a pure procedural theory of justice possible? **International Social Science Journal 42** (1990): p. 553-564.

RODRIGUES, Horácio Wanderlei. **Novo Currículo Mínimo dos Cursos jurídicos**. São Paulo: Revista dos Tribunais, 1995.

ROEMER, J. E. Equality of opportunity: A progress report. **Social Choice and Welfare 19**, 2002, p. 455-471.

ROEMER, J. E. **Equality of Opportunity**. Cambridge: Harvard, 1998.

ROEMER, J. E. **Theories of Distributive Justice**. Cambridge: Harvard, 1996.

ROEMER, J. E. A Pragmatic Theory of Responsibility for the Egalitarian Planner. **Philosophy and Public Affairs 22**, 1993, p. 146-166.

ROEMER, J. E. Egalitarianism, responsibility, and information. **Economics and Philosophy 3**. 1987, p. 215-244.

ROEMER, J. E. Equality of Talent. **Economics and Philosophy 1**, Cambridge: Cambridge, 1985, p. 151-181.

RONCAGLIA, Alessandro. **The wealth of ideas**: A history of economic thought. New York: Cambridge, 2005.

RORTY, Richard. Pragmatismo, filosofia analítica e ciência. PINTO, Paulo Roberto Margutti (org.). **Filosofia analítica, pragmatismo e ciência**. Belo Horizonte: ed. UFMG, 1998.

RORTY, Richard. **Consequences of pragmatism**. Minneapolis: University of Minnesota Press, 1989.

ROSANVALLON, Pierre. **Por uma história do político**. São Paulo: Alameda, 2010.

ROSS, Alf. **Direito e justiça**. Tradução e notas: Edson Bini. Bauru: Edipro, 2007.

ROUSSEAU, Jean-Jacques. **Do Contrato Social e Discurso sobre a Economia Política**. 7ª ed., Tradução: Márcio Pugliesi e Norberto de Paula Lima, São Paulo: Hemus, 2015.

ROUSSEAU, Jean-Jacques. **Carta a Christophe de Beaumont e outros escritos sobre a Religião e a Moral**. Org. e Tradução: José Oscar de Almeida Marques et alii, São Paulo: Estação Liberdade, 2005.

ROUSSEAU, Jean-Jacques. **Oeuvres Completes de J. J. Rousseau** – nouvelle édition, Paris: Armand Aubrée, 1830.

RULER, John B.; TROTER, Ben S. **A world of paper**, Louis XIV, Colbert de Torcy, and the rise of the information state, 2014.

RUSSELL, Bertrand; WHITEHEAD, Alfred Norton. **Principia Mathematica**. Ann Arbor/ Michigan: Michigan, 2005.

SABBAG, Eduardo. **Manual de direito tributário.** 9 ed. São Paulo: Saraiva, 2017.

SALDANHA, Nelson Nogueira. **Filosofia do Direito**. Rio de Janeiro: Renovar, 1976.

SAN TIAGO DANTAS, Francisco C. Renovação do Direito. **Universidade de Brasília**. Encontros da UnB: Ensino Jurídico. Brasília: EdUnB, 1978 - 1979. p. 37-54.

SAN TIAGO DANTAS, Francisco C. A educação jurídica e a crise brasileira. **Revista Forense**, Rio de Janeiro, v.159, ano 52, maio/jun. 1955, p. 449-459.

SARLET, Ingo Wolfgang (org.). **Constituição, Direitos fundamentais e Direito Privado**. Porto Alegre: Livraria do Advogado, 2003.

SARLET, Ingo Wolfgang. **A eficácia dos direitos fundamentais**. Porto Alegre: Livraria do Advogado, 2001.

SARLET, Ingo Wolfgang (org.). **A Constituição concretizada**: construindo pontes com o público e o privado. Porto Alegre: Livraria do Advogado, 2000.

SAUSSURE, Ferdinand de. Charles Bally et alii (orgs.) **Curso de Linguística Geral**. Tradução: Antonio Chelini, José Paulo Paes e Izidoro Blikstein, São Paulo: Cultrix, 2006.

SAVAGE, Leonard J. **The Foundations of Statistics.** 2a. ed. New York: Dover, 1972.

SCHAUER, Frederick. **The Force of Law**. Cambridge: Harvard, 2015.

SCHAUER, Frederick. **Playing by the rules**. A Philosophical Examination of Rule-Based Decision-Making in Law and in Life. New York: Oxford, 1991.

SCHAUER, Frederick. **Thinking like a lawyer**. Cambridge: Harvard, 2009.

SCHEIBE, Karl E. **O drama da vida cotidiana**. Tradução: Laura Knapp, São Paulo: EDUC, 2005.

SCHELLING, Thomas, op. cit., em particular: Segunda Parte — **Una reorientación de la Teoría de los Juegos.**

SCHMITT, Carl. **La defensa de la Constitución**. Madrid: Tecnos, 1998.

SCHMITT, Carl. **Teoría de la Constitución**. Tradução: Francisco Ayala. Madrid: Alianza, 1996.

SCHMITT, Carl. **Estudios Políticos**. Madrid: Doncel, 1975.

SCHMITT, Carl. **Legalidad y Legitimidad**. Madrid: Aguila R., 1971.

SCHUMPETER, Joseph. About Keynes – General Theory of employment, interest, and Money. **Journal of American Statistical Association**, 12/1936, p. 791-795.

SCHUSTER, Federico L. (compilador). **Filosofía y métodos de las Ciencias Sociales**. Buenos Aires: Manantial, 2002.

SEARLE, John. **Intentionality**: an essay in the philosophy of mind, Cambridge: Cambridge, 1983.

SEARLE, John. **Os actos de fala**: um ensaio de filosofia da linguagem. Tradução: Carlos Vogt et allii, Coimbra: Almedina, 1981.

SELLARS, Wilfrid. **Science, Perception, and Reality**. London: Routledge & Kegan Paul, 1967.

SEN, Amartya K. **A ideia de Justiça**. Tradução: Denise Bottmann e Ricardo Doninelli Mendes, São Paulo: Companhia das Letras, 2011.

SEN, Amartya K. **Maximization and the Act of Choice, Temi di Discussione, Banca de Italia**, N. 270, May 1996.

SEN, Amartya K. **Inequality Reexamined**. Oxford: Clarendon, 1992.

SEN, Amartya K. **On Ethics and Economics**. Oxford: Basil Blackwell, 1987.

SEN, Amartya K. **Commodities and Capabilities**. Amsterdam: North-Holland, 1985.

SEN, Amartya K.; WILLIANS, B. (Eds.) **Utilitarianism and Beyond**. Cambridge, Massachusetts: Cambridge, 1982.

SHAPIRO, Scott J. **Legality**. Cambridge: Belknap, 2011.

SIECKMANN, Jan-Reinard. Legal System and Practical Reason. On the Structure of a Normative Theory of Law. **Ratio Juris**; Vol. 5, n° 3, December 1992.

SIEYÈS, Emmanuel Joseph. **Qu'est-ce que le Tiers État?** Paris: du Boucher, 2002.

SIEYÈS, Emmanuel Joseph. **A constituinte burguesa:** Que é o Terceiro Estado? 3 ed. Rio de Janeiro: Lumen Juris, 1997.

SIK, Ota. **Argumentos para uma terceira via**. (nem comunismo soviético, nem capitalismo). Coimbra: Almedina, 1978.

SILVA, Blecaute Oliveira. Tratados de direitos humanos supralegais e constitucionais: Uma abordagem analítico-normativa. **Revista de Informação Legislativa**, a. 53, n. 209, jan./ abril., 2016. Disponível em: https://www2.senado.leg.br/bdsf/bitstream/handle/id/520002/001063226.pdf. Acesso em: 16 mar. 2024.

SILVA, De Plácido e. **Vocabulário jurídico conciso**. 2ª ed. Rio de Janeiro: Forense, 2010.

SILVA, José Afonso da. **Curso de Direito Constitucional Positivo**. 3ª ed. São Paulo: Malheiros, 1992.

SILVA, Marco Antonio Marques; PINTO, Eduardo Vera-Cruz. **The effectiveness of human dignity in the Globalized Society**. Tradução: Mario Pugliesi Netto, Chisinau: Lambert, 2021.

SILVA, Virgílio Afonso da. O proporcional e o razoável. **Revista dos Tribunais**, v. 91, n. 798, p. 23-50, abr. 2002.

SIMIONI, Rafael Lazzarotto; SOUZA, Fafina Vilela de. O mito da pirâmide de Hans Kelsen. Opinião. **Revista Consultor Jurídico,** 2 de outubro de 2021. Disponível em: https://www.conjur.com.br/2021-out-02/simioni-souza-mito-piramide-hans-kelsen/. Acesso em: 16 mar. 2024.

SIMON, Herbert A. **Models of Man, Social and Rational**: Mathematical Essays on Rational Human Behavior in a Social Setting, New York: John Wiley & Sons, 1957.

SIMON, Carl P.; BLUME, Lawrence. **Matemática para Economistas**. Tradução: Claus Ivo Doering, Porto Alegre: Bookman, 2004.

SINCLAIR, Michael B. W. Hercules, omniscience, omnipotence, and the right answer thesis. **New York Law School Law Review**, New York, v. 46, 2003, p. 447–456.

SKYRMS, Brian. **Escolha e acaso**: uma introdução à lógica indutiva. Tradução: Leonidas Hegenberg e Octanny Silveira da Mota. São Paulo: Cultrix/EDUSP, 1971.

SOARES, Guido Fernando Silva. **Common Law**: Introdução ao Direito dos EUA. São Paulo: RT, 2000.

SOBREVILLA, David. El modelo jurídico de reglas, principios y procedimientos de Robert Alexy. **Isonomia**, nº 4, abril, 1996.

SÓFOCLES. **Antígona**. 6. ed. Coimbra: Fundação Calouste Gulbenkian, s.d.

SÓFOCLES. **Antígona**. Tradução: Donaldo Schüler. L&PM Pocket. Disponível em: https://www.lpm.com.br/livros/Imagens/antigona2010.pdf. Acesso em 29 abr. 2024.

SOLOMON, Joseph. Pedagogy, Identity and Construction of a Theory of Symbolic Control: Basil Bernstein Questioned by Joseph Solomon. **British Journal of Sociology of Education**. London, v. 20, n. 02, 1999, p. 265-280.

SOMMAR, Mary E. (ed.). **Medieval church law and the origins of the western legal tradition**. Washington (DF): CUA, 2006.

SOUZA, Mériti de. **A experiência da lei e a lei da experiência**: ensaios sobre práticas sociais e subjetividades no Brasil. Rio de Janeiro/São Paulo: Revan/FAPESP, 1999.

SPINA, Segismundo. **A Lírica Trovadoresca**. 4ª, ed., São Paulo: EdUSP, 1996.

SPINELLI, Miguel. Epicuro e o tema da amizade (ii): a philía referida ao êthos legislador da pólis e ao agápê da virtude cristã. **Hypnos**, São Paulo, número 30, 1º semestre 2013, p. 98-126.

SPINK, Mary Jane Paris (org.). **Práticas discursivas e produção de sentidos no cotidiano**: Aproximações teóricas e Metodológicas. Rio de Janeiro: Centro Edelstein de Pesquisa Social, 2013.

SPINK, Mary Jane Paris; GIMENES, Maria da Gloria G. Práticas discursivas e produção e sentido: apontamentos metodológicos para a análise de discursos sobre a saúde e a doença. **Saúde e Sociedade**. 3 (2), 149-171, 1994.

STARMER, Chris. Entendendo preferências: O que podemos aprender com a economia comportamental? ÁVILA, Flávia; BIANCHI, Ana Maria. (orgs). **Guia de Economia Comportamental e Experimental**. edição revista e atualizada, Tradução: Laura Teixeira Motta & Paulo Futagawa, rev. Taís Rocha, São Paulo: Economia Comportamental, 2015, p. 61-76.

STILWELL, Frank. **The Cult of the Market**. Fundamentalism and its Discontents. Journal of Australian Political Economy 60 (2007): 155, 2007.

STRAUSS, Leo. **Direito Natural e História**. Tradução: Bruno Costa Simões. São Paulo: WMF Martins Fontes, 2014.

STRECK, Lenio Luiz; MOTA, Francisco José Borges. Relendo o debate entre Hart e Dworkin: uma crítica aos positivismos interpretativos. **Revista Brasileira de Direito**, Passo Fundo, v. 14, n. 1, abr. 2018. DOI: https://doi.org/10.18256/2238-0604.2018.v14i1.2451.

STRECK, Lenio Luiz. **Lições de crítica hermenêutica do Direito**. Porto Alegre: Livraria do Advogado, 2014.

STRECK, Lenio Luiz. Voluntas Legis versus Voluntas Legislatoris: esclarecendo a inutilidade da distinção. **Direitos Fundamentais & Justiça**. a. 7, n. 25, out./dez. 2013.

STRECK, Lenio Luiz. **O que é isto:** decido conforme minha consciência? 6. ed. Porto Alegre, Livraria do Advogado, 2017.

SUPPE, Frederick. **La estructura de las teorías científicas**. Tradução: Pilar Castrillo e Eloy Rada, Madrid: Nacional, 1979.

SUPPES, Patrick (org.). **Logic, methodology, and philosophy of science**. Amsterdam: North-Holland, 1973.

SWEEZY, Paul et allii. **A transição do feudalismo para o capitalismo**: um debate. 5ª. Ed., Rio de Janeiro: Paz e Terra, 1977.

SZTOMPKA, Piotr. **A sociologia da mudança social**. Tradução: Pedro Jorgensen Jr., Rio de Janeiro: Civilização Brasileira, 1998.

TARTUCE, Flávio; NEVES, Daniel Amorim Assumpção. **Manual de Direito do Consumidor**: Direito material e processual, v. único. 9 ed., rev. atual e amp. Rio de Janeiro: Forense; São Paulo: Método, 2020.

TAVARES, André Ramos; GAMA, Marina Faraco Lacerda (Orgs.). **Um Código de Processo Constitucional para o Brasil**. Belo Horizonte: Arraes Editores, 2021.

TAVARES, André Ramos. **Curso de Direito Constitucional**. 15 ed., rev. e atual. São Paulo: Saraiva, 2017.

TELLES JUNIOR, Goffredo. **Iniciação na Ciência do Direito**. 4. ed. São Paulo: Saraiva, 2008.

TENORIO, Igor. Princípio gerais de Direito Agrário. **R. Inf. Legislativa**, Brasília, a. 16 n. 62, abr./jun. 1979.

TERRA, João Evangelista Martins. **O Deus dos Indo-europeus**: Zeus e a proto--religião dos indo-europeus. São Paulo: Loyola, 1999.

TIGAR, Michael E.; LEVY, Madeleine R. **O Direito e a ascensão do capitalismo**. Tradução: Ruy Jungmann, Rio de Janeiro: Zahar, 1978.

TODESCHINI, Giacomo. **I mercanti e il Tempio**. La società cristiana e il circolo virtuoso della ricchezza fra Medioevo ed Età Moderna, Bologna: Il Mulino, 2002.

TORRES, Delfim M. F. **Introdução à optimização dinâmica**, Aveiro: Aveiro, 2005.

TOURAINE, Alain. **Iguais e diferentes**: poderemos viver juntos? Tradução: Carlos Aboim de Brito. Lisboa: Piaget, 1998.

TOURAINE, Alain. **Sociologie de l'action**. Paris: du Seuil, 1965.

TOURINHO FILHO, Fernando da Costa. **Processo Penal**. vol. 1. 32 ed. rev. e atual. São Paulo: Saraiva, 2010.

TRAGTENBERG, Maurício. **A delinqüência acadêmica**: o poder sem saber e o saber sem poder. São Paulo: Rumo, 1979.

TREVOR-ROPER, H.R. The general crisis of the 17h century. **Past and Present**: a journal of historical studies, n° 16, Oxford: Corpus Christi College, 1959.

TRINDADE, Antonio Augusto Cançado. Os métodos de solução pacífica de controvérsias internacionais. Tendências recentes. **Revista de Informação Legislativa**, ano 21, n. 82, Senado Federal, março 1984, p. 5-32.

TROPER, Michel. Kelsen, la théorie de l'interprétation et la structure de l'ordre juridique. **Revue Internationale de Philosophie**. Paris, n° 138, 1981, p. 518-529.

UTZ, Stephen. Rules, principles, algorithms, and the description of legal systems. **Ratio Iuris**, Vol. 5, n° 1, march, 1992.

VAIHINGER, Hans. **Die Philosophie des Als Ob**. System der theoretischen, praktischen und religiösen Fiktionen der Menschheit auf Grund eines idealistischen Positivismus. Mit einem Anhang über Kant und Nietzsche, neu herausgegeben von Esther von Krosigk, Edition Classic, Saarbrücken: VDM Dr. Müller, 2007.

VAIHINGER, Hans. **A filosofia do como se**. Sistema das ficções teóricas, práticas e religiosas da humanidade, na base de um positivismo idealista. com um anexo sobre Kant e Nietzsche. Tradução: Johannes Kretschmer, Chapecó: Argos, 2011.

VARELLA, Marcelo Dias. **Direito internacional público**. 8ª ed. São Paulo: Saraiva, 2019.

VARIAN, Hal R. **Intermediate Microeconomics – a modern approach**. 6th. Ed., New York/London: Norton, 2003.

VATTEL, Emer de. *O direito das gentes*. Pref, e Tradução: Vicente Marotta Rangel. Brasília: EdUnB/IPRI, 2004.

VEIGA, Cynthia Greive. **História da Educação**. São Paulo: Ática, 2007.

VENÂNCIO FILHO, Alberto. **Das Arcadas ao Bacharelismo (150 anos de ensino jurídico no Brasil)**. São Paulo: Perspectiva/Secretaria da Cultura Ciência e Tecnologia, 1977.

VICO, Giambattista. Sinopse do Direito Universal [1720]. Tradução: bras. Humberto Aparecido de Oliveira Guido. **Educação e Filosofia**, v. 23, n. 45. Uberlândia: EDUFU, 2009.

VICO, Giambattista. **La Scienza Nuova**. Introduzione e note di Paolo Rossi., Milan: Rizzoli, 1977.

VICO, Giambattista. **Opere**. ed. Fausto Nicolini, Napoli: Riccardo Ricciardi, 1953.

VIEHWEG, Theodor. **Tópica y Filosofía del Derecho**. Barcelona: Gedisa, 1997.

VIEIRA, Andréia Costa. **Civil Law e Common Law**: os dois grandes sistemas legais comparados. Porto Alegre: SAFE, 2007.

VIRGÍLIO, Publius. **Eneida – Eneis**. Tradução: Carlos Alberto Nunes, São Paulo, 2014.

VYGOTSKY, Lev Semenovitch. **A construção do pensamento e da linguagem**, 2ª. Ed., Tradução: Jeferson Luiz Camargo, São Paulo: Martins Fontes, 2003.

VYGOTSKY, Lev Semenovitch. **A Formação social da mente**: o desenvolvimento dos processos psicológicos superiores, 6ª. ed., Tradução: José Cipolla Neto, Luis Silveira Menna Barreto e Solange Castro Afeche, São Paulo: Martins Fontes, 1998.

VYGOTSKY, Lev Semenovitch. **Teoria e método em psicologia**, Tradução: Claudia Berliner, rev. Elzira Arantes, São Paulo: Martins Fontes, 1996.

WAGNER, Gerhard; ZIPPRIAN, Heinz (eds.). **Max Webers Wissenschaftslehre**, Frankfurt am Main: Suhrkamp, 1994.

WALD, Arnoldo. **Curso de Direito Civil Brasileiro**: introdução e parte geral. v. 1. 9 ed. São Paulo: Saraiva, 2002.

WALRAS, Leon. **Compêndio dos Elementos de Economia Política Pura**. São Paulo: Abril Cultural, 1983.

WALUCHOW, Willfrid J. **Inclusive legal positivism**. Oxford: Clarendon, 1994.

WAMBIER, Teresa Arruda Alvim. Interpretação da Lei e de Precedentes: civil law e common law. **Revista dos Tribunais**, São Paulo, ano 99, v. 893, p. 33-45, março 2010.

WAMBIER, Teresa Arruda Alvim. A uniformidade e a estabilidade da jurisprudência e o estado de direito - Civil law e common law. **Revista Jurídica**, Porto Alegre, v. 57, n. 384, p. 53-62, out, 2009.

WAPSHOTT, Nicholas. **Keynes-Hayek**: the clash that defined modern economics. New York/London: W.W. Norton, 2011.

WARAT, Luiz Alberto. **Mitos e teorias de interpretação da lei**. Porto Alegre: Síntese, 1979.

WARAT, Luiz Alberto. **El Derecho y su lenguaje**: elementos para una teoría de la comunicación jurídica. Buenos Aires: Cooperadora de Derecho y Ciencias Sociales, 1976.

WARAT, Luiz Alberto. **Abuso Del Derecho y Lagunas de La Ley**. Buenos Aires: Abeledo Perrot, 1969.

WATZLAWICK, P.; BEAVIN, J. H.; JACKSON, D. D. **Pragmática da comunicação humana**: um estudo dos padrões, patologias e paradoxos da interação. 5ª. ed. Tradução: Alvaro Cabral, São Paulo: Cultrix, 1990.

WEISS, Johannes. **Das Werk Max Webers in der marxistischen Rezeption und Kritik**. Opladen: Westdt, 1981.

WERNECK SODRÉ, Nelson. **Síntese de História da Cultura Brasileira**. 9ª. Ed., Rio de Janeiro: Civilização Brasileira, 1981.

WEBER, Max. **La science, profession et vocation**, Tradução: Isabelle Kalinowski, Marseille: Agone, 2005.

WEBER, Max. **Economia e sociedade**: fundamentos da sociologia compreensiva. Tradução: Regis Barbosa e Karen Elsabe Barbosa. Brasília: UnB; São Paulo: Imprensa Oficial do Estado de São Paulo, 1999, vol. I.

WEBER, Max. **Essais sur la théorie de la science**, Tradução: Julien Freund, Paris: Plon, 1992.

WEBER. Max. **A ética protestante e o espírito do capitalismo**. Tradução: Maria Irene de Q. F. Szmrecsányi e Tamás J. M. K. Szmrecsányi. 6ª. ed. São Paulo: Pioneira, 1987.

WEBER. Max. **Economía y Sociedad**: esbozo de sociología comprehensiva. 2ª. Ed., 7ª Reimp. ed. Johannes Winckelmann, Tradução: José Medina Echavarría et allii, México, DF: Fondo de cultura económica, 1984.

WEBER, Max. **Sociologia**. Introdução e organização de Gabriel Cohn, São Paulo: Ática, 1979.

WEBER. Max. **História Geral da Economía**, Tradução: Calógeras Pajuaba, São Paulo: Mestre Jou, 1968.

WIERINGA, Roel; MEYER, John-Jules. **Applications of Deontic Logic in Computer Science**: A Concise Overview. Deontic Logic in Computer Science: Normative System Specification, 1998.

WOLKMER, Antonio Carlos; VERAS Neto, Francisco Q. (orgs.). **Pluralismo Jurídico – os novos caminhos da contemporaneidade**. 2ª. ed., São Paulo: Saraiva, 2013.

WRÓBLEWSKI, Jerzy. **Constitución y teoría general de la interpretación jurídica**. Madrid: Civitas, 1985.

WHITE. Stephen K. **Razão, Justiça e Modernidade – A obra recente de Jürgen Habermas**. Tradução: Márcio Pugliesi. São Paulo: Ícone, 1995.

WITTGENSTEIN, Ludwig. **Philosophische Untersuchungen**, Kritisch-genetische Edition. Herausgegeben von Joachim Schulte in Zusammenarbeit mit Heikki Nyman, Eike von Savigny und George Henrik von Wright. Berlin: Suhrkamp, 2001.

WITTGENSTEIN, Ludwig. **Tractatus Logico-Philosophicus**, Tradução: e apres. de José Arthur Giannotti, São Paulo: Companhia Editora Nacional/Editora da Universidade de São Paulo, 1968.

WOLIN, Sheldon S. **Democracy Incorporated**: Managed Democracy and the Specter of Inverted Totalitarianism. Princeton: Princeton, 2008.

WRIGHT, George Henrik von. Valor, norma y acción en mis escritos filosóficos. **Doxa n° 26**, 2004.

WRIGHT, George Henrik von. ¿Hay una lógica de las normas? **Doxa n° 26**, 2004.

WRIGHT, George Henrik von. Ser y deber ser. AARNIO, Aulis; GARZÓN VALDÉS, Ernesto; UUSITALO, Jyrki. **La normatividad del derecho**. Barcelona: Gedisa, 1997.

WRIGHT, George Henrik von. **La normatividad del derecho**. Barcelona: Gedisa; 1997.

WRIGHT, George Henrik von. **Norma y acción. Una investigación lógica**. Madrid: Tecnos; 1970.

WRIGTH MILLS. C. **A Elite do Poder**. 3ª. ed., Tradução: Waltensir Dutra, rev. tec. Otávio Guilherme Velho, Rio de Janeiro: Zahar, 1975.

ZAGREBELSKY, Gustavo. **Historia y Constitución**. Madrid: Trotta; 2005.

ZAGREBELSKY, Gustavo. **El derecho dúctil**. Ley, derechos, justicia. Madrid: Trotta, 2003.

ZAGREBELSKY, Gustavo. Ronald Dworkin's principle based constitucionalism: an italian point of view. **International Journal of Constitutional Law**. New York, Oxford, Vol. 1, 4, 2003, p. 621-650.

ZAGREBELSKY, Gustavo. Dos tradiciones de derechos: derechos de libertad y derechos de justicia. **Derechos y Libertades**. Revista del Instituto Bartolomé de las Casas. Madrid: Año I, n° 2, octubre/marzo, 1994.

ZIPPELIUS, Reinhold. **Filosofia do direito**. São Paulo: Saraiva, 2012.

ZIPPELIUS, Reinhold. **Teoria Geral do Estado**. Tradução: Karin Praefke-Aires Coutinho e J. J. Gomes Canotilho. Lisboa: Fundação Calouste Gulbenkian, 1997.

ZIPURSKY, Benjamim C. Two takes on truth in normative discourse. **Boston University Law Review**, Boston, v. 90, 2010, p. 525–531.